CSSCI来源集刊

法律方法

Legal Method

第29卷

主　　编 · 陈金钊　谢　晖
执行主编 · 戴津伟

中国出版集团
研究出版社

图书在版编目(CIP)数据

法律方法.第29卷/陈金钊,谢晖主编.--北京:
研究出版社,2019.11
ISBN 978-7-5199-0692-4

Ⅰ.①法… Ⅱ.①陈… ②谢… Ⅲ.①法律-文集
Ⅳ.①D9-53

中国版本图书馆CIP数据核字(2019)第274357号

出 品 人:赵卜慧
责任编辑:张立明

法律方法(第29卷)
FALV FANGFA (DI 29 JUAN)

作　　者	陈金钊　谢　晖　主编
出版发行	研究出版社
地　　址	北京市朝阳区安定门外安华里504号A座(100011)
电　　话	010-64217619　　64217612(发行中心)
网　　址	www.yanjiuchubanshe.com
经　　销	新华书店
印　　刷	河北赛文印刷有限公司
版　　次	2020年1月第1版　　2020年1月第1次印刷
开　　本	710毫米×1000毫米　1/16
印　　张	26
字　　数	547千字
书　　号	ISBN 978-7-5199-0692-4
定　　价	85.00元

法律方法

（第29卷）

序　　言

人们不能总是消费别人的信任而不断地进行压服，司法裁判只有阐明裁判结论的形成过程和正当性理由，才可能提高裁判的可接受性，实现法律效果和社会效果的有机统一。法律方法就是站在维护法治的立场上，把法律作为修辞进行说服的纠纷解决方法，其包括但不限于法律发现、法律解释、利益衡量、漏洞填补、法律推理以及法律论证。而法律方法论则是对法律如何被运用的一系列解释、论证和推理的技巧、规则、程序、原则的系统思考。由于对逻辑思维的轻视，我国法律方法论的研究起步较晚。但自 21 世纪初以来，随着对思维方式的体系化改造，法律方法论研究逐渐成为我国法学研究中的一门显学。

创刊于 2002 年的《法律方法》，迄今已经出版 29 卷，为法律方法论人才的培育，法律方法论研究的普及、深化、繁荣，提供了专业化的学术交流、切磋平台。多年来，幸赖学界同仁的支持、出版界同仁的合作，《法律方法》与学界同仁一道，共同推动了中国法律方法论的研究，见证了法律方法论研究的繁荣。

法律方法论研究的持续繁荣蕴含着研究契机的转换。随着裁判文书上网、案例指导制度的建立，学界越来越关注司法实践发展出来的教义规则及其方法支撑。法律方法论的研究正从以译介消化域外相关理论为特色的学说继受阶段，转向以本国立法、司法实践的教义学化为契机的本土化时代。面对这一新的发展趋势，我们认为，促进法治中国建设、生成法学教义规则，理应成为今日法律方法论研究的出发点和落脚点。法律方法论研究也应当在继续深挖法律方法的基础理论之上，提炼能够回应我国实践需求的命题。

因而，我们需要继续深挖法律方法的基础理论，拓展法律方法论的应用研究。

一是法律方法与法治的关系。法律方法依托于法治，没有法治目标，要不要法律方法都无所谓。基于何种法治立场、实现何种法治目标、讲述何种法治故事，是奠定法律方法论价值取向的前提性问题。如果忽略对这些问题的研究，法律方法的研究、运用必将沦为方法论上的盲目飞行。

二是法律方法与逻辑的关系。逻辑是思维的规律和规则。法律方法表现为各种具体的法律思维规则，法律思维规则构成了法律方法的骨架。如今，逻辑学经历了传统的形式逻辑向实质逻辑的转向。结合逻辑学的新变化，建构法律解释、法律推理、法律论证模型，对夯实法律方法论的逻辑基础，强化法律方法论的实践指向，具有重要的理论和实践意义。

三是回应实践需要提炼新的命题。面对法律供给不足的现实，我们应当坚持“持法达变”思维，把法律当成构建决策、裁判理由的主要依据，重视体系思维，将宪法中的“尊重和保障人权”原则融入到法律思维或者法律方法之中，以防止“解释权”的误用、滥用。这意味着，法律规范的供给不足隐含的是法律方法或者说法律思维规则供给不足。因此，面对法治实践的需要，应不断提炼出反映中国法治实践需要、满足中国法治实践需要的新的理论命题或者规则。

在法律方法研究重点发生转向的新时代，《法律方法》将“不忘初心，牢记使命”，继续秉持“繁荣法律方法研究，服务中国法治实践，培养方法论学术新进”的宗旨，为我国法律方法研究的繁荣，法律方法研究的实践取向，以及法律方法人才的培养，做出应有的贡献。同时也希望各位先达新进不吝赐稿，以法律方法论研究为支点，推动中国法治建设。

陈金钊

目　录　　法律方法（第29卷）

司法方法论

部门法方法论

域外法律方法论

方法论视角下的制定法解释*

[德] 卢卡斯·贝克** 著　钱炜江*** 译

众所周知，方法论在法学的工作中占有非常突出的地位。它致力于解决制定法应当如何解释的问题。但解释与解释方法并非是事先确定并在细节上无法讨论的；相反，它们是涉及理论模式的，而这与其他精神科学并无差别。本文即致力于对其中的一部分理论加以研究。借此进一步理解：为何法律解释需要依赖这些在法学中占有确定地位的解释方法。

一、制定法解释作为法学的工作

法学的工作具有这样一种特征：它尝试从特定的事实构成要件和法律问题当中得出正确的解决方案。为此常常就必须要问：如何理解某一条制定法的某个具体特征。而法律人为了达成这一目标，就必须从事法律解释。是故，这种解释是法学工作方式的核心部分。① 按照萨维尼的话说："法律解释是一种科学的事务，是法学的开端与基础。"② 理论研究与法律实践在此处交融。法学研究所采用的方法也就是惯用的法律解释方法。这一核心领域的研究以及法学工作的质量就体现为其对于解释方法更为可靠以及有序的处理。

二、解释的目标

（一）寻找规则的含义

解释的目标就是查明制定法所表达的含义。通过解释查明制定法规定的内容。③ 因制定法就是规则，是故也就是要查清规则的含义。

---

* 基金项目：本译文系国家社会科学基金青年基金项目"大陆法系司法传统下的法律类推适用研究"（项目编号：17CFX053）的阶段性成果。

** 卢卡斯·贝克（Lukas Beck），黑森州法官，维尔茨堡大学法学院兼职教师。原文发表于《法学教育》（JURA – Juristische Ausbildung），2018 年第 4 期，第 330 – 338 页，原文为德文。

*** 钱炜江，男，浙江桐庐人，法学博士，浙江财经大学讲师，研究方向为法律方法、法哲学。

① BVerfG, NJW 1990, 2457, 2458.

② 萨维尼：《当代罗马法体系》第一卷，1840 年版，第 206 页。

③ BverWG, NJW 1973, 1491, 1494.

（二）规范目的查明只是整体解释工作的一部分

当提及解释的目标是查明规范含义的时候，很容易就认为人们是在找寻规范的目的：大家会问自己，规范的目的应当是什么。但当人们翻阅方法论书籍时就会发现，目的解释只是众多解释方法的一种。而这是基于如下的理论观点：目的解释仅仅是解释工作的一部分。它在法律方法理论中，是与其他解释方法并列的（例如体系、文义、规范发生史）。①德国联邦最高行政法院（BverWG）在最近的判决中指出："解释乃是基于文义、体系、发生史以及意义和目的的整体图景。"② 总而言之，这些方法表明了规范的真正含义。③ 解释方法应当同时且并列地加以运用。④ 所以，法秩序并未给出不同解释方法之间的先后顺序（于此本文第四部分还将论及）。⑤ 这些方法只是相互补充。⑥

（三）目的导向的解释应当服从于对规范结构的考量

1. 概说

如果人们接受解释须基于不同解释方法所构建的整体图景的话，那么他们也必须接受解释的目标并非是查明规范目的。因为如若目的解释仅仅是众多解释方法中的一种，它就不能单独导出解释结论。

目的解释还需要基于对规范结构的考虑来加以填补——这就是说要探究为了达成目的，规范都采用了怎样的手段。目的与手段都有着相对独立的基础：目的并不必然高于手段。某个规范可能想要追求某个特定目的，但刚好缺乏有效手段。而目的也不是要尽一切可能来加以达成的。规范本身毋宁已经限制了为达到目的所能够运用的手段。根据规范目的对规范进行解释并不只是涉及立法者最初设置的目标，还要考虑达成这一目标的手段。这涉及目的与手段，目标与达到目标的途径。

2. 实例：公司法中的资本维持

例如，可以发现《有限责任公司法》第30条以及第31条所涉及的"资本维持"的目

① Mann：《法律操作技术导论》，2015年第五版，§6页边码第240页。

② BverWG，NVwz 2012，1250，1251.

③ 参见 BverWG，NVwz 1973，1491，1494。

④ BverWG，NVwz 1973，1491，1494.

⑤ Larenz：《法学方法论》，1991年第6版，第345页；萨维尼：《当代罗马法体系》第一卷，1840年版，第215页；Mann：《法律操作技术导论》，2015年第5版，§6页边码第245页。法律解释要素之间的秩序仅仅被用于其自身运作的组织目的。（Mann：《法律操作技术导论》，2015年第五版，§6页边码第245页）；最近的观点参见 Walz 在《法学学习杂志》（ZJS – Zeitschrift für das Juristische Studium）2010年版上的文章，482页以及486页以下。

⑥ BverWG，NJW 1973，1491，1494；BverWG，NJW 1960，1563，1564.

的是保护公司债权人。① 为达到这一目的，公司所占有的资本不得返还给公司股东。这是一个很好的目的。而规范结构也表明了其运作方式（die Funcktionsweise）：不得将资本支付给其股东（第 30 条第 1 款第 1 句）；如果发生了这种给付，那么应当返还给该公司（第 31 条第 1 款）。而债权人对此并没有任何请求权。根据《有限责任公司法》第 31 条第 1 款，对此具有请求权的仅是该公司。是故，债权人并非得到直接的保护。他所能得到的保护只能通过（作为其债务人的）公司加以实现（同时也要承担该公司在取得款项后破产的风险）。保护债权人的规范目的并没有通过规范的运作方式而最终地加以达成。这种资本维持的模式是通过整合规范目的与规范的运作方式而得以实现：《有限责任公司法》第 30 条、第 31 条应当保护债权人利益（规范目的）。而其运作方式是：股东不得持有公司资本。至于这些资本是否用于对其他债权人的支付，《有限责任公司法》第 30 条、第 31 条根本没有触及——这些规定并不涉及公司向股东以外的人支付金钱的情况。

3. 小结

《有限责任公司法》中的资本维持能够很好地体现规范目的以及规范运作方式的协调：法律并不是不惜一切代价地追求规范目的（保护债权人）。这一目的也不能使得一切可能手段都得到辩护——所能采用的手段仅被限制在以公司财产向股东进行支付的情况。也只有在这种情况下，资本维持的手段才能够介入。如果人们能够将规范目的与运作方式协调，并考虑其他解释方法，就能了解规范的真正内容。关于资本维持，法律目的在于保护公司的债权人，而这一目的又是通过公司向股东提出要求加以实现的。

4. 对于前述结论的批判性检验

当然，前述思考是纯理论性质的——它做了很多的缩减。人们完全可以说，资本维持原则的目的并不只是保护债权人，而是以保护注册资本免受股东侵害的方式来保护债权人。那么此时以独立的规范运作方式为目标的解释就位于较次要的地位了——规范目的本身将成为研究的主要对象。事实上规范目的也常常被首先加以注意。在许多法学研究中，人们并不能对规范目的及规范结构做清楚的分类。然而，人们应当记住，这两者所表达的是不同的范畴，而这些范畴可以使困难的解释问题得到明确和适当的分析。

三、解释的标准

（一）制定法解释须依照法律实行

制定法是法律解释的对象——而法律解释方法则是解释的手段。但解释的标准并没有因此而得以确定。此处若考虑一下《德意志联邦共和国基本法》（以下简称《基本法》）

① Ekkenga："德国有限责任公司法第 31 条评注"，载《德国有限责任公司法慕尼黑评注》2015 年第 2 版，页边码第 1 页。Fastrich："德国有限责任公司法第 31 条评注"，载 Baumbach/Hueck：《德国有限责任公司法评注》，2017 年第 21 版，页边码第 1 页。

第20条第2款的规定将会有所帮助。因该条规定，行政与司法受制定法以及法律拘束。这里的“受制定法以及法律拘束”显然不同于单纯受制定法拘束。当人们对“制定法”的理解产生疑问的时候，或是当人们认真对待前述所谓“受法律拘束”的时候，那么人们就必须把存有疑问的规范视为整体法的反映。（所谓整体法同样可以借助解释加以查明）

（二）查明成文法所表达的内容

体系解释作为一种经典的法律解释规则能够部分地达成前述任务。① 当然，这里并不涉及法的整体结构，而仅仅是在成文法秩序中相关规范如何理解的问题。根据联邦宪法法院的观点，“立法者对于实质性脉络关系的设想是，作为整体的规则具有能够理解的统一意义”。② 而被置于实质性脉络关系中的法条，在解释时，原则上应当予以逻辑性的协调。③

（三）查明不成文法的内容

《基本法》第20条第3款所谓“法官受法律拘束”也包括受不成文法的拘束。④ 所以对于规范内容进行探究的尝试也必须考虑这一脉络关系。这一关系之所以有重大意义，一方面在于可以从中导出不成文法，另一方面也在于能够对于成文法提出修正。⑤ 当法律解释符合处于整体关系中的法律时，这一解释才能够获得可接受的结论。然而，知易行难。许多时候，判断只能停留在某些合乎价值的思考上，而后者可能并不总是正确的，但提供了向正确靠近的可能性。最后，涉及的是这样一个问题：某个行为是否已经被纳入法秩序当中——或是被该法秩序所禁止，或是被该法秩序所允许。

人们似乎还想更进一步加重从事法律发现的法官的负担。《基本法》第97条第1款规定：法官只服从于制定法——而这也许为偏离第20条第3款的解释提供了基础。但实际上一般并不如此解释⑥或者至少并没有被当作问题对待⑦。对此，人们当然可以说，“服从”（《基本法》第97条第1款）并不等于“拘束”（《基本法》第20条第3款）。然而，联邦宪法法院已经用恰当的言辞更好地说明了法官不得逃避其职责：“寻找法律中那些与成文法对立的不成文法律并在判决中对之加以实现，乃是司法的任务。《基本法》绝非要求法官只在文义界限内适用制定法的命令——这种要求原则上是以实证的国家制定法秩序

---

① Mann：《法律操作技术导论》，2015年第5版，§6页边码第235页。

② BVerfG，NJW 1978，2499，2500.

③ BVerfG，NJW 1978，2499，2500.

④ BVerfG，NJW 1973，1221，1225.

⑤ BVerfG，NJW 1973，1221，1225.

⑥ Sachs：“基本法第20条评注”，载Sachs：《基本法评注》2014年第7版，页边码第119页：第97条第1款强调了司法受制定法以及法律的拘束。

⑦ Hillgruber：“基本法第97条评注”，载Maunz/Dürig：《基本法评注》2016年版，页边码第26页。

无漏洞为前提的，而这是不可能的……司法的任务特别要求阐明那些内在于宪法秩序但又未能形诸成文法或未能在成文法中得到完整表述的价值立场，并在判决中对之加以实现——虽然这一行为不可避免地带有主观任性的因素。”① 所以，法律适用的标准就是法律（《基本法》第20条第3款）——这包括根据不成文法所进行的法律解释。

（四）小结

在制定法解释时，若要使用单一的法律方法，则必须关注解释的标准问题。而这所涉及的并非对规范某种可能的抽象解释，而是在法秩序整体的背景之下对于规则内容的查明。

四、在法律解释中，对于解释要素优先顺位的保持

（一）概述

如前所述，取得可接受之判决结果的必要条件，是对于法律解释方法的恰当处理（参见第三部分第〈四〉点的论述）。而这种处理会涉及以下这个问题即（第三部分第〈二〉点已经有所提及）：不同的解释方法之间是否有一种具有拘束力的顺位？或退一步说，在特定的案件中是否可以找到这种顺位关系？对于前述问题，无论是实务界还是理论界的主流观点都倾向于给出否定答案。②

（二）文义作为最高的界限

在主流观点之外，也有采用确定的解释方法顺位的学者，他们提供了不同的论证方式。③ 一种观点认为，文义是优先级别的解释方法，④ 因其构成了解释的界限。⑤ 但这种界限在理论与实践上都难以确定，因为文义本身并没有被明确加以规定；而且对于在理论上由何种（语言学的）道路去获得文义本身就存在理论上的争议。⑥ 德国联邦最高行政法院对所谓“一般语言用法”提出疑问，但稍后即将之作为认识的渊源——而对于“何谓一般语言用法”这一问题，仅仅引用了两本字典，⑦ 而非借助社会学的方法加以分析，换言之，其并未诉诸相关的社会学专家。同样情况也发生在联邦最高法院身上——它在一件

---

① BVerfG, NJW 1973, 1221, 1225.

② 参见 BverWG, NVwz 1973, 1491, 1494 以及 BverWG, NVwz 1973, 1491, 1494。

③ 参见 BverWG, NVwz 1973, 1491, 1494。

④ 还可以参见 Larenz:《法学方法论》, 1991 年第 6 版, 第 342 页; Looschelders/Roth:《法律适用过程中的法律方法》, 1996 年版, 第 87 页。

⑤ Larenz:《法学方法论》, 1991 年第 6 版, 第 342 页; Hassemer/Kargl: “德国刑法第一条评注”, 载 Kindhäuser/Neumann/Paeffgen:《德国刑法评注》, 2013 年第 4 版, 页边码第 82 页以下。

⑥ Hassemer/Kargl: “德国刑法第一条评注”, 载 Kindhäuser/Neumann/Paeffgen:《德国刑法评注》, 2013 年第 4 版, 页边码第 82 页以下。

⑦ BVerwG, NVwZ 2012, 1250, 1251.

刑事案件中借助词典来确定一般语言用法。①

（三）文字以及立法者的沉默

持有文义构成解释最外部边界的人，须基于方法论视角对这一立场加以研究：就此，根本不可能将每个解释中的文义都确定下来。相反，只有针对清晰文义才能找到所谓的"文义界限"，但何谓"清晰"则又涉及了上文提到的界定问题。② 因为制定法不能以违反立法者全部的信赖与意志的方式加以理解——立法者的意志须被当作已经写入了法律一样加以对待。如果文义根本不能表达一种特定法律的理解，那么它也不能构成任何界限。这涉及对于制定法文义的解释。因为缺乏内容之处，法律文义往往也不能确定一个界限。虽然这种内容也有可能是故意付之阙如。加之在对文字的处理中，出现两种完全相反的结论也不是不可能的。当缺乏相关法律规定时，仅仅考虑字词是无法对于相关动机进行判断的——如果缺少了一个词，凭此是无法判断这种缺乏究竟是故意的还是无意的。③ 是故，在制定法沉默之处，文义相对其他解释方法并没有支配性的拘束力。

基于此理由，所谓的"暗示理论"（Andeutungstheorie）在这个领域也没有空间。该种理论认为规范的目的必须多少在规范文字中有所体现。④ 这种观点可能适用于更执着于文义的刑法及其近似领域（参见下文第〈四〉点的论述）。联邦宪法法院关于此有一个经常被误读的权威判例——其指出："在法律解释中加以考虑的立法者意志，必须能够在制定法当中找到一种足够确定的表达（作为依据）。"⑤ 然而联邦宪法法院既未要求这种表达必须是"明确的"，也没有要求在规范中必须含有特定的字词。

（四）刑法及其相关领域的例外

只有在刑法及其相关领域，这一关于超出制定法文义进行解释的结论才必须加以修正。这里存在确定性原则（nulla poena sine lege 法无明文规定不处罚）的拘束，而该原则系出于《基本法》第 103 条第二款以及《刑法》第 1 条的规定。⑥ 是故，在确定刑事可罚

---

① BGH, NJW 2015, 2053, 2053.

② 联邦宪法法院的判例 BVerfG, NJW 2007, 1193, 1993. 也是针对这个问题的。而联邦最高法院的判例 BGH, NJW 2015, 2053, 2054. 也是同样的标准。而在解释欧盟规范以及总检察官的最终意见时也是如此，对此可以参见 BeckRS 2016, 81392 Tz. 44 以及 EuGH, DB 2010, 1571 Tz. 33。

③ 详细论述参见：Säcker："导论"，载《德国民法典慕尼黑评注》2015 年第 7 版，页边码 117 页以下。

④ 因此，仅仅根据文义是没有办法决定是否存在法续造的必要。因为只有规范内容本身是确定的。而特定规范内容的法律是否需要加以续造才能加以确定，并不仅仅取决于文义，而是取决于整个解释。Larenz 就认识到这一点，而 Sauer 则追随 Larenz 也持同样看法。Larenz：《法学方法论》，1991 年第 6 版，第 322 页；Sauer：《合宪性解释的文义界限》，2006 年版，第 5 页以下。

⑤ BVerfG, NJW 1960, 1563, 1564.

⑥ 此处刚好同样涉及宪法法院案件 BVerfG, NJW 1960, 1563, 1564. 还可以参见 BVerfG, NJW 2005, 2140, 2141。

性的法律解释中不允许采取制定法未提及的事实构成要件。① 刑事规范的文字必须被认为是决定性的且不能承认其存在未知的漏洞。

（五）法院实践拒绝了任何关于解释要素顺位关系的结论

尽管如此，从法院的实践中导不出任何解释方法之间理论上的必然优先关系。在某个案件中某个最高法院的法官可能引用立法者意志对其判决加以证明，但另一个法官则不然；甚至还存在这样的情况：在同一个判决中，一会儿引用文字，一会儿引用规范目的。② 以上种种都使我们难以得出一个确定的结论，就此也不会存在错误的法律适用。至于评论者主张的所谓法院根据自身动机不同而做出不同判决，③ 也并不如其提倡者所想象的那样令人惊讶。因为司法裁判只在裁判依据之处包含法律思维（参见《德国民事诉讼法》第313条第3款）。这使得许多非关键性的思考可以在判决中加以省略。（民事）判决在方法论上不可能是终局性的。从判决书的文字出发只能理解：何种法律思考才刚好引向了这样一个判决。④ 所以只将对判决起决定作用的方法行诸文字，是可以接受的。何种解释方法可以指向具有说服力的结果这样的问题（参见本文第五部分第〈五〉点），是无法通过计算的方法加以严格衡量的，因此法院出于不同的动机选择不同的论证是完全正确的。⑤

五、对于法律方法的正确处理与正当的结果？

（一）运用方法来发现合理的结果

首先要指出的是：联邦宪法法院要求在法律适用中正确处理解释的方法，并非借此要获得一个正确的结果，而是要获取一个合理的结果（ein begründbares Ergebnis）。⑥ 它要探求的也不是制定法客观真实的规范内容，而是一种可行并且“可接受的”（vertretbaren）规范内容。而法律解释的一般科学特征即以此为依据：因为“解释具有对话的特征，对之而言方法论上没有任何疑义的作品并非是那种绝对正当且专业人士也无法对之提出反对意见的作品……”。⑦ 对一种理解而言，某些理由是有效的，而对另一种理解，也可以“陈述另一些理由”（作为支撑）⑧ ——以上种种都属于对话（中的正常现象）。这也符合经典

① 以下宪法法院的案件是正确的：BVerfG，NJW 1995，1141，1142 以及 BVerfG，NJW 1986，1671，1672。

② 相关例子参见 Wälz，《法学学习杂志》（Zeitschrift für das Juristische Studium）2010 年，第 486 页以下。

③ Kaufmann：《法学教育》（Juristische Ausbildung）1992 年，第 297 页以及第 300 页。

④ 这点在以下案例中得到清晰的体现：BAG，NJW 2014，2382，2383；此外同样观点还可参见 Musielak，“德国民事诉讼法第 313 条的评注”，载 Musielak/Voit，《德国民法诉讼法评注》2016 年第 13 版，页边码第 15 页。

⑤ Kaufmann：《法学教育》（Juristische Ausbildung）1992 年，第 297 页以及第 300 页。

⑥ BVerfG，NJW 1990，2457，2458.

⑦ BVerfG，NJW 1990，2457，2458.

⑧ BVerfG，NJW 1990，2457，2458.

的对话理论并且富有哲理性。

（二）“可接受的”与“不可接受的”

可以发现的是，法学所要求的并不是正确和错误，而只是推导出隐藏在司法当中的“不可接受的”（观点）。许多法律人间或会在某些考卷或家庭作业的角落里发现此类观点，偶然也会在批改者模糊的评论中发现类似阐述。“不可接受的”这个术语在这里往往并没有更多值得探究的内容，也没有什么帮助。因为所谓“不可接受的”只是“没有任何实质内容”，以及“在任何法律观点下都无法理解”的论证。① 任何在方法论上有根据的（论证）都是可接受的。它只在这个意义上是“正确”的，并且也不会因为最高法院的观点与此不同而成为“错误”。② 这门学科并不使用诸如“正确”“错误”这样的范畴进行思考。它只对法律方法的正确条件感兴趣，所以它所运用的范畴是“可接受的”与“不可接受的”。

（三）“错误”以及“不可接受的”

程度性范畴（Zwischenkategorien）在这个体系中并不存在。我们常在考卷或家庭作业的角落中读到“难以接受的”理由（»schwer vertretbare« Begründung）这样的表述——这其实是不存在的。要么方法得到恰当小心的运用因而法律适用是正确的，要么在适用中存在错误。当这种错误存在时，相应的结果并不是“难以接受的”——因其方法没有被正确使用，这应是“不可接受的”。当然，研究者可以对特定的观点做出不同的评价。一个法律适用者可以在探求规范内容时给予规范历史方面更多的重视，而他的对手则可能刚好相反。这里没有谁对谁错，两种观点都是可接受的。因为每个定性研究都具有如下内在特征即：其结果强烈依赖于研究的价值评价。③ 而评价并不会使得研究变得错误和不可接受。

（四）不恰当的处理

只有当研究者在历史解释中所考虑的观点与历史背景毫无关系时，才属于错误的法律适用。历史环境不仅能被描述，还能被解释与权衡。④ 那些在发生史思考中虑及德国民法典原型（例如普鲁斯一般邦法，巴登一般邦法等）的行为无疑是正确的。这些法律所包含的规则塑造了德国民法典成型时代的德国法制，并且因此对于德国民法典的内容产生了影响。而1890年生效的大日本帝国宪法及其内在的价值立场就对于德国民法典的产生没有

---

① BVerfG, NJW 2016, 861, 863.

② 参见 BVerwG, BeckRS 2001, 23593. 参见 Staake，《法学教育》（Juristische Ausbildung）2011年，第177页－178页。

③ Brüsemeister：《定性研究》2008年第2版，第32页；Raithel：《定量研究》2008年第2版，第44页。

④ Engisch 持类似观点，参见 Engisch：《法律思维导论》，1983年第8版，第97页。

影响。若在历史解释中对之加以考虑，则在方法论上就是错误的并且其结果也是不可接受的。

（五）对“正确结果”的查明

如果法律发现仅仅是追求方法论上的工整，而非追求一个正确结果的话，是令人非常不舒服的。对法律上的问题最终仍需要做出一个判决。为此，这里需要法律解释的“正确”结果。法官不能够满足于仅仅为其案件找到一个“可接受的”结果。为此不需要具有宪法基础的、针对公民颁布法律的司法机关。法官必须对于法庭辩论做出最终的决定，而这一决定须是正确的。而宪法法院也没有为此提供很多判例。（其指出）在为不同的观点提出不同的理由之后，“必须最终决定哪个理由是更好的理由。”① 但什么是更好的理由这一问题取决于价值判断。在考试中，人们往往用“支持第一种观点的理由更佳”这样的套话来导出其针对目的性观点的判断——理想情况下，再补充一些前文并未提到的论据。②

受过专业训练的法律人能够更好地把握这一点——司法是如此处理这个问题的：

> 出发点是《住宅所有权法》不能直接加以适用。在土地登记簿上的共有人不会因为转让行为而被直接看作是住宅的所有人。……
>
> 与此相应，或者出让人，或者受让人应视为住宅的准所有人。而支持前者（成为准所有人）的理由更佳。……

成员资格的让渡还会带来许多现实的后续问题。③

什么是更好的理由，最终必须由法官自行决定。如果人们尝试超过理由本身去寻找立足点，以确定“最具有说服力的理由”④，是注定要失败的。“什么是更有说服力的理由”以及“什么是更好的理由”无法运用经验性、认识论的以及逻辑的方法加以查明。而致力于得出正确判决以及科学、细致、有效解释的法官或政府官员，会在其开展工作时或得出暂时结论的努力无所进展时，为了扩展自己对于事物的狭隘认识，向自己如下这个问题：“这个结果是否正确?”而就此获得的结果将被纳入（法律适用者所设想的）法秩序的总体结构当中。⑤

---

① BVerfG，NJW 1990，2457，2458.

② 这一极端的观点是如何被专业地加以替换的，可以参见 Meier/Jocham，《法学技能》（Juristische Schulung），2015 年，第 490 页。

③ BGH，NJW 2015，2877，2879.

④ Staake：《法学教育》（Juristische Ausbildung）2011 年，第 177 页以及第 184 页。

⑤ 如果从“理念型”理论出发的话，那么法律人的基础并非其个人立场而是客观的东西。关于这一问题脉络，值得一读的文献是 Coing 的《法律解释方法与诠释学理论》，1959 年版第 18 页。

六、作为目的解释前置阶段的“规范目的发现”中的错误

（一）对于规范目的的查明

在进行目的解释之前必须查明规范目的。（因此）在法律方法上，确定规范目的是一种位于解释之前的工作步骤。① 这里处理的也是一种定性的调查。常见的是从立法材料中得出规范目的。此后就逐步以类似历史解释的方法加以处理：要查明立法者的动机。还要查明的是：立法者在立法时点上所表达的是何种含义。

（二）制定法与立法者

根据宪法法院的要求，解释须遵从立法者的意志，而后者是一种权威的意志，其必须是能够查明的在制定法中客观化的意志。② 为此，如果参与立法程序个人的主观立场未能在制定法中有所体现的话，就不能在法律解释中被引用。③ 要查明的不仅是立法者在起草法律以及立法理由时在想什么，而是他要通过制定法文字表达什么。④ 在立法者沉默之处，并不妨碍（法律适用者）解读出立法者所希望的表达。所以书面的立法理由书对于查明立法者立场而言具有特别重要的意义。⑤

有一些规范是无法用历史解释法对其立法目的加以确定的——如果我们对这些规范加以观察，会很清楚地发现，其（被司法者认定的）目的是不断变化的。规范目的并不是历史上的立法者写下来的东西，而法律则是一种向未来开放的具有一般拘束力的规则，其并不仅能适用于制定的时代以及导致其被制定出来的那些事由，即所谓“制定法可能比立法者更聪明”——如果以上种种都能得到承认，那么前述规范目的的变化也不是不可能的。⑥ 换言之，制定法也可以包容其未来的发展。⑦ 这种理解在当今的理论界与实务界已经占据了支配性地位。⑧ 拉伦茨对此总结道：

> “于此显现的是时间的因素。作为历史事实，法律与其时代有一种功能上的关联性。但时间并非静止不动者；立法当时，以立法者所预期的方式发生作用

---

① 参见Engisch:《法律思维导论》，1983年第8版，第86页。
② BVerfG, NJW 1960, 1563, 1564.
③ 参见BVerfG, NJW 1960, 1563, 1564。
④ 也可以参见Walz, ZJS 2010, 482, 483。
⑤ BVerwG, NVwZ – RR 2005, 399, 400.
⑥ 关于这个问题，参见Engisch,《法律思维导论》，1983年第8版，第85页以下。
⑦ 相似观点还有Walz，其将历史立法者的意志与当代立法者的意志对立起来。Walz《法学学习杂志》(Zeitschrift für das Juristische Studium) 2010年，第482页以及第486页。
⑧ 相反观点参见Mann:《法律操作技术导论》，2015年第五版，§6，页边码第229页。

者，其后可能发生非立法者所预期，或非其所愿意认可的作用。”[①]

纵然在规范没有变化的时候，对其目的也很少是没有争议的。正如人们在对质权扣押问题（的讨论中）（《德国民事诉讼法》第804条）所读到的：“对规范目的是存在不同看法的，因为扣押质权的法律性质一直处于争议当中。”[②] 而各种各样关于质权扣押性质的理论都在方法上被加以认真地对待并且都是可接受的。

（三）结论的可证立性

在规范目的已经改变或规范目的本来难以查明的情况下，都需要论证什么是规范目的。如果能（为论证规范目的）找到一个理由，那么根据该目的的解释就并非“不可接受”意义上的错误。当然，若查明目的时没有正确遵循方法的话，那么它本身就是错误的，并且因而是“不可接受的”。虽然查明规范目的的方法也可以利用立法资料以了解历史上立法者的意愿，但其与制定法解释方法并不相同。除此之外，要查明规范目的，就必须问：“规范究竟想要达成什么？”为了搞清这个问题也不妨借鉴社会学的方法。[③]

七、结论

解释的目标是查明规则的内容。而所谓规则的内容并不就是规范目的，还要一并考虑制定法规定的运作方式。结合这两点才能回答“规范如何理解”这一问题。是故，解释主要致力于这两方面。此外，还应当考虑其他解释方法。

解释的标准就是法律。对此在《基本法》第20条第3款有明文规定。但法律不仅仅是制定法的总体，也包括所有不成文的法律。在适用任何单一的解释方法时，都必须考虑这个标准。只有当一个解释的结果符合制定法时，这个结果才可能是正确的。

规范文字并不构成法律解释的强制性界限。为此需判断：文义解释是否是最重要的法律解释方法。当法律有明确表述之处，不允许做出与之对立的解释。但若法律沉默，则文字也不能构成界限。尽管如此，在刑法以及与之近似的领域基于《基本法》第103条第2款以及《刑法》第1条的规定，人们必须完全受法律文义的拘束。是故，在这种情况下，被正确理解的文义是决定性的。

此外，正确的结果要通过正确使用解释方法获得。只要结果是可接受的，它原则上就是正确的。而所谓“错误”则是指不可接受的结果——即未能获得正规法律方法的证立。

---

① Larenz：《法学方法论》，1991年第6版，第350页。（译者注：这段直接摘自中译本，参见［德］拉伦茨：《法学方法论》，陈爱娥译，五南图书公司1997年版，第252页。）

② Becker：“德国民事诉讼法第804条的评注”，载Musielak/Voit，《德国民法诉讼法评注》2016年第13版，页边码第15页。

③ Klassisch Röhl：《法律社会学》，1987年版，§1，第3页。

而不同研究者的不同定性评价并不会导致结果的“不可接受性”。

当然，何者对于司法实践而言是正确的结果，并不能仅通过正确运用法律方法加以查明。此处，法律适用者须在多个方法论上可能的解释当中选择最有说服力的。

（编辑：杨知文）

法律拟制理论

——评费英格的假如哲学*

[奥地利] 凯尔森 著　俞海涛** 译

一

费英格著名的拟制理论有相当一部分是参照所谓的“法律”拟制（juridic fiction）发展起来的。事实上，费英格把法律拟制理解为拟制的一个范例。对他来说，除了数学，几乎没有其他领域比法律更适合于演绎逻辑法则，更适合于阐释或发展一般的逻辑方法，以及特别的拟制方法。他对逻辑学家长久以来忽视法律拟制的事实感到遗憾，因为他们没有看到逻辑必须从一个实际存在的科学中获取题材。① 对费英格来说，法律拟制是“科学”拟制，② 它们与认识论拟制没有原则上的区别。③ 他明确强调“法律拟制中的理解行为和整个智识状态与所有其他科学拟制在形式上是一致的”。④

然而，“法律拟制”的观念包含了十分广泛的各种现象，只有相对较小的一部分可以被视为拟制这个术语的实际意义，即费英格定义的拟制。毕竟，大多数被费英格当作法律拟制并被他用作立论基础的现象根本不是拟制；至少它们不能作为理智建构的例子，而他却将它们描述得如此符合。因此，即便必须毫无保留地同意费英格假如哲学的主要结论，

---

* 译者注：本文据英译版译出，Hans Kelsen. 2014. *On the theory of juridic fictions. With special consideration of Vaihinger's Philosophy of the as - if.* trans. Christoph Kletzer. In *Legal fictions in theory and practice*, ed. Maksymilian Del Mar and William Twining. Dordrecht: Springer. 原德文版 Kelsen, Hans. 1919. Zur Theorie der Juristischen Fiktonen: Mit besonders Berücksichtigung von Vaihingers Philosophie des Als Ob, Annalen der Philosophie 1: 630 - 658. 本文对“Philosophy of the As - If”采钱钟书译法，译为“假如哲学”，“if”译“假”，“as”译“如”，与“真如”相对。另有张东荪、李石岑、方东美等译为“宛若哲学”，瞿菊农、张君劢等译为“若然哲学”，徐梵澄译为“如是哲学”，还有人译为“仿佛哲学”“好似哲学”（参见高山杉：《德国哲学家法依兴格尔》，载《读书》2005 年第 12 期）。

** 俞海涛，男，浙江宁海人，华东政法大学 2018 级博士研究生，研究方向为法律方法论。

① Vaihinger (1913, p. 46).

② Ibid 257.

③ Ibid 447.

④ Ibid 250.

尤其在其偏好的法律拟制方面，也不得不说其论据没有说服力。

据费英格言，拟制的特征既在于其目的，又在于达致目的的方法。目的是认识现实世界；然而，方法是一种捏造，一种矛盾，一种花招，一种迂回曲折的思维。这种方法可能有点奇怪，然而拟制不过是一种逻辑运用的方法；它具有认识论特征，是一种认知工具。①

拟制服务于认识现实。“意识对现实的背离是为了准备认识现实”。②“与现实的对立”是拟制的主要特征之一。③

现在一开始就浮现这样的困惑，即在自然科学中是否会遇到本质上并不以认识现实为目的的拟制。如果我们将拟制当作把握现实的一种方法——的确有点奇怪，那么只有完全偏离常规的法律科学观才有可能使用这种意义上的拟制，相应地，这种意义上的拟制永远不会产生法律的科学认知，即便通过迂回的方式实现间接意义上的认知。如果我们用拟制的方法认识现实事物（且与现实本身相矛盾），那么在并不试图认识现实事物的科学事业中，拟制永远只会是不正当且毫无用处的，或只是一个有害的错误。

事实上，费英格十分清楚法律科学的本质！他重复强调，法律科学的任务不是收集存在于现实中的事物的知识。“到目前为止，我们谈论的唯一真正的科学拟制是法律拟制；然而，需要强调的是，法律科学实际上不是一门实证科学，不是一门研究实际存在什么的科学，而是一门研究人类的任意制度的科学。”④ 法律科学的目标是“应然”知识，称此为“人类的任意制度”并不完全正确，因为人类的任意制度也是实在的事物，能够成为实证科学如社会学的研究对象。

然而，这一切并没有对费英格的拟制理论产生重大异议，产生的只是一个重大修正。毕竟，法律科学确实使用了拟制。我们将在下面说明这是些什么样的拟制，以及大多数费英格说的法律拟制根本不是真正的拟制。此处需要说明的是，费英格的拟制概念太狭隘了，一旦某人只允许经验的现实成为认知的对象、唯一目标或产物，他也会和费英格一样。如果一个人想把非自然科学也当作科学来接受，比如伦理学，尤其是法律科学，那么这种对拟制的狭隘理解是不能被接受的。只要我们用一般意义上的“认知对象”本身来代替作为具体认知对象的“现实”，拟制的概念就会适当地扩展。只要采取迂回的方式认识对象（尤其在法律认知领域，其认知对象是法律、法律秩序、法的应然），我们就会言及拟制。在这种迂回的方式下，它有意置身于与对象矛盾的地位，只是为了更好地把握对象：就像一个攀岩者，为了避开障碍和便于登顶，有时被迫暂时往下爬，也就是朝着与他的目标——顶峰正好相反的方向。

① Ibid 175 ff and passim.
② Ibid. 27.
③ Ibid 171 ff.
④ Ibid 257.

正是在这种意义上，才能说法律科学中存在认识论拟制。它们是试图知晓法律、智识上掌握法律秩序的拟制。它们是法律理论的拟制。这样的拟制是一种辅助性概念或建构，例如法律主体或主观权利的概念。

本文中我们不需要全面考察法律主体的概念或“人”（person）的所有面向。只要说明将费英格的假如哲学运用于法律理论的拟制中是多么富有成效就够了。

在普遍的法律理解中，“人”——自然人（physical person）或法人（legal person）——作为独立于法律秩序的对象而存在。我们通常称这个对象为义务和权利的“承担者”，并或多或少地归之于现实世界中的实际存在。无论是想把这种独立的存在限定为自然人，还是扩展到所谓的法人（如有机体理论想做的那样），在此并不重要。只要注意到一个明显的倾向就足够了，即认为这个“人”存在于现实中。

现在，如果能将自然人和法律主体理解为不过是旨在简化和阐明（本文不能全面展开论证）的一套复合规范的人格化（personification）①，那么普遍存在于法律理论中的“人”的观念将是一个典型的拟制；费英格为人称道之处在于使后者中有趣而复杂的思维机理变得透明。它是一种理智建构，旨在把握法律科学的对象（即法律秩序），但它本身只是想象的产物，而且是在思维中加入到认知对象里去的。因此，它在某种程度上是对象的复制和认知的扭曲。这样，思维拐杖（aid – to – thinking）便与思维对象——即特定的法律事实直接对立，而且变得相互矛盾，正如任何对“人”的概念分析将会揭示的那样。现在，如果“人”被认为是一个实际存在的事物（最初只是作为特定的思维拐杖，仅仅是一个旨在把握法律秩序的架构），即作为一种自然对象，那么这样一个强化了的拟制确实包含了与现实的对立，这只有在法律理论声称以自然事实为研究对象的僭越中才有可能。

法律主体的概念主要是一种费英格称之为“人格化拟制”的概念。它们源于我们将理智建构拟人化的倾向，这种倾向一直支配着我们的智力，并形成“人类永恒的倾向”②，即将一切纯粹理性的事物实体化为一个人或一个主体，从而使其易于理解。“普遍原则是，现象的实体（hypostasis）某种程度上无关乎实体与人的图象有多一致。人的图象还是事物分类的真正决定因素。”③ “实体（substantiality）的基本图式（scheme）终究是人格（personality）。”④ 这确实适用于法律的人格化（即法律规范的人格化），我们必须以此种方式理解法律主体。法律规范是这一理智认知对象的实体，即特定人应当以特定方式行为的事实。“事物”的概念也是一种人格化拟制的观点，使得法律主体和主观权利（在某种程度上被理解为“事物”）成为“对象化”的法律规范的近似（如果不是等同）实体。法

① 就整个法律秩序的人格化而言，我们称之为国家法人（person of the state）；就个别法律秩序的人格化而言，我们称之为自然人或法人。

② Ibid 391.

③ Ibid 50.

④ Ibid 391.

律主体的概念同最典型的人格化拟制，即灵魂的概念或强力的概念①有相同的逻辑结构，这一点如何强调也不为过，逻辑上站不住脚并不影响它的实用性。将法人理解为一种法律灵魂（legal soul），无疑是一项值得努力的尝试。澄清伦理人格和“良心”的概念绝非没有意义，二者都可服务于阐明道德规范的人格化。费英格非常恰当地将之称为认知对象的“复制”，它在一般的拟制中，尤其在特殊的人格化拟制中发挥作用。对于可以在法律主体中发现的这种奇怪的法律复制，这种同义反复，没人能比费英格描述得更好，在以下段落中，费英格并非意图把握人的法律概念，而是意图把握强力的概念：“尤其是 17 世纪，科学领域创造了很多这样的概念；② 通过这些概念，人们真的理解了某些事物；然而，这些语词只是空壳，它们被设想为连成一片并包含实质内核。就像所有贝壳的形状只是临摹内核、复制内核，将之简单呈现在外，这些语词或概念只是同义反复，只是将事实披上外衣重新展现。”③

该矛盾存在于法律主体的观念中，声称与（“客观法”的）法律规范不同的事物，不过只是后者的重复。这些矛盾不可能解决，但若接受（费英格告诉我们的）它扎根于令我们陷入矛盾的拟制本质中，它们至少变得透明。“思维通过它自己的行动把我们引向某些伪概念，正如视觉把我们引向不可避免的错觉。一旦我们认识到视觉表象是必要的，一旦我们有意识地接受思维创造的拟制（如上帝、自由等）并看透它们，我们就能理解随之而来的逻辑矛盾是我们思维的必要产物，就能明白它们是思维器官内在机制本身的必然结果。”④

这就是为什么自相矛盾的法律主体的拟制可以在不损害法律科学的情况下被接受，因为它具有“阐明”和“简化”的优点。然而，只有对拟制的特征和受人之概念的建构方式影响的“复制”保持清醒，这一点才是正确的。至此，我们才能免于费英格所言拟制的“修正”。“在拟制与现实对立的情况下，它只有短暂的使用价值。这就是为什么……它需要修正。”⑤“这个错误必须通过简单地取消拟制的结构来纠正。”⑥ 费英格明确说：“这种修正对法律拟制来说似乎没有必要；确实没有必要。因为我们不是在精确计算现实事物，而是在处理一种任意的法律、人为建构中的事物，而不是一种自然法则、自然关系中的事物。”⑦

然而，费英格并没有真正涉及在“人”的法律概念中发现的那种拟制。后者的概念是由法律科学、法律理论或法律认知所创造的。这与立法者或法律适用者所使用的“法律”

---

① Ibid 50.

② 这里需要注明的是，Schloßmann（1906）也将法人的概念追溯至 17 世纪的系统论（the systematic）。

③ Ibid 52.

④ Ibid 223.

⑤ Ibid 173.

⑥ Ibid 297.

⑦ Ibid 197.

拟制（jurisdic fiction）不同。然而费英格主要指的是后者，尽管它们是理智建构，却不服务于认知，因此不是逻辑意义上的拟制。即便如此，费英格的评论仍然与法律理论所使用的法律主体的拟制密切相关。然而，声称法律科学非为旨在把握现实事物，他只是在消极意义上描述了法律科学在本质上与自然科学对立。从积极意义上说，法律科学的目的在于理解“应当”、认识规范。

法人的概念，只要按照其自身的逻辑结构，即作为一种镜像加以理解，就可以得到有益的运用。然而，这一概念并不能避免伴随任一人格化的危险：将其实体化为自然中的现实对象。只要把纯粹的镜像当成了现实事物，它就将主观法与客观法的矛盾——在产生现实事物前就存在的，扩展到与现实事物的矛盾。无论是对“自然人”还是“法人”而言，声称法人的概念中存在着自然之物，实际上却不在任何时空存在过。费英格将思维的拟制构造与思维线索中的“节点”做了恰当对比，“节点……辅助思维，然而，一旦把节点当成经验本身所包含的东西，却也可能成为思维的陷阱。”① 正是将法律上的“人”不当地当成现实事物——正如费英格在其他拟制中所展现的那样，导致了在法人教义下比比皆是的“伪问题”“人为创设的困难”“自我创设的矛盾”，围绕拟制的概念产生的这些问题在所有哲学和科学理论中也比比皆是。②

然而，至少不得不引入一种“修正”，即通过法律科学的自我反思和逻辑结构的厘清，将“人”的概念退回至其本质的界限内，除此别无他法。如果没有对“人”的概念提出超出其本质的要求，那么就能避免围绕“人”，特别是“法人”概念所展开的毫无效果的讨论，那么就能避免法律理论的天真、悖谬和有机体理论的过度。这种悖谬与过度只能通过拟制的惑人力量来解释，拟制的惑人力量也误导了科学思维，使其身陷法律的神秘主义。

二

需要和法律理论的拟制作明确区分的是所谓的“法律拟制”（fictiones juris）、法律实践的拟制，即立法者和法律适用者的拟制。必须强调的是，立法者运用的拟制、法律秩序内的拟制不构成费英格意义上的“拟制”。毕竟，规范的设定、立法活动不是一个思维过程，也不将认知作为它的目的。如果非要将它看作一个过程或程序，它毋宁是一种意志行为。法律秩序是用语词表达的，语词无疑会展现出语法形式，在认识论拟制的背后通常会发现这种形式：“假如”（As - If）。然而，由于法律秩序内缺乏认知目标——法律秩序是认知对象，不是认知本身或认知的表达——法律规范的语词不可能包含费英格意义上的“拟制”。

---

① Ibid 230.

② “所谓的世界终极困惑永远找不到解决之道，因为令人困惑的是我们自己创造的矛盾，这些矛盾产生于我们与纯粹的认知形式和外壳之间有趣的接触。”：Ibid 52。

让我们来考察一下费英格在“法律拟制”一章中所举的例子：《德国商法典》第347条“没有及时退还发货人的货物视为已被收货人同意接收。”① 在这个例子中我们马上就能看到准拟制（analogous fiction）（如范畴）和法律拟制本质上的一致性。然而，正如所有真正的拟制，在范畴中，人类理智的目的是理解事实或其他对象。而在第347条的拟制中，并不打算理解事实或其他什么，毋宁说是规定什么，给出一种行为规范，即创造了一种事实。当然，理智通过运用范畴使世界秩序化，从而创造出秩序统一的世界，而法律则通过范畴来规范并创造出法律世界，这两者之间有着深刻的联系。然而，认识论拟制和法律拟制的本质差异是，在后者中找不到与事实的对立，无论是与自然事实还是法律事实（即法律作为认知对象）。这种矛盾只能在关于“是”什么的陈述中找到（如果接受本文提出的扩张的拟制概念，还包括关于“应该”是什么的陈述）。然而法律不能包括这种陈述。法律中没有表达“认知”。法律自身的陈述不是这种意义上的陈述。第347条绝不是说没有及时退还发货人的货物在事实上被同意接收了。它只是说，如果货物没有及时退还，则适用与已接收货物相同的规范；它是说在这种情况下，发货人与收货人具有与已实际接收相同的义务和权利。第347条规定了没有及时退还发货人的货物视如已被接受。因此“假如”（As－If）的语法形式非为必要，它可被简单的“正如”（just as）取代。如果法律将两种情形归于同一规范，这绝不是说两者在自然事实的意义上相似。否则，每个一般规范都是拟制的，因为没有两个人、两种事实是相同的。然而因为它们被法律秩序规定为相似，它们在“法律上”就实际地、真正地相似。正如任何所谓立法者的“拟制”，第347条不过是一种省略式表达。法律仅仅是想把一种情形下的法律后果，同样地赋予另一种情形。分开来表述过于累赘和费力；或者，也许第二种情形在起先根本未予考虑。重复所有为第一种情形制定的规则是累赘的。立法者只要宣布第二种情形和第一种情形适用同样的规则就够了。认为这种效果通过强迫法律适用者接受两种情形相似的观念（即它们本质上并无不同）达到，是一种误解。在“法律上”是相同的，这仅仅意味着它们尽管在事实上存在本质差异，仍应遵循相同的法律后果。在适用法律时，这种事实差异不容忽视。法官必须首先确定事实；他必须确定货物是否被接收或是否被及时退还。如果收货人声称“我没有接收货物”，那就必须确定他没有及时退还货物。在此我们哪里找得到与现实的对立呢？

在区分法律拟制（立法者的拟制）与推定的语境中，费英格这样界定法律拟制：“在法律推定中，在确定对立事实存在之前都是推定。相比之下，拟制是一项陈述或事实的假定，即便已经确定对立事实存在。”他举了以下例子：“丈夫被视为妻子与人通奸生下的孩子的父亲，只要他在妻子怀孕期间仍在这个国家。即便他不是真正的父亲且所有人都知

① Ibid 46 ff.

道，丈夫好像就是真正的父亲一样。这最后一句区分了推定和拟制。”① 然而，即便坚持拟制与推定的区分非常正确，这里还是没有抓住拟制的本质。法律没有声称丈夫在某种情形下就是父亲，即在通奸关系中使妻子怀孕的孩子生父。法律没有这样声称；它没有假设事实，即便存在对立事实。它只是为特定的理由和目的作了规定，即在这种情形下，丈夫与妻子通奸生下的孩子互负的义务和权利，同丈夫与他自己的孩子一样。当法律规定在这种情形下丈夫为非婚生孩子的父亲，即他被当作“好像”是婚生父亲，这不过是一种法律规范的省略形式。这里没有任何与事实的对立。毕竟，可以不承认这种与现实的矛盾，只要用法律理论的术语说丈夫是法律意义上的父亲，即非婚生孩子在“法律上”的“父亲”，只要通过“父亲”一词来构造一个特殊的法律概念，即特定义务和权利的主体、特定复合规范的人格化。与事实矛盾意义上的拟制只会出现在，将“父亲”的法律观念等同于同名男性上辈意义上的自然对象。然而这种拟制显然是错误的、有害的且完全不必要的。这与上文提到过的将法人实体化为自然事实或“现实”有机体，是同一种拟制。这是一种法律理论的拟制，即旨在认识法律的活动，而不是立法者旨在创造法律的活动。

费英格最大的成就是洞悉了数学方法和法律科学的概念技术间的深层关系。② 然而，把立法拟制与数学拟制完全等同起来无疑是错误的。“这两门科学方法的相似性并不局限于它们具有纯粹拟制性质的基本概念，而且也在它们的整个方法论过程中表现出来。关于后者，在两个领域中，大多数时候我们不得不做的是将个例涵摄于‘一般’，决定该适用何者于个例。然而个例拒绝这种涵摄，因为‘一般’不足以涵盖个例。例如，在数学中我们会遇到必须将弯线处理成直线的情况；毕竟，这样计算起来很便利。在法律科学中我们将一项个例纳入一项法律，以便将后者的奖惩适用于前者。两个领域都存在着将实际上的不包含关系视为包含关系的情形：例如，把弯线当作直线和把领养儿当作亲生儿。弯线永远不可能是直线，领养儿也永远不可能是亲生儿。再举一些例子：圆应该被设想为椭圆；在法律科学中，被告若不出庭，会被当作好像承认指控，指定继承人如有不肖会被当作好像比已故遗嘱人先去世。”③ 然而，费英格似乎忽视了数学思维过程和立法者思维过程的本质差异，诚然，两者都想将个例涵摄于一般规范或概念，规范或概念却不足以普遍到涵摄个例。但立法者做了什么？他只是扩张了规范，用以涵盖新案例——他在没有拟制、没有与现实的矛盾的情况下这样做了。这个新案例与扩张了的规范之间的关系和其他案例与这个规范之间的关系并无不同。关系被有意地建立；在法律领域，这不是一种“无法在事实中建立”的关系，反而已经有效地建立在法律的“事实”中。与之对照，数学声称圆是椭圆、弯线是直线，就造成了与现实的对立。然而法律没有声称——毕竟它没有声称任何事——领养儿是亲生儿，未出席的被告事实上承认指控，或不肖继承人先于遗嘱人过

① Ibid258.

② Ibid 80, 251, 69 ff, 187.

③ Ibid 70.

世。它仅仅“声称”，即规定——该规定不与任何什么对立——适用于领养儿的规范同样适用于亲生儿；正如无视性别差异，规定规范同样地适用于男人或女人；规定未出席的被告需承担与承认指控同样的法律后果；等等。

同样地，在被费英格用作拟制的例子——“国王永不出错”的英国法原则中，① 也找不出真正的拟制。只要法律规范的效力不及国王，国王“真的”不会出错。毕竟，“错”（wrong）不是一个自然事实。“错”是一种与法律规范有关的事实，只是一种作为规范内容的事实，或作为规定了惩罚或制裁的法律规范的前提。只要法律秩序不禁止国王的作为与不作为，只要不使之成为惩罚或制裁的前提，国王就不会出错。与英国类似，奥地利和德国的法律原则，即君主可得豁免，只是创造了法律事实，法律事实是法律拟制可以成立的唯一对立面。一种错误观点认为，“错”是一种自然事实，即便谋杀没有被法律禁止或制裁威胁，也是一种法律上的“错”。上述法律原则只是在某种程度上限缩了法律秩序的适用范围，在这种观点下却成了与现实矛盾的拟制。

费英格实际上似乎意识到了立法者的“拟制”与数学拟制的区别。他先是正确地将法律科学和数学认知并列，然后就去处理立法者的而不是法律科学的建构，从而混淆了这种差异。他说：“然而法律科学处理拟制较之数学要容易得多：在法律科学的情形中，现实与任意的法律规则对立；如此一来，转换非常简单。人们必须思考事实是否如此。”然而，这里我们不是非得“转换”；立法者及法律适用者不会“思考”事实是否如此，而会随心所欲地颁布法令。这就是“事实”如何成为法律上的“事实”的。在其领域内，立法者是全能的，因为他的职能只取决于他把某些法律后果同法律前提联系起来的能力。因此，立法者的拟制就像自然本身的拟制一样是不可能的。毕竟，法律只能与它自己对立——即与它自己的事实相对立。然而，这将是荒谬的。

法律科学的拟制（必须将之与仅仅是法律用语中的省略形式区分开来）中的对立只能产生于与法律秩序、作为对象的法律且因此被当作法律科学的“事实”的关系中。法律科学建构的辅助概念，一旦转化为一种事实的陈述，就必然暗含着与法律秩序的对立，而这种对立不能从法律秩序中推演出来。一个例证就是上文提到过的“人”的概念。在立法者的拟制中当然不可能有这种与法律秩序的矛盾，有的只是使用某些语词产生的表象。

我们可以在罗马法裁判官的拟制中看到，当费英格说法律拟制时，脑子里实际上有与法律秩序的对立。他引用道（Pauly’s Realenzyklopädie des klassischen Altertumswissenschaft, III, p. 473）：“罗马人称拟制为规避法律的一个便利手段，被裁判官法所允许，其中包括许可，即在某些情况下，严格法律所要求的某些前提可被认为得到了满足，即便实际上并没有得到满足。即便法律要求的前提事实没有发生，法律后果依然如期而至。”费英格评论如下：“经过必要的修正，这一解释完全符合狭义的科学拟制。这里诞生了一种便利和

① Ibid 697.

困难的规避，这也是应对极其复杂的情事的结果。严格法律的逻辑要求也被规避了。这里还得出了正确的后果和务实的结论，尽管先决条件不正确。”然而，Pauly 对“拟制”的描述和费英格得出的结论都不完全正确。费英格的结论立足于裁判官法是一种“法律规避”的主张，并且假定它与法律的要求对立。然而这不成立，因为宪法规定裁判官不仅适用法律，还创制法律，裁判官是个立法机关。现在，如果裁判官允许一个外邦人提起只有市民才能提起的诉讼，就好像他是市民，这只意味着：一项法律规范设立了，市民的某些权利和义务扩展到了外邦人，而且这项法律规范的设立不涉及任何“假如”（as - if）和拟制，外邦人正如市民一样可以提出诉求。这里不顾不正确的前提得出的“后果和务实结论”，并不“正确”，反倒因为前提也“正确”——即合法、符合裁判官创制的新法律规则，它才正确。这里犯的错误是只把市民法当作法律秩序的唯一因素，就好像裁判官法——完全有效的客观法——不是它的组成部分。外邦人提起诉讼的权利不会与法律秩序矛盾，因为它立足于其中的规则！然而，至少可以找出一项拟制：裁判官只是适用法律，并没有创制法律。当裁判官仅仅适用了市民法就赋予外邦人只有市民才有的起诉权利，就会与全由市民法构成的法律秩序产生矛盾。这个在适用法律时产生的矛盾隐藏在拟制的背后。然而这个拟制并不声称外邦人事实上是市民，只是声称法律秩序同样地赋予了外邦人起诉的权利。在一般意义上，裁判官并没有否认市民和外邦人的差异，只有在他认为自己只是在适用法律时才否认，即声称外邦人具有同样的地位。然而当其他拟制消失的时候，这个拟制——裁判官只是法律适用者而不是被授权立法者，就变得多余、不需要、不可能了。

三

述说至此就涉及拟制的可能性——取决于与法律秩序矛盾的可能性——法律的适用不同于立法。适用法律时面对法律规范的情形确实非常类似于数学中面对圆、椭圆、弯线或直线等概念的情形。法官、商人不能任意扩张或限缩法律规范，换言之，他们不能任意地联系法律后果与前提。如果有人想将某一案件涵摄于一项不足以涵盖这个案件的规范，那么拟制可能是一个便宜之计：把这个案件当作好像可纳入这个法律规范。一项法律规定惩罚毁坏公共电报的行为，却没有规定惩罚毁坏公共电话的行为，或者在法律适用者或机关看来惩罚过轻，那么，当法官运用原为惩罚毁坏公共电报行为的法律惩罚毁坏公共电话的人时，就是一种拟制。在此，他用保护电报的规范保护了电话。这里，法官并没有把电报当作电话来处理，这不是法官所主张的，也不是他想要主张的，他只是把法律对毁坏电话和毁坏电报行为的惩罚等同处理。法律拟制只能包含虚构的法律上的主张，不能包含虚构的事实上的主张。毕竟，法官必须明确事实，不能忽略毁坏的是电话而不是电报的事实。他的主张是公共电话也不得被毁坏，这与法律秩序对立，而不是与现实对立。他通过主张（无效的）一般规范的效力得出正确的、至少是他意图得出的判决，这不是主张电话是电报。

法律适用中包含法律拟制，源于法律适用以法律认知为前提，或更准确地说，法律适用的复合行为包含法律认知的因素。然而法律适用中的拟制是否与认识论拟制类似仍需存疑，前者与类推解释的情形一致，后者通过一个不正确的概念达致一个正确的结论。毕竟，法律适用的“正确性”（correctness）只意味着合法律性（legality），不意味着实用性（utility）。将弯线拟制为直线在数学上是正确的。合法律性必须做到法律上正确，即通过类推—拟制（analogous – fictitious）解释得到合法结果。结果的合法律性只能通过法律秩序本身衡量；然而，在法律的拟制 – 类推适用中，与法律秩序的矛盾不是暂时的、可修正的，而是无法修正的。费英格声称，就拟制的核心特征来说，“这些拟制概念不是在历史上过时了，就是在逻辑上背离了。” “就与现实的对立而言，拟制只有短暂的使用价值……” 他特别强调了半拟制（semi – fiction）：“这就是必须修正的原因；没有这种修正，它们不能适应现实世界。”① 然而对于法律拟制来说，他声称这种修正并无必要。毕竟，我们不是在精准地评估现实，只是在任意的法律、人为的产物下，而不是自然法则、自然关系下进行着涵摄活动。② 然而，这不是说对法律适用情形中的法律拟制进行修正没有必要！法律拟制（立法拟制和法律适用的拟制）的智识活动不能看作是对现实的评估。只能得出结论说，这里无需与现实的对立和费英格意义上的认识论拟制。只要认识论拟制有可能存在于法律拟制中，那只能是法律认知意义上的拟制。于法律认知意义上的拟制而言，构成拟制本质的矛盾是与法律秩序的矛盾，法律秩序才是“事实”，是法律科学的认知对象。基于同样的理由，这种矛盾也需要修正，因为不经过修正，法律拟制无法适应法律秩序即法律认知的事实，就好比物理、数学或其他科学拟制中的矛盾不经过修正，其拟制就不能适应自然。相反，法律适用中的拟制——即类推解释——建立了与法律秩序的无法修正的对立。它不是引领我们达致法律“事实”的迂回道路，而是一种错误，它可能被拟制者认为有用和便宜，但永远不会达致法律科学的对象——法律。正因为这个理由，从理论上证成法律适用的拟制一直被认为不可能。这一点需要特别强调，因为费英格想把这些特殊的法律拟制现象平等地纳入他的理论体系中，毕竟，总的来说，这只是对拟制的一种辩护。

然而需要考虑的是，事实上，与法律秩序无可争辩且无法修正的对立一旦设立，这种不被认可的拟制就诞生了。在法律类推适用的所有例子中，情况并非总是如此，在某些情况下，法律秩序确实需要类推。现在，这是否已被法律规范明确规定（例如奥地利民法典的第七条，或是否仅立足于习惯法或法律的自然原则、不立足于实证法）已经不重要了，因为只要法律秩序本身允许类推适用，并且因此需要通过类推作出判决，就不可能存在与

① Ibid 172/73.

② Ibid 197.

法律秩序的对立——因此不可能存在拟制。不应忘记，任何认可这种类推的法学家，都不会拒绝把通过类推解释作出的判决称为法律。这意味着：需要类推的陈述必须被主张为一种法律规范。这种法律规范的存立当然完全是另外一回事。因此，从法律理论的角度看，立法者的拟制是不可能的，法律适用的拟制完全不能被承认，因为它违反了法律目的。

四

为了证明法律适用的拟制不属于费英格的拟制体系，需要说明，法律认知——可以引向真正意义上的拟制——在法律适用中只起着从属作用。它不是这项活动的实质、实际目的，而只是达到其目标的手段。法律的适用，正如法律的创制，并不真的旨在认识法律，而是旨在法律的实现，它是关于意志的行为。法律认知、法律理论只是法律实践的准备，为后者创造工具。

费英格可能已经区分了法律理论和法律实践。[①] 然而，他忽略了法律科学的认识论意义上的真正拟制与法律实践的伪拟制。更重要的是，费英格完全没有考虑法律实践的所谓“拟制”。但至少可以在他的著作里找到法律理论的拟制。不幸的是，大多数情况下，它们只是一个口号，并没有进一步的分析。特别是，他没有分析一般意义上的法人和特别意义上的国家法人。[②]“自由”和“社会契约”的拟制建立了国家，费英格同样认为它们为建立刑法所需，这些不是法律理论的拟制，而是伦理的拟制（ethical fictions）。国家施加惩罚的“权利”（right）需要道德的而不是法律的证成理由；作为该权利基础的自由意志，决不是必须的伦理拟制。因为费英格提到一般预防或威慑原则也是惩罚的证成理由，惩罚无需任何自由的拟制而正当存在。只有在错误地将规范性范畴适用于受因果律支配的自然事实时，只有混淆“是”与“应当”时，自由的“拟制”才会出现，至少从法律认知的角度来看，这种混淆相当多余。只有当一个人“能”以某种方式行为，或者“必须”以某种方式行为时，他才以这种方式或会以这种方式行为（“是”的情形）。“某行为将会发生”的陈述，即便该行为一直被认为是不可能的，也设立了与它试图把握的对象——现实的矛盾，因此不被认可、没有意义。然而，“某人应该以某种方式行为”的陈述，从未设立与现实或其他认知对象的矛盾，即便在应该被执行的行为看起来不可能执行的情形下。只有当忽略了“是”与“应当”的区别（作为两种不同的认知形式），并且把实现的可能性当作应然陈述的条件，才会产生以下两种陈述相矛盾的错觉，其中一种陈述“应该”如何行为，另一种陈述该行为“事实上”不可能；才会产生如下错误：为了使应然陈述具有可能性，同时使行为义务具有可能性，甚或使不同于其实际行为、不同于其实际上必为或可为的行为义务具有可能性，特定内容（应该如何行为）必须具有实现的可能性，行为者

① Ibid 257.

② Ibid 259.

必须被假想成自由人。方法论上的错误导致了自由的拟制，一旦认识到这种错误，它就变得多余了。这是对以下奇怪事实的唯一解释，即一方面是伦理学、法理学中的自由，另一方面是自然科学中的不自由，两者间的严格对立可能出现，也可能同时被双方忽略。因此，只有缺乏方法论上的洞见，自由的伦理拟制才有用而且必要。正是在这个意义上，费英格论述的拟制的第二个特征非常贴切："如果存在与现实的矛盾，拟制就只有短暂的使用价值。只要经验丰富，或者思维方法足够敏锐，就能用明确的方法代替这些暂时的方法。"①

当费英格说"国家不想把强制法建立在强力上，甚至纯粹的功利基础上，而是想使之成为真正的权利，然而这只有通过契约的拟制才有可能。毕竟，法学家认为权利只能从契约中产生"，他并没有准确把握建立国家之社会契约的拟制。建立国家之社会契约的拟制正如自由的拟制一样，并不能真正从法理上证成国家的强制职能。毕竟，这种法理上的证成理由只能源自法律规范的事实。这里需要的是法律规范上的证成理由，即规范自身规定了强制。这种证成受更高的、法外规范的影响：道德的或"自然"的基本原则，即"约定必须遵守"（pacta sunt servanda）。这才是必须拟制契约的原因，而不是因为法学家认为法律只从契约中产生。后者的说法甚至是错误的。契约只是法律秩序赋予权利和义务的众多事实之一种。

因此，建立国家之社会契约事实上不是法律理论的拟制，而是伦理拟制，一种道德世界观的拟制。法理学的视角必须摒弃这种拟制和对法律的伦理证成的想象。

五

毕竟，只有在法律的自主性假定下（于国家而言也一样），有特殊认知对象的法律科学才是可能的，即将法律秩序当作不依赖于任何更高秩序的独立的规范体系。否则，只有道德科学（伦理学）或神学是可能的，这取决于是否将法律看作道德或宗教的结果。只要我们将法律看作一种秩序、一种规范复合体，我们就不需要考虑一种可能的自然科学或法律社会学，显然，这必须被认为是一门法律科学。费英格认为法律与道德的分离是拟制的。"拟制的独立性"（fictitious isolation）产生于实证主义的观点（即假定法律是一种独立自主的秩序），是"现实组成部分的暂时脱离"。② 费英格认为将法律和道德分作两块不同的领域，对立法者和法学家来说可能有很高的价值，然而不能忘记，这里的"事实"（in fact）必须被"假如"（as - if）取代。"既然我们想要确定生活中这两个非常重要的领域之间的关系，我们很难得出结论说，事实上，两者根本没有任何关系。这一评论特别重要，由于法学家缺乏方法论上的洞见，常常把这种拟制当作现实关系，这是一个灾难性的

① Ibid 17.

② Ibid 375.

错误。片面的方法可以对法律科学和法律的实践生活作出许多有益的贡献，然而在某种意义上，暂时作出的抽象关系，总是需要被等待复原的完整现实所取代。"① 然而，这种观点很难被认同，尤其是从费英格本人的拟制理论来看。毕竟，有充分的理由说，独立于道德的、其规范效力不能还原为道德秩序的法律规范体系，不是现实组成部分的"暂时"脱离，因为作为规范复合体的法律和道德都不是现实领域的组成部分（对费英格来说，现实领域是拟制脱离而出的基准，它与自然一致，与感官世界一致），也因为法律科学和伦理学都不以这种现实作为它们的把握对象。法律与道德这两个"生活领域"之间的关系不像自然现实的两个部分之间的关系。它们的"事实"关系不是现实关系，即能被最宽泛意义上的自然科学包括社会科学把握的现实。被费英格指出拟制了独立性的实证法学，无法脱离于现实的组成部分，甚至也无法确定它的认知对象与道德的关系，因为它的视野中没有现实。然而，只要法律和道德被认为是社会事实，是自然界的实际活动（这是否可能仍是一个悬而未决的问题），它们就不是特定的法律认知对象，也不是规范伦理学的对象。在这个意义上，拟制的独立性根本不可能发生，根本没有这个需要。追问所谓法律经验、道德观念以及受之影响的道德行为的现实可知——假定其方法论上的可能性，法律和道德是完全不同于这两个词语所指涉的规范性法律科学和伦理学的对象的事物。对以认识现实的心理事实和行为为目标的认知行为来说，所谓"法律"的事实和"道德"的事实不可能有根本区别，两者拟制的独立性也就毫无便宜可言，都只不过是暂时的而已。对实证法学来说，权利不可能源自"完整现实"。

于费英格而言，法律秩序——作为应然规范的复合体——正如道德秩序一样是拟制。于他而言，诸如规范、责任、理想等必须归类于实践拟制。② 尽管费英格没有广泛探讨法律规范、法律应然和法律责任等，和道德概念一样，费英格均视为拟制。因此，用费英格的话来说：法学家将法律"视为"应然规范的总和。然而，如果这是拟制，如果法律事实上不是应然规范，法律"事实上"是什么？甚者，应然规范"是"什么？换言之，如果作为应然规范的法律是一种拟制，那么法律需要成为别的"事实"，"应然规范"也必须是"事实"，且必须有别于法律"事实"，反过来说，应然规范自身一定不是拟制。因为拟制显然包含着一种比拟（likening），即把这一实在的东西错误地等同于另一实在的东西。用拟制公式表示：X 被当作 Y（即便 X 不是 Y）；然而，这意味着 X 和 Y 必须都是实在的，或被认为是实在的。只有"等同"是拟制，而它们的存在不是。费英格的拟制公式如下："在这个公式中，某一特定的实体、特定的事物被比作别的事物，同时别的事物被认为是不可能的和非现实的……例如法律拟制的公式是：继承人被当作先于遗赠人父亲死亡，即被剥夺了继承权。"需要看到这一语境中"继承人"和"先于遗赠人死亡的人"这

① Ibid 375.
② Ibid 59 ff.

两个要素本身都是事实，无论它们在拟制关系中的地位如何。费英格往下说道："这里要表达的首先是一种比拟，即将要进行一种比拟或涵摄。这样的陈述最初除了把人比作大猩猩外没有其他内容。但为什么比作大猩猩？只是因为像而已。其他情形也类似：我们将一物比为另一物，同时我们也意识到，这种比拟建立在一个不可能的条件上；然而出于其他原因，我们非但没有拒绝这种比拟，而且这样做了。"① 拟制存在于两种事实的比拟中，尽管这种比拟存在不可能性。

然而，法律从一开始就不是现实存在的事物。没有哪部分自然事实可称为法律。如果想要无视这一事实，仍将法律"视为"应然规范，问题就来了，应然规范事实上是什么？回答是，不是现实存在的事物，不过是一种拟制。这里的拟制不仅存在于"假如"（as—if）公式中，也存在于法律所比拟的事物中。拟制、虚构的陈述——以"假如"开始的陈述——宣示了某物的实在性（并与之对立）。对拟制的分析必然导向某些现实的因素，这些现实的因素可能被错误地联系，但依旧存在；拟制必须是可分解的，否则它就悬在半空中。

因此，费英格确立的拟制概念的特征似乎并不真正符合他的"实践拟制"。基本上，费英格必须将"所有"伦理概念宣称为拟制。就伦理世界秩序、责任、理想和其他一些概念而言，他明确地这样做了。然而，在所有这些概念的情形中，恰恰遗失了费英格认为的拟制的本质因素：与现实的矛盾。毕竟，只有当一个事实被宣称、被完全知晓时，与现实的矛盾才会存在。费英格说："理想是一种概念建构，它既有内在矛盾，又与现实矛盾，然而，它有巨大的超越俗世的价值。理想是一种实践拟制。"② 这可以用在任何伦理或法律概念上，因为理想的概念与"应当"的概念"形式"相同。然而，在任何应然陈述中，尤其在一个以不可能之事为内容的陈述中，我们又能从哪里找到与现实的矛盾呢？表达理想、责任、伦理诉求的陈述（如 X 应当仁慈）和描述事实的陈述（如 X 不仁慈）在任何方面都不矛盾。即使一个人承认——一个人不得不承认——一切发生的事情都必须按照它发生的那样发生，而不能以别的方式发生，那么，与"是"有不同内容的任一"应当"就会要求某种不可能之事，"是"与"应当"之间也不会出现矛盾。a 的事实只会与非 a 的事实矛盾，而不会与非 a 的应然矛盾。除非将应然陈述（ought - statement）分解为假如陈述（as - if - statement），说 a 应当如何时，就如 a 般行为；说 X 应当仁慈，是在脑子里假想 X 在现实中仁慈，即便现实中他并不仁慈。"应当"于是成为假想的"是"（feigned is）。然而，这种观点显然错误。在"应当"的表述中，我们使用了一种与"是"的表述完全不同的形式，这种形式可以承载任何内容而不会与"是"的任何表述发生逻辑上的对立，即便"是"的表述中有相反内容。与其说"应当"为假想的"是"，毋宁说"是"为

① Ibid 164/65.

② Ibid 67.

假想的“应当”，这有同样的合法性。这就是为什么规范性概念可能存在内在矛盾，却不可能与现实矛盾。毕竟，规范认知根本不是指向现实的。当然，在规范认知中可能存在拟制，即可能存在与特定认知对象对立的概念。然而，这个认知对象本身和整个认知活动不能称为拟制。“上帝和良心”的概念可能是拟制，“应当”、“义务”（duty）和“规范”显然不是。只要试图用“好像”（as if）语句表述责任的“拟制”，就会清楚这一点：我们应当这样做，就好像我们有义务以特定方式行为。然而，在“我们应当这样做”这一句中，就已经包含了义务的要求。因此以上表述就变为：我们有义务这样做，就好像我们有义务这样做。义务等同于应当。然而，“我们应当以特定方式行为”的陈述有拟制的意味吗？如果我们说：我们以此种方式行为，即便我们“不”以此种方式行为。这确实有拟制的意味。然而，这里恰恰并不涉及这样的陈述，反而是：我们“应当”以此种方式行为，即便可能我们并不以此种方式行为。

应然陈述中的要求是否以及如何能够得到证明，每一套规范体系是否最终都建立在一个无法证明的应然陈述的基础上，则是一个完全不同的问题。放弃对这个问题的回答，也无需因此放弃拟制的特征，即与现实（作为自然现实）的矛盾。

如果应当的概念——还有责任、规范、理想、（客观）价值的概念——能被称为“拟制”，那么这种“拟制”不同于“服务于认识现实，同时设立了与现实的矛盾”的那种建构。只有将一切不是自然事实的表达、尤其是不与自然事实一致的表达理解为拟制，伦理的和法律的应然陈述才是“拟制”。因此，如果我们承认费英格所说法律规范——正如整个应然世界——是人类心灵想象的产物，是与自然存在的经验世界形成对照的思想建构，[①] 与事实的矛盾就变得毫无必要。他认为该矛盾是首要的“基本特征”，可借以“立即甄别每个拟制”[②]。正是在应然范畴里，一种形式被创造出来，在这种形式里，想象能够以不与现实产生任何矛盾的方式展开。另一方面，如果这里存在真正的拟制，那么不得不把应然世界当作（伦理的和法律的）认知对象，当作多样事实之一种，尽管这种事实不同于自然事实，却必须被视为与自然事实平等。

费英格正是通过法律拟制（即立法和法律适用的拟制）阐述了他的杰出理论，经过仔细检视，对拟制本质及其认知价值的发现，不能视为他最大的功绩。另一方面，法律科学通过各种方法知道其他类似的辅助概念。然而，阐明拟制问题的并非法律科学——如费英格认为的那样——相反，只有通过数学的和其他科学的拟制，法律科学的理论的拟制才变得更易理解。法律理论的拟制中根本没有特殊的法律拟制，它们不构成法律科学的方法论特征。

（编辑：杨铜铜）

① Ibid 70.

② Ibid 171 ff.

关系与规范*

［苏联］帕舒卡尼斯** 著　姚　远　丁文慧*** 译

鉴于资本主义社会的财富表现为庞大的商品堆积，这种社会本身也就显现出无穷的法律关系链条。

商品交换以原子化的经济为前提。孤立的私人经济时不时地通过交易联系起来。主体间的法律关系，不过是已成为商品的劳动产品之间关系的另一面。这并未阻止某些法学家——例如，彼得拉日茨基（Л. И. Пет ражицкий）——倒因为果，他们认为不是商品形式产生法的形式，相反，政治经济学所研究的经济现象表明，“人们的个体行为和群体行为，取决于民法制度（即私有财产、债法、家庭法和继承法方面的制度）催生的典型动机”。①法律关系是法的结构的原始细胞，法只有在法的结构中才能完成自己的现实运动。作为规范集合体的法，不过是一种无生命的抽象。

因此，以凯尔森为首的规范法学派，完全合乎逻辑地拒绝从法的实存角度研究法，并将全部精力集中于规范的形式意义，完全否认主体间的关系：“（法律）关系是面向法秩序的关系，确切地说是法秩序内部的关系，而不是与法秩序相对的主体之间的关系。”②

然而通行观点认为，客观法或者规范在逻辑上构成（法律关系的）具体事实的基础。按照这一观念，法律关系源于客观的规范：“要求偿还债务的请求权规范之所以存在，并不是因为债权人通常要求偿还债务，相反，债权人是因为规范的存在而提出这种要求；法不是取决于所观察案例的抽象，而是从某人设立的规则中推导出来的。”③

---

* 基金项目：国家社科基金一般项目“马克思法律思想的法国渊源研究”（17BFX161）的阶段性成果。译自 Е. Б. Пашуканис —,,Общая Теория Право И Марксизм“, Издат ельст во Коммунической Академи, 1927, ст р. 41 - 61, 并利用了 1929 年德文版（以 1927 年俄文版为底本）和 1978 年 Barbara Einhorn 的英译本（以德文版为底本）。为便于读者核查，文中的德国或法国人名均恢复为德文或法文拼写，行间注皆移入脚注。另外，不知何故，英译本这里的标题是《规范与关系》，与底本词序正相反。

** 帕舒卡尼斯，苏联共产主义科学院院士。

*** 姚远，南京师范大学法学院暨中国法治现代化研究院副教授；丁文慧，南京师范大学法学院法学理论硕士。

① Л. И. Пет ражицкий —,,Введение в изучение права и нравст венност и“, т . I, ст р. 77.

② Kelsen —,,Das Problem der Souveränität“, 1920, ст р. 125.

③ Шершеневич —,,Общая т еория права“, 1910, ст р. 274.

“规范引起法律关系”这句话可从两重意义上理解，即现实意义和逻辑意义。

我们先考虑现实意义。首先需要指出的是——法学家们也费尽心思促使彼此确信这一点——成文规范或不成文规范的总体属于书面创作领域。[①] 规范的这一总体之所以取得现实意义，正因为按照这些规则设想产生而且实际产生了关系。就连纯粹规范性方法最一以贯之的遵循者凯尔森也不得不承认，现实生活（即人们的实际行为）的某一部分须以某种方式贴近理想规范体系。[②] 事实上，例如，现今只有住在疯人院的人，才会认为沙俄的法令是有效力的法。形式法学的方法，只关心规范，“只关心符合法的东西”；这种方法只能在极其狭窄的范围内维系自身的独立性，直至事实与规范之间的张力突破一定极限。在物质现实中，规范的重要地位归功于关系。如果没有债务人清偿债务，那就不得不承认相关规则在现实中是不存在的。如果我们依然希望断言它的存在，我们就不得不以某种方式建立规范的拜物教。众多法学理论沉迷于这种拜物教化（фет ишизированием），并且用十分精致缜密的考量加以论证。

作为客观社会现象的法——无论是成文法还是不成文法——不能尽在规范或规则。规范本身，亦即规范的逻辑内容，要么直接源于现存关系，要么（如果作为国家法令颁布的话）只是一种供人判定相应关系即将出现之概然性的征兆。然而，要断定法的客观存在，单单了解法的规范内容是不够的，我们还必须弄清这种规范内容有没有在生活中（即社会关系中）落实。这方面的误解通常来自法律教义学家的思维方式，其所理解的现存规范有特定含义，不同于社会学家或历史学家所理解的法的客观存在。法律教义学家在判定具体法规范是否存在时，往往完全不注意一定的客观社会现象在不在场，只去注意特定规范命题与普遍规范前提之间有无逻辑关联。[③]

因而对法律教义学家来说，在其纯粹技术性任务的狭窄范围内，实际上除了规范别无他物，于是他能够淡定地把法和规范等量齐观。当面对习惯法的情况下，他就不得不转向现实了。一方面，在法学家看来，国家法令是法的最高规范性前提，或曰（用法言法语来讲）国家法是法的渊源，另一方面，法律教义学家关于“有效力的”法的推理，对于想要研究实存法的历史学家而言全无拘束力。科学研究（即理论研究）只能从事实着想。假如一定的关系确已形成，这意味着相应的法被创制出来，假如只是颁布法令或政令而实践中没有出现相应关系，这意味着确是在尝试创制法，但此种尝试徒劳无功。这种观点决不意味着否定阶级意志作为发展因素，决不意味着拒绝有计划地干预社会发展过程，也决不意味着“经济主义”（экономизма）、宿命论或其他可怕的东西。政治革命行动可以有许多

① “应该注意的是，法令仅在实施时才产生法，因为届时规范丢弃自己的‘纸面’内容，并在人们的生活中彰显自身的力量。”A. Ferneck —„Die Rechtswidrigkeit“, 1903, ст p. 11。

② H. Kelsen—Der soziologische und der juristische Staatsbegriff, 1922, ст p. 96.

③ 顺便说一下，我们在俄语里面运用来自同一词根的术语，分别表示“有实效的”（дейст вит ельного）法和“有效力的”（дейст вующего）法。德语则使用截然有别的动词来简化逻辑区分，即“wirken”和“gelten”，前者涉及施行中的、实效的东西，后者涉及与普遍规范前提的逻辑关联。

作为；今日尚不存在的事情，它可以在明日加以实现，但是过去明明没有的事情，它无法通过事后解释令其存在于过去。另一方面，如果我们断定建筑物的施工意图、甚至施工计划还不是实际的建筑物，那么决不会由此以为施工似乎不需要意图也不需要计划。但当事情还停留在计划的阶段，我们就不能断定建筑物已经落成。

然而，可以略微修改前述论点（即法和规范能够等量齐观），不再凸显规范本身，而是凸显社会中有效力的规制力量，或曰（套用法言法语）客观的法秩序。①

经过修改的论点也可能遭到进一步的批判。社会规制力量若被理解为具有规律性和恒定性的同一些关系，那么我们就会陷入纯粹的同义反复；若被理解为刻意组织起来的、用于保障和守护特定关系的特殊制度，那么逻辑错误就会完全彰显。我们不能说债权人和债务人之间的关系，是由相应国家存在的强制性债务追偿制度所引起的。这一客观存在的制度，保障着、守护着前述关系，但不会引起前述关系。这不是单纯经院式的语词之争，并可通过以下情况得到极好的证明：我们可以设想这种外部强制性的社会规制措施在运作时具有极不相同的完善程度，从而可以设想对一定关系的极不相同程度的保障（这可以通过历史事例加以佐证），但这些关系本身的构成不会经受任何变化。我们不妨设想这样一种极致情形，即除了进入关系的双方当事人之外，没有任何其他第三方力量能够设定标准并保障其实施，例如维京人和希腊人之间的契约，关系在这种情况下仍会存在。② 然而，只需设想一方当事人（即代表独立自主利益的一方主体）的消失，关系本身的存在可能性也就随之消灭。

别人可能对我们的观点表示反对，说如果抛开客观规范，那么法律关系和主体本身的概念就将悬而不决并且无从界定。这种反对意见表现出现代法学那深刻实践性的和经验性的精神，现代法学只信奉这样一条真理，即如果当事人不能以任何法令的相关条款为根据，那么一切诉讼皆成笑谈。但是，从理论上讲，以下两种信念同样错误："主体和法律关系并不存在于客观规范之外"，以及"在供求关系之外，价值既不存在也无从界定，因其只在价格波动中经验地显现出来"。

如今占统治地位的法律思维风格，把作为权威设定之行为规则的规范摆在首要位置，（就像我们在经济理论中观察到的那样）同极端的、全无生命的形式主义携手并进。

关于任何对象（包括那些根本不是劳动产品的对象）都可以存在需求和供给。由此可

① 顺便一提的是，社会规制活动可以在没有事先规定标准的情况下展开。所谓的司法造法的事实，令我们相信这一点。在那些全然不了解集权立法的时代，司法造法的意义尤为突出。从外面给定的规范的概念，对古代日耳曼法庭来说是完全陌生的。在陪审员看来，一切类型的规则汇编不是相关的法令，而是供其确立自己意见的辅助性教导手段。Stintzing —„Geschichte der Deutschen Rechtswissenschaft“, 1880, т. I, ст р. 39。

② 整套封建的法体系都立足于与之相似的这种没有"第三方力量"作保障的契约关系。现代国际法同样不知有外部组织的强制。当然，这种无保障的法律关系不具有稳定性，但这不能构成否定其存在的理由。绝对恒定的法总体说来并不存在；另一方面，"有序的"现代资产阶级国家不单单依靠警察和法院。清偿债务不仅是因为"所有的人都会追索债务"，其实也是为了保障未来的信贷。拒绝承兑票据的行为在"商业"世界里所引起的实践后果，十分清楚地说明了这一点。

见，价值的确定，完全不必联系生产特定对象所需的社会必要劳动时间。个人的评价这一经验事实，担当形式逻辑的边际效用论的基础。

同样，国家颁行的规范能够涉及五花八门的对象，并且具有形形色色的特征。由此可见，法的本质尽在源自最高权威的命令规范或指令规范，社会关系本身的实体不包含任何特别催生法的形式的因素。

受国家保护的关系更加安全，这一经验事实是形式逻辑的法律实证主义理论的基础。

若用马克思唯物史观的理论描述我们正在研究的问题，那么我们就会转向法律上层建筑和政治上层建筑的关系难题。

如果认为规范在一切方面都是首要因素，那么在寻找任何法律上层建筑之前，我们应当假定存在着创设规范的权威（即政治组织）。这样一来我们就应当得出结论：法律上层建筑是政治上层建筑的结果。

同时，马克思本人强调如下事实：法律上层建筑的最深层，也就是财产关系，同［经济］基础的联系十分紧密；财产关系只是“生产关系的法律用语”。[①] 国家，亦即政治阶级统治的组织，从给定的生产关系或财产关系中成长起来。马克思追随黑格尔，认为生产关系及其法律表述形成了所谓的市民社会（гражданским общест вом）。政治上层建筑，特别是官方的国家体制（официальная государст венност ь），是次要的、衍生的因素。

马克思如何想象市民社会与国家的关系，可从下面这段引文窥知一二：

“市民社会的利己主义的个人，在他那非感性的观念和无生命的抽象中可以把自己夸耀为原子，即同任何东西毫无关系的、自满自足的、没有需要的、绝对充实的、极乐世界的存在物。而非极乐世界的感性的现实却决不理会他这种想象，他的每一种感觉都迫使他相信他身外的世界和个人的意义，甚至他那世俗的胃也每天都在提醒他：身外的世界并不是空虚的，而真正使人充实的东西。他的每一种本质活动和特性，他的每一种生命欲望都会成为一种需要，成为一种把他的私欲变为追求身外其他事物和其他人的需求。然而，因为一个个人的需要，对于另一个拥有满足这种需要的手段的利己主义的个人来说，并没有什么不言自明的意义，就是说，同这种需要的满足并没有任何直接的联系，所以每一个个人都必须建立这种联系，为此，每一个个人都同样要成为他人的需要和这种需要的对象之间的牵线者。可见，正是自然必然性、人的本质特性（不管它们是以怎样的异化形式表现出来）、利益把市民社会的成员联合起来。他们之间的现实的纽带是市民生活，而不是政治生活。因此，把市民社会的原子联合起来的不是国家，而是如下的事实：他们只是在观念中、在自己想像的天堂中才是原子，而实际上

① 译者注：参见《马克思恩格斯全集》（第31卷），人民出版社1998年版，第412页。

他们是和原子截然不同的存在物，就是说，他们不是超凡入圣的利己主义者，而是利己主义的人。在今天，只有政治上的迷信还会妄想，市民生活必须由国家来维系，其实恰恰相反，国家是由市民生活来维系的。”①

马克思在另一篇作品中，即《道德化的批判和批判化的道德》，回到了同样的问题。他在跟“真正的社会主义”的代表人物海因岑（Heinzen）争论时，写道：“其实，如果资产阶级从政治上即利用国家权力来‘维持财产关系上的不公平’（马克思引用海因岑的话——帕舒卡尼斯注），它是不会成功的。‘财产关系上的不公平’以现代分工、现代交换形式、竞争、积聚等为前提，决不是来自资产阶级的政治统治，相反，资产阶级的政治统治倒是来自这些被资产阶级经济学家宣布为必然规律和永恒规律的现代生产关系。”②

因此，从生产关系到法律关系或到财产关系的距离，比所谓的实证法学以为的更短，毕竟实证法学离不开中介环节，即国家权力及其规范。在社会中从事生产的人，是经济理论赖以出发的前提。法的一般理论既然涉及基本的规定，就应当从同样的前提出发。因此，例如，要产生关于买卖契约的法律关系，就得有经济交换关系。借助于法令，政治权威能以极其多样的方式，对法律交易的形式与内容加以规制、变更、确立和具体化。法令能够十分详细地规定，谁在什么条件下能以何种方式从事购买和销售的活动。

教义法学由此得出结论，说法律关系的所有本质元素，包括主体本身，都是由规范引起的。实际上，当然，商品—货币经济的存在是基本前提，一切具体规范据此才获得意义。只有在这个前提下，法律主体才以利己主义经营主体的人格作为自己的实质根基，法令并不创造这种主体，而仅仅发现他的存在。倘若缺少该根基，相应的法律关系就成为先验的妄谈。

如果我们从动态的、历史的层面考虑，问题就变得更加分明。在这种情况下我们看

---

① Heilige Familie（Fr. Mering —,,Gesammelte Schriften von Karl Marx und Fr. Engels“, II, cr p. 227）。（《马克思恩格斯文集》（第1卷），人民出版社2009年版，第321－322页。须注意，引文中的强调处，不同于马克思原著中的强调处。——译者）

② Nachlass II, cr p. 455。（《马克思恩格斯选集》（第1卷），人民出版社1972年版，第171页。须注意，引文中的强调处，不同于马克思原著中的强调处。——译者）当然，若是由此得出以下结论那就大错特错了：政治组织通常不起作用，特别是无产阶级不必力图取得政权，因为这不是“最要紧的事”。宣扬“直接行动”的工团主义者就犯了这样的错误。改良主义者的学说同样带有深刻误解，他们牢记“资产阶级的政治统治源于生产关系”这一真理，据此认定无产阶级的暴力政治革命既不可能也无益处，也就是说，改良主义者把马克思主义变成了宿命论的、本质上反革命的学说。实际上，当然，作为资产阶级政治国家源头的那些生产关系，在其自身的发展中创造了一些先决条件，无产阶级由此不断壮大政治力量，终而在政治上战胜资产阶级。要是或有意或无意地站在资产阶级那边反对工人阶级，就可能忽视这种历史的辩证法。我们在此仅限于提出以上简略的见解，因为我们这里的任务，不是去反驳那些从马克思“基础与上层建筑”理论得出的错误结论（尤其鉴于革命的马克思主义在跟工团主义和改良主义作斗争的时候，已经出色地完成这一工作），而是从这种历史理论提炼出某些论点，对分析法的结构有所助益。

到，经济关系在自身的现实运动中，如何构成法律关系——它首次出现在纠纷时刻——的渊源。正是纠纷、利益冲突唤起了法的形式、法律上层建筑。在纠纷中，亦即在司法程序中，经济主体以法律关系参与者的身份担任当事人。法庭，即便处于最原始的形式，也是首要的法律上层建筑。通过司法程序，法律因素从经济因素中抽象出来，成为独立的因素。历史地来看，法始于纠纷，亦即始于诉讼，只是后来才包含先前纯粹的经济关系或事实关系，因此关系从一开始就具有双重方面，即经济方面和法律方面。教义法学忘记了这一顺序，并直接把现成的结果，把由国家填满全部空间的抽象规范作为出发点，可以说，教义法学为所有在这种活动中完成的东西赋予法律的性质。按照这种简单化的观念，在买卖、出借、贷入等关系中，主要决定因素不是这些关系的实质经济内容，而是以国家名义向单个人格者发布的命令；实务法律人的这种初步观点，不能用于研究和解释法的具体安排，特别是不能用于分析法的形式的最一般规定性。国家权力为法的结构带来了清晰性和稳定性，但没有为法的结构创造出根植于物质关系亦即生产关系的前提条件。

众所周知，贡普洛维奇（Gumplowicz）在他的《法治国和社会主义》（Rechtsstaat und Sozialismus）中，得出了恰好相反的结论，他宣称国家（即政治统治）居于首位。他转向罗马法史，认为自己证明了“一切私法都曾经是国家法”。依他的意见，由这一事实可见，罗马民法的所有主要制度，都作为统治阶级的特权、作为公法上的优先权而存在，以巩固获胜集团手中的权力为己任。

不可否认这套理论的说服力，因为它强调了阶级斗争的因素，终结了关于私有财产和政权的起源的田园牧歌式构想。然而，贡普洛维奇犯下两个严重错误。第一，他把形式构成性的（формообразующее）意义赋予暴力（насилию），完全忽视以下事实，即任何社会秩序（包括基于征服的社会秩序）都取决于一定的社会生产力状态。第二，他在谈论国家时，将原始统治关系和现代（即资产阶级的）用词意义上的“公共权威”之间的区分一笔抹煞。他于是得出结论认为，私法是由公法引起的。但根据以下事实，即古罗马市民法（jus civile）的主要制度（财产、家庭、继承顺序）是统治阶级为维持自己的统治而建立的，我们能够得出完全相反的结论，即“一切国家法都曾经是私法”。这一结论跟贡普洛维奇的结论同样正确，或者确切地说是同样错误，因为私法与公法的对立适应于发达得多的关系，而应用于前述原始时代则属无的放矢。如果市民法制度确系公法因素和私法因素的混合物（借用现代术语来说），那么市民法制度也在同样程度包含着宗教因素以及（在广义上）礼法因素。因此，在这样的发展阶段上，纯粹法律的因素无法被区分出来，更谈不上在一般概念的体系中得到反映。

法体系之发展的起因不是统治的需要，而是（不在统一权力领域范围内的）部落间的商贸需要。其实，贡普洛维奇本人也承认这一点。① 同境外部落、外国移民、平民以及一

---

① См. ,,Rechtsstaat und Sozialismus“，§ 36.

般而言未进入公法联合体（借用贡普洛维奇的术语）的任何人格者的商业交往，催生了万民法（jus gentium），它是纯粹的法律上层建设的原型。与市民法繁冗笨拙的形式相反，万民法将所有与经济关系这一基础的目标和本性没有关联的东西尽皆抛开。万民法遵循这种关系的本性，因此好像是“自然的”（ест ест венным）法；它力求把这种关系化简为最少量的前提，因此很容易发展为逻辑上严谨的体系。贡普洛维奇在把法律逻辑视同于民法学家（цивилист а）的逻辑时，[①] 显然是正确的，但他误认为私法体系由于最高权威的放任（попуст ит ельст ва）而得以发展起来。他的思路大致如下：由于私人纠纷没有直接地或实质性地影响到政权的利益，政权允许法学家阶层在这一领域完全自由地施展身手。[②] 相反，在国家法领域，法学家的努力通常遭到现实的无情阻挠，因为政权在自己的工作中不容任何干预，也不承认法律逻辑的无所不能。

显而易见，法律概念的逻辑，与商品生产社会的社会关系的逻辑相适应，我们应当在这些关系中（而非首领的许可中）寻找私法体系的根源。相反，支配与服从的关系的逻辑，仅在一定程度上被纳入法律概念体系之内。因此，法学的国家观永远不能成为理论，而始终是对事实的意识形态歪曲。

于是，我们无论在哪里拥有法律上层建筑的基层，我们都会发现法律关系直接产生自人们现有的物质生产关系。

由此可见，要分析处于最简单形式的法律关系，不必始于作为外部权威性命令的规范的概念。我们只消把那种“由经济关系赋予内容的”法律关系作为基础，[③] 并将法律关系的“法令”形式作为个案加以研究。

在实际历史层面提出的问题，即是否应把规范视为法律关系的前提条件，给我们带来了法律上层建筑和政治上层建筑的相互关系（соот ношения）难题。在逻辑的和体系的层面，它作为客观法和主观法的相互关系难题，呈现在我们面前。

狄骥（Duguit）在自己的宪法教科书中注意到：“‘法’这同一个词，被用于表示显然彼此深刻渗透但又判然有别的两种事物。”他是指客观意义上的法和主观意义上的法。[④] 实际上，我们在此进入法的一般理论最幽暗、最有争议的地带之一。我们所面对的是法概念的某种奇特的二元性（двойст венност ь），它的两个方面虽处于不同层面，但无疑是相互决定的。法在一方面是外部权威性规制的形式，同时在另一方面是主观私意自治的形

---

① 法的各种一般界定在漫长岁月中发展成为民法理论的一部分，这一事实指明法律逻辑本身和民法学家的逻辑之间的深刻内在联系。只有以十分肤浅的眼光考虑问题，就像卡韦林（Кавелин）那样，才会把以上事实解释成单纯的错误或误解。Сравн. Кавелин，Собрание сочинений，т . IV，ст р. 838。

② См. цит . соч. ，§ 32.

③ 译者注：参见［德］马克思：《资本论》第1卷，人民出版社2004年版，第103页。马克思在这里指出：“这种具有契约形式的（不管这种契约是不是用法律固定下来的）法的关系，是一种反映着经济关系的意志关系。这种法的关系或意志关系的内容是由这种经济关系本身决定的。”

④ 译者注：参见Leon Duguit，Études de droit public，2 vols. ，1901 – 1903。

式。在一种情况下，无条件的义务和外部强制的标志，是［法的］主要和基本的东西，在另一种情况下，在一定范围内受到保障和承认的自由的标志，是［法的］主要和基本的东西。法有时是社会组织的原则，有时则是使个人“在社会中各自为政”的手段。在一种情况下，法与外部权威完全融合，在另一种情况下，法与任何不承认它的外部权威完全对立。作为官方国家制度同义词的法，以及作为革命斗争口号的法：此处乃是聚讼不已、七颠八倒的领域。

意识到隐藏在这背后的深刻矛盾，人们纷纷努力以某种方式消除［法］概念的这种令人不快的分裂。抱着这样的目的，人们纷纷致力于牺牲“两种意义”的其中一种而成全另一种。于是，例如，在自己教科书中宣称客观法和主观法这类提法“贴近、清晰而且准确”的那位狄骥，又在自己其他的作品中敏锐地证明：主观法不过是一种误解，是一种关于秩序的概念，是“在我们这样的现实主义和实证主义时代得不到支持的一种形而上学观念”。①

德国的比尔林（Bierling）和我国以彼得拉日茨基为首的心理学家，代表着与之相对立的趋势，他们反其道而行，宣称客观法是“幻象”，是失去了现实意义的“情感投射”，是内在过程亦即心理过程的客观化产物，等等。②

我们暂且放下心理学派及其相关思潮，来考察这样一种观点，即应当完全把法理解为客观规范。

从这样的理解出发，我们一方面有了正当的权威性指令或规范，另一方面有了依此创设的主观义务。

二元论（Дуализм）似被彻底消除，但这不过是臆想中的克服。因为我们一旦着手应用这条公式，那么，迂回引入所有那些构成主观法概念所必需的精微差别的尝试，便立刻开始了。我们再次面对着与先前同样的两方面，唯一的差别在于主观法被人为地描绘成某种影像，因为命令和义务的任何结合物，都不会带给我们独立且完全现实意义上的主观法，主观法在这种意义上化身为（воплощает）资产阶级社会中的任一所有者。事实上，以财产为例就足以使人信服这一点。如果把财产权化约为针对第三人的禁令的这一尝试，不过是逻辑上的牵强附会、畸形的翻转构造，那么将资产阶级财产权描绘成社会义务也是

---

① Л. Дюги —,,Общие преобразования гражданского права“. Перевод с французского М. М. Сиверс，ст p. 15.

② 例如，试比较比尔林的说法：“把法首先看作某种客观的东西，看作法律交往成员面前的实存物，这样的努力是符合人类精神的一般倾向的。它当然有人所共知的实践价值；但我们决不能因此忘记，客观法纵然在成文法那里获得了特有的外在形式，但也始终只是我们关于法的看法，恰如我们心理活动的任何其他产物那样，仅在理智中、特别是法律交往成员本身的理智中有其真正的实存。”Bierling. ,,Juristische Prinzipienlehr“，т. I，1894，ст p. 145。

同样的虚伪。①

每位所有者以及他周围的一切人都非常清楚地认识到，归属于所有者的权利总有与之针锋相对的义务。主观法是初级的东西，因为它最终依赖物质利益，后者的存在独立于对社会生活的外部规制亦即刻意规制。

作为一切可能的权利主张的担当者和接收者的主体，由相互之间的权利主张连结起来的主体序列，是对应着经济结构的基本法律结构，也就是对应着以分工和交换为基础的社会生产关系的基本法律结构。

拥有强制手段的社会组织，是我们在预先理解纯粹的最简单形式的法律关系之后，必须转而考察的具体总体。据此，在审视法的形式的时候，作为命令或指令之结果的义务，表现为起到具体化和复杂化作用的因素。最抽象最简单形态的法律义务，应被视为主体的法律主张的反映和关联物。在分析法律关系的时候，我们可以十分清楚地看到，义务并没有穷尽法律形式的逻辑内容。义务甚至不是那种逻辑内容的独立要素。义务总是自有权利（собст венного права）的反映或关联物。一方当事人的债务，是亏欠并且系于另一方当事人的东西。债权人这一方的权利，就是债务人那一方的义务。法这个范畴只有在它囊括了权利的担当者和所有者的条件下，才能在逻辑上告成，而他权利的本质无非是固着于别人的义务。法的这种双面性一再受到彼得拉日茨基的特别强调，他用自己专门创造的心理学理论作为法的薄弱基础。但必须指出的是，权利和义务的这种相互关系，已由完全不受制于心理主义的其他法学家予以十分明确的界定。②

因此，法律关系不仅向我们提供了实际运动中的法，而且揭示了作为逻辑范畴的法的

---

① 戈伊赫巴尔格（А. Г. Гойхбарг）在他关于《俄罗斯苏维埃社会主义联邦共和国民法典》（Гражданскому кодексу РСФСР）的评注中强调，先进的资产阶级法学家们已不再把私有财产视为任意的主观权利，而将其视为人格所承受的且关乎面向整体之积极义务的资产。戈伊赫巴尔格特别援引了狄骥，后者主张资本占有者只是因为如下情况且在如下范围内才应受到法的保护，即资本占有者履行了具有社会效益的职能，正确运用了自己手里的资本。

当然，资产阶级法学家的这类极具特色的议论，是资本主义时代衰亡的先兆。但另一方面，如果说资产阶级允许议论财产的社会职能这一主题，那是因为这样的议论不会承担什么严重责任。毕竟财产的现实对立面不是被理解为一种社会职能的财产，而是社会主义计划经济，亦即财产的废除。私有财产的意义、它的主观主义，并不在于每人“食用他自己的面包”，不在于个人的消费行为（即便那是生产性的消费），而在于流通，在于获取和转让的行为，在于商品交换，其中的社会经济目的是私人目的和私意自治的盲目结果。

狄骥宣称所有者仅在履行其社会义务的时候才应得到保护，这种一般形式的宣称是没有意义的。就资产阶级国家而言，这种观点是虚伪的；就无产阶级国家而言，这种观点模糊了事实。无产阶级国家若能向每个所有者直接指明他的社会职能，那么无产阶级国家就会剥夺所有者对自己财产的处分权。既然它在经济上不宜这样做，那就意味着它必须保护私人利益本身，只不过对其施加一定量的限制。以下观点乃是一种幻念，即认为每个在苏联境内拥有一定量10卢布面额钞票（червонец）的人之所以受到我们法令和法院的保护，只是因为他已经或将要为积攒起来的钞票找到具有社会效益的用途。此外，戈伊赫巴尔格似乎完全忽视了资本所有权的最抽象形式亦即货币形式，仿佛资本仅仅存在于生产资本这一具体物质形式之中。私有财产的反社会方面，仅能在事实上加以消除，即通过以市场经济为代价来发展社会主义计划经济。纵然是西方最先进法学家提出的某些公式，也不能把源自我们民法典的法律交易转变为具有社会效益的交易，把每位所有者转变为履行社会职能的人格体。像这样在纸面上克服私有经济和私权，只能抹煞对其加以实际克服的前景。

② См.，напр.，Merkel —„Juristische Enzyklopädie“. 1885. § 146 и след. Коркунов —„Энциклопедия права“.

最典型特征。与之相对，作为正当律令的规范本身，既构成法的要素，也在同等程度上构成道德、审美和技术的要素。

技术和法之间的区分，完全不像阿列克谢耶夫（И. Алексеев）所以为的那样，[1] 即技术需要假定其材料的外在目标，而对法秩序来说每位参与者都是目的本身（самоцелью）。我们稍后会指出，对法秩序来说，唯有商品流通才是“目的本身”。就教师或外科医师的技术而言，前者以孩子的心灵作为质料，后者以接受手术的机体作为质料，大概不会有人否认，这种质料本身包含目的。

法秩序与其他社会秩序之间的区别，就在于法秩序要考量私性的、孤立的主体。法规范之所以得到它的种差，从而有别于通常的一大堆调整性规则（道德规则、审美规则、功利主义规则等），就是因为它预设了被赋予权利且据此积极主张权利的人格。[2]

试图把外在调整的理念作为法之中的基本逻辑要素，会导致法等同于用权威方式建立起来的社会秩序。这股法学思潮准确反映了以下的时代精神，即大资本主义垄断和帝国主义政策取代了曼彻斯特主义和自由竞争。

比起“人与公民不可让渡的永恒权利”，金融资本更加重视的是强权和纲纪。资本主义所有者已经蜕变为红利和汇兑差额的领受者，不得不出于一定的犬儒精神对待“神圣的财产权”。请看耶林（Ihering）关于“公债或外币外汇买卖投机（ажиот ажа）和一般商品交易投机（спекуляции）的沼泽”——“健全的法感”已在其中泯灭——这个主题的有趣慨叹。[3]

不难证明，对外部的创制规范的权威做出无条件服从这一理念，与法的形式没有任何共同之处。只消举出这种结构的极易想见因而至为清楚的事例便足矣。以军事体制为例，在其中，许多人的行动服从于针对他们的统一命令，而且长官意志是唯一积极的、自主的原则。或者再举一例：耶稣会，那里所有会士均盲目地、无条件地贯彻会长的意志。深入思考这些事例即可得出结论：（排除了个别自主意志的任何迹象的）权威性规制原则的运用越是连贯，法的范畴的用武之地就越少。人们在所谓公法的领域可以特别强烈地感受到这一点。法学理论正是在此处遇到最大障碍。总的说来，正是马克思所描绘的政治国家与市民社会相分离的现象，以两个独立难题的形式反映在法的一般理论中，其中每个难题都在体系中占据独特位置，并有相互独立的解决方案。第一个难题带有纯粹抽象的特征：如前所述，基本概念分裂为两个方面：（1）主观法，其描述了利己的人、市民社会的成员，“即没有超出作为退居于自身，退居于自己的私人利益和自己的私人任意，与共同体分割开来的个体的人”；（2）客观法，其表达了整个资产阶级国家，后者“只有同自己的这些

---

① См. ,,Введение в изучение права“, ст р. 114.

② “不应把法交给用不着它的人。” Муромцев, ,,Образование права“. 1885, ст р. 33。

③ Иеринг—,,Борьба за право“, пер. С. Ершова, ст р. 46。（德文原版为 Rudolf von Ihering, Der Kampf um's Recht, Vienna, 1900。——译者）

要素处于对立的状态，它才感到自己是政治国家，才会实现自己的普遍性”。①

主观法和客观法的难题，是身为市民的人和身为国家成员（即公民）的人这一难题的最一般哲学表述形式。同一难题以更具体的形式再次复兴，即作为公法和私法的难题。这里，事情就归结为划定法的某些实际存在的领域，归结为分门别类地安排历史上建立起来的制度。显而易见，运用形式逻辑方法的教义法学解决不了第一个难题，也解决不了第二个难题，而且无法澄清二者之间的联系。

公法和私法的划分因为如下事由而显出特别的困难，即唯有在抽象中才可能区分以下两者，其一是作为市民社会成员的人的利己利益，其二是政治整体的普遍抽象利益。实际上，这些因素彼此相互渗透。于是不可能指出这样一些具体的法律制度，它们完全地和以纯粹形式体现出广为宣扬的私人利益。

另一困难在于，法学家即便或多或少成功地在公法制度和私法制度之间划出经验的分界线，但又在每个领域的范围内碰到同样的难题；从表面看来似已解决的这个难题，此次具有不同的、抽象的面貌：它（即这一难题）以主观法和客观法之间的矛盾的形式摆在法学家面前。主观公权利——它乃是经过复兴和一定转变的私权利（以及私人利益）——侵入这样一个领域，在其中，客观法规范所反映的非人格性普遍利益应占统治地位。但一方面，民事领域（цивилист ика）——它涉及法的主要且基本的层面——广泛而坚定地享用公权利概念，另一方面，在公法理论中运用这类概念则处处引起误解和矛盾。因此，民法体系具有简洁、清晰、完备的特点，而与此同时，国家法理论充斥着有张力的、人为的、片面的甚至丑陋的建构物。法的形式及其主观权能的方面，产生于私人利己利益的分立担当者所组成的社会。当一切经济生活根据独立意志之合意的原则建立起来时，以各种方式反映这一点的任何社会职能都会具备法的特征，也就是说，不单是社会职能，而且是职能实施者的权利。但既然按照政治组织的本性，私人利益在其中不能像在资产阶级社会的经济中那样，获得如此充分的发展和如此重大的意义，于是主观公权利就表现为缺乏根基的暂时事物，一直饱受质疑。与此同时，国家并不是法律上层建设，而只能被设想为这样的东西。②

法学理论不能把“议会的权利”“行政当局的权利”等，与（比方说）债权人索债的权利混为一谈，因为这样就意味着，资产阶级意识形态所假定的普遍的、非人格的国家利益的统治地位，被孤立的私人利益取而代之。但与此同时，每位法学家都明白，如果整个法律形式一点都没从手中脱落，他就不能为那些权利赋予任何其他原则性的内容。国家法只能作为私法形式在政治组织领域中的映像而存在，否则它就根本不再是法。将本来的社

---

① 译者注：语出《论犹太人问题》，参见《马克思恩格斯全集》（第3卷），人民出版社2002年版，第172、184－185页。

② “对法学认识而言，事情主要涉及以下问题，即应当如何从法学角度设想国家。” Jellinek. „System der subjektiven öffentlichen Rechte“, cr p. 13。

会职能单纯作为社会职能来描绘、将规范单纯作为组织规则来描绘的每一次尝试，都意味着法律形式的死亡。但是，法律形式和法律意识形态的克服，以这样一种社会状况为其真正前提，在那里，个人利益和社会利益之间的矛盾得到解除。

资产阶级的典型特征正在于这样一种事实，即普遍利益脱离了私人利益并与之相对立，但在这种对立中，普遍利益无意间采取了私人利益的形式，亦即法的形式。同时，可以期待，国家组织中的法律因素，首先是能够完全纳入相互敌对的孤立私人利益框架的那些东西。①

戈伊赫巴尔格对公私法概念区分的必要性提出抗议。② 我们在他那里读到："法学家们从未成功地区分公法和私法，目前这一区分仅得到（包括我国法学家在内）最反动的法学家的认可。"戈伊赫巴尔格通过以下考量进一步证实，没必要区分公法和私法：国家不干预经济事务这一曼彻斯特学派的原则，在20世纪已经消隐；经济生活中的无限制个人任意性，有损于整体的利益；即便在没有经历无产阶级革命的国度，也有来自私法和公法领域的大量混合构成物；最后，在我们这里，居统治地位的经济活动部门集中在国家机关手里，划分民法概念和其他概念的做法丧失意义。在我们看来，这番论证基于一整套的误解。实际政策中这样那样的方向选择，并不决定概念区分的相关理论根据。例如，我们能够确信，建立基于市场纽带的经济关系带有众多弊病，但不能由此认定使用价值和交换价值的概念区分在理论上站不住脚。再者，要是不能区分公法概念和私法概念，那么指明公法领域和私法领域融为一体——总的说来，这样的指明没有新意——也就并无意义。不能分别存在的东西谈何融为一体？戈伊赫巴尔格的反对意见立足于如下观念，即仿佛前述抽象物（也就是公法和私法）并非历史发展的成果，而不过是法学家想象出来的东西。这种对立正是法律形式本身的最典型特征。公法和私法的划分，从逻辑方面和历史方面显出法律形式的特征。若宣称这种对立纯属子虚乌有，我们丝毫不会因此凌驾于"反动的"法律实践者之上，相反，我们不得不再次利用他们所运用的那些形式性的—经院主义的定义。

这样一来，公法的概念仅能在其不断排除私法的运动中得到发展，它试图把自己界定为私法的对立面，继而重新回到作为自己引力中心的私法。

---

① 参见（例如）科特利亚列夫斯基（C. A. Кот ляревский）关于选举权的议论："按照代议制，选民行使由宪法规定的国家命令所安排的一定职能。但从法治国的角度看，不能只向他赋予职能而忽视其固有的权利形式。"我们补充一点：同样也不可能将资产阶级所有权简单转化为社会职能。科特利亚列夫斯基的进一步强调是完全公允的：如果效仿拉班德（Labande）那样否认选民的主观制约因素，那么"代表的选举制就会丧失一切法律意义，沦为技术和权宜的问题"。这里我们同样碰到（基于利益、目标的统一性的）技术权宜性与（基于私人利益的分化和对立的）法律组织之间的对立。最后，代议制通过引入选民权利的司法保护或司法—行政保护，而使自身的法律特征臻于完满。司法程序和双方当事人的交锋，在这里同样构成法律上层建筑的重要元素（См. С. А. Кот ляревский. „Власт ь и право“, ст р. 25）。

国家法通常是作为宪法，亦即随着国王和议会、上院和下院、内阁和国民代表机构之间出现角逐，而成为法学阐述的对象的。行政法亦如此，它的法律内容一方面化约为保障科层制代表的权利，另一方面化约为保障居民权利。除此之外，行政法或者所谓的警察法表现为技术规则、政令等的驳杂混合物。

② „Хозяйст венное право“, ст р. 5.

试图反其道而行，也就是说，在规范概念的基础上寻找私法的基本定义（而这些定义的本质正是一般法的定义），只能得到带有内在矛盾的、无生命的—形式性的建构物。作为职能的权利不再是权利，失去私人利益支撑的权能变成不可捉摸的、抽象的东西，很容易转为其对立面，即转为义务（每一项公共权利同时也是义务）。债权人索债的“权利”有多么简单、明了和“自然”，（比方说）议会对预算进行表决的“权利”就有多么不稳固、成问题和需要阐明。如果说民法上的纠纷是在耶林所谓法律症候学（юридической симпт омат икой）层面进行的，那么法学的基础本身在此就会遭受质疑。这里是方法论上的摸索和摇摆的渊源，法学因之面临着时而转为社会学、时而转为心理学的危险。

我的一些批评者，例如拉祖莫夫斯基（т. Разумовский）① 和伊利恩斯基（И. Ильинский）②，在一定程度上认为，有鉴于以上所述，我为自己定下了“建构纯粹法学理论（т еорию чист ой юриспруденции）”的任务。伊利恩斯基据此得出结论认为，此一目标尚未达成。他写道：“作者其实创建了法的社会学理论（социологическую т еорию права），却意图将其确立为纯粹法学。”至于拉祖莫夫斯基，他没有就我得出的结论发表明确意见，也不怀疑我的确存在上述意图，他对该意图严加指责：“他的（即我本人的——作者注）担心，即方法论上的摸索可能将法学时而转为社会学、时而转为心理学，仅仅表明他没有吃透马克思主义分析方式的特征。”“鉴于帕舒卡尼斯本人看到社会学真理和法学真理之间的某种视差，深知法学的观点乃是片面的观点，这就更加奇怪了（我的批评者感到困惑——作者注）。”

这的确奇怪。一方面，我担心法学转为社会学，另一方面，我承认法学的观点是“片面的观点”。一方面，我想要提出纯粹法学理论，另一方面，我最终提出的是法的社会学理论。何以解决这些矛盾？解决的办法十分简单。身为一名马克思主义者，我没有而且不可能为自己定下建构“纯粹法学”理论的任务。我自始便清楚意识到伊利恩斯基以为我只是无意间达到的那个目标，即为法的形式及作为其表达的专门范畴提供社会学解释。正因为这样，我给本书冠以《基本法律概念批判之尝试》（Опыт　крит ики основных юридических понят ий）这一副标题。可要是我拒不承认那法律形式本身的存在，并把表达法律形式的范畴当作无聊的杜撰予以摒弃，那么我的任务当然也就变得荒谬绝伦。

当我描绘公法领域法学建构物的不牢靠和不恰当，当我论及方法论上的摇摆和摸索（法学由此面临着时而转为社会学、时而转为心理学的危险），以下想法匪夷所思，即认为我以此警告（读者）不要试图按照马克思主义视角对法学做出社会学批判。这样的警告毕竟会首先针对我本人。令拉祖莫夫斯基迷惑不解的那些论述——他给出的解释是我“没有吃透马克思主义分析方式的特征”——仅关乎资产阶级法学的不幸，后者的观念一旦脱离

---

① ,,Вест ник Ком. Академии“, кн. 8.

② ,,Молодая гвардия“, № 6.

广义上的交换关系就将威信扫地、乱作一团。或许我应当通过引证来指明，关于“威胁着法学的危险”的提法是在暗示资产阶级法哲学家的悲叹，这无关乎马克思主义的批判（它在当时尚未搅扰“纯粹法学家们”的心神），而关乎资产阶级法学的一些努力，即努力通过借鉴社会学和心理学来掩盖自身方法的局限性。我万万没有想到自己会被视作“纯净水法学家”（юрист а чист ой воды）——这种人为着受到马克思主义社会学批判“威胁”的法学而忧心忡忡——因而没有采取相应的预防措施。

（编辑：黄　涛）

法律裁判中的比较推理

[意大利] Damiano Canale* 著　徐志强** 译

一、外国法律在国内审判中真的重要吗

法院援引外国法律的做法是当代法律学界讨论最广泛的话题之一。虽然通过比较国内法和外国法律来证明一项法律决定的正当性已成为一种世界性现象，但这种做法继续引起一些相关问题：国内法院使用外国法律材料的合法性、外国法律获得的所谓事实上的权威及其对国内法律秩序结构的影响，以及对法院在全球化背景下的职能进行比较推理的政治意义。①

对这些问题的三种不同观点目前可以在辩论中找到。一些学者认为，当在法庭上进行比较推理时，它只是表面上的博学，不值得认真考虑。从这个角度来看，引用外国法律是一种修辞手段，法官已经使用了至少两个世纪，对判例法没有明显的影响。② 其他批评者认为，目前法院使用外国法律是一种有害的习惯，这种习惯削弱了国内法的权威，却没有

---

* Damiano Canale，法哲学全职教授，帕多瓦大学法学博士，从2010年到2016年担任“A. Sraffa”法律研究系主任，曾担任耶鲁法学院和牛津大学研究员。本文经王瑞超博士联系 Damiano Canale 教授授权，委托笔者代为翻译，在此向作者及王瑞超博士一并表示感谢。

** 徐志强，男，内蒙古海拉尔人，华东政法大学法律学院2017级博士研究生，研究方向为中国法律史、法律文化。

① 在巴黎第九大学（南泰尔）、庞贝·法布拉大学（巴塞罗纳）、ITAM 大学研究所（墨西哥城）和欧洲大学研究所（佛罗伦萨）举行的研讨会上介绍并讨论了本文的早期版本。感谢这些研讨会的与会者的意见和建议。我也感谢《法律方法》杂志的编辑，为我改进这篇论文方面提供的宝贵帮助。

在过去的二十年里，关于法院进行比较推理的文献有了显著的增长，在此无法进行总结。关于这场辩论的理性重建，参见塔维·安纳斯，“比较宪法推理：选择正确论点的法律与策略”（2004）第14期，杜克大学比较与国际法律301；米歇尔·博贝克，《欧洲最高法院的比较推理》（牛津：牛津大学出版社，2013年），第9－18页。马丁·盖尔特和马蒂亚斯·西姆斯对欧洲法院使用比较推理进行了实证研究。“对外国法院的引用——非法和多余的，还是不可避免的?”《来自欧洲的证据》（2014）62 Am J Com L 35。“外国法”一词将在本文中以非常广泛的意义使用：它将指不属于某一法院运作的法律秩序的法律规范。此外，我所说的“国内法”不仅仅指国家法，而且指构成法律秩序的任何一套规范。需要指出的是，法院比较推理的主题包括各种外国法律材料，如司法判决、法律规定、学理意见等。在本文中，我将着重于法律规范之间的比较，这些法律规范被广泛认为是法院用来决定一个法律案件的行动指令。

② 见 among others，Austen L Parrish，“Storm in a Teacup：The U. S. Supreme Court’s Use of Foreign Law”（2007）U Ill L Rev 637；David Fontana，“Refined Comparativism in Constitutional Law”（2001）49 UCLAL Rev 539。

对判决产生任何积极影响。他们认为，法院在做出判决时应禁止或至少不应鼓励依赖外国法律材料，因为这将维护其自身法律秩序的稳定和完整。① 相反，其他人则从积极的角度看待这一现象，因为它代表着法官对法律的普遍理解发生了有价值的变化，这一变化导致国内法院与位于不同管辖区的法院进行对话，并寻求法律秩序之间各种形式的相互补充和协调。从这个角度来看，比较推理被视为一种论证工具，法院通过它在不同的法律秩序之间建立非正式联系，分享信息和判决标准，解决相互竞争的司法制度之间的潜在冲突，或建立一套所有司法管辖区共有的系统的法律原则。②

与此相关，弗雷德·绍尔声称，外国法律不具有约束力，但已经变得具有权威性，从而改变了当代法律场景中的法律性质："当代关于引用（外国法）实践的各种争论实质是关于权威性的争论，因此他们是关于法律本身性质的争论。③ 绍尔认为，外国法律目前被视为一套独立于内容的司法判决理由；这不仅仅是口头上对判决的支持。显然，外国法律由此获得的权力只是选择性的，而不是强制性的。然而，认为外国法律具有权威性可能会逐渐影响对某一特定法律秩序的承认规则，即法官和其他法律官员确定法律渊源的做法。从这个角度来看，"引用实践反映了更深层次的东西：作为法律论据的东西发生了变化。与道德、宗教、经济或政治的争论相反，法律上的争论是决定法律到底是什么的主要因素。④

本文的主旨是，法律论证理论可以帮助我们阐明法律比较在司法决策中的特点和功能，并确定绍尔的主张是否属实，即目前外国法律在法律裁判中的运用是否提供了法律性质发生变化的证据。

为此，我将提供一个理论框架来区分不同形式的比较推理，这些比较推理依赖于隐藏在司法话语中的隐含假设。通过澄清这些假设和一般比较推理的结构，我将勾勒出一幅关于这一论证实践的系统图景，这一图景表明在何种情况下，在法律裁判中引用外国法律是

---

① 见 Eric Posner & Cass Sunstein, "The Law of Other States" (2006) 59 Stan L Rev 131 at 137; Antonin Scalia, "Foreign Legal Authority in the Federal Courts" (2004) 98 American Society of International Law Proceedings 305. 在美国，迄今已有 20 多个州立法机构提出了禁止州法院依赖外国法律材料或强烈反对这种做法的措施：见 Martha F Davies, "Shadow and Substance: The Impacts of the Anti – international Law Debate on State Court Judges" (2013) 47 New England L Rev 631。

② 见 Jeremy Waldron, "Partly Laws Common to All Mankinds." Foreign Law in American Courts (New Haven: Yale University Press, 2012) ch 3; Jdrg Fedtke, Judicial Recourse to Foreign Law. A New Source of Inspiration? (New York: Routledge, 2006) ch 3; Anne – Marie Slaughter, "Judicial Globalization" (2000) 40 Va J Int1 L 1103。

③ Fredrich Schauer, "Authority and Authorities" (2008) 94 Va L Rev 1935. 绍尔认为，一项规范具有权威性，即使它提供了与内容无关的行动理由，也就是说，法律所要求采取行动的理由并不取决于这一行动的性质或价值，而是取决于法律如此要求的这一事实。关于权威作为内容独立的观点，见 HLA Hart, "Legal and Moral Obligation" inAl Melden, ed, Essays in Moral Philosophy (Seattle: University of Washington Press, 1958) at 102; HLA Hart, Essays on Bentham: Studies in Jurisprudence and Political Theory (Oxford: Oxford University Press, 1982) at 254 – 55; Joseph Raz, The Morality of Freedom (Oxford: Clarendon Press, 1986) at 35 – 37; Leslie Green, The Authority of the State (Oxford: Clarendon Press, 1990) at 41 – 62. 6. Schauer, supra note 5 at 1960。

④ Schauer, supra note 5 at 1960.

有其自身理由的。因此，以下内容可被视为是法院一贯使用比较推理的简短指南。

文章进行如下。我将从论证理论（2.）对这一论证方法的标准解释开始。然后，我将说明“比较推理”这个标签指的是一个辩论工具包，其中包括不同的法律论证标准（3.）。区分不同类型的比较推理有助于明确它们的推理结构和隐含前提，并确定每种类型的比较论证如何影响司法决策。（4. 和5.）。这一分析将揭示法院在引用外国法律时所受到的争议性约束（如果有的话），并有助于确定这一现象是否正在改变当代法律体系中什么是法律（6.）。

二、比较推理与系统论证

传统上，比较推理在法律上被归类为系统论证。更确切地说，它是一种 ab 例推理，也称为辩论者转而行使答辩权。① 来自权威机构的论据为基于同一法院或其他法院提供的一个或多个先前裁判的司法裁判的正当性提供了理由。这些论据通常被认为是一种系统的论证，因为它们与法治的理想相联系，法治被认为是法律制度的一种基本美德：法律制度实现这一理想，只要它保证平等和法律的可预测性，而不管法律争端的当事方或裁判的法官是谁。正如尼尔·麦考密克（Neil MacCormick）所说：“对法治的忠诚要求避免决策模式从一个法官或法院到另一个法官或法院的任何轻率的变化。”② 避免这种变化需要法律制度随着时间的推移保持一致性和连贯性。然而，比较论证和其他权威论证之间的区别在于，在论证过程中要考虑的先前裁判是由在不同于法院本身的法律秩序中运作的权威机构提供的。比较论证的标准形式可以概括为以下内容：法律秩序 LO_1 中的司法判决如果与法律秩序 LOx 中与被判决案件相关的类似案件的裁判方式相一致，则该司法判决是合理的。

这一论点也可以被描述为一种推论，其结论规定了法院在确定国内法律规定的内容时可以适用的解释规则（即权威法律文本作为法律裁判的结果所表达的规范）：

（1）属于法律秩序 LO_1 的法律条文第 P_1 条规定与属于法律秩序 LO_X 的 P_X 条文第 N_X 条文相一致的内容。

（2）N_X 与 P_1 涉及的案件相关。

（3）P_1 承认 N_1，N_2，N_3……N_n 的内容。

（4）N_1 与 N_X 内容一致。

---

① Cf John Woods & Douglas Walton, Fallacies: SelectedPapers 1972 – 1982 (Berlin: De Gruyter, 1989) at 15 – 24; Frans van Eemeren & Rob Grootendorst, Argumentation, Communication, and Fallacies. A Pragma – dialectical Perspective (Hillsdale: Lawrence Erlbaum, 1992) at 136 – 37; Frans van Eemeren, Strategic Maneuvering in Argumentative Discourse. Extending the Pragma – dialectical Theory of Argumentation (Amsterdam – Philadelphia: Benjamins, 2010) at 202 – 03; Douglas Walton, Chris Reed, & Fabrizio Macagno, Argumentation Schemes (Cambridge: Cambridge University Press, 2010) at 314.

② Neil MacCormick, Rhetoric and the Rule of Law. A Theory of Legal Reasoning (Oxford: Oxford University Press, 2009) at 143.

(5) 把 N_1 的内容赋予 P_1。

与法律中的其他系统论证一样，这种论证标准遵循这样一种直觉，法律条款的内容不是原子的，而是整体的，因为它取决于它所属的规范体系。简而言之，法律内容取决于语境：确定权威法律文本所表达的规范是一项整体努力，其基础是规范之间的联系，这些规范被视为一个连贯的系统整体。但是“一致性”在这里是什么意思？这个术语指的是规范的关系属性，它确定了一个规范系统的结构并决定了其成员条件。[①] 在这方面，如果 N_1 与 N_X 不为同一案件提供不相容的法律后果（一致性），或者 N_1 是实现 N_X 所述目的的一种手段（目的论的一致性），或者 N_1 和 N_X 规定了同一法律原则或价值的内容（价值论的一致性），那么 N_1 规范和 N_X 规范被称为是一致的。

然而，这样一个系统的整体并不一定将其内容限制在某一特定的法律秩序，即一套在一个国家或超国家体制中存在或有效的法律规范。[②] 虽然“法律规范体系”和“法律秩序”这两个词在法律话语中大多用作同义词，但在论证话语中，当法院援引一个系统论证来为其裁判辩护时，却并非如此。[③] 在这种特殊情况下，法院上诉的法律规范体系可能由构成法律秩序的相同要素组成，但情况并非总是如此。它可以由属于一个法律秩序的一套规范、一份单一的法律文件构成，也可能包括法院运作的法律秩序中没有包括的部分，如外国法或国际法、法律学说、法律学者阐述的概念区别等。因此，在法院的论证实践中，属于不同法律秩序的规范可以被视为同一个非国民体系的成员，而属于同一法律秩序的规范可以被视为不同体系的成员。因此，在法律论证的背景下，法律规范体系是法官为追求某种目标或保护某种原则或价值观而精心设计的智力结构。

就比较推理而言，法院所依赖的法律规范体系是由属于不同法律秩序的规范组成：通常，一个或多个外国规范（来源）和一个国内规范（目标）。这套系统是为适应司法结果而量身定做的，其法律效力限于目标法律秩序，但同时这种效力又与属于来源法律秩序的规范相协调。

三、比较推理的类型

然而，如果我们从一般的司法实践来看，很容易发现比较推理在许多不同的方面得到了应用。“比较推理”一词实际上指的是一大类论证工具，可以用于在不同法律背景和情

① 可以看出，这不是 Dworkin 的意思，他使用“一致性”一词来指一种法律解释方法，根据这种方法，法院必须在法律原则和关于特定案件中判断什么是正确的之间寻求一种反思性的平衡。Cf Ronald Dworkin, Taking Rights Seriously (Cambridge: Harvard University Press, 1977) at 159 - 68。

② 关于规范作为法律秩序成员的存在性，法律秩序的身份标准以及法律规范的存在与有效性之间的关系，见 see Joseph Raz, The Concept of a Legal System. An Introduction to the Theory of Legal System, 2nd ed (Oxford: Clarendon Press, 1980) at 187; Carlos E Alchourr6n & Eugenio Bulygin, “The Expressive Conception of Norms” in H Hilpinen, ed, New Essays in Deontic Logic (Dordrecht: Reidel, 1981) at 95 - 124。

③ 见 Aulis Aarnio, On LegalReasoning (Turku: TurunYliopsito, 1977) ch 1。

况下，例如在一个州的法律和另一个州的法律之间，可以用来为同一案件的不同裁判辩护。

通过对标准论证形式的重构，可以识别出不同类型的比较推理。我在这里提出的论证形式简单地解释了比较推理实际上是如何被法院使用的：它们是对法官维护其规则的方式进行细致分析的工具。① 此外，比较论证，就像任何其他形式的司法推理一样，可以在司法判决的辩护中发挥不同的作用。我们稍后将研究法院是否认为它们对于证明一个法律纠纷的判决是必要的或足够的，或者比较论证是否仅仅是有说服力的。目前，我将把这个问题留到以后讨论，重点讨论这种论证技巧的不同用途。

比较推理首要被法院用作解释或综合论证。② 在解释性案件中，比较外国法和国内法律有助于证明理解应列入国内法律规定的内容的合理性。在综合性案件中，比较推理被用来填补法律上的空白：它假设案件不受国内法管辖，因此可以由外国法来解决。让我们更仔细地研究一下这个论点的两个版本。

（一）作为解释论证的比较推理

当用作解释论证时，比较推理可以达到两个主要目的，这取决于论证所依据的连贯关系是被认为是积极的还是消极的。③ 积极连贯关系允许解释者将 N_1 和 N_X 作为属于同一系统规范集的项目，尽管它们是不同法律秩序的成员。这是上述标准论证形式的情况：

（Al）如果 N_1 与 LO_X N_X 的 N_X 一致，且 LO_X N_X 与 N_1 涵盖的案件相关，则 LO_1 的 N_1 是合理的。

换句话说，这一论点所提供的解释规则要求法院解释特定的国内条款，使其内容与外国法律规范相一致。在阿特金斯诉弗吉尼亚一案中，美国最高法院依据宪法第八修正案禁止“残忍和非常规的惩罚”，裁定禁止对有智力障碍的刑事被告判处死刑。在为其对“残

① 请注意，一个逻辑上无效的论证，即它的结论不一定来自它的前提，仍然可以是一个很好的法律论证，因为该结论被认为在某种法律秩序中是合法的。见 Frans van Eemeren & Rob Grootendorst, A Systemic Theory of Argumentation. The Pragma – dialectical Approach（Cambridge：Cambridge University Press，2004）ch 7；Douglas Walton，Informal Logic. A Pragmatic Approach，2nd ed（Cambridge：Cambridge University Press，2008）at 150。

② 有人可能会反对这样一种观点，即通过解释法律文本，法院总是整合或修改法律的内容。哈特认为，当法律文本含糊不清时，解释就开始起作用，因此法律并没有为法律问题提供明确的答案：HLA Hart，The Concept of Law，2nd ed（Oxford：Clarendon Press，1994）ch 7. 因此，法律解释不能建立在现有法律的基础上：它将创造新的法律，将现有法律“整合”。我觉得这幅画不太令人满意。“当有可能就法律的含义进行论证时”法律解释即发挥作用，即当（实际的或潜在的）即，当（实际或潜在）因法律原因而将内容归于权威法律文本方面出现分歧时，尽管该案文本（或其内容）含糊不清。见 Timothy Endicott，“Legal Interpretation” in A Mannor，ed，The Routledge Companion to the Philosophy of Law（New York：Routledge，2012）112. 在这一观点中，法律解释确定了权威法律文本在特定法律背景下可以合理表达的内容。如果是这种情况，解释性理由或论点可以明显区别于综合理由或论点：解释性论点证明了对现有法律文本的解释是正当的，而综合性论点则证明了将一项法规扩展到现有法律文本未涵盖的案件或构建隐含的法律规范是正当的。

③ 关于积极与消极连贯关系的区别，见 Damiano Canale & Giovanni Tuzet，“Use and Abuse of Intratextual Argumentation in Law”（2012）3 Cogency 33. See also Fontana，supra note 2 at 539。

忍”一词的解释辩护时，法院声称，“在国际社会中，对智障罪犯判处死刑是绝对不被允许的。”虽然这一因素“绝不是决定性的”，但“它与立法证据的一致性进一步支持了我们的（解释）结论。”① 从这个意义上说，法院认为国内宪法规范和相应的外国规范属于同一体系，从而强制规定了另一个法域对该案件的规定是合理的。

另一方面，当用作否定关系时，连贯关系的目的是区分同一法律术语或短语表达不同内容的两套系统规范。在这种情况下，比较推理的形式如下：

（A2）如果 N_1 与 LO_X 的 N_X 不一致，LO_1 的 N_1 是合理的，N_X 与 N_1 所涵盖的案件相关。

比较推理在此表明，外国的法律解决方案不适合本国的法律环境，必须予以拒绝：当本国法律规定的解释与相应的外国法律规定的解释不相容时，本国法律规定的解释是正当的。② 因此，如果国内条款 P_1 承认 N_1，N_2…Nn，而 N_1 与正在比较的法律文本 P_X 的内容不兼容，而 N_2…Nn 不是这样，那么 N_1 是合理的。在这个意义上，比较推理被用来区分两套系统的规范，它们可能对应于两种法律秩序，它们通过不同的法律概念和结构，或不同的文化特征、社会需求、目的或价值。在 Regina 诉 Keegstra 一案中，加拿大最高法院被问及故意煽动对犹太人仇恨的通信是否受到《加拿大权利和自由宪章》第 1 条的保护，根据该条，只有“在自由和民主的社会中有明显的正当理由”的情况下，才允许限制权利或自由法院声称，除其他外，美国在保护言论自由方面的经验可能有助于解释这一宪法条款：“（在美国）200 多年来，一系列基本权利一直受到宪法保护。”。由此产生的实践和理论经验是巨大的，加拿大法院不应忽视。”然而，加拿大最高法院声称，应该“以批判的眼光”审视美国宪法：“加拿大和美国并非在所有方面都是一样的，在我们两国确立人权的文件也不是在同一背景下产生的。认识到这一点只是常识，正如相似之处可以作为借鉴美国经验的理由，分歧可能要求加拿大的宪法愿景偏离美国认可的愿景。”③ 因此，法院驳回了美国最高法院关于仇恨宣传立法的第一修正案判例，并将《加拿大宪章》第 1 条解释为即使在没有明显和迫在眉睫的破坏和平的危险的情况下，对言论自由进行立法侵犯也是正当的。④ 综上所述，根据不同的原则和价值观，国内宪法规范和相应的美国规范被归为不同的体系，从而证明对类似案件的不同规定是合理的。然而，必须指出的是，消极的比较论点不是结论性的：它确定了法院不能接受的解释性结果，但它没有确立适用于该案件

① Atkins v Virginia, 536 US 304 (2002), 316. 法院特别考虑到欧洲联盟及其成员国对这个问题的看法。

② 规范之间的不相容关系认为，当一个人遵守 N_X 时，就不可能遵守 N_1，反之亦然。

③ R v Keegstra [1990] 3 SCR 697, 740。正如戴维 · 贝蒂所指出的，“虽然美国当局经常被［加拿大最高法院］提起，但在大多数情况下，它对待他们非常谨慎，通常认为它们对形成适合加拿大的解决方案没有多大帮助。”David Beatty,“The Canadian Charter of Rights: Lessons and Laments”(1997) MLR at 482. 南非最高法院经常以“否定”的方式使用比较推理，以便将其对基本权利的解释与美国和加拿大在这一问题上的裁判区分开来：例如，见 S v Makwanyane [1995] CCT 3/94 ZACC 3, paras 57 ff; Carmichele v The Minister of Safety and Security [2010] CCT 48/100 AHRLR 208, para 36; Mohamed v President of the Republic of South Africa [2001] CCT 17/01 ZACC 18, paras 46 ff。

④ 美国最高法院有时也采用这种推理。见，例如，Roper v Simmons, 543 US 551 (2005), 576 – 77。

的规范。要做到这一点，还需要其他论证的工具。①

（二）作为综合论证的比较推理

正如我在上文概述的那样，法院不仅利用外国参考来证明其关于解释国内法律条款的判决或决定是正确的，而且也是为了填补法律上的空白。如果一个案件不受法院所知的法律的约束，比较推理有助于法院找到源于不同法律秩序的规范，并适用于它。在这些情况下，论点的标准形式如下：如果案件 C 不受 LO_1 的规范，而是受 LO_X 的 N_X 的规范，N_X 适用于 LO_1，那么案例应受 N_X 的规范。因此，

（A3）如果 N_X 适用于 LO_1，并且规则中不受任何 LO_1 的 N 规范的情况，则 LO_X 的 N_X 在 LO_1 中是合理的。

这个版本的比较论证不应该与类比推理混淆。案例 C 不应该仅仅因为 C 与 N_X 所涵盖的案例集具有共同的相关属性而按照 N_X 进行规范。这一论证只是证明，根据授权法官诉诸外部法律来源的参考规则（反致），适用源自不同法律秩序的规范是合理的。② 这里特别使用比较推理来确定哪些国外规范适用于国内的法律秩序。

这种比较推理被在跨国家情境下的法院所使用，例如欧盟法院：这里比较的规范属于具有垂直整合关系的法律秩序，比较推理表明这些法律制度是如何相互关联的。例如，根据 TUE 第 19 条（前《欧共体条约》第 164 条），欧盟法院必须"确保在解释和适用本条约时遵守法律"（我强调的重点）但是在这种情况下，"法律"是什么意思呢？根据 TUE 第 19 条实际上授权欧盟法院诉诸比较推理来填补欧盟法律中的空白。③ 欧洲法院在 *Factortame III* 一案中认为，"由于《条约》没有明确和具体规定成员国违反共同体法律的后果，因此应由法院根据《条约》第 164 条赋予它的任务……参照共同体法律制度的基本原则，并在必要时参照成员国法律制度的一般原则，对这一问题进行裁判……。④ 因此，根据欧盟法院的规定，第 164 条中的"法律"一词指的是法律比较：为了填补欧盟法律中的空白，欧盟法院被要求比较不同的法律秩序，并挑出其中的共同原则。在这种情况下，当

---

① 在亨德森案中，上议院用比较推理的正反两种版本来证明其裁判的合理性。法院审查了根据合同法和侵权行为法，违反义务而提出共同索赔的可能性问题在其他司法管辖区是如何解决的，并考虑到了允许同时进行补救的法律秩序和拒绝同时进行补救的法律秩序：Henderson v Merrett Syndicates［1995］2 AC 145，184 – 85. The same approach was adopted by the House of Lords in White v Jones［1995］2 AC 207。

② 法律秩序的必要功能之一是它们有"至高无上的主张"的权力：每一个法律秩序都可以"主张有权通过其他制度化体系的建立和监管其附属主体"，并拒绝另一个法律秩序对同一群体的任何至高无上的主张。见 Joseph Raz，The Authority of Law（Oxford：Oxford University Press，1979）at 101 – 02 and 118. 因此，外国法律规范在国内法律秩序中并不直接相关：法律秩序可以通过提及（反致）这些规范或赋予其法律效力来赋予这些规范相关性。在这些情况下，国内法令允许外国规范在国内管辖范围内运作，但没有哪些规范，因此而成为相关法令的一部分。

③ 见 Koen Lenaerts，"Interlocking Legal Orders in the European Union and Comparative Law"（2003）52 Int'l & Comp LQ 876。

④ 已合并案例 C – 46/93 and C – 48/93 Brasserie du Pecheur SA and Factortame［1996］ECR I – 1029。

共同体法律没有为法律问题提供答案时，比较推理成为必要的论证工具。① 判决“往往是不同法律制度‘交叉’贡献的结果”。② 欧盟法院并不总是明确宣布这些贡献的来源。事实上，欧盟法院通常适用某一成员国的一项规范，并通过比较推理证明这种做法是合理的。因此，属于源法律秩序的规范由在目标法律秩序中运作的法院适用。③

四、挑选的问题

刚刚讨论的法律中比较推理的解释性和综合性版本在法律裁判中面临同样的问题。首先，法院必须选择哪些外国法律秩序和规定与比较推理相关，并且在司法决策中值得加以考虑。这就是所谓的“挑选问题”。选择要比较的规范似乎没有一个通用的标准：法院可以自由地从世界各地的判决和其他法律材料中挑选他们更喜欢作为裁判的标准，并“忽视相反的判决。”④ 在劳伦斯和蒂龙诉得克萨斯州一案中，美国最高法院被要求确定宪法第十四修正案是否赋予同性恋者进行自愿鸡奸的基本权利。在解释这一宪法条款时，法院认为西方文明社会的观点是将相关主体进行解释对比。⑤ 在纳兹诉政府一案中，印度最高法院在处理同一问题的宪法案件中，⑥ 特别广泛地使用了比较推理。然而，它不仅考虑了西方的裁判，还考虑了斐济、香港和尼泊尔的裁判，以提醒愤世嫉俗者，正如一位评论员所指出的，“同性恋权利不是西方的奢侈构想。”⑦ 就像斯卡利亚大法官所指出的，这似乎表明，“当外来法律与自己的想法一致时就援引外来法律，否则就不予理会，不是理性的决

---

① 请注意，欧盟法院也采用比较推理作为解释性论据。在 Diaz Garcia（T－43/90）中，CFI 声称，欧盟法律中“为了确定其意义和范围而没有明确提及成员国法律”的规定通常必须给予“独立解释”。法院认为，“在没有明确提及的情况下，共同体法律的适用有时可能需要参考成员国的法律，因为共同体法院无法在共同体法律或共同体法律标准的一般原则中指明，从而能够通过独立解释来界定这一规定的含义和范围。

② Lenaerts, supra note 21 at 873. See also Pierre Pescatore, “Le recours, dans la jurisprudence de la Cour de justice des Communautds europdennes, A des normes ddduites de la comparaison des droits des Etats membres”（1980）32 Revue internationale de droit compard 337.

③ 在本文中，我假设存在一个不同于欧盟成员国法律秩序的欧盟法律秩序。然而，这一假设备受争议：见 among others, Neil MacCormick, Questioning Sovereignty: Law, State, and Nation in the European Commonwealth（Oxford: Oxford University Press, 2002）ch 7; Mattias Kumm, “The Jurisprudence of Constitutional Conflict: Constitutional Supremacy in Europe before and after the Constitutional Treaty”（2005）11 Eur LJ 262; Julie Dixon, “How Many Legal Systems? Some Puzzles Regarding the Identity Conditions of, and the Relations between Legal Systems in the European Union”（2008）2 Problema. Anuario de filosofia e teoria del derecho 9。

④ Nelson Lund & John O McGinnis, “Lawrence v Texas and Judicial Hubris”（2004）102 Mich L Rev 1555 at 1581.

⑤ Lawrence and Tyron v Texas, 539 US 558（2003）, 573. 最高法院认为，“其他与我们共同享有英美传统的其他国家以及西欧共同体主要成员”的观点值得在宪法解释中加以考虑：Thompson v Oklahoma 487 US 815（19988）, 830－3 1。

⑥ *Naz Foundation v Government of NCT of Delhi* [2009] WP（C）7455/2001.

⑦ Vikram Raghavan, “Navigating the Noteworthy and Nebulous in Naz Foundation”（2009）11 NUJS L Rev 397. See also Madhav Khosla, “Inclusive Constitutional Comparison: Reflections on India's Sodomy Decision”（2011）59 Am J Comp L 909.

策，而是诡辩。”① 因此，罗伯茨大法官指出，“在外国法律中，你可以找到你想要的任何东西”：寻求外国法律的支持”实际上扩大了法官的自由裁量权。它允许法官结合他或她自己的个人偏好［并］以先例的权威掩盖它们。”②

然而，从理论角度来看，仅仅说比较推理取决于法院的自由裁量选择是不够的。由于这种推理被广泛使用并被接受为法律依据的一种手段，问题是：在什么条件下，如果有的话，为比较目的选择某一外国规范是正当的？难道没有任何理由可以为选择特定的法规或法律秩序进行比较提供依据吗？迄今为止，我们一直在考虑的论点没有回答这个问题，因为比较推理不能提供它自己的基础。然而，必须指出的是，法院有时通过其他法律论据来证明其选择的正当性：它们诉诸不同的论证标准，为将某一外国法规与国内法规进行比较提供依据。但事实并非总是如此：在某些情况下，选择某一外国规范的理由仍然是秘而不宣的，其结果是比较推理似乎毫无根据。然而，司法话语中隐含的东西可以反事实地重建。③ 当法院规定没有理由优先考虑某一外国规范或法律秩序，我们的问题是：如果法院被要求证明其在裁判中使用外国法律是正当的，根据相应法律秩序中接受的法律证明标准，法院可以提供什么理由？这个问题的答案不是描述实际的司法推理，而是法院如何在经过深思熟虑的法律前提下为其论证选择提供充分和完整的理由。

如果采用这种分析，很容易看出论证过程遵循两个步骤。为了确定将哪个外国规范与其自身的规范进行比较，法院首先寻找与国内规范或秩序相关相似（在正相关关系的情况下）或相关不同（在负相关关系的情况下）的外国规范或法律秩序。基于这种相似性或不同性，属于不同法律秩序的两种规范似乎具有可比性，因此，出于比较的目的，选择外国法规是合理的。④ 这一论证步骤的形式如下：

（B1）如果 LO_X 的 N_X 与 LO_1 的 N_1 有相关的相似性，那么将 N_1 与 N_X 进行比较是合理的。

或者

（B2）如果 LO_X 的 N_X 与 LO_1 的 N_1 有相关的相异性，那么将 N_1 与 N_X 进行比较是合理的。

（B1）证明积极使用比较推理是正当的，而（B2）证明消极使用这一论点是正当的。现在，这第一步只是提供了区分可比较和不可比较法律规范的理由。需要其他论证工具来

---

① Roper supra note 18 at 627 (Justice Scalia dissenting).

② John G Roberts, “Confinnation Hearing on the Nomination of John G. Roberts, Jr. to be Chief Justice of the United States Before the S. Comm. on the Judiciary” (2005) 109th Cong 201.

③ 关于在推理实践中使用与事实相反的陈述来明确原因交换中隐含的内容的想法，见 Robert B Brandom, Between Saying and Doing. Toward an Analytic Pragmatism (Oxford: Oxford University Press, 2008) at 80 and 96 – 98。

④ 这个论证步骤本质上属于类比。法院被要求确定两个或多个与当前案件相关的规范的共同属性。关于类比推理的相关性标准，见 Damiano Canale & Giovanni Tuzet, “The A Simili Argument: An Inferentialist Setting” (2009) 22 Ratio Juris 499。

证明在与国内法相当的规范或法律秩序中选择某一外国规范或法律秩序是合理的。事实上，法院可能会诉诸不同的论据，以选择哪一种外国规范或法律秩序值得考虑以供比较。更准确地说，法院可以通过来自目的的论证、来自原则的论证、来自结果的论证和历史渊源的论证来证明其选择是由法律决定的。仔细观察这些论证就会发现这是如何发生的：

（C1）目的论证：对外来规范 N_X 的偏好取决于纳入 N_X 规范体系的社会或政治目的。当 N_X 被认为是实现法律体系目标的合适手段时，出于比较目的选择 N_X 被认为是合适的。例如，在欧洲法院的裁判中，用来填补欧盟法律空白的国家规范的选择，取决于哪种法律解决方案更符合欧盟的法律目的，即欧洲融入“基于法治的共同体。”① 换句话说，如果一个成员国的某项规范被视为

（C2）原则论证：对外国规范 N_X 的偏好取决于描述适用该规范的法律秩序的法律原则。如果 N_X 与这些原则是一致的，在某种意义上，它允许法院更好地保护它们，在比较推理中使用 N_X 是合理的。例如，在阿特金斯诉弗吉尼亚案和罗珀诉西蒙斯案中，美国最高法院只考虑西方法律命令，尤其是欧洲人权法院的裁判，因为它们与美国联邦秩序共享相同的基本权利和原则。② 最高法院认为，这一共同基础证明了法律比较和外国法律在美国宪法解释中的实际运用是正当的。

（C3）结果论证：对外国规范的偏好取决于它在其原始法律背景下引发的社会后果。如果法官认为这些后果与他们自己的社会背景相关，那么将这一规范作为比较的对象是合理的。例如，在华盛顿诉格鲁克斯伯格案中，美国最高法院参照荷兰医生协助自杀的经验，以确定承认这种做法是一项基本权利是否会鼓励相关形式的安乐死，或损害医学伦理。③ 在这种情况下，比较推理被用来解决影响司法裁判正当性的事实争议。④ 法院认为，他们可以从其他法院和法律制度在处理某一社会问题方面的经验中吸取教训，因为外国法提供了“可能遵循的后果的路线图”。⑤

（C4）历史渊源论：对外来规范 N_X 的偏好取决于它的起源和随时间的发展。如果外

① Case 294/83 Les Verts v Parliament [1986] ECR 1339, para 23. See Miguel P Maduro, “Interpreting European Law: Judicial Adjudication in a Context of Constitutional Pluralism” (2007) 1 EJLS 1; Lenaerts, supra note 21 at 873.

② Atkins, supra note 15 at 316; Roper, supra note 18 at 576. 36. Washington v Glucksberg, 521 US 702 (1997), 734.

③ Washington v Glucksberg, 521 US 702 (1997), 734.

④ See on this subject Basil Markesinis & Jorg Fedtke, “The Judge as Comparatist” (2005 – 06) 80 Tul L Rev 11 at 97. 布赖耶法官在《普林茨》一书中声称：“当然，我们正在解释我们自己的宪法，而不是其他国家的宪法，它们的制度和我们自己的制度之间可能存在相关的政治和结构差异。但是，他们的经验还是可以为我们提供一些经验，帮助我们理解不同的解决方案对一个共同法律问题的影响。” Printz v United States, 521 US 898 (1997), 977。

⑤ William N Eskridge Jr, “United States: Lawrence v Texas and the Imperative of Comparative Constitutionalism” (2004) 2 ICON 555 at 560. See also Posner & Sunstein, supra note 3 at 139. 然而，一些评论人士指出，“一个国家的经验可能对另一个国家可能产生的后果影响甚微”，因为许多变量都可能决定观察到的结果，而不仅仅是正在讨论的法律。Annus, supra note 1 at 338. Cf also Mark Tushnet, “The Possibilities of Comparative Constitutional Law” (1999) 108 Yale LJ 1225 at 1307。

国法律秩序 LO_X 起源于国内法律秩序，或者是同一个家族的成员，或者有着相同的历史，那么出于比较的目的，那么就有理由使用 LO_X 的 N_X 来进行比较。在穆罕默德诉共和国总统一案中，南非宪法法院被要求裁定将一名被指控为国际恐怖主义的非法移民驱逐到美国是否违反南非人权法案，因为该移民可以在美国被判死刑。为了解决这一问题，法院广泛审查了英联邦国家对类似案件的判决，认为那些与国内法律具有相同历史渊源的法令的经验在宪法解释中具有重要意义。① 从这个意义上说，随着时间的推移，法律秩序的发展被认为是进行法律比较的适当基础。

根据上述分析，很明显，所谓的“比较推理”是一个复杂的论证过程，包括不同的推理步骤。首先，这个论证要么被用来证明一项司法判决是合理的，要么被用来表明一项判决是不合理的。此外，它还有助于解释法律条款或填补法律空白。通过使用比较推理来实现其中一个目的，法院承诺采取进一步的论证行动，这可以证明选择那些适用于法律比较的外来规范是合理的。显然，这并没有消除比较推理涉及司法自由裁量权的事实：这种论证技术可以用来证明对同一法律文本的不同解释以及对同一司法争议的不同解决方案是合理的。然而，引用外国法律给司法选择带来了一些争论性的限制：这些限制首先通过比较论证的每一个版本的推理规则来表达，其次通过证明其前提的解释规则或标准来表达。这些规则和标准为决策提供了迈克尔·布拉特曼所说的“框架理由”：它们通过确定争论的起点，通过从法院的审议中筛选出一些选项并选择可接受的选项，来构建和塑造司法程序。② 因此，通过分析比较推理的推理结构，人们可以确定它的适当和不适当的使用：当它使司法结果与其自身前提不一致时，引用外国法律是不适当的。

然而，这只是故事的一部分。从法律论证的角度来看，问题就变成了：是什么允许法院遵循这里列出的一种论证路径而不是另一种？例如，在什么情况下，历史渊源因素比评估社会结果或遵守法律原则更可取，以证明出于比较目的选择某一外国规范是合理的？法院在这方面还需要做哪些进一步的论证工作？在什么条件下他们的选择才最终是合理的？

五、比较法的规范理论

如果我们看一下法律实践，很明显，比较推理和其他形式的法律推理之间的关系取决于关于比较法的性质和目的的一些一般性假设。

这些假设在司法话语中起着“法律论证元规则”③ 的作用：它们确定了上述哪种论证

---

① Mohamed, supra note 17 at para 30.

② Michael Bratman, Intention, Plans and Practical Reason (Cambridge: Harvard University Press, 1987) at 180.

③ 见 Wroblewski, “Legal Reasoning and Legal Interpretationf’ in C Perelman (dir), Etudesde logiquejuridique (Bruxelles: Bruylant, 1969) at 9.

路径更可取。尽管比较法有时被视为“缺乏方法论反思和理论基础”①，但法律学者在过去几十年中发展起来的法律比较理论在这方面发挥了有趣的作用，这些理论，或者其中的一些片段，实际上被法院用作优先规则，以选择哪种比较论证是有利的。我在这里并不是说法院对法律比较的特点和目的进行理论思考。在比较属于不同法律秩序的规范时，法官不会问自己是否必须像外国律师看待其本国法律的同样方式看待这些规范，或者他们是否应该从本国法的观点看待外国法。法官也没有兴趣讨论关于外国法律经验和实践的可及性的认知问题。②

然而，法院在考虑外国法律材料时，经常使用从关于这些问题的理论辩论中借用的主张，或者默认这些主张。当纳入司法论述时，这些主张概述了一套概念非常宽泛的比较法“司法理论”，这些理论为比较推理提供了基础：它们说明了法院应当如何进行法律比较。在这方面，可以确定三个主要的规范立场：法律比较的普世论，遗传论和反思论。这些可以大致概括如下：

（D1）比较法的普遍主义理论。根据这一观点，法律的功能是应对社会问题或保护共同原则，假设所有法治社会（或其中相当一部分）面临相同的社会问题或共享相同的基本原则。因此，普遍主义理论可能有一个依赖于社会机构③共同特征的功能基础，也可能有一个由全人类④共有的一套原则或价值观提供的世界性基础。在这两种情况下，这一理论

---

① Ugo Mattei & Mathias Reimann, “Introduction to the Symposium ‘New Directions in Comparative Law’” (1998) 46 Am J Comp L 597 at 597. 根据不同的解释目的，法律推理中的比较法方法可以分为许多不同的类别：见 among others, Vicki Jackson, Constitutional Engagement in a Transnational Era (Oxford: Oxford University Press, 2010); Rosalind Dixon, “A Democratic Theory of Constitutional Comparison” (2008) Am J Comp L 947; Sujit Choudhry “Globalization in Search of Justification: Toward a Theory of Comparative Constitutional Interpretation” (1999) 74 Ind LJ 819; Tushnet, supra note 38. 本文提出的分类试图突出规范条件，在这种条件下，法院认为比较论证是合理的。

② See on these issues Pierre Legrand, “How to Compare Now?” (1996) Legal Studies 232; Geoffrey Samuel, “Epistemology and Comparative Law: Contribution from Sciences and Social Sciences” in M van Hoecke, ed, Epistemology and Comparative Law (Oxford - Portland: Hart, 2004).

③ 比较功能主义认为“尽管不同的法律体系在历史发展、概念结构和运作方式上有很大的差异，但在细节上，它们对生活中同样的问题给出了相同或非常相似的解决方案。”Konrad Zweigert & Hein Kdtz, An Introduction to Comparative Law (Oxford: Oxford University Press, 1998) at 36. 因此，不同的法律制度之间的差异被视为偶然事件，取决于偶然的事实；此外，通过查看法规的功能属性，可以很容易地确定同一社会问题的哪种法律解决方案“明显优于”其他解决方案（ibid at 46）. 另见 Ugo Mattei, Comparative Law and Economics (Ann Arbor: University of Michigan Press, 1997) at 144。

④ 比较研究以多种不同方式描述了这些原则及其来源。例如，根据强有力的比较世界主义，超国家法律原则是法律秩序的先决条件，因为它们的存在使法律秩序在概念上成为可能，或者因为遵守这些原则是有意代理的先决条件，而与代理人的良好或全面生活计划的概念无关。见 Peter Hiberle, Europaische erfassungslehre (Baden - Baden: Nomos, 2002) and Claudio Corradetti, “Can Human Rights Be Exported? On the Very Idea of Human Rights Transplantability” in AB Engelbrekt & J Nergelius, eds, New Directions in Comparative Law (Cheltenham & Northampton: Elgar 2009) at 41. 相反，微弱的比较世界主义认为，超国家原则是一个实施过程的结果，在这个过程中，一个社区的成员将他们的发现提交给同行审查和相互检查，例如在科学知识的过程中—见 Fedtke, supra note 4 at 82—或者比较推理有助于获得关于道德和政治结论的见解，这些结论比单个简单的结论更有可能得出正确的决定：见 Posner & Sunstein - *supra* note 3。

立场允许法院确定不同法律秩序之间的跨文化和机构联系，作为比较的基础。此外，这种方法为评估社会问题的替代规则或评估用于追求道德或政治目标的不同规范手段提供了空间。

这种对法律的性质和比较法的功能的广泛观点证明了目的比较推理（C1），和基于原则的比较推理（C2）的合理性。在第一种情况下，法官在决策过程中采用了一种功能性的法律比较方法；在第二种情况下，他们采用国际化的实质性方法。将法律规范理解为对普遍社会问题的回应，或作为保护共同原则和价值观的手段，实际上可以确定哪些外国法律秩序必须与国内法律秩序相比较，并为法律问题找到最合适的解决办法。在这一规范基础上，基于比较推理的法律裁判通常被视为改革国内法和创建全球统一法律的一种方式：法律裁判被视为一种道德和政治相关性超越国界的活动。①

（D2）比较法的遗传理论。根据这种观点，比较法只是简单地表明法律秩序是如何随着时间发展的。法律秩序往往源于共同的社会和文化基础，但由于它们在特定背景下的持续演变而彼此不同。这一共同来源可以被视为比较的实质性基础：如果一种法律秩序（或其规范之一）源自另一种法律秩序，那么比较是可能的，并且可以提供关于给定法规的预期演变及其实际后果的有用信息。② 这样一来，比较法证明使用外国法律秩序中阐述的法律解决方案是合理的，这些法律秩序与国内制度有着历史的共通性。遗传理论还有另一个版本。一些法院认为法律背景之间的文化和社会差异是不可逾越的，即使这些背景在历史上有着相同的渊源。这一观点的根据是，国内法律经验及其产生的一套一般和特定的规范是不能复制的。③ 因此，这一版本的遗传理论既反对比较推理，当它扩展到外来法律文化时，也反对全球统一法的思想，这种思想被视为追求一种特定法律文化的主导权而不是其他法律文化。因此，遗传方法提供了支持积极或消极使用历史比较推理的理由（C4）：当消极使用时，它会导致法官拒绝外国法律在法律裁判中的相关性，或使用比较推理将自己的法律秩序与其他法律秩序区分开来；④ 相反，积极的使用证明将外国法律解决方案移植到国内是合理的。⑤ 遗传方法也可以证明使用相应的比较推理是合理的（C3），这种推理要么证明外国规范作为解释工具的使用是正确的，要么将其排除在被认为适合法律比较的

① Atkins 援引了普遍主义理论的功能版本，supra note 15 at 310. S v Walters［2002］CCT 28/01 ZACC 6, para 52. 概述了基于所有司法管辖区共有的一套原则的普遍主义理论。

② 这种规范性观点的经典来源是 Alan Watson 的法律移植理论：见 Alan Watson, Legal Transplants: An Approach to Comparative Law（Edinburgh: Scottish Academic Press, 1974）. 根据他对罗马法遗产的调查，Watson 声称法律变化通常是从一种法律秩序到另一种法律秩序的合法“借用”或“移植”的结果，这是由于某种规范体系对其他法律秩序所具有的权威和威望。从这个角度看，法律借用是整个法律史的特征，在很大程度上独立于地方因素。

③ 见 Otto Kahn - Freund, “On Uses and Misuses of Comparative Law”（1974）37 MLR 1 at 7.

④ Cf Printz, supra note 37 at 921, para 11; Stanford v Kentucky, 492 US 361（1989）, 369; Thompson, supra note 27 at 868（Justice Scalia dissenting）; R v Rahey［1987］1 SCR 588, 639.

⑤ 见 among others, United States v Then, 56 F3d 464（1995）, 469（Justice Calabresi dissent - ing）; Knight v Florida, 528 US 990（1999）, 997（Justice Breyer dissenting）.

规范之外。

（D3）比较法的反身理论。赞同这一观点的人声称，将外国法律秩序与国内法律秩序进行比较有助于法官从自己的法律框架中退一步，以便更好地理解其特点。正如玛丽·安·格伦登所指出的那样，“比较法并不提供蓝图或解决方案。但是，对外国经验的认识确实会导致一种自我理解，这种自我理解是我们在解决自身问题的道路上迈出的必要的第一步。”① 换句话说，比较推理是有用的，因为它使法官认识到虚假的国内需要，阐明社会需求和目的，预测国内法律情景中某项规定的后果。当我们观察法院对比较推理的使用时，可以发现反身理论的两个版本。第一个版本可以称为内部反身理论，它指出，通过考察外国法律，法官并不寻求在各种法律秩序之间实现统一，而是承认当地法律经验的独特性。从这个意义上说，比较理性是一种自我反思的工具，它使国内法官意识到自己法律秩序的特殊性。② 相反，第二个版本，我们可以称之为外部的反身理论，考虑到这样一个事实，即在全球化时代，“世界各地的公民越来越多地受到类似甚至相同的文化影响”，面临着同样的社会和政治问题，例如气候变化和恐怖主义的威胁。③ 这些社会和政治变革的共同来源往往导致国内立法和裁判的平行变化。从这个意义上说，比较推理不仅仅是一种自我反思的手段，而且可以更清楚地洞察世界各地监管的一些演变趋势，这些趋势可以在国内法中得到有益的考虑。

因此，当被解释为规范话语时，反身理论并不允许法官进行借用或移植。外国法律材料不应用于填补国内法的空白，也不应直接用于解释国内法律条款。法律比较对法律裁判具有间接影响，因为它澄清了裁判的内部或外部背景。在识别要与国内规范进行比较的国外规范时，反身理论运用了广泛的论证工具。它与目的论（C1）、原则论（C2）、后果论（C3）和历史遗传论（C4）相一致。然而，与此同时，这种规范性观点强烈影响了进行法律比较的方式。事实上，它削弱了比较论证通常要求的外国规范和国内规范之间的一致性关系，并把外国法律材料作为法官“灵感”的简单来源。④

综上所述，现代审判中比较推理的一般结构可以用以下方案概括：

---

① Mary Ann Glendon, Abortion and Divorce in Western Law (Cambridge: Harvard University Press, 1989) at 142.

② See on this Elese Oyen, "The Imperfection of Comparisons" in Id, ed, *Comparative Methodology: Theory and Practice in International Social Research* (London: Sage, 1990) ch1; Pierre Legrand, "The Same and the Different" in P Legrand & R Munday, eds, *Comparative Studies: Traditions and Transitions* (Cambridge: Cambridge University Press, 2003) at 240. 根据这种比较推理的规范方法，“为了严格的距离和差异体验，必须放弃类比和相似性推定”。Ginter Frankenberg, "Critical Comparisons: Re – thinking Comparative Law" (1985) 26 Harv Int'l LJ 411 at 453. In other words, the purpose of comparison is to "make [its] object 'strange' to us." Jack M Balkin & Sanford Levinson, "The Canons of Constitutional Law" (1998) 111 Harv L Rev 963 at 1005。

③ Dixon, supra note at 961. Cf Tushnet, supra note at 1285.

④ Kriger 法官在 Du Plessis v De Klerk [1996] (3) SALR (CC), 911 – 18. 一案中概述了这种规范性理论。关于这一判决的分析，见 Choudhry, supra note at 859 – 60。

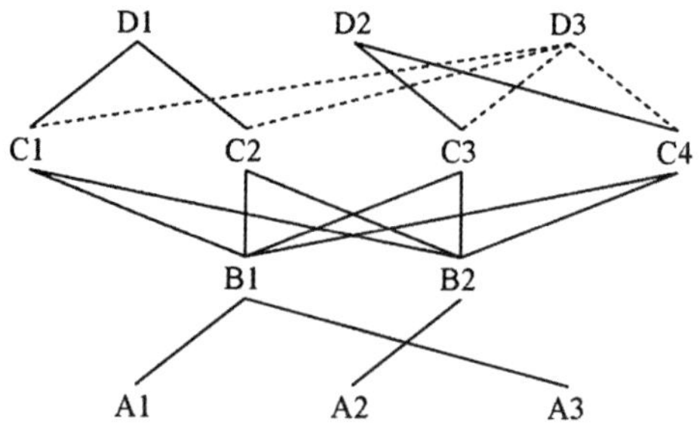

该方案表明，在何种论证条件下，比较推理在当代审判中的使用是合理的。这些条件被视为推理性阐述的前提集合，概述了法院可能遵循的法律辩护的替代途径。① 该方案允许自上而下和自下而上的阅读。如果从底部开始阅读，该方案显示了法院可以用来证明某种外国法律的使用是一致和合理的替代论点。例如，当国内外规范相关相似时，比较推理的标准正形式（Al）是合理的（B1）；与国内规范具有相似关系的外国规范可以通过目的论证（C1）、原则论证（C2）、结果论证（C3）或历史遗传论证（C4）来选择；如果外国规范是基于有目的的考虑而选择的，那么法院要么赞同普遍理论（D1），要么赞同比较法的遗传理论（D2）。（注意，（C1）（C2）（C3）（C4）与（D3）的推理关系用虚线表示；之所以如此，是因为反身理论不能证明比较推理的标准解释和综合使用比较推理是合理的，即要求国内和外国法律规范之间保持一致关系。相反，自上而下阅读该方案概述了如果法官同意某种比较法规范理论，他们如何能够始终如一地使用比较推理。

值得注意的是，这些论证条件不能简化为法律论证的逻辑有效性标准，也不能遵循支配理想交际情况的实践话语的一般原则，② 也不能声称对法院在裁判中引用外国法律的方式进行道德或政治评估。通过考察法院在当代法律实践中的主张和行为，并依据所考虑的法律秩序中所接受的法律正确性的实质性标准，上文概述的正当性条件得到了重构。因此，它们是后验的和可修正的。它们的作用是表明法院在法律判决中引用外国法律时实际上做出了哪些自由裁量的选择，以及根据同一法院所遵循的论证标准，在什么情况下这些选择是一致和合理的。

在本节中还有一点需要考虑。我们已经看到，在法庭上，关于法律比较的不同理论观点并不是中立的。法官明确或含蓄地依靠关于比较法的性质和范围的理论论证，为其裁判奠定规范基础。这些法律实践的学术反思和研究产生了一些有趣的影响。例如，让我们考虑一下开头提到的“相互促进”和“司法对话”的理论，这些理论通常支持普遍主义的

---

① 从实用主义的观点来看，这些条件明确了法官在使用比较推理时所作的承诺。例如，通过 要求（Al），法院默示承诺（BI）或（B2），并可能被要求通过提出（B1）或（B2）要求履行这些承诺。正如该计划所描述的那样，如果法院这样做，这一新的言论法案就会引发更多的争论。

② Cf Robert Alexy, A Theory of Legal Argumentation. The Theory of Rational Discourse as Theory of Legal Justification (Oxford: Clarendon Press, 1989) ch 3.

比较法理论。事实上，这些理论在法律实践中是一种自我实现的预言。① 科学地解释法院依赖外国法律时会发生什么，证明是一种直接或间接导致其自身成为事实的预测。这是因为法院将法律学者对其实践的解释作为其裁判正当化的规范前提，从而确定了这一解释所要解释的现象的存在。当这种情况发生时，理论观点实际上被用作法律论证的元规则，这些元规则倾向于支持某些司法选择，并拒绝其他选择。

六、比较推理正在改变法律的性质吗

考虑到上述分析，我们现在可以回到开始时提出的问题：法院援引外国法律是否反映了作为当代法律秩序特征的承认规则的变化，甚至是法律性质的变化？

一方面，我非常赞同绍尔的观点，根据这一观点，解释性论证是决定在特定社会和机构群体中如何解读法律的一个相关组成部分。司法论证明确了司法判决的正当理由，并引导我们在法律秩序中确定法律的渊源。因此，可以说，司法机关使用外国法律作为法律义务的权威来源，将对承认规则和一般法律秩序的特征产生影响。另一方面，外国法律已经变得权威而不是由国内当局制定，法院的比较推理正在改变法律的性质，这一观点需要我在此提供更仔细的审查。

正如我们在本文的引言部分所看到的，绍尔认为，当一个法律规范向其接受者提供与内容无关的行动理由时，它是权威的："我们认为权威是与内容无关的，正是因为它是指令的来源而不是内容产生了遵循它的理由。因此，当一项规则具有权威性时，它的主体被期望服从，而不管他们自己对该规则的评价或它在特定场合所表明的结果。"② 现在，如果外国法律本身成为权威，这将改变法律的性质，因为与这种社会现象有典型或压倒性联系的特征应当加以修正，以包括外国来源。在绍尔看来，像法律这样的人类人工制品的性质，不能用它存在的必要和充分的性质来解释，而应该用被研究现象的普遍或一般的特征来解释。③ 例如，将外国法律视为确立法律义务将改变法律秩序的身份标准，作为一种法律秩序优先于其他法律秩序的结果的实在法这一由来已久的观念，以及法律在形成民族国家身份方面的作用。④

---

① Robert K Merton, Social Theory and Social Structure (New York: Free Press, 1968) at 477.

② Schauer, supra note 5 at 1936. 在这种观点中，"如果没有办法判断一个话语是否权威，除非通过评估其内容，看看它是否值得被接受，那么权威话语和建议或理性说服之间的区别就会消失。" Richard Friedman, "On the Concept of Authority in Political Philosophy" in R Flathman, ed, Concepts in Social and Political Philosophy (New York: Macmillan, 1973) at 132。

③ Friedrich Schauer, "Onthe Nature of the Nature of Law" (2012) 98 Archives for Philosophy of Law and Social Philosophy 457. 绍尔提出的法律本质的概念，是对当今法学研究的普遍认识的挑战。根据这种理解，法理学的任务是确定法律的基本属性：所有法律体系都必须拥有并在所有可能的世界中定义法律的属性。例如，见 Joseph Raz, "On the Nature of Law" (1996) 82 Archives for Philosophy of Law and Social Philosophy 1; Robert Alexy, "On the Concept and the Nature of Law" (2008) 21 Ratio Juris 281。

④ Cf supra note 20. See on this Judith Resnik, "Law as Affiliation: 'Foreign' Law, Democratic Federalism, and the Sovereigntism of the Nation – state" (2008) 6 International Journal of Constitutional Law 33.

讨论法律权威是否独立于内容，以及如何对法律的性质进行探究，超出了本文的目的。① 为了便于讨论，我将把绍尔的理论假设视为理所当然，并考察他对法院使用比较推理的评估是否以任何方式得到了事实的证实。为了做到这一点，为此，此处按顺序排列了一些观测值。首先，我们在上面已经看到，可以用积极和消极的方式对它们的内容进行比较论证。在后一种情况下，比较推理支持外国法律在国内法律秩序中没有权威的说法。这里考虑外国法律材料，以保护国内法律来源不受外国当局的影响。显然，这并不能证明外国法律不能通过特别法或宪法获得权威，而仅仅是比较推理可以证明外国法律规范在国内法律制度中没有法律权威的说法是合理的。其次，在迄今为止审议的例子中，法院将外国法律作为独立于内容和依赖于内容的诉讼理由。然而，外国法律材料通常被那些认为提及外国法律是多余或非法的法院视为与内容无关的理由。根据这些法院，法律权威是内容独立的这一事实使得外国法律与国内裁判无关。相反，那些认为在裁判中使用外国参考资料的做法是有价值和合法的法院通，常将外国法律材料视为内容相关的理由：外国法律在法律裁判中的相关性取决于其优缺点。② 因此，从经验角度来看，在我们正在考虑的制度中，没有明确的证据表明外国法律渊源在国内法律秩序中具有权威性或约束力。第三，即使以积极的方式使用外国法律并将其作为独立于内容的裁判理由，这也不一定是承认规则发生变化的征兆。在为自己的裁判论证时，法院通常会建立一个复杂的论证路径，其中包括几个推理相关的法律论证。其中一些论点足以或有必要证明一个司法结论是正确的：它们明确了在给定的法律秩序中，什么事实上被视为法律。因此，它们表达的法律理由可以被视为现有承认规则的一部分。另一方面，有些论点仅仅是可选的：它们被用来加强法院已达成的结论，但未纳入承认规则；什么算法律并不取决于他们。③ 因此可以说，只有当外国法律既被用作独立于内容的理由，又被用作充分或必要的裁判理由时，比较推理似乎才能对什么是法律产生影响。现在，重要的问题是外国法律在当代法律实践中是否是这样使用的。就我们在本文所考虑的司法管辖范围内所见，情况似乎并非如此。④ 让我们考虑

① 值得强调的是，比较法的普遍性理论和反身性理论都假定法律原因取决于内容。正如 Sujit Choudhy 正确指出的（see *supra* note at 870），对于普遍主义，“比较法学的价值恰恰在于它对政治道德的实质性原则的呼吁。”同样，反身性方法认为外国法律规范是自我反思的有用工具，“因为它们反映事实和规范的方式，而事实和规范正是黑信主义的基础”因此，认为法律权威取决于内容是当代支持法院使用外国法律运动的基本要素之一。然而，描述性的观点来看，法律规范的权威是否取决于其道德或政治价值的问题仍然没有定论，不能在此加以讨论。见 Paul Markwick，“Law and Content – Independent Reasons”（2000）20 Oxford J Legal Stud 579；Stefan Sciaraffa，“On Content – independent Reasons：It's Not in the Name”（2009）Law & Phil 233。

② Cf Khosla，*supra* note 29.

③ Schauer 正确地指出，法律依据的可选来源不应与有说服力的来源或论据混淆。从定义上讲，有说服力的来源并不具有权威性，因为它们的说服力取决于内容，而不是来源。相反，可选来源可以是内容独立的：Friedrich Schauer，Thinking Like a Lawyer：A New Introduction to Legal Reasoning（Boston – New York：Harvard University Press，2009）at 69. 关于有说服力的法律来源和论据的概念，见 Richard Bronaugh，“Persuasive Precedent” in L Goldstein，ed，Precedents in Law（Oxford：Clarendon Press，1987）。

④ 关于这一点，见 Gelter & Siems 进行的实证调查的结果，supra note 1。

两个可能支持绍尔论点的例子。

在 State v. Makwanyane 案中，南非宪法法院被问及 1977 年《刑事诉讼法》第 277（1）（a）条——根据该条，死刑是谋杀罪的有罪判决——是否符合被告定罪后生效的 1993 年《南非共和国宪法》。最高法院将决定死刑是否违反新《宪法》第 11（2）条，该条禁止“残忍、不人道和有辱人格的待遇或处罚”为了证明这一争端的解决是合理的，法院只诉诸外国法律：南非法院考虑了大量外国法律命令对同一问题的处理方法，并审查了外国法院如何解释类似的宪法条款。这里的法院认为外国法是有充分理由证明其对此事裁判是正当的。然而，应该指出，南非宪法法院按照《宪法》第 35（1）条的规定，以这种方式提出了自己的论点，根据该条，“在解释本章的规定时，……法院可能会考虑类似的外国法判例。①”因此，在 Makwanyane 案中，利用外国法律作为法律论证的充分条件并不能证明现行承认规则有任何改变，因为国内法明确允许依赖可比较的外国法律材料。在这里，外国法律是裁判的决定性理由，因为国内法赋予它法律权威。

欧洲人权法院的裁判为我们提供了第二个值得考虑的例子。《欧洲人权公约》（ECHR）规定，一旦用尽国家补救办法，欧洲人权法院对声称侵犯《公约》权利的个人申请具有强制管辖权。然而，根据《欧洲人权公约》第 8 - 11 条，成员国可以限制《公约》保护的一些权利，如果这些限制是必要的，“在民主社会，为了国家安全或公共安全，防止混乱或犯罪，保护权利和道德，或保护他人的权利和自由。”为了确定成员国限制权利是否必要，欧洲人权法院根据比较推理制定了一项必要性检验。如果法院认为大多数成员国认为审查中的限制是实现上述国内目标之一的必要手段，那么这一限制属于这些国家对其充分了解的范畴，并不违反《公约》。欧洲人权法院将采用比较推理来确定必要性检验：考虑外国法律是证明欧洲人权法院裁判的必要手段。然而，这一事实并没有将国家法律变成欧洲人权委员会制度框架内法律义务的来源。比较推理简单地展示了《公约》的多层次结构是如何运作的：这种推理一方面展示了会员国的法律秩序，另一方面展示了欧共体的法律秩序是如何由于《公约》本身而相互联系的。②

最后，绍尔的说法引发了与上述例子不同的另一种担忧。如果源于外国法律秩序的法律规范被国内法院视为充分或必要的裁判理由，并且这种情况独立于任何允许使用外国法律的国内规定发生，则该规范不再被视为管辖范围内的外国法律渊源：它将通过司法决策本身被纳入国内法律秩序。但是，声称比较推理在属于同一法律秩序的两个规范之间建立一致性关系是自相矛盾的：法院的推理不能被定义为一种法律比较形式，因为它不会比较两个法律秩序。有人可能会反驳这一观点，声称绍尔实际上是在描述一个进化过程。起初，法院依赖外国法律进行比较，并认为比较推理是一种可选的法律论证手段。法院随后

① Makwanyane, supra note 17 at para 34.

② 关于欧洲人权委员会使用比较推理，见 Alec Stone Sweet，“A Cosmopolitan Legal Order：Constitutional Pluralism and Rights Adjudication in Europe”（2012）1 Global Constitutionalism 53。

开始将外国法律视为权威，从而改变了承认其法律秩序的规则。

因此，到程序结束时，法院将改变其本国法律制度中作为法律的内容。然而，这种重建并没有真正反映法院的实际言行。如果我们看一下法律实践，当法院提到外国法律规范时，它们并不声称这些规范是它们自己法律秩序的一部分：法院只是把外国法律当作一个值得与国内法进行比较的外国法律项目。法院也不可能不这样做；事实上，如果根据一项新的承认规则，外国法律被视为国内法律秩序的一部分，就不需要进行比较。

总之，比较推理在当代法律实践中既不足以证明司法裁判的合理性，也没有必要。即使在依赖外国法律似乎具有决定性的情况下，这仅仅表明存在允许法院依赖外国法律材料的国内规范，或表明在超国家制度中，不同的法律秩序是如何相互关联的。除这些案件外，法院在进行比较推理时只是认为外国法律是有说服力。对于外国裁判与国内法相比较的情况也是如此，因为外国裁判在世界各地其他法域被广泛引用，或由享有盛名的法院提供。当这种情况发生时，外国法律确实提供了与内容无关的裁判理由，但在国内法律秩序中并不具有法律上的权威性。在这种情况下，其他司法管辖区享有声望的法院对国内法官行使某种形式的实际权力，这就解释了为什么这些备受推崇的法院的裁判具有说服力。①

因此，如果我们像绍尔那样认为法律权威是内容独立的，并在比较推理中分析外国法律提供的原因，那么法院目前对外国法律的使用不能被视为一种改变法律性质的实践。这并不意味着对外国法律材料的司法使用在不久的将来不会产生新的法律组织形式。法院通常或绝大多数情况下使用比较推理作为一种有说服力的法律辩护手段，这一事实并非没有后果。外国法律的说服力可使法院接受外国解决司法争端的实质性、内容依赖性的理由。现在，如果接受这些理由导致法院认为外国法律是证明其裁判正当性的必要或充分手段，而没有任何国内条款允许它们参考外国法律来源，那么我们将面临改变承认规则和当代法律的鲜明特点。② 如前所述，声称这种改变已经发生可能是实现这一变革的有效途径。

（编辑：杨知文）

① 外国裁判为国内裁判提供了内容独立的理由，这一事实并不意味着它在国内法律秩序中成为具有法律权威的声明：并非每个内容独立的权威都是法律权威，此处概述的实际权威也不能被视为道德权威。Cf Raz，*supra* note 20 at 270。

② 正如 Richard Bronaugh 所指出的那样（supra note 63 at 247），有说服力的先例是强大而公平的发明工具，因为当有说服力时，它们将展示出如何再次理性和公平地摆脱有约束力的先例的束缚。

法律逻辑中的形式与非形式方面*

[波兰] 沃伦斯基** 著 杜文静*** 译

摘 要 本文提出形式逻辑是唯一的逻辑，并且就适当含义而言，“逻辑”虽然标注为“形式的”，但具有形式和非形式两个面向。在法律领域中，认为法律逻辑是特定的，需要一些不同于形式逻辑简单性的东西，这一观点显然混淆了上述两个方面的逻辑。本文就规范与非规范语句之间是否存在逻辑联系这样一个哲学中心议题说明该事项，探讨了道义逻辑和规范逻辑之间的相互关系，并提出陈述句或者祈使句的任何规范体系，都必须通过严格的语法和语义才能得以合法化。只有这种形式的框架才能使我们定义逻辑道义后承概念，这是法律人或其他规范话语运用者进行推论检验的一种重要手段和工具。所以，“逻辑”一词的使用应当符合专业意义上的标准，只是关于形式逻辑的任何应用，不仅需要判断给定模式是否有效，还要判断实质内容是否正确。相应地，研究法律逻辑时，我们应该考虑至少两个因素：一是与形式逻辑的联系，二是法律推理的特殊性。这种特殊性涉及到以法律利益为导向的实质内容，恰好补充了建立在形式规则上的证成，正好表明法律推理中形式与非形式方面并非相互排斥，而是互为补充。

关键词 法律逻辑 规范逻辑 道义逻辑 法律推理 约根森困境

法律逻辑传统可追溯到罗马法学。在斯多葛哲学传统中，伟大的罗马法学家们，如乌尔比安，极有可能已经详细阐述了某些法律推理原则。然而，古代法律逻辑的历史仍有待

* 基金项目：2018 年国家社科基金重大项目“新兴学科视野中的法律逻辑及其拓展研究”（项目批准号：18ZDA034）阶段性成果。

** 沃伦斯基（Jan Woleński），波兰雅盖隆大学哲学研究所教授，原文发表于加贝等人编《法律理性的路径：逻辑学、认识论与科学统一论》（D. M. Gabbay *et al.* eds., Approaches to Legal Rationality: Logic, Epistemology and the Unity of Science, Springer + Business Media, 2011, pp. 73－86）。

*** 杜文静，华东政法大学文伯书院副教授，研究方向为从事法律逻辑、证据推理、法律人工智能。

详细考察。中世纪以后，有关法律理论与实践的书籍使用了诸如“logicaiuridica”“dialecticaiuridica”“dialeticaiuris”“dialecticalegalis”等之类的名称。① 我们不必将这些标签视为不同的东西，因为大多数情况下“逻辑学”和“论辩学”可互换地运用。另一方面，在相对较早以前就有关于法律工具某些特征的记录。康德在其著名的先验演绎解释中，将中世纪的“演绎”一词定义为在法庭上维护主张的证成过程。进行这类证成的人应当做两件事：一是为其主张提供事实依据，如，“他借钱给某人”；二是援引必须归还借款的法律规则。第一步涉及事实与事实问题的回答，也就是主张的事实基础，而第二步涉及法律问题，也就是法律如何有助于索赔的正当性。在康德哲学中，第一二步阐明了先验演绎的主要问题，通过同时诉诸事实和理性规则来解释某事可行。有趣的是，当康德在谈及当今意义上的演绎时，他使用的是“推演”一词，而非“演绎”。

康德的情形表明，有些法律推理形式被认为与一般逻辑有关。很难说这种感觉是什么时候产生，为什么会产生。当然，法理学与哲学的进一步分离在本质上促成了法律逻辑与一般逻辑的不同。在17世纪，这一进程因在法学院设立法律哲学教授职位而变得更加迅速，获得这一教授职位的有托马斯（Christian Thomasius，1655 – 1728）、普芬多夫（Freiherr Samuel von Pufendorf，1632 – 1694）等。在这一方面，19世纪是决定性的。法律实证主义以及所谓形式法学方法的兴起和发展是扎根于这样一种观点的：法律及其内容的阐述需要具体方法，而这些方法不可还原为其他思维活动领域所使用的形式逻辑，并且具有自己的逻辑学、方法论和哲学。要是在法学院教逻辑学，它通常是由法学家而不是逻辑学家或哲学家来教。一种非常普遍的观点是：形式逻辑不足以正确地重构法律论证的特征形式，如“由强到弱论证”“由弱到强论证”“反向论证”“相同论证”“法律类比”“司法类比”或各种推定，如在飞机失事中遇难的人同时死亡。问题的关键不在于法律论证与形式逻辑原则上的不一致，而在于后者必须辅之以特定的法律推理模式。

在19世纪，有些法律人，特别是那些打着实证主义牌子的法律人，想要摆脱哲学思辨的约束，打造实证法律科学，虽然这是可理解的，但大体来说，他们都忽略了一点，摆脱思辨哲学并不意味着从任何哲学中解放出来。特别是，如果我们考察分析法学，我们会发现有同样的方法论争论，如涉及逻辑方法范围的争论，正如分析学派在一般哲学中的争论一样。因此，当某人研究法律逻辑时，他应该考虑至少两个因素：一是与形式逻辑的联系，二是所谓法律推理的特殊性。可是，还有更多的事情，因为就形式的、逻辑的或具体的论证在法律中的作用而言，我们也会遇到很严重的争议。事实上，在这方面法学理论存在很大分歧。一方面，各种法律实证主义，从柔性的法律实证主义到极端法律形式主义的凯尔森纯粹理论，都强调法律思维完全为形式技巧所统御。另一方面，社会法学派，如法

① Krawietz R (1980). Logik, juristische. In Ritter J (ed.) *HistorischesWörterbuch der Philosophie.* Basel: Band V, pp. 423 – 434.

律实在论和自由法学派坚持认为，既然法律必然与社会现实密不可分，那么法律论证应当有弹性，不应受形式的制约。这种观点通常表达了一种对所谓机械法理学的抗议。因此，在法律思维中，形式要素和非形式要素如何相互关联，就显得相当复杂。我将提出三种看法：（1）形式逻辑是唯一的逻辑；（2）从适当意义上讲，“逻辑”一词虽然被标记为“形式的”，但具有形式和非形式两个方面；（3）法律逻辑的特殊性在于混淆了上述两方面的逻辑。

对于“什么是逻辑”这一问题，在早期历史中会遇到以下答案①：

（1）逻辑学即论辩学，如柏拉图的概念分析与综合；

（2）逻辑学即分析学，如亚里士多德的演绎法；

（3）逻辑学即工具论，如亚里士多德的推理方法；

（4）逻辑学即准则学，如伊壁鸠鲁的知识规范；

（5）逻辑学即心智医学，如西塞罗的心理能力描述性与规范性说明；

（6）逻辑学即纯粹理性论，如纯粹理性规则、理性哲学的传统；

（7）逻辑学即争论术，如胡塞尔的争论术；

（8）逻辑学即科学论，如佩特鲁斯·希斯帕努斯的科学理论，即：相对于其他而言，科学有着自己的一套主要方法；

（9）逻辑学即思维论，如阿尔诺和尼克尔的观点。

这个清单的具体要点提供了各种信息。在某些方面，逻辑学，如论辩学或分析学，具有理论性或描述性，而在另一些方面，如工具论或争论术，又具有实践性或规范性。另一个重要的区别体现在中世纪对理论逻辑与应用逻辑的区别上。在希斯帕努斯的描述中，普遍性是逻辑的主要特征。从莱布尼茨开始，逻辑学通常与保罗的逻辑大百科全书工程和莱布尼茨的普遍特征工程联系在一起，试图为整个科学提供方法论的语言框架方案。论题的多样性涵盖了对逻辑学的各种理解。通过流行的逻辑主题（广义逻辑）三分法，把逻辑学分为符号学（或逻辑语言论）、形式逻辑（逻辑系统集，即狭义逻辑）和科学方法论（这种逻辑构成经常用于教学）。要是采用这种视角，具体逻辑观并不互斥。例如，在上述清单中，（2）是形式逻辑，其余部分要么是广义逻辑，要么是它的具体分支，但大多数是符号学或科学方法论。（1）—（9）所展示的所有考虑也都适用于法律逻辑。也就是说，我们可以把法律逻辑理解为论辩学（法律概念的综合）、分析学（适用于法律事务的演绎）、工具论（法律推理的一般理论）、准则学（法律认识论）、心智医学（法学家应该如何解决他们的问题）、纯粹理性论（法律理性论）、争论术（法律论证术）、科学论（如工具论）或思维论（法律思维术）。

---

① Risse W（1980）. Logik. In Ritter J（ed.）*HistorischesWörterbuch der Philosophie*. Basel：Band V，Schwabe，pp. 358 – 362.

从当代的观点来看，形式逻辑是所有逻辑主题的中心。它的理解可以通过从标准教科书和数理逻辑专著中摘取的几个定义来体现，我故意地包括了来自多多少少复杂来源的段落：

（1）符号逻辑或形式逻辑是指研究各种一般演绎的科学。①（罗素的定义）

（2）（形式）逻辑是关于语句或命题和证明分析的，所关注的是从内容中抽取出来的形式。②（丘奇的定义）

（3）逻辑学的主要议题是演证推论的结构模式。③（尼伯恩的定义）

（4）逻辑学是研究正确推理的科学。④（波尼瓦的定义）

虽然这样本可以继续下去，可以说无穷无尽，但上述四种解释足以展示基本的初步直观。在他们看来，逻辑学涉及演绎推论、正确推论或演证推论，而且要从内容中抽取出形式进行考察。

在上述意义上，逻辑学是研究各种逻辑系统及其语法和语义的。值得注意的是，当代逻辑学将语义学置于一个相当显著的位置上。因此，在逻辑学研究中，逻辑系统的语义描述必不可少。然而，上述将逻辑学视为演绎推理模式编纂的思维方式却引发了一些疑问。形容词“演绎的”“正确的”和“演证的”是同义的还是至少是同延的？归纳推理或类比推理（后者在法律上有重要应用）是否合乎逻辑呢？由于对这些以及其他类似问题的讨论超出了本文的范围，我认为，形式逻辑把逻辑后承原则作为语句或语句集与其他语句之间所具有的关系来加以研究。如果 $X \vdash A$，这意味着，A 是集合 X 的逻辑后承，即在形式上 A 可以从 X 演绎推导出来，那么，若 X 的每个元素均真，则 A 必定为真。根据从内容中抽取出来的形式，这种关系成立。

然而，在这种背景下仍出现了一些疑问。尤其显而易见的是，人们得出结论的方式往往不属于演绎模式，他们常常使用归纳、类比、统计、说服、修辞等，而这些却是容错论证模式的例子。这些策略直接导致了这些模式是否正确以及在何种情况下正确的问题。虽然容错推理模式很明显并不总是正确的，但问题是，如果可能的话，如何定义它们的正确性。即使我们可以说容错论证模式超出了形式逻辑，应该在符号学、科学哲学或科学方法论中去研究，但问题仍然存在。由此可见，广义逻辑与狭义逻辑的区别是至关重要的，是难以避免的。现在，如果接受这一点，我们就可以问非形式逻辑或修辞学是如何与形式逻辑相联系的。一种说法是，非形式逻辑和修辞学属于广义理解的逻辑，而另一种说法在于保持形式逻辑与论证研究之间存在着一种较为密切的差异，因为后者至少部分地诉诸于内容。关于将逻辑应用于各种学科的任何讨论，都必须意识到上述的区别。虽然我们可以对

① Russell B (1937). *The Principles of Mathematics.* London: Allen and Unwin, p. 10.

② Church A (1956). *Introduction to Mathematical Logic.* Princeton: Princeton University Press, p. 1.

③ Kneebone GT (1963). *Mathematical Logic and the Foundations of Mathematics.* London: Macmillan, p. 10.

④ Bonevac D (1987). *Deduction.* Mountain View: Myfield, p. 3.

非形式逻辑和修辞学与形式逻辑之间的关系有不同的看法，但我们也应该认识到有着不同的逻辑有效性概念：一个非常明晰，依附于演绎法；另一个是不太明晰的，适用于非演绎推理模式。但对于后者这是最乐观的条件，因为我们可以认为模糊是不可避免的。关于在人类心智活动中逻辑学地位的诸多误解，都源自把这两种有效性与附加在这两种有效性之上的形容词“合逻辑的”混为一谈。

与其他任何分析相比，上述分析也许更关注出现在法律事务中的逻辑问题。一种非常普遍的观点认为，法律活动及其结果，即法律文本和法律语句，在逻辑上相当具有规则性。我们说，法律裁定是或至少应当是理性的、已证成的，或者说，法律准则是或至少应当是逻辑上正确的，即具有一致性、准确性和系统性。一般来说，法律始终是一种逻辑性和合理性的模式。法律人提出了特殊推理模式，比如由强到弱论证（参见本文开头所列），被认为构成了法律逻辑。现在我们遇到了涉及法律推理本质的问题，即法律逻辑产生的论证模式。这些推论是否落入形式逻辑框架内？或者它们是修辞技巧模式吗（佩雷尔曼学派）？以及什么是法律逻辑？将一般逻辑应用于法律活动，或者自成一格的法律争论术、教学思维论甚至纯粹理性论，目的是要让法院、其他权威或受众心服口服地接受某些陈述和决定？因此，对逻辑学本质和逻辑学应用于具体学科之本质的一般问题来说，法律逻辑是非常好的例子。以凯尔森为例，作为忠诚的康德主义学者，他受到新康德主义的影响，将法律逻辑视为纯粹理性论。他在法律思维中寻找先验元素，即法律理性的根本原则。在解释如何理解法律先验逻辑规则的有效性方面，这项工程显然遇到了巨大的困难。要注意，在这一语境下，“有效性”一词与“法律有效性”完全不同，因为后者指的是法律实际有效的情况。就我个人而言，既然我看不到满意地处理法律理性原则的先验有效性的希望，那我就对这个问题不加评论。

让我对法律逻辑作为形式逻辑（演绎推论模式）在法律问题中的应用作一些评论。这是一个有争议的问题，有各种基本的哲学争议围绕着它，其中一个问题是：规范之间或规范与非规范语句之间是否存在逻辑联系。在直觉上，我们倾向于接受如下推论（*）：

每个犯罪分子都应该受到惩罚；

某人 P 犯罪；

P 应该受到惩罚。

这种推论是所谓法律三段论模式的一个例子，其中，（1）是一般规范，（2）是断言 P 所做事情的单称陈述，以及（3）是单称规范。这意味着（*）的推导模式是：一种从两个前提——一般规范（1）和描述陈述（2）——推导出单称规范（3）。它可以被认为是“这一切”的特殊形式，即从一般到特殊的推论。

不幸的是，约根森在其著名的困境说中注意到了（*）中出现困难。[1] 起初，约根森

① Jørgensen J (1937 - 1938). Imperatives and logic. *Erkenntnis* 288 - 296.

困境这个名字第一次出现在罗斯的论文中，[①] 其内容如下：

根据共同可接受标准，只有陈述句，即逻辑意义上为真或为假的语句才可以充当有效逻辑推论的前提和结论；

规范不是逻辑意义上的语句；

规范不能作为真正逻辑推论的前提或结论；

存在直觉上有效逻辑推论的模式，如（ * ），其中，规范充当它的前提和结论。

当然，（4）与（1）—（3）相矛盾。为了解决这个困境，必须要么修改前提，要么论证其（ * ）不是适当意义上的逻辑推论。

约根森困境深深扎根于哲学之中。约根森本人作为忠实的逻辑经验主义者，接受情感规范与价值语句论。根据这种观点，这类话语没有认知意义。它们无所谓真假，不能与陈述句保持逻辑上的相互关系。与价值陈述类似，规范表达了意志行为。它们的功能与感叹句相似，首先是为了影响人类行为，但它们没有描述性内容。道德和法律话语的情感理论迫使处理和（ * ）类似的例子作为修辞表现，而不是真正的推论行为。因此，该立场的维护者否认，（ * ）是一个演绎推论模式例子。虽然这一做法以某种方式解决了约根森困境，但从（1）—（3）到（4）的过渡在逻辑上有其正当性，这与坚定的感觉不和。因此，更多的是关于所考虑的困境的哲学背景。

情感理论也支持休谟的观点，即实然语句（是——语句）并不蕴涵应然语句（应当——语句）。庞加莱在《道德与科学》一文中复述了这一观点。[②] 庞加莱认为，祈使句结论要求至少有一个前提是祈使句。虽然庞加莱的原始公式没有排除以祈使句为前提或结论的推论，但假如逻辑学局限于陈述句，且将应当语句理解为一种祈使句，则它可以用来作为反对将（ * ）作为适当演绎的支持论证。事实上，关于"是与应当"或"实然与应然"之间的鸿沟的论题是对法学理论最有影响的哲学观点之一。休谟论题随后被康德和新康德主义者推广，认为存在着在最一般意义上完全独立的领域或区域，即真实性（实在性）和应然性（纯法律理论以这种分离为出发点）。

摆脱约根森困境的另一种方式旨在说明规范是一种陈述句，也有真假，故适合于逻辑运算。采取这一路线，需要一种涉及规范性话语符号学地位的认知观点。如果把它们认为是经验陈述，那么，这种观点应该会遇到自然主义谬误的挑战，因为人们可以很容易地概括出摩尔的观点，[③] 原来指向价值语句，同样适用于规范。另一种认知解决方案是接受某种柏拉图主义，将规范视为指向理想实在，但摩尔将这种观点限定为超自然主义谬误。继摩尔之后，第三种认知方案将规范性话语中的规范要素视为指向特殊品质，即应然性或可允性。针对这一方案，有个简单反对意见指出这些品质的本体地位尚不明确。我们可以通

---

① Ross A (1941). Imperatives and logic. *Theoria*7, 53 – 71.

② Poincaré H (1913) *Dèrnierespensées*. Paris: Flammarion, Chapter 8.

③ More, G. E. (1903), *Principia Ethica*, New York: Dover Publications.

过构建特殊规范逻辑，可以将情感主义与逻辑学组合起来。想做到这一点，有两种方式：一种方式是，从纯句法视角出发，把一般逻辑演算作两种解释，也就是，规范性解释和描述性解释。① 第二种方式迈向规范逻辑，一种至少部分不同于描述性语句的逻辑。② 寻求具体规范逻辑也有其他动机，即：公式的存在表面上有效，但在规范性话语中被认为不可接受，如罗斯悖论“OA⇒O（A∨B）”。③

然而，必须指出的是，对规范与规范性话语的逻辑研究要早于约根森困境和罗斯悖论的出现。这两个难题都是对之前在法律逻辑或更一般意义上规范逻辑的一些尝试性回应。关于规范的最初研究，要么是符号学的，④ 要么是指出规范语句间的基本关系，⑤ 有点像直言命题逻辑方阵所展示的那些关系。很难将这些研究视为是合乎形式逻辑的。第一个形式规范演算是由马利（Ernst Mally，1879 – 1944）在1926年提出的。1939年以前，致力于研究规范逻辑或命令逻辑的学者包括门吉尔（K. Menger）、杜比斯劳（W. Dubislaw）、格雷林（K. Grelling）、霍夫施塔特（A. Hofstadter）、麦肯锡（J. C. C. McKinsey）、罗斯（W. D. Ross）与布兰特（R. B. Brandt），而且20世纪下半叶卡利诺夫斯基（G. Kalinowski）、雷歇尔（N. Rescher）、卡斯切拉（F. von Kutschera）等延续了这一研究进路。⑥ 各种想法都很基本。例如，门吉尔给出了三值运算逻辑系统，其三个真值是真、假和可疑；受波兰逻辑传统的影响，卡利诺夫斯基的三值逻辑采用了积极、消极和中立三个真值。在其他尝试中，有人将其建立在命令概念基础上的，如约根森；有人将其建立在满意度基础之上，如霍夫施塔特和麦肯锡；有人将其建立在有效性基础之上，如罗斯。

规范性话语的逻辑研究的历史转折点发生在20世纪50年代初，也就是冯赖特的出现。⑦ 随着时间的推移，道义逻辑逐渐成为哲学逻辑中最发达的分支之一。它本身的问题和应用远远超出了法律问题。比如，在所讨论的论题中，我们可以找到标准道义逻辑系

---

① Stenius E（1963）. The principles of a logic of normative systems. >*ActaPhilosophicaFennica* XVI. Proceedings of a Colloqium on Modal and Many – Valued Logics, Helsinki, 23 – 26 August, 1962, pp. 247 – 260；Weinberger O（1958）*Die Sollsatzproblematik in der modernenLogik.* Praha：AkademiaVed；Weinberger O（1963）. Was fordert man von der Sollsatzlogik? . *ActaPhilosophicaFennica*XVI. Proceedings of a Colloqium on Modal and Many – Valued Logics, Helsinki, 23 – 26 August 1962, pp. 277 – 284.

② von Wright GH（1969）. *An Essay in Deontic logic and the General Theory of Action.* Amsterdam：North – Holland Publishing Company；Kalinowski G（1972）. *La logique des normes.* Paris：Vrin.

③ Ross A（1941）. Imperatives and logic. *Theoria*7, 53 – 71.

④ Husserl E（1901）. *LogischeUntersuchungen.* Halle：Niemeyer.

⑤ Höfler A（1917）. AbhängingkeitsbeziehungenzwischenAbhängingkeitsbeziehungen. *Sitzunberiche der kaiserlichenAkademie der Wisenschaften in Wien* 181, 1 – 56.

⑥ Åqvist L（1987）. *Introduction to Deontic Logic and the Theory of Normative Systems.* Naples：Bibliopolis；Åqvist L（2002）. Deontic logic. In Gabbay D and Guenther F（eds.）. *Handbook of Philosophical Logic*：*Vol.* 8. Dodrecht：Kluwer Academic Publishers, pp. 137 – 264；Føllesdal D and Hilipnen R（1971）. Deontic logic：an introduction. In Hilpinen R（ed.）. *Deontic Logic*：*Introductory and Systematic Readings.* Dordrecht：D. Reidel Publishing Company, pp. 1 – 35；Rescher N（1966）*The Logic of Commands.* London：Routledge and Kegan Paul；更详细的资料请参见Weinberger O（1958）*Die Sollsatzproblematik in der modernenLogik.* Praha：AkademiaVed。

⑦ von Wright GH（1951）. Deontic logic）. *Mind* 60, 1 – 15.

统、悖论的讨论（如罗斯悖论、善良的撒玛利亚人悖论等①）、各种允许、条件义务、各种语义构造，其中大多数与克里普克可能世界语义学以及最近的非单调道义逻辑有关。道义学的一个特别重要的部分是，关于道义逻辑与行动逻辑的关系。不幸的是，这个术语还没有很好地建立起来。有作者用“道义逻辑”和“规范逻辑”来指称同一主题；有人则认为规范逻辑是用对象规范语言（规范语言）表达的，道义逻辑是用元语言表达的，是由关于第一层次规范话语的断言所组成。还有另一种用法是区分广义道义逻辑与狭义道义逻辑。我不打算讨论这些术语问题，因为术语的选择是次要的。真正重要的是，道义逻辑涉及到被认为有真假的规范语句（陈述、命题）。可能世界语义学清楚地说明了这一点。

我们不会进入正式细节，现假定有序三元组（克里普克框架）S = <K, W *, R>，其中K是一个非空条目集，称为“可能世界”，W *是一个有别于K的元素，通常被解释为现实世界，R是在K上定义的二元关系（可达性关系）。S是道义框架，当且仅当，R不自反，也就是说，WRW一般不成立。特别是，我们假设并非W * RW *。这个假设意味着公式（* *）A⇒OA不是道义逻辑的重言式。现在我们定义：在W *中，OA为真，当且仅当，每个世界W，使得WRW *而且A在W中为真。直观地说，在现实世界W *中，语句“应当A”为真，当且仅当，A在每个世界W中都为真，其中，W是W *的道义选择，也就是在现实世界中所有义务均有效在该世界得以满足。因此，语句PA在W *中为真，当且仅当，存在一个世界W，使得WRW *而且A在W中为真。该约束证成了定义：PA =¬O ¬A。这些简短的解释说明了真概念（作为模型中的真）对于道义逻辑来讲至关重要。这一点很重要，因为它允许我们在道义逻辑及其元逻辑中应用标准语义工具，更具体地说，针对模态逻辑所给出的标准语义工具。

道义逻辑与规范逻辑的关系是什么？规范逻辑被认为是一种既非真又非假的逻辑话语理论。对于法律理论来说，这是一个重要观点，因为规范逻辑在规范领域中充当非真非假的

角色似乎仍然很流行。首先，规范话语的这些逻辑研究方向并非完全不同。例如，两者规范语句的结构视为是由一个操作算子（规范算子、道义算子、命令算子）及其语句论证组成的。此外，在规范逻辑和道义逻辑中，义务、禁止和允许的形式关系也用同样的方式展示。规范逻辑也有明显的理由，也许重点在于：道义语句（重言式除外）的真假显然依赖于某些规范性事实。OA在W *中为真，当且仅当，A在W *的所有道义选择都为真，这是什么意思呢？一个自然而然的回答是，之所以如此，是因为有些义务是预先强加给W *的。既然我们可以进一步论证，这些义务是由规范作为自成一体的话语而产生和传达的，那么道义语句的真似乎取决于规范的属性，比如，它们的法律效力。无效的规范显

① Woléński J (1996 – 1997). Remarks on the is/ought problem. *ArchivumIuridicumCracoviense*XXIX – XXX, pp. 9 – 15.

然并不能证成真的道义语句，因此，作为语言话语的规范优先于道义语句，规范逻辑是必须的，甚至比道义逻辑更为基础。这是一个关于规范逻辑与道义逻辑关系的非常强的观点。而且，没有规范逻辑，道义逻辑是循环的，因为关系 R 具有隐含的道义参数，即 OA 的真是参照在满足义务的世界中 A 的真来定义的。我们把这些世界叫“可允许世界”。然而，一个世界的可允性，不能在未提及任何现有义务情况下加以说明。一种被认为强有力的观点是，比起道义逻辑来说，规范逻辑是更加基本的。关于规范逻辑与道义逻辑的关系，还有一种较弱的观点，认为规范逻辑与道义逻辑同等重要。

让我来解释一个涉及休谟观点的历史看法。正如我所已经注意到，对于规范逻辑来讲，休谟的实然—应然关系理论问题至关重要。然而，休谟的观点常常被误解。引用他自己的话来讲：①

> 我忍不住在这些推理基础上再加一项观察，这也许是很重要的。在我迄今所接触过的每种道德体系中，我总是说，作者在一段时间内以日常推理方式进行推理，确立了上帝的存在，或对人类事务进行了观察；突然间，我惊奇地发现，与通常的命题联结“是”与“不是”不同，我没有遇到任何与“应该”或“不应该”无关的命题。这种变化是难以察觉的，但是，这是最终结果。因为，既然这句话应该或不应该表达某种新关系或肯定，就有必要加以观察和解释；与此同时，我们还应该给出一个理由，因为这似乎是完全不可思议的，即这种新的关系如何能从与它完全不同的别的关系中演绎出来。

这段话没有说明作为具体语言表达的两个规范之间的关系。特别是，休谟并没有将应然语句定性为规范。他比较了两种联结——关系与肯定：一种用“是”和“不是”表示；另一种用“应该”和“不应该”表示。也许“肯定”这个词在这种情况下尤其重要，因为它似乎直接指的是陈述模式的语句。休谟所做的就是指出应然语句不是从实然语句中可演绎出来的。本文所讨论的非演绎性与应然语句是规范相关，即与具有特定符号学地位的语言语句有关，而且不是由具有不同符号学地位的实然语句从逻辑上推演而来，这一事实给出了一种解释，但远远超出了休谟的文本。另一方面，正如我所注意到，道义逻辑是一种把道义语句解释为陈述句的逻辑，也解释了为什么道义语句不能从非道义语句中演绎出来。它由选择关系 R（参见公式（＊＊）的评论）的非自反性决定（见上文）。这表明休谟论题，如他谦虚地说，虽然“有些重要”，但也与道义逻辑相一致。我倾向于认为，对这一论题的道义元逻辑阐述比其他方法更有说服力，例如，通过诉诸其他方法来证成应然

① Hume D (1951), *A Treatise of Human Natur*. Oxford: Clarendon Press (the original was published in 1739).

语句而非实然语句，参见沃伦斯基2006年的详细分析。① 因此，规范逻辑源自休谟论题的证据是站不住脚的。事实上，庞加莱的表述更接近于这种观点，是和应该缺口与陈述句和规范有关。请允许我用语言学观察来做个总结：基本语法差异区分了三种句式：陈述句、祈使句和疑问句。庞加莱考虑的是陈述句和祈使句之间的关系，休谟考虑的是关于实然语句和应然语句的关系。两人都没有否认连接对比范畴的逻辑可能性。此外，可以把休谟的区分认为是在陈述句类之上定义的。事实上，没有任何语法证据强迫我们把应然语句解释为第四种模式。因此，我们要么把应然语句看作是陈述句的子类，要么把它们化归成祈使句。道义逻辑只能以一种精确的语义方式解释为什么陈述性应然语句不能还原为陈述性实然语句，这种情况在各种模态领域很典型。它没有直接说到祈使句及其所谓的逻辑。

现在，我来谈谈为捍卫规范逻辑而提出的其他论证。道义语句的真假是由规范性事实或因素决定的。但它不涉及重言式，只涉及偶然道义语句。标准公理（＊＊＊）P（A∨¬A）有效独立于任何义务的存在。另一方面，必须通过参考现实世界W＊中的事态来检验OA或O¬A的真假。然而，关于经验现象的非道义语句的情况也是如此。为了避免可能性误解，这并不意味着我们赋予道义语句和非道义语句平等的认知地位。我的讨论故意要独立于认知主义和非认知主义以及自然主义和反自然主义之间的争论。因此，这个问题并没有强迫我们对如何证成道义语句有一个明确的概念。我把这种独立性视为所提出的看待问题方式的一个优点。另一个规范逻辑论证指出，对于陈述性应然语句所定义的道义逻辑并不能解决用祈使句在直觉上正确推论问题。例如，我们也有理由认为，两个或多个命令是相互一致或不一致的。因此，需要规范逻辑来处理这些问题。然而，很容易看出，任何祈使句或一组祈使句的内容总是可以通过一组合适的道义语句来表达的。因此，涉及祈使句的每个逻辑问题都很容易嵌入道义逻辑。这说明规范逻辑在这方面并不优于道义逻辑。我所考虑的并不意味着没有祈使语言用法。我们可以把它看成是通过施为句或语言外表现行为来创造规范事实，从而判定道义语句的真假，而不是判定道义逻辑定理的有效性。这一论证进路可以通过针对各种规范逻辑工程的反对意见来加以补充。② 祈使句语义学有一些众所周知的问题。它所提出的解决方案引起几个疑问：有效性、满意度（在这个意义上：如果A为真，则OA被满意），或者门格尔或卡利诺夫斯基的真值在解释所考虑话语的规范性时并不清晰。祈使句否定问题是规范逻辑的又一个薄弱环节。规范的否定是规范话语吗？我并没有说这些问题不可能得到满意的解决。然而，道义逻辑的语义学是目前唯一的真正语义构建，它满足了当代逻辑所接受的条件。更重要的是，规范逻辑被构造成与道义

① Woleński J (2006). A generalization of Hume's thesis. In Bilkova M and Tomala O (eds.) *TheLogica Yearbook* 2006. The Proceedings of 18th Symposium, Filosofia, Praha, pp. 215 – 223.

② 更详尽说明，请参见 Opałek K and Woleński J (1987). Is, ought and logic. *ArchivfürRechts – und – Sozialphilosophie*XXVIII, 373 – 385; Woleński J (1996 – 1997). Remarks on the is/ought problem. *ArchivumIuridicumCracoviense*XXIX – XXX, pp. 9 – 15。

逻辑平行的思想，即道义定理可自动地转化为规范逻辑的原则，似乎表明后者是多余的。

由上述考虑，我们可以得出一个一般道理。法律理论家必须认识到，"逻辑"一词的使用应当符合专业标准，而不是把单独规范逻辑思想看作是可靠还是不可靠的。由一些句法洞见所激发的一组公式或从自然语言中获得直觉推论样本，并不足以形成一个正确意义上的逻辑系统。如果我们采用一阶逻辑（旧术语叫做受限函项逻辑或量化逻辑），其定理库可以定义为作为空集的后承集。既然一阶逻辑是语义完全的，那么上述定义可以用以下方式重述：在所有模型中，或在所有可能语义解释下，逻辑上为真的公式都是定理。同样思想的另一种说法是：逻辑是后承运算封闭的任何集合的一个子集，实际上，逻辑是由此运算封闭的所有集合中唯一的非空交集。定义逻辑的这些方法，使我们能准确地认识到其普遍性意义，以及希斯帕努斯所引用的"逻辑是其他所有科学和艺术的艺术，而且那些其他所有科学与艺术都有一种原则方法"的意义。表达同样思想的现代版本是奎因的格言：

词典可以满足特殊口味和兴趣，语法和逻辑是中心设施，为所有人提供服务。①

然而，我们必须记住，它不涉及科学理论，而是形式演绎逻辑。

如果认真对待奎因的格言，祈使句或道义陈述句的任何规范逻辑体系，都必须通过严格的语法和形式语义得以合法化。只有这种严格框架才能使我们定义逻辑道义后承概念，这是法律人或其他规范话语使用者进行推论检验的一种关键手段。目前只有道义逻辑才能满足这些要求。我之所以强调这一点，是因为我认为法理学家往往在非常松散的意义上使用"逻辑"这个术语。这似乎是一个相当广泛观点的原因之一，即：法律逻辑是具体的，需要一些不同于形式逻辑简单性的东西。然而，道义后承有一个问题：像许多其他模态后承一样，它不能将其还原为纯一阶逻辑。而对于这个问题，我们有一个非常简单的解决方案：设 D 是一条道义公理，如（＊＊），D是其逻辑后承。然后，蕴涵式（＊＊＊）D⇒D' 是一条纯逻辑定理。我们甚至可以将道义算子视为行动谓词，给它们添加上特殊公理，再把（＊＊）读作"允许重言式行动"，并将道义逻辑解释为一阶逻辑的一个扩充，而且是建立在针对它们的超逻辑谓词和适当公理基础之上的。这个理论是一个定义明确的形式系统，它抓住了在道义概念间存在的依赖关系。

现在，让我举一个属于法律逻辑推论模式的形式逻辑分析的具体例子。如今，几乎所有法律逻辑的论证在其传统形式上都不是演绎的，这是毫无争议的。它也涉及"由强到弱论证"和"由弱到强论证"，它们有一个非常明确的形式结构。我们可以很容易地表明两者可以相互转换，属于"（A⇒B）⇔（¬A⇒¬B）"型式。事实上，陈述"如果允许'更强'，那么允许'更弱'"等值于陈述"如果禁止或不允许'更弱'，那么禁止或不允许'更强'"。然而，重点是"更强"和"更弱"是什么意思呢？有些情况可以从逻辑上进行处理。比如，我们说"A 与 B"要强于 A 或 B。道义逻辑允许规则（＊＊＊）P（A∧B）

① Quine W (1970). *Philosophy of Logic*. Englewood Cliffs: Prentice – Hall, p. 102.

⇒PA。然而，我们仍然必须根据逻辑以外的理由来做出决定，即：两个或两个以上行动合取表达了比采取单个行动“更强”。一般来说，“强”和“弱”不是逻辑概念，总是需要以法律利益为导向的特殊解释。因此，下列公式：

（＊＊＊＊）（（PA⇒ PB）∧（A 强于 B））⇒PB；

（＊＊＊＊＊）（（¬PA⇒¬PB）∧（A 弱于 B））⇒ ¬PB.

是完美的演绎模式。另一方面，必须另外解释“更强”和“更弱”。例如，直观上讲，就赞成表面损坏危害而言，虽然在草地上踢足球比在草地上走更为过分，但也可能会存在允许踢球却不允许走的情形，如足球场馆的使用规则。这个例子很好地说明了法律推理的形式方面与非形式方面是相互关联的。事实上这并不奇怪。在形式逻辑的任何应用中，不仅必须判定给定模式是否有效，而且要判定实质上是否正确。我认为，除了建立在蕴涵甚至等值的易位规则之上的一些琐碎案件和反向论证外，传统形式的法律推论模式不能还原为纯逻辑。然而，当我们把像假设和例外之类的一些补充前提添加进来时，我们总能够将具体法律论证转换成构造完美的演绎模式。法律推理既特殊又需要特殊逻辑的一个明显理由源于法律人更感兴趣的是实质正确性而不是形式有效性。因此，他们认为，在法律思维中，逻辑之外的正确性检验所使用的原则最为重要。这种观察还涉及显然反事实的前提，如某些假设，因为它们使得各自推理模式更为有效。参与法律案件或当局（法官、官员等）在做出决定时，所使用各种修辞手段具有非形式特征，这些技巧补充了或多或少建立在形式规则上的证成，甚至比那些证成更重要。然而，虽然认为在法律思维中修辞学更重要的观点是合理的，但不应与下列不公正主张混为一谈：从形式观点来看，法律逻辑的工具是不合逻辑的，甚至是反逻辑的。特别要提醒的是：形式逻辑的作用是平等的，不会区分出逻辑以外的任何领域，但非形式步骤会因领域的不同有所差异。

揭示逻辑分析如何组合形式与非形式特性的另一例子，涉及在法律辩论中所使用的某些较复杂的概念。标准道义逻辑建立在简单模态之上——义务、禁止、允许与中立。法理学则明显采用了一些复杂概念，如（在具体法律意义上的）主张、权限、推定、损毁和权利。对它们的解析必须超越基本初级概念。这为强允许、析取允许、条件义务、时序义务、分层能力等开放了空间。大致情况是，论证 A 是一个有序语句序列：

（#）A1，A2，A3，…，An▶A

其中，A1，A2，A3，…，An 是 A 的前提，而 A 是它的结论。符号▶指的是前提与结论之间的联系。论证是一个从 A1 开始，以 A2，A3，…，An 作为中间阶段并到 A 结束的过程。我们可以把上述型式转换成：

（##）A1▶1A2▶2 A3▶3…▶n－1An▶nA，

其中▶k 表示从 k 阶段到 k＋1 阶段的传递关系。我们对这个关系不作任何假设。除此之外，根据某些标准，它揭示了从之前阶段到达后来阶段的理由。所讨论的关系可以是形式的，也可以是建立在某些非形式子论证基础之上的。它清楚表明了在法律推理中形式成分与非形式成分如何相关。特别是，它们并不相互排斥。它维护了具体法律逻辑想法会使法律思维诸方面困惑的观点。法律人通过（##）将论证作为证明来展现。应当注意的是，在这个意义上，证明并非元逻辑意义上的证明，即由纯演绎工具进行的推演。证明某事是一种非常受人尊敬的认知成就，相对于可获得证据，证明在最大程度上支持他们的结论。当我们把属于（##）的步骤看作是恰当意义上的证明时，在修辞上他使用了与证明概念相关的积极联想。这是元逻辑概念在法律话语中使用修辞功能的一个很好的例子。虽然证明在这里起着特殊作用，但在一致性、完全性等方面也可以作类似评论。

（编辑：吕玉赞）

为什么法律推理必须是独特的*

[波兰] 马西耶·科斯佐夫斯基** 著　王瑞超*** 译

摘　要　本文探讨了法律推理的独特性问题。具体而言，作者提出了这样一个论点：使法律推理与在实证和经验科学以及日常生活中使用的推理不同的，不是其推理形式（架构），而是法律环境（*legal milieu*）。因此，他试图证明法律的某些特征对法律推理产生了重大影响，例如其规范性和规定性，以经验为依据来验证其内容的困难性，源于物质世界的限制以及对人类及其思想的依赖，还有法律人的“非专门化”特征以及权威在其中的突出作用——强烈影响了法律推理。尽管采用了一般的推论形式，以上的种种特征使法律推理具有了独特性。

关键词　法律理论　推论　法律方法论　分析法哲学

一、导论

法律人时常主张（或至少希望如此）他们在工作中采用的推理是非比寻常的，即那种推理与人们在日常生活或法律以外的其他学科中进行的推理截然不同。① 我的方法论主张是，法律推理之所以具有特殊性，不是因其推理形式（由前提得出结论的一般模式）的特

* 本文刊载于《印度尼西亚国际法和比较法杂志》（The Indonesian Journal of International & Comparative Law），于2016年7月出版。英文标题为：Why Does Legal Reasoning Have to Be Unique? 本文与作者在英国阿伯里斯特威斯大学（Aberystwyth University）作为客座研究员进行的研究项目有关，该项目由波兰政府项目“Mobilnośc Plus”资助。

** 马西耶-科斯佐夫斯基（Maciej Koszowski），男，任职于波兰华沙拉扎斯基大学（Łazarski university）。

*** 王瑞超，女，河南濮阳人，华东政法大学博士研究生，研究方向为法律史、比较法。本译文系华东政法大学研究生教育创新能力培养专项资金优秀博士学位论文培育项目“民国时期上海的女律师研究”（项目编号：2019-1-014）的阶段性成果。

① “法律推理的方式与个人日常生活中使用的推理方式不同。”见 Grant Lamond，“Precedent and Analogy in Legal Reasoning”，in The *Stanford Encyclopedia of Philosophy*（June 20，2006），http：//plato. stanford. edu/entries/legal - reas - prec/。“人们普遍认为，法律推理在某种程度上是特殊的，不仅在其主题上，而且在其形式上也是如此。”见 Lloyd L. Weinreb，*Legal Reason：the Use of Analogy in Legal Argument* 1 - 2（2005）。

殊，而是因其发生环境的特殊。易言之，法律推理的某种形式/一般模式或多或少会与人类认知和决策的其他领域相同，实质上均可包括以下几类：类比（基于与已知现象相似性的判断），演绎（在一般命题之下由某个具体实体的小前提得出结论），实用（开启对价值的保护和实现世界上人们渴望的目标），论证（平衡风险结果的利弊）或直观（由内部洞察力、直觉或感觉驱动）。[①] 然而，法律推理的进行过程——犹如打开机械的齿轮，受到强制倡导者和法官运作条件的强烈影响，这是在与诸如法律之类的机体打交道时不可避免的。职是之故，法律推理的形式——尽管是普通的且与人类活动的其他领域相比并无二致，会陷入奇怪的、复杂的、深不可测的实体中，当我们把这些特征看作一个整体时，将会为法律思维增添一些深刻的、不可替代的色彩。实际上，这样的思维就变得难以探究和阐明，特别是如果当我们希望通过简单地求助于其他已知和已被适用的推论来做到这一点的话。[②]

有鉴于此，在本文中，笔者将努力强调法律及其制度设置中最重要的特征，这些特征直接影响了如下观点：法律人的思考方式与日常生活中的推理不同，或者说法律人的思考方式与实证性、经验性等广泛的社会科学中的推理过程不尽一致。这些特征中最显著和最明显的本文将首先介绍，而较微妙和有争议的特征将在后面讨论。[③]

二、不仅具有规范性，而且具有规定性

第一个重要方面，考虑到法律的本质，我们必须强调法律的主要特征和功能是规范性的，即指示人们应该如何行事或不应如何行事，指示人们可以要求或不可以要求他人做什么，以及如果应他人要求时人们必须做什么或不得做什么。但是，法律的这种规范性必须与其他科学领域，尤其是经验领域中已经出现并被周知的规范性区分开来。换言之，在后者中，指示应该或不应该发生什么的表达式通常具有描述性、因果性或解释性，而法律则相反。

---

① 至于直观推理（与理性或审慎的推理相对立），请参见 Chris Guthrie，Andrew J. Wistrich& Jeffrey J. Rachlinski，“Judicial Intuition” 5 - 10，http：//law. vanderbilt. edu/files/archive/Judicial Intuition. pdf；Seymour Epstein，“Integration of the Cognitive and the Psychodynamic Unconscious”，49 AM. Psychologist 709 - 24（1994）；Malcolm Gladwell，*Blink. the Power of Thinking Without Thinking*（penguin books 2006）；*Handbook Of Intuition Research*（Marta Sinclair ed.，2011）；*Heuristics and Biases*：*The Psychology Of Intuitive Judgment*（Thomas Gilovich，Dale W. Griffin & Daniel Kahneman eds.，2002）；*Intuition in Judgment and Decision Making*（Henning Plessner，Cornelia Betsch & TilmannBetsch eds.，2008）。

② 罗伯特·阿列克西（Robert Alexy）似乎也提出了类似的观点。当谈到“法律逻辑的特殊论证”时，他断言：“当然这并不完全正确，因为这里所描述的‘法律’形式（类推、论证反推、论证更进、论证反证法）也适用于其他领域。”当然，在法理学的背景下，它们中的许多都受到特殊发展的影响。这就证明了上面使用的术语是正确的。参见 Robert Alexy，*A Theory of Legal Argumentation*：*The Theory of Rational Discourse as Theory of Legal Justification* 279（Ruth Adler & Neil MacCormicktrans.，Oxford University Press 1989）。

③ 这并不是说在法律以外的领域，在同样的基础上，所采用的推理就不可能是独特的，如果由于某一特定学科具有独特的方法论背景。相反，就某些社会科学和人文学科而言，这似乎是完全可以想象的。

当某人说明早太阳应在八点升起时，他指的是在自然界中可观测到的某种规律性，因此他仅仅描述了一个物质世界是如何运作的事实。同样地，通过断言一个物体如果被抛掷就会坠落，人们所指出的只不过是一个物体被抛掷和坠落之间可观察到的因果关系。相反，在法律上，规范性的本质在于它的规定性。法律既没有告诉我们什么是正常现象，也没有告诉我们什么是将有规律的或统计上发生的（正如地理科学所做的那样）。法律既不像物理学那样揭示物体和事件之间的因果关系，也不像经济学和心理学那样解释人类的行为和反应。法律的规范性在于规定一个人或其他人可以、有权或必须做什么，而不管他们是否真的愿意这样做。[①] 遵守法律的训诫——无论其是否为法律受众所知，主要取决于法律受众所做的决定和选择（他们的意愿），其次取决于人们无法解决的偶然与意外。作为一个必然的结果，一个人是否会按照法律的要求行事，是永远无法事先确定的。

故就定义而言，法律的规范性是面向未来的，而非陈述任何经验事实或因果关系。即使某个法律法规被认为具有追溯力（向后执行），实际上也针对这些公民、法官或官员在法律法规颁布后采取的行为（这些行为的决定和选择），对颁布之前的行为和事件没有任何规范上的影响。[②] 法律既不描述现象，也不解释现象。法律的规范性由那些调节和控制尚未发生或尚未采取的人类行为/决定的意志组成，而且其也仅限于此。从法律的受众角度看，我们可以说法律或多或少构成了他们提起诉讼的理由。[③]

同样地，法律推理不作为经验科学中的推理方法而使用，诸如此种经验科学其目的是了解周围自然界中的某种新事物及其发生的规律性或与物理对象及其运动方式之间的因果关系。至少从定义上讲，它也无法使人们理解人类的目标、愿望和决定。相反，我们要想

---

① 正如魏因雷布（Weinreb）所注意到的："尽管我们谈论法律是什么，就好像它是一个医学诊断或一座桥梁的承重之类的确切事实，法律的内容还是规范性的：它规定了什么是应该做的。见 Lloyd L. Weinreb, *Legal Reason: The Use Of Analogy In Legal Argument* 2。有关法律的规定性和规范性的更多详细信息，请参见：Frederick Schauer, *Playing by the Rules a Philosophical Examination of Rule - Based Decision - Making in Law and In Life* 1 - 3 (1991); George C. Christie, *Law, Norms &Authority* 3 (1982); Steven J. Burton, *An Introduction To Law And Legal Reasoning* 82 - 85 (3rd ed., Wolters Kluwer 2007)。我在这里不讨论法律规范性是否必须在规则、规范、原则、准则等里边体现出来，或者是否可以没有它们（更不用说在法律背景下，准则或规则代表什么），诸如此类的问题，可参见 Jerome Frank, *Law &Modern Mind: With A New Introduction By Brian H. Bix* 132 - 48 (transaction publishers 2009); 也可参见 George C. Christie, *Law, Norms &Authority* 1 - 10, 16 - 43 (1982) 和 Frederick Schauer, *Playing by the Rules: a Philosophical Examination of Rule - Based Decision - Making in Law and in Life* 112 - 28 (1991)。

② 另一个问题是，当人们知道特定法律将以追溯效力管辖其案件时，是否会对他或她的行为做出改变，诸如此类疑问，参见 Benjamin N. Cardozo, *The Nature of The Judicial Process* (with notes) 61 (Universal Law Press ed.)。

③ 本段评论不应被理解为，我们不能通过参考约束性法律的内容来预测或解释人类的行为。假设人们通常遵守法律，那么社会科学家能够以很高的准确性对人们的行为做出概率性的判断，也能够在事后对人类决策的动机做出解释。如果还需要注意其他相关因素，诸如法律制裁的严厉程度、法律法规的（不）确定性以及这些制裁的可执行力等，则更是如此。但是，这既不是法律的功能也不是法律的特征，而是法律的副产品。

了解法律在具体情况下的规定，有且仅有一个工具可以利用，即法律推理。①

三、难以得到经验和“逻辑”验证

第二个重要方面涉及可能验证法律内容的手段和方法的可能性和可用性，而这也与法律规范性的规定性质密切相关。换言之，在经验科学（如化学、物理学、生物学、医学）乃至大多数社会科学（如经济学、心理学、社会学、政治学）中，我们迟早能够以客观或主观的方式检验某个命题的正确性。事实上，在这类科学中，一个特定的陈述（无论是规范还是断言）作为一种规则极易得到经验验证，尤其是通过简单的（通过直接使用人类感官）或更复杂的（通过使用专业设备和装置）观察即可验证。在某种程度上，这种验证对其他人来说是难以质疑的，他们要么明确地表明该陈述（规范、命题、断言）是否正确，以及是否必须接受它；要么至少证明采纳该陈述是合理的，除非有进一步的证据表明其虚假。② 霍利约（J. Holyoak）和保罗·萨加德（Paul Thagard）恰当地指出，他们提出的理论涉及亚原子粒子、黑洞和引力波等不可观测的事物，而即使这些理论最终也必须根据可观测的证据来进行验证。③

但是，就法律而言，经验验证的可能性不仅有害，而且对许多人来说根本不存在。显然，特定的法律可能会命令我们去影响或阻止物质世界中某些事件和变化的发生，而这些事实是可以进行经验检验的。然而，法律是否应该像看起来那样包含诸如此类的重要训诫的问题，仍然远远超出了经验证据的范围。也就是说，“应然”的内容（除非人们坚定地坚持一种特定的本体论学说，例如自然法的方法或法律现实主义的某种形式，尤其是在斯堪的纳维亚法学流派中）不是从“物质存在”中派生的，因此，无法通过了解该领域的典型认识论方法来证实这一点。

法律的规定不仅不易受到任何经验证据的影响，而且其正确性（适用性）也不能根据逻辑或“数学”来确定。尽管如法律实证主义者等做出了包括将演绎术语移植到法律上的种种努力，④ 但法律不能在公理和定理的固定体系中封闭自身，因为法律与不断变化的物

① 伯顿可能也持有同样的观点，他注意到：“科学推理和法律推理具有不同的功能，因而要求我们在使用他们时有所区别。经验科学的命题用于描述、说明、以及预测经验世界的事件及其相互关系”。通过观察来提出并检验假设，以证实或反驳其描述、说明和预测的准确性……法律科学与经验科学的命题有着本质的不同：它们不描述、说明或预测任何东西。相反，法律通过规定合法行为来指导人们行为；也就是说，它们是规范性的。参见 Steven J. Burton, *An Introduction to Law and Legal Reasoning* 83 – 84。

② 参见 Karl Popper, *The Logic of Scientific Discovery* 17 – 26 (RoutledgeClassics 2002)。

③ Keith J. Holyoak & Paul Thagard, *Mental Leaps: Analogy in Creative Thought* 10 (1996). Cf. Also Lloyd L. Weinreb, *Legal Reason: the Use of Analogy iIn Legal Argument* 76 – 77.

④ 然而，值得注意的是，事实上，数学及微积分主要也依赖于常规实践和人们所接受的训练方式。正如路德维希·维特根斯坦（Ludwig Wittgenstein）在他的系列讲座中努力证明的那样：“所谓的数学发现，最好被称为数学发明。”见 *Wittgenstein's Lectures on The Foundations of Mathematics Cambridge*, 1939. *From The Notes of R. G. Bosanquet, Norman Malcolm, Rush Rhees, and Yorick Smythies* 22 (Cora Diamond ed., The University of Chicago Press 1989)。

质世界和精神世界相互联系（请参见以下两节）。① 因此，对法律条文真实性的验证（如果仅仅是可行的）被认为注定是非经验性和非实证性的（见第五节）。②

根据上述观点，法律推理结果似乎不能经由经验或逻辑/数学验证。③ 然而，这个问题并非我们看到的那么简单。法律推理——如果不是法律本身（见下文第十节），无疑是建立在法律内容的基础上的，因此，它定然不可能采用实证验证和经验验证。因此，如果法律要求我们实现某些特定的社会目标（少数群体享有平等权利）或保护某些价值观（人的生命或环境），我们可以基于经验验证法律推理的结果（以特定的法律决定/人为行为）是否符合法律的相关规定。对法律推理结果的论证则更为复杂，其中的主要障碍不是理论可能性的缺乏，而是法律推理的结果可能存在严重荒谬和不公正。法律的沟通媒介是给定共同体的语言，就我们坚持的法律推理的证明特征而言，语言因其一般性和不确定性（人称模糊性、歧义性和开放性）无法在所有情况下为现实生活中的案件提供公正合理的答案。正因为如此，答案也可能常常是未知的，缺乏确定性的，在这种意义上充满不确定性的，这与数学和逻辑学中存在唯一正解的基本命题相矛盾，至少在对数学和逻辑学的通常理解中是这样。

还必须强调的是，上述论点，即法律内容缺乏经验验证的可能性，显然与当下案件的事实无关。毫无疑问，至少在某种程度上，这些事实是可以用经验来证明的（然而，对于完全属于另一个本体论范畴的“法律事实”，则不能这样说）。但是，证明它们并不是一个法律问题，而是一个证据问题，故本文不作讨论，而本文旨在阐明法律的独特性背景下法律推理的独特性。④

四、与物质世界的联系

尽管法律内容是规定性的，不能进行经验验证，但在某种意义上，法律内容显然受限于物质世界的框架及其固有的局限。正如在法律规范性的特殊性背景下所暗示的那样，法

① 就像马克斯·雷丁（Max Radin）恰当地描述的那样：“由于数学对于我们不敢否认的实际目的在法律上没有多大用处，因此我们坚持把它当作一种情感宣泄。我们可以想出数学上的隐喻来减轻我们对经验的过分关注。”见 Max Radin, *Law As Logic And Experience* 7（2012）。

② 我这么说并不意味着律师和法官应该无视逻辑学、统计学、经验知识和数学微积分。这些资源和工具虽然在法律专业中有用，但它们本身并不是目的，而仅仅是实现法律规定的手段。的确，当他们意识到“应该做什么”的时候，他们并没有决定“应该做什么”。后一个问题摆在他们前边。

③ 正如魏因雷布（Weinreb）所解释的那样：“医生或工程师的推理很容易，而且在正常的过程中会受到验证，比如患者的健康状况是否有所改善、桥是矗立着还是倒塌了。而法律却没有类似的法律推理验证”见 Lloyd L. Weinreb, *Legal Reason: the Use of Analogy in Legal Argument* 2。

④ 但是，另一方面，我们应该意识到，对事实的任何调查，包括法庭上的法官所做的调查，经常会受到直观（直觉推理）和图解思维作用的影响，而不是纯粹的客观经验证明。例如，参见 Andreas Glöckner& Irena D. Ebert, “Legal Intuition and Expertise”, in *Handbook of Intuition Research* (Marta Sinclair ed., 2011), at 159 - 60 and Chris Guthrie, Andrew J. Wistrich& Jeffrey J. Rachlinski, “Judicial Intuition” 18 - 21, 25 - 29, http://law.vanderbilt.edu/files/archive/Judicial Intuition.pdf。

律旨在对人的行为施以影响。然而，这种行为（如果不是唯一的）总体上也是物质世界的一部分，也就是说，它通常是在物理世界中发生的，而不是在人类意识中发生的（作为一个可以想象的例外，你可能会提到一条教规，禁止思考通奸之类的事情）。在这种情况下，法律的规范权力因面临完全无实效的威胁，被限制在物质世界中人力所能及的范围内。例如，在这种情况下，法律不能忽视这样一个事实，即如果某项义务不具有履行的可行性，那么就不能将其强加于其受众（如在月球上种草或长生不老显然不在可能的"应然"范围之内）。此外，从某种意义上说，这种对物质世界的依赖性也会反过来起作用于物质世界。物质世界中的生活需求和条件，以及其中发生的事件，往往需要法律来处理。故法律不能忽视这一要求。①

法律与物质世界结构之间的前述关系，包括其中的人类能力，似乎对法律推理同样重要。在与法律规定保持一致的同时，法律推理的结果不能超出这些限制。甚至有人希望它们做更多的事情，即，如果法律本身不可行，这些结果应该完善法律内容以使其可行。②

五、对人类思维的依赖

法律不仅取决于物质世界可能产生的对人类的限制，而且还取决于人类本身。不管人们是否将法律规则理解为人类的产物（来自上帝或是周围世界的一部分），他们都是为法律创造空间并注入生命的人。没有他们，法律将会怎样？答案是法律将不复存在。无论是作为行动的理由，还是裁判的依据，抑或是纠纷的论据，法律都需要人类参与其中，就好像植物需要土壤和水才能生长、发育和繁荣一样。制定、解释、适用、执行和遵守法律的是人，而不是其他任何主体。

既然如此，法律本身也继承了人类的特质：美德与恶习、局限与力量、弱点与强项、邪恶与迷人的美。在人类经验、正义感、人生观、成见和偏见的影响下，法律几乎不可能超越上述特质。法律在人们的意识和潜意识中都占据一定的位置。我们可以从法律书籍和实际示例中学习到法律。但在任何情况下，法律都只发生于那些允许它发生的人那里。法律在人的脑海中发生，并且很可能有其起点和终点，如果它不起源于无穷大或不是自然的元素。

同样的道理也适用于理性与感性（直觉）并存的法律推理。法律推理的根源和前提并不总是那么显而易见；它们常常隐藏在潜意识深处的某个地方。因此，法律推理的结果可

---

① 参见 Karl N. Llewellyn, *The Bramble Bush*: *The Classic Lectures on the Law and Law School – With a New Introduction and Notes Bysteve Sheppard* 58 – 60, 115 – 27 (Oxford University Press 2008)。

② 另一个问题是，法律（包含其中的规范）是否可以构成物质世界的一部分（特别是在可能的外部观察的情况下，人们调整他们的行为以适应和遵守某些法律）。关于这个问题，请参见 George C. Christie, *Law*, *Norms & Authority* 11 – 13 (1982)。

以是洞察力、偏见、偏爱、倾向，也可以是某人曾经历过的往事或者某人铭记或遗忘的往事。①

顺便提一句，如此理解法律对人类思维的依赖，意味着缺乏对法律规定内容进行经验验证的可能性，但并不必然意味着我们没有其他的验证方法。确实，法律命令我们做的事情可能会受到不同种类的非经验检验，例如，违背道德判断、常识、经济（成本和收益）分析，当前社会的需求或立法机构或政府的目标，或违背法律原则或公众的主流观点。这些可能性导致了各种各样的方式，在这些方式中，人们可能声称要验证具体实例中法律推理结果的恰当性（aptness）。甚至更有趣的是，上述使我们能够检验法律推理结果的因素可能会影响法律本身（如果不是支配的话）。因此，它们可能会对以下过程产生直接或间接的影响：确定所比较的案件是否足够相似（类似）；一方当事人在争端中提出的论据是否比另一方的反驳论据更有说服力；或者是否将现有案件归入给定规则，以及为此目的如何解释该规则。

然而，上述任何一种验证方法都不是普遍令人信服的，更不用说是排他性的。为了评估法律内容或法律推理结果的恰当性，有些人可能更喜欢参考道德习惯和民间风俗，另一些人更喜欢参考经济指标，还有一些人则更喜欢参考政府或立法机构声称要追求和保护的政策和价值观。此外，人们可能有不同的正义感、洞察力和直觉；某一给定问题的公众立场或教义立场可能得不到解决；专家们可能不会同意从经济等角度来的最佳解决方案。因此，这种一致性的缺乏使得这种验证的结果远非定论，至少在免于受到他人质疑的可能性的意义上是如此。但是，这并不意味着，在法律上没有任何普遍认可的观点可以构成法律内容以及基于该内容的推理的基础。②

六、思维依赖的结果：过度简化的相同观念和无法摆脱的不确定性

法律对人类思维的依赖有许多具体表现（形式）。本文只谈其中的两个：相同的观念和不可避免的不确定性。

大自然中每一寸角落里存在的物体都是独一无二的；没有两件事物是完全相同的。这

① 至于法律对人脑的依赖性，请参见 Jerome Frank，*Law & Modern Mind：With a New Introduction by Brian H. Bix* 108 – 24（Transaction Publishers 2009）；Benjamin N. Cardozo，*The Nature of the Judicial Process* 70 – 71；Oliver Wendell Holmes，"The Path Of The Law"，45 *Boston U. L. Rev.* 31 – 32（1965）；Leon Petrazycki，*Law And Morality：With a New Introduction by a. Javier Trevino*，6 – 12（2011）；Karl N. Llewellyn，*The Theory Of Rules. Edited and With an Introduction By Frederic Schauer* 39 – 40（The University Of Chicago Press 2011）。

另请参阅一个有趣的论断，即法律（如果不是法律的一部分）会受到道德的限制，这是由于社会中有叛乱和抵抗的威胁，见 Oliver Wendell Holmes，"The Path of the Law"，45 *Boston U. L. REV.* 26 – 27（1965）。

② 对于这些观点的一个很好的例子是，尽管它来自道德和伦理而非法律，但人们无法质疑，参见 Richard A. Posner，*The Problems of Jurisprudence* 76，77（1990）."几乎可以肯定，纯粹为了娱乐的目的而杀人是罪恶的，这就像猫不长在树上一样肯定……因此，我们不能证明燃烧弹很糟，这并不意味着我们就不能知道这一点……你我正在行车；你驾车，我乘车。看到路当中有个孩子，而你转过头问我，'要不要避免撞死这孩子？'提这个问题就表明你有毛病，就好比是你告诉我昨夜里你和柏拉图讨论过这本书一样。"

些差别虽然有时很小，但始终存在。但是，我们倾向于并且有能力进行概括，因此，可以将两个或多个事项视为实质上相同。这在语言中是显而易见的，语言中包括许多归纳概括，比如“汽车”“树叶”“玩具”“动物”等概念。虽然我们说它们属于一个类属，但我们也完全知道汽车、树叶、玩具和动物之间可能有很大的不同，事实上，它们之间也确实存在诸多不同。在法律之中，这种过度简化的归纳倾向也广泛存在。而且，通常来说，法律要求我们将独特的事件和行为视为完全相同的，将它们联系在一起（至少在表面上），并具有相同的法律后果。因而，法律推理通常也以法律的普遍归纳为前提，尽管我们意识到法律推理与我们所要解决的多样性现象不符。甚至在某种程度上，我们时常不是针对具体情况而采用法律推理，而是抽象地使用法律推理，例如，为了向在法学院上课的学生阐明法律规定的意义，而不涉及任何真实或假设的案例。①

谈到第二个方面，我们必须牢记，人类的信念和信仰、特定社群的价值观或需求是不断变化的。其原因有以下几个方面：第一，持续不断的技术进步，带来了新的可能性和选择，但同时也带来了新的挑战和难题，例如网络犯罪或新的生物伦理学问题；第二，公众意识和发展趋势的变化，这些变化在特定社会的生活中的不同时刻起着支配作用；第三，甚至作为法律主要媒介的语言，也随着时间而不断变化，并赋予其术语和表达形式不同的内涵。所有这些方面对于法律的内容和法律推理都具有极其重要的意义。由于受到这些原因的影响，法律的内容和法律推理也就无法保持不变，必须跟上在他们周围环境发生的变化。故此，与经验科学相反的是，正如理查德·艾伦·波斯纳（Richard Allen Posner）所言，“科学家们有一些程序，通过这些程序他们能够相当确信地回答这些问题，然后研究其他问题以及更困难的问题”（从而不断取得进步），② 在法律上，许多问题永远不可能一劳永逸地解决。我们可以在给定的时间回答这些问题，但我们无法信心满满地确定这些问题今后不会被重新提起。正如波斯纳补充的那样：“没有终结、没有会聚、没有进步，有太多的法律争论完全无法结束，这就使得法律的不确定性问题与科学或数学不确定性问题有根本的不同。”③ 而且，正如史蒂文·J. 伯顿（Steven J. Burton）所说：“正如我们不能指责数学这种东西缺乏经验论证一样，我们也不能指责法律这种东西缺乏结果的整体确定性。”④

职是之故，不确定性是法律以及法律推理的重要标志。法律推理所得到的结论放在今天也许是对的，但明天或许又会变成错误的。这种不确定性甚至适用于这样的情况，即在法律的内容仍保持不变前提下，只因在在其他地方同时发生的变化，就会在特定类型的案

① 一个有趣的建议是，“对泛化、分类和理性思想发展的最早、最持久的刺激之一，尤其是理性思想的分支，我们称之为形式逻辑，更多地归因于法律，而不是其他任何原因，” 对这样一个背景，见 Karl N. Llewellyn, *The Theory of Rules. Edited and with an Introduction by Frederic Schauer* 127（The University of Chicago Press 2011）。

② Richard A. Posner, *The Problems Of Jurisprudence* 83.

③ Richard A. Posner, *The Problems Of Jurisprudence* 84.

④ Richard A. Posner, *The Problems Of Jurisprudence* 83.

件中得出与先前不同的法律结果。①

七、法律人的“非专门化”特征

下面提及与法律推理密切相关的另一个法律特征：一般而言，处理法律问题的人不了解也不遵循任何复杂的学说或理论。法律通常针对的是普通公民，但他们却有着以下特质：并非总是受过良好的教育；对当前特定科学领域的状况仅有模糊的概念；讲普通人经常交流的日常语言。而且，即便是那些掌握法律技巧的人，他们也并不精通法律之外的领域（除非他们确实学习过相关领域的知识）。因此，法官和律师往往不是心理学家、逻辑学家、哲学家、社会科学家等，他们也不具备法律规定事项的专门知识，他们对建筑业、证券交易所、水文学、畜牧业、农业以及其他相关领域一无所知。② 大体上，在实践中，法律的运作没有包罗万象的总体理论和学说能回答下列问题：什么是对什么是错，要实现哪些价值以及以何种程度和顺序去实现等。③

上述谈及的法律特征对于法律推理同样也至关重要。一般而言，运用法律推理的人不是跨学科专家或哲学家，故法律推理应当是更加务实（尽管法律很复杂），而非旨在实现与法律所追求的价值完全一致。④ 此外，法律推理者在采用推理及其形式过程中，往往不是依据充分的逻辑和心理学知识得出结论，相反是以直觉或常识性的方式。⑤

八、权威的突出作用

法律的上述特征，特别是经验验证的不可能性、对人类思维的依赖性以及法律人的“非专门化”特征，导致权威在法律科学及其实践中发挥巨大作用，而这又构成了法律的另一个特征。的确，在法律领域，权威似乎是不可或缺的，其影响力可能比其他任何方面

---

① 正如卡多佐（Cardozo）在我们面前揭示的那样：“随着岁月的流逝，随着我越来越多地反思司法过程的性质，我已经变得甘心于这种不确定性了，，因为我已经渐渐理解它是不可避免的”见 Benjamin N. Cardozo, *The Nature of the Judicial Process* 68. 关于法律上不可避免的不确定性的特征以及如何接受法律的不确定性，参见 Jerome Frank, *Law & Modern Mind: with a New Introduction by Brian H. Bix* 172 – 82。

② 相反，在立法过程中似乎发生了对专业知识的引用和使用。首先，议会（议会委员会）和政府的某些成员可以拥有它。其次，这些成员还可以咨询由某些科学领域的专家组成的董事会或委员会，例如经济、社会或劳工事务，以便评估拟议法规的效果。咨询包括非政府组织在内的其他专门机构的可能性也是如此。显然，法官也聘请法律以外领域的专家，但这仅适用于证据问题，不适用于法律的实质内容。

③ 因此，凯斯·R·桑斯坦（Cass R. Sunstein）指出：“法律人（和几乎所有的其他人）一样都没有深奥的理论。”见 Cass R. Sunstein, *Legal Reasoning and Political Conflict* 68 (1996). 顺便说一句，他似乎对此非常满意，声称关于善良或正义的深层理论似乎是“太宗派、太大、太分裂、太晦涩、太高远、太雄心勃勃、太令人困惑、太有争议、太抽象了。” *See id.* 。

④ 参见 Lloyd L. Weinreb, *Legal Reason: The Use of Analogy in Legal Argument* 60 – 61, 71 – 73。

⑤ 正如拉里·亚历山大（Larry Alexander）和艾米丽·舍温（Emily Sherwin）简要指出的那样：“在当今世界，法官并不是完美的推理者”。见 Larry Alexander & Emily Sherwin, *Demystifying Legal Reasoning* 43, 44 (2008); 又见 Jerome Frank, *Law & Modern Mind: with a New Introduction by Brian H. Bix* 125 – 26 (Transaction Publishers 2009)。

都要大。[①] 因此，有人真诚地宣称："法律的界限是由法律权威的界限来确立的……"[②]

此外，法律权威与经验科学和实证科学的权威存在着显著的差异。前者不一定是建立在该领域内专业成员之间的广泛共识的基础上，其力量来自于其声誉和地位。[③] 如果其在法律行业拥有越高的职务、头衔、学术地位或司法系统的级别，那么他/她所提出的法律内容的主张或陈述的权威性就越大。故此，联邦最高法院大法官的意见比来自较低级别法院法官的意见更为重要，同样，知名教授的意见比一个普通法学毕业生的意见重要得多。这也适用于高级政府官员及其下级办公室的同事之间。

而且，更重要的是，经验科学的权威，即使能得到一致的认可，但如它经过可靠的经验证据（例如可靠的实验或观察）证明是错误的，那么这种权威也会立即失去其效力。相反，在法律上，从权威的诞生到其发展之中，在其他人看来是明显荒谬或不公正的，也可能会保留其地位。正如波斯纳所言："在智识问题上，最好是把权威理解为一个传送带，它把科学发现或其他智识发现的消息传递给那些缺乏时间或缺乏背景知识亲自验证这些发现的人们，并向他们保证这些发现是可信的。在法律中，权威的意义则不同。司法决定之所以具有权威性是因为它们出自一个获得政治认可的渊源，而不是因为在认知上这些社会完全赋予其信任的个体一直同意这些决定是正确的。"[④] 法律上的权威通常还可以规避第五节（对人思维的依赖）提到的一项或多项验证的负面结果。[⑤] 反过来，能削弱权威效力或使权威无效的是另一种权威，该权威（明确或隐晦地）与先前权威的论点相抵触或破坏了其论点的根基。[⑥]

权威在法律中的巨大作用，并不意味着其漠视法律推理。相反，推理出结果的事实几乎总是非常重要，并直接影响该结果的恰当性和效力。笔者甚至可以冒昧地说，这种相关性在某种程度上表现为，一个伟大的权威有时可以使非常糟糕的法律推理显得非常优秀或卓越。

九、作出法律裁决的程序

法律推理的独特性是法律的具体特征影响的结果，但是，毫无疑问，这也是作出法律

---

① 因此，肖尔（Schauer）说："但是在法律中，权威具有支配作用，只有在极少情形中，法官才会参与进行通盘考量的决策活动，而这种活动在法律体系外十分普遍。" 见 Frederick Schauer, *Thinking Like a Lawyer: a New Introduction to Legal Reasoning* 67。

② Frederick Schauer, *Thinking Like a Lawyer: a New Introduction to Legal Reasoning* 84.

③ 参见 Richard A. Posner, *The Problems of Jurisprudence* 79 – 80。

④ Richard A. Posner, *The Problems of Jurisprudence* 82.

⑤ 在法律权威的背景下，还会出现一个问题，即由不具备足够专业知识的人对给定权威所关注的主题进行评估。在评估证据可信度的过程中，这一问题更加严重。参见 Frederick Schauer, *Playing by the Rules a Philosophical Examination of Rule – Based Decision – Making in Law and in Life* 71。

⑥ 关于权威在经验科学和法律中的作用和基本区别，参见 Richard A. Posner, *The Problems of Jurisprudence* 79 – 86. 关于法律背景下的权力概念，参见 Frederick Schauer, *Playing by The Rules a Philosophical Examination of Rule – Based Decision – Making in Law and in Life* 61 – 84。

裁决的程序所导致的必然结果，这种程序与经验科学或实证科学解决问题的方式有很大不同。

第一，法律上的决策者，即各种法官和官员，必须回答那些并非他们选择的问题，甚至那些他们不想回答的问题。法官无权说因为自己的技能或知识太弱或者太狭窄而无法判决当前案件。① 此外，法官和其他法律决策者的日常工作是在时间的压力下进行的。他们不能因为他们的经验、智慧和能力还没发展到足够的规模，或者对现有问题还不能给出正确答案，而推迟裁决。正如波斯纳所指出的："事实上，法官是处于一个相当不自在的位置，他必须行动，同时还必须为为何如此行动提出一些理由。同纯粹思想者相比，他没有大量的时间，他不能等到正确确定之后在做出结论。"② ……"科学界主要是由其自身来确定自己的研究领域；无人强迫它硬要碰难题。而法官决定的问题则几乎全是社会甩给他们的问题，而无论这些问题多么难以驾驭。"③ 上述困难——法官时间有限以及对其不太了解的案件必须做出裁决的义务，加上法官经常对棘手的案件做出裁决这一事实，都使得情况更为复杂。通常，简单的案件（即结果可预测且显而易见）就像特定规则一样——如果没有发生情感背景或极端情况（例如债务人破产或完全无知/不诚实），④ 则可由当事双方自行解决，根本不需要审判。

第二，如所周知，无论法律如何规定，法律裁决都要根据法律做出。⑤ 当事人以及公众都不愿意让法官任意行事或用抛硬币的办法来裁决案件。正如麦考密克（Neil MacCormick）所说，法官"必须伸张正义，但必须是'依法正义'"，⑥ 正如魏因雷布（Weinreb）所强调的那样，裁决的一个显著特征是，"法院的裁决应完全基于法律"。⑦ 做出法律裁决的人承认该裁决没有法律根据，即使不能完全剥夺这一裁决的合法性，也会使其大大削弱。

第三，与日常生活中回答问题相反，法律裁决不是以自发或非正式的方式做出的。为此目的，我们设计了一种正式、审慎和决疑的程序，以期为案件提供公正、全面的

---

① 正如魏因雷布（Weinreb）所言："一个法官如果找不到任何法律或司法判例可以直接处理她面前的案件，他也不会甩手放弃让诉讼当事人自行解决。" 见 Lloyd L. Weinreb *Playing by the Rules a Philosophical Examination of Rule – Based Decision – Making in Law And in Life* 81。

② Richard A. Posner, *The Problems Of Jurisprudence* 72.

③ Richard A. Posner, *The Problems Of Jurisprudence* 84. 也见 Steven J. Burton, *An Introduction to Law and Legal Reasoning* 84。"科学家可以得出结论：几十年或几个世纪以来，问题的答案仍然是未知的；但是，法官应依法裁定诉讼案件，而不应过分拖延。"

④ 正如波斯纳所指出的，由于"当事人或他们的律师很愚钝或很顽固，或者因为引发诉讼或是诉讼本身很激烈"。见 Richard A. Posner, *The Problems of Jurisprudence* 78。

⑤ 参见 George C. Christie, *Law, Norms &Authority* 32（1982）。

⑥ Neil Maccormick, *Legal Reasoning and Legal Theory* 166（1978）。在这一点上，他还阐明："这的确并不意味着法官只能从依据强制性规则所进行的推理中得出案件的判决结论；但另一方面，它也并不意味着法官可以自由并不受约束地将自己关于争议和常识的直觉付诸判决。"

⑦ Lloyd L. Weinreb, *Legal Reason: The Use of Analogy in Legal Argument* 80.

考量。①

第四，法官不仅必须对他们不愿受理的案件做出裁决，而且还必须对这种不受欢迎的案件给出理由，例如为什么他们的裁决是站得住脚的、甚至为什么该份裁决是唯一恰当和正确的。正如波斯纳对这一要求的理论基础所解释的那样："法官并不是在决定在自己的生活中要干什么；而是决定当事人在他们的生活中应当干些什么，并且当事人和社会都要求法官给个说法。"② 这项义务是基本的，因为它甚至适用于一名强烈认为自己的裁决是正确的，但对影响该裁决的因素并不警觉的法官，尽管如此，他/她仍被期望以某种方式获得做出该裁决的一般原因。③

第五，从行为人（当事人）的角度来看，法律裁决的发布程序极大地限制了对这些裁决进行核实的机会。当事各方通常有权得到在一个或最多两个重新审理其案件的机会。此后，除非在特殊情况下，主要是关于证据问题（例如新披露的证据）或法官（官员）的重大过失，尤其是刑事方面的不当行为，否则，即使是明显错误的情况，也不能对他们的案件做出修改和撤消决定。④⑤

故此，我们也就不难理解如下论述，法官（官员）在决定摆在他们面前的案件时而进行的法律推理，是有时间限制的，在某种意义上也是强制性的，而且对许多人来说，法律推理还应该是可解释的、透明的，更为重要的是不能是随意的。另一个问题是，由于法律推理对人类思维的依赖，所有这些属性至少在实践中无法完全实现。

显然，不仅法官（官员）要进行法律推理，而且法学界同样要进行法律推理，尤其是当后者做出注释、评注和制定条约时。正在接受咨询的律师、处于争执中的当事各方以及想要了解其法律义务和权利的公民，这些主体同样也要进行法律推理。以上行为者的推理可能与法官的推理不同，前者可能不会有太大的时间压力，也可能通常不太正式和严谨。但是，为了有效并达到进行推理的人（或其委托人）之目的，在这种情况下法律推理也不能是无尽的、完全晦涩的，更不能是随意的。

---

① 参见 Lloyd L. Weinreb, *Legal Reason*: *The Use of Analogy in Legal Argument* 75; Edward H. Levi, "The Nature of Judicial Reasoning", 32 *U. CHI. L. REV.* 397 (1965)。

② Richard A. Posner, *The Problems of Jurisprudence* 72.

③ 关于这个问题，参见 Aleksander Peczenik, *On Law and Reason* 278 – 79 (2nd ed., Springer 2009)。

④ 当然，在庭审之外，也有其他的方法来验证法律裁决的正确性，即第五节中提到的那些方法。对于大多数法官而言，尤其突出的可能是来自其他法官的评论、自我批评和法律学者的意见。然而，由于他们的疏离，美国法官对顶尖法学院学者的著作的尊重正在减弱。参见 RICHARD A. POSNER, How JUDGES THINK 204 – 29 (2008)。

⑤ 显然，做出法律决定的过程也可以用其他术语来描述，并且可以强调它的其他属性。例如，利瓦伊(Levi)指出，法官的这种使司法推理具有独特性（相对于美国法律体系和社会）的义务是："代表众多声音的责任，根据先验规则和其他案件的平等性来证明新判决的正当性，如理性是充分必要的指导，道德判断的责任和诚信的重要性"。见 Edward H. Levi," The Nature of Judicial Reasoning", 32 *U. CHI. L. REV.* 397 – 98 (1965). 魏因雷布（Weinreb）似乎反过来强调了法律决策的争论性和两面性或多边性，他说："任何重要的司法决定都是经过仔细考虑的，除非对这个问题进行辩论和抉择，否则不太可能达成并有力地捍卫结果。" 见 Lloyd L. Weinreb, *Legal Reason*: *The Use of Analogy in Legal Argument* 75。

十、法律内容与法律推理（及其结果）的关系

迄今为止，我们理所当然地认为法律推理和法律内容可以分开，而且它们之间可以不管彼此单独讨论。然而，这种假设是非常可疑的，笔者无法完全赞同。笔者认为，法律推理与法律内容是法律现象本身的两个方面，而且实际上它们难以分离。以下信念尤其支持了笔者的这种论点：无论是在普通法系还是在大陆法系中，法律在很大程度上等同于具体或假设案件中使用法律推理得出的结果（或其预言）。但这一立场并不是普遍的观点，①例如，这与所谓的法律实证主义运动存在明显的矛盾，因本文主题所限对此不作展开。然而，如果上述设想的两者的融合确实发生了，那无疑将会更加明确本文所讨论的法律特有的特征对法律推理的影响。②

十一、结论

法律推理的独特性，与其他领域（如科学和日常生活中）存在的推理方式的区别，似乎并非源于前者的推理形式，而是由法律的复杂性以及法律裁决的程序共同作用的结果。因此，由于法律的非描述性，法律推理也没有被用于了解物质世界的新事物。相反，法律推理的目的是确定法律规定的内容，即人们可以做什么或被要求做什么以及他们可以要求别人做什么。同样，法律推理和法律本身主要取决于物质世界对人以及人的智力能力和非智力能力的限制。这些限制和能力，以及人的需求和他们生活的条件，影响了法律可能的规定性内容，并极大地影响了法律推理的运作以及它可能把我们带到何处。特别是，法律推理的结果是不稳定的——与法律本身类似，即使最初是正确的，随着时间的推移，也可能受到质疑，而随之不再具有说服力。我们还必须记住，法律推理与法律整体一样，通常不是法律专业以外专家所能驾驭的领域。此外，尽管大多数法官和律师缺乏专业知识，或许也正是因为这个事实，权威在法律和法律推理中的作用是非常大的。权威来自于一个人的地位和立场，他的权威对其推理结论的效力与质量有直接的影响，无论其得出的结论矛盾与否。

除上述特征外，法律推理，尤其是司法推理，还受法律裁决程序的制约。这种程序对法律推理者的预期工作方式提出了额外的要求，最重要的是其强调了法律推理既要是正式的、透明的、外部合理的，同时又要是及时的。

（编辑：俞海涛）

---

① 有趣的是，克里斯蒂（Christie）似乎只为尚未解释的案件和法规保留“法律（law）”这个名称（即它们的原始形式，而不是其含义），因为在他看来，只有它们足够明确，才可以被这样称呼。参见 George C. Christie, *Law*, *Norms &Authority* 58（1982）。

② 另一个问题是法律与手头案件事实之间的分离，这也被认为是不可能的，而且是完全不可能的。参见 Jerome Frank, *Law &Modern Mind*: *With a New Introduction by Brian H. Bix* 125（Transaction Publishers 2009）。

法律解释前沿

法律解释理论

［美］查尔斯·W. 科利尔* 著　丁福金** 译

摘　要　法律是一种“职业叙述”，即将法律知识转化为权威性解释的社会建构方法。为了探讨解释学理论的认知起源，需要将法律职业叙述放在更广泛的跨学科框架中进行论述。从自然科学角度看，包括伽利略在内的几乎每位现代自然哲学家都参考了自然之书。从圣经文学理论出发，可以得知圣经诠释和文学诠释是相互关联的两个概念。从社会科学角度看，对于法律职业叙述而言，最为关键的是隐喻或解释典范。在普通法叙述中，布莱克斯通对于法律权威之起源的论述以及兰德尔在追求法律科学性过程中给予的标准解释都至关重要。在普通法中看法律创新，其实首要和主导的方法就是法律解释，而在更为聚焦的角度看，美国的宪法本身就是以一种宏大的解释姿态开始。遵从性审查是一种基本的解释范式或分析模型，它反映了一种关于宪法的主流政治理论。解释宪法的另一种基本模式是宪法史的分期。另外，“社区—社会解释范式”也有助于理解很多法律领域的司法裁决，且能为其他领域的理性批判奠定基础基本的解释范式。

关键词　法律解释　认知起源　普通法叙述　宪法叙述　社区—社会解释范式

一、学科间理论：“法律与”的解释

近期，一篇关于法律、文学及跨学科研究难题的论文提出了一种无可争议但发人深思的说法，即

---

* 查尔斯·W. 科利尔（Charles W. Collier），男，佛罗里达大学法学与哲学教授。本文刊载于《芝加哥肯特法律评论》，于2000年出版。

** 丁福金，男，江西修水人，华东政法大学博士研究生，华东政法大学助理研究员，研究方向为法社会学。

> 人们将法律与文学作比较时，越少谈论“法律”的定义，就越容易将法律作为独立的非人文学科并参照标准案例中的常规术语理解法律的发展……也就是说，如果执法意味着枯燥地搬弄法律规则，那么法学家与文学（或其他学科）之间有何关联呢？①

法律作为一门独立或自主学科，自兰德尔（Langdell）尽力追求法律的科学性开始，法的发展开始被赋予标准解释。下文会更详细地讨论标准解释，但此时我想说巴伦（Baron）的观点很有道理：如果法律的界限——理解为法律规范的常规应用——固定且为必然，那么通过法律和文学（或“法律与”其他学科）扩展或丰富法律的范围这一期望将难以实现。

然而，法律的界限并非一成不变，反而很容易得到重新诠释。世界公认的法律体系中已出现大量明显的时间多样性、文化多样性和社会多样性。如巴伦所言，

> 我并不认为法律与文学（或历史、哲学或经济学）相比存在明确界限。我认为，“法律”领域的定义，如其他领域一样，在某种程度上仅反映或作为我们人类所期待的文化产物。②

换句话说，法律是“社会建构的产物”。近年来，“社会建构”一词（及这一概念）已成为热点话题，但影响较差，因为它指一切“编造的”“发明的”“不真实的”东西。但严格来讲，如果说某种物质是“社会建构的”，仅指它是历史事件、社会力量或意识形态的偶然产物。举个例子，所谓的“计算机千年虫”（Y2K），无论当时产生了何种影响，都将毫无疑问且永久性地载入未来词典中。千年虫问题指可能会将1900年与2000年混淆（或根本无法区分这两个年份）的计算机“技术缺陷”。③ 但所有关于千年虫问题的讨论中，我还没有听说过计算机除了可以按照特定设计和编程执行操作（即，用两位十进制数字表示年份，无法区分二十世纪和二十一世纪的年份）外，还可以执行其他操作的说法。当计算机盲目执行预先设定的任务，而与计算机所生成数据的大量意外社会用途相冲突时，问题就会出现。

电脑生成的银行按揭单显示还款已逾期100年，这是一个真实存在的问题，但同样也是一个社会建构的问题。从许多方面来讲，我们可以用形容性别问题的方式形容千年虫问

---

① 简·巴伦（Jane B. Baron）：《法学、文学与跨学科问题》（Law, Literature, and the Problems of Interdisciplinarity），108 YALE L. J. 1059, 1080, 1083（1999）。

② Id. at 1085.

③ 参见朗达·布拉姆（Rhonda Brammer）：《千年虫后的生活》（Life After Y2K），BARRON’S, Aug. 16, 1999, at 24。

题：它属于“社科问题范畴，它的定义涉及广泛的社会关系网，而……不仅仅是结构性（即：技术性）问题”。[①] 千年虫问题实际上应该理解为20世纪晚期的社交拖延症，或后现代想象力缺乏故障。

社会建构论通常含有如下论调：

> 某某本不必存在，或本不必是目前的情形。某某或目前情形的某某并非由事物的本质决定；并非必然。[②]

就法律而言，我们应该欣然承认，法的存在或特性并非由事物的本质决定，法在过去或未来的情形并非必然，而是“由社会事件、社会力量及历史产生或塑造而成，所有这些因素本身就可能存在很大差异”。[③] 可以肯定的是，我们不应该像社会建构论反对者讨论基础物理学一样讨论法律：“如果我们发现某个遥远的星球上存在着高智商生物，并翻译他们的科学论著，我们就会明白他们和我们发现的规律是相同的”。[④]

伊恩·哈金（Ian Hacking）在近日出版的《何谓社会建构》一书中详细论述了社会建构问题。[⑤] 在法律领域，我们可以表明我们持有的法律观点或所理解的法律概念、法律实践的历史发展、法律实践在既定法规和制度中的体现及我们目前拥有的法律界知识体系，也可以说明法律的标志词，如成文宪法、法令、规章、指令、司法裁决等，这些都是偶然社会环境与其化为当前含义所经历的迂回路径相结合的深刻反映。如果有交警提醒我超速了，我不会反驳，但我想说明的是，若没有法律实践和制度的偶然结合，就根本不会存在限速这类说法。我们的法律和规章制度同样也是社会建构的真实、客观产物，就连交警也承认这一观点。

我想说，法律也是社会建构的产物，但可能很少有人承认这一点。我称之为“职业叙述”。职业叙述是一种将法律知识转化为权威性解释的社会建构方法，是辩护律师在最高法院法庭上作口头辩论时论述和引用权威的过程。它是一种法律解释方法，解释辩护律师为何不引用普莱西诉弗格森案（Plessy v. Ferguson）[⑥] 或洛克纳诉纽约州案（Lochner v.

---

① 萨利·哈斯兰格（Sally Haslanger）：《本体论与社会建构》（Ontology and Social Construction），23 PHIL. Topics 127，130（1995）；罗伯·佩格拉罗（Rob Pegoraro）：《千年虫：从高度焦虑到低级喜剧》（Y2K, From High Anxiety to Low Comedy），WASH. POST，Jan. 7，2000，at El（“它不是一个计算问题和技术问题，而是一种隐喻，一种关于我们想成为什么样的人、我们生活在什么样的社会、以及很多时候我们在多大种程度上受到惩罚的隐喻。”）。

② 伊恩·哈金：《何谓社会建构》，6（1999）。

③ Id. at 7.

④ 史蒂文·温伯格（Steven Weinberg）：《索卡尔骗局》（Sokal's Hoax），N. Y. REV. BOOKS，Aug. 8，1996，at 11，14。

⑤ 参见哈金前述著作 note 5。

⑥ 163 U. S. 537（1896）.

New York)① 的原因。

本文将对普通法、宪法性法律和诉讼案例中反驳社区与社会二者区别的个别职业叙述案例展开论述。但我想先将法律职业叙述放在更广泛的跨学科框架中进行论述（第二部分）。

二、解释学理论的认知起源

自然科学、人文科学和社会科学均运用“未作解释的‘结果’反而看似言之有理”这一基本范例或概念性框架。上述学科中，简单的真理或未作解释的结果不作为科学论证或理智讨论的根本出发点。但法学比所有知识学科都需要职业叙述。

（一）自然之书

自然科学通常不作为解释性学科。但自然科学常运用古代（柏拉图）、早期基督教时期（圣奥古斯丁）及文艺复兴时期自然之书的典故作为强有力的隐喻。② 至早期现代时期，几乎每位现代自然哲学家都参考了自然之书。或许伽利略在《试金者》（The Assayer）一书中的论述最著名：

> 哲学写在这部称为宇宙的大书中，这本书永远打开着，接受我们的凝视。但要是我们不先掌握它的语言，不去解读它赖以记录的字符，那我们就不可能理解这部大书。它以数学语言写就，其字符是三角形、圆形和其他几何图形。没有这些，凡人连一个词也读不懂；没有这些，人们就在暗黑迷宫中徘徊。③

今天，我们可以说伽利略发现了解释性框架理论的必要性，在解释性框架中，他的言论合乎情理。一方面，伽利略反对“用哲学思考的人，他的坚定信念必定会说服自己相信著名学者（通常是亚里士多德或亚里士多德派经院哲学家）的主张”这一观点。④ 从这种意义上讲，伽利略的批判意见反映了早期现代时期最普遍的思维倾向之一：“现有自然哲学传统中有些观点绝对有误，因为这些观点并非以自然现象而以人类的文本权威作为出发点”。⑤ 这让人想起帕多瓦大学一名亚里士多德哲学教授拒绝使用伽利略望远镜观测天空（观察木星的卫星，只因这一新发现与亚里士多德的宇宙论和罗马天主教宇宙论相悖）的

---

① 198 U. S. 45 (1905).

② 史蒂文·沙平（Steven Shapin）：《科学革命》（The Scientific Revolution），69（1996）。

③ 参见《试金者摘编》（Excerpts from the Assayer），载《伽利略的发现与见解》（Discoveries And Opinions Of Galileo）229，237－38（斯蒂尔曼·德雷克〈Stillman Drake〉译，1957）（1623）。

④ Id. at 237.

⑤ 沙平前述著作 note 11，at 68；刘易斯（Lewis）：《被抛弃的形象：中世纪和文艺复兴文学导论》（The Discarded Image：An Introduction To Medieval And Renaissance Literature）5，11，189（1964）。

故事。本文重点研究自然之书，自然之书与权威作家历来尊崇的书籍中的观点截然相反。

另一方面，伽利略还坚持认为自然是一本书。自然之书“永远打开着，接受我们的凝视”；但像其他书籍一样（不同于我们视线所及之处的大部分其他事物），“要是我们不先掌握它的语言，不去解读它赖以记录的字符，那我们就不可能理解它”。① 大自然包含的真理无法直接观察到。在未受过教育的观察者看来，月亮还没球大，太阳似乎在围绕着地球转动。即使借助望远镜，他们也不理解恒星是很小还是很遥远。“事实上，这两种解释都与光学数据相吻合，而在当时的年代，人们不理解从这两种解释中作出选择的科学道理，而只理解其哲学道理”。② 只有人们理解了自然之书，才会信服其中表达的观点。

伽利略在《试金者》后文中提出了自然之书的解读方法。伽利略在解释热理论时指出，很多人认为热是我们感到温暖的事物中真实存在的现象、属性或特性。

> 我想说，每当我想到一个东西，我会顿时感觉有必要想一想它的形状、它比某一时间某一地点的某个其他东西大还是小、它是不断运动的还是静止的、它是否与其他物体接触、它在世界上只有一个还是有少量或许多。每当想起一种物质，我就无法不去想这些条件。③

伽利略继续说道：“但我并没有强迫自己去想这种物质是白色还是红色，苦的还是甜的，嘈杂的还是沉寂的，气味好闻还是难闻。”④ 没有感官的引导，“我们可能无法推断或想象到这些特点”。⑤ 伽利略由此得出结论“我们所想到的味道、气味、颜色、温度等都只不过是名称而已，只存在于我们的意识中”。⑥ 一旦我们心里想到的这个东西消失了，它的所有这些特点也将不复存在。

因此，伽利略推翻了亚里士多德在《论灵魂》一书中提出的概念图式，根据亚里士多德的观点：（1）“我们对感官感知到的东西的感知绝对不会出错”；（2）尽管我们感知到眼前有白色这种感知不会错，“但白色的是这个或那个东西这种感知就可能是错误的”；（3）最后，对于特点可感知的物体，其常见属性（例如：运动状态、大小）——“最大程度上很可能是感觉或错觉”。⑦

伽利略认为，对事物的直接感知仅是一种独特的主观感觉，并未经过测量或量化，并

---

① 《试金者摘编》note 12，at 238。

② 亚历山大·柯瓦雷（Alexandre Koyre）：《从封闭世界到无限宇宙》（From The Closed World To The Infinite Universe）94（1957）。

③ 《试金者摘编》note 12，at 274。

④ Id.

⑤ Id.

⑥ Id.

⑦ 亚里士多德：《论灵魂》428b－429a。

由此推翻了亚里士多德提出的上述传统感知层次。伽利略把事物的科学研究（如形状、数量、位移、运动状态、冲击力等众所周知的数学和力学特性）放在第一位。“要是这些属性无法直接观察到”——通常无法观察到——“物理学家就必须透过宏观表象去探个究竟”。①

“隐藏事物属性的表象”这一说法绝对不会出现在亚里士多德的学说中，他认为感知绝不会出错。自然哲学家被赋予了新的任务，就是解释各种表象。在胡塞尔看来，伽利略“既是一个研究实体形式的天才，也是一个研究隐藏质的天才”。胡塞尔表示：要是“现象仅存在于主体中……我们感知到的生命世界只是主观的”，

> 那近代科学发展以前的、超科学的所有事实真理就失去了价值。尽管这些真理有误，但也只有当它们模糊表达存在于经验世界之外的超然本质时，才有意义。②

因此，根据伽利略的自然之书观点得出“知识源于而且应该源于直接感官体验，这是现代经验主义的根本思想”③ 这一说法似乎不恰当。上述观点更像在描述一个表述不同但影响力相同的隐喻：思想就像《自然之境》。我无法像理查德·罗蒂（Richard Rorty）一样尽一切努力摧毁“传统哲学观……伟大的思想之境，其中包含着各种各样的表象——有的正确，有的错误（这反过来表明将知识视为表象的准确表达这一观点）”。④ 如罗蒂所言，最初占主导地位的隐喻“使我们的信念与信念的对象（例如：证明定理的几何图形）直接关联，从而确定信念”。⑤

相反，自然之书中“有些章节……以虚幻和误导的方式唤起人们对感官知觉观念的兴趣。按照伽利略理论，解读这些章节时必须要理性”。⑥ 解释表象的含义包括两个要素。人们看到的只是斯多葛学派的可感能指物；其含义是可知所指物。解释是散漫的心理历程，能指物只是为其他东西提供了重要的物理基础。

如奥古斯丁所说：“符号是一种超越其本身给人的印象而让人联想到其他事物的东

---

① 佩德罗·雷东迪（Pietro Redondi）：《异教徒伽利略》（Galileo Heretic），57（雷蒙德·罗森塔尔（Raymond Rosenthal）译，1987）（1983）；胡塞尔：《欧洲科学的危机与先验现象学》（The Crisis Of European Sciences And Transcendental Phenomenology）53（大卫·凯尔（David Carr）译，1970）（1954）（“自然……本质上是数学的；它用公式表示，只能用公式来解释。”）

② 胡塞尔前述著作 note 22，at 54。

③ 沙平前述著作 note 11，at 69。

④ 理查德·罗蒂：《哲学与自然之镜》（Philosophy and the Mirror of Nature）12（1979）。

⑤ Id. at 163.

⑥ 雷东迪前述著作 note 22，at 55；cf id. at 53（“我们处于17世纪，秘法的黄金世纪，note 大行其道，在精密复杂系统的完美形式之下，隐藏着最微妙的信息。每个人都在解释、解译、拼字和组合。它是组合学和语言学的伟大世纪。”）。

西”。① 这一符号观被17世纪的波尔·罗亚尔逻辑沿用并修改。事物可以同时作为事物本身和符号。要是一个人只把一个物体看作该物体本身，那这个人对该物体的理解就是该物体本身的样子；但要是一个人把一个物体看作另一个物体的表征，那这个人对该物体的理解就是一个记号，这个物体就称作“符号”。

> 因此，符号包含两种意思：一种是符号本身（即“表征物”），另一种是符号所代表的事物（即“被表征物”）；符号的本质在于用表征物提示它所代表的被表征物……每个符号都要求将表征物和被表征物区分开。②

符号与其含义之间的关系并非按照事物本身的规则确定；把二者联系起来的是“一种将一件事物的概念与另一件事物的概念相联系的内在知识”。③ 从17世纪开始，人们逐渐对探索、发现、揭示早已有的符号失去兴趣；世界上不再有未知符号——并非因为我们已经掌握了所有可能存在的符号，而是因为尽管上帝仍在利用大自然中的符号与我们对话，但也在利用我们的知识及我们的各种观念之间已建立的联系在我们的脑海中建立重要关系。④

（二）圣经文学理论

自然之书是上帝仅有的两部著作中的一部；另一部当属《圣经》。“《圣经》是上帝的话语，这就意味着《圣经》本身的权威高于诠释圣经的教义”。⑤ 正如人们阅读自然之书时会对亚里士多德和亚里士多德派经院哲学家的科学权威提出质疑一样，“唯独圣经”的口号也削弱了罗马天主教会已确立的解释权。

但尽管路德对天主教提出的《圣经》的解释权掌握在天主教手中这一主张发出挑战，他仍强调《圣经》必须由某个人来解释这一事实。《圣经》从字面上看比自然之书更有意

---

① 圣奥古斯丁：《论基督教教义》（De Doctrina Christiana）lib. II, cap. I, at 1。

② 安托万·阿诺尔德（Antoine Arnauld）、皮埃尔·尼科尔（Pierre Nicole）：《逻辑，或思考的艺术》（La Logique, Ou l'Art de Penser）52－53（皮埃尔·克莱尔（Pierre Clair）和弗朗索瓦·格巴尔（Franqois Girbal）的评论版，2d ed. 1981）。

③ 米歇尔·福柯：《词与物》78（1966）。

④ Id. at 73；cf. 乔治·伯克利（George Berkeley）：《人类认知原理》（The Principles of Human Knowledge），《35本西方世界的巨著》（35 Great Books of the Western World）重印版413，425（罗伯特·梅纳德·哈钦斯（Robert Maynard Hutchins）等编，1952）（1710）（“思想的联系并不意味着因果的关系，而只是一个记号或记号与所指的事物的联系。我所看见的火，并不是我走近它时所受痛苦的原因，而是警告我的记号。”）。参见诺姆·乔姆斯基（Noam Chomsky）：《笛卡尔语言学：唯理主义思想史之一章》（Cartesian Linguistics：A Chapter in the History of Rationalist Thought）（1966）；查尔斯·科利尔：《绝望的故事》（Verzweiflung an der Geschichte）52（DEUTSCHE VIERTELJAHRSSCHRIFr FUR LITERATURWISSENSCHAFr and GEISTESGESCHICHTE）527（1978）。

⑤ 汉斯－格奥尔格·伽达默尔：《真理与方法》313（第三版扩展版，1972）；cf. 2 Timothy 3：16（“凡《圣经》所书都是神的启示，都是有益的”）。

义。整个教会教义体系、几百年来积淀下来的教条主义传统——所有这一切都仅代表着一种举世公认、根深蒂固但未被充分证实的解释主体。路德写道："天主教徒自称是《圣经》的唯一解释者，但他们并未从《圣经》中学到过任何东西。"①

> 他们霸占解释权，在我们面前无耻地玩文字游戏，宣称无论教皇是善是恶都绝对不会犯错；但他们无法用《圣经》中的任何一个字支持自己的主张。因此，他们的主张是邪恶的、卑鄙的，他们无法提供任何证据来支持自己的主张：即，只有教皇才有权解释《圣经》或确立《圣经》的某种解释。②

但即使对于一个致力于重新寻找或重新探索《圣经》本身的含义而非"教会向西方传播的《圣经》释义"③ 的人，也需要解释，甚至可能需要很多解释。路德兢兢业业地将《圣经》翻译成德文并写了大量评注，他的用心可见一斑（更不用说一生的布道了）。④ 随着印刷术的发展，印刷机完成了剩余的工作。人们第一次实现了亲自阅读圣经的梦想。

《圣经》在挣脱教会评注的束缚后，逐渐开始成为一种语言共同体的语言。正常情况下，没有权威解释者或公断人，语言会"过着自己的符号学生活"。⑤ 语言是每个人的事情，因此不属于任何人。每个人都是语言的参与者，这就是为什么语言受所有人影响的原因，这一点是其他社会体系无法比拟的。只有集体才能建立语言系统，即建立能够随着时间的推移被普遍使用并为人接受（这也正是价值观存在的唯一目的和理由）的价值观。

将新翻译（和大量印制）的《圣经》引入新建的"解释共同体"就好比将人工语言引入自然语言共同体：

> 发明人工语言的人，只有当该人工语言不被人使用时，才能控制该人工语言。但是，一旦它实现目的并成为公众财产，就会变得难以控制……它的传播会遵循一定的规律，但这种规律与刻意创造所遵循的规律完全不同，且再也无法回到最初的样子。⑥

---

① 马丁·路德：《致德意志基督教贵族公开书》（An Appeal to the Ruling Class of German Nationality As to the Amelioration of the State of Christendom），载《路德选集》403，412（约翰·迪伦伯格（John Dillenberger），编，1961年）（1520）。

② Id. at 412 – 13.

③ 加布里埃尔·约斯泊维奇（Gabriel Josipovici）：《上帝之书：对圣经的回应》（The Book of God：A Response to the Bible，at x（1988）；马丁·路德：《罗马书序言》（Preface to the Epistle of St. Paul to the Romans），1522，载于《路德选集》note 33，at 19，31（"在各种注释和评论重压下，文本通常几乎消失，改革家们的主要动机之一就是删除这些注释，让读者自己阅读圣经"。）。

④ 参见经马丁·路德翻译后的《圣经》（1984年修订本）（1534）。

⑤ 费迪南德·德·索绪尔（Ferdinand de Saussure）：《普通语言学教程》（Course in General Linguistics）76（罗伊·哈里斯（Roy Harris）译，1993）（1916）。

⑥ Id. at 76.

这种比较颇具启发性，因为路德否定罗马天主教的解释圣经权威进一步暗示了扩大相关宗教团体，远超罗马天主教。罗马天主教不再认同牧师、主教和教皇，也不再认同他们的教义和圣礼；相反，相关解释共同体只是信徒群体而已。① “因为无论在哪里，有两三个人奉我的名聚会，那里就有我在他们中间”。②

到目前为止，还不存在能够将圣经诠释和文学诠释区分开的说法。但有两种反对把《圣经》视作文学的主要论点：

[1]《圣经》中有关真理的主张……太专横——排斥其他任何真理主张。《圣经》故事描绘的世界不满足于成为真实的历史事实——而坚持认为自己是唯一真实的世界……完全不像荷马仅试图让我们在数小时内暂时忘记面临的真实世界，《圣经》试图让我们摆脱现实；我们必须让自己的生活与《圣经》描述的世界融为一体，想象自己是《圣经》描述的普世史结构的元素。③

[2 (a)]《圣经》不是文学，因为它是若干作品的汇编而不是一个整体，讲述的是真实人物而非虚构的人物的故事……

[2 (b)] ……《圣经》不是文学，因为它涉及法律、预言、名言等等我们通常不视作文学的其他体裁。④

第一种论点可称为从权威方面论证。罗马天主教会解释《圣经》的制度性权威可能已被宗教改革取代，但《圣经》固有的权威已充分弥补了这一损失。几百年来，《圣经》一直是西方文化的圣书，被视作上帝的启示，因此必然正确。公元一世纪著名的犹太历史学家约瑟夫斯在谈到《圣经》时说，

> 没有人敢增添、删减或改动一个字；每个犹太人自出生那天起都会本能地将《圣经》看作是神的旨意，遵守它，甚至愿意在需要时为它献出生命。⑤

但，说《圣经》必然正确是什么意思呢？难道是说它不应该或不需要被解释，或者所有的解释都不及它本身的含义？说《圣经》的真理是直接揭示出来的，不需要人类介入，如同在说心灵是大自然的一面镜子。斯威夫特（Swift）曾幽默地讽刺无知的原教旨主义：

---

① 路德前述著作 note 33，at 407（“所有真正属于宗教阶级的基督徒，除了所从事的工作不同，他们之间没有任何区别。”）；id. at 409（“实际上，在平教徒、牧师、诸侯、主教之间，或者用天主教术语来说，在宗教和世俗之间，除了职务或职业，并没有什么别的区别”）；id. at 414（“你自己想想。你必须承认在我们中间有虔诚的基督徒，他们有基督的信念、灵魂、悟性、话语和精神。为什么要拒绝他们的意见和判断，而接受那些既没有信仰也没有精神的教皇的意见和判断呢？”）。

② 《马太福音》18：20。

③ 埃里希·奥尔巴赫（Erich Auerbach）：《模仿论》（Mimesis）17－18（第五版，1971）。

④ 约斯泊维奇前述著作 note 35，at 298。

⑤ 约瑟夫（Josephus）：《驳斥阿比安》（Against Apion：Or on the Antiquity of the Jews），载《约瑟夫作品集》（Works of Josephus）162，179－81（圣约翰·萨克雷〈H. St. John Thackeray〉译，1976）。

《圣经》禁止使用厕纸，因为《启示录》中写道“污秽的，要他仍旧污秽”。[①] 但詹姆斯·巴尔（James Barr）既没有无知的原教旨主义者般盲从，也并未否定《圣经》必须被解读，他说：

> 认识到《圣经》受宗教信仰支配，也不妨碍人们把它当做文学读物来读；但说它的宗教教义一定正确且必须被人视为权威这种观念确实……构成了读者享受文学乐趣的严重障碍。[②]

障碍倒不在于《圣经》必须被解释，而在于它的解释似乎在暗示或要求人们必须接受通常不会接受的权威。

从权威方面论证既可以从《圣经》的角度来批判，也可以从文学的角度来批判。首先，克尔凯郭尔、巴斯和布尔特曼对《圣经》极具个人化的评价实际上是：“我非常依赖这本书；它对我非常重要，我不能将它留给其他人；要是按照它要求的方式去读它，就必须抛弃我的先入之见和对世界的一切依恋。”[③] 利科（Ricoeur）认为，

> 解释论从一开始就直奔决定时刻，发展得太快……它是经文的客观现实，被理解为内涵——意义的承载者且需要意义——始于据为己有的存在主义运动……要是没有客观意义，就等于经文什么也没说。[④]

其次，《圣经》自称是独一无二的权威，这与伟大文学的权威并不相称。重温上文奥尔巴赫（Auerbach）的比较：“荷马仅试图让我们在数小时内暂时忘记面临的真实世界”，让我们放松，感受快乐，而非“让我们自己的生活与《圣经》描述的世界融为一体，想象自己是《圣经》描述的普世史结构的元素”，这种说法是否公平？毕竟正是因为荷马在古雅典代表一定的权威，柏拉图才觉得有必要抨击他的不良影响。[⑤] 巴尔认为《圣经》要求人们将其视为“其中所述对象——上帝、创世史、人类的救赎、罪与救赎、未来生活的预言等相关的真知之源”。[⑥] 但荷马、维吉尔、但丁、莎士比亚、斯宾塞、弥尔顿、普鲁斯特或托尔斯泰会持有不同意见吗？一般来讲，“读过荷马或但丁的人再读《圣经》都会

---

① 《启示录》22：11；乔纳森·斯威夫特（Jonathan Swift）：《一只桶的故事》（A Tale of A Tub）191（A·G·古瑟凯奇（A. G. Guthkelch）、D. 尼科尔·史密斯（D. Nicoll Smith）编，1958）。

② 詹姆斯·巴尔：《把圣经当作文学来读》（Reading the Bible As Literature）56 BULL. JOHN RYLANDS LIBR. 10, 15（1973－74）（与作者存档）。

③ 约斯泊维奇前述著作 note 35，at 13。

④ 保罗·利科尔（Paul Ricoeur）：《圣经解读随笔》（Essays on Biblical Interpretation）68－69（刘易斯·S·穆奇（Lewis S. Mudge）编，1980）。

⑤ 参见埃里克·哈夫洛克（Eric Havelock）：《柏拉图序言》（Preface to Plato）（1963）。

⑥ 巴尔前述著作 note 45，at 13。

想问：难道不是每部伟大作品或每个伟大作家的言论都有权威性吗？”①

第二种反对将《圣经》视为文学的论点可称为从不统一方面论证。首先，几百年来《旧约》和《新约》一直在世间流传，它们分别是由古代无名宗教领袖整理的内容不同的古代文献汇编。《圣经》按主题分类主要包括“历史、罗曼史、法律、赞美诗、谩骂、格言、箴言、情歌、异象及其他诸多内容”。② 选题标准应该是“神的启示”，但那些被视作神的启示的东西似乎在变化，往往作为专横政治和社会考量。例如，“哈该、撒迦利亚和玛拉基通常被认为是最后三个先知，因为之后以撒的‘神圣之灵’就被收回了”。③ 对于热衷于研究不统一论的学者来说，搜寻历史和考古资料似乎比分析《圣经》的独特叙事方式更重要。

从不统一方面论证与从权威方面论证一样，都是既可以从《圣经》的角度来批判，也可以从文学的角度来批判。首先，《圣经》各卷之间的联系似乎比其他任何作家的作品之间的联系都要紧密：

> 《创世记》之后有关世界史的卷册大致按时间顺序排列；先知通常出现在历史卷册中并且经常谈论对应卷册中详述的事件；《诗篇》复述《创世记》、过红海及耶路撒冷圣殿；《福音书》《使徒行传》和《使徒书信》经常提及早期的书卷，其中后两本也经常提到《福音书》中提到的耶稣；《启示录》也摘录《但以理书》和其他卷册中的图片并据此编排新故事。④

更重要的是，所有卷册和篇章都围绕宏大的主题统一性：“《圣经》从开始有时间时开始讲述，即《创世记》；到时间停止时结束，即《启示录》；它以亚当和以撒这两个具有象征意义的名字，叙述了介于两人所处时期之间时间段的人类历史，或者说是它感兴趣的历史方面”。⑤

其次，关于《圣经》不统一性的批判，往往只反映出某些文学体裁（尤其是十九世纪剧情精心编排的古典小说）的文学作品的连贯性规范。行文连贯的观念“仍被大多数写《圣经》赏析的人视为理所当然，他们自己描述了一段历史，但很短：可疑的是，莎士比亚（更不必说乔叟）是否已深刻了解这些观念”。⑥ 也可以说，乔伊斯（《尤利西斯》）、艾略特（《荒原》）或普鲁斯特（《追忆似水年华》）可能也未曾深刻理解这些观念。

导致圣经解释和文学解释长期未融合的原因是什么？根据《圣经》在儿童时期的独特

---

① 约斯泊维奇前述著作 note 35，at 26。
② Id. at 9.
③ Id. at 43.
④ Id. at 11 - 12.
⑤ 诺思罗普·弗莱（Northrop Frye）：《伟大的代码》（The Great Code），at xiii（1982）。
⑥ 约斯泊维奇前述著作 note 35，at 11。

作用，约斯泊维齐（Josipovici）给出了一个有趣的解释，“小时候，《圣经》不是一本书，而是父母给我们讲的故事。因为是听到的故事，于是我们就毫无疑问地接受了《圣经》”。[①] 圣经因此获得了一种我们可以称之为自然而然的权威；至少，它保留了一种与我们在之后的生活中慢慢认识到的“知识权威”所不同的权威形式，具有知识权威性的著作，其中包含的论点和学说很理智且颇具说服力。[②] 儿童与《圣经》的独特关系通过礼拜“延续到成年”，礼拜与学派不同，例如，所有家人和亲人，老老少少，都参加礼拜。因此，我们“对《圣经》的敬畏感”通过我们与规模相对较小但拥有共同价值观的群体之间的密切关系而得到加强。[③]

这种敬畏感一直持续到宗教改革运动时期。“挤满中世纪教堂的男女老少，在聆听牧师布道时抬头望着彩色玻璃窗，经历着一段精心设计的童年经历”。但是路德在世界舞台上对人们的警告“自己好好想想”，从发展的角度来说，与“青少年”对圣经自然而然的权威产生的“自然反应”是一致的，“他想自己去发现。当路德站起来说有必要谈谈他所看到的真理而非口头上赞成传统宗教时，一切就都变了”。[④]

在当时的背景下读过《圣经》的成年人会记得，尽管《圣经》不具有文学特征，但它讲述的故事似乎很有权威性。“后来，我又重新去读圣经故事，我认为它们有权威肯定是有原因的，我们必须深刻理解它们，看看它们到底在讲什么”[⑤] ——成年读者阅读普通文学作品时不会如此急切地想弄明白的问题。因此，按照约斯泊维齐所说，我们误解了《圣经》，因为我们对它期望太大；“正因为我们迫切地想读懂这本书，我们才专注于是否已真正理解，而忽略了对它的整体性提出质疑”。[⑥]

（三）自我社会理论

现代社会科学基本是在 19 世纪出现，因此在此之前谈论社会科学有点不合时宜。但我们可能会发现至少从柏拉图时代起就有社会理论和政治哲学萌芽。如果我们把社会科学笼统地理解为人类社会行为的解释，话题就可以追溯到年代同样久远的隐喻或解释典范：社会是自我的。

从柏拉图的《理想国》中，苏格拉底看到了如何以最好的方式理解正义的本质：

> 我们说人有正义；那城邦肯定也有正义吧？那或许更大的地方有更多的正

---

① Id. at 4.

② 参见查尔斯·科利尔：《知识权威和制度权威》（Intellectual Authority and Institutional Authority），35 载《探究》（INQUIRY）145（1992），42 法律教育出版社重版 151（1992）。

③ 参见约斯泊维奇前述著作 note 35，at 8。

④ Id. at 12.

⑤ Id. at 27.

⑥ Id. at 34；cf. id. at 17（摩西五经也“必须被视为一个整体，无论其构成的小单元数量和类型如何”）。

> 义，正义也更容易观察到吧。要是你愿意，那我们先看看城邦里的正义是什么样子。然后再从个人的角度考虑一下“大正义”和“小正义”的相似性吧?①

这种方法论的合理性在于城邦与个人之间，或者更准确地说，城邦与个人灵魂之间存在一种隐含的平行关系。后来，柏拉图对这种关系明确地提出：“难道我们没必要承认，我们每个人身上都有着与城邦相同的形态和性情吗？我们的形态和性情肯定不是从别处来的”。②

柏拉图分析城邦时认为，城邦由三个不同的阶层组成，每个阶层都分别对应着灵魂的一个基本组成部分。人之间的明显差异表明城邦存在等级制度。最上层是统治阶层，由最明智的人组成；同样，在灵魂中，理性应起支配作用，这一点是合理的。只有智者才能公正地考虑到整个城邦的真正需求和长期需求，而不仅仅是为自己考虑，因此理性地考虑到全部灵魂的利益，而不仅仅是自身利益。中间是武士阶层，确保城邦的人身安全，对应着灵魂中的勇气。城邦等级的最底层是生产阶层或平民阶层，对应灵魂中的欲望；他们只关心自我满足，不关心他人。

在柏拉图看来，城邦中的正义是由每个阶层天生最适合做的事情串起来构成的。因此，正义的本质就是折中最好的和最坏的，即“用本性较好的事物控制本性较坏的事物，也就是控制整体和谐相处”。③ 同样，当灵魂的各个部分“各司其职并做好且仅做好天生最适合做的事情，一种平衡统一的状态就会出现”，我们称之为“精神上的和谐”，柏拉图对正义的定义是：

> 事实上，正义似乎就是这种东西；但，它不是说一个人要关心外在事物，而是要关心内在，关心真正与自己有关的事情。不要让自己去管别人的事，也不要让灵魂的三个部分互相干涉，而要把自己的家收拾的井井有条，自己管好自己；管理自己，自己成为自己的朋友，协调这三个部分，就像协调高、中、低三个音符一样。如果存在其他部分，那就把它们组成一个整体，成为一个由多个好坏折中、和谐相处的个体组成的整体。④

于是柏拉图总结道：“正义的人和正义的城邦在正义的组成形式上并没有什么区别，

---

① 《柏拉图的理想国》（The Republic of Plato）368e－369a（阿兰·布鲁姆（Allan bloom）译，1968）；cf id. at 434d－e（苏格拉底进一步解释了先在对城邦然后对个人审视正义的好处）。

② Id. at 435e; cf. id. at 544d－e（认为人类的特征和性情塑造了城邦）。

③ 列奥·施特劳斯（Leo Strauss）：《政治哲学史中的柏拉图》（Plato, in History of Political Philosophy）7, 46（列奥·施特劳斯、约瑟夫·克罗波西（Joseph Cropsey）编，第三版，1987）；《柏拉图的理想国》note 62, at 430e, 431e－432a, 433a－b。

④ 《柏拉图的理想国》note 62, at 443d－e.

二者是相似的。”①

亚里士多德效仿柏拉图将人说成“政治动物”“人天生要群居”“这是人的本性”。②政治的目标是要对人有利，根据亚里士多德的观点“即使一个人的目标与一个城邦的目标相同，无论如何，城邦的目标仍是要取得并保留的更伟大、更完整的东西”。③

亚里士多德在《伦理学》中探讨了人的特质和功能。生长的、嗜欲的生命不是人类所特有的，感知的生命也不是。亚里士多德主要关注人类独特的、理智的、会思考的“理性灵魂”；但“理性之外还有另外一种自然因素，它虽反对并抵制理性原则”④，但最终还是会遵守理性原则（至少通情达理的人会）。从某种意义上说，“只要欲望和理想听从和服从理性，二者就会保持平衡；这就是我们所说的要（听取）父亲或朋友的意见的意义所在”。⑤

注意，亚里士多德对灵魂的分类主要依据社会功能，如听从和服从、父亲和朋友。他毫不怀疑这种源自社会功能的等级制度也定义了个人灵魂中真正的人类功能：

> 正如城邦或其他整体系统与其所含的最权威的因素相一致，对于一个人来说……说一个人有没有自控力，主要取决于他（的头脑）是否有自控力，前提是说这个人本身。⑥

自然服从灵魂中的理性主要在合理构想和计划的社会秩序中得以反映。当自然支配的因素控制灵魂时，灵魂会处于良好状态；当作出适当的政治和法律选择时，传统秩序会反映自然秩序。

社会是自我的这个隐喻在整个中世纪乃至十八世纪是一种解释常用语。对于受亚里士多德思想熏陶的阿奎那来说，一个没有政治体制的城邦就像一个没有灵魂的躯体。在《尤利乌斯·凯撒》中，布鲁特斯说：

> 在计划一件危险的行动和开始行动之间的一段时间里，
> 一个人就好像置身于一场可怖的噩梦之中，
> 遍历种种的幻象，

---

① Id. at 435b.

② 亚里士多德：《政治学》1253a2（本杰明·乔伊特（Benjamin Jowett）译，1943）；亚里士多德：《尼各马可伦理学》1169b18（大卫罗斯（David Ross）译，由 J. L. Ackrill & J. O. Urmson 修订，1992）；乔纳森·里尔（Jonathan Lear）：《亚里士多德：渴望理解》（Aristotle: The Desire to Understand）311（1988）。

③ 亚里士多德：《尼各马可伦理学》，supra note 67，at 1094b7 - 9。

④ Id. at 1102b17.

⑤ Id. at 1102b30 - 32.

⑥ Id. at 1168b31 - 35.

他的精神和身体上的各部分正在彼此磋商，
整个的身心像一个小小的国家，
临到了叛变突发的前夕。①

甚至休谟在直接抨击古典传统时也指出，“理性是且只应当是激情的奴隶”，他运用传统的主人与奴隶的社会等级制度（尽管以颠倒形式）进一步揭示了自我的概念。

更多时候，自我常被用来解释社会。对路德而言，说世俗当局对宗教官员没有管辖权，“就好比说眼睛患重疾时，手也应当什么也不做”。② 社会差异最常见的理由之一在于人体组织似乎也存在分层：

就像我们看到一个只有头、手臂、腿或其他身体部位组成一个躯体是一件既怪异又不方便的事一样，要是一个城邦里的所有人都是匠人、农民、士兵、法官，或仅存在一种身份和特点，那这个城邦也是不均衡不恰当的。③

同样，拿人的不同身体部位的不同功能作类比，就会发现一个国家的不同功能是合理的。

灵魂虽然在本质上是一个整体，但却分成了理智、意志和记忆……
国家首脑就像上文列举的三项内容，
统治者就像思想和幻想，
市民就像外部感官，
乡下人就像身体，
（通常是导致灵魂最贫瘠的因素）
当底层生活的人们发生暴乱时，
所有人都想实现自己的愿望，没有人会幸免于难，
灵魂，可怜的灵魂
之后会变得又生气又惊恐，
夺去她的财宝，弄瞎她的眼睛。④

然而，当这些部位适当组合在一起时，一个充满善意的国家就“有了根据善法建立、由首脑和统治者来实施、由控制着身体的理性来控制的良好秩序和政策……彼此关爱，犹

---

① 威廉·莎士比亚：《尤利乌斯·凯撒》第二幕第一场。

② 路德前述著作 note 33，at 410

③ 安尼巴莱·罗米（Annibale Romei）：《朝臣学院》（The Courtier's Academie）248（约翰·科佩斯〈John Kepers〉译，1968）（1598）。

④ 赫里福德的戴维斯（Davies of Hereford）：《莫杜姆奇迹》（Mirum in Modum）（1602）。

如同一个身体的不同部位一样”。①

从自我的角度来解释社会遵循着从最自然的事物开始并按照自然秩序进行规划和安排的良好秩序。要是我们想要和睦、善良和快乐，就必须观察自我的自然从属关系。社会就像一个人体组织，似乎应设想和规划国家的职能和机构，以反映这些重要的人类素质和条件。

但“社会是自我的”这一范式的持久性也能通过它的其他用途来体现。例如，斯图亚特·汉普希尔（Stuart Hampshire）建议“颠覆传统”，我们从类比的另一端开始，朝着相反的方向推断：

> 得体的社会秩序所需的过程都应被视为自然过程，头脑中类似的过程应被视为按惯例建构而成并加以区分：根据语言学惯例，个体的心理历程应视为在不同文化中普遍存在的、公共可识别的过程的影子。②

汉普希尔考虑了审议、判断、裁定、复审、审查等公共推理过程。当推理过程“摆脱所谓的‘理性’这种公认可识别的心理官能”时，传统的精神等级制度，甚至“灵魂的一部分”这一概念受到了强烈的质疑。③

同样地，西奥多·阿多诺（Theodor Adorno）的“独裁”和“民主”人格理论借鉴了先前存在的对内在自我进行了阐释和批判性反思的社会范畴。④ 弗洛伊德的意识和无意识理论及后来的自我、超我和本我理论中也提到过“社会是自我的”这一主题。弗洛伊德反对古希腊关于完美平衡、和谐统一的灵魂概念，他描绘了一副不可避免的内心冲突和内在心灵之战的画面。弗洛伊德说，当我们做梦时，

> 我们看到了另一个自己，远没有清醒时的自己那么容易受习俗和道德规范的约束。在夜晚，我们发现人类对我们并不陌生：乱伦、谋杀、怪异、残忍、各种各样的性冲动直接或以扭曲的形式出现在大脑的梦幻剧场中。晚上，我们会发现最真实的自我是什么样子、真正想要的是什么。⑤

---

① 托马斯·斯塔基（Thomas Starkey）：《红衣主教波尔和托马斯·卢普之间的对话》（Dialogue between Cardinal Pole and Thomas Lupset）45 ff。（早期英语文本学会编，1878）。

② 斯图亚特·汉普希尔：《正义就是斗争》（Justice Is Strife），65 PROC. ADDRESSES AM. PHIL. ASS'N 19，19－20（Nov. 1991）。

③ Id. at 20，23；斯图亚特·汉普希尔：《清白与经验》（Innocence and Experience），（1989）。

④ 参见阿多诺等：《威权主义人格》（1950）。

⑤ 马克·埃德蒙森（Mark Edmundson）：《拯救弗洛伊德》（Save Sigmund Freud），载《纽约时报杂志》，1997 年 7 月 13 日，at 34。

文明需要禁令及习俗、法律和道德，一种内在的权威机构似乎也在我们身体里与我们最真实的思想抗争。弗洛伊德的超我是对其他社会秩序形式的模仿，在个体内部，作为社会的守军，抵御汹涌的欲望。对“社会是自我的”这一隐喻的大篇阐述中，弗洛伊德认为，最广泛的已知社会冲突可能会在心理上得到化解或者至少不再躁动。

三、法律解释理论

与上面讨论的其他知识学科一样，法律也运用解释范式或隐喻，一般来说，法律决策具有很强的解释基础。接下来的篇幅着重讲述法律的“普通法叙述”“宪法叙述”及法律对群体——社会范式的运用。

职业叙述有三种截然不同的意义：（1）“简化解释”，将法律当作法律实践的前提；（2）“解释实践”，使法律材料具有书本的叙述统一性；（3）在法律上运用“解释范式”或隐喻。

（一）普通法叙述

1. 布莱克斯通（Blackstone）与法律权威的起源

普通法基于且源自所谓的“合法判例”。这些不成文法“自古以来一直在沿用，而且在全国范围内被普遍接受，因此产生了约束力和法律效力”。更具体地说，根据布莱克斯通的说法，“在我们的法律制度下，判例的好坏取决于自古以来是否被运用过，正是这一点赋予了判例的分量和权威”。[①]

遗憾的是，最古老的判例当然最难考证，“没有什么比查明古老判例的确切起源和根源更难了”，特别是那些“比历史记忆更久远的判例”。布莱克斯通对普通法的权威性给出了另外一种同样荒谬的解释——“完全取决于历来被接受和被运用的情况”。但“要证明一句格言是普通法法则，唯一的方法就是证明它历来一直被遵守”。[②]

布莱克斯通表示，这么说的话，“非常自然、非常重要”的问题出现了：“这些判例或格言是如何为人所知的？它们的效力是由谁来决定的？”紧接着布莱克斯通毫不犹豫、不假思索地回答了自己的问题：“答案是，法院的法官”。法官是“法律的保管人、活着的圣谕”，他们对当地法律的理解源于经验和学习，“也源于自己长期以来对前辈作出的司法裁决的习惯运用”。[③]

换句话说，很明显在布莱克斯通看来，至少在专业能力方面，普通法的最权威解释者是过去和现在的法官。事实上，法官的司法裁决是“唯一能提供的能证明构成普通法一部

---

① 威廉·布莱克斯通：COMMENTARIES ＊64. 参见阿尔伯特·阿尔舒勒（Albert W. Alschuler）：《重新发现布莱克斯通》，145 U. PA. L. REv. 1（1996）。

② 布莱克斯通前述著作 note 81，at ＊67 – ＊68。

③ Id. at ＊69.

分的判例之存在性的最主要、最权威证据”。布莱克斯通明确表示，法官不仅要作出裁决，还要在所有诉讼过程中证明判决“以记录的名义被登记并妥善保存”。法官还要对自己的裁决作出解释，用法律和事实证明裁决合理。“法律图书馆内数不清的报告”当然包括“法院给出的判决理由……和记录索引与解释”。因此，在对个案宣判时，普通法法官同时还要引用并说明所依据的适用法律。

> 英国法律最根本的基础和主要基石……是法官宣判时所引用的一般判例或判例法；也是公共档案中保存下来的、报告中所解释的、权威法学家的权威著作中摘录的通用裁决。①

2. 兰德尔与法律文本

美国普通法最具影响力的阐述者是克里斯托弗·哥伦布·兰德尔。② 兰德尔教学的“标准解释”强调其形式主义、概念论以及近似规则管理决策的演绎“科学”；但在介绍哈佛的判例法系中，兰德尔也保证法律学习要关注法律“文本”的解释。像其之前的卢瑟一样，兰德尔向学生介绍课题的原始来源，“在新的奇怪的小册子中失去了批注——唯一有用部分——的报告！”③ 如果法律值得大学生学习，兰德尔推断，“就有必要确立至少两件事：首先，法律属于科学；其次，所有可用的科学材料都包含在印刷的书籍中”。作为第二点的推论，“如果印刷的书籍是所有法律知识的最重要来源，”那“每一个即将把法律当成一门科学去理解和掌握法律的学生都必须借助于这些最重要的来源”。④

考虑到报告中所说的判例法“原始来源”，⑤ 兰德尔在很大程度上延续了布莱克斯通的传统（重提一下上文内容，司法判决是普通法“最主要、最权威的证据”）。正如兰德尔的一个追随者所称的那样，

---

① Id. at ＊69，＊71，＊73.

② 参见托马斯·格雷（Thomas C. Grey）：《兰德尔正统思想》（Langdell's Orthodoxy），45 U. PITT. L. REV. 1（1983）。

③ 查尔斯·沃伦（Charles Warren）：《哈佛法学院的历史和美国早期的法律条件》（History of the Harvard Law School and of Early Legal Conditions in America）372（1908）；杰拉尔德·布伦斯（Gerald L. Bruns）：《古今解释学》（Hermeneutics Ancient and Modern）139 – 40（1992）：我们知道，中世纪学校里学习的《圣经》是一种有注释的文本，即所谓《标准评注》，书中每节经文都配有教会神父们的注释和评论。当马丁·路德作为威滕伯格大学的神学教授开始准备他的第一堂课时，他为他的学生们制作了一种类似于现代的而不是中世纪的《圣经》文本，该文本经文四周是空白的，没有注释和评论。

④ 克里斯托弗·兰德尔：《哈佛法学院协会致辞》（Address to Harvard Law School Association），见于纪念哈佛学院创建的某个活动的记录，84，85，86（Univ. Press 1887）；cf. id. at 86 – 87（“正如我所言……良好的学术训练，尤其是语言学习，是学习法律的必要条件”）。

⑤ 参见克里斯托弗·兰德尔：《合同法判例选编》（A Selection of Cases on the Law of Contracts），at vii（1871）。

> 不应当只鼓励学生调查法律的原始来源，事实上，还应明确地阻止，因为法律实际上只是某些著作的作者对学生也可以接触到的材料作出的总结……法庭给出的判决理由确实是我们的法律中唯一权威的论述。①

并且在坚持法律学习必须科学化方面，兰德尔从 Wissenschaft 意义上沿用了 19 世纪对“科学”更广泛的理解。② 他所说的科学当然不是经验科学，与伽利略的科学概念不同；据兰德尔所说，“目前对这一目的有用且必要的案例与报告中所说的全部案例相比只占极小的比例。对于系统学习来说大部分是无用的且比无用更糟糕”。③ 兰德尔还坚持认为法律图书馆对他和学生而言就像“自然历史博物馆对于动物学家，植物园对于植物学家一样”，④ 但是很难想象动物学家或植物学家会说他们的“大部分”样本“无用且比无用更糟糕”。

事实上，兰德尔判例法学科是使法律作为法律实践前提条件富有意义的“简化解释”。早在 19 世纪，兰德尔就抱怨说“各法律部门大量、快速增长的报告中引用的判例”开始使法律普遍化变得困难”。⑤

> 案例数量如此庞大，导致律师无法研究所有的案例……十九世纪，这一问题的新解决途径开始成为潮流。它主张掌握法律原则的正确方法不在于阅读大量案例，而是专注在数量有限的“主导”案例上，这些案例要为其应用提供最好的说明，或者要首先讲明阐述原则。⑥

以前的作家已出版了“主导”案例集并推荐给了他们的学生，将它们隐喻为“未来法律收录的核心”，“人迹未至的法律荒野之上的地标”，永不熄灭、永不黯淡、能在人们最需要指引的时刻最清晰可辨的“伟大的‘法律灯塔’”。⑦ 兰德尔的贡献在于为该解释性实践提供了理论：

---

① 威廉·基纳（William A. Keener）：《法学教育方法》（Methods of Legal Education），1 YALE L. J. 143，144 - 45（1892）。

② 参见格哈德·瓦里希（Gerhard Wahrig）：《瓦里希德语词典》（Deutsches Worterbuch）4166（1975）（将 Wissenschaft 定义为“有序的、逻辑的、连贯的知识领域”）。

③ 克里斯托弗·兰德尔前述著作 note 88，at vi。

④ 克里斯托弗·兰德尔前述著作 note 87，at 87。

⑤ 克里斯托弗·兰德尔前述著作 note 88，at vi；也可参见道斯（M. Dawes）：《地产法的缩影》（Epitome of the Law of Landed Property）（1818）（“科学的基本原理被其庞大的内容所掩盖……而法律就像一条永远不会回到源头的河流，在水流中不断地扩张和深化，变得越来越难以理解”）。

⑥ 布莱恩·辛普森（A. W. Brian Simpson）：《普通法的主要案例》（Leading Cases In The Common Law）3 - 4（1995）（“同样，人们可以通过专注最优秀作家的作品来掌握该门语言”）。

⑦ Id. at 5 - 6.

> 根本法律理论的数量比一般认为的少得多……而且是越短越好，但要全面地掌握理论，唯一办法并非研究它所体现的案例。因此，在我看来，可以将法律的一个分支归类成合同，并在不超过相对适当限度的情况下，来选择、分类并整理所有对法律基本理论成长、发展或确立做出重要贡献的案例。①

案例书籍的编纂者本质上是传统的编辑。在“选择、分类及整理所有合同案例中”，兰德尔提供了一种同步简化并使该领域法律具有意义的解释。不像传统的评论员和教科书作者，他的著作完全在“体现”理论的原始来源范围内，相比之下，这使他的事业看起来似乎更加低调。但仍形成了他的解释论。兰德尔就像一名在挖掘中第一个丢弃化石中的大部分“无用的且比无用更糟糕”的东西并以他认为最真实和最具启示性的进化顺序来整理其余的部分的古生物学家。②

3. 普通法中的法律创新

一位德国籍美国法学院判例法观察者认为“这种教学方法实际上在教学生无论在面对书面法律还是非书面法律时，都应以律师应当且必须具备的思考方式去思考”。③ 换句话说，判例法学习在本质上与判例律师的实践并无二致。④ 这一点可通过考察普通法传统中对法律创新的解释来表明。

就现有司法判例和法律理论而言，解释法律创新是首要的、主导的方法。一个经典例子是塞缪尔·沃伦（Samuel Warren）和路易斯·布兰代斯（Louis Brandeis）于1890年发表的文章《论隐私权》。⑤ 在开篇作者指出个人在人身及财产方面受到完整保护是“像普通法一般古老的原则；但是人们往往发现有必要重新界定这种保护的确切性质和范围”。⑥ 在面对社会、政治、经济及科技改变时，“普通法，在其永恒青春中，为适应社会需求而成长”。⑦

沃伦和布兰代斯追溯从合法隐私权到伴随文明进步而来情感普遍升华的发展层面。在早期，法律只对人身和财产的干涉给予补救；随后对实际人身伤害保护扩展到仅试图造成这种伤害所造成的精神伤害。再往后，制定了妨害法。对人类情感的关注很快扩展了个人

---

① 克里斯托弗·兰德尔前述著作 note 88，at vi - vii（着重部分）。

② 参见史蒂芬·杰伊·古尔德（Stephen Jay Gould）：《精彩人生：伯吉斯页岩和历史的本质》（Wonderful Life The Burgess Shale and the Nature of History）（1989）。

③ 约瑟夫·雷德利希（Josef Redlich）：《判例法成功的根本原因》（Essential Reason for the Success of the Case Method），载于《美国大学法学院的普通法与判例法》（The Common Law and the Case Method in American University Law Schools）35，39（1914）。

④ 参见格雷（J. C. Gray）：《法学教育方法》（第四部分）（Methods of Legal Education Part IV），1 YALE L. J. 159，160（（1892）（“从事实中提取法律是律师终其一生都必须做的事情……学生不应过早涉及”。)。

⑤ 4 HARV. L. REV. 193，193（1890）；也可参见《隐私法：案例和材料》（Privacy Law：Cases and Materials）22 - 51（理查德·C·托克音顿（Richard C. Turkington）等编，1999）。

⑥ 沃伦和布兰代斯前述著作 note 100，at 193。

⑦ Id.

身体之外的受保护范围，如诽谤、诋毁和感情疏远的行为中所反映的情形。类似的发展还可以在财产法中看到，其中对有形财产的保护已扩展到无形财产，扩展到意识产物和过程之中。

“法律的这种发展是不可避免的”,① 沃伦和布兰代斯写到，“思想、情感和感觉需要得到法律认可，并且具有普通法特征的出色发展能力使法官能够提供必要的保护而无需立法机构的介入”。② 在沃伦和布兰代斯“下一步”方法中也可以看到类似的解释程序：“我们的目的在于考虑现有法律是否能够提供可适当用于保护个人隐私的原则；并且，如果存在，此类保护的性质和范围是什么”。③ 利用法律中已制定的法律类比，沃伦和布兰代斯发现普通法权利中确定，即有权确定是否以及在多大程度上将个人的思想、情绪和情感传达给他人。这种权利，反过来，被解释为更普遍的权利的一部分，人的受保护权，一个人的人格权利。但是尽管提倡相当于承认一项新的法律权利，沃伦和布兰代斯仍然坚定地扮演着传统阐释者的角色：

> 如果我们得出的结论是正确的，现有法律就提供了一种可用于保护个人隐私权的原则……如果随后这些决定表明思想、情感和感受享有一般隐私权，那么无论通过书面、行为、谈话、态度还是面部表情的方式来表达，思想、情感和感受都应当受到同样的保护。④

借用宪法的术语，我们可以将传统普通法的创新方式描述为“解释主义”。⑤ 它本身似乎是，以一种新的方式，在解释传统，但尽管如此，仍然受传统的“四角”约束。因此经典的普通法创新方式为：（1）陈述问题；（2）提出解决途径；并（3）表明普通法重新准确解释已有解决方案的方式。⑥

与宪法的创新方式中存在差别一样，普通法的创新方式中也存在着一种并非无关紧要的“非解释主义”传统。经典例子是科尔里奇勋爵（Lord Coleridge）对著名的雷吉纳诉达德利和斯蒂芬斯案（Regina v. Dudley & Stephens）的观点。⑦ 科尔里奇勋爵在“权威著

---

① Id. at 195.

② Id.

③ Id. at 197（着重部分）。

④ Id. at 206（着重部分）。

⑤ 参见《宪法》第541－542条（杰拉尔德·冈瑟（Gerald Gunther）、凯瑟琳·M·沙利文（Kathleen M. Sullivan）编，1997年第13期。

⑥ 参见查尔斯·科利尔：《人文主义理论在法学中的运用与滥用：跨学科法学学术假设的再审视》（The Use and Abuse of Humanistic Theory in Law: Reexamining the Assumptions of Interdisciplinary Legal Scholarship），41 DUKE L. J. 191, 200（1991）。

⑦ 14 Q. B. D. 273（1884）；另见布莱恩·辛普森：《食人族与普通法》（Cannibalism and the Common Law）（1984）；格兰威尔·威廉姆斯（Glanville Williams）：《评威廉斯雷吉纳诉达德利和斯蒂芬斯案》（A Commentary on R. v. Dudley and Stephens），8 CAMBRIAN L. REV. 94（1977）。

作”中查阅了对谋杀的各种定义，并未发现支持一个人为了挽救自己的生命可以合法夺去另一个人生命的主张。但是“在已获得裁决的案例中没有”。曾有一个美国案例，“事实上，正确的判决是，水手没有权利为了自救而把乘客扔下船”；但由于该案是基于“一个有点奇怪的理由”获得裁决，即通过抽签来选择应该牺牲的人，因此该美国案件“很难……在这个国家成为令法庭满意的权威”。①

相反，科尔里奇勋爵依据“法律与道德的绝对分离将产生致命的后果”以及自我牺牲而非自我保护的“道德必要性”原则作出结论。“在基督教国家，提醒我们自己我们声称要效仿的伟大榜样就足够了”。② 在该宗教和道德的非解释主义审查过程中，科尔里奇勋爵承认被告非常痛苦；但如果他们了解“我们常常被迫制定我们无法达到的标准，并制定我们自己无法满足的规则”，他们就会感到欣慰。③

与达德利和斯蒂芬斯最相似的美国案例可能是同样著名的里格斯诉帕尔默案（Riggs v. Palmer），其中，遗嘱法是根据普通法原则和准则的背景标准解释的。④ 正如德沃金教授所指出的，“法庭引用的原则是任何人不得从自己的错误中获益，将其作为理解遗嘱法的背景标准，并以此方式证明对该法律作出的新解释是合法的”。⑤ 作为其解释的权威，法庭引用了大量“博学学者”（包括亚里士多德、布莱克斯通、培根、普芬道夫和卢瑟福）的观点，以及《拿破仑法典》、《下加拿大民法典》和《摩西十诫》等内容。“普通法的一般、基本准则”，法庭写到，“由公共政策决定，在所有文明国家中都具有普遍法的基础，并且在任何地方也未被遗嘱法取代”。⑥

> 法庭认可的唯一案例牵涉一起人寿保险索赔谋杀案（然而在里格斯，这位遗嘱继承人根据遗嘱谋杀了立遗嘱人以获得其财产）。美国司法领域最高法院写到，如果保险计划成功，“这将是这个国家对法学的谴责”；相似的，纽约法庭也推断如果凶残的遗嘱继承人胜诉，“将是对我们国家法律体系的侮辱”。⑦ 不服判决者做出的相反决定中，“像这样的情况”，厄尔法官在写给法庭的信中简单地说“我不愿同意该案的理论”。⑧

---

① 达德利和斯蒂芬斯案，14 Q. B. D. at 284 – 85。

② Id. at 287.

③ Id. at 288.

④ 115 N. Y. 506（1889）；另见肯尼斯·亚伯拉罕（Kenneth S. Abraham）：《法定解释与文学理论》（Statutory Interpretation and Literary Theory），载《法律解释与文学》（Interpreting Law and Literature）115，118 – 24（桑福德·莱文森（Sanford Levinson）、史蒂芬·梅劳克斯（Steven Mailloux）编，1988）。

⑤ 罗纳德·德沃金：《规则的模式》（The Model of Rules I），载《认真对待权利》14，28 – 29（1977）。

⑥ Riggs，115 N. Y. at 511 – 12.

⑦ Id. at 512 – 13.

⑧ Id. at 514.

在本杰明·卡多佐的司法及非司法著作中，他巧妙地阐述了非解释性普通法推理理论。最引人注目的是，在海因斯诉纽约中央铁路公司案（Hynes v. New York Central Railroad Co.）中，法官卡多佐支持在被告的土地上死亡的16岁少年的遗嘱继承人获得损害赔偿金，尽管严格来说该少年是一名非法侵入者（因此卡多佐更夸张地称该少年是一个“不法之徒”）。① 因为在里格斯，卡多佐的判决似乎是基于背景原则和准则的。

> 该案例是“概念法学”危险性的突出案例……在此类情形下，追求一般准则于最终裁决并无多大帮助。它们被阴谋诬陷了。它们必须重新制定和调整，以满足特殊情况。②

援引未指明的“类比考虑、便利性、政策及公平”（但显然不是现行的侵权法或物权法），卡多佐的结论是铁路公司是有责任的。③

对于当代杰出的法学家，这意味着“没有给出结论的理由……在他激昂的演说中，卡多佐没有给出原告获胜的理由”。④ 因海因斯案件卡多佐在同年出版了《司法过程的性质》一书，阐述了他的非解释主义司法哲学。在篇幅较长的“作为立法者法官”一章中，卡多佐说明了立法者和法官这两个角色之间的紧密联系：

> 解释权必须存在于某个地方，而宪法的惯例将其授予了法官。但在某种程度上，法官必须创新，因为对于新情况就必须有新规则……法官，像一个在自身能力范围限度内立法的立法者。无疑法官的立法范围更为狭窄。他只能在缝隙中立法，填补着法律的空白。⑤

或许法官波斯纳的抱怨：“法学论著中对法官如何对没有标准判例（以及事实上如何划定该区域）的案件作出裁决这一基本问题仍未给出答案”是有理由的。⑥

（二）宪法叙事

1. 解释宪法

美国宪法法律是以一种宏大的解释姿态开始。在马伯里诉麦迪逊案（Marbury v.

---

① 231 N. Y. 229, 229, 231（1921）；另见理查德·波斯纳（Richard A. Posner）：《卡多佐：声望的研究》（Cardozo：A Study in Reputation 48 – 55（1990）。

② Hynes, 231 N. Y. at 235 – 36（引用省略）。

③ Id. at 236.

④ 波斯纳前述著作 note 118，at 53。

⑤ 卡多佐：《司法过程的性质》第三讲《社会学方法、法官作为立法者》98，135，137，113（1921）。

⑥ 波斯纳前述著作 note 118，at 30。

Madison）一案中,[1] 首席大法官约翰·马歇尔的意见有效地确立了司法审查的权力，而这种权力其实在宪法中是没有的。马歇尔的论点基于两个主要基础：（1）一般结构性考虑因素，这种因素通过宪法法律对普通立法的优先性得到加强；（2）解释法律中司法角色的一般考虑。

根据其自身条款，美国宪法是“这片土地上的最高法律”。[2] 通过强调这种“至高无上”，马歇尔将普通立法与建立宪法体系的原始基本行为区分开来：

> 行使这项原始权利是一项非常大的努力，它不能够，也不应该经常重复。因此，通过此种方式确立的原则是基本原则。他们的权威是至高无上的。[3]

马歇尔强调“法律”，他宣称宪法是这样一种法律：“一种至高无上的最高法律，不可以通过普通程序来改变……，当然，成文宪法的制定者们都认为宪法是国家的基本法律和最高法律。[4]

然后马歇尔转向用司法权限的一般考虑来解释和执行法律。如果宪法是一种“法律”，那么人们更需支持马歇尔的下一个看似无伤大雅的命题：“显然，解释法律既是司法部门的责任也是其义务”，无论是普通法还是宪法基本法。[5] 这回答了“由谁决定?”的问题。

至于如何决定，马歇尔做了简单处理，对司法角色适用普通的传统推定。

> 那些将特定规则适用于特定案例的人当然必须阐明并解释该规则。如果两个法律相互冲突，法院必须决定具体适用哪个……，这是司法义务的本质。[6]

此外，宪法本身将“美国的司法权力”赋予了联邦法院，并将这一司法权力“扩展”到“根据宪法产生的所有案件”。[7] “在使用这项权力的时候，宪法本身不应该被考虑”，这是否是那些授予这种权力的人的意图?[8] 或者，根据宪法产生的案件应该“在不审查其之前的相关文书的情况下”就被裁决?[9] 马歇尔认为，“这种权力太过度，无法维持。”[10]

除了建立司法审查的权力之外，马歇尔还在马卡洛诉马里兰州案（McCulloch v. Mar-

---

① 5 U. S.（1 Cranch）137（1803）.

② U. S. CONsT. art. VI.

③ Marbury, 5 U. S. at 176.

④ Id. at 177; cf id. at 178（“在法庭上，宪法应被视为至高无上的法律”）。

⑤ Id. at 177.

⑥ Id. at 177 – 78.

⑦ Id. at 178; U. S. CONST. art. III, § 2, cl. 1.

⑧ Marbury, 5 U. S. at 179.

⑨ Id.

⑩ Id.

yland)[①] 中建立了联邦司法机构在宪法裁决中的强大解释权力。在有些案件中，否认这种解释权力导致了一些荒谬的后果，比如在斯威夫特模仿圣经文字主义和原教旨主义的“简单案例”中一样，这就部分支持了这种争论。马歇尔关注的是对“必要和适当”条款进行相对宽泛和自由的解释，使国会在行使其列举权时能够制定法律。[②] 其中一项权力是“建立邮局和邮路”。[③] 难道我们否认这种权力可以扩展到沿着邮路或者邮局传送邮件？那么这种权力是否可以进一步延伸，扩展到惩罚那些从邮局窃取信件或者抢劫邮件的人呢？这也没有明确规定。

所有这些都让我们想起了马歇尔对于“公平建构整体框架”的坚持，以及他的著名警告“我们永远不能忘记，我们正在阐述的是宪法”。[④] 宪法包含其至高无上权力及其执行方式的“所有细分的准确细节”，“在将来的所有时间里”，政府应该执行其权力，并可能“涉及一部法典的全部细节”（比如税法）。[⑤]

因此，宪法的基本性质要求：

> 只应标明宏大的架构，指定重要的对象，而构成这些对象的次要成分则应从对象本身的性质中推断出来……我们承认，所有人都必须承认，政府的权力是有限的，其界限不应超越。但我们认为，宪法的合理建构必须允许国家立法机构享有充分的自由性……这将使立法机构能够以最有利于人民的方式履行赋予它的崇高职责。[⑥]

通过拒绝狭隘地理解宪法解释，马歇尔确保年轻的共和国政府拥有与其雄心和使命相称的广泛权力。

2. 解释审查标准

上文最后一篇引用的是麦卡洛克（McCulloch）的文章，其后面的一个关键句子被最高法院经常引用：

> 能够让最后的结论合法正当属于宪法的范围，这其中所有明确使用的、未被

---

① 17 U. S.（4 Wheat.）316（1819）.

② U. S. CONST. art. I，§ 8，c l4. .

③ McCulloch，17 U. S. at 417.

④ Id. at 406 – 07.

⑤ Id. at 406.

⑥ Id. at 407，421.

禁止的、且与宪法文本和精神相一致的方式，都是宪法性的。①

在这里，广泛自由的宪法解释理论被具体化到有效运作的公式中了。这就是我们今天所称的遵从性审查标准，它是一种基本的解释范式或分析模型。这种遵从性审查的解释范式反映了一种关于宪法的主流政治理论，也反映了司法权和立法权的根本分离。正如马歇尔不久之后澄清的那样："如果法律没有禁止，并且实际上是为了执行被授权的事项，在此对其必要性进行审查，那就越过了司法部门的界限，而进入了立法的领域"。② 立法机关被授权负责公共政策问题的权衡和平衡；法院只是监督其外部界限。

詹姆斯·B. 塞耶（James B. Thayer）在1893年发表的一篇题为《美国宪法学说的起源和范围》的文章中进一步阐明了遵从性审查的标准。③ 塞耶指出，立法机关受宪法授权进行初步审查，并且在很多情况下（尽管不是大多数情况下）最终确定法律的合宪性。只有当以私人利益收到侵犯为由提起诉讼时，法院才会进行干预。否则，"拥有这种权力的是立法机关，这种权力，不仅仅是制定法律，而且是解释宪法"。④ 因此，塞耶认为，"主要的解释权力"被授予立法机关，而介于这种权力如此重要，"授权机构的实际决定有权得到相应的尊重"。⑤ 换句话说，正如所预见的那样，法官检查和纠正违宪行为的机会是如此有限和短暂，"当他们有机会时，他们的控制程度也应该是有限的"。⑥

遵从性审查标准的发展分为三个阶段。1793年，弗吉尼亚州普通法院的罗恩法官在裁定一项法律违宪时警告说："这种违法行为必须是显而易见的"，否则，司法部门可能会妨碍涉及公共利益的法律的实施。⑦

到1811年，这一原则演变如下：

> 它被认为是美国最高法院、本法院以及美国所有其他名誉法院解释宪法的原则，除非违反宪法的情况非常明显，以至于排除了合理怀疑，否则不得宣布立法机关的法案无效。⑧

---

① Id. at 421；另见罗伯特·F. 纳格尔（Robert F. Nagel）的《公式化的宪法》（The Formulaic Constitution），84 MICH. L. REv. 165，186（1985）：在麦卡洛克的作品中，几乎没有涉及到这部分内容的复杂性和模糊性。主要论点都是要设立必要和适当的条款来扩大国会的权力，允许它使用自认为有益的任何手段。然而，该声明建议，应由法院来裁定所用手段是否"适当"，以及它们是否"明显地适应"其目的。

② McCulloch，17 U. S. at 423.

③ 7 HARV. L. REV. 129（1893）.

④ Id. at 136.

⑤ Id.

⑥ Id. at 136－37.

⑦ Kamper v. Hawkins，1 Va.（1 Wash.）20，61（1793）（着重部分）。

⑧ Commonwealth v. Smith，4 Binn. 117，123（1811）（着重部分）。

在刑事案件中，合理怀疑的标准是强加给陪审团的，因为错误的决定会引起极为严重的后果。而在民事案件中，在审查陪审团的裁决时，法院也自行采用同样的标准，因为他们正在修改另一个主要负责做出此类决定的部门的工作。这两项理由都支持在司法审查立法时使用这一标准。

塞耶阐释了遵从性审查标准发展的第三个阶段。关注"赤裸裸的司法问题"可能会产生负面影响，导致人们完全无视立法时的考虑。但是，当法院认定立法违宪时，它还有大量的工作要去做。

> 在确定了这一切之后，仍然存在一个非常重要的问题有待确定，即法院是否可以无视该法案？不能仅仅因为法律是不公平、不正确的，从而得出结论它是违宪，法院就能无视该法案……只有当有权制定法律的人不仅犯了错误，而且犯了一个非常清楚的错误，且不接受理性质疑时，法院才能无视这个法案。①

这条规则承认宪法可以接受不同的解释，对一个人来说似乎违宪的东西可能在另一个人看来是合理的。在立法选择和判决范围内，宪法不给立法机关强加任何特定选择，但是"任何理性的选择都是符合宪法的"。②

因此，一开始强调确定性的规则，最终似乎会使人们的理智受到质疑。无论如何，"理性审查"已被证明是一种特别持久的解释公式，它甚至规定了何时可以合理地援引结果。

霍姆斯大法官在洛克纳诉纽约州案中一度发现自己是输家，但宪法历史证明，他的反对观点是正确的，即"宪法……就是为从根本上持不同观点的人们制定的"，法律必须被维护，"除非理性和公正的人必然会认为，拟议的法规将会侵犯我们的人民，违反我们的法律传统所理解的基本原则"。③

这个准则的力量通过其在另一个没有经受住时间考验的决定中的成功援引而显示出来。在吉特洛诉纽约州案（Gitlow v. New York）中，最高法院首次承认宪法第一修正案适用于各州。然而，吉特洛法院继续坚持《反无政府主义犯罪法》中的条款，这一条款今天看来是一种违宪的基于内容的言论控制法律，根据其理论，"每一项推定都是为了支持法律的有效性"（这里援引的是一个有关酒精饮料销售的案例）。国家的主要目的是为了公共安全和社会福利，其监管法律只有在独断专行和不可理喻的情况下才会被宣布为违

① 塞耶前述著作 note 142，at 144（着重部分）。

② 正如塞耶后来所指出的，维护一个"符合宪法"的法规，实际上应该表述为："排除合理怀疑的不违宪"，Id. at 151。

③ 198 U. S. 45，75－76（1905）.

宪。(这里援引的是一个要求铁路公司修建人行道的判决)①

“法律上的隐喻应该受到严密的关注，因为隐喻一开始是用来解放思想的，但最终往往沦为思想的奴隶”。②

最终，1938年卡洛琳产品案的判决书脚注为吉特洛法院判决词汇中缺少的内容做了补充：控制合宪性“推定”的原理。事实上，卡洛琳产品案（Carolene products）提供了三条原理：（1）法律“在宪法的具体禁止范围内”；（2）法律限制“政治进程”；（3）法律针对“离散和孤立的少数群体”。③ 这三个原理都在一个精心设计的，“严密”或“强化”审查方案中被具体化了。④ 但是，当然，两级标准的审查还不是最终的结论。为了完善体系，也许应该提到中级审查。⑤

现代的审查原则已经成为一种基本的解释工具，甚至可以说是现代宪法分析中的基本解释工具。它将注意力从实体宪法学说的发展转移到行政管理规则及其相应的准则上来。

> 纵观整个现代宪法，大多数法官聚焦的并不是手头案件的实际解决方案。他们关注的是困难、复杂、原初性的问题，即要确定合适的案例推广到同类型的案件中。⑥

因此，现代公式化的宪法解释“影响了法院在宪法中发现的内容”，它自身最终成为“一种学说，一种法律上有效的文本，而不是对其他事物的不完全描述”。⑦

3. 宪法史的时代划分

解释宪法的另一种基本模式是宪法史的分期。历史事实只有相互联系，并以某种连贯的模式或统一的形式结合起来，才有意义。为了使我们的宪法史有意义，我们根据对宪法整体发展的重要程度特别挑选出一些历史时期，从主要时期划分的角度来构建宪法历史。

最简单和最基本的划分方式是现在和过去，抑或是现代和传统。就宪法史而言，“所

---

① Gitlow v. New York, 268 U. S. 652, 668 – 69 (1925).

② Berkey v. Third Ave. Ry. Co. , 155 N. E. 58, 62 (N. Y. 1926) (Cardozo, J.).

③ United States v. Carolene Prods. Co. , 304 U. S. 144, 152 – 53 n. 4 (1938).

④ 参见约翰·哈特（John Hartely）:《民主与不信任：司法审查的一个理论》（Democracy And Distrust: A Theory Of Review）75 – 77（1980）。

⑤ Craig v. Boren, 429 U. S. 190（1976）（讨论性别歧视和中级审查）。

⑥ 纳格尔前述著作 note 140, at 203 – 04。

⑦ Id. at 169, 187. 不幸的是，有迹象表明，“公式化的宪法”可能会自我延续：大多数宪法案例汇编集限于篇幅只收录了多数观点中的一小部分，而在其编辑过程中，法院的公式一般都会得以保留。最高法院的工作人员由于掌握了这些公式而获得了好的发展，于是这些公式可能是他们所知道的处理宪法法律问题的唯一方法。道格拉斯·莱科克（Douglas Laycock）:《论司法审查的作用、联邦权力的扩张和宪法权利结构》（Notes on the Role of Judicial Review, the Expansion of Federal Power, and the Structure of Constitutional Rights）, 99 YALE L. J. 1711, 1742 – 43（1990）（书评）。

谓的现代，就是建国时期变得如此遥远，以至于对我们而言开始显得陌生的时代”。① 布鲁斯·阿克曼（Bruce Ackerman）使用了稍有不同的标准，即“生活体验”，他将“现存的美国人走上政治舞台”这一时间节点作为现代的分界线。

> 当我在 1988 年写下这些话时，黑暗开始笼罩两次世界大战之间的那段时期……罗斯福新政，就像南北战争或合众国建国本身一样，其宪法意义将很快完全由美国人来决定，他们对事实最初认识都是由间接经验得来的。②

除了现在和过去的基本区分之外，宪法历史的分期还有许多不同的解释。布雷斯特（Brest）、莱文森（Levinson）、巴尔金（Balkin）和阿马尔（Amar）关注的是，最高法院的角色及其与民主的关系在多大程度上出现了问题。直到南北战争之前，最高法院的司法权力都是适度的，联邦法律只是在马伯里诉麦迪逊案和斯科特案（Dred Scott）中被推翻过。在南北战争和罗斯福新政之间，不管是联邦的法律还是州的法律，都开始被频繁推翻，推翻它们的理由多种多样。“部分结果是，最高法院越来越被认为是政治体系中的一个参与者，法律和政治之间相对严格的界限也被放宽了，而在早些时候，正是这种界限保证了最高法院的正当性”。布雷斯特、莱文森、巴尔金和阿马尔通过进步人士和后来的法律现实主义者提到法院的“学术批评”，这些人强调法院的政治角色和其释义分析的政治性质，并质疑“法院作为反民主和反多数主义机构的合法性”。特别是在 1937 年之后，“最高法院开始思考其自身的角色，限制司法以及避免不必要的宪法决定的言论充斥在各种司法意见当中”。③

这种宪法史的阶段性，清楚地反映了现代主义对司法审查实践及其与民主关系的焦虑。正如作者所指出的那样，这种特殊形式的焦虑在最高法院本身及其学术批评者中最为普遍。律师和普通法官可能只有通过代理人才会有这种焦虑，因为他们在构思论证和形成论点时都会考虑到这一点。阿克曼（Ackerman）重构了宪法历史的另一种划分方法，即“由律师和法官构建的持续的宪法叙事”。④ 这种现行的“专业叙事”也围绕着人们熟悉的建国、重建和罗斯福新政等转折点展开，但侧重点不同，而且没有焦虑。这种方式强调创立、起源和偏离传统。

在这三个时期中，建国被认为是与过去最彻底、最具决定性的决裂，但是，修改《邦联条例》并没有遵循应有的批准程序，所以，严格说来，新宪法是非法的。但是，这种先

---

① 保罗·布雷斯特（Paul Brest）：《宪法决策过程：案例与材料》（Processes Of Constitutional Decisionmaking：Cases And Materials）401 n. 1（4th ed. 2000）。

② 布鲁克·阿克曼（Bruce Ackerman）：《我们人民：奠基》（We The People：Foundations）38（1991）（以下简称阿克曼：《奠基》）。

③ 布雷斯特前述文章 note 158，at 401 n. 1。

④ 阿克曼：《奠基》，note 159，at 38。

有条款下的非法性，恰恰增加了1787年宪法的正当性。“如果事实并非如此，我们共和国真正的缔造者正是那些撰写并批准《邦联条例》的人”。①

南北战争后颁布的宪法修正案与此不同。“实际上，大家都认识到这三项修正案深刻地改变了先前的宪法原则”。② 但是，如果我们把目光转向《重建修正案》成为高级法律的一部分的过程，就会发现“法律界陷入了一种异乎寻常的沉默”。③ 根据一般的专业叙述，内战修正案类似根据宪法第五条批准的任何其他修正案，从这个意义上说，它们被认为是“程序上的非原创”。④

最后，当现代律师和法官谈到罗斯福新政时，“他们否认发生了极具创造性的事情”。⑤ 实质上，罗斯福新政中激进的国家政府取得的胜利，仅仅被视为是对马歇尔大法官最初设想的广泛的国家立法权的重现和复活。“从重建到罗斯福新政的这段时间可以被看作是一个关于堕落的复杂的故事，期间，大多数法官偏离了正义之路，并以宪法解释为借口，将自由放任的哲学强加于这个国家”。⑥ 从程序上看，根本就不应该发生任何宪法时刻。

> 显然，我们美国人民再也不会参与到联邦党人所进行的那种全面的批判和创造……这种模式表明，美国人民在宪法上的创造能力正在微妙而明确地下降。⑦

现行解释模式的阐述到此为止。“假设在无数的法律辩论中，以各方看起来具备争议的无休止的宪法辩论为前提，故事情节就仅仅表现为传统法律智慧的一个无懈可击的部分”。⑧ 然而，阿克曼断言，“尽管它很熟悉”，现行的宪法叙事并无稳固的基础，因此它“无法承受美国历史事实的冲击”。阿克曼认为，构建宪法叙事的计划应该被放弃。相反，他提出了自己的“修正叙事”。⑨

这里我们暂且不去详细研究阿克曼的宪法叙事。仅提一点，总体而言，阿克曼的版本重新恢复了重建和罗斯福新政时期所能达到的实质上和程序上的创造力，这反映了美国正在进行更高的立法创制。在重建时期，关注的重点是《内战修正案》通过的程序存在

---

① Id. at 42.
② Id.
③ Id.
④ Id.
⑤ Id.
⑥ Id. at 42 –43.
⑦ Id.
⑧ Id. at 39.
⑨ Id. at 44.

“合法性问题”。[①] 在罗斯福新政中，动员起来了的选民，授权进行全面改革的总统，以及对最高法院的一系列“变革性任命”，所有这些都实质上（如果不是形式上）起到了修改宪法的效果。[②] 在这一点上，此后的“法律生成”能力可与建国之初相媲美，并提出了一种适应性极强的宪法实践，这种实践从未停止采用非常规的根本变革手段。

因此，实际上，我们讨论了三种关于解释宪法历史的截然不同的模式。就当下的目的而言，重点并不是要在这些模式或可能提出的其他模式中作出选择。相反，如果我们从对现在和未来有意义的角度来理解我们的宪法历史，一些这样的模式似乎是必要的，正如这种特殊解释实践的普遍性和持续性所证明的那样。

（三）社区—社会范式

在这最后一节中，我将介绍一种基本的解释范式，该范式有助于理解很多法律领域的司法裁决，且能为其他领域的理性批判奠定基础。这一范例是基于社区和社会之间的区别，但目前在法律裁决和学术评论中尚未得到明确承认。对范式说明案例进行简要回顾可以提供“作为解释的法律”的合适概要和例证。

首先，我们可以从亨利·梅因爵士的《古代法》中找到当前法律讨论的背景。对于梅因而言，从远古的父权制度向现代西欧社会的规则和制度过渡可以被视为一种有益的进步：“我们可以说，迄今为止的社会进步就是从地位到契约的变化”。[③] 但是在19世纪晚期的德国，基于相似性和共同生活经验，有着内在有价值的社区被基于货币价值契约关系的社会所取代，这似乎是大众社会异化的缩影。标志性著作有费迪南德·滕尼斯（Ferdinand Tonnies）的《社区与社会》。[④] 它影响了后来的思想家，如涂尔干、齐美尔和韦伯，并在第一次世界大战后，被渴望进入社区黄金时代的新生代人们奉为新的圣经。

我所理解的社区是一个相对较小的群体，他们可以假设能够共享价值观，这种意义上的社区其范围可以是家庭、童子军和犹太教堂。而社会则是一个相对更大的群体，他们不能假设可以共享价值观。在社区中可以适当地强加假定的共同价值观，而这在整个社会中通常是不被接受的。相反，在一个较小的社区中，在社会上可能是适当的、假定没有共同价值观念之间保持中立立场的要求通常是不能接受的。相反，在社会中，不同的价值观念之间可以要求保持中立，而这在社区中可能是不能接受的。不同的法律背景之下，这些原

---

① 更多详细讨论请见布鲁克·阿克曼：《我们人民：转型》（We The People：Transformations）99 - 119（1998）。

② 更多详细讨论请见 id. at 268 - 382。

③ 亨利·萨姆奈·梅因爵士：《古代法：它与早期社会历史的联系和现代思想观念的关系》（Ancient Law：Its Connection With The Early History Of Society And Its Relation To Modern Ideas）174（1930）（1861）；同时也可参见汉娜·阿伦特（Hannah Arendt）：《人类状况》（The Human Condition）22 - 78（1958）（分析公共领域和私人领域）。

④ 费迪南德·滕尼斯：《社区与社会》（Gemeinschaft Und Gesellschaff）（查尔斯·卢米斯（Charles P. Loomis）译，1957）（1887）。

则都是有效的。

帕帕克里斯托诉杰克逊维尔市案（Papachristou v. City of Jacksonville）通常被认为是最高法院最终确立“法律模糊即无效”原则的案件，实际上，《杰克逊维尔市流浪条例》的许多条款含糊得可笑：

> 流氓和流浪者，乞讨的放荡者，普通赌徒，使用杂耍或非法游戏及比赛者，普通酒鬼，普通夜行者，窃贼，小偷或扒手，赃物交易者，好色之徒，荡妇，赌博场所望风者，普通骂街者，没有任何合法目的的游荡者，习惯性游手好闲者，行为不检者，没有合法业务经常出没三瓦两舍、赌博场所或提供酒精饮料的场所者，能够工作却依赖老婆和未成年小孩者，以上人等即为本条例所称流浪者，在市法院定罪后，按照D类罪行的规定予以处罚。①

然而，在这种模糊之中，道格拉斯大法官发现，警察在选择性执行法时存在一种偏见。警察逮捕了种族混杂的夫妇，逮捕了在城市街道上走来走去的下层工人，指控他人因为泡吧而闲逛，指控“被其他人称为小偷”的人为“普通小偷”。相反，“娶了有钱妻子的社区失业者”可能属于该条例的范围，却未被调查。“高尔夫俱乐部和都市俱乐部的成员”，尽管他们可能符合“经常出没三瓦两舍、赌博场所或提供酒精饮料的场所”也没有被调查。②

道格拉斯大法官用“生活方式”这个20世纪70年代的流行词汇概括了什么才是真正的犯罪。

“那些通常被模糊的法律术语牵连的人——穷人、不墨守成规的人、持不同政见者、游手好闲的人”，他们真正违反的是“杰克逊维尔市警方和法院认为的合适的生活方式”。③ 换句话说，社区层面合适的标准（比如“你不应该是一个低生活水平的人”）在社会层面可能不一定恰当。

芝加哥市诉威尔逊案（City of Chicago v. Wilson）是20世纪70年代的一个事实不同但结构相似的案例，其中“生活方式”一词也被大量使用。被告为男性易装癖者，根据以下条例被捕：

---

① 405 U. S. 156, 156 – 57 n. 1 (1972).

② Id. at 163 – 64.

③ Id. at 170；安东尼·阿姆斯特丹（Anthony G. Amsterdam）：《联邦宪法对惩治身份犯罪、惹怒警察等犯罪的限制》（Federal Constitutional Restrictions on the Punishment of Crimes of Status, Crimes of Displeasing Police Officers and the Like）等，第三卷，L. BULL. 205、226（1967）（“如果有些不负责任的人每天就满足于工作一点点，只要能够支付得起一顿饱餐、一些小酒、一个廉价的住处就行，超过一点他们都不愿意承担，但法院认为这种生活方式是低于人类标准的，那么这些人们会被迫提高生活水准，或者就只能作为流浪汉住进监狱了”。）

> 任何人出现在公共场所……穿着不属于其性别的衣服，意图隐瞒自己的性别……，每项违法行为，处20元以上500元以下的罚款。①

该市提出四项理由禁止穿着异性服装，其中只有一项具有合理性："以防止违反我们社会公认准则的内在反社会行为"。②

伊利诺斯州最高法院指出，它"长期以来一直承认，州政府在行使管理与个人生活方式选择相关的事务方面的权利是受到限制的，个人生活方式尚未被证明对社会健康、安全或福利有害时，政府无权管理"。③ 至于该市对公共道德的潜在担忧，最高法院认为纯粹是一种审美偏好："该市尚未阐明该条例旨在保护公共道德的方式。据推测，人们认为在公共场合穿着异性服装是对一般公众审美偏好的冒犯"。④ 虽然父母禁止未成年孩子穿着异性服装在法律上可能是无懈可击的，但是，该市的错误在于将这种无懈可击的社区规范提升并不恰当地推广到社会层面。

斯科基案（Skokie）展示了一个"社区"为摆脱攻击性言论而做出的痛苦努力。⑤ 这个叫斯科基的村子，总人口约为70,000人，其中约40,000人"信奉犹太宗教或拥有犹太血统"，包括5,000至7,000名德国集中营的幸存者。美国国家社会党希望身穿印有纳粹党徽的德国纳粹党突击队员制服在村厅前举行示威。

州法院承认，"斯科基的犹太公民憎恶纳粹标志，纳粹迫害的幸存者因回忆而精神备受折磨，他们可能对纳粹标志的展示怀有强烈的感情"。⑥ 同样，联邦法院也承认，"拟议中的示威活动将在情感和精神上严重干扰部分居民，甚至是众多居民"。⑦ 然而，两家法院都不接受该村的论点，它们都援引了科恩诉加利福尼亚州案（Cohen v. California）中的以下文字：

> "我们经常被囚禁在家庭这个避难所之外，并遭遇令人反感的言论"。依据宪法，政府是否有权仅仅为了保护他人免于听到而屏蔽言论？这取决于是否有迹象表明，实质的隐私利益正受到无法容忍的侵犯。这种权力不能被放大，否则，仅仅因为个人偏好，多数人都有权让少数异议者保持沉默。⑧

---

① 389 N. E. 2d 522, 523 (Ill. 1978).

② Id. at 524.

③ Id.

④ Id. at 525.

⑤ 参见李·布林格（Lee C. Bollinger）:《宽容社会》(The Tolerant Society) 23－35 (1986)。

⑥ Village of Skokie v. Nat1 Socialist Party, 373 N. E. 2d 21, 24 (Ill. 1978).

⑦ Collin v. Smith, 578 F. 2d 1197, 1206 (7th Cir. 1978)。

⑧ 403 U. S. 15, 21 (1971)（引用省略）。

正如“受制听众”原则所主张的那样，个人偏好是禁止在家庭中，或者更广泛地说，在我这里所定义的“社区”中发表攻击性言论的完美理由。然而，科恩认为法院走廊不是这个意义上的社区。斯科基案中的村庄也不能算是社区。正如联邦法院所言，该村庄“试图以法令的形式宣布，整个村庄一直是个隐私区，可以免受纳粹意识形态和符号的侵犯”。① 但是其实，村庄是社会的窗户，应该向更大的世界开放，应该以法律的形式执行容忍标准。科恩诉加利福尼亚州案中最为人所知的是哈兰大法官的著名论断：“一个人的粗话却可能是另一个人的抒情诗”，罗伯特·博克（Robert Bork）将其视为“决策的基础”和“道德相对论或道德私有化”的核心。② 首席大法官伦奎斯特在好色客杂志诉法威尔案（Hustler Magazine Inc. v. Falwell）中也表达了类似的观点：“在政治和社会话语体系中，‘无耻’这个词本身有其主观性，陪审团可以根据陪审员的品味或观点来裁决，也可以根据对某一特定表达的态度来裁决”。③

罗伯特·波斯特（Robert Post）教授提出了不同的意见，在他看来，好色客杂志案中，“在共同侵权而不是个人侵权的背景下，法院推理的裁判标准严重错位了”。④ 故意造成精神痛苦的侵权行为涉及违反“社区价值观，而不仅仅是个人倾向或特殊偏好”。⑤ 因此，好色客案中真正争论的不是无耻标准的“主观性”问题，“而是该标准作为公共话语的法律规范本质上是否合适”。⑥ 允许任何特定社区执行其普遍接受的规范，就等于使一个社区比其他社区享有特权，换句话说，它将使公共规范在社会上具有普遍的强制性。正如波斯特教授建议的那样，我们应该关注社会标准所要求的中立性，“不仅在观念层面，而且在更普遍的建立公共生活结构的层面”。然后我们可能会说，“公共话语的概念要求国家在‘社区层面’中保持中立”。⑦

在淫亵法中，某个表述是“淫秽的”还是“明显冒犯的”应当由“同时代社区标准”来确定，这样似乎可以避免一个社区对另一个社区的特权。⑧ 然而，最高法院也明确表示，为了确定“同时代社区标准”，整个加利福尼亚州可以作为相关的“社区”，这当然完全违背了初衷。执行加利福尼亚州标准而不是佛罗里达州标准，对于加利福尼亚州内的许多社区而言根本不是一种保护。因此，那些认为这种标准在某种程度上是针对某个社区的言论是没有意义的。

---

① 578 F. 2d at 1207.

② 罗伯特·博克：《美国诱惑》（The Tempting Of America）246 - 49（1990）。

③ 485 U. S. 46, 55（1988）.

④ 罗伯特·波斯特：《公共话语的宪法概念：粗暴的意见、民主的审议和好色客杂志诉法威尔案》（The Constitutional Concept of Public Discourse：Outrageous Opinion, Democratic Deliberation, and Hustler Magazine v. Falwell）, 103 HARV. L. REv. 601, 625（1990）。

⑤ Id.

⑥ Id. at 625 - 26

⑦ Id. at 632.

⑧ 参见 Miller v. California, 413 U. S. 15, 24（1973）。

在巴黎成人剧院诉斯莱顿案（Paris Adult Theatre I v. Slaton）中，法院宣布“公开展示或交易淫秽物品是否可能伤害整个社区、危害公共安全，是否会冲击国家‘维护社会体面’的权利，各州有权作出道德中立的判决”。① 但在做出这种“道德中立”的判断时，应该考虑哪些因素：

> 这关系到社会的基本基调和运行模式，或者用更流行的术语来说，关系到生活方式和生活质量……如果一个男人要求有权在市场上获得他想要的书籍和图片，并在公共场所与他人分享，这就是赋予他影响其他人生活甚至侵犯隐私的权利。即使假设我们每个人都能够——如果他愿意——有效地转移视线，堵住耳朵，我们普遍读到的、看到的、听到的和所做的事情都会侵扰我们所有人，不管我们想不想要。②

在科恩诉加利福尼亚州案中，我们应该转移视线，以免我们的情感受到进一步的冲击。但是，在巴黎成人剧院案中，这都没有必要。因为在此案中，这家成人剧院内部到处装饰着“成人场所”的警告标志。显然，我们需要保护自己免受知道有人在某个地方看淫秽电影之类信息的侵扰。所以巴黎并不是一个发生在市场或公共场所的案例。但是，即使是这样的情况，社会的判断当然也不应取决于某一特定社区所偏好的生活方式和生活质量，也不应取决于人们是否分享其品味。所以巴黎成人剧院案并不是一个发生在公共场所的案例。但是，即便如此，社会的判断标准也不应取决于某一特定社区所偏好的生活方式和生活品味，也不应取决于人们是否分享其品味。

宗教案例为研究社区—社会范式提供了一个丰富的领域，在此仅作简要概括。威斯康辛州诉约德案（Wisconsin v. Yoder）也许可以作为一个典型案例。③ 阿米什社区认为，他们的孩子上高中，无论是公立的还是私立的，都“违反了阿米什的宗教和生活方式”，这种宗教和生活方式要求“生活在一个独立于世界和世俗影响之外的教会社区”。州政府认为，它有权力“对基础教育的管理施加合理的控制”。此案中，鉴于阿米什人的明确定义和明显模范的“社区”价值观，他们只是例外。即便如此，道格拉斯大法官对剥夺阿米什儿童对于生活的重要选择权依然持不同意见。社区也可以对其成员行使强制权力，因为它要求他们遵守其方式。

这些问题是在沃克夫人诉最高法院案（Walker v. Superior Court）背景下提出的，该

---

① 413 U. S. 49, 69（1973）（着重部分）。

② Id. at 59（引用亚历山大·比克尔（Alexander Bickel）：《关于色情：异意和同意》（On Pornography: Dissenting and Concurring Opinion），22 PUB. INT. 25 – 26（Winter 1971）（法庭强调部分））。

③ 406 U. S. 205（1972）.

法庭认为，在保护未成年儿童的生命和健康方面，社区价值观必须符合州的价值观。① 沃克夫人是一名基督教科学家，她遵循自己的宗教信仰，用祈祷而不是医疗来治疗身患重病的四岁女儿。②十七天后，这个孩子死于脑膜炎。有种论点称“并不是所有接受这种治疗的儿童都会死亡，也不是所有接受医疗治疗的儿童都能存活下来”加利福尼亚州最高法院对此不以为然。法院裁定，“立法意图是明确的，当孩子的健康受到严重威胁时，父母完全依靠祈祷的权利必须做出让步”。③ 法院对作为沃克夫人宪法辩护的社区价值观更不感冒，法院认为“父母无权以孩子的生命为代价行使宗教信仰自由权”。④ 因此，法院顺理成章地以过失杀人罪和严重危害儿童罪对沃克女士提起诉讼。

在社区与社会这个主题中，有许多其他案例可以引用。⑤ 这些案例的共同冲突是社区对自由和个性的要求，与社会对强制和统一的要求，这两者间的平衡。这一解释性问题是一个很好的例子，可以被看作是在适用于大量较小社区的法律制度中划定容忍和遵守之间的适当界限这一较普遍问题的。社区—社会范式的使并不会改变这些案件的结果，但它确实提供了一种概念性词汇，在这些词汇中，适用的法律原理可以不断地发展和使用。因此，社区和社会之间的区别值得明确承认，这是一个主要通过解释实践和基本解释范例的使用而发展起来的法律制度中的一个基本解释框架。

（编辑：吕玉赞）

① 763 P. 2d 852 (Cal. 1988).

② 参见《基督教科学：当代材料的资料大全》（Christian Science; a Sourcebook of Contemporary Materials）（1990）。

③ Walker, 763 P. 2d at 867.

④ Id. at 870.

⑤ 参见 Boy Scouts of America v. Dale, 530 U. S. 640 (2000); Church of the Lukumi Babalu Aye, Inc. v. City of Hialeah, 508 U. S. 527 (1993); Dept of Human Res. of Or. v. Smith, 494 U. S. 872 (1990); Randall v. Orange County Council, Boy Scouts of Am., 952 P. 2d 261 (Cal. 1998)。

论澳门法律文本双语差异的解释

——以“重复提名案”为例*

王荣国**

摘　要　语言的不确定性产生法律解释问题，使用两种或多种官方语言的国家地区的语言间不确定性使之更为复杂。澳门特区2017年的“重复提名案”即是一则法律中文本与葡文本存在差异而产生解释分歧的案例。“中文本为准说”与“葡文本为准说”相持不下，原因在于各自政策性的解释进路难以关切到背后多方面的情理因素。与之不同的是，规范性的解释进路可以将这些因素纳入考量，尽可能弥合双语差异带来的解释分歧，且仍遵循以法律规范为唯一解释对象。

关键词　重复提名案　双语差异　法律解释　解释进路

语言是法律表达的媒介，语言的不确定性产生解释的要求。借用哈特的语言开放结构学说，一个语词包括意义核心区与意义阴影区，也即含义明确的区域与含义不明确的区域，而处于后者区域的语词存在指称不确定的问题，容易引起解释上的分歧。① 这种分歧在使用两种或多种语言的国家或地区会更加明显，因为不仅有来自各语言内部的不确定性（intra－lingual uncertainty），而且有来自因法律移植、翻译、文化而产生的语言间不确定性（inter－lingual uncertainty）。② 相比语言内部的不确定性，语言间不确定性使解释问题

* 基金项目：本文系国家社会科学基金重大项目《港澳基本法实施的相关机制研究（14ZDC031）》的阶段性成果。感谢匿名审稿人细致、认真与宝贵的修改意见，当然一如成例，文责自负。

** 王荣国，深圳大学港澳基本法研究中心兼职研究员，澳门大学法学院宪法与基本法研究中心博士研究生。

① H. L. A. Hart, *The Concept of Law*, England: Clarendon Press, 1994, pp. 124－136.

② Deborah Cao, Inter－lingual uncertainty in bilingual and multilingual law, *Journal of Pragmatics*, 2007, Volume 39, Issue 1, p. 71.

更加复杂，对解释者如何得出各方均易接受的结论挑战更大。① 2017 年澳门特别行政区发生的“重复提名案”给我们思考双语或多语间的解释问题提供了绝佳的研究案例。

一、“重复提名案”和法律文本的双语差异

2017 年是澳门立法会第六届选举的选举年。澳门行政长官于 1 月就本年的立法会选举作出批示，委任澳门中级法院一位法官为立法会选举管理委员会（以下简称“选管会”）的主席及有关委员以统筹选举管理工作。选管会随后制定本届立法会选举日程表，其中列明有意参选今届立法会选举的，须于当年 6 月 20 日前把组成的提名委员会交选管会确认其合法性。②

所谓确认提名委员会的合法性，是指按照澳门现行《立法会选举法》，由选民组成的提名委员会作为参加直接选举活动的主体，被选管会审核其组成是否合法。由于提名委员会须由最少三百及最多五百名被登载于当年公开展示的自然人选民登记册的选民组成，因此有意参选的人或团体需要征集足够数量的选民作为其提名委员会的成员。在实践中，选民通过签署某提名委员会的《组织提名委员会确认申请》（法律及通用名称为“候选名单”），成为该提名委员会的成员，以助其达到人数要求而迈过参选的第一道门槛。③

在这一环节中，选管会于 5 月 18 日指出，已收到三份组织提名委员会合法存在证明的申请，当中发现有两名人士重复签署不同的组织提名委员会确认申请，对此选管会认为可能已构成违法，将送交治安警察局调查。④ 并于次日发布讯息称每名选民不能重复提名，即只可签署一份提名委员会的《组织提名委员会确认申请》，否则可被罚款。⑤ 这里首次出现“重复提名”一词，可以看到，这里的重复提名是指选民签署了两份或两份以上的提名委员会的《组织提名委员会确认申请》，也即两份或两份以上的候选名单。这也是本文“重复提名”一词所持的含义。当选管会提出该“重复提名”行为按照《立法会选举法》应受处罚时，有关人士发现所涉条文的中文本与葡文本存在意思不相符的情况。⑥

所涉条文为《澳门立法会选举法》第 150 条第 1 款⑦：

① Michel Bastarache, Bilingual Interpretation Rules as a Component of Language Rights in Canada, Peter M. Tiersma and Lawrence M. Solan, ed., *The Oxford Handbook of Language and Law*, Oxford University Press, 2012, p. 173.

② 详见《澳门特区第六届立法会选举日程表》。

③ 有关澳门立法会直接选举的提名过程，详见澳门《立法会选举法》第 27 条、第 28 条。

④ 《澳门日报》（澳门）2017 年 5 月 18 日 A02 版。

⑤ 《澳门日报》（澳门）2017 年 5 月 19 日 B07 版。

⑥ 《澳门日报》（澳门）2017 年 5 月 19 日 B07 版，《濠江日报》（澳门）2017 年 5 月 23 日 A02 版。

⑦ 还有第 186 条第 2 款，中文本：任何市民，因过失在同一选举中提名同一人参与不同的候选名单者，科澳门币五百元至一千五百元罚金。葡文本：Os cidadãos que, por negligência, propuserem candidaturas concorrentes entre si à mesma eleição são punidos com multa de 500 a 1 500 patacas（中文译为“任何市民，在同一选举中提名相互之间存在竞争的候选名单者，科 500 至 1500 罚金”）。详见《重复提名的惩罚性规定是按立法原意及目的理解，不涉及正式语文优先的问题》，澳门立法会选举管理委员会，2017 年 5 月 28 日，第 5 段。

葡文本	原文	Quem propuser candidaturas concorrentes entre si à mesma eleição é punido com pena de multa até 100 dias
葡文本	中文译法	在同一选举中提名相互之间存在竞争的候选名单者，科最高一百日罚金。
中文本	原文	在同一选举中提名同一人参与不同候选名单者，科最高一百日罚金

将葡文本的中文译法与中文本本身进行比较，可以看到两者最主要的区别在标横线部分，前者为提名“提名相互之间存在竞争的候选名单”，后者为提名“同一人参与不同候选名单”。考虑到现实情况中“候选名单”之间存在竞争关系，且本案所涉“重复提名”者均属签署了两份或两份以上的候选名单，则到底适用哪一文本对当事人而言利益攸关，因为如依照葡文本，则当事人行为很有可能涉罪，而依照中文本，当事人很有可能无罪。所涉利益与双语文本差异为接下来相关解释者的不同解读埋下了伏笔。

二、对立化的解释立场及其商榷

（一）葡文本为准说及其商榷

“葡文本为准说”由选管会所持，可总结为：重复提名的惩罚性规定应按立法原意及目的理解，而贴近立法原意的是葡文本。① 为论证其观点，选管会从两方面加以阐述，一是法律解释性依据；二是选举法所涉中葡条文的含义解释。前者为后者提供解释依据，两者共同证成其观点。法律解释性规范包括：《澳门基本法》第 9 条，规定“葡文也是正式语文”；规范中葡文本差异问题的第 101/99/M 号法令《双语通则》② 第 1 条及第 5 条，规定法律的两种正式语文文本均具公信力，出现意义差异时，应考虑在解释法律方面通常采用的规则，采纳各文本均含有的意义，如该方法不能解决问题，则采纳最能符合该文件之目的的意义；《澳门民法典》第 8 条第 1 款，示明法律解释不应仅限于法律的字面含义，尚应尤其考虑有关法制的整体性，制定法律时情况及适用法律时的特定状况，从有关文本得出立法思想。

对所涉中葡条文的解释，选管会回顾到现行选举法参考的是回归前第 4/91/M 号法律

① 《重复提名的惩罚性规定是按立法原意及目的理解，不涉及正式语文优先的问题》，澳门立法会选举管理委员会，2017 年 5 月 28 日。

② 1999 年全国人大常委会根据《澳门基本法》第 145 条对澳门原有法律作出处理决定，该法令未被纳入失效法律范围。该法令现仍生效，且在位阶上等同于立法会制定的法律。法令的位阶等同于法律，是由澳葡时期宪政模式所决定的，即澳门总督与立法会均有立法权限，见《澳门组织章程》第 13 条等规定。该法令内容在很大程度上借鉴了港英时期制定的《释义及通则条例》，尤其是该条例第 10B 条对双语法例释疑的一般性规则，而该条又是参照 1969 年 Vienna Convention on the Law of Treaties（“维也纳公约”）第 33 条而制定，对此可见香港法律草拟科 1998 年 5 月《处理法例两种语文文本被指出现歧异的讨论文件》。

通过的选举法，而现涉条文第 150 条第 1 款对应的是回归前选举法第 146 条第 1 款，第 186 条第 2 款对应的是第 179 条第 2 款。前三项条款的中文表述均为“提名同一人参与不同候选名单”，而最后一项条款却表述为“……提名多个候选名单”。对于这一现象，选管会认为通过对选举法作系统性解释，葡文本比较贴近立法原意，即立法者意在要求每一选民只可签名支持一份候选名单。并且，选管会认为“以整个参选程序及现实情况作分析，考虑到各个提名委员会之间的利益是对立的，只会提名相互之间存在竞争的候选名单，而不可能由不同的提名委员会提名同一人参与不同的候选名单。”①

概言之，选管会解释思路为，通过说明回归后选举法与回归前选举法中葡文本表述方面的不同，通过实际情况说明所涉条文的中文本所述的情况不可能存在，得出葡文而非中文文本体现立法原意。如此，一正一反，一肯定一否定，选管会完成上述论证。然而，中文本所述情况是否真的不可能存在？即使不可能存在，得出葡文符合立法原意之结论的推理本身是否也有可商榷之处？

首先，我们来到中文本“提名同一人参与不同的候选名单”，尝试分析其表述的情况是有可能发生的，尽管概率较小。详言之，《立法会选举法》第 27 条第 4 款规定，任何人不得在一份以上的候选名单上作为候选人，否则丧失被选资格；第 150 条第 2 款规定，接受被提名参与一份以上的名单者，处最高六个月徒刑。可以看到，该法律对同一人 A 作为候选人参与不同的候选名单作出了惩罚规范。现实中也可能出现这一情况。如提名委员会 X 提出一份候选名单，其中有 A 作为其中一名候选人，同时 A 在提名委员会 Y 同样作为候选人出现。A 的想法是无论提名委员会 X 或 Y 的提名人数量谁多，其皆能“旱涝保收”。尽管在提名委员会各自提交候选名单而经审查后，甲丧失被选资格，但不代表着这种行为不具有可处罚性。上述第 150 条第 2 款规制的正是这种情况。所以，首先而言，“同一人参与不同的候选名单”是有可能的。那么，“提名”同一人参与不同的候选名单是否有可能？

试想提名人 B 作为候选人 A 的好友，签署提名委员会 X 与 Y 的候选名单，以助甲“旱涝保收”时，也就产生了同一选举中（B）提名同一人（A）参与不同候选名单的情况。当然，这种情况发生的概率应该会很小，但不排除绝对不可能发生，至少能证明中文本并非毫无逻辑。实际上，笔者在访谈中也发现有法律实务工作者从中文本解读出上述含义。

其次，即使视为中文本所述情况不存在，葡文本为准说似乎也有可商榷之处，原因在于罪刑明确性要求的限制。“明文”或者明确性，乃是罪刑法定原则对刑事立法的要求，一旦某一刑法规范模糊不清或模棱两可，不具有理解可能性和预测可能性，则其既不能有

---

① 《重复提名的惩罚性规定是按立法原意及目的理解，不涉及正式语文优先的问题》，澳门立法会选举管理委员会，第 15 段。

效制约和规束刑罚权，亦无力保障民众的法自由和法安全。① 并且，一般而言，“所处分的权利越重要，法的清晰性要求便应当越高”。② 葡文本为准说的解读容易产生不公平的感觉，使一些人士在情感上认为由当事人承担刑责属不公。

（二）中文本为准说及其商榷

“中文本为准说”由部分参与《立法会选举法》立法工作的议员与部分学者所持。他们的解释进路从两个方面展开，一是从选举法的制定语言为中文展开，中文本才是立法原意。③ 对此，经查证，所涉选举法的制定过程，从最初立法会全体会议就法案进行一般性审议、法案派发至立法会第一常设委员会分析并编制意见书，到最终的立法会全体会议细则性通过法案文本，以及后来经三部法律作出修改等阶段，其工作语言确实均为中文。④ 其次，自最初的法案到现今的中文文本，本案所涉具体条文的中文本自始即已为此。⑤ 站在议员的角度可进一步展开解释，选管会所引用的《澳门民法典》第 8 条第 1 款规定“法律解释……尚应尤其考虑……制定法律时之情况”，而制定语言完全为中文这一因素须得到考虑。另外，其第 3 款规定，“在确定法律之意义及涵盖范围时，解释者须推定立法者所制定之解决方案为最正确，且立法者懂得以适当文字表达其思想”，就本案例而言，应认为议员们懂得其用中文所制定之法律的含义。

第二解释进路是从《澳门基本法》第 9 条所规定的语言政策“中文优先”展开。第 9 条规定“澳门特别行政区……除使用中文外，还可使用葡文，葡文也是正式语文。”在部分学者看来，同一项法律的中葡文本有主次之分，遇到争议应以中文本为准。⑥ 在语言政策上，中文优于葡文，该观点有一定的普遍性甚至权威性。实际上，有不少权威学者的确依据该条，从澳门法律立法历史、社会构成、效果与意义等角度进行分析，表达过澳门正式语言“中文为主、葡文为辅”的观点。⑦ 也有学者从该条文的语法角度，提出“强势语言”与“弱势语言”、“大语”与“小语”的看法。⑧

然而，制定语言为中文以及语言政策为中文优于葡文，似乎不能据此得出此案例应依

① 张建军：《刑罚明确性的判断标准》，载《华东政法大学学报》第 2011 年第 1 期，第 65 页。

② ［意］贝卡利亚：《论犯罪与刑法》，黄风译，中国大百科全书出版社 1993 年版，第 42 页。

③ 《澳门日报》（澳门）2017 年 6 月 7 日，E08 版。

④ 《澳门特别行政区立法会选举制度》，澳门特别行政区立法会，2001 年 10 月，第 116 页，第 181 页，第 193 页，第 201 页，第 244 页；《澳门特别行政区立法会会刊》，2001 年 12 月 26 日第 16/2000 期第二组，2001 年 2 月 21 日第 5/2001 期第一组。

⑤ 《澳门特别行政区立法会选举制度》，澳门特别行政区立法会，2001 年 10 月，第 116 页，第 193 页。

⑥ 《新华澳报》（澳门），2017 年 5 月 31 日，P02 版。

⑦ 杨允中：《澳门基本法释要》，澳门基本法推广协会 2011 年版，第 42 – 43 页；王禹：《中文是澳门特别行政区的主要正式语文》，载王禹主编：《授权与自治》，濠江法律学社（澳门）2008 年版，第 27 – 28 页；赵国强：《关于法律改革若干问题的思考》，载《一国两制研究》（澳门）2010 年第 4 期，第 40 – 45 页，等等。

⑧ 梁淑雯：《论澳门特别行政区的正式语文——以功能语篇分析为切入点》，载《一国两制研究》（澳门）2012 年第 3 期，第 39 页。

据中文本解释。我们看到，法律制定语言为中文作为“制定法律时的情况”，仅是法律解释中需要考虑的部分因素，《澳门民法典》第8条第1款更有“法律的字面含义”“法制的整体性”等其他甚至更重要或优先因素影响着法律的解释。其次，中文地位优先不代表在本案中应优先适用中文本。[①] 原因至少有二，一是《澳门基本法》所规定的中文优先更侧重的是中葡两种正式语言在政治地位上的排序，无关乎《选举法》中葡文本差异的解释问题。对于该问题，仍需回到对此有专门规定的第101/99/M号法令第5条上，按照该规定来处理中葡文本的差异问题。[②] 否则，按照该说法，该法令会因抵触《澳门基本法》而无效，这一结论显然与该法令仍然有效的现实不符。二是从澳门法律制度现实看，澳门整体的法律制度继受于葡萄牙，确定有关中文本的法律含义完全离不开所对应之葡文本的解释，甚至离不开该葡文本所属整个法律制度的含义理解，又如澳门前法律翻译办公室主任所述，“葡文是澳门原始法律体系的表达语言，也是澳门本身的法律体系的生存条件所在”。[③] 相信这也是第101/99/M号法令继续生效的一个考虑。那么，按照中文地位优先则同样优先适用的逻辑，必然会在法律实践中发生通过解释“非优先文本”（葡文本）来适用“优先文本”（中文本）的怪象，产生逻辑上的矛盾。

三、“重复提名案”背后的情理因素

（一）法律本地化过程中的语言不对称现象

澳门回归前实行的法律体系完全是葡国化的，法律以葡文为唯一的立法语言，各法律机关的人员亦全由葡国人或葡国化的澳门土生葡人担任。[④] 1987年《中葡联合声明》签署后，澳门进入过渡期，其中一项重要任务是“法律本地化”，即对葡国化与葡文化的法律进行清理、分类和翻译，使其“落户”澳门，而翻译自然是将法律从葡文译为中文。然而，如同任何两种不同的语言之间存在着语言的不对称性，也即在词汇上存在概念表达上的不对应性，[⑤] 澳门法律的葡文本与中文本在翻译过程中亦不可避免存在含义上的差异。[⑥] 有些差异容易理解，有些差异则难以理解。例如，《澳门刑法典》葡文本“actos sexuais de

---

① 即便《爱尔兰宪法》第25条规定一项法律的爱尔兰文本与英文本互相抵触时以爱尔兰文本优先，在司法实践中也绝不会将英文本置之不理，而是采用一个能将两者妥当协调的解释，见［1961］I. R. 114，131。

② 但是，按照法律位阶，该法令不能规范《澳门基本法》，如《澳门基本法》的中葡文本出现解释上的差异时，应以中文文本为标准，为此可见1999年7月2日第八届全国人大常委会第二次会议决定：“全国人民代表大会法律委员会主持审定的《中华人民共和国澳门特别行政区基本法》葡萄牙文译本作为正式葡文本，和中文本同样使用；葡文本中的用语的含义如果有与中文本有出入的，以中文本为准”。

③ 贾乐龙：《对官方语言双语制的若干意见》，载《法域纵横》（澳门）1997年第3期，第64页。

④ 赵燕芳：《澳门法律本地化之回归与前瞻》，载《行政》（澳门）1992年第3/4期，第837页。

⑤ 黄源盛：《法律继受与法律语言的转换——以晚清〈大清新刑律〉的立法为例》，载《政大法学评论》（台湾）2016年第145期，第226页。

⑥ 关于法律翻译产生的语言不确定性问题，见Joseph，John E.，“Indeterminacy，Translation and the Law”，In Marshall Morris，ed.，*Translation and the Law*，Amsterdam：John Benjamins Publishing，1995，pp. 13 – 36。

relevo”的中文表述为“重要性欲行为”，尽管两者的翻译呼应程度堪称完美，但相信即使熟懂中文者看到该中文表述也是一头雾水，“重要”一词不仅不能与“性欲行为”相配，“性欲”与“行为”两个名词连在一起使用的语法结构更是罕见。为此就需要藉中葡法律语言与文化方面的理论研究，使这一怪异表述转换为可理解的“猥亵”一词或其他词语。[①]

如果说这一例子所反映的含义差异主要源于语言本身，那么可能存在的“错译”所带来的语言不对称性则主要源于历史与人为原因。澳门回归前乃至回归后初期，中葡双语人才的缺乏使得一些法律和法典的中文本往往是未经实务验证的译本，且所采用的表述往往是草拟者未作充分的比较研究就仓促定稿的。[②] 因此，在语词或语段上完全可能发生中葡文本差异甚至“错译”的现象。例如，《澳门民法典》第496条葡文本“veículo（交通工具）的中文本表述为“车辆”，前者显然比后者的含义更为宽泛。再如澳门第122/84/M号及第64/84/M号法令葡文“bens”（财产）一词分别翻译为“财物”及“财货”，一词多译的情况显然会产生含义差异的问题。至于“错译”的例子，如《澳门民法典》第311条葡文本为“2 anos”（两年），中文本却为“一年”，第503条葡文本为“um quinto”（五分之一）、“5 vezes”（五倍），中文本却为“十分之一”“十倍”，等等。[③]

近年来澳门特区的立法情况虽有一定改善，但过去潜藏的此类“暗雷”一时也无法完全排查出来。实际上，本案所涉法律自澳门回归后已运作十五年有余且历经三次法律修改，至本案才最终被“引爆”。本案所涉条文的文本差异缘于语言本身的原因还是历史的或人为的原因不得而知，但无论如何均与重复提名的当事者无关，这一情理上的考虑会影响到所作出的法律解释，亦能够说明在双语或多语的法域下语言不对称现象本身就是影响法律文本差异的解释的因素。在法律解释过程中，解释者亦很容易受语言层面的影响而试图辨别何者为准，从而将之转换为“语言问题”，这一点从上述“两说”本身即可看出。

（二）中文官方化的民族情感与不识葡文者的困难处境

澳门是一个以中国文化为主体的社会，其社会成员绝大多数是华人（占总人口的95%），因此，汉语（粤语）从来就是澳门居民的主要语言。然而，由于汉语长期以来不是官方语言，因此中文在立法、司法以及各个公共行政和公共事务部门成为实际使用的正式语言就成为“中文官方化”的主要目标。[④] 澳门回归后，随着议员与政府官员绝大多数由华人担任，中文快速在立法与行政层面取得官方地位。并且，在各法院大力推动用中文

① 参见赵国强：《澳门刑罚各论（上）》，社会科学文献出版社2013年版，第191页。当然，中文表述为“猥亵”一词是否完全无误还可讨论，但不妨碍说明有必要进行中葡法律语言与文化方面的理论研究。

② 关冠雄：《论澳门双语立法中的中葡法律文本的效力》，载《行政》（澳门）2006年第71期。

③ 在使用双语或多语的其他国家地区亦可能存在此现象，例如《爱尔兰宪法》第12.4.1条英文本为“竞选总统者在年龄上须到三十五岁”，而爱尔兰文本为“竞选总统者在年龄上须过三十五岁（须渡完三十五岁）”。

④ 王增扬：《澳门过渡期的中文官方地位与中葡双语化》，载《行政》（澳门）1994年第1期，第220页。

制作判决书的过程中，司法层面的“中文官方化”亦逐步取得进展。① 这一趋势由华人族群的民族情感发起、推动并捍卫，因此不难想象“葡文本为准说”这一“政治上不正确”的结论会给华人族群占极大多数的澳门社会带来不适。

并且，因殖民地时期语言教育政策、语言本身普及度、语言学习难易程度的不同等原因，与香港地区居民整体上尚能认识英文不同，澳门地区绝大多数华人根本不识葡文。② 如此而来，“葡文本为准说”令不识葡文者同样承担知悉葡文本的法律义务，就面临法律适用上的“道德危机”而不易被社会接受。例如，有人就文本差异提出谁来承担责任的问题，认为政府与立法会分别作为该法律的提案人与制定者，应就此承担责任，而非由当事人承担，尤其对于那些不懂葡语的当事人而言。③ 这一看法因主张“不知者不罪”而被部分学者认为并不符合刑法原则，④ 但并非完全没有道理，至少会影响法律解释上的判断。按照这一看法，相关当事人不识葡文的“困难处境”下，被要求其能预见重复提名行为涉及刑事责任，也即强加其识葡文的义务，不免有强人所难之嫌，而“法不强人所难”的情理被美国法学家富勒归入法律的道德性原则。⑤ 就刑事法律而言，当行为人根本没有预见也不可能预见自己的行为会造成法益侵害结果时，他就不可能产生放弃该行为的动机，因而不可能选择其他行为，故没有他行为可能性，也即没有期待可能性，没有可谴责性。⑥ 因此，有学者基于此情理而呼吁“选举法相关条文令选民出现认知上的错误，责任在于法律本身，不在重复提名的人士。”⑦

（三）寻求多重庇护与政治忠诚间的矛盾

与同情不识葡文者的“困难处境”类似，有人为重复提名者的行为本身“喊冤”，认为重复提名不应被列作刑事行为，对其作无效处理足矣。⑧ 这一判断涉及法律移植的制度背景下对重复提名行为作刑事规制的正当性问题，而这显然在深层次上会影响到对法律文本双语差异的解释。详言之，澳门在回归前受葡萄牙管治，因当局管治方式、华人后援薄

---

① 参见澳门终审法院院长岑浩辉：《在 2007 年至 2008 年澳门特别行政区司法年度开幕典礼上的讲话》，载澳门法院网，http：//www. court. gov. mo/uploads/attachment/22/pdf/1375934822nffqa. pdf，最后访问日期：2019 月 7 月 1 日。

② 有关港英时期语言教育政策如何影响香港居民英文水平，参见 Anita Y. K. Poon，Language policy of Hong Kong：Its impact on language education and language use in post – handover Hong Kong，*Journal of Taiwan Normal University Humanities Social Sciences*，2004，Volume. 49，Issue 1，pp. 53 – 74；有关澳葡时期语言教育政策以及葡语仅由少数人在少数领域所掌握，参见阎喜：《葡语在澳门：历史与现状》，载《“一国两制”研究》（澳门）2016 年第 2 期，第 149 – 159 页。

③ 《新华澳报》（澳门），2017 年 6 月 5 日，P02 版。

④ 《新华澳报》（澳门），2017 年 5 月 31 日，P02 版。

⑤ ［美］富勒：《法律的道德性》，郑戈译，商务印书馆 2005 年版，第 83 页。

⑥ 参见张明楷：《期待可能性理论的梳理》，载《法学研究》2009 年第 1 期，第 64 页。

⑦ 郭济修：《中葡文版本差异与语文立法问题》，载《澳门日报》（澳门）2017 年 6 月 7 日，E08 版。

⑧ 《新华澳报》（澳门），2017 年 6 月 5 日，P02 版；郭济修：《中葡文版本差异与语文立法问题》，载《澳门日报》（澳门）2017 年 6 月 7 日，E08 版。

弱及结社传统等影响，华人民间社团逐渐产生与壮大。① 有学者从政治学角度对澳门民间社团分析，认为其根本上属于一种庇护组织，其内部蕴藏着浓厚的庇护主义组织文化，存在着以顺从（尊崇）换取物质性生存资料的依附性交换关系。② 澳门回归后，过去以民族主义为意识形态所形成的庇护网络开始解体，社团如今以利益立场构筑新的关系形态，加速转化为利益团体并以竞争与博弈方式参与到公共政策的制订过程之中，而庇护关系逐渐过渡到以政治支持（如选票）换取实际利益的自愿性交换。③

处于这一变化中的社团成员，尤其是对于底层社员而言，则会面临一种左右为难的困境。一方面，由几大社团垄断政府救济资源的局面不复存在，社团的数量增多带来资源分配的分散化，同一人选择参加数个社团也即多个庇护网在同一人身上有接连点，是该人作出的理性选择。另一方面，社团的政治性增强要求社员的“政治忠诚度”提高，尤其在“一人一票制”的选举方面必须作出唯一选择。如果说在正式的竞选投票环节，社员藉投票秘密性不曝露自己所最终忠诚的社团，从而维持其身上的多个庇护网，那么在参选提名环节，提名的公开性会使社员面临不得不明确“站队”的尴尬局面。为应对这一利益攸关的局面，兼顾各个庇护网而采重复提名的做法无疑是最优的选择。④ 这也是当时“喊冤者”为重复提名者辩护的情理逻辑。⑤

四、政策性解释进路的局限与弥合差异的规范性解释进路

（一）政策性解释进路的局限

首先需要说明，本文中的政策性的解释进路与下文规范性的解释进路，不是关于法律内容之具体主张的实质性区分，而是一种法律方法、理念和立场的区分。⑥ 一般说来，前者从法律的外部来看待法律，关注的与其说是法律本身，不如说是法律与其他社会现象的关系，而且更是将法律索引到法律背后更强大的支配力量，从而其理论主张往往表现为文化、历史、社会学、政治学的宏观“政策性”话语。后者是法律的内部来看法律，将法律规范或者规则看作是惟一关注的对象，并将任何文化、历史、社会学、政治学等要素转化为法律理解。在这个意义上，法律就是一门独立的科学，尽管其需考虑到某种道德、政

① 杨仁飞：《澳门社团——过去、现状与展望》，载《澳门研究》1998 年第 7 期，第 144 - 151 页。

② 余振、娄胜华、陈卓华：《澳门华人政治文化纵向研究》，三联书店（香港）有限公司 2011 年版，第 227 页，第 259 页。

③ 余振、娄胜华、陈卓华：《澳门华人政治文化纵向研究》，三联书店（香港）有限公司 2011 年版，第 227 页，第 239 页，第 242 页。

④ 在竞选投票环节，大量出现的空白票对于投票人而言在一定意义上同样是最优的选择，参见彭春华：《澳门社团政治行为的评价及展望》，载《岭南学刊》2017 年第 4 期，第 113 页。

⑤ 他们辩护到，重复提名的人士都都知道重复提名的结果无非是无效处理而已，但这至少可以避免“顺得哥情失嫂意”，参见《力报》（澳门）2017 年 5 月 26 日，A01 版。

⑥ 有关法律内容之具体主张的实质性区分，参见陈景辉：《什么是“内在观点”?》，载《法制与社会发展》2007 年第 5 期。

治、经济或社会文化的影响因素，但是，这种考虑是通过法律规则的内在解释完成的，因此，其理论主张表现为微观式的“规范性”话语。①

“中文本为准说”基于不同的依据如法律制定语言为中文、语言政策为中文优先等，表现为依靠法律背后更强大的支配力量如立法者角色、政治立场来解释具体法律问题，这一解释进路因缺乏规范性而欠说服力。相比而言，“葡文本为准说”的规范性更强，因其完全从法律规范出发并得出结论。然而，其“立法原意”的解释理念因呈现为政策性的解释进路且未能顾到上述情理要素而难以被社会接受。

“立法原意”的解释理念，属于澳门回归后在法律解释层面较特有的一个现象，即法律问题言必称“立法原意如何”。例如，立法会在审议各法案时议员们就已对法案整体或其具体条文的“立法原意”展开讨论，法院在裁判案件时会就法律某条文或词语的“立法原意”进行解释，检察院在工作报告会提到“深入研究立法原意以对侦查事实依法提起控诉”，政府《国歌法》本地立法工作中也会提到“按照立法原意进行”。② 该词如同20世纪50年代的“生活形式”、60年代的“范式”、70年代的“解释”等词在相关专业界高频出现。本案中“葡文本为准说”的解释过程同样如此，除了在第一段引言部分提及“按立法原意及目的理解”外，文中尚出现“立法原意”三次，如“重点在于厘清有关条文的立法原意”“认为葡文本比较贴近立法原意”“中文本并不符合立法原意”。③

然而，我们发现该词因其所存在的语义离散与界定困难问题而并非本身不可商榷。一方面，立法原意一词在不同法律、法律报告、裁判书中所对应的葡文表述很不一致，在某一法律中对应葡文词为“pensamento legislativo”④，而该葡文词在另一法律中对应中文词为“立法思想”；⑤ 在有的法律报告中对应葡文词为“intenção legislativa”，而该葡文词在同类法律报告中对应中文词为“立法意图”，⑥ 在司法裁判中又表述为最初立法原意。⑦ 此外，立法工作过程中就立法原意尚有 intenção original（最初意图）⑧ 与 vondade legislativa

① 有关政策性的解释进路与规范性的解释进路的更多阐述与说明，参见强世功：《宪法司法化的悖论》，载《中国社会科学》2003年第2期，第22页。

② 例如，澳门特别行政区立法会，《法律汇编——土地法》，2016年9月；澳门中级法院2004年2月26日第213/2003号行政上诉案；检察院2014年度工作报告；行政法务司司长办公室2017年11月4日新闻，载澳门行政法务司网，http://www.gcs.gov.mo/showCNNews.php? DataUcn = 118693&PageLang = C，最后访问日期：2019月7月1日。

③ 《重复提名的惩罚性规定是按立法原意及目的理解，不涉及正式语文优先的问题》，澳门立法会选举管理委员会，2017年5月28日。

④ 澳门第1/1999号决议《澳门特别行政区立法会议事规则》，第129条第2款，第1/1999号决议通过并经第1/2004、第2/2009号、第1/2013号、第1/2015号和第2/2017号决议修改，内容已被第2/2017号决议重新公布，该条内容仍维持不变。

⑤ 《澳门民法典》第9条第1款与第2款。

⑥ 澳门廉政公署2009年、2010年工作报告。

⑦ 澳门终审法院第25/2010号裁判书。

⑧ 澳门立法会第一常设委员会第3/IV/2013号意见书，第389-455页。

(立法意思)[1] 的葡文表述方式。如果说“一个概念的意义在于它提供了一个有验证可能性的标准”[2]，那么立法原意一词从上述语言现象中所显出的语义离散特征，似乎难以作为一项严谨的“概念”来发挥解释方面的作用。另一方面，“立法原意”在语用中尚会划分为严格原意主义、温和原意主义、原初意图主义、原初文本主义、新原意主义、自由原意主义等类型，成为一个内涵复杂、充满诡谲而难以界定的概念。[3]

在“立法原意”这一概念如此难以界定的情况下，将之作为解释层面的意识形态，意图依据“立法原意”的解释理念完成法律解释的论证，体现的是一种受解释理念所主导的政策性的解释进路。按照这一解释进路，解释问题完全变为中文本或葡文本何者为准的问题，也即完全为“二选一”的选择题。解释者虽然之后在解释上涉及大量的法律规范，但为论证何文本优先主要“漂浮”在立法史层面而忽视了中文本可能具有的含义，以及即使中文本毫无含义时应作何种处理的问题。这一做法忽视了从具体繁杂的规范中对解释问题本身作全面省察，容易掩盖案件中所涉及的、需要照顾到的情理因素。与之相同，“中文本为准说”亦依据“立法原意”将文本双语差异作“对立化”处理，将结论范围限定在“非此即彼”（要么中文本获胜要么葡文本获胜）的困局，当“两说”在结论上毫无共识时，政策性的解释进路也就难以再发挥作用了。这一局面提醒我们需要对差异作“弥合性”而非“站队式”处理，而处理方式为规范性的解释进路，但需要注意将对上述涉及道德、政治或社会文化等情理因素的关切融入到法律规范内。

（二）弥合差异的规范性解释进路

1. 将情理融入法理需遵循法律思维规则

借上一部分的分析，我们看到对本案的法律解释需要面对三方面的情理因素：“法律本地化”过程中产生的语言不对称现象不能归因于重复提名者，“中文官方化”的民族情感与不识葡文者的“困难处境”难以接受让重复提名者受葡文本规范，以及重复提名者面临寻求多重庇护与政治忠诚间的矛盾。分析法律问题时考虑情理似乎颇不专业，西方自柏拉图就提出克服情感才能公义，“法不容情”的东方法律观念也早已被人熟知。[4] 然而，顾及情理是对社会价值的一种尊重，情理来自于情感，但又区别于一般所言的情感，因合于中国哲学中所言的“天理”，所以称为情理。[5] 在法律解释中，之所以需要顾及该份情理，是因为一个社会总会是根据一些原则运行的，而这些原则源出于该社会的精神与性质

---

① 《法律汇编——娱乐场幸运博彩经营法律制度》，澳门特别行政区立法会，2015 年 12 月，第 186 页，第 443 页。

② 德国学者卡纳普（R. Carnap），转引自陈志辉：《重新界定法条竞合与想象竞合》，载《刑事法杂志》（台）1997 年第 5 期，第 88 页。

③ 范进学：《法律原意主义解释方法论》，法律出版社 2018 年版，第 39 – 52 页。

④ ［古希腊］柏拉图：《柏拉图全集》（三卷），王晓朝译，人民出版社 2002 年版，第 293 页。

⑤ 郭忠：《法理和情理》，载《法律科学》2007 年第 2 期，第 14 页。

中，而且也是该社会有效运用必不可少的，尽管这些原则并未得到立法机关或立宪大会的正式表述。① 并且，情理作为“一种社会生活中的健全价值判断，特别是一种衡平的感觉”，在司法裁判时会作为引导法律发现的“法感”。② 在这层意义上，“情理”区别于单纯的情感，有其理性的一面，通过理性而融入法理之中，成为法理的组成部分。③ 更深入地说，将“情理”融入法理其实质为把法律外的其他因素诸如政治要求、道德规范等转换成法律渊源，当然这一转换需要遵循法律思维的“规律”，需要在尊重法律权威的前提下，把法律思维规则运用到对法律的解释过程中。如果没有对法律权威的尊重，直接把法律放到社会关系中进行比较分析，就会径直否定法律本身的意义，法律意义的安全性就无法保障。④

对于“情理”融入法理的方式，有研究指出“情理”不设定具体构成要件和法定后果而只是对不特定事件进行评价和指引，不是以演绎或类比逻辑的方式适用于案件而是通过权衡与衡量为特定的规范适用或规范创造提供论辩理由。⑤ 这一点是符合司法现实的，面对法律尚未安排的社会纠纷（法律意义空缺），或者某一社会纠纷虽然法律上有安排但相关的法律文本本身出现了模糊（法律意义模糊）或冲突（法律意义冲突）时，法官所拟做的就不仅是把纠纷事实代入到法律规定中去，法官还必须在情理和法理之间不断进行博弈、推勘、校验，以求用既不违反法律精神而又符合案件事实及情理的方式，即以最妥当的方式解决当下案件。⑥ 在这种情形下，司法活动不可能不借用情理以微调法理，借用案件事实及其规定性以微调法律规范，借用司法者自身的情感体验和偏好以裁判案件。⑦ 在这层意义上我们说典型的司法活动在本质上一定是法官在法理和情理之间的“目光往返流盼”过程，是法官在法律和事实之间的交涉博弈过程，是法官在服从法律和创造规范之间的艰难选择过程。⑧

---

① ［美］博登海默：《法理学、法律哲学与法律方法》，邓正来译，中国政法大学出版社2004年版，第525页。

② 参见［日］滋贺秀三：《清代诉讼制度之民事法源的概括性考察———情、理、法》，载王亚新、梁治平编：《明清时期的民事审判与民间契约》，法律出版社1998年版，第34页；参见杜军强：《法律原则、修辞论证与情理——对清代司法判决中“情理”的一种解释》，载《华东政法大学学报》2014年第6期，第140页。

③ 参见郭忠：《法理和情理》，载《法律科学》2007年第2期，第15页。

④ 陈金钊：《体系思维的姿态及体系解释方法的运用》，载《山东大学学报（哲学社会科学版）》2018年第2期，第69页，第72页。

⑤ 杜军强：《法律原则、修辞论证与情理——对清代司法判决中“情理”的一种解释》，载《华东政法大学学报》2014年第6期，第138页。对于情理的论证功能，见郭忠：《法理和情理》，载《法律科学》2007年第2期；［荷］菲特丽丝：《法律论证原理———司法裁决之证立理论概览》，张其山等译，商务印书馆2005年版，第11、12、26－28页。

⑥ 李帅、黄颖：《情理在法律裁判中的运用——以家事裁判为例》，载《法律方法》2017年第2期；情理特别体现在民意，见李鑫、侯晓燕：《民意在原则裁判中的角色定位》，载《法律方法》2018年第2期。

⑦ 谢晖：《法治思维中的情理和法理》，载《重庆理工大学学报（社会科学）》2015年第9期，第13页。

⑧ 谢晖：《法治思维中的情理和法理》，载《重庆理工大学学报（社会科学）》2015年第9期，第14页。

2. 规范性解释进路的操作尝试

如前所述，规范性的解释进路强调将法律外的其他因素诸如政治要求、道德规范等内化于法律，但在这一过程中需要处理好相关因素的关系，在此陈金钊教授对法律体系思维的构成要素的研究成果值得借鉴。① “法治是规则治理的事业”，法律规范是解释的基本要素。法律价值是解释的矫正要素，当法律规范与法律价值、道德规范发生较大冲突时，法律价值、道德规范就会影响法律的意义走向。② 在这些思想指引下，下面尝试对本文“重复提名”案文本差异问题作出解释。

第一，《双语通则》为文本差异的解释提供专门的规范。

首先，专门规定法律文本双语差异问题的规范——澳门第101/99/M号法令《双语通则》第5条第1款规定“规范性文件是单一的”。这一信息非常重要。所谓单一的，是指中葡两种文本被视为以各自的方式传达相同的讯息，它们只是同一用意的两个表达形式，而结合起来是组成体现单一涵义的一套法律，故此不存在中文与葡文各一套法律的提法。③ 这决定了案例所涉选举法条文应作为一个整体存在而进行解读。社会上有人认为应视当事人掌握中文还是葡文而相应适用各个文本，则是显然割裂了单一性的要求。

其次，第3款专门规定，“规范性文件文本间出现意义差异时，应考虑在解释法律方面通常采用之规则，采纳各文本均含有之意义；如该方法不能解决问题，则采纳最能符合该文件之目的之意义。”第一，何为“解释法律方面通常采用之规则”？无疑，在澳门法语境下，如诸多判决所示，《澳门民法典》第8条为该规则。④ 如上所述，“葡文本为准说”基于该条第1款得出葡文本符合立法原意而应予适用，而笔者分析到中文本并非毫无含义，并且按照该条第3款规定“推定……立法者懂得以适当文字表达其思想”，因此有必要来看“各文本均含有之意义”为何。比较中文本与葡文本，我们能够看到提名同一人参与不同候选名单的行为必定属于提名存在竞争的候选名单，两者间是“白马与马”与“黑天鹅与天鹅”的包含关系。举例说明，假设中文本规定“打人脸者，处罚A”，而葡文本规定“打人者，处罚A”。⑤ 两文本间虽存在含义差异，但共享含义是法律处罚打人脸的行为，也即法律处罚提名同一人参与不同候选名单的行为。根据现有资料，本案重复

---

① 陈金钊：《开放“法律”体系的构成要素》，载《上海政法学院学报》2018年第3期。

② 还有，法律思维规则体系是体系思维的方法要素，法律渊源体系是开放“法律体系”的“幅度”要素，法律责任体系是开放法律体系需要谨慎对待的要素，详见陈金钊：《开放“法律”体系的构成要素》，载《上海政法学院学报》2018年第3期。

③ 参见香港特别行政区《释义及通则条例》，序号4.1。

④ 参见澳门终审法院第28/2016号案判决书第4页。

⑤ 该例子虽为假设，但非为无稽之谈。“人活一张脸，树活一张皮”“打人不打脸，骂人不揭短”的俗语确有其合理性的一面。

提名者均无涉及提名同一人参与不同候选名单的行为，则不会被刑事处罚。①

“情理”提醒我们不应止步如此，因为即便重复提名者作出提名同一人参与不同候选名单的行为，似乎亦不应被刑事处罚，对此就需要来探究第3款规定的最后部分即“采纳最能符合该文件之目的之意义”。② 何为“该文件之目的”，《澳门立法会选举法》第150条第1款作为刑事条款最直接的目的是刑事规制重复提名行为。尽管这一行为的可刑罚性因上述第三方面的“情理”因素而受部分人争议，但法律如果明确规制该行为且该法律没有被人大常委会发回或由法院宣布无效，则该法律仍需被遵守。然而，该条文“明确”规制了吗？如此就需要诉诸《澳门刑法典》规定的“法律明确性原则”。

第二，《澳门刑法典》“法律明确性”原则提供补充性规范。

《澳门刑法典》开宗明义第1条第1款规定：“事实可受刑事处罚，以作出事实之时，其之前之法律已叙述该事实且表明其为可科刑者为限。”这也由《澳门基本法》第29条保障：“澳门居民除其行为依照当时法律明文规定为犯罪和应受惩处外，不受刑罚处罚。”前者“表明”一词与后者“明文”一词，均强调了罪刑明确性原则须得到遵守。对此，葡萄牙最高法院退休法官恩里克斯（Manuel Leal – Henriques）作为澳门刑法权威学者，亦评论到这一原则为刑事性质的事宜提供了评审的准则。③

那么，何为“法律已叙述该事实”或“法律明文规定为犯罪”？该法官指出“法律应该充分订明构成犯罪事实的法定罪状”。④ 对澳门刑法学同样有巨大影响的葡萄牙刑法教授狄阿思（Jorge de Figueiredo Dias）更是进一步提到，“……立法者将之定为犯罪……一切的遗忘、漏洞、规范或行文上的不足只可视为立法者的问题，而不可以有损自由方式对待——即使，立法者理应将之包括在可处罚的范围内的意图是明显不过亦然”。⑤ 试问本案中法律文本双语差异是否已妨碍其明确性？结论似乎为是。⑥ 这种情况下，如同一面图像欠缺或模糊的硬币，另一面图像即使完整，也不能正常使用，正确的解决办法应是重印钱币，而非坚持说通过另一面完整的图像可知制币厂意在印一元钞，并劝服大家拿着花就

---

① 加拿大最高法院在审理一则刑事案件时，发现《刑法典》第295（1）条“入户工具”的英文本有狭义与与广义两种含义，狭义指专门或通常用于入户的工具，广义指任何可用于入户的工具，而法文本的含义为任何可用于入户的工具，则采纳两文本共享的含义，将当事人携带的“螺丝刀、尼龙袜、手电、手套”认定为“入户工具”，详见［1967］S. C. R. 589。

② 在加拿大一则行政案件中，法院拒绝采纳一法律条款的英法文本的共享含义，而是以国会的真实意图为依据采纳了英文本的含义，详见［1946］2 D. L. R. 258（Ex. Ct.）。

③ 参见［葡］恩里克斯：《澳门刑法典注释及评述（第1册）》，卢映霞、陈晓畴译，澳门法律及司法培训中心2015年版，第57页。

④ ［葡］恩里克斯：《澳门刑法典注释及评述（第1册）》，卢映霞、陈晓畴译，澳门法律及司法培训中心2015年版，第72页。

⑤ ［葡］狄阿思：《刑法》，陈轩志等译，澳门大学法学院2014年版，第124页。

⑥ 加拿大最高法院2004年在审理一起来自魁北克省（通行法语的地区）的刑事案件时，以被告人作为一名法语居民，其行为被英文本而非法文本禁止为由，宣判无罪，见 R. v. Daoust，［2004］S. C. C. 6，paras. 35，37。

行。因此，既然该刑事规范未能满足明确性要求，则相关行为自然无法成为其规制的对象，当事人不受刑事处罚。①

五、结语

澳门法律文本双语差异的解释分歧呈现出语言间不确定性的解释难度。有学者尝试藉梳理不同法域下的语言间不确定性而将之分为词汇的不确定性、句法与语法歧义以及错误与变迁引起的不确定性，以期为法律问题的解释提供参考。② 这一思路在根本上是语言学的，甚至分析工具就是来自语言学。③ 并且，这一思路亦与语言内不确定性的法律问题的语言学研究相一致，后者更是提出了诸如"法律术语方案""指称理论方案""语法与解释规则方案"等，以期实现法律解释确定性的目标。④ 在这方面，"中文本为准说"与"葡文本为准说"皆采政策性的解释进路而将重复提名者的定罪问题转化为哪一文本为准的问题，在本质上走的亦是语言学的路线。然而，我们看到在解释分歧的背后是三方面的情理因素，更深层次的甚至涉及重复提名行为刑事规制的合法性或正当性问题。在这些问题面前，政策性的解释进路以及语言学的方案都是非常乏力的，因为作为法律之内容的价值与作为法律之形式的语言毕竟是两回事，内容层面的问题难以借助形式层面的工具来完全解决。

规范性解释进路的尝试并不意在表明比其他解释进路高明多少，而仅意在提供一个不同的解释路径。藉此路径能否毫无瑕疵地解决上述问题可能还有探讨的空间，但其对于诸如本案涉及多项情理的疑难案件的意义是明显的。首先，该路径有助于避免无实证根据的政治理论纷争或道德空谈，避免落入缺乏现实基础的抽象原则辩论之中。这在一些涉及政治理念冲突的澳门司法案件中尤其重要。⑤ 其次，该路径本身所要求的解释技艺，有助于对所涉具体规范进行全面充分的解读，将现实发生的新问题纳入法律制度框架中，从而消弭法律文本的稳定性与社会生活的巨大变化之间的冲突和紧张。⑥ 最后，该解释路径能够看到争议背后的历史传统、政治理念、社会运动、文化思潮的交汇，有助于解释者小心翼

---

① 参见［意］杜里奥·帕多瓦尼：《意大利刑法学原理》（注评版），陈忠林译评，中国人民大学出版社 2009 年版，第 28 页。

② Deborah Cao, Inter - lingual uncertainty in bilingual and multilingual law, *Journal of Pragmatics*, 2007, Volume 39, Issue 1, pp. 69 - 83.

③ 语言学上将语言的不确定性分为歧义性（Ambiguity）、模糊性（Vagueness）与概括性（Generality）等，See Timothy Williamson, Vagueness, Indeterminacy and Social Meaning, *Critical Studies*, Volume 16; Ralf Poscher, Ambiguity and Vagueness in Legal Interpretation, Peter M. Tiersma and Lawrence M. Solan, ed. , *The Oxford Handbook of Language and Law*, Oxford University Press, 2012, pp. 128 - 145。

④ 关于这些方案的内容，详见陈坤：《法律、语言与司法判决的确定性——语义学能给我们提供什么》，载《法制与社会发展》2010 年第 4 期。

⑤ 王荣国：《论澳门行政法规的司法审查——以个案研究为视角》，载《港澳研究》2018 年第 3 期。

⑥ 强世功：《宪法司法化的悖论》，载《中国社会科学》2003 年第 2 期，第 24 页。

翼地去拆这个“雷”而非将其引爆。这些无论对于社群多元性强、彼此尚在融合的澳门社会，还是多民族语言并存、强调民族融合的内地来说，都有重要意义。

（编辑：俞海涛）

合同解释、合同补充与合同修正*

[德] 耶尔格·诺伊尔** 著　时军燕*** 译

摘　要　合同解释、合同补充和合同修正是方法论上的法律解释、法律补充和法律修正“三阶段模型”在合同法中的具体体现。合同解释旨在探究当事人意思，从不同的角度进行观察，其目标可区分为内心真意、外在表示和客观的合同目的三种类型。其中，内心真意含义的确定应当考虑一致性、诚实信用、效率和社会标准。当内心真意和外在表示不一致时，内心真意原则上具有决定性作用。合同补充的目标是填补合同漏洞，其中，合同漏洞的认定应当以不完整性和违反计划性为标准，合同漏洞的填补则必须遵循任意性规范和诚实信用原则。就合同补充而言，客观法律规定仅填补合同漏洞；然而，就合同修正而言，客观法律规定却取代当事人意思，因此，必须考虑诚实信用原则、信赖保护原则和社会责任原则。

关键词　合同解释　合同补充　补充的合同解释　合同修正　诚实信用

一、引言

方法论上的法律解释、法律补充和法律修正“三阶段模型”可类似地适用于合同法。与法律一样，合同也需要阐明，因为它也可能存在漏洞或与上位法相冲突。但是，除了这种系统的三分法之外，它们之间的相似性并不显著。解释目标和漏洞认定标准尤为不同。法律和合同之间的差异在解释学早期阶段也已经显现出来。就法律解释而言，没有明确的

---

* 本文原文载于《克劳斯－威尔海姆·卡纳里斯（Claus－Wilhelm Canaris）七十岁生日纪念文集（第1卷）》，2007年，第901－924页。本译文为“华东政法大学博士生海外调研资金专项资助”研究成果。

** 耶尔格·诺伊尔（Jörg Neuner），德国奥古斯堡大学民法、劳动法、商法和法哲学教席教授，法学博士。

*** 时军燕，华东政法大学法律学院2016级博士研究生、德国海德堡大学访问学者。研究方向为民商法学。

解释规则;[①] 然而，就意思表示和合同的解释而言，《德国民法典》（以下简称“《德民》”）第133条和第157条却规定了具体规则。但是，一方面，这些法定解释原则需要解释，因此，“解释学循环”是不可避免的。[②] 另一方面，也不应该高估解释者的创造性因素。和其他规范一样,[③] 人们可以了解法定解释规则，而不必予以赞同。[④] 就意思表示而言，亦是如此。特别是，“人们是在笔者意图的意义上解释表示还是赋予表示其他目的”这个核心问题是规范性的。

二、合同的解释

合同解释的方法论旨在阐明能够最好地实现合同法原则的方式和方法。因此，接下来将首先阐述这些基本原则，以便能够根据从中得出的预先规定来确定解释目标。

（一）基本原则

人们首先可以将合同法的基本原则分为三类:[⑤] 从实施行为的当事人的角度来看，是自我决定和自我负责原则；从合同相对人及相关第三人的角度来看，是信赖保护和交易保护原则；从中立的观察者的角度来看，是与合同内容的“正确性”相关的实质性原则。

（二）可能的解释目标

与不同的观察角度相对应，有三个可能的解释目标：内心真意（das Gewollte）、外在表示（das Erklärte）和“客观的合同目的（der objektive Vertragszweck）”。类似地，法律在德民第133条和第157条中也区分“真实意思”“字面含义”和“顾及交易习惯的诚实信用”。

1. 外在表示

解释的起点是外在表示。其中，应该区分外在表示的含义和归责（Zurechnung）。

---

① 奥地利和瑞士的法律状况有所不同，参见《奥地利普通民法典》第6条及以下条文、《瑞士民法典》第1条；详见 F. Bydlinski, Juristische Methodenlehre und Rechtsbegriff, 2. Aufl. 1991, S. 78 ff。

② 对此详见 Gadamer, Wahrheit und Methode, 5. Aufl. 1986, S. 270 ff.; Stegmüller, Rationale Rekonstruktion von Wissenschaft und ihrem Wandel, 1979, S. 27 ff。

③ 亦可参见 Schroth, in: Kaufmann/Hassemer/Neumann, Einführung in Rechtsphilosophie und Rechtstheorie der Gegenwart, 7. Aufl. 2004, S. 270 ff.（275）m. w. N。

④ 详见 Flume, FS zum hundertjährigen Bestehen des Deutschen Juristentages, Bd. I, 1960, S. 135 ff.（S. 195:“第133条和第157条不是关于内容的法律规范，这些规定实际上也是多余的。”）；亦可参见 Bickel, Die Methoden der Auslegung rechtsgeschäftlicher Erklärungen, 1976, S. 161，据此，“标的的辨认方法……只取决于标的；法定规则在此不适用”。

⑤ 关于原则的详细阐述，参见 Canaris/Grigoleit, in: Hartkamp u. a., Towards a European Civil Code, 3. Aufl. 2004, S. 445 ff.（446 ff.）。

（1）含义。外在表示的含义指的是书面或口头语言、符号或行为举止的语义学（semantisch）内容。① 就含义的确定而言，尤其要考虑作出意思表示的合同背景，如当地环境或之前的往来信件。若仍然存在多种含义，则仅通过语义学方法就无法确定确切的表示内容。此外，不同的语言习惯也可能存在差异，口头用语可能不同于专业用语（如“占有”），作出意思表示时的语言用法也可能有别于意思表示生效时的语言用法。和解释目标方面的其他冲突一样，这些差异也可以通过从全部法律规定中得出的优先规则予以消除。②

（2）归责。若外在表示和内心真意相一致，则涉及的是无瑕疵且完全成功的自决地参与私法交往的行为。若外在表示和内心真意不一致，则应当考虑自我负责原则的归责。对于此，最低要求是行动或行为能力（die Handlungs - bzw. Geschäftsfähigkeit）及表示发出的一般意思。与《德民》第 118 条故意的戏谑表示③及《德民》第 172 条第 1 款和第 794 条“丢失的”意思表示④的比较表明，“表示意识（Erklärungsbewusstsein）”（即参与私法交往的意思）通常是额外要件，但也是充分的。

然而，就对外表示的法律拘束意思的归责而言，过错原则（Verschuldensprinzip）不是恰当的标准。⑤《德民》第 116 条及以下条文、第 133 条和第 157 条并没有涉及“过失的（fahrlässig）意思表示”这种类型。⑥

2. 内心真意

另一个可能的解释目标是合同当事人的意思。

（1）含义。若人们将合同当事人的意思作为解释目标，则必须确定通过私人自治的表示所追求的具体目的。其中，首先应当将意思和纯粹的愿望区分开来。与愿望不同，意思至少必须含有某些可实现的内容。⑦ 因此，《德民》第 275 条第 1 款的规定（排除以不可能的给付为内容的请求权）属于法律行为理论的先验基础。⑧ 若人们尝试确定具体目的，则合同磋商及以前的合同关系可能非常重要。⑨ 当事人履行合同的行为也可以作为证据。

① 关于语义学解释，详见 Koch/Rüßmann, Juristische Begründungslehre, 1982, S. 126 ff. m. w. N。

② 参见下文二、（三）。

③ 详见 Canaris, Die Vertrauenshaftung im deutschen Privatrecht, 1971, S. 548 ff.; ders., NJW 1984, 2281 f. (2281).

④ 详见 Neuner, JuS 2007, 401 ff.（410 f.）。

⑤ 不同的观点参见 BGHZ 149, 129 ff.（136）; 109, 171 ff.（177）; 91, 324 ff.（324, 330）; Gudian, AcP 169 (1969), S. 232 ff.（234 ff）; Bydlinski, JZ 1975, 1 ff.（5）; ders., Privatautonomie und objektive Grundlagen des verpflichtenden Rechtsgeschäftes, 1967, S. 155 ff。

⑥ 亦可参见 Lorenz, Der Schutz vor dem unerwünschten Vertrag, 1997, S. 218 ff. m. w. N。

⑦ 详见 Engisch, Die Einheit der Rechtsordnung, 1935, S. 54 f.; Neuner, Die Rechtsfindung contra legem, 2. Aufl. 2005, S. 125, 142 f。

⑧ 亦可参见 Canaris, in: Lorenz, Karlsruher Forum 2002: Schuldrechtsmodernisierung, 2003, S. 5 ff.（18）m. w. N。

⑨ 参见 Larenz/Wolf, Allgemeiner Teil des Bürgerlichen Rechts, 9. Aufl. 2004, § 28 Rn. 42。

关键问题在于，内心真意的复原仅凭借这些具体证据能否完成，或者，能否认为意思通常包含有某些原则。与当事人意思的扩张解释相悖的是，合同当事人追求的是个人目的，私人自治的义务通常仅因自己的利益而成立。当事人原则上追求经济负担和合同义务的最小化。只有在例外情形中，才可能存在相反的意思。有问题的主要是以下四个方面：第一，避免合同矛盾意义上的一致性（Folgerichtigkeit）；第二，善意约定意义上的“诚实信用（Treu und Glauben）”导向；第三，经济学意义上效率（Effizienz）观点的权威性；第四，商业惯例和交易习惯意义上对社会统一标准的考量。

A. 一致性。

合同当事人凭借其私人自治可能故意表现得不一致。他们可以协调不一致的地方，在此过程中，仅受到一般理性法和正当法的约束。但是，将无矛盾的目的作为基础是有问题的，因为所有的法律思想（包括合同思想）都以类似结论（hnlichkeitsschlüssen）为基础。为了予以说明，只需要提到约定的种类之债，其中，所负担的物只有通过与类似客体的比较才能够确定。又如，《德民》第 434 条第 1 款第 2 句第 2 种情形中瑕疵的认定以与同种类物的比较为前提。虽然所有的类似结论都受到主观因素的影响，但是，就有意义的合同关系而言，应自始至终地考虑平等原则意义上的相关价值。这种“自始至终的考虑”不仅是法律规定的要求，而且也符合合同当事人的意思。这种合理性推定在理论和实务中都有所体现。若当事人为事实 T1 确定了法律效果 R，而没有为相似的事实 T2 做出约定，则类推适用体现的并不是他治，而是当事人意思的一贯实现。① 据此，只有以不影响光源为目的而达成的窗户安装禁止约定也类推适用于玻璃建筑材料的安装时，才符合一致性。② 特定附加费的承担约定也可以适用于类似情形，除非当事人作出相反约定。另一个例子是，公司设立合同中的延续条款类推适用于当事人未考虑到的因死亡而离职的情形。③

B. 诚实信用。

不同于仅影响当事人意思的一致性合同解释，“诚实信用”的考量原则上不以当事人意思为基础。虽然人们可以认为合同当事人在有疑问时想表现得善意，但具体的善意标准却恰好不是建立在当事人意思的基础之上。此外，“当事人想依‘诚实信用’建立合同关系”的这种一般性观点具有高度推测性。很容易想到的例子是，保险人想尽早“开始合同”，以便及早获得保险费，然而，依“诚实信用”，合同的开始取决于对待给付的交付（所谓“实质的”保险开始）。④ 因此，一般情况下，即在没有具体的相反证据的情况下，“诚实信用”的考量不以当事人意思为基础。这种见解只有从受领人的角度来看才是有意

---

① 亦可参见 Flume, FS DJT（Fn. 4）, S. 135 ff.（S. 197）; Henckel, AcP 159（1960/1961）, S. 106 ff.（S. 118 中的例子是，租赁合同中禁止养狗的约定也适用于猴子）。

② 此例来自 BGH LM Nr. 17 zu § 133 BGB。

③ 此例来自 BGH NJW 1979, 1705 f。

④ 参见 BGHZ 84, 268 ff.（271 ff.）。

义的，因为受领人在理解困难的情形中必须依德民第157条根据“诚实信用”来解释意思表示。① 此外，合同修正也可能因德民第242条“诚实信用”而是必要的。② 但是，此时涉及的是他治干预，因此，法治国家的保障（尤其是基本权利的保护）因不合理的善意推定而受损。

C. 效率。

就经济效率标准的考量而言，亦是如此。根据法律的经济分析，“完整合同”的观念（die Vorstellung eines „vollständigen Vertrags“）存在，其描述的是完全知情且理性行为的缔约人在不考虑交易费用的情况下事先达成一致的所有磋商结果。③ 但是，这种方法恰好不是以个别合同当事人的意思为依据，而是以经济人理想条件下的约定内容为依据。④

D. 社会标准。

此外，考虑到法治和方法的清晰性，商业惯例和交易习惯也是原则上不以当事人意思为基础的判定标准。虽然合同当事人作为市场参与者可能共同参与了这些标准的形成，但这与整个法律体系的民主程序相关。否则，也将出现与任意法他治属性之间的价值冲突，因为任意法恰好不是以当事人意思为基础，而是意味着对基本权利的干预。⑤ 在个别情况下，虽然合同当事人可以自愿采用某一交易习惯，但必须予以具体说明，而不应该虚构。

（2）归责。若成功复原了当事人意思，则不再需要特殊的归责，因为当事人意思是自决决策的直接体现。不同于只有在自我负责原则方面才可予以归责的外在表示，内心真意是个别私法主体具体化的私人自治。

3. 客观的合同目的

除了外在表示和内心真意之外，“客观的合同目的”也是可能的解释目标。

（1）含义。“客观的合同目的”这一表述具有多种含义。部分学者将其理解为赋予合同独立价值的合同的固有含义。⑥ 据此，合同比组成合同的意思表示内容丰富，且似乎比合同当事人聪明。在法哲学上，这种见解主要是解释学的传统。除了法哲学上的观点，人们还可能将“客观的合同目的”完全等同于客观的目的，如“诚实信用”等实质标准或个别“社会标准”。

（2）归责。无论人们如何定义“客观的合同目的”，都不能将其归责于合同当事人。当事人只对其作出的意思表示（即外在表示和内心真意）负责，而不对超越其意思表示的

① 对此详见下文二、（三）2.（2）A.。

② 对此详见下文四、（一）。

③ 参见 Schäfer/Ott, Lehrbuch der ökonomischen Analyse des Zivilrechts, 4. Aufl. 2005, S. 401 ff.; Köndgen, in: Lorenz, Karlsruher Forum 1998: Einbeziehung Dritter in den Vertrag, 1999, S. 3 ff.（29 f.）m. w. N。

④ 参见 Eidenmüller, Effizienz als Rechtsprinzip, 1995, S. 457。

⑤ 详见下文三、（三）1.。

⑥ 参见 Larenz, Die Methode der Auslegung des Rechtsgeschäfts, 1930, S. 101; Sonnenberger, Verkehrssitten im Schuldvertrag, 1970, S. 154 f.; Soergel/Wolf, Kommentar zum BGB, 13. Aufl. 1999, § 157 Rn. 3, 104。

目的负责。同样地，将“假定的”或“理性的”意思作为“客观的合同含义”的基础涉及的是纯粹外部的判定标准，而不涉及自决决策的复原。① 只有当合同当事人的意思自始就无法通过主观方法予以确定，而是应当“客观地”或“理性地”（黑格尔学派）予以解释并相应地作出调整时，这才是正当的。②

（三）冲突

一般而言，外在表示和内心真意是一致的。“客观的合同目的”也不是独立的解释目标，而是因其他治属性仅被作为合同补充和合同修正的媒介予以考虑。因此，合同解释只有在外在表示和内心真意不一致时才会涉及优先性问题。

1. 一般规定

解释的目标不是“理由理论”中的最优理由，而是受到宪法和私法规定的影响。根据《德民》第133条的规定，在解释意思表示时，“必须探究真意，不得拘泥于表达的字面含义”。《联合国国际货物销售合同公约》第8条第1款规定，“一方当事人所作的声明和其它行为，应依照他的意旨解释，如果另一方当事人已知道或者不可能不知道此一意旨”。最后，从《德国宪法典》第1条第1款和第2条第1款中也可以得出，解释必须在顾及受领人理解能力的前提下遵循私人自治的优先性。

2. 具体优先规则

与法定解释规则相对应，内心真意首先是决定性的。外在表示只有在满足特定要件时才具有优先性。

（1）内心真意的优先性。只要合同当事人之间不存在理解困难，内心真意就是唯一具有决定性的。

A. 明确的含义。

“若词句是明确的，则不应探究内心真意”。这是一个著名的《学说汇纂》段落，③ 其尚存在于所谓的“含义明确规则（plain meaning rule）”和“行为清楚原理（acte clair – Doktrin）”之中，④ 据此，明确的词句无需解释。但是，词句明确性的认定已经是解释的

① 亦可参见 Lüderitz, Auslegung von Rechtsgeschäften, 1966, S. 399; Bickel, Die Methoden der Auslegung rechtsgeschäftlicher Erklärungen (Fn. 4), S. 172; Soergel/Hefermehl (Fn. 24), § 133 Rn. 1。

② 亦可参见 Staudinger/Singer, Kommentar zum BGB, 2004, § 133 Rn. 4。

③ Paul. D. 32, 25, 1: „Cum in verbis nulla ambiguitas est, non debet admitti voluntatis quaestio“; 对此以及相反原则„In conventionibus contrahentium voluntatem potius quam verba spectari placuit“ (Pap. D. 50, 16, 219), 详见 Zimmermann, The Law of Obligations. Roman Foundations of the Civilian Tradition, 1990, S. 622 ff。

④ 对此详见 Meder, Mißverstehen und Verstehen, 2004, S. 13 f., 17 ff., 234 ff.; Lüderitz, Auslegung von Rechtsgeschäften (Fn. 25), S. 65 ff.; Vogenauer, Die Auslegung von Gesetzen in England und auf dem Kontinent, Bd. I, 2001, S. 248 ff., 358 ff.; Bd. II, 2001, S. 795 ff. m. w. N。

结果。[①] 即使不考虑这种解释学上的理解，也没有正当理由使达成一致的当事人意思服从于词句。比如，可以将声称为“保证”的合同解释为担保合同。[②] 只有在要求书面形式的情况下，才考虑词句的拘束，但这是所有形式目的的结果，应当将其与解释结果的获取区分开来。[③]

B. 错误的表示。

不同于“含义明确规则”，“错误的表示无害（falsa demonstratio non nocet）”原则表明，错误的表示是无害的，因此起决定性作用的是真实意图。若受领人理解表意人的意思，则沟通是成功的，不会涉及归责问题。此外，“错误的表示”本来就只存在于与一般语言用法的比较之中，然而，特殊的语言用法完全可能是一致的。[④]

（2）外在表示的优先性。若受领人不了解真实意图，则应当考虑外在表示的归责问题。比如，若两个非商人主体约定了买卖价款，则该买卖价款因交易习惯通常应理解为毛价，即使表意人的真意是净价。但是，外在表示的优先性并不是自动适用，而是取决于额外的因素。

A. 受领人的视域。

依《德民》第157条，受领人必须根据“顾及交易习惯的诚实信用”来进行语义学解释，不应拘泥于纯粹词义的确定。[⑤] 因此，外在表示不是自动就成为基础，而是应该以善意、理性和谨慎的受领人为视角进行判断。[⑥] 这尤其表明，在存在多种解释可能的情况下，不应该判定法律行为无效，而是应当进行符合法律、宪法或共同法的解释。[⑦] 若解释性疑问仍然存在，则与表意人的磋商也可能是必要的。[⑧] 此外，就词义而言，受领人原则上必须以一般的语言用法为基础。特别的语言用法通常仅在受过法律专业训练的合同当事人之间或在特定的交往范围内（如在商人间）才被采纳。[⑨]

B. 解释原则。

以牺牲一方当事人为代价的总的解释规则严重危害意识形态。[⑩] 比如，就有疑义时

---

① 仅需参见 Canaris, JZ 1987, 543 ff.（545）；MünchKomm/Mayer – Maly/Busche, 4. Aufl. 2001, § 133 Rn. 46；Staudinger/Singer（Fn. 26），§ 133 Rn. 9。

② 参见 BGH WM 1975, 348 ff.（349）；Köhler, BGB Allgemeiner Teil, 30. Aufl. 2006, § 9 Rn. 11。

③ 参见 Wieser, JZ 1985, 407 ff.（408）；Staudinger/Singer（Fn. 26），§ 133 Rn. 30 m. w. N。

④ 亦可参见 Wieling, AcP 172（1972），S. 297 ff.（297 f.，300 f.）。

⑤ 例子仅需参见 BGH NJW 2001, 2324 f.：在所谓“免除陷阱”情形中，拒绝因支票兑换的赔偿要求。

⑥ 对此亦可在比较法上参见 Kötz, FS Zeuner, 1994, S. 219 ff.（S. 223 ff.）。

⑦ 亦可参见 MünchKomm/Mayer – Maly/Busche（Fn. 29），§ 157 Rn. 12 f。

⑧ 仅需参见 Staudinger/Singer（Fn. 26），§ 133 Rn. 55，以奇怪的保时捷司机案为例，保时捷司机对油漆工表示：“请把它涂成黑色！”

⑨ 参见 Larenz/Wolf, Allgemeiner Teil des BGB（Fn. 14），§ 28 Rn. 34。

⑩ 参见 Kötz, FS Zeuner（Fn. 34），S. 219 ff.（S. 229 涉及《法国民法典》第1162条和第1602条第2款）；Riesenhuber, JZ 2005, 829 ff.（涉及欧洲消费者法）；关于法律解释和宪法解释，亦可参见 Neuner, Privatrecht und Sozialstaat, 1998, S. 10 f。

"有利于消费者""有利于穷人"或"不利于起草人"的一般解释而言，都没有充分的正当理由。① 只是在特殊情形中，情况才有所不同，如《德民》第305 c 条第2 款一般交易条款的使用情形、经济优势的惯常利用情形或既有权利的放弃情形。② 此外，以不同于一般语言用法的非常专业的语言习惯或特殊习惯为基础的一方当事人负有举证责任。③

（四）意思表示

尽可能符合自治的意思表示解释有助于方法的透明度，其中，应该将自决因素和他决因素区分开来。但同时应当注意，自我决定和自我负责是互为前提的。

1. 构成要件

鉴于这种相互关系，意思表示的构成要件已不能归结为纯粹的自我决定。相反，还应当包括受领人的理解视域。因此，在语义学解释范畴内，客观因素，即依"顾及交易习惯的诚实信用"（《德民》第157 条）之目的，也可能产生影响。④

2. 有效原因

同样地，意思表示的有效原因也不等同于法律效果意思且不受其约束，⑤ 而是在于使特定法律效果有效的可归责的含义。⑥ 与集体自决思想的比较尤其说明且证实了以下结论：与瑕疵意思表示存在类似，当规范文本没有正确反映规范意图时，法律也可能存在瑕疵。⑦ 此时，将瑕疵立法行为的有效归因于纯粹强制和他治效力（何种效力?），也是不恰当的。起决定性作用的总是且只能是自治思想，这种思想必然包括对自决的失败形式的责任。⑧

3. 权利保护

瑕疵意思表示虽然原则上可归责于表意人，但合法的自我负责原则和所有法律原则一样都不是绝对地予以适用，而是受到基本权利和一般法的限制。在程序上，还应当考虑上告法上解释结论的审查。

---

① 关于后一种规则的历史，详见 Honsell, FG Kaser, 1986, S. 73 ff. ; Zimmermann, The Law of Obligations (Fn. 27), S. 639 ff。

② 参见 Staudinger/Singer (Fn. 26), § 133 Rn. 62; MünchKomm/Mayer – Maly/Busche (Fn. 29), § 157 Rn. 7。

③ 参见 Stathopoulos, 1. FS Larenz, 1973, S. 357 ff. (365 f.)。

④ 参见上文二、(三) 2. (2) A. 。

⑤ 参见 Singer, Selbstbestimmung und Verkehrsschutz im Recht der Willenserklärungen, 1995, S. 58 ff. , 251; Lobinger, Rechtsgeschäftliche Verpflichtung und autonome Bindung, 1999, S. 89 ff。

⑥ 参见 Larenz, Die Methode der Auslegung (Fn. 24), S. 34 ff. , S. 44 f. : "意思表示依其含义所表达的内容的恰当表述（即表示含义）为：'它应该生效'或'它是正确的'"; Canaris, Die Vertrauenshaftung (Fn. 8), S. 418 ff. ; Stathopoulos, 1. FS Larenz, 1973, S. 357 ff. (358 ff.)。

⑦ 参见 Neuner, Die Rechtsfindung contra legem (Fn. 12), S. 114 f。

⑧ 亦可参见 Canaris, Systemdenken und Systembegriff in der Jurisprudenz, 2. Aufl. 1983, S. 55; MünchKomm/Kramer (Fn. 29), Vorbem. zu § 116 Rn. 39; Flume, FS DJT (Fn. 4), S. 135 ff. (S. 159 f.) m. w. N。

（1）基本权利的限制。私法主体通过各种方式受到基本权利的保护。与其防御功能相对应，基本权利首先针对的是外部侵害，即过度的立法干预。① 其他私法主体的侵犯也属于外部侵害，如《德民》第123条之胁迫或欺诈，其中，基本权利发挥其保护命令功能。② 因此，这两种情形涉及的是捍卫私人自治的国家保护机制。

在这方面，宪法规定了限制自我负责原则且使私法主体免受自己行为之不恰当结果的社会保护命令。③ 社会保护命令的转化通过保护债务人生存的强制执行限制（《德国民事诉讼法》第765a条、第811条和第850条及以下条文）得以清楚地显现，《德民》第119条因内在意思瑕疵的撤销可能性同样也是其转化表现，从错误意思表示之表意人的角度来看，撤销可能性是以不足禁止（Untermaßverbot）为基础的社会保护规范，然而，对于撤销相对人来说，撤销可能性却是以过度禁止（Übermaßverbot）为基础的基本权利干预。

但是，过度禁止和不足禁止强调的只是极端界限，在它们之间，立法机关仍然有广泛的形成空间。比如，私法立法者的任务主要是确定所谓"表示意识"在多大程度上属于意思表示的决定性要件。立法者首先还必须确定归责标准，即过错或纯粹有责性。④

（2）可撤销性（Anfechtbarkeit）。作为对依德民第157条之诚实信用标准予以解释的意思表示归责的补偿，德民第119条第1款一般性地规定了因内容错误的撤销可能性。⑤ 当主观意思与客观表示含义不一致时，可以正当化撤销的错误就存在。

（3）可上告性（Revisibilität）。表示的构成要件及其外部情况的纯粹确定作为事实问题是不可上告的。⑥ 判例也仅在"典型"合同条款情形中（如跨地区有效的一般交易条款）认为狭义上表示内容的确定是完全可上告的，⑦ 然而，批评者也要求对个别表示进行全面的审查。⑧ 与以典型性为标准进行区分相悖的是，《德民》第157条之意思表示解释通常显现出规范属性。但是，由于上告法的改革，应当注意的是，只有当法律事件具有原则性意义时，审查依《德国民事诉讼法》第543条第2款第1句第1种情形才是容许的。正如立法资料⑨所表明的一样，这一般仅适用于典型合同条款。⑩

---

① 仅需参见 Canaris, JZ 1987, 993 ff.（996 ff.）; Enderlein, Rechtspaternalismus und Vertragsrecht, 1996, S. 173 ff. m. w. N。

② 关于这种功能，详见 Canaris, Grundrechte und Privatrecht, 1999, S. 37 ff.; Neuner, Privatrecht und Sozialstaat（Fn. 38）, S. 158 ff。

③ 详见 Neuner, Privatrecht und Sozialstaat（Fn. 38）, S. 237 ff。

④ 对此亦可参见上文二、（二）1.（2）。

⑤ 亦可参见 v. Tuhr, Der Allgemeine Teil des Deutschen Bürgerlichen Rechts, Bd. II/1, 1914, S. 541; Larenz, Die Methode der Auslegung（Fn. 24）, S. 83 f., 94 f.; Singer, Selbstbestimmung und Verkehrsschutz im Recht der Willenserklärungen（Fn. 43）, S. 53 f. m. w. N。

⑥ 仅需参见 Palandt/Heinrichs, BGB, 65. Aufl. 2006, § 133 Rn. 30 m. w. N。

⑦ BGHZ 163, 321 ff.（323 f.）, m. w. N.

⑧ 参见 Stumpf, FS Nipperdey, Bd. I, 1965, S. 957 ff.（967 ff.）; MünchKomm/Mayer - Maly/Busche（Fn. 29）, § 133 Rn. 66; Staudinger/Singer（Fn. 26）, § 133 Rn. 80 f。

⑨ BT - Drs. 14/4722, S. 104.

⑩ 关于例外情形（尤其是必要的合同解释完全缺乏的情形），参见 BGH NJW 2004, 153 f. m. w. N。

三、合同的补充

合同补充旨在填补有漏洞的约定。法律之外的法发现以全部法律规定的标准为导向，与之不同，合同漏洞的认定和填补很明显受到限制。

（一）漏洞的认定

合同漏洞是与合同当事人的约定目标相比违反计划的不完整性。因此，应当将合同的实然状态和应然状态联系起来。据此，合同漏洞以某些已经存在的事实为前提，即主要合同条款的一致。因此，当事人必须就交易的基本要件原则上达成一致；否则，就不存在不完整性，而是根本不存在合同关系。此外，交易额外要件的不一致也可能阻碍合同的订立。对于此，起决定性作用的仍然是当事人意思。据此，缔约人可能打算订立合同，尽管他们故意没有约定个别问题。这种意图也可以默示地表达出来，比如通过给付交换的开始。① 然而，若当事人根本没有考虑和讨论某一问题，则《德民》第155条意义上的不一致自始就不存在。② 因此，适用的也不是《德民》第155条之推定规则，而是考虑到基本要件的一致，以订立合同之一般意思为出发点。这种一般意思的采纳之所以是必要的，是因为完全预见到所有的可能争议情形根本不可能，否则，所有的合同订立都具有潜在的无效风险。以该原则为基础，接下来将详细说明合同中违反计划的不完整性何时存在。

1. 不完整性（Unvollständigkeit）

首先，应当将合同补充与合同解释区分开来。

（1）词义界限的非决定性。在法律中，非常可能的词义是解释和法律续造之间的界限，③ 然而，就合同漏洞的认定而言，这种标准是不合适的。④ 因为意思表示不一定被包含在词句中，而是还可能通过默示的行为予以实现。应该补充的一个重要观点是，在合同法中，词句不具有限制对权利主体的保护的功能。

（2）瑕疵实质约定的决定性。就合同漏洞的认定而言，起决定性作用的不是词义界限，而是合同与其约定目标相比是否缺乏私人自治的决策。只有当合同漏洞的概念非常不同于法发现（不受私人自治标准的影响，而主要受他治标准的影响）时，合同漏洞的概念在方法论上才具有充分的意义。

若已经从合同当事人的约定中得出某一义务，则存在的是纯粹解释，而非补充。在最

---

① 仅需参见 Palandt/Heinrichs（Fn. 52），§ 154 Rn. 2 m. w. N。

② 参见 MünchKomm/Kramer（Fn. 29），§ 155 Rn. 8；Staudinger/Bork，BGB，2003，§ 155 Rn. 7。

③ 参见 Larenz/Canaris，Methodenlehre der Rechtswissenschaft，3. Aufl. 1995，S. 143 f.；Bydlinski，Juristische Methodenlehre und Rechtsbegriff（Fn. 1），S. 441，467 ff.；Kramer，Juristische Methodenlehre，2. Aufl. 2005，S. 47 ff.；Neuner，Die Rechtsfindung contra legem（Fn. 12），S. 90 ff. m. w. N。

④ 亦可参见 Singer，Selbstbestimmung und Verkehrsschutz im Recht der Willenserklärungen（Fn. 43），S. 51；Hager，Gesetzes - und sittenkonforme Auslegung und Aufrechterhaltung von Rechtsgeschäften，1983，S. 145 ff.，161。

简单的情形中，当事人的这种义务被具体约定。但是，这种义务也可附带地从当事人所追求的给付结果中得出。比如，从买卖合同中可得出与政府批准有关的协助义务，否则，所追求的产权移转就不可能发生。[①] 同样地，债务人在自合同订立至给付提供的期间内必须保养出售的机器或喂养出售的动物，以免危及给付结果。最后，当事人意思原则上还包括类似结论。[②] 与判例不同（比如，在公司设立合同中延续条款的类推适用情形中，判例承认合同漏洞[③]），此处涉及的是扩张（即仅仅超出合同文本的）解释，而非补充。

因此，只有当合同与其约定目标相比没有包含明确或附带（尤其是类似）的约定时，不完整性才会出现。在这些情形中，虽然合同当事人自己想要某项约定，但其内容并没有在合同中确定。其中，不完整性的原因可能有所不同，因此，存在故意的合同漏洞和非故意的合同漏洞或因无效合同条款才产生的合同漏洞。

2. 违反计划性（Planwidrigkeit）

违反计划性这一要求是与合同修正的区分标准。就合同修正而言，以法律的名义进行干预是必不可少的；与之不同，就漏洞认定而言，违反计划性这一评价标准必须从合同当事人的角度进行判断。[④]

（1）义务约定。从合同当事人的主观角度来看，很明显的是，他们通常只愿意承担对给付交换的实现绝对必要的那些义务。就立法而言，无规定原则上不意味着反面决定；[⑤] 与之不同，在合同中表达出来的意思原则上被认为是决定性的。[⑥] 合同当事人一般依利己的动机[⑦]采取行动，想要将自己的义务限制在对经济结果最必要的方面。[⑧] 据此，当事人意思一般仅涉及主给付义务及对给付结果的实现必要的相关义务。[⑨] 属于从义务的有，给付地点的约定，风险移转的确定或继续性债务关系中合同期间的约定。另一个例子是多个印刷厂案，这几个印刷厂联合成一个卡特尔，约定了违反卡特尔条款时的违约金，但没有

① 因此，若当事人在订立合同时没有考虑到某一具体问题，则在方法论上也可能涉及解释；不同观点参见 BGH NJW 1988, 2099 f.（关于开发费用的承担）。

② 参见上文二、（二）2.（1）A.。

③ BGH NJW 1979, 1705 f.（1706）.

④ 不同见解参见 Larenz, NJW 1963, 737 ff.（739 f.），以客观的合同目的为基础。

⑤ 关于“一般否定原则”理论的批评性评价，详见 Canaris, Die Feststellung von Lücken im Gesetz, 2. Aufl. 1983, S. 49 f.; Neuner, Die Rechtsfindung contra legem（Fn. 12），S. 50 ff., 195。

⑥ 因此，当事人原则上也不追求法经济分析意义上的“完整合同”；对此参见上文二、（二）2.（1）C.；不同见解参见 Schäfer/Ott, Lehrbuch der ökonomischen Analyse des Zivilrechts（Fn. 21），S. 429，据此，“若当事人没有预见并分配所有可能的风险”，则总是存在合同漏洞。

⑦ 亦可参见上文二、（二）2.（1）。

⑧ 因此，与判例（BGH NJW 2002, 2310 ff., 2311）相反，“依当事人的交易意思给付和对待给付是相互对应的关系”这种推定也不成立；仅从客观角度来看，“盈利性推定”（参见 BGHZ 114, 193 ff., 197 ff.）是恰当的。

⑨ 亦可参见 Leonhard, AcP 120（1922），S. 14 ff.（41 ff.）；Picker, AcP 183（1983），S. 369 ff.（394 f.），恰当的其他结论是，损害赔偿给付不可能以原给付之原因为基础，而是作为错误行为的惩罚总是以他人拘束为基础（S. 395）。

确定违约金应归属于谁。①

关于其他从义务或不只是有助于实现给付结果的通常要件，② 因缺乏相应的当事人意思，违反计划的合同漏洞原则上不存在。这尤其适用于后合同阶段可以保障已经实现的给付结果的义务（如竞业禁止或替代品的准备）。③ 另外，许多从义务在合同成立之前就已经有效，因此，当然是根据法律而存在。应当强调的只是先合同说明义务，不同于警告义务和真实义务，先合同说明义务具有分配特征，且以国家原则为基础。④ 类似的结论适用于《德民》第241条第2款和第311条第2、3款之保护义务，它们以统一的法定债务关系为基础。⑤ 在所有这些情形中，合同违反计划的不完整性构造不只是一种拟制，而是对私人自治的忽视。尤其是，“推定的”当事人意思这种表述掩盖了他治的有效原因，且通常违背私法主体的真实意思。

（2）风险负担。若嗣后发生或出现的情形使一方当事人负担合同没有分配给他的风险，则违反计划的不完整性也可能出现。在这里，漏洞产生，因为约定的义务因变化了的情形不（再）有效，因此，合同是不完整的。但是，在有疑问时，符合当事人意思的是，债务人必须负担全部且没有限制的给付风险。在没有具体合同依据的情况下，不能认为重要的等价性障碍、过度的给付困难或目的障碍可以限制给付义务。⑥ 在交易基础障碍的这些例外情形中，只有客观的可苛责性标准（尤其是依法定的风险分配标准）会导致债务人的免责。除非当事人表达出相应的意思，否则，合同漏洞不存在。⑦

（二）漏洞的填补

若存在合同漏洞，则首先应当自治地（即通过合同当事人自己）予以填补。虽然漏洞认定仅取决于合同订立时的意思，⑧ 嗣后的意图只能作为原来意思的复原手段，⑨ 但是，优先适用事后协商符合填补漏洞的合同补充的目的。⑩ 和协商一致的合同废止或合同变更一样，协商一致的合同补充也不会出现其他合法性或能力问题。

---

① 参见 RG JW 1908，544 ff。

② 参见 Wieacker，Zur rechtstheoretischen Präzisierung des § 242 BGB，1956，S. 23 f。

③ 对此亦可参见下文四、（一）1.。

④ 详见 Neuner，Privatrecht und Sozialstaat（Fn. 38），S. 246 f。

⑤ 参见 Canaris，2. FS Larenz，1983，S. 27 ff.（102 ff.）；ders.，JZ 1965，475 ff.（478 ff.）。

⑥ 对此的进一步研究，参见 Köhler，Festgabe 50 Jahre BGH，Bd. I，2000，S. 295 ff.（301 ff.），关注的问题是，对于理性思考的企业而言，费用提升在多大程度上是可计算的（S. 303）。

⑦ 不同见解参见 Medicus，FS Flume，Bd. I，1978，S. 629 ff.（S. 637，645，647）；Brox，JZ 1966，761 ff.（766 f.）；Nicklisch，BB 1980，949 ff.（949，951 ff.）；Larenz，Lehrbuch des Schuldrechts，Bd. I，14. Aufl. 1987，§ 21 II 2（S. 330），甚至提到“修正的合同解释”；亦可参见 ders.，Geschäftsgrundlage und Vertragserfüllung，3. Aufl. 1963，S. 166，169 f. u. ö。

⑧ 参见 Lüdertiz，Auslegung von Rechtsgeschäften（Fn. 25），S. 320；Staudinger/H. Roth，Kommentar zum BGB，2003，§ 157 Rn. 34 m. w. N。

⑨ 亦可参见上文二、（二）2.（1）。

⑩ 仅需参见 Ehricke，RabelsZ 60（1996），S. 661 ff.（684 f.）；AK/Hart，1987，§ § 133/157 Rn. 69 m. w. N。

若未达成一致，则任意法是核心的参考体系。但是，只要当事人无论如何都不想采用任意规则或其他合同构造是习惯性的，则相应的漏洞填补可能因私人自治的优先性而被排除。① 比如，在初始投资成本较高的情形中，对于特定继续性债务关系而言，合同当事人可能不想采用较短的法定通知期限。② 若任意法本身存在漏洞，则也排除任意法的适用。判例基本上只保留了依顾及交易习惯的诚实信用一般原则标准（《德民》第242条）（尤其包括效率观点③）进行的合同补充。④ 在这种法律效力很弱、只是像一般条款一样予以规定的漏洞填补框架内，也不能继续以“推定的”当事人意思为基础。“推定的”当事人意思具有纯粹的拟制属性，掩盖了其他无法律规定的判例上法发现的要求。合同当事人的计划也不是法律渊源。⑤ 合同应然状态意义上的计划只是漏洞认定标准，但不包括内容规定，否则根本就不会存在不完整性。⑥

（三）权利保护

与在合同解释中一样，在合同补充中，也会涉及基本权利的限制、可撤销性及可上告性的问题。

1. 基本权利的限制

法官的合同补充在基本权利教义学上被认定为干预。就漏洞认定而言，虽然很明显的是，它符合自治地从合同当事人的角度来展开。因此，只有当实际的约定和当事人的约定计划不一致时，约定漏洞才会存在。但是，漏洞填补则根据特定任意规范或顾及交易习惯的诚实信用来进行。其中，当事人大多数根本就不了解这些他治规定，同时又负有具体义务。虽然人们可能提出反对理由，即合同补充至少基本上符合双方当事人的意思，⑦ 但是，即使是在依《德民》第317条将给付的确定自主地托付给第三人的情形中，公平限制也被明确地规定。此外，在不对等情形中，比如在房屋租赁法中，任意法对于劣势一方当事人来说实际上几乎是不可改变的。⑧

---

① 参见 BGH NJW 1975, 1116 f.; Köhler, BGB Allgemeiner Teil (Fn. 30), § 9 Rn. 18; Soergel/Wolf (Fn. 24), § 157 Rn. 114; Staudinger/H. Roth (Fn. 77), § 157 Rn. 25。

② 对此亦可参见下文三、(四)。

③ 参见 AK/Hart (Fn. 79), § § 133/157 Rn. 73 m. w. N。

④ 关于这种法律基础的重要性，亦可参见 v. Tuhr, Der Allg. Teil des Deutschen Bürgerl. Rechts (Fn. 51), S. 545; MünchKomm/Mayer – Maly/Busche (Fn. 29), § 157 Rn. 26; AK/Hart (Fn. 79), § § 133/157 Rn. 58 f., 66, 76。

⑤ 不同见解参见 Palandt/Heinrichs (Fn. 52), § 157 Rn. 2。

⑥ 亦可参见 Henckel, AcP 159 (1960/1961), S. 106 ff. (117, 121, 124)。

⑦ 参见上文三、(一)。

⑧ 参见 Looschelders/Roth, JZ 1995, 1034 ff. (1039 f.)。

因此，总的来看，合同补充受到宪法上的过度禁止的限制。[1] 故而，与合同修正在基本权利教义学上的本质区别仅仅在于，合同补充通常不涉及《德国基本法》第19条第2款的本质内容保障。[2] 然而，基本权利的法律保留（尤其是依《德国基本法》第12条第1款第2句和第13条第7款）既不符合合同补充，[3] 通常也不符合依诚实信用的合同修正。[4] 这种修正标准只反映了善意的当事人本来已经自主约定的内容，比如，怀疑租赁物的使用违反合同的情形中出租人的进入权（涉及《德国基本法》第13条的住宅保护范围），[5] 或者诊所交换情形中有期限的回归禁止（涉及《德国基本法》第12条）。[6] 应当补充的一点是，针对政府干预构造的宪法上的法律保留[7]在民法上原则上以牺牲第三人和合理的利益补偿为代价。[8]

2. 可撤销性

在合同补充中，排除《德民》第119条因错误的撤销，因为法律效果依法产生，或者，在功能上导致同样法律效果的内容"在法官法上"予以确定。此外，法律效果也不可能是表示的内容，因为，只有当相应的约定漏洞存在时，合同补充才适用。[9] 因此，涉及的总是不重要的法律效果错误。

3. 可上告性

合同漏洞通过解释予以认定，因此，在所有其他的合同解释中适用的上告法上的原则在这里也适用。[10] 以任意法标准或《德民》第242条为依据的漏洞填补作为法律问题本身完全是可审查的，[11] 但要受到《德国民事诉讼法》第543条第2款的准许限制的约束。

（四）附："补充的合同解释"

所谓"补充的合同解释"属于判例和通行理论中方法论的传统议题。[12] 人们将其理解

---

① 关于作为基本权利干预的任意法的效力，亦可参见 Canaris, AcP 184 (1984), S. 201 ff. (214); Hager, Gesetzes - und sittenkonforme Auslegung (Fn. 60), S. 134 f. ; Ruffert, Vorrang der Verfassung und Eigenständigkeit des Privatrechts, 2001, S. 96 m. w. N。

② 详见 Neuner, Privatrecht und Sozialstaat (Fn. 38), S. 237。

③ 参见 Canaris, AcP 184 (1984), S. 201 ff. (214)。

④ 关于具有专业调整效力的"判例法"，亦可参见 Siehe in Bezug auf „Richterrecht " mit berufsregelnder Wirkung auch Erfurter Kommentar/Dieterich, 6. Aufl. 2006, Art. 12 GG Rn. 23。

⑤ 参见 Palandt/Weidenkaff, BGB (Fn. 52), § 535 Rn. 82。

⑥ 对此亦可参见下文四、(一) 1.。

⑦ 关于宪法立法者没有对第三方效力作出回应，仅需参见 Leisner, Grundrechte und Privatrecht, 1960, S. 313。

⑧ 亦可参见 Classen, JZ 2003, 693 ff. (697 ff.)。

⑨ 亦可参见 Henckel, AcP 159 (1960/1961), S. 106 ff. (125) m. w. N。

⑩ 对此参见上文二、(四) 3. (3)。

⑪ 亦可参见 Henckel, AcP 159 (1960/1961), S. 106 ff. (126) m. w. N。

⑫ 关于历史发展，详见 Sandrock, Zur ergänzenden Vertragsauslegung im materiellen und internationalen Schuldvertragsrecht, 1966, S. 14 ff. , 87 ff. m. umf. N。

为以“推定的当事人意思”为基础并考虑到“诚实信用”及交易习惯的解释。[①]“补充的合同解释”这种方法论类型应当无例外地予以否认。[②] 无论人们解释合同还是补充合同。将两者混合都是不妥的，这会模糊自治拘束和他治拘束之间的明显差异。和在所有的系统化努力中一样，虽然在这里也可能有模棱两可的情形，但明确区分的要求并不受其影响。[③] 因此，批评一方面涉及用定语“补充的”来限定原来的合同解释的情形，另一方面涉及与补充或修正相关、但也提及“合同解释”的情形。

为了阐明第一种类型，以商业租赁合同中的押金利息支付义务为例。[④] 这种房租押金依其词义只是为了给出租人提供一种保障，而不是以牺牲承租人为代价使出租人获得无息借款。依《德民》第157条之诚实信用对押金约定进行解释也会得出同样的结论，主要原因是对出租人的保障会因利息而相应地提升。因此，利息支付义务直接从押金给付的合同约定中得出；对此，不需要任何一种合同“补充”。[⑤] 类似的结论适用于下面这个问题，即在约定的所谓“美观整修”的容忍情形中，若美观整修因计划的房屋改建立即遭到毁损，则是否应当负担金钱赔偿。在这种情形中，若人们通过合同解释得出美观整修是所负担的报酬的一部分，[⑥] 则金钱赔偿是适当的。然而，若涉及的是通常被接受的真正牵连性以外的特殊给付，则承租人的支付义务消灭。总之，人们认为：涉及的总是合同解释，而非补充。[⑦]

在第二种类型中，违背方法论的不是“补充”的概念而是“合同解释”的概念，以未约定通知期限的情形为例予以说明。若当事人仅排除法定最低期限而没有作出其他约定，则只能依《德民》第242条的标准来填补漏洞。[⑧] 另外，诊所交换情形中竞业禁止的采纳、[⑨] 责任排除情形中追索请求权的让与、[⑩] 将第三人纳入保护义务范畴[⑪]也都是例证。此外，在两个特别惊人的判决中，在专家责任[⑫]或包机航空公司责任[⑬]范围内，《德民〈第334条之抗辩权被认为通过协议予以排除。只要在这些情形中解释导致不合理的结果，必

---

① 仅需参见 BGHZ 16, 71 ff.（76）; 90, 69 ff.（75 ff.）; Flume, Allgemeiner Teil des Bürgerlichen Rechts, Bd. II, Das Rechtsgeschäft, 4. Aufl. 1992, § 16, 4a（S. 322）m. umf. N。

② 亦可参见 Wieacker, JZ 1967, 385 ff.（390）。

③ 不同见解参见 Canaris/Grigoleit, in: Hartkamp（Fn. 5）, S. 445 ff.（466）。

④ 在房屋租赁法中，本来适用德民第551条第3款。

⑤ 例子来自 BGH NJW 1994, 3287 f.，但涉及的是“补充的合同解释”。

⑥ 参见 BGH NJW 2005, 425 ff.（427）m. w. N。

⑦ 例子来自 BGH NJW 2005, 425 ff.（425 f.），但涉及的也是“补充的合同解释”；相同案例亦可参见 Larenz, Allgemeiner Teil des deutschen Bürgerlichen Rechts, 7. Aufl. 1989, S. 541。

⑧ 不同见解参见 BGH NJW 1975, 1116 f.（“补充的合同解释”）；相同案例亦可参见 Bork, Allgemeiner Teil des BGB, 2. Aufl. 2006, Rn. 536。

⑨ 参见 BGHZ 16, 71 ff.（75 ff.）；相同案例亦可参见 Larenz, NJW 1963, 737 ff.（738 f.）。

⑩ 参见 BGH NJW 1997, 652。

⑪ 仅需参见 BGHZ 159, 1 ff.（4, 8 f.）m. umf. N。

⑫ BGHZ 127, 378 ff.（385 ff.）；亦可参见 BGH NJW 1998, 1059 ff.（1061）。

⑬ BGHZ 93, 271 ff.（275 f.）.

要的法官的合同补充或合同修正就予以适用，且不因“推定的”当事人意思的援引而被排除。否则，不仅真实的实质性原因仍然不清楚，而且主要会存在与可撤销性、可上告性以及基本权利的限制相关的法律错误结论的风险。值得注意的是，人们因此也不承认“补充的法律解释”，而是在解释和续造之间进行区分。若涉及的是非常特殊的合同，则“补充的解释”这一概念本身就不妥当。在这种异常情形中，要么当事人意思的复原得以完成，要么考虑他治的评判标准。

四、合同的修正

在合同补充中，客观的法律规定仅仅填补约定漏洞；然而，在合同修正中，法律规定的要求却取代当事人意思。若人们认为当事人通常仅仅追求给付结果的实现①，则直接的义务变更和超出约定的义务扩展都违背当事人意思。因此，在通过“补充的解释”得出未约定的合同义务的大多数情形中，在方法论上涉及的都是合同修正，而不是纯粹的合同解释或合同补充。还有一些情形，其中，“补充的合同解释”根本不以可能的合同义务为对象，而是包括不依赖于合同、以法定债务关系为基础的义务。若人们进一步观察“补充的合同解释”的“主要情形”，则很容易将它们从错误的方法论归属中予以排除，并将它们符合体系地融入到一般债法中。这主要涉及以下原则的影响：

（一）诚实信用原则

“补充的合同解释”的许多情形都与《德民》第242条的“诚实信用”相关。这个一般条款本身需要具体化，主要在三个方面合法化合同修正。

1. 目的障碍（Zweckvereitelung）方面

合同当事人一般仅仅追求给付结果的实现，而不愿意承担合同履行后的额外义务。给付结果的持续保障通常属于给付受领人的责任范围和风险范围。给付受领人原则上负担与新的法律地位的拥有相关的所有风险。但是，若合同相对人违反诚信地妨碍给付结果的持续保障，则情况就有所不同。对此，许多因素可能发挥作用。可以考虑的有，与转让客体相关的特殊人身性关系或专业能力关系，或者与受让人不合理的经济负担的避免相关的比较容易的资源获取。比如，在两个诊所互换的情形中，若合同一方当事人又立刻在其以前的工作地点附近开业且基于持续的特殊信赖关系而与转让的病患群体重新建立联系，则给付结果显然受到妨碍。② 又如，瓷器餐具的出让人必须合理地予以包装，③ 这样顾客才能够带走它；作为制造者他本来就必须为合同履行后的合理期间准备好替代品，以用相当少

① 对此亦可参见上文三、（一）2.（1）。

② 关于从《德民》第242条中得出竞业禁止，亦可参见 Lüderitz, Auslegung von Rechtsgeschäften（Fn. 25）, S. 444 ff。

③ 仅需参见 Palandt/Heinrichs, BGB（Fn. 52）, § 242 Rn, 28 m. w. N。

的费用避免餐具过早失去使用价值。所有这些目的障碍情形都可以作为《德民》第 242 条的“诚实信用”的子类型合理地予以解决。与之相比，非常脱离实际的观点是，诊所或瓷器出卖人之所以遵循真实或推定的意思（即不再回来或准备好将来的替代品），主要原因是出卖人的利益因《德国基本法》第 12 条而受到保护。

2. 不可期待性（Unzumutbarkeit）方面

债务人的给付提供义务不仅取决于事实上的可能性，而且还取决于法律上的可期待性。因此，非物质原因和经济原因都可能在极端例外情形中导致给付拒绝权。这在教义学上涉及的是具体化交易基础制度的客观法限制。① 然而，相应的当事人意思或合同目的的见解②也导致一种表面的解决。③ 因此，现代立法者在《德民》第 275 条第 3 款明确规定了“人身性”的给付不能，在《德民》第 313 条（不是在德民第 157 条）明确规定了交易基础障碍的一般原则。《德民》第 275 条第 2 款的“实际”的给付不能的新规定也不能用当事人意思予以解释，而是将债权人的客观给付利益作为核心基础，④ 从中也相应地得出《德民》第 275 条第 2 款第 2 句意义上的“可期待于债务人的努力”。

3. 损害移转（Schadensverlagerung）方面

此外，只要损害意外地发生移转，《德民》第 242 条“诚实信用”原则的适用在三方关系中也可能是必要的。典型情形是转让连锁，其中，转让人恶意隐瞒了瑕疵，买受人随后以附有有效的瑕疵担保排除的方式将标的又转让给第三人。于此情形，联邦最高法院通过“补充的合同解释”得出，第三人可以请求买受人转让其对第一出卖人的瑕疵担保请求权⑤（依较新的判例，以不可预见的瑕疵风险为限⑥）。这种方法也无法令人信服，因为其无法从相应的当事人意思中得出。相反，第二出卖人可能有相反的利益，即不使其与第一出卖人的关系因第三人的追索请求权而受到影响。从客观角度观察，起决定性作用的是，损害首先产生于第二出卖人处，然后，因有效的瑕疵担保排除和因瑕疵的减价的不成立，损害移转至最终买受人。这种移转也是完全意外的，因为第二出卖人的瑕疵担保排除只应免除其责任，而不应免除恶意的第一出卖人的责任（亦可参见《德民》第 444 条）。因此，总的来说，涉及的是以《德民》第 242 条“诚实信用”原则为法律基础⑦的第三人损害清算的适用情形。⑧

---

① 对此亦可参见上文三、（一）2.（2）。

② 相反见解如 Esser, Grundsatz und Norm, 3. Aufl. 1974, S. 322 f.; Larenz, Geschäftsgrundlage und Vertragserfüllung (Fn. 76), S. 158 ff。

③ 亦可参见 G. H. Roth, FS Krejci, 2001, S. 1251 ff.（1253, 1260）; Lüderitz, Auslegung von Rechtsgeschäften (Fn. 25), S. 450 ff。

④ 详见 Canaris, in: Lorenz, Karlsruher Forum 2002 (Fn. 13), S. 5 ff.（11 ff.）。

⑤ BGH NJW 1997, 652.

⑥ BGH NJW 2004, 1873 f.

⑦ 详见 Neuner, JZ 1999, 126 ff.（130）。

⑧ 亦可参见 Wackerbarth, ZIP 1997, 2037 ff.（2039）。

（二）信赖保护原则

除了“诚实信用”原则之外，信赖保护是替代“补充的合同解释”能够得出非常合理的结论的另一个法律原则。人们以建筑专家对不动产买受人的责任为例可以很好地说明这一点。① 出发点是“阁楼判决”，其中，联邦最高法院首先通过“补充的合同解释”将不动产买受人纳入到不动产出卖人和专家之间的合同的保护范围内，② 尽管出卖人和买受人之间的关系与债权人关系并不大。因为出卖人对专家隐瞒了瑕疵，所以，联邦最高法院紧接着必须再次采用“补充的解释”，以避免《德民》第334条的类推适用。③ 若人们考虑到，与其他职业专家相比，建筑专家造成了构成不动产买受人决策基础的特殊信赖，则这种双重拟制④就是无效的。因此，在教义学上涉及的是专家对买受人的直接缔约过失责任，排除异议是体系内理所当然的事。⑤ 当时，将目光从第三人的保护转向第三人的责任的这种观点在债法改革过程中也转化为《德民》第311条第3款第2句。⑥

（三）社会责任原则

最后，“补充的合同解释”也可能导致私法上的再分配措施无法发挥效用。这些干预虽然基于社会福利国家的原因可能是合法且必要的，但是它们遵循自己应当遵循的法律，尤其是涉及辅助性原则的法律。⑦ 人们以附保护第三人效力的合同为例也可以很好地说明这一点。这种法律制度突破了相对性原则，⑧ 其中，没有参与债务关系的第三人获得了自己对债务人的请求权。若人们在当事人意思中探寻这种责任的合法化，则在这里原则上也是不合适的。⑨ 哪个出租人会参与到使其既对其承租人负责又对所有来访的家庭成员负责的合同约定中呢？若人们将自己设想为约定了这样的合同条款的出租人的意定代理人，则人们将在表见证据成立后立即主张该行为是违背利益的。在具体情形中，虽然可能有证据表明将第三人纳入到合同中是符合私人自治的，但通常涉及的是关于家庭保护及雇员和承

① 另一个例子是对客户的交易相对人的第三方信息责任；对此详见 Adolff, Die zivilrechtliche Verantwortlichkeit deutscher Anwälte bei der Abgabe von Third Party Legal Opinions, 1997, S. 98 ff. m. w. N。

② BGHZ 127, 378 ff.（380）；亦可参见 BGHZ 138, 257 ff.（261）；159, 1 ff.（5）。

③ BGHZ 127, 378 ff.（385 ff.）；亦可参见 BGH NJW 1998, 1059 ff.（1061）。

④ 对此的批评见解，亦可参见 Canaris, JZ 1995, 441 ff.（443 f.）。

⑤ 参见 Canaris, JZ 1995, 441 ff.（444 ff.）；ders., ZHR 163（1999）, S. 206 ff.（220 ff.）；此外，亦可参见 ders., JZ 1998, 603 ff.（605 ff.），关于提交给债权人的评估报告编制。

⑥ 亦可参见 BGH NJW – RR 2003, 1035 ff.（1036）；Canaris, JZ 2001, 499 ff.（520）；Medicus, Schuldrecht I, 16 Aufl. 2005, Rn. 775；Looschelders, Schuldrecht Allgemeiner Teil, 4. Aufl. 2006, Rn. 219；批评见解参见 Staudinger/Löwisch, Kommentar zum BGB, 2005, § 311 Rn. 161, 其一直提倡“补充的解释”。

⑦ 详见 Neuner, Privatrecht und Sozialstaat（Fn. 38）, S. 228 ff。

⑧ 对此亦可参见 Köndgen, in：Karlruher Forum 1998（Fn. 21）, S. 3 ff.（S. 22 ff.）。

⑨ 亦可参见 Gernhuber, FS Nikisch, 1958, S. 249 ff.（261 ff., 261：“无价值的装饰配件”）；Honsell, FS Medicus, 1999, S. 211 ff.（222 ff.；223：“对债法基本构造的严重侵蚀”）；Martiny, JZ 1996, 19 ff.（21）m. w. N。

租人保护的社会福利国家的内在要求。[①] 这种社会性推论还导致，附保护第三人效力的合同的法律制度不能不合理地通过“补充的合同解释”予以扩展，而是在必要时适用适当的制度（如第三人损害清算）。[②]

五、结论

合同解释旨在复原自己塑造的法律关系，并确定私人自治的界限。它既阐明了组成合同的意思表示，又揭示了可能的约定漏洞。但是，可能的合同漏洞的范围是相当有限的，因为缔约人通常仅仅将给付结果的实现作为约定目的。若存在漏洞，则根据定义不能通过合同本身予以填补，而是原则上只能以他治规定（即任意的个别规范和《德民》第242条的一般条款）为基础。因此，合同补充和合同修正在法发现标准方面和权利保护方面（基本权利保护、可上告性、可撤销性）都非常相似。然而，合同补充和合同解释之间存在着根本的差别。虽然合同解释依《德民》第157条也应根据“顾及交易习惯的诚实信用”来进行，但只是在理解困难的情形中且仅涉及具体的外在表示。若私人自治包括与（具有法律行为参与意思的）外在表示的关系，则上述情形就不会存在。除了这种传统的三分法（合同解释、合同补充和合同修正）之外，不存在“补充的合同解释”。“补充的合同解释”这一概念本身就是自相矛盾的，它模糊了自我决定和他人决定之间的根本区别，从而导致了教义学上相互矛盾的解决方法。遵循这种方法并使弱势一方当事人援引“推定的”当事人意思的判决似乎也是有疑问的。

（编辑：杨铜铜）

① 详见 Neuner, JZ 1999, 126 ff.（128 ff.）；类似见解亦可参见 Medicus, JuS 1974, 613 ff.（622）。
② 参见 Neuner, JZ 1999, 126 ff.（130 ff.）。

条约解释中的拟制因素*

[英] 朱利叶斯·斯通** 著　黄　炎*** 译

摘　要　诸多因素导致了条约解释领域的混乱状态，其中一个因素就是解释一词本身所隐藏的多种含义。当事各国可能固守符合己方利益的解释，而解释准则中隐藏的特征为自身利益提供了一种伪装。在传统的解释方法中，所有的规则仅仅是为了引向当事方的意图，不同的解释方法在特定案件中产生冲突时，最终必须让位于当事方意图。当难以通过条约解释找寻缔约方的真实意图时，缔约方意图其实是缔约方意思表示的一种拟制。

关键词　条约解释　拟制　意图　司法造法

一、对传统规则的挑战

建构性规则如此之丰富，以至于"仅仅应用一种规则，或者巧妙地结合两种规则，就可能得出解释者想要的任何结论。"①《哈佛条约研究草案》② 的报告员和专家观察到，此种假设是虚幻的，即解释的过程只是机械地从条文中提取固定的含义，或者发现缔约方之

---

* 基金项目：司法部国家法治与法学理论研究课题项目（17SFB3038）的阶段性成果。

** 朱利叶斯·斯通（Julius Stone），男，悉尼大学国际法与法理学教授，哈佛大学法学博士。著有《法律的范围与功能》（The Province and Function of Law），《国际法冲突的法律控制》（Legal Controls of International Conflict）等作品。

*** 黄炎，女，安徽安庆人，华东政法大学国际法学院讲师，法学博士，研究方向为国际水法、国际海洋法、国际法话语理论。

① 参见 T. C. Yu（陈志宇）：《条约的解释》（The Interpretation of Treaties），1927 年，第 27 页；Y. T. Chang：《司法过程中的条约解释》（The Interpretation of Treaties by Judicial Tribunals）1933 年。另外，劳特派特教授也曾对条约解释做过经典表述："令人怀疑的是，涉及条约解释争端的当事各方不能从瓦特尔（瑞士著名国际法学者）创立的解释方法中获益"。《限制性解释与有效性原则》，载《B. Y. B. of International law journal》1949 年卷，第 48 页。至于私法领域的合同解释与条约解释之类比，参见 H. Lauterpacht：《国际法的私法渊源及其类比》（Private Law Sources and Analogies of International Law），1927 年，178 页。

② 以下简称《哈佛条约研究》。

间预先存在的特定意图。唯一能够提供指导意见的是草案第19条，该条规定：解释应根据条约的一般目的，并应结合条约的历史背景、准备资料、条约订立时各缔约方的情况、条约的嗣后实践，以及做出解释时的普遍条件加以考量。

被怀疑论所指责的解释准则，除了在特定情形下可被反驳以外，① 仍然经由大量的学说和法庭的司法适用②而神圣化。在现代语境下，他们依然坚持自身的观点，就好像几乎不存在质疑之声一样。③ 哈佛大学研究了二十年并取得显著成果之后，条约解释方法的奥秘依旧未能解开。1950年，国际法研究所着手研究该问题，并指派劳特派特教授为特别报告员。如果包括萨尔维奥利先生、阿诺德·麦克奈尔爵士、埃里克·贝克特爵士以及劳特派特教授等权威学者在此次讨论中得出一项单一结论，那么上一代人面临的所有主要问题至今仍然存在，而且依然受到挑战。例如，当事方意图在条约解释中的地位时而被确认，时而又被质疑。④ 同样地，有关"客观"表达（或"平义解释"）的支持和反对意见也不绝于耳。尽管专家学者在国际法研究所的两届会议期间付出了渊博的学识和辛勤的耕耘，但最终还是放弃了达成一致解释方法的努力。⑤

即使不能根据当事方的任何实际意图进行解释，国际法庭也必须依照特定的原则，防止对条约进行随意性和主观性的解释。⑥ 在提出这一理由时，不一定总是清楚的是，解释原则意味着（1）以单独的方式使法院的结论具有客观性，还是（2）仅仅使法院（用埃里克·贝克特爵士的话来说）"免于因主观或任意理由而对案件做出裁决的嫌疑"。就前者和后者的效果（即实现实际和明显的客观性）而言，本条力求作出某种限定。

事实上，埃里克·贝克特爵士最近的研究认为这种限定的必要性是存疑的。他明确了解释法的核心问题，界定每一解释准则的适用范围，"将这些解释准则按照等级顺序进行排列"，确定"它们分别适用的案件类型"，以及研究"这些规则在何种程度上应当被适用或推定适用"。⑦ 从这个角度看，埃里克爵士的立场似乎是，若想使解释准则为司法活动提供客观的裁决基础，就需要假定每条准则的适用范围、等级顺序、适用对象都已明确。并且，由于解释方法只是假定的，具体情形下反驳这些规则的因素能够被客观地加以确定。必须指出，在国际法目前的发展状况下，这些假定不可能都是准确无误的。

---

① 参见L. Ehrlich：《条约解释》（Interpretation des Traites），1928年。

② 最为复杂的处理方式参见L. Ehrlich：《条约解释》（Interpretation des Traites），1928年；最为系统性的技术进路参见《哈佛条约研究》。

③ 例如，大多数传统的解释方法都得到了国际法院及其前身——常设国际法院的认可。参见H. Lauterpacht：《国际法的私法渊源及其类比》（Private Law Sources and Analogies of International Law），1927年，第48－50页。

④ 参见G. Salvioli和Sir Eric Beckett，《国际法学会年鉴》Annuaire de l'Institut de Droit International，以下简称《年鉴》（Annuaire），第43卷。

⑤ 参见《年鉴》（Annuaire），第44卷，1952年，第360、406页。

⑥ 参见Sir Eric Beckett，《年鉴》（Annuaire），第43卷，1950年，第435－436页。

⑦ 同上，第440页。

诸多因素导致了条约解释领域的混乱状态。其中一个因素就是“解释”一词本身所隐藏的多种含义。① 另一个因素是语义问题。② 还有一个因素是第三方判决在国家间争端中的有限作用。就没有提交第三方解决的争端而言，当事各国都有可能固守符合己方利益的解释，而解释准则中隐藏的模棱两可特征为自身利益提供了一种伪装。③ 最后——尽管本文不寻求详尽无遗地列举各类因素——还可以补充讨论，解释方法之间是否存在法律等级，④ 如果存在，这种等级会是什么，以及解释方法的适用能否引导出一个确定性的裁决结果。⑤

由于国家和国际司法机构持续在实践中援引条约解释方法，支持者认为这些解释方法已发展成为习惯国际法，而反对者则认为其是在挑战国际法的传统理论。然而，问题的症结并不在于此。真正受到挑战的并不是司法机构的具体解释结果，而是伴随解释过程的公式。⑥ 即使看起来如此，司法过程也并非由这些解释公式所主导，有时，等级一致但相互冲突的解释方法可能推导出不同的解释结论；另些时候，在不援引任何解释公式的情形下，却能得出完全一致的解释结果。

二、当事方无意中的“意图”

如麦克奈尔法官所述，在传统的解释方法中，所有的规则和格言“仅仅是为了引向当事方的意图，不同的解释方法在特定案件中产生冲突时，最终必须让位于当事方意图”。⑦ 此种观点建立在两个假设的基础之上，但这两个假设并非不言而喻或正确无疑的。假设之一是，当事各方就争端事项有意图；假设之二是，法院能够确定当事各方的意图。然而，对于双边或诸边条约而言，以上假设是危险的。很多时候，约文并不意在表达缔约方的协商一致意见，而是为了掩盖各方之间的冲突。就多边条约，尤其是政治性条约而言，约文所表达出的商定内容可能远不如隐藏其中的未商定内容重要。当争端涉及条约中未商定内容时，难以通过条约解释找寻缔约方的真实意图，此种情形下，缔约方意图其实是缔约方意思表示的一种拟制。

然而，缔约方意图并非总是能够被发现或推测。例如，劳特派特教授列举了缔约方可

---

① 参见 L. Ehrlich:《条约解释》(Interpretation des Traites)，1928 年。

② 参见 C. K. Ogden 和 I. A. Richards,《意义的意义》(The Meaning of Meaning)，1949 年。

③ 关于这一点，主要参见 L. Gross，《自动解释的问题》（The Problem of Auto - Interpretation)，载 G. A. Lipsky,《国际社会中的法律与政治》(Law and Politics in the World Community)，1953 年，第 76 - 77 页。

④ 例如参见《1950 年国际法院有关保加利亚、匈牙利与罗马尼亚之间和平条约解释的咨询意见》(I. C. J. , Advisory Opinion concerning Interpretation of Peace Treaties with Bulgaria, Hungary and Romania of July 18th, 1950, I. C. J. Reports 1950)。

⑤ 关于意图解释、有效性解释以及平义解释等条约解释方法之间的等级关系问题，参见 G. Salvioli and Sir Eric Beckett,《年鉴》(Annuaire)，第 43 卷，1950 年，第 439、第 454 页。

⑥ Verzjil 教授担任乔治·平森案（George Pinson Case）仲裁员时认为，“虽然这些规则在原则上是正确的，但在具体应用中它们经常相互冲突，并且经常显得毫无价值”。

⑦ 参见 L. Ehrlich:《条约解释》(Interpretation des Traites)，1928 年，第 185 页。

能对条约适用事项缺乏共同意图的五类情形。第一，各方本着诚意行事，赋予条约措辞不同的含义；第二，各方蓄意赋予条约措辞不同的含义；第三，在缺乏协商一致意见的情形下，缔约方可能“使用模棱两可或模糊的表述”，以便今后通过协议或其他方式解决分歧；① 第四，缔约方难以在当下语境中理解与条约解释相关的主题事项；② 第五，缔约方可能在约文中列入了相互矛盾的条款。③ 即使考虑到上述情形，劳特派特依然认为条约解释者的任务是寻求缔约方的意图。④

对于第一种情形（基于诚意的共同意志缺失），劳特派特教授认为解释者的任务是发现“整个条约的共同意图”；第二种情形（当事一方缺乏诚意），则由解释者“假定”基于诚意的共同意图；至于第三种情形（故意的模糊表示或者缺乏共识的含糊其辞），鉴于条约法和习惯法的假定“完整性”，解释者仍然“有义务并有权假定当事方的有效共同意图”。而且，劳特派特补充说，最令人惊讶的是，“共同的意图不仅仅是虚构的”。⑤ 他对第四种情形（纯粹的无明文规定）也持类似的观点。⑥ 即使对于第五种情形（同一文书内的条款冲突），尽管他承认法院必须决定“条约的目的”以及哪些条款从整体上看更重要，但他坚持认为，“法院是依据法律而非政治理由做出判断”。⑦

然而，学识渊博的劳特派特教授最终不得不承认，在这些情况下，⑧ 法院是在创造规则，而不是发现意图，“推定而不是发现整个条约背后的共同意图”；⑨ 换言之，在约文中引入“法律的完整性、合理发展以及正义等原则”。他承认，这一过程运用“正义、公平和诚意的准则，以及在适当情况下，妥善解决利害冲突”等因素作为其“解释标准”。⑩

---

① 《海牙陆战公约》第 23（H）条完美地说明双方在签署时已知的有关具体条款的实质性意向差异。参见 J. Stone，《国际冲突的法律控制》（Legal Controls of International Conflict），1954 年，第 443、559 页。

② 参见常设国际法院在“《关于妇女夜间就业公约》对担任监督或管理职务的妇女的适用”之咨询意见案（P. C. I. J. Series A/B，No. 50）；或者常设国际法院在“国际劳工组织对雇主的个人工作进行附带监管权力”之咨询意见案（P. C. I. J. Series B，No. 13）。

③ 关于根据《联合国宪章》第 77 条将授权领土置于联合国托管之下义务的争议，参见国际法院“西南非洲案”判决（the South West Africa Case，I. C. J. Reports，1950），第 148 页。

④ 参见 M. Planiol et G. Ripert，《法国民法惯例》（Traite Pratique de Droit Civil Francais），1931 年，第 514 页。

⑤ 他同时认为，需要“参照整个条约的目的和其他相关考虑因素”。

⑥ 这可能是由诸多原因引起的，其中最有趣的可能是含糊的政治口号和明确的义务之间的差异。因此，根据《宪章》第 37 条，向安理会提交争端的义务，除其他外，是以未能以第 33 条所示的手段解决争端为条件的。第 33 条所指的手段是谈判、调查、调解、仲裁、司法解决、诉诸区域机构或安排或当事人自己选择的其他和平手段。这个问题就曾出现在“苏维埃/伊朗案”中。一方面可以说，拒绝寻求任何其他和平方法的一方不应因其自身的顽固而允许其援引安全理事会强制管辖权的权力。另一方面，暗示一方通过继续假装愿意谈判来无限期地阻挠安理会的解决职能的共同意图似乎同样不合理，尽管各方已经达到了明显的僵局。

⑦ 参见 H. Lauterpacht：《国际法的私法渊源及其类比》（Private Law Sources and Analogies of International Law），1927 年，第 81 页。

⑧ 当条约有不同的语言版本时也是如此。

⑨ 同上。

⑩ 参见 C. Fairman，《条约解释》（The Interpretation of Treaties），载 Grotius Soc. Trans 第 20 卷，1935 年，第 128 - 129 页；以及 R. Saleilles，《万国邮政公约》（De la Declaration de Volonte），1929 年，第 216 页。

但他不得不承认，判决的依据在于“由法官解释的”当事方意志和利益。诉诸条约附件，“参照整个条约所表现出的意图”，并发现“隐含”意图。①

为消除对司法造法活动的偏见，可以提出相关的拟制论点。然而，正如诸多学者（包括当代学者）所揭示的那样，② 此种创造性的司法活动往往是不可避免的。这意味着法院对由此产生的规则负有司法责任；当然，只有在司法创造性得到承认以后，法院才会有意识地承担责任。法院将说理隐藏在当事方“假定”“暗示”或“推定”的意图背后，就是在不承担责任的情形下行使权力。简而言之，存在一种危险——将“当事方意图”简化为“所使用的短语……以证明通过某种方法得出的结论是合理的，而不是确定当事方的任何真实意图”。③

值得注意的是，英国权威学者最近在“意图准则”是否处于首要地位这个基本问题上持有截然相反的观点。埃里克·贝克特爵士在1950年的讨论中强调④，“法院的任务是解释条约，而不是确定当事方的意图”。劳特派特教授回应认为，他坚持其长期以来的立场，即解释方法没有意义，甚至可能是发生负面效应，除非其目的是解释当事方真实或推定的意图。⑤ 同样引人注目的事实是，即使是意图论最坚定的支持者也不得不承认其争议性。例如，虽然劳特派特教授确信“某人的意图”，⑥ 但他认为仍然值得讨论的是，“某人”是由谈判和签署条约的人构成，还是由批准条约的当局构成。他选择了前者，理由是“国际法庭的长期惯例”。为此，他提出一个相当有争议性的观点，即批准行为对于条约效力而言是决定性的，但它“本质上是正式的，不能与制定条约的实质性行为相混淆”。⑦ 当我们考察历史事实和现代实践时，会发现此种合理化的分析存在纰漏，因为条约签署行为日益成为正式形式。

三、意图以及诉诸准备资料

关于准备资料的观点同样存在冲突。⑧ 劳特派特教授1950年递交国际法研究所的报

---

① 也几乎无法掩盖（尽管无疑掩盖了）这种分析的真实性质。

② 参见 J. Stone, The Province and Function of Law, 1946年。

③ 《哈佛条约研究》，第952－953页。

④ 《国际法学会年鉴》第43卷，1950年，第435、438页。在1952年第44卷的《年鉴》中，Max Huber 提出了与埃里克爵士相类似的观点。

⑤ 本文件并不直接涉及这些各自立场的优点。然而，可以补充的是，在作者倾向于埃里克·贝克特爵士的两种立场中，有以下注意事项：（1）在（通常情况下）可以从条约条款中就当事各方实际打算做出实质性推断的情况下，应适当地作出这种推断；（2）超出如此表明的任何实际意图的限度，法院不一定限于从字面上解释条约，尽管它可以适当地限制自己这样做。

⑥ 从哲学上否定“法律是任何人的意志的表达”这一假设，参见 A. Hagerstrom，《法律和道德的本质探微》（Inquiries into the Nature of Law and Morals），1933年，第17－55页。

⑦ 参见《国际法学会年鉴》第43卷，1950年，第577页。

⑧ 在该问题上，劳特派特教授试图驳斥这样一种观点，即大陆律师与英美律师之间存在观点冲突。参见 Lauterpacht，《关于条约准备工作的一些观察》（Some Observations on Preparatory Work），载《哈佛法律评论》第48卷，1935年，第549、550页。

告①所依据的假设是，通过准备资料能够知晓当事方特定时刻的心境，从而使其意图得以发现。因此，若准备资料是公开可访问的，劳特派特认为其可被视为确定意图的适当来源。关于这一点，他递交的决议草案提出，

> 诉诸准备资料是一种合法和可取的方法。当约文意涵引起争议时，准备资料可以帮助明确当事方的意图。对于遵守条约的原始签字国而言，没有理由排除利用经正式认证和公布程序的准备资料。②

然而，针对如此初级的问题，权威学者也持有不同的看法。例如，埃里克·贝克特爵士认为，劳特派特教授未能揭示“幕后妥协”的重要性。③ 此外，他认为会议发言与正式约文有直接关系的假设是不正确的。④ 否则，起草条约的会议将会更加旷日持久，并且会议记录将会与最终文本一样难以形成。⑤ 外交部前法律顾问指出，条约文本一旦生效，就拥有了自己的生命，并与谈判磋商内容逐渐分离。“谈判时每个代表都在担心那些无关紧要的事情，有些问题却没有引起他们的注意。”在这种情况下，埃里克爵士总结道，“为解释之目的而诉诸准备资料，可能就像将一只手从坟墓中拉出，或者像让一位成年男子服从他童年时代的家长禁令”。⑥

目前令人感兴趣的是，该问题就其性质而言，将在绝大多数有解释争议的案件中发挥潜在决定性的重要价值。需要补充说明的是，无论上述观点中哪一种是正确的，其中隐含的司法活动总是具有创造性的。如果劳特派特教授是正确的，那么麦克奈尔爵士的观点似乎无法解释，即诉诸准备资料将不确定因素引入了文书的执行文本。另一方面，如果贝克特爵士是正确的，那么是否有必要诉诸准备资料就成为个性化的问题。若运用准备资料会改变文本含义，法院可以在相关的解释方法空间内进行选择。

四、条约目的、功能或效力等概念中的拟制因素

诉诸缔约方“意图”、条约“目的”,⑦ 或使条约最大限度地发挥“功能性解释”的

① 《国际法学会年鉴》第43卷，1950年，第366－434页。

② 以下情形中，常设法院避免提及准备资料：当约文“本身就足够清楚”（见P.C.I.J.，Series A，No.10，第16页以及Series A/B No.50，第37－38页）；当准备资料是“机密的，并且未由主管当局或在主管当局的同意下提交法院”（见P.C.I.J.，Series B，No.14，第32页）；当一些诉讼当事方没有参加编写有关条约的会议的工作。

③ 《国际法学会年鉴》第443页。“常常发生的是，”他说，“一个阅读准备资料的人会发现，如果他仔细研究它们，他会发现完全令人费解。似乎发生了什么事，但根本没有记录……当然，已经发生的事情是，由于会议天气恶劣，召开了一些私人会议。”

④ 同上，第442页。

⑤ 同上，第443页。

⑥ 同上，第444页。Arnold McNair爵士还质疑准备资料的作用，理由是它给双方的义务带来了不确定性，应该加以限制。“我们越是鼓励倡导者深入研究大量的准备资料工作，就越削弱条约的条款。”

⑦ 《哈佛条约研究草案》第19条。

效力，也不能完全消除这些困难。[1] 除非"目的""功能"或"效力"被认为是一项文书的可感知属性，否则问题仍然会回到缔约方或法庭对条约宗旨的态度。[2]

当然，"意图"原则和"有效性"原则有时能够在文本困境中发挥适当的指导作用。一个很好的例子是，《联合国宪章》第六章虽然专门规定了和平解决国际争端，但似乎没有赋予安理会提出解决国际争端建议的权力。[3] 然而，毋庸置疑的是，无论诉诸默示意图还是有效性原则，都有理由对《宪章》第37条做出解释，从而赋予安理会提出建议的权力。否则就会产生一个荒谬的结论，即当安理会权限的所有条件都已满足时，其仍然不能履行《宪章》第六章的核心职能。

然而，上述解释原则并不总是能发挥指导作用。例如，《宪章》[4] 本身包含安理会和平执法权等条款，其"目的"或"功能"是明确地将某些传统的国家自由置于集体权力之下。不过，该宪章同时也有关于大国否决权、自卫权以及国内事务等规定，[5] 其"目的"或"功能"同样是明确地确保成员国享有传统主权中的无政府主义特权。[6] 那么，在这些矛盾的宗旨中，何者才是《宪章》的目的和功能？实践中解释者很容易倾向于更"进步"的宗旨，但是，除非是基于当事方的实际态度，否则这仅仅是解释者的个人偏好。

一些小国将主权置于《宪章》的集体和平决策之下，而有些大国（当然包括苏联）则认为《宪章》保障了其主权特权，还有一些国家（可能包括美国）对这些相互冲突的宗旨采取模棱两可的态度。[7] 因此，诸如苏联使用否决权或者《北大西洋公约》是否违反《宪章》的目的或功能等问题，依照不同的条约宗旨进行解释就会产生不同的答案。

一位现实主义学者[8]断言，解释《宪章》主要问题的任务是"在实际文本的基础上最大限度地发挥作用"，以及阐明起草者意图的其他资料。那么，有人可能会问，当常任理事国缺席时，最大限度地解释《宪章》是否会导致安理会决议无效，进而限制安理会的权力？或者产生相反的解释结果，即缺席等同于弃权，而弃权并不影响安理会的一致决定？[9] 目前的分析表明，任何一种解释途径都会最大限度地发挥《宪章》的效果，造成相

---

① 参见G. Schwarzenberger，《国际法》（International Law），1945年，第204－208页。

② 在缺乏明确的共同意图的情况下诉诸的有效性原则也令人怀疑其解释结果。因为它有模棱两可的解释：根据《宪章》的主要"目的"是被视为实现集体安全，还是被视为维护成员国的主权。

③ 参见Stone，《法律控制》（Legal Controls），第189页。

④ 参见Pollux，《宪章的解释》（The Interpretation of the Charter），载B. Y. B. of Int. L.，第23卷，1946年，第60页。

⑤ 参见Stone，《法律控制》（Legal Controls），第253页。

⑥ 参见Stone，《法律控制》（Legal Controls），第256页。

⑦ 例如，参见康纳利参议员在参议院外交关系委员会第79届国会第一届会议第717号报告中的发言。

⑧ 参见Pollux，《宪章的解释》（The Interpretation of the Charter），载B. Y. B. of Int. L.，第23卷，1946年，第70页。还有一个类似的错误假设，认为"宪章的目的"是给定的和自洽的。参见C. Eagleton，《联合国：一种法律秩序?》，载Lipsky，《国际社会中的法律与政治》。

⑨ 对于这些问题的实质讨论，参见Stone，《法律控制》（Legal Controls），第200－242页。

互矛盾的解释结论。最大效用原则本身并不能提供决定性的指导价值。①

五、“有效性解释”理论与“限制性解释”理论之争

事实上，即使一项条约的“效力”是一个已知的实体，它仍然会面临一个更古老的、可能指向相反结果的法律原则的冲击。也就是，条约义务必须以有利于国家主权的方式加以限制性的解释；因此，对于条约义务可有可无，或可多可少的条款而言，应视具体情况，解释为不强加任何义务，或较少的义务。② 通常情况下，此种限制性解释显然与最大限度发挥条约效果的原则相冲突。因此，解释者在该问题上有两种相互竞争的解释原则可供选择，在不确定情形下，他可以强加或拒绝强加义务。③ 而且，由于没有凌驾于两种解释原则之上的指导性规则，选择其中一种解释原则对法律结论都只能起到背书作用，而非决定性作用。④

事实上，对条约各方做出最不受限制的解释原则可能只会产生内部的自相矛盾，因为一方的义务在严格意义上与其他缔约方的权利是相关的。解释既限制了一方的义务，也限制了另一方的权利。因此，任何限制一国义务的解释原则都必然也会限制另一国的权利。一个很好的例子是“英国/挪威渔业案”中英国方面律师的索赔诉求。⑤ 在该案以及目前的大陆架争端中，解释原则实际上不适用于对条约约文的解释，而是用于摆脱习惯法规则。显然，在海洋自由论的基础上适用限制性规则，不仅限制了沿岸国的义务，而且也贬损了沿海国的权利。对沿海国权利的限制也可以理解为对其施加法律负担，即“义务”。

国际法庭的立场是，只有当其他解释方法无法适用时，才采纳有利于维护国家主权的限制性解释原则。⑥ 由于解释原则的选择必须经过国家实践或国家同意，这种趋势并非可持续的。⑦

六、平义解释方法的问题

一般而言，条约约文应以其“平常”“自然”“语法”“逻辑”或“普通”的含义来

① H. J. Morgenthau 的观点过于偏激，他认为《联合国宪章》必须在政治环境的背景下解释，而不是根据其内部规定来解释。参见 H. J. Morgenthau，《联合国的政治限制》（Political Limitations of the United Nations），载 Lipsky，《国际社会中的法律与政治》，第 143 – 152 页。

② 参见 H. Lauterpacht，《限制性解释以及有效性原则》，载 B. Y. B. of Int. L.，第 26 卷，1949 年，第 56 – 61 页。

③ “这两个原则——限制性解释原则和有效性原则——是相互不相容的。”参见 H. Lauterpacht，《限制性解释以及有效性原则》，载 B. Y. B. of Int. L.，第 26 卷，1949 年，第 67 页。

④ 参见 G. Salvioli，《国际法学会年鉴》第 43 卷，1950 年，第 453 – 455 页。

⑤ 例如参见贝克特爵士在国际法院起诉书中的论证。

⑥ 例如参见常设国际法院“自由区案”（the Free Zone Case），P. C. I. J. Series A/B，No. 46，第 138 页；以及常设国际法院“磷酸盐案”（the Phosphates Case），P. C. I. J. Series A/B，No. 74，第 23 页。

⑦ 参见劳特派特教授列举的国际法和国内法案例：H. Lauterpacht，《限制性解释以及有效性原则》，载 B. Y. B. of Int. L.，第 26 卷，1949 年，第 61 – 67 页。

理解。然而，虚拟的因素仍然贯穿其中。解释的核心任务往往是一个特定的含义是否是“平常”含义，即“平义”。有时，诉诸此种解释方法会掩盖解释者“得出某种结论，使其倾向于将某一特定含义视为平义”的过程。① 适用平义解释方法的主要困难深藏在语义问题。大多数情况下，适用者假设词语本身有含义，认为这种自主含义即为平义，只有当依据平义推导出的结果是荒谬的，问题才会出现。

归根结底，“平常”（或“普通”或“自然”）含义并不具有至高无上的地位，因为词语的一般意义就是依据平常和普遍标准所生发的意义。② 但是，特定条约的特定缔约方可能不会采取平常含义标准，而是某些区域性或技术性标准；此种情形下，法庭必须适用缔约方所采用的标准，而不是词语的平常含义。只有当无法知晓当事方共同意图时，法庭才能适用平义解释方法。③ 这可能是因为没有其他更好的办法，而不是平义解释方法作用的结果。④ 当然，对于具有多个平常含义的词语，平义解释方法也无济于事。⑤

七、平义解释方法与上下文解释方法的综合效应⑥

“平义解释”中的“平义”本身虽是平常含义，平义解释方法的适用却并不像它看上去的那样简单。解释一份具体文本时，并不能仅仅依赖该规则。如果词语的平常含义真的只是其本身含义，那么上下文就无关紧要了。这里引出了另一个解释方法，即上下文解释方法——即使是通常含义的词语也必须在其上下文中阅读。上下文解释方法补充了平义解释方法的不足，也纠正了其可能的错误之处。在个案中，通过上下文可以了解当事方意在指向词语的平常含义还是其他含义。⑦ 当平义解释方法与上下文解释方法产生冲突时，任何一种都不能决定结果。或者，换一种更好的说法，解释的起点不是平常含义，也不是上下文含义，而是上下文中的平常含义。⑧

---

① 参见 Pollux,《宪章的解释》（The Interpretation of the Charter），载 B. Y. B. of Int. L.，第 23 卷，1946 年，第 67 页。这就如同劳特派特教授所观察的那样：“只有在条约不明确的情况下才可以依赖限制性解释或准备工作的规则，其实际适用是解释过程的结果，而不是其起点。”

② 依照劳特派特的观点（脚注 58 引文，第 549、573 页），所谓“通常意义”的至高无上只意味着通常的意义是一个起点，这提出了一个可能被反驳的推定。

③ Hyde 教授认为“在对条约的解释中绝不能忽视的严峻事实是，缔约各方在他们认为合适的任何意义上总是可以自由使用词语，并在必要时毫不犹豫地行使这一权利”。参见 C. C. Hyde,《Anzilotti 法官关于条约的解释》（Judge Anzilotti on the Interpretation of Treaties），载《美国国际法杂志》（Am. J. Jnt. L.）第 27 卷，1933 年，第 504 页。

④ 参见 H. Lauterpacht,《限制性解释以及有效性原则》，载 B. Y. B. of Int. L.，第 26 卷，1949 年。

⑤ 参见 Stone,《法律控制》（Legal Controls），第 220 页。

⑥ 有关上下文的普遍作用，参见 C. K. Ogden 和 I. A. Richards，《意义的意义》（The Meaning of Meaning），1949 年，第 307 页。

⑦ 虽然，不可否认，这通常是以其他形式陈述的，例如，通过询问普通意义是否产生“合理”的结果，或者它是否导致“荒谬”或内部不一致，等等。“合理”和“荒谬”这两个词本身就暗示着对某些上下文的引用。例如，如果“主权”和“平等”两个词各有“普通”含义，则《宪章》第 1 条第（2）款中使用的两个词“主权平等”在上下文中不能被理解为仅仅是这些“普通”含义的组合。

⑧ 参见常设国际法院 Anzilotti 法官的意见，P. C. I. J.，Series A/B No. 50，第 383 页。

安齐洛蒂法官（Judge Anzilotti）曾在常设国际法院的一个早期案件中指出,① 明确条约的目的与宗旨是解释约文的前提。只有在明了缔约方的意图和目的时，才能说某项条款的平常含义符合当事方意图，或者说其平常含义不符合或超出这种意图。②

八、“上下文”本身的多种版本与不确定性

假定上下文解释是唯一可适用的方法，解释过程的全部性质仍然不能被该规则所揭示。这是因为“上下文”本身有多种版本,③ 它可以是整句话、整个条文，或者是条约的某个部分，抑或是整个条约。④ 在特定情况下，依据不同版本的上下文可能会推导出不同的甚至相互冲突的结果。⑤ 此时，即使上下文解释方法的主导地位是假定的，该规则也不能只是给出冲突、含糊或不确定的结果。而且，只要上下文解释方法推导出的结果被视为决定性的，这就是一种虚构，甚至仅仅是一种伴随实质立法行为的形式。⑥

九、“意图”解释与“有效”解释的拟制因素

条约解释原则的多样性和不确定性创造了一个宽广的领域。当一种解释方法的适用被认为（通常是这样）依赖于其他解释方法的适用性或不可适用性时，这个领域就被大大拓宽了。劳特派特教授将“有效性”原则与“当事方意图”原则的关系视为“解释的根本问题”。⑦ 正如这位博学的教授所理解的那样，“当事方意图”可以从最精确、明确和毫不含糊的表述延伸到最模糊、不确定的“假设”或“推定”，延伸到解释者对可能包括整个国际法体系的评估。⑧ 他还认识到，“有效性”（由解释方法提出作为标准）并不是绝对的有效性，而是一个程度问题，格言“解释条约尽量使其有效而不是无效”并不是在有效和无效之间做出选择，而是在有效性的程度上做出选择。因此，每一种解释方法都围绕着一个不确定的问题展开：意图解释还是有效解释占上风？这是一个无法回答的问题，除非重新定义这些概念，以便厘清它们之间的冲突究竟是什么；或者以某种方式重新定义解释原

---

① 参见常设国际法院 Anzilotti 法官的意见，P. C. I. J.，Series A/B No. 50，第 383 页。

② 参见 C. C. Hyde 教授的评论：条约语言不一定如同缔约双方设想的那样清晰，并且，由于条约文字的功能是引导解释者正确理解登记的文书，因此，它们对于这种目的价值必须依赖于多种解释。解释方法揭示了所使用的词语与寻求实现的目的之间的联系；这种关联的揭示赋予了词语真正的意义。因此，解释者必须找出这种联系是什么。任何解释性的东西都不能与被解释的内容相抵触。

③ 参见 J. Stone，The Province and Function of Law，1946 年，第 192 页。

④ 参见 Pollux，《宪章的解释》（The Interpretation of the Charter），载 B. Y. B. of Int. L.，第 23 卷，1946 年，第 67－68 页。

⑤ 当然并不总是推导出不同甚至冲突的结果，但经常发生此种情况。

⑥ 参见 Pollux，《宪章的解释》（The Interpretation of the Charter），载 B. Y. B. of Int. L.，第 23 卷，1946 年。

⑦ “如果缔约方的意图是，条约不应完全有效——如果他们打算将其条款限制在范围和运作方面——国际法庭应在多大程度上增加条约的效力。”

⑧ 参见 Pollux，《宪章的解释》（The Interpretation of the Charter），载 B. Y. B. of Int. L.，第 23 卷，1946 年，第 348－349 页。

则，以便将其适用转化为特定情形下的程度问题。

意图解释的概念也有多种版本，即使是其中最简单的版本也可能无法提供明确的指导，因为根据一些学者的说法，必须将条约文本置于整个国际法框架下寻求“意图”。这种版本的意图是否过于牵强，实际上是虚构的意图？或者只有真正的意图才能提供指引？另一种版本可能独立于意图而与条约本身相联系。然而，这是基于赋予词语意义的谬误；因为词语在某种程度上超越了当事方的意图，可以说它们只是词语，在法律中赋予它们建设性意义并不是有效的。

这种困境可以通过另一办法来避免，即利用与条约意图和约文都无关的政策，例如，建立有效的国际组织的政策。实际上，当劳特派特教授假设“意图”和“有效性”之间存在冲突时，这似乎就是他最终采纳的有效性的概念。[①] 当然，他认为有必要否认“有效性”可以“被允许独立于当事方的意图、明示或合法暗示而存在”。[②] 然而，当我们回忆起他的“合法隐含意图”概念时，可以发现其允许法庭参照法律的完整性和合理发展原则以及将条约视为一个整体的公正要求，这种自我否认的约文本身就失去了指导性价值——所有这一切，在国际法的一般背景下也是如此。因此，虽然劳特派特教授意在剥离任何与“意图”无关的目标“有效性”，但他也在“推定”或“暗示”意图的掩护下，参照“法律的合理发展”和“正义的要求”等概念，用与“意图”本身无关的目标来研究“意图”本身。

十、条约解释方法的当代评估

劳特派特教授表示，希望其论点的“不确定性”不会仅仅归因于他的“优柔寡断”[③]，而是归因于司法职能的“有争议和难以解释的问题”。本文作者虽然同意劳特派特教授对这些问题的描述，但仍然得出如下的结论：他的优柔寡断确实导致了这一思想领域的危险状态。劳特派特坚持认为当事方的真实意图往往不能作为解释的基础，并且（同时）坚持认为解释的任务总是确定意图，即使本就没有意图，或者各方之间的意图发生冲突或自相矛盾。这种观点并不能促进人们对该问题的理解。因此，同样地，当我们谈到法院在整个国际法律秩序的背景下解释条约时，[④] 清晰性要求我们认识到司法选择的广阔途径。如果我们坚持一般国际法规则本身应当按照“文明各国承认的一般法律原则”来解释的话，这样的途径会更多。[⑤] 此种方法似乎为法院提供了指导，然而，就任何特定的决定而言，指

---

① 参见 H. Lauterpacht，《限制性解释以及有效性原则》，载 B. Y. B. of Int. L.，第 26 卷，1949 年，第 70－72 页。

② 同上，第 74 页。

③ 同上，第 82 页。

④ 例如参见劳特派特教授的观点。

⑤ 参见 A. von Verdross in (1950) 43 Annuaire 455－56, citing P. C. I. J. Series A, No. 7, p. 22, and Series A, No. 9, p. 27。

导性的方法太过宽泛，它们所指向的原则或有争议，或不成熟，或自相矛盾，以至于为法院的自由裁量留下了广阔的领域。①

对于这种令人困惑的情况，有三种解决问题的观点。最激进的观点是将条约解释方法的司法过程仅仅视为事后合理化的途径。形式准则并不决定具体案例的结果；没有任何所谓的解释方法是如此的不可阻挡，以至于它实际上住到了赋予约文意义的过程。的确，很容易看出，在适用熟悉的解释方法时，一种方法经常与另一种方法产生竞争。如果认识到在实际的司法判决中，结论是在援引解释方法之前得出的，那么就可以正确看待这个问题。建构性规则是一种陈述结果的方式，而不是一种获得结果的方式。通过一个考虑多种相互竞争的解释方法的微妙过程，思维就会停下并得出一个似乎合适的结论；人们就会认识到，推理方式属于公认的建构性规则之一。②

这种观点导致司法解释的任务演变成难以处理和不可预测的过程。③ 目前来看，没有必要否认“条约缔约方的意图在法院可以是明确的和强制性的”，以便承认事实并不总是这样。“解释是一种判断行为，不能将条约解释简化为机械操作”；④ 但这并不意味着解释方法只能在特定情形下提供指引。

第二种观点的激进程度稍浅，其否认立法者意图对“法律规则的客观有效意义”进行任何直接控制，⑤ 代表性学者是古斯塔夫·拉德布鲁克。⑥ 该观点认为，立法者意图与法院赋予的意义之间的唯一关系是，后者被建构性地视为立法者意图。“因此，”拉德布鲁克教授说，“立法者有意识的意图中从未存在的东西也可能被确立为其意图……法律可能比其起草者更明智——实际上，它必须比起草者更明智。”⑦

它是理论与实践、感知与创造、科学与跨科学、客观与主观等要素的不溶性混合。然而，在一定程度上，解释是实用的、创造性的、生产性的、跨科学的，在个案中由不断变化的法律要求决定的。⑧

在当代已经没有任何公法学家坚定地认为，法院适用条约解释方法始终是一项机械的任务，没有适当更改判断的余地。劳特派特教授在身为特别报告员时所递交的所有报告⑨

---

① 此外，当 von Verdross 教授从他的立场中得出进一步的解释原则作为推论时，这一点变得更加明显，即为了确定条约的含义，我们必须经常诉诸“指导条约主题的原则”。

② 参见 C. Fairman，《条约解释》（The Interpretation of Treaties），载 Grotius Soc. Trans 第 20 卷，1935 年，第 134 - 135 页。

③ 参见 Alf Ross, Towards a Realistic Jurisprudence（1946），第 150 - 151 页。

④ 参见 C. Fairman，《条约解释》（The Interpretation of Treaties），载 Grotius Soc. Trans 第 20 卷，1935 年，第 139 页。

⑤ 参见 Legal Philosophy（transl. by K. Wilk）in Twentieth Century Legal Philosophy Series（1950），第 141 - 142 页。

⑥ 同上，第 141 页。

⑦ 参见 Alf Ross，《走向现实主义法理学》（Towards a Realistic Jurisprudence），1946 年，第 150 页。

⑧ 同上，第 142 页。

⑨ 参见《国际法年刊》，1950 年，第 433 - 434 页。

都是基于意图准则的主导地位；这些报告表明，可以运用高超的技巧制定正式法令，从而允许司法机构摆脱其形式强制性。

在第一次递交的报告中，特别报告员认识到，无论意图的通常含义多么明确，都有可能被相反的证据所误导。第二次报告中，他提出通过诉诸准备资料来解决关于缔约方意图的争议，前提是准备资料是公开已出版的。第三次报告中，他关注到准备资料在实践中微不足道的作用，将其适用范围限制在“当其他一切手段都无法确定当事方意图时的极端情况”。但是，这在一定程度上也是虚构的，因为对于“所有其他确定意图的手段”是否真的失败，判断通常会有很大的差异。

在劳特派特教授递交的第四次报告中，他强调有效性解释方法的基础是秉持善意和实现条约宗旨。此外，正如报告员本人所述，我们必须牢记，缔约方本身可能并不打算充分发挥条约约文的效力。因此，其结果是，无论条约宗旨看起来多么明确，有效性解释方法可能仍然不能得到充分的适用。法院也可能依据准备资料或其他无关的证据得出结论，认为当事各方并不完全打算实现条约宗旨。本文作者也已强调了这一点，认为其影响到《联合国宪章》的核心和紧迫问题。① 条约解释任务给法院留下了一定程度的自由空间，不仅可以脱离词语的通常含义，还可以脱离整个条约的目的与宗旨。

最后，劳特派特教授在第五次报告中承认，“缔约各方可能缺乏任何真正的意图”，在此种情况下，为符合“法律制度的完整性和国际司法的根本迫切需要”，填补空白和解决分歧的责任落在国际司法或仲裁机构的肩上。②

然而，当问及劳特派特教授其观点——法院必须根据当事方的意图进行解释——是否也要求承认其在没有表达实际意图的情况下进行推测时，他总是退回到模棱两可的分析。③ 如他所说，“只有在法官没有故意篡夺立法功能的情况下”，④ 才允许解释者进行法律创造。但这也不过是在掩饰问题而已。这种司法权力的假设何时是一种“篡夺”而不是一种义务?⑤ 劳特派特教授最终拒绝面对自己的分析结论，转而认为传统的解释方法通常不是司法裁决的决定性原因，而是法官掩盖通过其他方式得出结论的形式。⑥

这种文献状况给国际法学科提出了一个无法抉择的问题。在今天这个时代，法律科学必须在“否认条约解释确定性和预测性”与“承认解释方法的有限作用”之间做出选择吗?

① 参见 Stone，《法律控制》（Legal Controls），第 221 – 223 页。

② 参见《国际法年刊》，1950 年，第 434 页。

③ 参见 L. Ehrlich：《条约解释》（Interpretation des Traites），1928 年，第 131 页。

④ 参见 Pollux，《宪章的解释》（The Interpretation of the Charter），载 B. Y. B. of Int. L.，第 23 卷，1946 年，第 348 – 349 页，第 83 页。

⑤ 因为这意味着（1）双方必须在瞬间有一些共同的意图，而显然他们可能没有；（2）当缺乏这种意图时，解释者必须说出一个意图。这两种含义作者都不会接受。

⑥ 参见 H. Lauterpacht：《国际法的私法渊源及其类比》（Private Law Sources and Analogies of International Law），1927 年，第 53 页。

十一、条约解释中的司法造法

毫无疑问，占据主导地位的国际法概念之有效性依赖于主权国家的同意。从这个角度看，解释条约时的拟制因素在国家的自我主张和社会生活之间起到概念上的桥梁作用。[①]在某种程度上，法官、政治家、公法学家认识到司法能动是政治意愿的一种功能。另外，我们仍然缺乏反映社会伦理信念的国际法庭，而正是法官与社会之间的关系使得司法造法得以容忍，并与自由相一致。[②] 司法造法对于公法学家和法官提出了超越其专业知识的要求，将他们置于伦理和形而上学的领域，从而会使其望而却步。一项显而易见的国际政策是，不通过司法权力的方式来阻止国家服从第三方判决，这显然超出了仅仅适用公认习惯法规则和条约规则的范围。

条约解释方法服务于某些实际目的。首先，根据这些解释方法，法庭可以组织现有的先例，以便提供有关因素的一般指示。其次，它们赋予法庭一种传统的延续性，缓解了与政策制定责任相关的心理孤独感。再次，条约解释方法减轻了法官的责任负担，使得其推理和判决具有客观有效性。[③] 由于各种解释方法都具有法律地位，但它们的指令往往存在冲突，只能在假设某些上级规则可以解决这种冲突的情况下才能提供有效的指导。[④] 较为高级的规则可能会直接在相互冲突的解释方法之间分配优先权；但是无论是实践还是学说都没有建立这样的等级制度。[⑤] 只要冲突不是通过这种等级规则来解决的，就必须依赖法院对个案的裁决来解决。这是展示解释方法可能具有创造性的另一种方式，前提是不能回避其广泛的不确定性留给法院的自由。[⑥]

国际法庭的判决和裁决本身是国际法的主要渊源。承认这一点并不要求我们说法庭的行为是自由而不受约束的。[⑦] 在某种程度上，传统的解释方法可以作为审慎的规则，提醒法庭认识到其任务的复杂性，以及在做出最终决定之前需要全面考虑的相关因素。事实上，并不是所有解释规则都很好地适应了这一目的。例如，准备资料解释方法需要进行扩展。一方面，与一项国际条约有关的准备资料实际上包括它产生的整个社会政治背景。另一方面，正如贝克特爵士强调的那样，[⑧] 准备资料永远不可能独立于社会背景，也不能独立于法院的事前评估。

---

① 参见 C. S. Cossio，《法理学与法社会学第一卷》（Jurisprudence and the Sociology of Law：I）（1952）52 Col. L. R. 第 377 页。

② 参见 Stone，《法律控制》（Legal Controls），第 159 页。

③ 参见 O. Brusiin，Ueber die Objectivitaet der Rechtssprechung（1949）27 – 30。

④ 解释中所谓的“诚信”和“正义”原则只是这种范畴中的极端例子。

⑤ 即使是在这种形式下，也不可能赋予解释规则任何决定性的法律内容。我非常感谢我的同事 I. Tammelo 博士提出这个建议。

⑥ 参见《国际法年刊》，1950 年，第 445 页。

⑦ 参见《国际法院规约》第 38 条。

⑧ 同上。

然而，当解释规则无法提供所有可能的指导意见时，法院就难以确定通往条约意义的道路。事实上，即使是哪些维护司法客观性的人，也只能通过在解释规则中列入诸如“国际团结”、“善意”和“正义”等逻辑上不确定的因素，从而使其主张显得合理。① 这种援引间接地承认了关于条约解释的一种观点，即根据公认的准则，法院在作出法律决定之前也可能必须做出政治伦理选择。

对于国际法庭的法官来说，在没有法律或超出法律的情况下②伸张正义要比国内法庭的法官困难得多。③ 尽管外交官不断呼吁正义，但事实并非如此；这至少有三个方面的原因，包括正义的性质、国际法的状况和国际社会的状况。首先，正义本身是一个不确定且空洞的概念。④ 为了成为一种智识工具，正义必须有它的标准。⑤ 这种标准可能因人而异，甚至在同一个人的每个时刻都有很大的差别；⑥ 但是，在高度融合的社会中，可能会出现正义的标准，并在社会伦理压力的基础上逐渐固化，从而为法律制度提供一个稳定的基础。然而，国际法本身并不是以任何现有的国际社会伦理信念为基础的。⑦ 现代国家之间深刻的意识形态冲突反映在社会伦理信念之中，造成司法标准的互不相容。此外，各国在现代技术武器和大众传播等方面的争议也使得正义标准相互冲突。在这种情况下，正义原则中与生俱来的矛盾在耀眼的光芒中显现出来。例如，在一个拥有大规模杀伤性武器的世界里，诉诸正义会对人类的生存构成直接威胁时，法官就不能秉持正义而进行冒险。在此种情形下，正义必须以人类幸存为前提，换言之，仁慈也是法官的一种品质。⑧

当然，司法过程中的条约解释极少会呈现上述事例中的情形，但是重要案件中的司法创造性仍然存在。而且，判决的过程不仅涉及司法智识，而且涉及司法意志；不仅包括思想，还包括情感；不仅包含认知功能，还包含意志功能。⑨ 重要的问题是，如果法庭意识到自身的责任而非没有选择余地时，它是否会做出更明智的选择。这在一个在国内层面都可能会有不同意见的问题，在国际层面更是如此。⑩ 一方面，国际司法机构尚未实现一种稳定机制，从而不能允许法官公开和不受惩罚地承担公共福利的最终审查权。⑪ 另一方面，即使国际司法机构确实已具备足够的稳定性，假设它们能够有意识地阐明国际司法的价值体系，也是危险的。这并不是因为其能力有任何劣势，而是因为（正如已经观察到的

---

① 参见 Stone，Province，第 189 页。

② 参见 R. Pound，《法理学概论》（Outlines of Jurisprudence），1943 年，第 87 页。

③ 参见 Stone，《法律控制》（Legal Controls），第 133 – 164 页。

④ 参见 E. N. Cahn，《不公正的感觉》The Sense of Injustice，1949 年。

⑤ 参见 Stone，Province，第 221 页。

⑥ 参见 Stone，Province，第 778 – 785 页。

⑦ 参见《国际法学会年鉴》第 43 卷，1950 年。

⑧ 参见 Legal Philosophy（transl. by K. Wilk）in Twentieth Century Legal Philosophy Series（1950），第 141 – 142 页。

⑨ 参见 L. Ehrlich：《条约解释》（Interpretation des Traites），1928 年。

⑩ 参见 Stone，Province，第 590 页。

⑪ 美国最高法院在许多问题上也是如此。

那样）国际社会还没有提供足够的社会伦理基础。因此，有理由认为，隐藏在司法造法过程中的拟制因素具有保护国际司法体制免受紧张压力的功能。在最坏的情形下，这种压力可能完全摧毁司法系统；在最好的情形下，它们可能只会澄清国际政策和司法的基本问题，而这些问题必须在共同经验中成熟，然后才能通过司法洞察力表达出来。

本文必须为国际司法程序中的条约解释规则之实际意义留下可以探讨的空间。此外，如果需要进一步增进对国际法及其机构的了解，就有必要澄清条约解释方法之间的矛盾。公法学家坚持否认条约解释中的创造性因素，即使他们的分析已经清晰地证成了该因素。① 这反映了司法造法的必要性与司法责任的可接受性之间的冲突。② 因此，我们可以从新的角度来看待这一问题。

（编辑：黄　涛）

① 正如我们所看到的，意图解释规则中的拟制因素是最丰富的，例如各种建构性意向的次规则隐藏了司法创造的必要性；宽泛的“语境”版本为“发现”意向的过程增加了进一步的“灵活性”。

② 因此，国际法研究所在1950年和1952年举行的两次讨论的不确定结果也可能反映出国际社会内部这些更深层次的职能和政策冲突，而不仅仅是公法学者之间的口头和技术分歧。

论《唐律疏议》中“轻重相举”的解释方法

卢 勇*

摘 要 《唐律疏议》“断罪无正条”是对“轻重相举”法律适用方法的规定。《唐律疏议》确定的“轻重相举”解释方法的适用前提、适用事例以及司法实践对“轻重相举”解释方法的适用方式，都表明“轻重相举”属于当然解释。作为当然解释方法具体表现的“轻重相举”，与“比”“比附”以及“类推”等解释方法仅在“断罪无正条”层面具有相似性，在具体运用上存在明显不同。“轻重相举”的严格适用规则，构成了对不当或非法适用“轻重相举”的限制。

关键词 《唐律疏议》 断罪无正条 轻重相举 当然解释

《唐律疏议》中“轻重相举”之法见于“断罪无正条”，其内容如下：诸断罪无正条，其应出罪者，则举重以明轻；其应入罪者，则举轻以明重。一直以来，对该条规定的性质和适用范围，在学界中聚讼纷纭。笔者尝试结合现代法律解释理论，阐明该条规定的性质、内容以及运用规则。

一、“断罪无正条”是关于“轻重相举”解释方法的规定

《唐律疏议》一共有502条，每条的标题被称为“条标”。“条标”的命名具有两个特点：一是对律文内容的高度凝练，如“谋反”“恶逆”“同居相为隐”“化外人相犯”等；二是用律文起首直接命名，如“流配人在道会赦”“公事失错自觉举”等。比较而言，这两种命名方式各有其特点。前一种命名方式较为简洁与明晰，能提挈律文及疏议的主要内容，也与其刻画的罪名或刑罚相符，如“斗讼律”中的“保辜”“戏杀伤人”“过失杀伤人”“于宫内争忿”等。后一种命名方式虽质朴敦厚，但有的条标却未能精准揭橥律文及

* 卢勇，男，贵州纳雍人，同济大学法学院法理学博士生，贵州师范学院副教授，研究方向为法理学。

律疏内容，如本文探讨的“断罪无正条”。

对于《唐律疏议》的“断罪无正条”的条标，在学界存在两种不同的意见。一些学者基本维持律文条标的原状。如刘俊文著《唐律疏议笺解》、曹曼之主编的《唐律疏议译注》、徐道邻在其《唐律通论》均沿袭原“断罪无正条”的“条标”①。但也有学者提出不同意见，如台湾学者戴炎辉称该条为“‘出罪举重明轻，入罪举轻明重’之条（名五〇），并在第十九章专门讨论“举轻明重举重明轻——法律解释（名例第五〇条）”②，钱大群所著《唐律疏义新注》则以“断罪无正条类举明轻重”指称。③

《唐律疏议》律条“条标”的“定名”，不仅关系到形式上的整饬与协调，而且关系到律文内容规定的罪名、罪状与刑罚以及律条规定的法律解释方法的实质与归类，足以影响到对内嵌于《唐律疏议》中法律思想、精神、制度、原则与方法的准确把握。因此，有必要重新审视“断罪无正条”的条标，甚至重新拟定该条的条标。基于这种考虑，笔者原则上认为，戴炎辉、钱大群两位学者所拟定的条标更能反映“断罪无正条”条文的性质。

首先，“断罪无正条”的“条标”虽然尊重原著，但该条标命名方式不利于现代读者精确理解该律条规定的实质内容。具体而言：其一，“断罪无正条”的条标容易让读者误认为，律文对待决案件事实完全没有律条加以规制；其二，“断罪无正条”的条标容易让读者（尤其是现代读者）认为，该条涵括了断罪无正条时所有的处断方法；其三，最为紧要的是，“断罪无正条”条标容易导致学界对该律文规定的法律解释方法的混淆与误解。

其次，“条标”的拟定正如刑法中的罪名的拟定一样，一定要具有概括性的特征，并且能够反映条文内容的实质。《唐律疏议》的“断罪无正条”规定，实质上是对“断罪无正条”时法律适用规则的规定。因此，《唐律疏议》的“断罪无正条”规定的条标，最好能反映出该条所规定的法律适用方法的实质。

最后，“轻重相举”最适合作为《唐律疏议》的“断罪无正条”规定的条标。因为，“断罪无正条”的条标只是反映了该条规定适用的前提性要件，而“轻重相举”反映的是“断罪无正条”时的法律适用方法，是对于律文规定内容的科学概括，更能提挈《唐律疏议》第50条律条及律疏文本，更能反映、接近与契合该条义旨。

二、“轻重相举”是当然解释方法

当然解释亦称勿论解释，④ 是指“法规虽未明文规定，但根据法规的宗旨，其行为事实比法律所规定的更有适用的理由，而直接适用该法律规定的解释方法。⑤”对于当然解

① 参见徐道邻：《唐律通论》，中华书局1947年版，第83页。
② 戴炎辉：《唐律通论》，元照公司出版社2010年版，第441页。
③ 参见钱大群：《唐律疏义新注》，南京师范大学出版社2007年版，第211页。
④ 杨春洗、康树华等：《北京大学法学百科全书》，北京大学出版社2001版，第21页。
⑤ 杨仁寿：《法学方法论》，中国政法大学出版社1999年版，第120页。

释，应当注意如下几点：其一，当然解释适用的前提是，法条文表面虽未明确规定，但实际上相关内容已包含于法条的意义之中。① 其二，某种结论可以依照社会常识和法律精神，自然而然地得出。② 结合前述当然解释的概念和特征，应当认为《唐律疏议》中“断罪无正条”或者“轻重相举”，属于法律解释方法中的当然解释。

（一）“轻重相举”符合当然解释的前提要件

如前所论，“轻重相举”首要前提即是“断罪无正条”。而“法规没有明文规定”也是适用当然解释的前提要件。如果“断罪无正条”和“法规没有明文规定”具有相同内涵，即可以肯定“轻重相举”符合当然解释的前提要件。

疏议将“断罪无正条”解释为“一部律内，犯无罪名”。刘俊文在《唐律疏议笺解》中指出，“轻重相举法之运用，有两种情况”，一是在“一部律内，犯罪无名”情况下，决定罪名之能否成立；二是律有罪名，但无加减之文时，决定刑法之加减。③ 可见，“断罪无正条”至少有两种可能，即一是律条对待决案件完全没有明文规定，连最起码的犯罪罪名都没有；二是待决案件能够为某一律条所涵摄，只是“具为加减”之法的缺失。结合律疏中的典型示例，“断罪无正条”并非没有相关的律条，而是缺乏完全对应待决案件事实的律文。钱大群认为“正条”是“某项罪名、罪状，处罚适用的律条”，④ 具体而言，“‘轻重相举”中的“出罪”指无罪或罪轻，而“入罪”则包括有罪或罪重，从理论上，四种判断对应的应是四种不同的情形：“无法”“有法但无罪轻之具文”“有法”和“有法但无罪重之具文”。但实际上可以将其化约为三种情况，即“无法”“有法”与“有法但无轻重具文”。这三种情况都是“断罪无正条”应包括的情形。是故，不能望文生义地将“断罪无正条”笼统地理解为“没有法律规定”。

从《唐律疏议》第50条律疏所举案例中“依贼盗律”或“案贼盗律”，以及其他律文中“轻重相举”之适用案例，可将“无法”情形排除。如“诸夜无故入人家者，主人登时杀伤，何论?”司法官在律条里并不能发现或找到与此待决案件完全吻合无间的律文，但这并不意味着没有律文对该行为加以规范，而是“依贼盗律：‘诸夜无故入人家者，笞四十；主人登时杀者，勿论。’假有折伤，灼然不坐。”显然，前者（法律规范）能够涵括后者（待决案件事实）并将之囊括并评价之。可见，无论“出罪”（无罪或罪轻）与“入罪”（有罪或罪重）均是“有法可依”。《荀子 · 大略》载：“有法者以法行，无法者以类举。以其本知其末，以其左知其右，凡百事异理而相守也。”而“轻重相举”应属于“有法者以法行”情形，并非“无法者以类举”。故不能将“轻重相举”视为填补法律空

① 参见陈兴良：《本体刑法学》，商务印书馆2001年版，第35页。
② 邹瑜、顾明等：《法学大辞典》，中国政法大学出版社1991年版，第455页。
③ 参见刘俊文：《唐律疏议笺解》，中华书局1996年版，第488页。
④ 钱大群：《唐律疏义新注》，南京师范大学出版社2007年版，第212页。

白与填补法律漏洞的法律解释方法。因此，“凡判断无律条明文规定”其实应为“凡判断律条无明文规定”。“无律条明文规定”与“律条无明文规定”虽仅一字顺序不同，然意义迥异。前者意为“没有律条规范待决案件事实”，后者意为“有律条规范待决案件事实，但不能也不必将待决案件中的各种情况一一叙明”。即待决案件并非没有律条规范，而是律条难以对待决案件事实与行为的各种情节与情状加以一一叙明与例举，正所谓的“律文有限，情伪无穷”。如此，“断罪无正条”真正意义上指的是：待决案件事实并非没有对应的律条，而是律条已经将某种行为或情节涵括在内，而涵括与被评价的内在理据在于它们之间“轻”“重”的包容，只不过需要对这种“轻”“重”予以释明。

最后，对“一部律”的理解需要分情况考察，在“疏议”中“一部律”指称的应是它解释的对象，即《永徽律》，尤其是涉及犯罪行为没有相应的罪名时更是如此。但在“自是断狱者皆引疏分析之”后，指的应是整部《律疏》，即“律”“疏”合体后的《唐律疏议》。故，对“断罪无正条”的完整理解应是，即（司法官吏）面对某一具体的犯罪行为或犯罪情节时，（永徽律及其律疏）“律”“疏”没有可以径行直接适用的法条时，可以（不是必须或唯一）通过“轻重相举”之法以“出罪”和“入罪”。这里的“律”应为具有法律效力的法律，即“律、令、格、式”等。

可见，这里的“断罪无正条”并非法律漏洞，也并非立法者有意识的沉默，亦非立法者的疏忽，而是因为律文有限，难以对律条规定之罪名涵括之种种罪状一一对应与叙明的情形下，如果待决案件事实与律条明文规定存有明显的“轻重”关系，则通过“轻重相举”出罪或入罪，以达到不枉不纵的法律目的。如是，“断罪无正条”中的“正”理应是“民之所犯，不必正与法同”中的“正”，而律疏中“律”指称的应是律（律疏）、令、格、式等，而“犯无罪名”中的“罪名”，不应理解为“律条规定的犯罪名称”，而应理解为“对犯罪行为或情节的描述（或评价）”。如此，作为“轻重相举”适用前提的“断罪无正条”，与前述当然解释概念中的“条文表面虽未明确规定，但实际上已包含于法条的意义之中”定义不谋而合。

（二）“轻重相举”的具体运用符合当然解释的规律

根据前述当然解释定义，结合《唐律疏议》中的示例，“断罪无正条”的规定中的“轻重相举”，与当然解释（又称自然解释、勿论解释）最为相近，或者可以说，“轻重相举”就是当然解释。具体如下：

举重明轻。“诸夜无故入人家者，笞四十；主人登时杀者，勿论。”“假有折伤，灼然不坐。”用刑法构成理论来看，此条“无罪”构成关键词为：夜，无故，入家，登时，至于是折伤甚至杀死，在所不问。既然律条云，“主人登时杀者，勿论。”那么“假有折伤，灼然不坐”自然也是律条的应有之义。而“盗缌麻以上财物，节级减凡盗之罪。若犯诈欺及坐赃之类，在律虽无减文，盗罪尚得减科，余犯明从减法。”其中之该案例中，律无减文的诈欺及坐赃之类，较明文规定须得减科之“盗罪”，前“轻”后“重”，“重”者可以减科，那么“轻”者毫无疑问的也须“明从减法”。

举轻明重。如前所述，既然谋杀（轻）期亲尊长解斩，那么杀讫或杀伤（重）期亲尊长论律就更解斩；既然殴告大功（轻）尊属，不得以荫论。而殴告期亲（重）尊长，自然不得用荫。可见，律文中虽然没有关于“诸夜无故入人家者，主人登时杀伤”、“杀讫或杀伤（重）期亲尊长”与“殴告期亲尊长”的明示处断，但无论是根据形式逻辑、规范目的还是事物的当然道理，均可将这些待决案件自然地纳入到既有的律条规范中加以评价。而纳入与评价的过程与方法即为“轻重相举”，对应的法律解释方法当以“自然解释”“勿论解释”或“当然解释”指称最为相宜。

除了“断罪无正条”律疏中所举典型例子外，其它律条中也有“轻重相举”的示例。如“十恶”中对“不孝”的问答解释。问曰：依“贼盗律”：“子孙于祖父母父母求爱媚而厌，咒者，流二千里。”然厌魅、咒诅，罪无轻重。今诅为“不孝”，未知厌如何条？答曰：厌、咒虽复同文，理乃诅轻厌重。但厌魅凡人，则如“不道”，若咒诅者，不入“十恶”。名例云：“其应入罪者，则举轻以明重。”然咒诅是轻，尚入“不孝”；明知厌魅是重，理入此条。①

咒诅、厌魅的行为内容与具体处罚见于《贼盗》“憎恶造厌魅”条，据该律条规定，咒诅轻而厌魅重。咒诅尚且入罪“不孝”，厌魅也就更不用说了，当然也更应以“不孝”论处。可见，律疏的解释实际上是将没有明示的“厌魅”行为，根据律条的规定，再结合规范目的将其纳入到《贼盗律》“憎恶造厌魅”条的径直适用。这是典型的自然（当然）解释。

注：谓谋杀及卖缌麻以上亲。

疏议曰：但又谋杀及卖缌麻以上亲，无问尊卑长幼，总入此条。若谋杀期亲尊长等，杀讫即入“恶逆”。今直言谋杀，不言故、斗，若故、斗杀讫，亦入“不睦”。举谋杀未伤是轻，明故、斗已杀是重，轻重相明，理同十恶。卖缌麻以上亲者，无问强、和，俱入“不睦”。卖，未售者，非。②

律疏认为，谋杀未伤与故、斗已杀两相对照，轻重了然明晰，犯罪行为与情节明显轻微的谋杀未伤尚且入十恶之“不睦”，那么故、斗已杀更应以“不睦”处断。对于犯罪行为或犯罪情节之轻重，从律疏的用语“然”“尚”“理应”来看，孰轻孰重是非常显著的，甚至是不言自明的，无论是依据或“法规的宗旨”，或“当然解释的道理”、或“法律精神或社会常识”，或“依逻辑或事物属性的当然道理”，并不需要过多的解释或论证，而“直接适用该法律规定”，“将该事项解释为包括在该规定的适用范围之内”，“自然而然地

① ［唐］长孙无忌等：《唐律疏议》，中华书局1983年版，第12－13页。
② ［唐］长孙无忌等：《唐律疏议》，中华书局1983年版，第14页。

得出某种结论”。

从以上《唐律疏议》中的示例，可以对“轻重相举”之法的规律与取径进行简单的归纳与提炼。第一，《唐律疏议》中的“轻重相举”的典型表达范式可以简约为：A 是轻，尚入甲罪；B 为重，更应入甲罪。这里并不需要两次“三段论”的推理与论证，仅只需要论证 A 行为或情节符合甲罪的犯罪构成，在此基础上，对 A 与 B 进行简单的释明后径行适用甲罪的法律规定。当然，也可先进行 A 与 B 的比较释明，再论证 B 也更应为甲罪犯罪构成涵摄与评价。其间的解释与论证并不需要太过繁复。第二，轻重相明的内在理据与底气来自“理”。《唐律疏议》律疏“轻重相举”的关键在“轻”“重”的“相明”，但两者“相明”的紧要与勾连在于其间蕴含之“理”。凡《唐律疏议》“轻重相举”案例，其文字表达中“理”的具体含义，首先主要是来自律、令、格、式的明文规定，但待决案件事实与律条规定孰轻孰重的判断，也受制于或言有赖于某一共同体内普遍的共识与常识。如大功与期亲，如杀伤、杀讫与谋杀，咒诅与厌魅等两者“轻重”的判断或释明，首先应该在律条内找到“轻”或“重”的具文，然后根据共识与常识，对孰轻孰重加以释明后依法对待决案件课以“出罪”或“入罪”之处断。可见，若果用近现代法学概念来指称《唐律疏议》“断罪无正条”，最为肯綮的当为“自然解释”或曰“当然解释”“勿论解释”。

（三）“轻重相举”的司法运用符合当然解释的要求

今存敦煌所出唐文明（?）年间判集残卷（藏法国巴黎国立图书馆，编号 P. 3813），载一案例云：

奉判：宋里仁兄弟三人，隋日乱离，各在一所。里仁实贯甘州，弟为（美）贯属鄠县，美弟处智贯属幽州，母姜原贯扬州不改。今三处兄弟并是边贯，三人俱悉入军。母又老疾，不堪运致。申省户部听裁。

……

皇纲弛紊，四海波骇，五狱尘飞，兆庶将落叶而同飘，簪裾共断蓬而俱逝。但宋仁昆季，属此凋残，因而播迁，东西异壤，遂使兄居张掖，弟在蓟门；子滞西州，母留南楚。俱沾边贯，并入军团，各限宪章，无由觐谒。瞻言圣善，弥凄罔极之心；眷彼友于，更轸陟冈之思。茕茕老母，绝彼璠玙；悠悠弟兄，阻斯姜被。慈颜致参商之隔，同气为胡越之分。抚事论情，实抽肝胆。方今文明御历，遐迩又安，书轨大同，华戎混一。唯兄唯弟，咸曰王臣，此州彼州，俱沾率土。至若名沾军贯，不许迁移，法意本意防奸，非为绝其孝道。即知母年八十，子被配流，据法尤许养亲，亲殁方之配所。此则意存孝养，具显条章。举重明轻，昭然可悉。且律通异义，义有多途，不可执军贯之偏文，乖养亲之正理。今若移三州之兄弟，就一郡之慈亲，庶子有负米之心，母悉依闾之望。无亏户口，不损王徭，上下获安，公私允惬。移子从母，理在无疑。[①]

刘俊文先生在引用该案例后即论说到：“判文依‘举重明轻’之法，举‘母年八十，子被配流，据法尤许养亲，亲殁方之配所’，明‘意存孝养’‘移子就母’之可行，是此律通用之实例也。”[②] 其中所据之法为名例律第26条“凡死罪应侍家无期亲成丁”。“移子从母”的司法案例正是“轻重相举”的典型示例，其解释路径与方法即为《唐律疏议》“断罪无正条”规定的“轻重相举”之法，“举重明轻，昭然可悉”，其“轻重相举”乃是“同类”的纳入而非“类似”的推演。是故，据此司法实例，“轻重相举”在具体的司法解释中，亦最近于“当然解释”。陈兴良认为：“当然解释之当然，是事理上的当然与逻辑上的当然的统一。两者缺一不可。事理上的当然是基于合理性的推论，逻辑上的当然是指解释之概念与被解释之事项间存在种属关系或者递进关系。仅有事理上的当然，而无逻辑上的当然，在刑法中不得作当然解释。[③]”其中，“即知母年八十，子被配流，据法尤许养亲，亲殁方之配所。此则意存孝养，具显条章。……且律通异义，义有多途，不可执军贯之偏文，乖养亲之正理”是为“基于合理性的推论”，而“子被配流，尤许养亲”与“移三州之兄弟（俱在边贯），就一郡之慈亲”则构成“解释之概念与被解释之事项间存在递进关系”。故“移子从母”是为典型的“轻重相举”之法之运用属于典型的当然解释，当无疑义。

三、“轻重相举”与其他法律解释方法的区别

（一）轻重相举”与“比”“比附”“类比”之区别

刘俊文认为：“轻重相举之法，就性质而论，属于比附断罪。比附断罪，即当罪人所犯律无正条时，得比类似之律条或附以往之判例而决之。[④]”刘俊文认为“其法已见于秦”，并以湖北云梦睡虎地秦墓出土竹简中的法律答问例证加以佐证。“臣强与主奸，可（何）论？比殴主。”“斗折脊项骨，可（何）论？比折支（肢）。”然而，细究所举例证，此处之“比”更接近“比附”，而非“轻重相举”。具体而言：

“比殴主”例中，“（强）奸”与“殴”本就不同，乃是两种无论在目的、后果与行为方式及强度等方面均有着灼然的区别，并不像前述“轻重相举”中两个示例中的行为与意思有着高度的趋同性。“诸夜无故入人家者，笞四十；主人登时杀者，勿论。”“假有折伤，灼然不坐。”前提一样，均为“夜无故入人家”，主人对无故夜入家者的防卫时效均为“登时”，不同的仅是“杀（死）”和“折伤”。既然律条云，“主人登时杀者，勿论。”那么“假有折伤，灼然不坐”自然也是律条的应有之义。而“臣强与主奸”与“殴主”，

① 转引自刘俊文：《唐律疏议笺解》，中华书局1996年版，第490－491页。
② 刘俊文：《唐律疏议笺解》，中华书局1996年版，第491页。
③ 陈兴良：《本体刑法学》，商务印书馆2001版，第35页。
④ 刘俊文：《唐律疏议笺解》，中华书局1996年版，第488页。

两者相去也远，不可相提并论，故在律无正条的情形下，只能是比“殴主”论罪，而不能通过“轻重相举”入罪。至于将“斗折脊项骨，可（何）论？比折支（肢）”中之“比”即“折脊项骨”与“折支（肢）”孰轻孰重的衡量，恐并不像“杀死”与“折伤”那样容易。同样，“奸”与“殴”孰轻孰重的判断，也非易事。因为，只有和具体的个案相勾连，才能够作出精准的判断。既然如此，难以遽下孰轻孰重的论断，也就很难运用“轻重相举”之法进行合理的解释，而只能是“比附援用”或“须准傍以定罪”。

当出现断罪无正条时，至少有两种方法可以运用，一是“比”，二即“轻重相举”。当然，存在这样的可能，即两者其实是一回事，只是用词的不同而已。然而，仅就以上例证而言，不应径直认为二者就是一回事。

（二）“轻重相举”与目的解释的区别

至于将“轻重相举”之法视为“目的解释”，亦颇值商榷与考量。

第一，可以说，所有的法律解释方法（或者其他的诸如法律论证、法律修辞等）均有目的，目的解释当然更是如此，但“目的”并不是各种解释方法区分的根本要素。将“目的解释”视为涵括扩大解释、缩小解释、当然解释、反对解释、历史解释、比较解释、补正解释等的“大杂烩”，这种笼统、大而化之的做法，实际上遮蔽了各种法律解释方法之间的区别与差异，并不利于对它们的本质的精准理解，当然亦不利于做出科学正确的司法裁决，不利于实现个案正义。故不能认为“轻重相举”有“出罪”“入罪”之目的，将其简单草率地视为目的解释。

第二，“出罪”和“入罪”的目的亦不仅仅为“轻重相举”之法所独有与享有，其他的法律解释方法如体系解释、文义解释、类推解释等也有。“轻重相举”之法中的目的，更像也更应该是“轻重相举”后水到渠成的处断结果，而非一开始就先带着“出罪”或“入罪”的有色眼镜去打量待决案件事实。简言之，“轻重相举”不应“先入为主”，而是“后来居上”。

第三，目的解释中的目的无论是法律原意，或是立法者的意图，亦或是解释者的目的等，均非“轻重相举”中的目的，甚至可以说，“轻重相举”本身就应避免目的先入为主，而将解释的重心放在“轻”“重”的“举”和“明”上，至于“出罪”与“入罪”则是这种“轻重相举”的自然结果。由此而论，沈家本先生将“轻重相举”视为自然解释，至为肯綮。

第四，根据解释方法运用的位阶规则理论，只有在法律解释出现复数结果时，才有可能运用到目的解释，但从《唐律疏议》中“轻重相举”的适用来看，根本不存在法律解释的复数可能，有且只有一种可能。“案贼盗律，谋杀期亲尊长，皆斩。无已杀、已伤之文，如有杀、伤者，举始谋是轻，尚得死罪；杀及谋而已是重，明从皆斩之坐。”该典型示例中，已杀或已伤期亲尊长，根据“谋杀期亲尊长，皆斩”律条进行解释的结果不可能是复数，即解释结果不可能是可斩与可不斩，抑或其他的处断，其解释结果有且只有一个，即“斩”。“又例云，殴告大功长、小功尊属，不得以荫论。若有殴告期亲尊长，举大功是轻，期亲是重，亦不得用荫。”其中之“亦不得用荫”之结果亦是确定与唯一的。是故，不能仅据“法规的宗旨”将“轻重相举”视为目的解释。

（三）轻重相举”与“类推”的区别

学界不乏将《唐律疏议》“断罪无正条”中规定的“轻重相举”视作“类推”（类推原则、类推适用或类推解释），但回到律疏文本，“轻重相举”与“类推”大为迥异。《卫禁·阑入太庙门》律文中对擅闯太庙门及山陵兆域门的犯罪行为有明确规定，而对闯入太庙室及攀登山陵的情形却未有明文明定，疏议的处断是以“御在所”论罪。疏议认为，太庙室是供奉皇家祖先牌位和画像之所，山陵则为葬帝王先祖尸身之地，故阑入比附皇帝正在居留之地‘御在所’论罪。而处刑则依《卫禁·犯庙社禁苑罪名》中的‘庙减宫一等’，即减御在所一等论刑。将太庙室与山陵比附皇帝正在居留之地“御在所”而论罪处罚，这是典型的类推适用，而非轻重相举。实际上，由于存在太庙门及山陵兆域门与对太庙室与山陵的轻重关系，对闯入太庙室及攀登山陵的情形可以据“轻重相举”之法径行适用律文规定裁断，但疏议却另起炉灶比附论罪的解释路径反而有力说明“轻重相举”与“比附”或类推乃是截然不同的解释方法。

首先，“轻重相举”的法律解释方法，并不存在是否有利与不利于嫌疑人的顾虑与考量，或者说根本就不用或不能考虑；而上例中的“比附”显然乃是“不利于嫌疑人的类推”，将本可以也应该优先考虑“轻重相举”的解释方法弃而不用（或不顾，无论有意或无意），将死人等同与活人，将埋葬类同为正在居留，其对文本的解释超出了文义的“射程”，乃是为了加重对阑入太庙室与山陵者的处罚，是不利于嫌疑人的类推。

其次，如果说现代刑法的“禁止类推”理论乃是出于对冤假错案的防止，根本上是出于人权保护的目的，那么在古代中国，并无此目的导向。“轻重相举”的“目的”最为直接的即是不枉不纵，即条文中的表述“其应出罪者”与“其应入罪者”。这里的“应”不仅只是事理上的“应当”，而且是规范的本来如此，也即律文本身即涵括了“其应出罪者”与“其应入罪者”的情形。

复次，“轻重相举”可以径直适用而无需像类推或比，比附等那样修辞与论证，在适用的时候，仅需要简单的释明即可，因为它依赖的前提是具有高度认可度的共识或常识。“轻重相举”之法，“其思维过程，乃一经带出，即导出结论，无需借助其他命题。①”而类推或比、比附则需要更繁复的逻辑论证至少需要两个三段论的演绎，而轻重相举之法则非。从律疏中的用语，如“尚得……，明从……”“灼然”等，可以充分地说明了这

① 杨仁寿：《法学方法论》（第二版），中国政法大学出版社2013年版，第160页。

一点。

第四，"轻重相举"解释的"射程"，乃在文义的预测可能性范围内，而类推则否。以《唐律疏议》中《诈伪·诈陷人死伤（问答一）》示例。"诸诈陷人至死及伤者，以斗杀伤论（谓知津、河深浅，桥、船朽败，诳人令渡之类）。"疏议曰："谓津济之所，或有深浅，若桥、船朽漏，不堪渡人，而诈云津、河平浅，船、桥牢固，令人过渡，因致死伤者，以斗杀伤论，谓令人溺死者绞，折一支徒三年之类。"在这里，疏议将各种诈陷人至死及伤者的情形，以斗杀伤论的解释，显然超出了人们的对"斗杀"的预测与理解可能，是为类推适用或类推解释，而非"轻重相举"。

最后，"根据'否定评价理论'，当然解释是否定性评价的轻重比较，以决定是否适用相应法条，而类推适用是相似事实是否相似处理。①"有学者认为，轻重相举的内在根据在于事物之间具有等差关系，这种等差关系表明了事物在本质一致基础上的当然联系，这是在二者之间进行当然推理并作出当然解释的本质基础。② 而"事物之间具有等差关系"的前提须是"事物的本质"的"类"同。从以上示例中不难看出，这两种解释方法"类型化"的思维机理与操作规则的最为紧要的乃是"对待决事实所蕴含的法律关系进行定性分析"，即"须根据'事物本质'即规范构成与事实构成的对应性程度予以检验"。③

四、"轻重相举"解释方法的适用规则

如前所论，在断罪无正条情形下，并非必然和仅有"轻重相举"之法的适用，而是可以因个案的不同而有不同的选择，如"比附"如"不应得为"等。这说明断罪无正条仅是"轻重相举"适用的一个必要前提，在这样的情状下，仍然存在其他解释方法或论证方法的选择与适用，"轻重相举"之法仍然不是首选，更不是（解释者）司法官必然与唯一的选择。申言之，"轻重相举"之法的选择与适用仍有严格的限制规则，或者说"轻重相举"之法的适用有其自身的束缚与边际。

（一）"轻重相举"解释方法适用的基本要求

从《唐律疏议》律疏中的示例，不难发现"轻重相举"的适用规则，现将其概括如下：第一，断罪无正条；前已叙及，此处不赘。第二，律条对待决案件的处断实际上已有规定；第三，待决案件事实与律条的具文规定之间需具有"同质性"；第四，孰轻孰重的比较多有赖于或基于普遍的共识或常识。回到《唐律疏议》中的典型示例中，亦不难加以印证。如"移子从母"一案，之所以运用"举重明轻（明）"的解释路径与方法，一是律条对家有老母需要赡养而三子具在边贯的情形确实并没有明文规定是否可以"移子从母"。

---

① 吕曰东：《当然解释的依据与思维进路》，载《法律适用》2015 年第 2 期，第 114 页。

② 参见周兴志：《"当然逻辑"试探》，《江汉论坛》1983 年第 8 期，第 17 - 20 页。

③ 魏治勋：《当然解释的思维机理及操作规则》，载《法商研究》2018 年第 3 期，第 103 页。

这种情况下，“断罪皆须引律”的规定，要求处断首先即是如何发现与适用法源，如前所述，并不必然会用到“轻重相举”之法。但“子被配流，尤许养亲”的既有律文规范，成为径行适用“轻重相举”之法的法定理据。而待决案件中家有八十老母，且三子具在边贯的情状与“子被配流，尤许养亲”存在“轻”“重”的逻辑勾连，且这种关联并非“类似”，而是“类同”，且“举重明轻，昭然可悉”，故而，“移子从母，理在无疑”。这里的“理”即为其时人们普遍的伦理共识，即“意存孝养”（孝道）。同样，在前述其他案例中亦不难窥见“轻重相举”的适用规则。

“轻重相举”内在固有的法律解释与适用规则，构成了对司法官吏解释权力任性的限制与规范，而并非“死生罔由乎法律，轻重必因乎爱憎”。当然，司法实践中，的确存在“死生罔由乎法律，轻重必因乎爱憎”的客观情形，但这种司法腐败其实正是不当的“轻重相举”，已经逸出了“轻重相举”的适用规则，当然应予以否定，并为律条所不容许与规制。这恰恰说明了“轻重相举”存在的必要性，说明了遵循“轻重相举”适用规则的重要性。而不当的“轻重相举”则是对“轻重相举”之法适用规则的突破与违反，相较“比附”“类推”“目的解释”等，“轻重相举”的风险与负担的论证义务要小得多，换句话说，若要突破“轻重相举”的适用规则，其将面临的风险与论证强度则更大、更强。而且，“轻重相举”中孰轻孰重的判断依赖或曰受制于具有普遍共识的“理”，无疑是对司法官吏不当（法）的“轻重相举”的内在与外在的有力约束。

对可能出现突破或不顾适用规则的不当（法）的“轻重相举”，《唐律疏议》中亦有相关的律条规制。“断狱律”第484、484、486、487条其实均是对官吏弄法的限制，其中之第487条“官司出入人罪”虽并非完全对应与针对轻重相举，但毫无疑问涵括了对轻重相举不当的法律惩戒。该律条明确规定：“即断罪失于入者，各减三等；失于出者，各减五等。”是故，轻重相举在为司法腐败留下缝隙的同时，也预设了轻重相举不当的法律束缚。第487条“官司出入人罪”中的“轻重”主要指称罪罚之轻重，但其中之“妄构异端”“舍法用情”“增减情状”，也涵括了“轻重相举”不当的几种常见情形。换句话说，这些情状也是“轻重相举”是竭力避免的。可见，“轻重相举”亦需遵守一定的法度，甚至可以说，稍有不慎，“轻重相举”失宜，极有可能为“官司出入人罪”所评价与规制。申言之，“妄构异端”“舍法用情”“增减情状”等已经逸出了“轻重相举”的界限，悖逆了其法律解释的规则与初衷，已然并非正当的“轻重相举”。

（二）“轻重相举”解释方法的优先规则

根据“杂律”第450条：“诸不应得为而为之者，笞四十；谓律、令无条，理不可为者。事理重者，杖八十。”该律条近于现在的“公序良俗”条款。其“不应得为”的判断底气虽然与“轻重相举”多来自“理”，但并无“轻”“重”的权衡与衔接。“疏议曰：杂犯轻罪，触类弘多，金科玉条，包罗难尽。其有在律在令无有正条，若不轻重相举，无文可以比附。临时处断，量情为罪，庶补遗缺，故立此条。情轻者，笞四十；事理重者，杖八十。[1]”据此条，不仅可以看出“不应得为”适用的前提一也是“其有在律在令无有正条”，而且其适用的前提二须是“若不轻重相举，无文可以比附”，两个条件缺一不可。从其文字“若不轻重相举，无文可以比附”的表述中，还可得出与本文密切相关的两个结论：第一，轻重相举与比附并不相同；第二，至少在适用“不应得为”条时，轻重相举与比附被解释者考虑的先后顺序规则应是轻重相举在先，比附在后。这可视为《唐律疏议》法律解释中处理两者孰先孰后的元规则的潜在表达，正好说明了两者的不同。因为轻重相举与比附相比，更为“灼然”“自然”“当然”“昭然”，亦不需要过多的论证，解释者负担的论证强度要求较比附低弱，也较少司法风险与政治风险，也更为符合“法治”主义倾向。

五、结语

《唐律疏议》中“轻重相举”之法的运用，并非法律漏洞填补，也主要不是为避免法律的僵化，而是在“类”固定的情况下难以穷尽其属，在“法条有限，情伪无穷”情形下的一种可能的法律解释与适用方法。当然，“轻重相举”之法的确立与适用也不能完全解决相对保守与僵化的律条与变动不居的错综复杂的社会生活之间的扞格与矛盾，它所要与所真正解决的是法条例举的有限性与社会生活千差万别之间的问题。“断罪无正条”下的“轻重相举”待决案件与律文规定是一致的，不同仅是多寡轻重等“量”上的不同，而其中之“轻”“重”与“轻重相举”实际包含在律文的规定范畴，源自其时社会共同体普遍的共识、常识与经验，源自其内在固有的形式逻辑、规范目和事物的当然道理，从不同的方向构成了对司法官吏企图通过“轻重相举”之法任意“舞文弄法”的限制、规矩与藩篱，而非相反。“轻重相举”解释方法的妥当运用，较之“比”“比附”“比附援引”及“类推”而言，它既重视语义，也考虑语境，既考虑到利益纠葛的恰当处置，同时也对这种利益纠葛背后的人的内心世界的纠葛进行了恰当的处置，合法，合理，合情，更具“正当性”与“可接受性”。[2]

综上所述，《唐律疏议》中的“断罪无正条”规定的“举轻以明重”和“举重以明轻”并非比附或类比，并非类推适用或类推解释，也不是所谓的类推原则，更不是严格意义上“目的解释”与“体系解释”等。“轻重相举”是为断罪无正条情形下提供的一种可能的解释途径与方法。严格而言，“轻重相举”最近于法律解释方法中的“当然解释”（或称自然解释、勿论解释）。同时，因为这里的“轻重相举”并不需要严苛繁复的“论证”，故也不宜用“当然论证”指称。《唐律疏议》中“轻重相举”自有其内在的严格的

① ［唐］长孙无忌等：《唐律疏议》，中华书局1983年版，第522页。

② 参见闫斌：《论法律解释的正当性》，载《甘肃社会科学》2013年第5期，第214－217页。

适用规则，构成了对“轻重相举”不当或非法适用的限制。“轻重相举”之法的规定与适用，能有效缓解法律语言与事实描述之间的紧张关系，一定程度上疏解与化解“情伪无穷”下“法条有限”的供给不足，实际上有助于实现法的安定性。这是“终唐之世，轻重相举之法并未废止”的方法论根源。是故，若从尊重原著的原貌与风格而言，沿用“断罪无正条”的条标并无不妥，但若从法律解释及其方法的角度考量对条标重新拟定与更易，则以“轻重相举”命名最能精准反映该条律疏内容。若用法律解释方法则宜用“当然解释”，最为肯綮与契合。

（编辑：蒋太珂）

司法方法论

案例指导制度下的一般裁判规则构造

李姝卉*

摘　要　指导性案例面临的最大困境并非其数量或质量存在问题，而是缺乏一般裁判规则的指引，从而难以提升法官适用的积极性。当前情况下，只有基于指导性案例建构一般裁判规则才能从根本上扭转指导性案例适用困境。从制度内部来看，建构一般裁判规则一方面需要建立同类案例的大样本数据库，基于大样本类案数据提取一般裁判规则，另一方面再根据大样本类案对法律争议焦点进行分析，总结出相应法律规则的具体适用条件和范围。从制度外部来看，建构一般裁判规则不仅需要构建专业的大样本同类案例的数据库，加强同类案例研究，而且需要增强指导性案例的一般参照效力。

关键词　指导性案例　一般裁判规则　大样本数据　类案数据

2010年11月26日，最高人民法院发布《最高人民法院关于案例指导工作的规定》(以下简称《规定》)，从形式上确立了中国特色指导性案例的架构和运行模式。随着司法改革的不断深入，指导性案例的运行模式也随之升级优化，为创新法官的裁判理念和方法、推动法治建设迈向新时代提供了诸多助力，“案例指导制度改变中国法治格局”。① 然而，自指导性案例发布以来，其性质和效力就饱受质疑；② 加之数量较少，在司法实践中的覆盖面较窄、应用率较低，导致在现有体系下，很难真正凸显中国特色和制度优势，实现法律适用标准的统一。

指导性案例属于案例，本身适用范围有限，在完全相同的情形下才能实现同案同判，

---

* 李姝卉，女，河南洛阳人，西北政法大学刑事法学院法学理论专业研究生，研究方向为法学理论。

① 陈兴良：《中国案例指导制度研究》，北京大学出版社2014年版，第1页。

② 胡云腾、于同志：《案例指导制度若干重大疑难争议问题研究》，载《法学研究》2008年第6期，第7－9页。

而司法实践中并无太多完全相同的情形，有类似情形已实属不易。即使在类案情形下，也可能会因指导性案例所确立的个案规则范围较窄，或难以明确类案标准，从而影响指导性案例适用。指导性案例设立的初衷之一，是为了通过个案及裁判规则的公布，来弥补法律滞后和难以通过立法修改等方式适应快速变革的社会等不足，以更好地帮助法官完成复杂和疑难案件的法律发现。指导性案例欠缺比裁判要旨更具一般性的规则，造成指导案例适用的相对繁琐和复杂化，无形中加重了法官的论证负担，而案多人少的司法现状要求法官必须在规定时间内完成更多案件，适用指导性案例需要经过案情比较和裁判要点分析等多重环节，操作复杂且耗时较长，从而大大降低了法官主动援引的积极性。

实际上，要想让指导性案例制度发挥更大作用，不仅依赖于指导性案例本身的优化，还依赖于关联制度的配合。最高人民法院于 2019 年 7 月 20 日召开会议，要求人民法院推行类案及关联案件强制检索制度，确保统一适用法律；① 随即又于 2019 年 10 月 28 日印发《关于建立法律适用分歧解决机制的实施办法》。② 纵观近年来的指导性案例研究，大多致力于揭示指导性案例"应当参照"效力之不足③、案例指导制度改革④、实现案例指导制度中国化⑤等宏观问题，鲜有学者关注指导性案例效力不足、适用率低的根本原因。笔者认为，指导性案例之所以出现适用率低、适用繁琐等问题，很大程度上是因为我们没有从指导性案例中提炼一般裁判规则。针对这一致命缺陷，本文首先探讨建构一般裁判规则的重要性和必要性，进而指出建构这种裁判规则的具体路径以及配套措施。

一、指导性案例的实效须以一般裁判规则的建构为前提

为了解决指导性案例适用率低的问题，让指导性案例真正发挥作用，需要我们寻找指导性案例能够发挥作用的基本前提——构建一般裁判规则。指导性案例的创设，源于成文法的僵硬性与不断发展变化的社会实践之间的矛盾。成文法强调稳定性、连续性，但是，社会生活变动不居，因而，不断变迁的社会生活会给司法实践带来大量"法律模糊""无法可依"等难题。为了缓解这一难题，以实践中涌现出来的新型案例为基础，通过法官创新性的司法实践，甚至是扩张性的司法解释对新类型案件作出裁判，在此基础上提炼出个案的裁判规则，并通过最高人民法院指导性案例遴选机制的筛选、审核，归纳出司法裁判要旨，再通过指导性案例的方式予以公布，这是指导性案例制度运作的基本模式。虽然指导性案例已经初步创设了一个裁判规则，但是，指导性案例创设的规则，并不具备完全辐

① 最高人民法院网站：http：//courtapp. chinacourt. org/zixun - xiangqing - 171962. html，最后访问时间：2019 年 9 月 29 日。

② 最高人民法院网站：http：//courtapp. chinacourt. org/zixun - xiangqing - 194601. html，最后访问时间：2019 年 10 月 30 日。

③ 冯文生：《审判案例指导中的"参照"问题研究》，载《清华法学》2011 年第 3 期，第 90 页。

④ 周光权：《刑事案例指导制度：难题与前景》，载《中外法学》2013 年第 3 期，第 481 页。

⑤ 彭中礼：《司法判决中的指导性案例》，载《中国法学》2017 年第 6 期，第 143 页。

射到同类案件的一般性特征。或者说，其一般性还是十分有限的。例如，我们以 93 号指导性案例为依据，就可以观察到现行指导性案例在构建一般裁判规则方面的不足。

（一）何为一般裁判规则

其一，一般裁判规则是能够沟通立法理性和司法理性的裁判规则。即，一般裁判规则应当立足于现行立法规定，并能够结合具体案件事实，能够通过法律解释、漏洞补充等方法，将立法规则适用于法律文义所应当涵盖情形下的一种裁判规则。换言之，立法精神和立法者所欲追求的目标，都能够通过一般裁判规则涵摄进去。司法实践中遭遇的与指导性案例类似的疑难复杂情形，都能够通过一般裁判规则的适用，被纳入立法规定。

其二，一般裁判规则是能够弥补现行立法缺陷的规则。之所以需要创立指导性案例，就是因为现行的立法规定可能存在法律模糊、立法空白、法律漏洞等。但是，由于指导性案例本身是基于个案来试图填补立法模糊、空白、漏洞，因而，它能够完成的目标具有很大局限性。因而，就需要立足于指导性案例所试图解决的疑难事实问题，在更广阔的意义上思考：如果案件事实出现了更为复杂的变化，现行立法或者指导性案例构建的裁判规则，是否能够涵盖更多更为复杂的事实？如果不能，就需要从事实差异、适用条件、扩张解释、法律续造等多个角度，结合立法和指导性案例，论证更为复杂情形下的裁判规则问题，以提升规则的普遍性。

其三，一般裁判规则是能够解决类案而不仅仅是个案的裁判规则。基于指导性案例构建的裁判规则，容易局限于场景非常具体、非常有限的案件事实，故而，案件事实一旦超越了指导性案例所指涉的特定案件事实或者适用条件，往往会导致指导性案例构建的裁判规则的失效。显然，更为有效的裁判规则，不仅要考量指导性案例所试图涵摄的特定案件事实，还应当用更为广阔的视野，考量与指导性案例事实有所差异的其他众多类案事实的法律适用问题。因此，裁判规则的建构，不仅要以立法规定为基本依据，还应当立足于指导性案例所试图解决的复杂事实的法律适用及裁判规则建构，更应当考量同一法律制度在遭遇更为多样的类似个案、更为复杂的类似事实、更为疑难的类似情形等法律适用中，裁判规则所应当具有的比指导性案例的个案规则更具弹性、宽泛适用性、涵摄更多案件事实的问题。只有立足立法、并将立法纳入具体化的司法实践。只有立足指导性案例、并将指导性案例所试图构建的裁判规则与更为多样化的类似案件事实的法律适用问题结合起来考量，才可能构建出更具普适性和一般性的裁判规则。

其四，一般裁判规则是基于与指导性案例属于同类案件的大样本案例所归纳和论证出来的裁判规则。虽然指导性案例具有较强的代表性、指导性，但是，如果我们把指导性案例所试图解决的法律问题放入中国裁判文书网等大样本案例库中考察，就会发现，同类案件的大样本案例库所折射出来的问题，比指导性案例所反映的问题更加全面和复杂。因此，我们如果能结合指导性案例，在中国裁判文书网中将尽可能多的同类案件甚至是差异案件的判决进行汇总、比对，合并同类事实，对裁判规则分类分情形汇总，对一些明显违背立法或者是法律精神的错误裁判规则进行理论批评，最终对同类案件的裁判规则进行系统化总结，显然，由此构建出来的裁判规则，比起立法者创立的较为抽象的裁判规则更为具体并更具实践应用性，而比起单个指导性案例基于非常有限的事实所创设的裁判规则，则能够适用于更多复杂的事实，更具有一般性、抽象性和普遍性的实践指导性。因而，虽然基于大样本案件事实所创设的规则和立法者所创设规则都强调“一般性”，但基于立法并结合大样本案例事实所归纳总结出来的裁判规则的一般性，比起立法来说，则更多地考量了司法实践中的千差万别的同类案件，因而，这种一般性是基于立法的一般性但同时又超越了立法的一般性。同时，基于立法和大样本案件事实所创设的一般规则，比起单个指导性案例所创设的裁判性规则来说，它考量了更多案件事实、汇总了更多样本和尽可能多的法律规则、涵射了更为多样和复杂的情形，并且它是经过更多复杂实践检验和证立的裁判规则，因而具有更强的实践合理性和正当性。

其五，一般裁判规则是知识意义上的动态裁判规则，并非主要为法律效力意义上的裁判规则。基于指导性案例而又超越指导性案例所构建的一般裁判规则，是以现行立法和司法实践中的大样本案例为基础归纳和总结出来的规则，同时，又必须是充分吸纳和汇总学界权威观点并接受现行法律理论批判而证立出来的规则。在构建一般裁判规则过程中，需要充分考虑现行立法的“文义射程”和法律精神，考虑某一事实与类似、相反事实的实质区分标准，以及对某一制度司法适用的理论学说的冲突，并在消解相关冲突的基础上归纳论证出来的，适用于某一类案件而不仅仅是某一个案的裁判规则。很显然，一般裁判规则吸收学说理论并接受理论指导，是为了在法律知识意义上论证出某一类法律制度的可能使用准则，目标在于为法官提供多维度、甚至是全方位的事实和法律分析视角，将尽可能多的复杂事实纳入法官的视域范围，从而为法官在未来面对与指导性案例类似但又不完全相同的个案事实的情形下，能够获得更多具有知识意义的启迪，从而为司法裁判提供更多的信息支撑、事实支撑、理论支撑、法律方法支撑。当然，在面对复杂事实时，最终还是由法官基于知识意义上的正当性进行论证，从而选择采纳何种观点或者裁判规则作为自己的裁判正当性的论证基础。所以，一般裁判规则并非立法者构建的行为规则或者裁判规则，也并非局限于指导性案例个案，而是由法官、学者等法律职业共同体构建的在知识意义上对法官和相关法律适用者具有知识启迪意义、裁判指导意义或者法律论证意义的规则。当然，我们必须承认，即便是基于立法和大样本司法案例而构建出来的一般裁判规则也并非万能准则，仍然有一定的适用范围局限，它的使用也需结合具体案情做判断。但相比于法条规定和单个指导性案例来讲，一般裁判规则综合了学者的权威观点和司法裁判案例，因而更有理论深度，并可为解决更多的类似案件甚至是疑难案件做出贡献，因而具有了增量意义上的知识贡献。

其六，一般裁判规则可以与法律解释相衔接。一般裁判规则在性质上不属于立法，是对最高人民法院做出的指导性案例的延续，从广义上讲，不论其创设主体还是论证出来的内容，一般裁判规则都属于法官或者学者的学理解释的范畴。强化一般裁判规则，可能对以全国人大常委会为主体的法律解释体系造成一定冲击，“全国人大常委会的法律解释权长期虚置或实际旁落，抽象司法解释或司法解释越权”，[①] 这些都是法律解释在我国法治实践中面临的困境。因此，一般裁判规则经过大量的实践论证后，如果趋于成熟的话，其未来的发展方向应当是，能够与我国的法律解释体系相衔接，从知识意义上能够为现行立法的完善或者是正式法律解释的出台提供智力准备和理论铺垫。

（二）指导性案例构建的裁判规则为何缺乏一般性

法学同其他人文社会科学一样，都具有理论性和知识性；法学又与其他人文社会科学不同，还具有用理论指导实践的现实作用。不过，如果从现实指导作用来看，指导性案例的价值是非常有限的。本部分以 93 号指导性案例为例，通过中国刑法学界对“于欢案”的分析成果、并于中国裁判文书网上检索“正当防卫”“防卫过当”关键字所得案例，[②] 对指导性案例所构建的裁判规则欠缺一般性的问题进行论述。

1. 93 号指导性案例构建的规则主要局限于个案

93 号指导性案例即“于欢故意伤害案”，其阐明的裁判要点主要有四点，[③] 明确了“不法侵害”、特殊正当防卫、防卫限度条件的认定范围，以及量刑时需考虑的因素；裁判理由从于欢的捅刺行为是否属于防卫行为、特殊防卫、防卫过当，以及如何定罪处罚展开论述。[④] 但这仍然只是个案思维，只对完全相同的情形存在可能适用的空间，不能应对千变万化的司法实践，如果出现与之情形稍有不同的正当防卫案例，93 号指导性案例便无法发挥作用。换句话说，93 号指导性案例，并未完全考虑到与之存在较大不同，但均属于正当防卫适用难题的其他情形。

2. 现行立法中关于正当防卫的既有法律规则缺乏精确和细化的规定，导致对正当防

---

① 张志铭：《法律解释学》，中国人民大学出版社 2015 年版，第 156 页。

② 数据搜集时间截止到 2019 年 10 月 24 日，“正当防卫”关键词检索下，“刑事案由”共 11115 件案例；“防卫过当”关键词检索下，“刑事案由”共 7785 件案例。

③ 最高人民法院网站：http：//www. court. gov. cn/shenpan – xiangqing – 104262. html，最后访问时间：2019 年 10 月 23 日。93 号指导性案例的裁判要点：（1）对正在进行的非法限制他人人身自由的行为，应当认定为刑法第二十条第一款规定的“不法侵害”，可以进行正当防卫。（2）对非法限制他人人身自由并伴有侮辱、轻微殴打的行为，不应当认定为刑法第二十条第三款规定的“严重危及人身安全的暴力犯罪”。（3）判断防卫是否过当，应当综合考虑不法侵害的性质、手段、强度、危害程度，以及防卫行为的性质、时机、手段、强度、所处环境和损害后果等情节。对非法限制他人人身自由并伴有侮辱、轻微殴打，且并不十分紧迫的不法侵害，进行防卫致人死亡重伤的，应当认定为刑法第二十条第二款规定的“明显超过必要限度造成重大损害”。（4）防卫过当案件，如系因被害人实施严重贬损他人人格尊严或者亵渎人伦的不法侵害引发的，量刑时对此应予充分考虑，以确保司法裁判既经得起法律检验，也符合社会公平正义观念。

④ 最高人民法院网站：http：//www. court. gov. cn/shenpan – xiangqing – 104262. html，最后访问时间：2019 年 10 月 23 日。

卫疑难案件的适用无法起到十分有效的指导作用

陈兴良教授指出，在我国司法实践中，对于正当防卫的认定存在较大的偏差，主要表现为正当防卫与普通犯罪的混淆以及正当防卫与防卫过当的混淆。之所以出现这种情况，一方面是因为部分法官对正当防卫情形较为生疏或缺乏正确认识，而刑法此处规定过于抽象，需要法官根据案情自由裁量，故可能造成裁判结果的偏差；另一方面，还与维稳观念和案件考评机制密切相关，① 正当防卫行为阻却了责任，部分法官认为，如果防卫行为致人伤亡却免除防卫人责任，会引发当事人上诉和社会动荡，影响法院考评和社会利益。

传统上正当防卫裁判规则背离了立法精神，故而原本具有一般性的裁判规则，其一般性已经严重下降。可能有利于认定正当防卫的情节，例如“侵害工具”“反击方式”等在司法适用中无显著作用，而“损害后果”“被害方谅解”等因素对裁判结果却有重大影响，当不法侵害不足以致人死亡时，一旦防卫行为导致不法侵害人死亡，几乎就不可能被认定为正当防卫，造成防卫限度判断的“唯结果论”。② 这是由司法实务中对正当防卫条款解释的僵化所致，原本的法律规则难以应对复杂的社会情况，而实践中法官缺乏符合具体案情的规则指引，对正当防卫的认定过于苛刻，很少有案件被法院认定为正当防卫。③ 在“死者为大”的生死观背景下，个体的死亡还会对家族造成创伤，加重了死亡结果对裁判者的道德绑架意味；实用理性思维强调经验的重要性，对结果的功利态度也会使裁判者更加注重各方利益协调，而忽视个体公正。④

既有案例对限度条件认定过于严苛，司法实践中大量存在认定为防卫过当的情形，⑤ 或认为属故意伤害而非防卫过当的，⑥ 正当防卫的限度标准僵化。⑦ 实践中主要依据“武器对等规则”“法益均衡规则”来区分防卫过当和正当防卫。仅仅考虑双方武器是否对等是不够的，还应综合考虑双方力量对比、事件起因经过、现场具体条件等因素；⑧ 此外，也不能单纯比较不法侵害与防卫造成的损害之间的大小，还应衡量“防卫过程中为对抗防卫所实施的新的不法侵害造成的损害”，⑨ 这些都需要作为裁判标准予以统一。

---

① 陈兴良：《正当防卫的司法偏差及其纠正》，载《政治与法律》2019 年第 8 期，第 41 – 42 页。

② 赵军：《正当防卫法律规则司法重构的经验研究》，载《法学研究》2019 年第 4 期，第 157 页；王钢：《正当防卫的正当性依据及其限度》，载《中外法学》2018 年第 6 期，第 1590 – 1591 页；陈璇：《正当防卫、维稳优先与结果导向——以“于欢故意伤害案”为契机展开的法理思考》，载《法律科学》2018 年第 3 期，第 48 页。

③ 参见：广西壮族自治区高级人民法院（2018）桂刑再 2 号刑事判决书；湖北省高级人民法院（2018）鄂刑终 280 号刑事裁定书；云南省高级人民法院（2018）云刑终 602 号刑事判决书等。

④ 陈璇：《正当防卫、维稳优先与结果导向——以“于欢故意伤害案”为契机展开的法理思考》，载《法律科学》2018 年第 3 期，第 51 – 52 页。

⑤ 参见：云南省高级人民法院（2019）云刑终 950 号刑事裁定书；江苏省高级人民法院（2019）苏刑终 38 号刑事裁定书；重庆市高级人民法院（2018）渝刑终 97 号刑事裁定书等。

⑥ 参见：四川省高级人民法院（2018）川刑终 660 号刑事裁定书。

⑦ 姜涛：《正当防卫限度判断的适用难题与改进方案》，载《中国法学》2019 年第 2 期，第 27 页。

⑧ 吴允锋：《正当防卫限度的判断规则》，载《政治与法律》2018 年第 6 期，第 111 – 113 页。

⑨ 张明楷：《正当防卫的原理及其运用——对二元论的批判性考察》，载《环球法律评论》2018 年第 2 期，第 51 页。

3. 93 号指导性案例创设的规则无法有效弥补现行立法的不足

如果按照指导性案例的原初设想来说，93 号指导性案例应当是可以填补刑法正当防卫条款存在的上述漏洞或者不足的。但是，通过对比 93 号指导性案例的实践情况，就可以发现，93 号指导性案例是无法完成上述目标的。其重要原因在于，93 号指导性案例构建的裁判规则更多是在事实非常狭隘的情形下针对具体案件的裁判规则，而非针对“正当防卫”这一总体制度在实践中面对所有问题所作的“一揽子”问题解决方案的规则。因而，指导性案例创设的裁判规则，其适用意义自然就大打折扣。换句话说，只要相关案件的基本事实与指导性案例确认的案件事实稍有差异，指导性案例就失去了“指导性”。其深层原因在于：指导性案例过于刚性，导致其适用范围窄化；指导性案例更注重立足于具体案件构建裁判规则，而不是立足于一个制度的整体适用所构建的裁判规则，这是指导性案例的特点所在，但并不影响我们对制度进行优化；指导性案例更注重构建个案裁判规则，而不是注重构建“类案”裁判规则。

（三）提升指导性案例的参照作用须以构建一般裁判规则为前提

指导性案例适用率较低的根源在于，现有制度不能较好地激发法官适用指导性案例的主动性。指导性案例缺乏较强的指导性和强制性，法官审理案件需要考虑诉讼效率，而查找并研究指导案例较为繁琐，因而降低了适用的积极性。指导性案例制度本身试图构建的裁判规则是较为零散的，通过指导性案例构建出来的规则缺乏更强的一般性和普遍适用性。至少在知识意义上，指导性案例所构建的裁判规则，还不具备更大的案件事实适用性。鉴于此，如果将指导性案例的案情、要旨、法律方法等上升为更具抽象性和一般性的裁判规则，给予法官简明且全面的指导，客观上就可以提升指导性案例的指导性和普遍适用性，主观上则更符合我国成文法传统，能够增强法官的心理认同感，提升司法裁判理由的正当性。具体而言，一般裁判规则的实施和推广具有以下层面的必要性和优越性：

首先，扩大指导性案例的适用范围，让指导性案例真正发挥作用，解决类案问题。指导性案例体现的是个案裁判规则，适用范围相对狭窄，这是导致其适用问题的重要原因。一般裁判规则归纳出可用于裁判的类案规则，比个案规则更抽象，适用范围相对宽于个案规则，能够扩大指导性案例的覆盖面和适用广度。更重要的是，具有类案规则属性的一般裁判规则，可以提升法官类案适用的效率，扩大类案范围，不再局限于指导性案例的同案同判，尤其是当法官面对新型、疑难案件时，“我们可以把司法先例视为成文法条的某种解释和补充”,① 一般裁判规则也可以在一定程度上缓解司法实务中类案不同判问题。从表面上看，指导性案例似乎反映的是个案问题，但从对 93 号指导性案例的分析可以折射出，指导性案例所涵盖的法律理念、法律价值、裁判方法等，比我们想象的要复杂的多，

① 白建军：《案例是法治的细胞》，载《法治论丛》2002 年第 5 期，第 27 页。

指导性案例早已不是单纯个案规则，它们牵涉的问题足以令学界、实务界讨论良久。从指导性案例中推导出适用同类案件的一般裁判规则，是提升指导性案例深度的良好之策，一定程度上有利于解决类案问题，让指导性案例发挥更大作用。

其次，有利于解决法律适用中的疑难问题，弥补法律和司法解释的漏洞。一方面，司法实践瞬息万变，总会存在着法官无法可依的法律空白领域，在此领域里，一部分法律空白被司法解释、指导性案例、惯例等填充，剩余部分可能需要新的立法或法官自由裁量予以弥补。指导性案例以解决疑难案件、新类型案件、统一法律适用为目的，司法解释也是解决法律适用疑难问题的一种方式，但司法解释同法律规则一样，缺乏和具体案例的联系，是相对静态的规则；而一般裁判规则是与具体案例紧密联系的动态规则，是不断吸收司法实践和法学理论的先进经验总结出来的，相对于司法解释而言，指导性案例更能反映出中国法治实践中的疑难和薄弱区域，弥补疑难案件法律适用上的缺漏。一般裁判规则提升了指导性案例的适用范围，能够从广度和深度上为法官适用疑难案件提供科学指引。另一方面，指导性案例与司法解释的制定主体相同，内容有少部分重叠，从某种程度上讲，大部分指导性案例甚至可以充当司法解释的补充，能够弥补司法解释在解决司法实践疑难问题的疏漏。

最后，从长远来看，有利于提升法官的审判能力。指导性案例的设立目的之一，即通过颁布一系列高质量的案例，帮助法官明晰司法热点，学习领会审判中总结的先进经验。从短期来看，一般裁判规则总结起来较为繁琐，也会加重法官的负担。但实际上，“适当引进判例法机制，在一定程度上还能有助于司法人员素质的提高，判决书写作质量的改善，甚至司法腐败问题的遏制”。① 一般裁判规则可以与类案推送、类案检索制度相衔接，法官无需深度学习，仅需在裁判时检索一般裁判规则即可；同时，从长远来看，一般裁判规则是对指导性案例的提炼，即为对各级法院先进的裁判经验的总结，法官检索时优先出现一般裁判规则，从长远来看，可以改变法官的审判思维，提升审判能力。

二、建构一般裁判规则的具体路径

在英美法系中，“遵循先例”是其司法裁判的基本原则，不过，司法者遵循的判例并非仅指某一案件和判决书里的几句陈词，而是由众多案例推导出的法律原则和法律方法。② 指导案例作为“不是判例法的判例”，③ 法官援引指导案例的内容不应局限于裁判要旨，而应扩展至案例中推导出的法学原理和法律方法。因此，一般裁判规则应结合行为之间的区分、构成要件和适用情形的重新明确、司法裁判适用标准的统一来进行分析、归纳

---

① 白建军：《案例是法治的细胞》，载《法治论丛》2002年第5期，第26页。

② 郭卫华：《“找法”与“造法”——法官适用法律的方法》，法律出版社2005年版，第164页。

③ 杨建军：《裁判的经验与方法——〈最高人民法院公报〉民事案例研究》，山东人民出版社2010年版，第9页。

和提炼。我们不应将视角单纯放置于指导性案例本身，而应通过研究最高人民法院的“公报案例”、最高人民检察院公布的指导性案例、中国裁判文书网等实践案例、中国司法案例研究中心的热点疑难案件和裁判规则栏目等,① 不断扩大一般裁判规则的可靠样本，从而提炼出准确区分各个行为、统一司法适用的裁判规则。

（一）建立同类案例的大样本数据库

一般裁判规则的来源，主要是最高人民法院发布的指导性案例和“公报案例”，最高人民检察院发布的指导性案例，以及中国裁判文书网上的案例等汇集而成的大样本案例。选取大样本数据作案例研究，是当今人工智能、大数据与司法相结合的必然结果。部分法学案例研究难以避免小样本思维的局限和危险,② 指导性案例和司法解释只提供了“案对案”“点到点”的检索模式，“参照这种不一定有代表性的小样本处理案件，除了可能忽视上述案外信息的实际影响以外，还在科学性上存疑。”③ 因此，一般裁判规则的研究不应止步于指导性案例本身这一小样本数据，而应根据指导案例不同个案的关键词、案件的重要情节、争议焦点、裁判结论等，有针对性的扩大案例来源。

其一，大样本数据库以及一般裁判规则的构建主体，应当包括最高法院法官、做出指导案例生效判决的法官、从法学理论和实务界中遴选具有权威性的专家学者、优秀青年法学家、法律实务经验丰富的律师，还可以吸收一定比例的法治工作杰出人员和社会各界人士，参与制度设定。上述主体对于一般裁判规则的意义，不仅在于选取案例、总结一般裁判规则，同时还要对制定一般裁判规则中所面临的理论争议、司法实践的异同做出回应，剔除明显错误的理论，为法官做出裁判提供更方便的检索依据。

其二，大样本数据库是一般裁判规则的内容来源，而大样本数据库则应当涵盖与指导性案例案情相类似的“公报案例”、最高人民检察院的指导案例和裁判文书网的案例。最高人民法院的“公报案例”因其“知识性”“实用性”，而为法律职业群体所信仰;④ 最高人民检察院的指导案例，在刑法和刑事诉讼法等领域能够作为对最高法发布的指导性案例的补充；裁判文书网的案例因其所涉案例的广泛性，成为法官办案的得力助手。上述三类案例均有独特优势，能够在不同方面扩充指导性案例的适用范围，与一般裁判规则构建的理念如出一辙。因此，在中国当代法治实践下，“公报案例”、最高人民检察院的指导案例和裁判文书网的案例，是相对适合总结出一般裁判规则的案例。

其三，指导性案例的大样本数据库可以借鉴类案推送和检索制度的有益经验，根据案

① 中国司法案例研究中心网站：http：//www5. zzu. edu. cn/fxyzx/index. htm，最后访问时间：2019 年 12 月 15 日。

② 白建军：《大数据对法学研究的些许影响》，载《中外法学》2015 年第 1 期，第 32 页。

③ 白建军：《法律大数据时代裁判预测的可能与限度》，载《探索与争鸣》2017 年第 10 期，第 99 页。

④ 杨建军：《裁判的经验与方法——〈最高人民法院公报〉民事案例研究》，山东人民出版社 2010 年版，第 42 页。

件的案情、关键词和争议焦点识别类似案件，搜集制定一般裁判规则的大样本数据。大样本数据库应当建立在同类案例和相似案例的基础上，否则可能会陷入大样本带来的数据旋涡中，难以提炼出真正有用的一般规则，因此，精准识别同类案例是构建大样本数据库的关键。在类案检索系统中，"判断类似案件的主要标准是争议点相似和关键事实相似；辅助标准是案由和行为后果相似。围绕争议点并借助裁判规则来检视关键事实是判断类案的主要方式。"① 收集指导性案例的大样本数据，应是在精确的基础上的"大"，算法优化是第一位的，但在数据搜集有偏差时，法官对案例的人工鉴别是十分必要的，法官的反馈也能增强机器的深度学习能力，② 促进大样本数据库的完善。

因此，我们应当借鉴类案推送和检索制度，全面搜集指导案例的同类案例的裁判文书，有针对性地扩大一般裁判规则的案例来源范围，让裁判规则更具实践性和可操作性。这有利于构建一个内容更加详实、层次更加多样的一般裁判规则体系，为加强立法与司法实践的联系提供助力。

（二）基于大样本类案数据总结同类案例裁判经验，从同类案例中提取一般裁判规则

大样本数据库的建立，目的是为了从众多且可靠的样本中提炼出同类案件的裁判规则。而在这个过程中，我们需要解决的关键问题，即如何总结同类案件的裁判经验、如何从同类案件的裁判经验中提炼出一般裁判规则。

其一，通过大样本数据总结出同类案件的裁判经验。裁判经验往往和类案相联系，是从一类案件中抽象出来的。③ 即使针对相同的指导性案例，不同法院因其地方惯例、治理模式的不同，都会形成不同的裁判经验。每一个指导性案例的裁判经验，实际上糅合了其所有同类案例所反映出的法官的智慧与经验，类似于一个行业内的准则和通识，是法官办理类似案件的指南针和方向盘。裁判经验是抽象的，也是内化于每一个类案判决中的经验，应当是多数法官普遍运用的，对其他类似案例具有指导意义的经验和智慧。

其二，通过总结类似案件的裁判经验，我们可以从中总结出每一指导性案例辐射下的，所涉领域的一般裁判规则。裁判经验与裁判规则是不同的，每个法院都有不同的裁判经验，但裁判规则是由最高人民法院基于裁判经验总结的，能够指导裁判的抽象规则，是对裁判经验的细化解释。在提炼裁判规则的同时，也可以结合法学家的理念争鸣，对裁判规则予以完善和细化。93 号指导性案例的裁判规则，在结合法学家的观点后，可以抽象出如下内容：第一，从区分互殴与防卫行为入手，判断案件是否具有防卫性质。有学者主

---

① 高尚：《司法类案的判断标准及其适用》，载《法律科学》2020 年第 1 期，第 26 页。

② 高尚：《司法类案的判断标准及其适用》，载《法律科学》2020 年第 1 期，第 33 – 34 页。

③ 谢春晖：《从"个案智慧"到"类案经验"：指导案例裁判规则的发现及适用研究》，载《中山大学法律评论》2018 年第 2 期，第 1140 页。

张，可以先判断是否具有合意；在没有合意时，先动手的是不法侵害，后动手的是正当防卫；若防卫行为造成死亡结果的，还需结合具体案情判断。① 第二，从反杀行为是否构成正当防卫入手，判断不法侵害是否正在进行。“于海明案”对扩充“于欢案”的指导意义具有重要作用。有学者主张，要从侵害紧迫性、优先保护防卫人利益、结合不法侵害的行为类型和防卫情况来判断正当防卫的时间要件。② 第三，细化防卫限度的规定。有学者主张，解决限度问题应以行为导向代替结果导向，将行为与结果分开评价，把注意力集中于不法侵害和防卫行为，不论结果好坏。③ 同时，可以从关注所需保护的法益角度来评价防卫限度，还应考虑防卫情景、重视防卫手段的不可避免性，并可增设防卫过当的免责事由等。④ 第四，调整防卫“紧迫性”要件，应当以客观的防卫人立场评析不法侵害的可能性，以实施的不法侵害是否轻微来确定紧迫性，并综合考虑国家保护的有效性。⑤

（三）基于大样本类案对法律争议焦点进行分析，化解法律规则的适用难题，进而总结出具体的适用条件和范围

一般裁判规则的创立，以拓展指导性案例的适用范围为基本目的，因此，一般裁判规则应当明确其具体的适用范围和条件，基于同类案例的大样本数据所提炼的裁判规则，分析一个类型案件的争议焦点，以明确每个指导性案例适用的难题，并以总结同类案例的争议焦点、关键词为基础，归纳提炼出一般裁判规则适用的具体情形。

其一，指导性案例各自的法律适用困境迥异，仅仅抽象出一般裁判规则不能彻底解决个案的法律适用范围较窄的问题，指导性案例适用的真正困境在于，实践中缺乏对同类案件的案件争议点总结，解决的都是个案争议，形成的都是个案规则，一定程度上缩小了案例的适用范围。因此，总结以指导性案例的同类案例为内容的大样本数据，通过提炼类案的法律争议点，并通过法律推理、法律解释、法律论证等法律方法的综合运用，结合审判经验，从争议点入手、通过法律方法的有效适用，找出应对一类案件的争议点的裁判规则体系，扩大指导性案例的适用范围，从而摆脱指导性案例与待决案件“一对一”适用的模式。这一规则体系的建立，有助于解决类案适用的困境，也为总结裁判规则的具体适用条件奠定了基础。

其二，完善个案的具体适用条件。法官可以通过具体适用条件，来锁定待决案件应当

---

① 陈兴良：《正当防卫的司法偏差及其纠正》，载《政治与法律》2019 年第 8 期，第 42 页；赵军：《正当防卫法律规则司法重构的经验研究》，载《法学研究》2019 年第 4 期，第 160 页；陈兴良：《互殴与防卫的界限》，载《法学》2015 年第 6 期，第 129 – 130 页。

② 陈兴良：《正当防卫的司法偏差及其纠正》，载《政治与法律》2019 年第 8 期，第 52 – 53 页。

③ 陈璇：《正当防卫、维稳优先与结果导向——以“于欢故意伤害案”为契机展开的法理思考》，载《法律科学》2018 年第 3 期，第 83 页。

④ 姜涛：《正当防卫限度判断的适用难题与改进方案》，载《中国法学》2019 年第 2 期，第 41 页。

⑤ 潘星丞：《正当防卫中的“紧迫性”判断——激活我国正当防卫制度适用的教义学思考》，载《法商研究》2019 年第 2 期，第 35 页。

适用哪一条或哪几条一般裁判规则；还可以通过对案件的争议焦点进行总结和归纳，把类案的争议焦点再次进行整理和分类，再根据细化后的争议焦点来明确每个指导性案例的一般裁判规则的适用条件。明确裁判规则的适用范围，一是为了给裁判规则以限定，让一般裁判规则不至于落入原则的范畴中而丧失一定意义上的指导性；二是为了方便法官学习与适用，能够让法官更快地检索到裁判规则，也为司法案例研究提供指引和方向。

综合上述分析，通过对指导性案例的同类案例进行大样本数据收集，我们可以归纳出类似案件的裁判经验，并推广具有指导性意义的裁判经验，基于此总结出具有一般意义的裁判规则。同时，一般裁判规则要接受法律职业共同体的批判，并经过司法实践和法学理论的检验而不断修正，在理论和实践的交叉验证中不断发展。

三、一般裁判规则建构的配套措施

指导性案例的适用率问题并非单一原因造成，实属多因一果，一般裁判规则可能无法解决司法运行中产生的复杂问题，还需要其他制度予以配合。

（一）建立专业的大样本案例研究制度

指导性案例的一般裁判规则，建立在同类案例的大样本数据库的基础之上，收集的数据可靠与否、精确与否，直接决定了一般裁判规则的内容甚至是司法裁判的准确程度，而样本选取的精确程度，则取决于大样本案例研究制度的专业化和细化程度。因此，构建专业的大样本案例研究制度十分必要。

其一，需要有专业且精准的数据收集系统。大样本数据的精确化程度，取决于专家对指导性案例的细致分类，从关键词到基本案情，再到案件的争议焦点、裁判结果，以及裁判要点，都是分类的依据。大样本数据的主要来源是各地不同层级法院的判决，可以由各地高级人民法院先筛选出一定数量的代表性案例，作为大样本数据的补充。目前，即便是类案检索和推送制度，也离不开人力的辅助。① 最高人民法院司法案例研究院具有丰富的经验和较为先进的技术，通过对搜集来的数据进行简单的人工筛查，来对各地法院的裁判经验进行汇总整理，为抽象出裁判规则做好辅助工作。

其二，由最高人民法院的司法案例研究院承担大样本案例的研究工作，并可以借助司法案例网的数据和分析案例的大数据系统，推动案例研究朝纵深方向发展。研究数据的目的，主要是为了理解、分析，从而归纳和总结各地法院的裁判经验，为抽象出一般规则做好基础工作。对大样本数据的研究，应当包括但不限于：(1) 明确类案标准，通过细化大样本案例的各个关键情节，得出不同领域案件的类案判断标准。当然，类案标准不可能是完全统一的，但可以形成某一领域的具体判断标准，通过精细化的类案标准来提升数据的

---

① 高尚：《司法类案的判断标准及其适用》，载《法律科学》2020年第1期，第33－34页。

准确性。(2)分析类案中关键情节的相同和相异因素，看其对案件的重要性程度，并依据该领域的类案标准进行分类。(3)对同类案件的争议焦点进行总结、分析，综合运用法律方法，并结合审判经验，研究出能够解决一类案件的争议焦点的案件规则。(4)归纳出同一类案例的相同和相异的裁判经验，并将相同的裁判经验进行进一步加工，形成一般性的规则；而对各地法院形成的不同的类案经验，应由最高人民法院进行取舍，推广具有普遍性的裁判经验，作为一般裁判规则。

(二)增强指导性案例适用效力

一般裁判规则的效力同于指导案例，不论刑事、民事抑或其他类案件，亦不论法律和司法解释是否有规定，都只能作为裁判理由予以援引和佐证，不能作为裁判论述的大前提。然而，正是由于法律对指导性案例的效力规定不明确以及适用的强制性不够，直接导致法官适用指导性案例的外部效力不足，从而影响指导性案例的适用率。虽然，理论界和实务界对指导性案例的效力问题存在一些争议，但从中国传统法律文化入手，我们应当防止可能导致司法过于独立的判例法的出现，而应在坚持成文法传统的基础上，不断优化现有制度，以达到制度运行的最佳状态。因此，对指导性案例的效力问题，实际上是通过外部强制因素来完善制度，我们可以通过立法规定强制性，以及其他鼓励制度予以解决。

其一，立法对于指导案例强制性问题，不应过分盲目，贸然强制推行指导性案例将会引发争议，应当在肯定指导性案例应当参照效力的前提下，弥补法律对指导案例适用效力的漏洞，建立与《最高人民法院关于加强和规范裁判文书释法说理的指导意见》的衔接，强化形式逻辑的运用，要求法官不仅在参照指导案例时，更要在审判过程中，学习并运用指导性案例一般裁判规则总结出的法律发现方法。在法官员额制改革下，法官助理的工作变得愈发重要，他们对与案件相关的法律法规、司法解释和指导案例等内容的筛选，会对法官断案产生重大影响，更不用说一部分法官助理将会成为未来的法官了。因此，加强法官助理对指导性案例的学习，是大势所趋。对于当事人要求援引指导案例的案件，法官应在裁判文书中说明适用或不适用指导案例的理由。

其二，从司法层面上讲，设立对法官适用指导性案例的监督和审查机制虽有必要，实则浪费人力物力。司法制度的设立不仅要求正义和完善，还要求公平基础上最大限度地实现效率，追求不同目的和价值之间的平衡，指导性案例的改革同样要循序渐进，应尽量用最简洁的制度架构实现公平正义。反观其他诉讼主体，由于诉讼利益的驱使，当事人在指导案例裁判结果更有利于己方时，援引指导案例的积极性自然较高，因此，我们可以鼓励当事人及诉讼代理人、辩护人等在能够适用指导性案例的情形下提请法官适用，不论法官适用与否都应做出回应，也可以提醒法官注意适用指导性案例。

其三，应当加强法律适用方法的训练。“加强指导性案例应用，就有必要从方法论上加强对一线司法者的培训，让一线司法者深刻认识类比推理不同于演绎推理，搞清楚为什么在演绎推理可以解决大多数问题且简便易行的情况下，还要进一步重视运用类比推理的方式解决实践疑难问题。”① 学习法律方法确实会增加法官的压力，但如果改革的必要性远远大于其代价，我们就应当考虑，法官学习一般裁判规则的法律方法是否真正能够提升法官的审判能力，归根结底还是一般裁判规则如何设定和操作的问题。

四、结语

指导性案例的设立目的是为实现法律适用统一、提升法官裁判水平。然而，指导性案例的适用却不容乐观，不利于司法改革的进一步深化。指导性案例面临的最大困境在于适用率较低，并非因其数量或质量存在问题，而是由于缺乏更具一般性的指引，从而难以提升法官适用的积极性。因此，从制度内部来看，构建能够完善法律发现过程的一般裁判规则，是解决指导性案例适用问题的主要举措。一般裁判规则是知识意义上的动态裁判规则，是基于指导性案例、公报案例和中国裁判文书网上与指导性案例属于同类案件的大样本案例来建立数据库，由法官、律师、法学家和一定比例的社会代表为制定主体，通过大样本数据总结出同类案例的裁判经验，并解决一类案件的争议焦点，对其具体适用范围予以细化，从其中抽象出来的、更适合法官使用的裁判规则。其最终目的是为促进立法和司法案例的互联互通，提升立法的可操作性和法官解决疑难案件的能力，从而达到解决指导性案例和类案的适用问题，实现司法公平正义的目的。从制度外部来看，一方面需要由最高人民法院司法案例研究院构建专业的大样本同类案例的数据库，加强对同类案例的研究；另一方面需要增强指导性案例的效力，来配合一般裁判规则的实施。

（编辑：吕玉赞）

① 张杰：《指导性案例应用的方法考察与实践突破》，载《检察调研与指导》2019年第5期，第5页。

论指导性案例释法功能之完善*

孙　跃**

摘　要　法律解释功能是指导性案例的主要预期功能，指导性案例其他各项功能的实现均以法律解释功能的正常运行为基础。在近年来的司法实践中，由于指导性案例存在制度性权威不明确、裁判规则供给能力不强、适用技术与配套机制缺位等缺陷，以至于其释法功能不能得到正常发挥。采取强化案指导性案例的制度权威、加强指导性案例的裁判规则供给能力、规范指导性案例的适用技术与配套机制等措施，有助于完善指导性案例的释法功能、提升其实践效果。

关键词　指导性案例　法律解释　制度权威　裁判规则　法律方法

自案例指导制度建立以来，尽管最高人民法院至今发布了百余例指导性案例，理论界亦给予持续关注和研究，但指导性案例的实践效果在总体上依然不尽如人意①。从功能论的角度来看，案例指导之所以实践效果不佳，主要是由其法律解释（简称“释法”）功能存在诸多缺陷造成的。以上论断背后的问题意识在于：指导性案例的释法功能何以重要？存在哪些缺陷？又如何加以应对？为了对上述问题进行探究，本文将在第一章节中证立指导性案例释法功能的重要性；在第二章节中归纳近年来司法实践中指导性案例释法功能所暴露出的诸多缺陷；并在第三至五章节详细探讨指导性案例释法功能的完善路径。

---

* 基金项目：本文系为国家社科基金项目《案例指导制度的实践经验与发展完善研究》（项目编号：18BFX056）的阶段性研究成果。

** 孙跃，山东济宁人，山东大学（威海）法学院法学博士研究生，主要研究方向为法律方法论。

① 本文所称“指导性案例”特指最高人民法院发布的指导性案例，相关统计数据截止2019年6月1日。

一、指导性案例的释法功能何以重要

（一）指导性案例的预期目标需要借助释法功能实现

根据最高人民法院2005年发布的《人民法院第二个五年改革纲要》（简称《二五纲要》）的相关内容，案例指导制度在设计和酝酿阶段就被赋予了“统一法律适用标准”的重要使命，且这一制度预期在后来的《四五纲要》《五五纲要》中均被多次重申。《最高人民法院关于案例指导工作的规定》（简称《案例指导工作规定》）和《最高人民法院关于案例指导工作的规定》实施细则（简称《案例指导工作规定实施细则》）则将上述制度设计的目标进一步细化为“总结审判经验，统一法律适用，提高审判质量，维护司法公正”。可见，“统一法律适用”是指导性案例被赋予的重要预期目标。之所以要强调“统一法律适用”，主要原因在于我国是以制定法为主要法源的国家，而制定法的抽象性与相对滞后性决定了其在适用时不可避免的要进行解释。在案例指导制度正式确立之前，我国主要依靠司法解释的形式对法律适用中的解释问题进行规范和统一。自1981年《全国人民代表大会常务委员会关于加强法律解释工作的决议》（简称“81决议”）通过以来，司法解释在事实上成为了在数量规模和实践影响力仅次于制定法的法源形式。然而，司法解释条文的内容由于脱离具体案件事实依然具有相当程度的抽象性，其在很多案件裁判中依然需要被“再解释”。制定法和司法解释的上述特征难免导致司法实践中法律解释和适用标准难以统一，进而影响审判质量与司法公正。为了应对上述问题，最高人民法院试图通过建立和推广案例指导制度来实现“以案释法”，从而弥补制定法与司法解释的不足。因此，释法功能可以被视为实现案例指导制度预期目标的主要手段。

事实上，在我古代法制史中就长期、广泛存在“以案（例）释法”的传统，如秦朝的“廷行事”、汉朝的“决事比”、隋唐的“法例”、宋元的“断例”、明清的“例”、清末及民国时期的“判例”“解释例”等，司法判例的主要功能就是对制定法的适用进行解释。① 在西方，以先例（precedent）为载体的判例法（case law）是英美法系国家的主要法源，“遵循先例（*stare decisis*）”是一项基本的司法原则，该原则不仅赋予了法官拥有通过个案创制法律的权力，而且还可以保障国家、地区之内法律适用的统一性。在大陆法系国家，虽然鲜有明确制度直接赋予法官通过个案造法的权力，但由于司法判例可以调和抽象制定法规范与具体案件事实之间的冲突以实现法律安定性与法律的社会适应性两者之兼顾，从而发挥统一法律适用的重要功能，故司法判例具有“事实上（*de facto*）”的拘束力和释法功能。② 随着两大法系融合趋势的加强，英美法系国家制定法的数量和地位逐渐

① 参见李拥军：《“比”的思维传统与当代中国的司法适用技术》，载《法律科学》2018年第3期，第3－13页。

② 参见何家弘主编：《外国司法判例制度》，中国法制出版社2014年版，第22－25页。

提升，对制定法进行解释和补充的司法需求日益旺盛；大陆法系国家也更加重视通过运用判例解释和适用法律以消解法典化带来的法律僵化性弊病。① 可见，“通过判例解释法律以实现法律适用的统一与公正”不仅是案例指导制度对中国古代判例功能的继承和扬弃，更是对西方司法判例制度相互融合发展的积极借鉴。总之，将释法功能界定为指导性案例的主要功能，不仅符合我国相关制度的实践逻辑，而且也与我国历史和相关域外经验做法相吻合。

（二）释法功能是实现指导性案例其他功能的基础

一般认为，指导性案例至少具有除释法功能外的三项其他层面的应然功能。在司法体制运作层面上，指导性案例被赋予审判管理和监督功能；在法律职业共同体的构建层面，指导性案例被寄予了繁荣法学理论研究与教育、凝聚法律人共识的期待；在司法与国家、社会互动层面上，指导性案例还应当充分发挥其公共政策引导和公众教育功能。② 运用体系思维分析指导性案例各项功能的相互关联，可以发现指导性案例以上三大方面功能的实现均需要以释法功能的正常运作为基础，这就更加凸显了释法功能对于指导性案例的重要性。

首先，指导性案例的释法功能可以为审判管理与监督提供较为直观的标准，从而有助于实现规范法官自由裁量权以及司法管理去行政化等目标的实现。相比于以抽象条文为载体的司法解释，指导性案例本身是一个包含了裁判要点、基本案情、裁判理由等多元要素的复合体，其能够结合类型化的案件事实更为直接的展示法律解释的过程与方法，从而能够为规范和约束法官自由裁量权提供更为直观和具体的标准。这种更为直观和具体的标准也更有利于实现上级法院对下级法院的监督以及法院内部对法官裁判质量的检验和考核。同时，通过报送、发布指导性案例的方式进行司法管理，有利于实现司法管理从“个案批示模式”向“类案指导（以案释法）模式”的转型，这也顺应了司法体制改革去行政化的总体趋势。

其次，通过指导性案例加强法学理论界与法律实务界的沟通、繁荣法学理论研究与法学（法律）教育、构建基于共识的法律职业共同体均离不开对指导性案例释法功能的共同关注。指导性案例本身可以视为最高人民法院对司法实践中新型、疑难法律适用问题的权威性解释和应对方案，其不仅可以指引法律实务工作，而且也为理论界对相关问题的分析、反思、探讨和提出对策建议提供了丰富而较为具体的素材。近年来绝大多数关于指导性案例的研究成果均与指导性案例中的法律解释问题（如法律解释方法、解释结论）等存

---

① 参见何然：《司法制度论要》，载《中外法学》2014 年第 1 期，第 251 页。

② 参见胡云腾、于同志：《案例指导制度若干重大疑难争议问题研究》，载《法学研究》2008 年第 6 期，第 5 - 6 页；张骐：《论中国案例指导制度向司法判例制度转型的必要性与正当性》，载《比较法研究》2017 年第 5 期，第 137 - 144 页。

在直接或间接关联，指导性案例的释法功能及其运作效果、存在的问题、完善路径等问题日益成为理论界和实务界的共同关注点。基于这种共同关注，有助于加强法学理论向法律实践的应用转化以及法律实践经验向法学理论的凝练与升华，同时也可以为不同法律职业间的共识奠定基础，从而推动我国法律职业共同体的构建与完善。

最后，指导性案例的社会治理功能也离不开其释法功能的支持。哈贝马斯将司法视为一种动态纠纷解决程序和交往理性运作机制，其应当致力于整合不同主体间的多元价值观念并最终形成作为现代民主法治国基础。① 佩雷尔曼的新修辞学理论也强调法官作为“说服者”，应当尽可能的运用各种论证和修辞方法实现法律适用与“修正性民意”的统一，以提升裁判结果的可接受性。② 可见，现代社会中的司法并非孤立于社会的“空中楼阁”，其应当也能够作为治理社会的一种重要手段。相比于较为抽象的制定法和司法解释条文，指导性案例的内容更加具体、丰富和直观，“以案释法”有助于引导社会公众更好的理解相关法律，增强公民的法治意识和法律知识水平，从而为司法和公共政策的实施奠定坚实的民意基础与社会共识。

二、实践中指导性案例释法功能的主要缺陷

（一）制度性权威不明确导致以案释法的效力基础薄弱

指导性案例“以案释法”的运作机制在现实中缺乏充分的制度权威。在我国的三大诉讼法及其对应的抽象性司法解释中，均将“适用法律、法规有错误”作为上诉、申请再审或启动审判监督程序的事由。根据《最高人民法院发布关于司法解释工作的规定》第 5 条和第 27 条之规定，抽象性司法解释不仅“具有法律效力”而且可以在裁判文书中被直接援引为裁判依据。可见，“适用法律、法规有错误”中的“法律、法规”不仅包括制定法，而且也包括抽象性司法解释所生成的裁判规则。相比之下，《案例指导工作规定》第 7 条与《案例指导工作规定实施细则》第 9 条规定了“各级人民法院正在审理的案件，在基本案情和法律适用方面，与最高人民法院发布的指导性案例相类似的，应当参照相关指导性案例的裁判要点作出裁判”。这一规定并没有明确的赋予指导性案例“法律效力”，并且其对于指导性案例效力的“应当参照”之表述方式亦容易造成理解困难，对于如何理解指导性案例的“应当参照”所表述的法律渊源意义上的效力和拘束力以及“应当参照”是否存在逻辑矛盾，理论界与实务界素有争议。

其实，最高人民法院曾对指导性案例的效力问题有过“半官方”性质的详细阐述。2011 年，时任最高人民法院研究室主任的胡云腾在接受记者采访时表示：“应当”就是

---

① 参见［德］哈贝马斯：《在事实与规范之间：关于法治和民主法治国的商谈理论》，童世骏译，上海三联书店 2014 年版，第 245、273 页。

② 彭中礼：《司法判决说服性的修辞学审视——围绕听众的初步分析》，载《法制与社会发展》2011 年第 1 期，第 95 页。

“必须”；“参照”是指法官可以根据具体情况参考指导性案例所运用的裁判方法、裁判规则、法律思维、司法理念和法治精神及其裁判尺度和裁判标准。① 遗憾的是，上述理念并没有来自顶层制度层面具体规定的支持，以至于指导性案例的效力的权威性基础较为薄弱。虽然从学理上来看，指导性案例属于广义上的“司法解释”或“法律解释”，但从实践中司法机关对待其的态度来看，指导性案例显然还不属于81决议、《立法法》第104条以及《最高人民法院发布关于司法解释工作的规定》意义上的“法律（司法）解释”之范畴。仅有《案例指导工作规定》及其实施细则作为效力支持的指导性案例，难免会面临“名不正而言不顺”的尴尬。

（二）裁判规则供给能力不足导致以案释法缺乏文本支持

与司法解释相比，指导性案例在裁判规则供给能力方面存在明显不足的缺陷，从而导致其释法功能缺乏文本层面的有力支持。在部分法律领域（如诉讼法），抽象司法解释本身的条文数量及其所生成的裁判规则在规模上接近甚至明显超过了其所依附的法律。相比之下，现有的百余个指导性案例在数量规模上根本无法覆盖数以千计的诉讼案由，其在裁判规则供给能力上与抽象司法解释存在较大的差距。从裁判规则供给的增量来看，2010年至2015年间最高人民法院发布了共计129个抽象司法解释，而同时期内指导性案例的发布数量仅为56个。同时，单个抽象司法解释一般包含十几到几十个条文，甚至偶有数百条文之多者；而单个指导性案例所生成的裁判要点一般只有一到三个左右（以其“裁判要点”的条文数为准）。截至2019年6月1日，最高人民法院虽然已经发布了21批次共计112个指导性案例，但其与数量规模庞大的抽象性司法解释条文在裁判规则供给能力方面依然悬殊（甚至存在继续扩大趋势）。

此外，指导性案例在裁判规则供给质量层面也存在不足。现有指导性案例的裁判规则主要载于“裁判要点”部分，但裁判要点在形式结构上与抽象性司法解释条文差异不大，其本身依然具有一定的抽象程度，在具体内容上亦有不少重复之处。判例作为“源于个案”且“超越个案”的释法工具，其为了保持裁判规则的普遍适用性而提供相对抽象的裁判规则的做法与德国等大陆法系国家的域外经验具有一定的相似性。不同之处在于，德国等大陆国家较为重视司法判例中抽象裁判规则与判例关键事实、案件背景、个案情境性因素等之间的密切关系，即判例生成的裁判规则虽然具有可普遍性的特征，但在适用时依然需要考虑到其与判例其他组成部分之间的关系。②相较而言，而我国指导性案例的裁判

---

① 法制日报：《案例指导制度规定：一个具有划时代意义的标志》，法制网：http：//www. legaldaily. com. cn/index_ article/content/2011 - 01/05/content_ 2427557. htm？node = 5958，最后访问日期：2019年5月1日。

② See. D. Neil MacCormick，Robert S. Summers and Arthur L. Goodhart：InterpretingPrecedents，Published 2016 by Routledge，pp. 506 - 507.

要点与其他组成部分的关系不够密切和清晰，导致实践中法官在适用指导性案例时经常脱离案件事实与裁判理由而孤立适用裁判要点，从而使得指导性案例与抽象司法解释在释法功能层面高度同质化。

在以上两方面因素的叠加与共同作用下，指导性案例与抽象性司法解释在应然层面上的“共存与差异互补”关系被异化为实然层面上的“替代挤占”关系。即指导性案例与抽象性司法解释在现实中同质化程度较高，但其在裁判规则供给数量和质量等方面又处于比较弱势地位，其释法功能在大多数情况下完全可以被抽象性司法解释所替代，使得其生存与发展空间非常有限。

（三）相关裁判技术与配套机缺位导致以案释法不规范

指导性案例释法功能的正常运作不仅依赖于合理的制度设计与优质的案例文本，而且还需要借助特定的裁判技术与配套机制。需要澄清的是，我国并不缺乏“以案释法”的司法经验。正如前文所提及的，古代中国的大多数历史时期，均有借助判例补充和解释制定法的实践做法，不同时期的裁判者也都积累了丰富的司法经验。在元朝等部分历史时期，判例甚至是我国的主要法源形式。[①] 在当代中国，在案例指导制度建立前后，司法实践中各主体自发运用判例（非指导性案例）参照比附待诉、待决案件的现象亦广泛存在。[②] 问题的症结在于，这些以案释法的经验缺乏相对成熟的裁判技术和配套机制的指引与规范。《案例指导工作规定实施细则》第 9 条规定了“应当将指导性案例作为裁判理由引述，但不作为裁判依据引用”，即指导性案例的援引方式有别于可以直接作为裁判依据（即司法三段论中大前提）的制定法和抽象性司法解释。现有的规定既要求法官在援引指导性案例时摆脱对“司法三段论”的固有路径依赖，但同时又没有提供较为明确和细致的援引标准与技术指引，这就容易造成指导性案例司法应用中的“方法论上的盲目飞行”。

尽管不少地方法院出台了一些关于指导性案例援引适用的规定，但这些规定大多并没有形成长期、有效的运作机制。同时，这些规定主要内容多为激励法官适用指导性案例进行裁判或是积极报送指导性案例，大多并不涉及“如何适用指导性案例”这一指导性案例释法功能发挥作用的关键命题。以案释法在技术和机制层面的方法指引和规范标准缺位，很容易造成法官只根据个人对指导性案例的理解加以适用或是因为缺乏自信而规避适用，使得指导性案例统一法律适用和规范法律解释的功能失灵。在近年来的司法实践中，法官不主动援引指导性案例、援引指导性案例但不充分说明理由、对案件当事人或其代理人提

---

① 参见胡兴东：《中国古代判例法运作机制研究：以元朝和清朝为比较的考察》，北京大学出版社 2010 年版，第 50－66 页。

② 顾培东：《判例自发性运用现象的生成与效应》，载《法学研究》2018 年第 2 期，第 76 页。

出援引指导性案例的请求不做回应、隐性援引指导性案例进行裁判的现象长期广泛存在。① 以上指导性案例适用的乱象如果不能得到技术和配套机制层面的指引和规范，指导性案例的释法功能难免会发生异化。

三、指导性案例制度性权威的强化路径

（一）明确指导性案例制度性权威的顶层设计

从指导性案例的形式与内容来看，其属于“以案释法”的一种手段和工具，基本符合“81 决议”和《立法法》第 104 条规定的“最高人民法院根据具体法律条文及其立法目的和原则对审判工作中法律应用问题作出解释”的范畴。从目前司法机关的基本共识来看，“81 决议”和《立法法》中的“最高人民法院作出的法律解释”一般被理解为《最高人民法院关于司法解释工作的规定》中的抽象司法解释，即“解释”“规定”“批复”和“决定”。指导性案例实际上还是游离于上述顶层设计的制度框架之外，以至于其面临“名不正而言不顺”的尴尬境地。指导性案例与抽象司法解释在产生主体上是“一根同源”，在功能方面则是“差异互补”和“殊途同归”，因而应当将其纳入相同的制度框架内，使两者具有相当的法源效力地位。

具体而言，可以修改《人民法院组织法》、《案例指导工作规定》等法律或规范性文件的具体内容，明确指导性案例是一种和抽象司法解释“地位平等、形式有别、功能互补”的法律解释手段，从而使其法源效力能够获得来自“81 决议”和《立法法》等规定的权威性支持。例如，可以在《人民法院组织法》中将各类法源适用的顺位明确规定为：“人民法院审理案件应当依照法律（范围以《立法法》的规定为准），在没有充分法律依据的情况下，应当依照（抽象）司法解释并参照与案件具有相似性的指导性案例作出裁判。”另一方面，指导性案例在获取“81 决议”和《立法法》的权威性支持的同时，也要接受后者的制度性监督和规范。根据《立法法》第 104 条之规定，最高人民法院遇到“法律制定后出现新的情况，需要明确适用法律依据的”（即《立法法》第 45 条第 2 款）的情形，应当提请全国人大常委会作出立法解释。例如，在指导案例 89 号（“北雁云依”诉济南市公安局历下区分局燕山派出所公安行政登记案）的审理过程中，最高人民法院就提请全国人大常委会对该案适用的《民法通则》和《婚姻法》相关条文作出了立法解释，后又将该案遴选为指导性案例。② 以上做法也反映出最高人民法院开始自觉的将指导性案例确证为《立法法》第 104 条中所称的“法律解释”范畴，值得肯定。此外，根据《立法法》第 104 条之规定，最高人民法院作出的属于审判中具体应用法律的解释应当自公布

① 参见郭叶、孙妹：《最高人民法院指导性案例 2018 年度司法应用报告》，载《中国应用法学》2019 年第 3 期，第 170 – 174 页。

② 参见蔡小雪：《因公民起名引起立法解释之判案解析》，载《中国法律评论》2015 年第 4 期，第 160 – 163 页。

之日起三十日内报全国人民代表大会常务委员会备案。同时，为了更好的将指导性案例融入现有的法律解释体制，应当严格依照《立法法》第 104 条的规定对其进行报送备案。

（二）明确指导性案例的司法审级地位

从域外经验来看，无论是在奉行“遵循先例”的英美法系国家，还是在司法判例具有“事实上法源地位”的大陆法系国家，司法判例的重要地位大多都没有立法层面的明文规定，而主要依赖于司法审级体制长期运作产生的习惯和共识。与有着数百年近现代司法判例制度运作经验的西方国家相比，我国案例指导制度正式确立和运行至今不到十年，通过指导性案例解释法律的做法还缺乏习惯和共识层面的基础。因此，明确案例指导制度的制度性权威还需要将其融入我国司法审级体制之内，使指导性案例的拘束力和释法功能获得诉讼程序的制度性保障，以塑造以案释法的司法习惯、凝聚以案释法的司法共识。2019 年 2 月 25 日，最高人民法院研究室副主任郭锋表示：“凡是在审判案件的时候，发现与指导性案例在基本案情和法律适用方面相类似的案件，就要参照适用我们已经发布的指导性案例，否则会被二审、再审改判。”① 这意味着背离指导性案例将成为当事人上诉、申请再审或申请抗诉的事由之一。因此，应修改三大诉讼法司法解释，将上述官方观点尽快制度和规则化，规定对于应当参照而没有参照指导性案例作出的裁判结果，需认定为存在“适用法律错误”的情形，并依法撤销、变更或改判。一旦指导性案例的司法地位被制度化，长此以往，自觉的适用指导性案例进行释法将成为当代中国的司法共识和习惯。

四、指导性案例裁判规则供给能力的增强路径

（一）指导性案例裁判规则的异质化路径

指导性案例的异质化建设可以从“裁判规则内容差异化”和“凸显裁判理念与方法指导功能”两个具体层面展开。所谓“裁判规则内容的差异化”，即指导性案例所生成的裁判规则要尽量要实现对制定法和抽象性司法解释条文的补充、细化或扩展，减少对后者的单纯重复或宣示。同时，指导性案例是采用“以案释法”的形式对法律适用问题进行阐释，这就意味着其不仅可以像制定法和司法解释一样生成静态意义的裁判规则（即“裁判要点”），而且也可以发挥制定法和司法解释很难具备的裁判理念与裁判方法指导功能，以从动态意义上实现解释法律、统一法律适用与裁判尺度等重要功效，此即指导性案例的“裁判理念与裁判方法指导功能”。这就要求最高人民法院在发布指导性案例的同时要加强与之配套的理解与适用资料的编写以凸显其裁判理念与方法指导功能，从而实现指导性案例的释法功能实现从“重视解释结论”到“解释结论与解释方法并重”的转型。

---

① 郑立文：《最高法：希望律师积极向法官提出参照适用指导性案例的意见》，搜狐网：http：//www. sohu. com/a/297504546_ 255783，最后访问日期：2019 年 6 月 1 日。

具体而言，指导性案例的释法功能在文本层面要坚持“代表性”“多样性”与“明晰性”。所谓“代表性”，即指导性案例应重点关注某一司法领域、某一案件类型中出现频次较高、现实应对差异性较大的疑难法律问题，并以解决这些法律问题的法律适用困难与不统一为问题导向形成具有代表性与示范性的法律解释方法运用规则。例如，引用频次较高的指导案例24号就是着重运用了体系解释方法引入了英美侵权法领域中的“蛋壳脑袋”等具有代表性的因果关系认定规则。① 所谓“多样性”，即指导性案例不应过于依赖单调化的法律解释方法，而是应尽可能融贯性的运用包括文义解释、体系解释、目的解释、历史解释、社会学解释等多种法律解释方法，同时还要对比多种解释结论的差异并细致说明取舍理由。② 所谓“明晰性”，即指导性案例在运用法律解释方法时应公开、明确，同时要对参与诉讼的律师、当事人等其他主体发表的不同法律意见进行公开的回应，上级法院对下级法院裁判提出不同意见的也要作出实质性的解释说明。例如，指导案例27号就对辩护人提出的“被告人的行为构成诈骗而非盗窃”等法律解释争议问题进行了回应。由此，法官在研习指导性案例时不仅能“知其然（解释结论）”而且能“知其所以然（解释方法）”，同时也可以起到规范其解释方法的运用、约束解释权力以及为司法的外部监督提供判断标准的功用。

为了实现上述目标，指导性案例可以考虑采用“效力相同的多版本”汇编模式，以满足不同主体不同层次的法律解释方法需求。具体而言，可以由最高人民法院牵头，引导激励律师、检察官和法律学者等在内的多方主体参与到指导性案例的遴选与编纂过程中，并同时推出“精简版”“标准版”和“评注版”三种不同版本但法律效力相同的指导性案例文本。其中，“精简版”指导性案例以标题、编号、关键词、裁判要点和主要裁判理由为组成部分，旨在便于法律人通过互联网数据库或传统文本等模式检索与引用，旨在提升法律发现的效率。“标准版”则是在优化现有指导性案例文本结构的基础之上，强化裁判说理并附上裁判文书原文，从而为指导性案例适用提供更为丰富的参考和对比资料，便于法律人研习其蕴含的法律解释方法运用经验与智慧。“评注版”则在“标准版”的基础之上，加入对裁判要点、裁判理由更为细致的解释与论证以及关于类似案例、关联案例、实务经验、理论学说等延伸性探讨，旨在实现指导性案例的释法功能“源于个案”而又“超越个案”，从而为法律实务与法学理论研究提供焦点与平台。指导性案例的多版本编纂不仅可以满足不同层次和不同需求主体的现实需要，而且也有助于通过相互关联与对比凸显法律解释方法运用的思维规律，同时发挥其凝聚法律人共识、促进我国法律职业共同体形成的深远价值。

---

① 参见程啸：《受害人特殊体质与损害赔偿责任的减轻——最高人民法院第24号指导案例评析》，载《法学研究》2018年第1期，第68页。

② 孙光宁：《法律解释方法在指导性案例中应用及其完善》，载《中国法学》2018年第1期，第111－112页。

（二）指导性案例裁判规则的体系化路径

指导性案例体系化的前提是指导性案例的数量和类型达到一定规模，因此首先应当增加指导性案例的数量积累并丰富其所涵盖的案件类型。在数量积累方面，可以适当扩大指导性案例的报送主体并建立与之配套的激励制度，在辅之以近年来高速发展的人工智能、大数据等智慧司法科技手段，从海量的案例与裁判文书数据库中抓取和提炼出更多优质案例并加快指导性案例的发布频次。[①] 在丰富案件类型方面，既要重视传统司法领中频发且缺乏统一明确裁判规则的案件类型，也要关注因社会经济发展产生的新型案件。对于传统类型案件的遴选应坚持“拾遗补漏”的原则。例如，实践中引用频次较高的指导案例24号就是对机动车交通事故责任纠纷、保险合同纠纷等传统私法领域中法律漏洞的重要补充。新型案件的遴选则可以采用“专题化”的方式进行。例如，自2018年12月19日至2019年2月25日不到三个月期间，最高人民法院先后发布了三批次共16个指导性案例，且第20批（指导案例102号至106号）和第21批（指导案例107至112号）指导性案例分别是关于计算机网络类犯罪专题和服务保障“一带一路”建设的专题。

当指导性案例生成的裁判规则数量达到一定规模后，运用法律教义学方法实现指导性案例裁判规则的体系化。在理论层面，法律教义学思维能够为由制定法、抽象司法解释、指导性案例以及其他法律渊源形式（如习惯）之间的体系融贯提供来自逻辑层面、价值层面和理念层面的多重支持。[②] 在技术手段方面，法律教义学思维的运用可以借助“法律评注”实现。作为欧陆法学特别是德国法学的代表性法律文献，法律评注具有以现行制定法为中心、强调对实践问题的回应、重视司法判例和法律教义学方法等特征，其对法学理论研究和法律实务难题解决发挥了重要推动作用。[③] 基于上述启发，指导性案例的体系化应坚持“内外融贯”的基本理念，并借助“法律评注”的技术手段实现。指导性案例所生成的裁判规则不能只停留在“碎片规范合集”的程度，而是要形成一个逻辑与理念上相互关联的有机整体。同时，指导性案例还要以解决实践法律问题为导向，与其相关的制定法、抽象性司法解释、习惯、学说等形成一个融贯体系。

---

① 根据相关报道，最高人民法院在近年来已经开始运用“互联网+”思维并依靠大数据、云计算等信息化手段，抓取、分析、编选指导性案例。参见最高人民法院：《最高人民法院发布第21批指导性案例》，载《人民法院报》2019年2月26日第02版。

② 参见雷磊：《法教义学与法治：法教义学的治理意义》，载《法学研究》2018年第5期，第70－72页。

③ 参见贺剑：《法教义学的巅峰：德国法律评注文化及其中国前景考察》，载《中外法学》2017年第2期，第376页。

五、指导性案例适用技术与配套机制的规范路径

（一）指导性案例适用技术的规范路径

指导性案例释法功能的实现本质上是法官援引指导性案例以解释和适用法律的过程，这一过程具有很强的实践性和经验性。基于前文的论断，我国并不缺乏以案释法的司法经验，关键在于如何运用法学理论从碎片化的经验中抽取出体系化、明细化的裁判方法运用规则。本文认为，指导性案例适用技术的规范化可以沿着“经验——理论——技术”的路径进行。这就要求法学理论界与实务界要重视运用大数据、人工智能等现代科技与统计手段，加强对司法实践中指导性案例运用经验的实证研究，以便对实践经验进行全面的归纳和提炼。正如《案例指导工作规定》的表述，“总结审判经验”不仅是建立案例指导制度的重要目的之一，同时也是该制度的运作基点。这里的“经验”并不局限于对指导性案例的运用经验，也包括对其他形式司法判例的运用经验。在关注国内相关经验的同时，也要本着国际化视野，适当的参考借鉴西方判例适用技术。同时，还要将已经归纳和提炼的指导性案例运用经验进行理论加工。这里的“加工”包括运用理论对经验进行分析、批判、凝练、完善和拓展，通过“实践经验——理论方法”之间的循环反馈形成符合我国司法实践的指导性案例适用理论

在实现了指导性案例适用经验向理论的转化后，还要实现相关理论向司法技术的转化。在西方国家，司法判例的适用技术主要包括“区分（distinguish）”“解释（explain）”“变更（modify）”“背离（overrule）”四大方面。① 基于上述域外经验的启示，指导性案例参照理论转化为技术应重点关注类案检索方法、案件相似性判断方法、案件的变更适用方法、案件背离适用的判断与论证、类案类判的说理方法等，并生产简明、清晰和要件化、流程化的类案参照适用技术指引。同时，指导性案例的适用技术也要坚持“智慧司法”的与时俱进理念加强与新兴司法科技手段融合。例如，通过打造更新速度更快、内容更为全面的一体化案例共享数据库为指导性案例的参照提供更为广阔的“参照系”；强化案件关键信息标注、识别与数据挖掘以提高指导性案例的生成效率；通过完善以案例指导为核心的类案与关联案智能推送技术、提高类案文本信息抓取与对比的精确度强化指导性案例参照适用的准确度。

（二）指导性案例适用机制的规范路径

一方面，需要改革现有的裁判文书说理模式，为指导性案例的参照适用创造充分空间。现有裁判文书说理规范规定指导性案例“不得作为裁判依据”容易遮蔽指导性案例事

① D. Neil MacCormick, Robert S. Summers and Arthur L. Goodhart: Interpreting Precedents, Routledge, 2016, p. 559.

实上的释法功能，使其地位与功能不相符。此外，由于不能直接作为裁判依据，指导性案例释法功能的运作过于隐蔽，这也不便于上级法院对下级法院参照适用指导性案例的情况进行有效监督。因此，需要修改《案例指导工作规定》及其实施细则、关于裁判说理的规范性文件（如《人民法院民事裁判文书制作规范》等），规定法官在参照指导性案例时，应当在裁判文书的“裁判依据”部分援引其编号以及其所关联的法律条文和司法解释条文，并在“裁判理由”部分解释说明其参照适用的依据。同时，还应规定无论是法官主动援引参照指导性案例进行裁判，还是对于案件当事人及其代理人、辩护人提出的参照适用指导性案例的请求，法官均要作出实质性说明或回应。如此一来，不仅有利于促进指导性案例释法功能运作的公开化和规范化，而且也可以激励和倒逼法官研习“以案释法”的说理方式，从而促进我国裁判文书释法说理质量的提升。

另一方面，还要加强案例指导制度与司法责任制特别是与“类案与关联案检索机制（简称‘类案检索机制’）”的衔接。裁判文书说理机制与类案检索机制对于规范指导性案例的释法功能可谓是“互为表里”，裁判文书释法说理是对类案检索技术和结论的合理表达，类案检索则是裁判文书说理的实质内容和依据。因此，应当以《最高人民法院司法责任制实施意见（试行）》的相关规定为框架，以类案检索报告制作为载体，以指导性案例的参照适用技术为核心推广和落实类案检索机制。类案检索报告的内容应至少包括待解决案件与相似案件的基本事实、争议焦点或核心法律问题、法律依据、裁判结果等要素的对比和说明，在必要的情况下还应载明合议庭或审委会不同的裁判意见、相关理论争鸣、比较法中相关或相似的裁判规则等要素。对于指导性案例适用参照适用的情况，应当制作类案检索报告并允许案件当事人或代理人、辩护人查阅、复制，对于不涉及国家秘密、商业秘密和个人隐私的类案检索报告可以公开发布，以此作为指导性案例参照适用的辅助资料。此外，还应当对《最高人民法院司法责任制实施意见（试行）》第40条规定的类案办理规则进行进一步细化和拓展，以此建立以指导性案例为核心的类案变更适用与背离机制，并将其与法官的司法责任、奖惩考核等挂钩，从而为规范指导性案例释法功能的运作提供更为全面的机制保障。

六、结语

本文在强调指导性案例释法功能的重要性基础之上，探究了其存在的主要缺陷，并重点从制度层面、文本层面、裁判技术与配套机制层面出发，提出了完善指导性案例释法功能的全方位对策。案例指导制度的发展与完善以及通过指导性案例实现以案释法的实践目的都需要长期的坚持、持续的观察以及深入的反思。随着相关制度、理论和实践的不断推进，案例指导制度迟早会真正有机地融入我国的司法体制，通过指导性案例解释和适用法律也将发挥其独特的实践功用。

（编辑：吕玉赞）

裁判文书中的“法理”：含义类型、基本态势及其启示*

孙光宁**

摘　要　裁判文书是发现法理的重要素材。通过对包含“法理”关键词的最高人民法院裁判文书中进行分析，可以梳理获得裁判文书中法理概念的基本含义类型。以审判地区、案件类型、审理程序、提出主体等指标，对最高人民法院和高级人民法院包含法理概念的有效裁判文书进行量化分析可以看到，裁判文书中的法理概念含义类型与主要分析指标的相关关系并不明显，呈现出一定的随机性和分散性；同时，在抽象程度上尽量接近具体法律规则，成为裁判文书使用法理概念的整体倾向，其中“部门法具体原理”这一含义类型所占据的比例比较明显。各级法院裁判文书中直接引述法理概念在总体频次上呈现加速度发展，在此背景下，有必要继续细化和规范裁判文书使用法理概念的方式，最高人民法院应当在其中发挥引领和示范作用。

关键词　法理　裁判文书　最高人民法院　释法说理

一、问题、材料与进路

裁判文书是司法过程的重要文本载体之一，不断深化的法治进程也对裁判文书的写作提出了更高要求。针对目前司法实践中裁判文书说理不强的现状，最高人民法院也不断采取各种措施，积极引入“法理”就是其中非常重要的改进方向。《最高人民法院关于加强

* 基金项目：司法部2019年国家法治与法学理论研究项目“类案裁判的认定标准与操作方法研究”（批准号：19SFB3001），山东大学威海校区教研项目“全程互动案例教学模式在法律方法课程中的运用实践研究”。

** 孙光宁，男，山东枣庄人，山东大学（威海）法学院教授，博士生导师，主要研究方向为司法理论，法律方法论。

和规范裁判文书释法说理的指导意见》多次提及“法理”，一方面，裁判文书在整体上应当体现事理、法理、情理和文理的结合：“要释明法理，说明裁判所依据的法律规范以及适用法律规范的理由；要讲明情理，体现法理情相协调，符合社会主流价值观”；另一方面，在微观辅助性论据中，“法理及通行学术观点”也占据着重要位置。最高人民法院将此处的“法理”界定为法律的通常原理，与通行学术观点并不相同。[①] 司法实践中，数量巨大的裁判文书对“法理”概念的界定要更加全面、丰富和多样，对其现状进行细致考察能够为更好地借助“法理”来充实裁判文书的释法说理提供更加有效的启示，这也是本文选题的基本立意。

就具体的分析材料来说，借助于中国裁判文书网的数据库，本文的研究主要针对的是包含“法理”关键词的高级人民法院和最高人民法院裁判文书。具体来说，以“法理”作为全文搜索关键词，搜索日期确定为 2019 年 4 月 30 日，使用 SPSS22 作为量化分析工具。以上研究材料的选择主要是基于以下一些理由。(1) 虽然对包含法理概念的裁判文书进行全面梳理，有助于了解司法实践中对法律概念的使用，但是，在 2019 年四月底以“法理”作为全文搜索关键词，获得的各级裁判文书大约有 10 万份，这一数量处理超过了人工处理的范围。虽然可以使用人工智能技术中的自然语义处理，但是“法理”这一概念本身就具有十分丰富的含义，尚未在学界中形成完整统一的通说。单纯依靠人工智能中的自然语义识别处理，很难进行有效的类型概括，后续的数据统计研究也会受到很大的影响。因此，本文选取了高级人民法院和最高人民法院的相关裁判文书共约 5000 份作为分析素材，各种指标中仅有“裁判文书使用法理概念的含义类型”为人工分析。(2) 在大数据的技术应用中还会出现很多的冗余与错误信息，影响统计的结果和结论，数据清洗也是非常必要的。从司法机关审判机关的等级设置来看，高级人民法院和最高人民法院能够更加准确地使用法理概念，而很多基层法院和中级法院运用这一概念的规范性则有所欠缺。通过对高级人民法院和最高人民法院相关裁判文书的梳理，能够为基层法院和中级人民法院运用法理在裁判文书中进行释法说理提供更好的指引。(3) 从数据的增长情况来看，2019 年 4 月到 2019 年 5 月这一个月期间，包含“法理”的裁判文书数量增长约为 4000 份，多数都是已有基层法院和中级人民法院作出的裁判文书所涉及的。数量上的急剧变化也会影响法理概念分析的稳定性。相比而言，高级人民法院和最高人民法院涉及法理的裁判文书在数量上增长偏小，内容和类型上比较稳定，更适合作为分析的对象。

由于直接对 5000 份裁判文书进行分析，很难直接概括出裁判文书使用法理概念的类型，因此，本文的研究采取了从小样本分析到全样本分析的研究步骤。首先，针对最高人民法院涉及法理概念的裁判文书约 500 份进行分析，从中概括出裁判文书使用法理概念的

---

① 最高人民法院司法改革领导小组办公室编：《最高人民法院关于加强和规范裁判文书释法说理的指导意见理解与适用》，中国法制出版社 2018 年版，第 213 页。

基本类型。其次，对高级人民法院和最高人民法院相关的5000份裁判文书进行数据统计，包括案件审理地区、案由类型、审判程序、提出主体，等等，这些都是分析的主要指标。这里将重点分析裁判文书中“法理”概念的发展趋势。最后，以上述数据分析为基础获得相应的启示，并提出将裁判文书引入法理概念进行释法说理的改进措施。

二、裁判文书中“法理”概念类型：基于最高人民法院裁判文书的分析

无论是从人员构成、知识储备、权力层级以及运用法理的裁量空间来说，最高人民法院都具有明显的优势，其规范程度也应当首屈一指；而且，基于最高人民法院在裁判文书使用的法理概念，也能够为地方各级法院提供启示和指引。因此，从概括裁判文书中法理概念含义的角度来说，最高人民法院的裁判文书是非常合适的小样本优先对象。基于前述关键词和时间标准，获得全文包含“法理”的最高人民法院裁判文书共486份，通过人工识别和筛选排除了无效裁判文书共359份，剩余有效裁判文书共127份。

通过对全部有效裁判文书的梳理，能够得到法理概念的六种基本含义，主要分类的依据是相比于具体法律规则的抽象程度。裁判结果的形成必须以明确具体的制定法作为依据，裁判文书的写作也多是围绕着具体的法律规则（法条）展开。相比而言，法理概念要更加抽象和概括，是隐藏于具体法律规则之后的依据或者资料。前述列举的六种含义，正是依据抽象程度的不同所作出的划分，从模糊使用到阐释法条，再到部门法原理，以及超越部门法的基本法律原理。虽然以上含义的概括是基于最高人民法院的裁判文书作出的，但是，通过后续对多地高级人民法院裁判文书中的分析也可以印证，以上分类比较合理和准确，全文包含“法理”的高级人民法院裁判文书，并没有为以上六种含义增加重要的实质性内容。这些含义及其主要特征，以及代表性裁判文书中的相关表述如下：

类型1. 意义模糊、概括笼统，无准确指向

主要特征：法理概念的使用并没有确切含义，经常在裁判文书的尾部与“常理”、“法律”等直接连用，总体上仅仅发挥了修辞作用，无法准确确定其明确指向，难以成为有效的分析对象。

主要例证裁判文书及其表述：

（2011）民申字第648号：陈祥、陈遵桂的陈述缺乏依据，也不符合法理和常理，应认为陈祥、陈遵桂作虚假陈述。

（2013）民申字第1787号：二审判决对本案事实的认定，无论从证据的分析取舍，还是法理及常理的论述，再到法律的适用，无明显不妥。

（2014）民申字第952号：其观点缺乏法律、法理依据，本院不予支持。

（2014）民提字第173号：二审判决“京圳公司对于香河工程一期欠款不承担责任”的判理不适用于香河工程二期欠款缺乏事实与法理依据。

（2016）最高法执监334号：人民法院审判案件实行合议制，因作出执行依据的原审

判合议庭已对当事人实体法律关系及民事责任进行全面审查，故由原审判合议庭对执行依据给付内容进行解释，具有相应法理依据，也能够减少当事人诉累，平衡保护各方当事人权益。

（2018）最高法行申 1493 号：本案有合法的征地批复手续，故王庆林要求恢复原状已无可能和必要，故一、二审未支持其将房屋恢复原状的诉讼请求，合乎情理、法理。

（2013）行监字第 22 号：原审法院综合本案具体情况，裁量确定物品损失赔偿你人民币 10 万元，符合本案基本事实，合乎情理与法理。

类型 2. 与法律规范的联合适用，指向共同结论

主要特征：法理概念与较为明确的法律规范连用，这里的法律规范比前一种类型中笼统的"法律"要更加细致，但是也未必都提及明确的法律条款，多数是具体到部门法。虽然这一类型的法理概念仍然不够细致，但是能够具体到部门法，较之于前一类型则是细化了一步。

主要例证裁判文书及其表述：

（2015）民申字第 1267 号：一审法院将诚昆公司在一审的诉讼地位由有独立请求权之第三人变更为原告，该项变更，不违反法律规定，亦合法理，且不影响诚昆公司诉讼权利的行使。

（2014）民提字第 00054 号：出现了同一章程对其生效时间的规定前后不一致的情形，此时根据章程本身已经无法确定生效的时间，而只能根据相关法律规定和法理，对《宏瑞公司章程》的生效问题作出判断认定。……本院认为，经法定程序修改的章程，自股东达成修改章程的合意后即发生法律效力，工商登记并非章程的生效要件，这与公司设立时制定的初始章程应报经工商部门登记后才能生效有所不同。

（2015）行监字第 634、635、636、637、638 号：二审判决结合案件实际情况，在市场评估价格的基础上，酌定上浮 25% 予以赔偿，较好地保护了被申请人的合法权益，判决结果依法有据，合乎法理和情理。

（2015）民申字第 2949 号：二审判决认定泰安商业银行的该项主张既缺乏法理基础，也有违物权法的规定，并无不当。

（2016）最高法行申 3507 号：依据现行行政法理论和行政诉讼法律的规定，村委会依据《中华人民共和国村民委员会组织法》实施的行为，并不属于人民法院行政诉讼受案范围，人民法院亦无权对此类行为进行司法审查。

（2016）最高法行申 4372 号：依据现行行政法理论和行政诉讼法律的规定，51 号通知不具有可诉性。

（2016）最高法行申 2738 号：经复议的案件，复议机关决定维持原行政行为的，作出原行政行为的行政机关和复议机关是共同被告。这是修改后的《中华人民共和国行政诉讼法》作出的新的制度设计，目的是为了促进行政复议功能得到更好的发挥。……本案中，原审法院经审查认为，再审申请人申请的事项涉及朝阳区小红门乡绿化隔离带建设腾退，其要求朝阳区政府对上述事项进行查处不属于朝阳区政府的法定职责，由此认定再审申请人的起诉无事实根据并裁定驳回再审申请人的起诉，就体现了前述法理。

（2016）最高法行申4469号：根据现行行政法理论和行政诉讼法律的规定，行政机关的内部行政行为不属于行政复议和行政诉讼受案范围。

（2015）民一终字第267号：根据相关规定及法理，法人机关成员（如法定代表人、董事会成员、高级管理人员等）并不明显超越职权范围的行为、代理人在代理权限内的行为，其效果直接归属于法人，故上述两类人员对于相对方的欺诈故意即可认定为法人的欺诈故意。

（2017）最高法民再116号：由于紫金农商银行是基于票据追索权提起的诉讼，因此，依照前述法理和规定，在该合法止付期间，奥冠公司也应该给付按照同期银行活期存款利率计算的利息。

（2017）最高法行申8483、8649、8650号：在现行法律对土地、林地等不动产权属争议处理程序未采取严格限定标准的情况下，一概认为不动产登记发证后再提出的争议即不属于不动产权属争议，尚缺乏法理和法律依据，也与我国现行不动产管理实践和管理水平不相符合。

（2018）最高法民申4722号：就大庆市水务局放水导致承包鱼塘存鱼死亡这一侵权事件，纪俊清存在避险不及时的过错，直接导致其个人渔获损失扩大，应该自行承担一部分损失。二审法院判定其承担50%的过错责任，符合法理和本案实际，并无明显不当。

类型3. 对具体法条（或司法解释）的进一步阐释（细化或者深化）

主要特征：在形式上，法理概念经常紧接着具体的法律条款；在内容上，这一类型的法理概念是对前述法律条款进行具体解释，有的属于对条款的细化，有的则是揭示条款背后的更高层次的原理。这一类型的法理概念明确和细致的程度较高，特别是能够与具体条款相结合，展示了法官运用特定法律条款的理由，实质上是法官释明权的具体体现。这里的法律条款不仅包括制定法规则，还包括司法解释，二者都属于涉案的抽象规则。法官运用这种类型的法理，体现了将抽象规则与案件具体事实的结合，在数量上也是较多的。

主要例证裁判文书及其表述：

（2013）民二终字第117号：根据《破产法》第五十一条规定的“债务人的保证人或者其他连带债务人已经代替债务人清偿债务的，以其对债务人的求偿权申报债权”之法理，在平等保护破产债权人及担保人的合法权利上，体现了立法目的的一致性。

（2014）民申字第1170号：《最高人民法院关于审理城镇房屋租赁合同纠纷案件具体应用法律若干问题的解释》第二十条第一项规定所适用的法律关系客体系房屋，而本案由尼机械公司所主张的对抗房屋抵押权的客体是土地使用权，故该土地使用权并不属于上述司法解释第二十条第一项法律关系客体的适用范围。但是，尽管本案山东高院适用该司法解释的规定确有瑕疵之处，但是该司法解释规定所体现的法理恰是本案处理的理论基础，同《物权法》第一百九十条规定的理论基础一致。

（2014）民申字第 2024 号：依照上述法律规定体现出的法理，利普顿公司与九台建筑公司是否能依据双方签订的《建设工程施工合同》，成立建设工程施工合同，利普顿公司享有合同约定的发包人权利，除需考察合同载明的缔约人外，尚需对双方是否就所签合同形成真实意思合意作出认定。

（2015）执申字第 46 号：《最高人民法院关于适用〈中华人民共和国民事诉讼法〉的解释》第五百零一条再次确认了该原则。此时，申请执行人如果认为次债务人的异议不成立，应通过代位权诉讼等其他途径予以救济。该规则背后的法理基础是“债权的相对性”及“审执分离”原则。

（2016）最高法行申 3033 号：修改后的《行政诉讼法》施行后，《最高人民法院关于适用若干问题的解释》第四条规定：“公民、法人或者其他组织依照行政诉讼法第四十七条第一款的规定，对行政机关不履行法定职责提起诉讼的，应当在行政机关履行法定职责期限届满之日起六个月内提出。”该规定体现的就是这样一个法理：提起不作为之诉也要作出一定期限限制，以避免原告的起诉过于拖延，进而影响行政效率、浪费司法资源。

（2017）最高法民申 285 号：《最高人民法院关于审理建设工程施工合同纠纷案件适用法律问题的解释》第二条规定：“建设工程施工合同无效，但建设工程经竣工验收合格，承包人请求参照合同约定支付工程价款的，应予支持。”根据其法理，合同无效，但双方合同已经履行且房屋已经通过验收合格的，发包人也可以要求承包人履行交房的义务。

（2017）最高法民申 1630 号：《最高人民法院关于适用 < 中华人民共和国民事诉讼法 > 的解释》第四百零七条规定：“人民法院经再审审理认为，原判决、裁定认定事实清楚、适用法律正确的，应予维持；原判决、裁定认定事实、适用法律虽有瑕疵，但裁判结果正确的，应当在再审判决、裁定中纠正瑕疵后予以维持。”综上，结合上述规定的法理，鉴于二审实质裁判结果正确，本院对再审申请人的再审申请予以驳回。

（2017）最高法民申 2253、2263、2274 号：抵押登记的不动产要在法律上产生抵押权设立的效力，必须符合《物权法》第六条关于公示的要求，必须具体、特定、明确。……之所以要求抵押登记的不动产必须具体、特定、明确，其法理基础还在于不动产抵押登记有三项主要功能：……

（2017）最高法民再 136 号：如果百富公司存在为了自己利益不正当地阻止股权回转条件成就的情形，张世贵可以根据《合同法》第四十五条规定的相关法理，主张股权回转条件成就，诉请将案涉股权返还给张世贵。

（2018）最高法行申 1299 号：根据《中华人民共和国政府信息公开条例》第二十条的规定，公民、法人或者其他组织向行政机关申请获取政府信息的，应当采用书面形式；采用书面形式确有困难的，可以采用口头形式。据此，通过邮寄的方式申请政府信息公开应当属于书面形式之一，但是，根据法理及常识，通过邮寄方式申请的，应当准确写明受理申请的行政机关的名称、地址、联系方式等，如果因申请人原因，致使邮件未能准确及时送至有关行政机关，则该行政机关不存在违法之处。

（2013）民二终字第117号：根据《破产法》第五十一条规定的“债务人的保证人或者其他连带债务人已经代替债务人清偿债务的，以其对债务人的求偿权申报债权”之法理，在平等保护破产债权人及担保人的合法权利上，体现了立法目的的一致性。

（2018）最高法民申2634号：民间借贷司法解释二十三条第二款规定，企业法定代表人或负责人以个人名义与出借人签订民间借贷合同，所借款项用于企业生产经营，出借人请求企业与个人共同承担责任的，人民法院予以支持。该司法解释企业承担责任的法理基础是法定代表人或负责人的职务行为，而职务行为的表现是其所借款项投入了企业的生产经营。

（2018）最高法民申1305号：虽然2004年8月28日修正的公司法与现行公司法在确认股东会决议效力方面的规定表述稍有不同，但法理相通，现行公司法是对2004年8月28日修正公司法规定的进一步细化。根据公司法立法精神，对股东会决议效力的认定，不仅要考虑股东召集、表决程序是否规范，更需注重的是股东会决议是否系股东的真实意思表示。

（2018）最高法民申2986号：《最高人民法院关于适用若干问题的规定（三）》第十三条第二款规定：“公司债权人请求未履行或者未全面履行出资义务的股东在未出资本息范围内对公司债务不能清偿的部分承担补充赔偿责任的，人民法院应予支持”。第十八条规定：“有限责任公司的股东未履行或者未全面履行出资义务即转让股权，受让人对此知道或者应当知道，公司请求该股东履行出资义务、受让人对此承担连带责任的，人民法院应予支持；公司债权人依照本规定第十三条第二款向该股东提起诉讼，同时请求前述受让人对此承担连带责任的，人民法院应予支持。受让人根据前款规定承担责任后，向该未履行或者未全面履行出资义务的股东追偿的，人民法院应予支持。但是，当事人另有约定的除外”。在公司法理论上，股东未履行或未全面履行出资义务可进一步细化为股东出资不实、虚假出资、抽逃出资三种情形。

（2018）最高法行申4773、4738号：《最高人民法院关于适用〈中华人民共和国行政诉讼法〉的解释》第九十四条对此进行了明确，该条第一款规定：“公民、法人或者其他组织起诉请求撤销行政行为，人民法院经审查认为行政行为无效的，应当作出确认无效的判决。”第二款中规定：“公民、法人或者其他组织起诉请求确认行政行为无效，人民法院审查认为行政行为不属于无效情形，经释明，原告请求撤销行政行为的，应当继续审理并依法作出相应判决。”本案一审裁判作出时，虽然上述司法解释尚未施行，但依据法理和先前最高人民法院的裁判观点，亦应行使相应的释明权。就这一点而言，再审申请人的再审理由不无道理。

（2018）最高法行申6716号：《最高人民法院关于审理房屋登记案件若干问题的规定》第八条也正是基于上述法理作出规定，即“民事争议处理期间不计算在行政诉讼起诉期限内”。

（2018）最高法民终189号：《查封规定》第十七条规定：被执行人将其所有的需要办理过户登记的财产出卖给第三人，第三人已经支付部分或者全部价款并实际占有该财产，但尚未办理产权过户登记手续的，人民法院可以查封、扣押、冻结；第三人已经支付全部价款并实际占有，但未办理过户登记手续的，如果第三人对此没有过错，人民法院不得查封、扣押、冻结。该条规定的法理为，不动产作为基本生活资料对社会主体具有重要意义，加之我国不动产登记制度不够完善，在执行程序中应对符合规定条件的不动产买受人予以特殊保护，以平衡执行申请人与特定不动产买受人之间的权益，实现实质公平并维护社会稳定。

（2015）行提字第24号：因这一问题涉及证券法第四十七条的理解，证券法理论和执法实践存在“一端说”“两端说”和“折中说”的分歧，为慎重起见，本院根据《中华人民共和国立法法》第六十四条规定正式向全国人民代表大会常务委员会法制工作委员会提出法律询问。

类型4. 部门法具体原理

主要特征：法理概念的使用并不局限于对特定法条的解释，而是上升到案件部门法内部的具体原理，这里的原理并没有上升到部门法基本原则的高度，大致属于部门法基本原则的衍生或者派生原理。目前收集到的裁判文书中，合同法和公司法裁判文书论及的次数较多。

主要例证裁判文书及其表述：

（1）公司法：

（2013）民申字第1173号：从法理上讲，股东利益追求是相同的，原股东丧失股东身份后，完全可以由其他适格股东继续进行诉讼。在其他股东不愿意继续诉讼的情况下，应当将股东代表诉讼转变为直接诉讼，由被告直接赔偿原告损失，这种情况下诉讼标的额应当重新计算确定。

（2014）民提字第48号：根据公司法理论，蓝翔公司作为依法设立的独立法人，不仅对公司财产享有所有权，而且根据法律和章程自主行使经营权。

（2014）民二终字第261号：兴安盟时光公司虽暂处于被吊销营业执照的状态，但依据我国相关法律规定的公司法人制度及公司法理，这并不构成上述股权变动的法律障碍。

（2）债权法（合同法）：

（2014）民提字第71号：法理上讲，虚假意思表示的合同对内和对外产生不同的法律效果。从对内效果看，意思表示真实是合同生效要件，由于缔约双方意思表示不真实，双方所签订的合同并未生效，亦对双方不产生拘束力。但对外而言，缔约双方不能以其意思表示不真实为由对抗第三人。

（2014）民提字第 220 号：依据法理和当事人之间的约定，受让方亚商公司承继转让方建投公司的债权以及相关权利义务，该权利包括诉讼上的权利，因此，在债权转让后，转让方或者受让方有权请求法院变更诉讼主体。直接变更诉讼主体并不影响本案真正权利主体和债务人的实体权益的实现和保护，且符合诉讼经济原则，避免浪费诉讼成本。

（2013）民申字第 2297 号：依合同法理，合同的性质由当事人的真实意思表示，即当事人约定的权利义务所决定。

（2014）民申字第 2159 号：根据合同法理论，未履行合同既包括没有履行，也包括没有完全履行。

（2014）民二终字第 205 号：根据我国合同法理论，合同终止属合同解除的上位概念，即解除合同是终止合同权利义务的其中一种方式，但不论是解除还是终止，都系针对有效合同而言。

（2016）最高法民申 1893 号：根据连带责任的法理，负有工程款给付义务的飞宇公司向连带债权人中的任何一方给付，对于其他连带债权人也发生效力，即发生在给付范围内债务关系消灭的效果。

（2016）最高法民申 2681 号：工行十堰人民路支行基于非债清偿而执行了债务人水电水产公司的财产，受有损失的是水电水产公司，因而有权主张不当得利的是水电水产公司。梅艳直接以工行十堰人民路支行损害了其合法债权利益，获得不当得利而提起诉讼，不符合不当得利基本法理。

（2017）最高法民申 1940 号：因共同借款人对共同借款并未约定责任承担方式，推定双方承担连带责任，符合相关法理。

（2017）最高法民终 909 号：依传统民法理论，当事人之间签订的合同可以分为预约合同和本约合同，预约合同的目的在于当事人对将来签订特定合同的相关事项进行规划，其主要意义就在于为当事人设定了按照公平、诚信原则进行磋商以达成本约合同的义务；本约合同则是对双方特定权利义务的明确约定。

（3）物权法：

（2017）最高法民申 691 号：根据物权法理论，被拆迁人对拆迁补偿安置房屋所享有的物权优先效力可自由处分，即被拆迁人有权按照其意愿和实际情况，既可请求行使优先权，也可放弃该权利。

（2018）最高法民再 445 号：至于何种生效法律文书能够导致物权变动，还应结合其他法律、司法解释的规定、基本的物权变动法理以及当事人之间的基本利益平衡和交易安全综合考虑。

（2018）最高法民终 873 号：一审判决关于案涉账户内资金的所有权仍归中油长运公司所有、并未转移至景禹能源公司的认定，虽然论理难言充分，但契合特定目的的存款账户的法理逻辑，且其关于不得就案涉款项加以强制执行的判决结果正确，本院在指出其论理瑕疵的同时维持其判决结果，不再就此予以展开。

（4）民事诉讼法

（2017）最高法民申 1357 号：在一审判决结果有利于梁英春的情形下，梁英春作为被告提出上诉要求支持原告张洪森的主张，该上诉请求对梁英春而言，缺乏诉讼利益，也与其被告诉讼地位相悖，明显违反诉讼法理。

（2017）最高法民申 5098 号：聚成公司提出“基于协议折价抵房的事实，该公司享有对 111 号房产物权期待权足以阻却执行”“一审法院掩盖了 111 号房屋已经合法协议折价抵债实现优先受偿权的审查事实是违法的”的再审申请理由，与执行异议之诉的法理不符。

（2018）最高法民申 390 号：从一、二审判决论述的观点看，系立足于双方存在施工合同基础法律关系，比对双方提供证据的证明力，依据高度可能性的证据适用规则，综合分析后作出的认定。此判断方法，符合法律规定，具有法理基础，但存在与实际情况不相符的可能性。

（2011）民申字第 167 号：在保证合同无效的情况下，保证责任因缔约过失而转换为赔偿责任，依法理，不应适用保证期间，而应适用诉讼时效期间。

（5）行政法（行政诉讼法）

（2017）最高法行申 1174、1184、1186、1187 号：本院认为，在一些国家和地区，的确要求当事人在提起确认行政行为无效之诉时，必须已向作出行政行为的机关请求确认行政行为无效而未被允许或未获答复。规定此一先行程序，有利于穷尽更为便捷的行政救济手段，避免滥诉。但该先行程序通常必须基于法律的明文规定。而在我国，行政诉讼法以及其他法律、法规对此并未规定。因此，一审法院的裁判理由尽管合乎法理，却没有明确的法律依据，由此驳回当事人的起诉，客观上不仅会对当事人行使诉权增设门槛，也会为行政机关附加法定之外的先行处理义务。

（2017）最高法行申 7612 号：基于行政复议和行政诉讼在对当事人权利义务不产生实际影响的行为不属于受案范围的规定和法理上的共通性，信访处理行为，无论是作为还是不作为，同样不属于行政复议受案范围。

（2017）最高法行再 99 号：民事协议与行政协议、民事诉讼与行政诉讼，一般仅具有法理分工和管辖指引功能。审理行政协议案件既要适用行政法律规范，也要适用不违反行政法和行政诉讼法强制性规定的民事法律规范。实践中，民事协议可能交由行政审判庭审理，行政协议也可能交由民事审判庭审理。

类型 5. 部门法基本原则

主要特征：这一类型的法理概念主要是直接将特定部门法基本原则作为裁判理由进行阐释，例如比较典型的就是诚信原则。多数情况下，裁判文书可以直接提及部门法基本原则的名称，但是，少数情况下还需要具体分析相应的原则指向。由于特定部门法原则数量不多，而且引入原则进行说理论证也存在着较大风险和负担，使用这一类型法理概念的裁判文书在数量上偏少。

（2010）民提字第 113 号：“从法律规定和法理来说，企业名称（商号）权在性质上亦属于知识产权。”“我国于 1993 年 12 月 1 日起施行的反不正当竞争法第二条规定：“经营者在市场交易中，应当遵循自愿、平等、公平、诚实信用的原则，遵守公认的商业道德。本法所称的不正当竞争，是指经营者违反本法规定，损害其他经营者的合法权益，扰乱社会经济秩序的行为。”该条规定的有关精神也符合该法施行前乃至 1987 年民法通则施行前的有关民事政策，可以作为处理本案的法律和法理依据。”

（2011）民提字第 306 号：“禁止反悔原则的法理基础。诚实信用原则作为民法基本原则之一，要求民事主体信守承诺，不得损害善意第三人对其的合理信赖或正当期待，以衡平权利自由行使所可能带来的失衡。”

（2013）民申字第 566 号：这种本可在一、二审中进行的行为不进行，反而等待二审结束后才单方委托鉴定，以此为由申请再审，该行为违背了民事诉讼法规定的诚实信用原则，也违背了在一、二审中没有使用过的诉讼防御手段当事人在申请再审时不能采用的民事诉讼法理，因此对其请求，本院不予支持。

（2013）民申字第 213 号：关于再审判决支持华成公司解除合同的诉讼请求是否违反了民法基本法理的问题。……符合《中华人民共和国合同法》第九十四条第（三）项规定的精神。该认定不违反合同法的规定，也不违背华成公司的真实意思表示。另外，华成公司在一审判决驳回其诉讼请求后，要求楼其华等六人交清欠款及违约金的前提下接收案涉房屋，不但可避免双方不必要损失的产生，也符合公平原则。

（2017）最高法行申 737 号：宿州市政府作出的房屋征收决定公告没有规定一定的公告期间，但从法理上而言，应当给予被征收人合理的知悉公告的时间。

（2018）最高法民申 419 号：新特公司在享受合同带来的高额利益的情况下，认为需要对各方当事人之间的违约责任进行调整，显然不合情理与法理。基于商事活动意思自治和合同严守的原则，综合《协议》的履行情况，二审法院依照双方合同约定判令新特公司承担违约责任并无不当。

（2016）最高法行申 2251 号：行政机关对于违法的行政行为，在职权范围内遵循正当程序将其撤销或者变更，是依法行政原则的应有之义。行政机关依法纠错不仅在法理上成立，事实上也是行政管理和服务实践中长期存在的合理作法。

类型 6. 基本法律原理（或原则）

主要特征：法理概念的含义指向于超越部门法基本原则的基本法律原理或原则，与准确的法律条文之间的距离最长。这些基本法律原理或原则通用于各个部门法之中，带有本源性和广泛适用性，还可以细化为实体性和方法性两个具体类型，前者的例证包括“有权利必有救济”，“不能因自己的错误行为获益”，后者则主要是指法律适用方法，例如各种法律解释方法等。

主要例证裁判文书及其表述

（2013）民申字第 2358 号：如果将“请求权”狭义地理解为“诉讼请求权”，将直接违背《民法通则》的规定及法理原则。而如果将此“请求权”理解为“被保险人依据保险合同，向保险人提出给付保险赔偿（买来的赔偿）的请求”，则能够将法律规定和保险行业的惯常做法统一起来。

（2013）民申字第 1797 号：从法理上讲，申请人所应得到的可得利益并非以亚华乳业公司对外采购数量为唯一依据，换句话说不能必然等同于亚华乳业公司对外采购数量所代表的利润。对于赔偿可得利益，根据合同法的规定并结合司法实践，以利润为计算标准的可得利益只能适当赔偿，因为对于申请人而言，应得的经营利润要想实现，毕竟要实际付出劳动，既要有资金资本投入，又需要人力资本的投入。相反，在一方不履约时，守约方也会省略上述成本投入，而省掉的成本可以投入其他生产获取利润，故通常不能以假如守约方自己生产所获得的利润作为可得利益全部予以支持。

（2015）民申字第 1402 号：本院认为，人民法院在审理案件的过程中，对当事人的诉讼观点进行必要的归纳、整理，进而按照法理逻辑进行表述，即便与当事人的原始材料不完全一致，亦属行使法定职责的范围。

（2016）最高法行申 3033 号：“有权利必有救济”固然是一个基本法理，但同时法律不保护权利上的睡眠者。

（2017）最高法民申 2862 号：本院认为，安信信托公司未依其作出的明确承诺，于 2015 年 2 月 16 日之前“负责并确保”向东方博创公司返还 2 亿元，依法理应赔偿损失。

（2017）最高法行申 169 号：将行政实体规范未明确需要保护、但又的确值得保护且需要保护的权益，扩张解释为法律上保护的权益，仍应限定于通过语义解释法、体系解释法、历史解释法、立法意图解释法和法理解释法等法律解释方法能够扩张的范围为宜。（引者注：本条也可以归于部门法法理，但是解释方法具有共性，也可以纳入本条。解释方法属于程序性法学基本原理。）

（2017）最高法行申 8622 号：如果法律条文的字面含义涵盖过宽，在特定情形下依其字面解释将导致与被规范的客体本质、立法目的、法律秩序效果等无法协调并造成明显不当的法律效果时，可以在特定情形下对法律条文的字面含义予以限缩解释，自是法理之必然。

（2018）最高法民申 2632 号：……赵建军团队一直留用永峰公司财务人员冯艳并按永峰公司与江丰煤矿所签《托管协议》履行等相关事实，综合判断《会议纪要》所载事实存在高度可能性，赵建军代表永峰公司履行了托管协议，进而基于权利义务相一致的法理，认定永峰公司应对江丰煤矿代为支付的工人工资 189 万元予以返还，并无明显不当。

（2018）最高法行申 11441 号：综上，二审法院认定蝶海月酒店等经营户提起本案诉讼超过法定 1 年起诉期限，与“法不溯及既往”的法理相违背，亦不利于蝶海月酒店等经营户依法行使诉权，且缺乏法律及司法解释依据。本案依法应予再审。

（2011）民抗字第 96 号：第 112 号判决以其审查的判决已经执行为由认定该判决“继续履行也已成为事实上的不可能”，有悖基本法理。宋祖锋取得涉案门面房屋是否合法取决于第一次再审判决是否合法，如果第一次再审判决存在错误被撤销，应当通过执行回转将房产重新回到陈维亚名下，宋祖锋的损失可以另行主张。

基于以上六种含义类型对最高人民法院的有效裁判文书进行量化分析，可以得到如下图一。将本次搜索的所有裁判文书依据以上六种含义类型进行量化分析，可以得到图二。

法院使用“法理”的含义类型是
地域：最高院

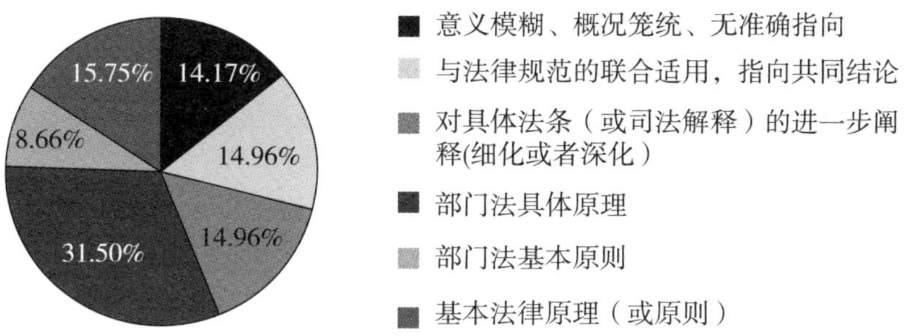

图一

法院使用“法理”的含义类型是

图二

从图一和图二的对比来看，法理概念的六种含义类型在比例上并没有显著差异，这也能够在很大程度上说明，从最高人民法院的相关裁判文书中所概括出来的含义类型，能够为针对高级人民法院相关裁判文书的扩展分析提供有效分类指标。当然，以上含义类型的区分依据是相对于具体法律规则的抽象程度，对于抽象程度的具体判断存在着一定的人工误差，甚至不排除特定的法理概念可能同时兼具两种及以上的类型。任何的分类都不可能完全确定无误，在细致量化研究的基础上形成对总体发展趋势的判断，是更为关键的问题。

三、裁判文书运用法理概念的基本态势：基于主要指标的量化分析

裁判文书是体现法理在司法领域中运用的直接素材，对于落实法理的实践效果有着非常重要的意义。“随着社会关系、法律关系、司法案件的复杂化，随着公众法律知识的增长和法律意识的提高，特别是司法公开的强力推进，司法裁判文书的说理性、说服力和可接受性成为保障公民诉权和提高司法公信力的基本要求。我国各级法院高度重视以法理为依据、根据法理对裁判文书进行说理性论证，取得了显著效果。”① 本次实证研究侧重于从量化角度对以上观点进行印证，进而探索裁判文书运用法理概念的主要趋势。

从最终搜索结果而言，本次实证研究共收集到裁判文书5196份，去除无效裁判文书4096份，实际有效的裁判文书为1100份。② 就具体量化分析的指标而言，中国裁判文书网提供了一些重要的指标内容，本文选取了其中较为重要的指标，并结合研究需要增加了一些其他指标。具体量化分析结果如下。

（一）裁判文书中法理概念的含义类型与审判地区的关系

表一　裁判文书使用“法理”的含义类型是＊地域　交叉列表

地域　内的 %										
		地域								总计
		华北	华东	华中	华南	东北	西南	西北	最高院	
裁判文书使用“法理”的含义类型是	意义模糊、概况笼统，无准确指向	35.2%	20.0%	21.1%	27.4%	10.1%	22.1%	31.3%	14.2%	21.0%
	与法律规范的联合适用，指向共同结论	14.8%	13.6%	13.0%	14.2%	9.6%	14.7%	16.7%	15.0%	13.5%

① 张文显：《法理：法理学的中心主题和法学的共同关注》，载《清华法学》2017年第4期，第30页。

② 无效情况的典型代表包括无法理解、依法理解、合法理由、违法理由、无法理顺、无法理清、司法理念、依法理性维权、法理律师事务所、依法理应享有（撤销）、对XX法理解错误。同时，本次研究将“XX法理论”视为有效情况，例如“根据民事诉讼法理论”。

续表

地域 内的 %										
		地域								总计
		华北	华东	华中	华南	东北	西南	西北	最高院	
	对具体法条（或司法解释）的进一步阐释（细化或者深化）	5.7%	12.1%	10.6%	8.0%	3.9%	12.6%	20.8%	15.0%	10.8%
	部门法具体原理	31.8%	42.5%	39.8%	36.3%	42.1%	41.1%	19.8%	31.5%	37.3%
	部门法基本原则	4.5%	3.9%	2.4%	4.4%	28.1%	9.5%	5.2%	8.7%	8.9%
	基本法律原理（或原则）	8.0%	7.9%	13.0%	9.7%	6.2%	0.0%	6.3%	15.7%	8.5%
总计		100.0%	100.0%	100.0%	100.0%	100.0%	100.0%	100.0%	100.0%	100.0%

说明：本表格主要说明法理的含义与审判地区之间的显著相关关系。从竖列看每个审判地区为独立统计，各个部分的百分比之和为100%；从横列看，为相应法理含义所占总数的比例。竖列总计栏详加之和为100%。

表二 卡方测试

	数值	df	渐近显著性（2端）
皮尔森（Pearson）卡方	181.839[a]	35	.000
概似比	169.902	35	.000
线性对线性关联	3.206	1	.073
有效观察值个数	1100		

a. 0数据格（0.0%）预期计数小于5。预期的计数下限为7.44。

表三 对称的测量

		数值	大约 显著性
名义变量对名义变量	Phi	.407	.000
	克瑞玛 V（Cramer's V）	.182	.000
	列联系数	.377	.000
有效观察值个数		1100	

根据表一的统计结果显示，地域和裁判文书中法理概念的含义类型具有关联性，不同地域对裁判文书中法理概念的含义类型使用偏好不同，具体表现为，在所调查的法理概念

的含义类型为意义模糊的裁判文书中，华北地区占比最高，东北地区占比最少；在所调查的法理概念含义类型与法律规范联合适用的裁判文书中，东北地区占比明显低于其他地区，其他地区的占比都接近15%；在所调查的法理概念含义类型是对具体法条的进一步阐释的裁判文书中，东北地区与华北地区的比例相近，且明显低于其他地区，此外，西北地区的占比比例最高；所调查的法理概念含义类型为部门法具体原理的裁判文书中，华东、东北、西南地区的占比比例皆超过40%，西北地区的比例明显低于其他地区，不到20%；所调查的法理概念含义类型为部门法基本原则的裁判文书中，东北地区占比最高，几近30%，而其他地区皆小于10%，且西南地区与最高院的占比比例接近；所调查的法理概念含义类型为基本法律原理（或原则）的裁判文书中，西南地区占比比例为0，占比最低，最高院占比最高，几近16%，华北、华东、东北、西北地区的占比比例十分接近，在8%上下浮动。

总的说来，裁判文书中不同“法理”的含义类型在不同的地域分布是有差异的。

基于表二的卡方检验的结果可以看到，卡方值为181.839，df自由度为35，显著性水平α为$0.000<0.05$，即卡方值大于临界值，接受研究假设。这就意味着本次研究所搜集的高级人民法院和最高人民法院的相关裁判文书中不同“法理”的含义类型在不同的地域分布是有差异的，具有较强的典型性，并且能够扩展到其他类似裁判文书的分析之中；本文对裁判文书中法理概念的分析，从审判地区角度而言具有可信性。通过表三相关系数的测量可以看到，其中phi系数为0.407，列联系数为0.377，并且显著度为$0.000<0.05$，表明裁判文书中法理概念的含义类型适用和审判地区之间有一定的相关性，但相关性不强。

（二）裁判文书中法理概念的含义类型与部门法案件类型的关系

表四　裁判文书使用“法理”的含义类型是 * 案件类型 交叉列表

			案件类型					总计
			刑事案件	民事案件	行政案件	赔偿	其他	
裁判文书使用“法理”的含义类型是	意义模糊、概况笼统，无准确指向	计数	17	166	42	1	5	231
		案件类型内的 %	32.7%	19.2%	24.6%	100.0%	50.0%	21.0%
	与法律规范的联合适用，指向共同结论	计数	8	106	34	0	1	149
		案件类型内的 %	15.4%	12.2%	19.9%	0.0%	10.0%	13.5%

续表

			案件类型					总计
			刑事案件	民事案件	行政案件	赔偿	其他	
	对具体法条（或司法解释）的进一步阐释（细化或者深化）	计数	3	85	31	0	0	119
		案件类型内的 %	5.8%	9.8%	18.1%	0.0%	0.0%	10.8%
	部门法具体原理	计数	22	345	40	0	3	410
		案件类型内的 %	42.3%	39.8%	23.4%	0.0%	30.0%	37.3%
	部门法基本原则	计数	1	93	4	0	0	98
		案件类型内的 %	1.9%	10.7%	2.3%	0.0%	0.0%	8.9%
	基本法律原理（或原则）	计数	1	71	20	0	1	93
		案件类型内的 %	1.9%	8.2%	11.7%	0.0%	10.0%	8.5%
总计		计数	52	866	171	1	10	1100
		案件类型内的 %	100.0%	100.0%	100.0%	100.0%	100.0%	100.0%

说明：本表格主要说明法理含义与部门法案件类型之间的显著相关关系。从竖列看，每个部门法案件类型独立计数，每列中的数字相加之和为对应横栏总计中计数，百分比数 = 计数 ÷ 横栏中对应总计计数。例如刑事案件第一种法理含义的计数为 17，横栏总计中的计数总和为 52，计数 17 下方的 32. 7% 就由 17 ÷ 52 所得出，这样，每个竖列中百分比之和即为 100%。从横行看，计数之和为最右侧总结栏中相应数字，显示了相应法法理含义在不同部门法案件中的分布数量。最右侧竖列总计栏中，数字相之和为横栏总计计数（1100），各个百分比之和为 100%。

表五　卡方测试

	数值	df	渐近显著性（2 端）
皮尔森（Pearson）卡方	62.498[a]	20	.000
概似比	67.362	20	.000
线性对线性关联	3.738	1	.053
有效观察值个数	1100		

a. 14 数据格（46.7%）预期计数小于 5。预期的计数下限为 .08。

表六　对称的测量

		数值	大约 显著性
名义变量对名义变量	Phi	.238	.000
	克瑞玛 V（Cramer's V）	.119	.000
	列联系数	.232	.000
有效观察值个数		1100	

从裁判文书中法理概念的含义与部门法案件类型关系的量化分析表格可以看到，基于表五中卡方检验的结果可以看到，卡方值为62.498，df 自由度为20，显著性水平 $\alpha < 0.05$，即卡方值大于临界值。本次研究的高级人民法院和最高人民法院的样本结果可以扩展到所有相关的裁判文书分析。通过表六可以看到，对称的测量中 Phi 系数为0.238，列联系数为0.232，这就意味着裁判文书中的法理概念适用与案件类型只有一般的关联关系。进而言之，裁判文书使用法理概念，在各个部门法内部的比例几乎是不变的。

需要说明的是，这里分析的对象是裁判文书中法理概念的含义类型与案件类型之间的关系，这并不妨碍对各个案件类型之间做出横向对比。如果结合有效裁判文书绝对数量的分析，则能够看到，民事类案件有着明显的优势。具体情况可以参见如下图三。

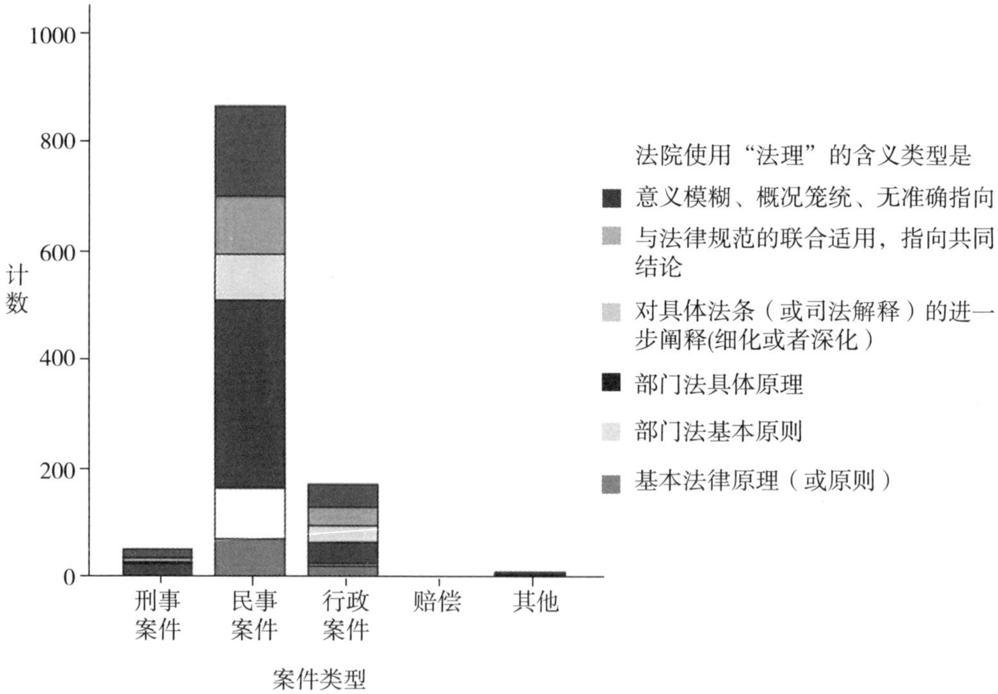

图三

（三）裁判文书中法理概念的含义类型与审判程序的关系

表七 裁判文书使用“法理”的含义类型是 * 审判程序 交叉列表

			审判程序					总计
			一审	二审	再审	再审审查与审判监督	其他	
裁判文书使用“法理”的含义类型是	意义模糊、概况笼统，无准确指向	计数	0	107	109	10	4	230
		审判程序内的 %	0.0%	21.1%	21.2%	16.1%	40.0%	20.9%
	与法律规范的联合适用，指向共同结论	计数	2	73	68	5	1	149
		审判程序内的 %	33.3%	14.4%	13.3%	8.1%	10.0%	13.6%
	对具体法条（或司法解释）的进一步阐释（细化或者深化）	计数	0	68	49	2	0	119
		审判程序内的 %	0.0%	13.4%	9.6%	3.2%	0.0%	10.8%
	部门法具体原理	计数	2	196	172	36	3	409
		审判程序内的 %	33.3%	38.7%	33.5%	58.1%	30.0%	37.2%
	部门法基本原则	计数	2	28	67	1	0	98
		审判程序内的 %	33.3%	5.5%	13.1%	1.6%	0.0%	8.9%
	基本法律原理（或原则）	计数	0	35	48	8	2	93
		审判程序内的 %	0.0%	6.9%	9.4%	12.9%	20.0%	8.5%
总计		计数	6	507	513	62	10	1098
		审判程序内的 %	100.0%	100.0%	100.0%	100.0%	100.0%	100.0%

说明：本表格主要说明法理含义与审判程序之间的显著相关关系。从竖列看，每个陈盼程序单独计数，每列中数字相加之和为对应横栏总计中的计数，竖列中百分比数 = 计数 ÷ 横栏中对应总计计数；各个百分比相加之和为 100%。例如，二审程序竖列中，第一种法理含义计数为 107，总计计数为 507，计数 107 下方的 21. 1% 是由 107 ÷ 507 所得。从横行看，在每种法理含义中，计数之和为最右侧竖列总计计数中的数字，例如第一种法理含义中，最右侧的 230 = 0 + 107 + 109 + 10 + 4，；横栏中的百分比则反映了第一种法理含义在每个审判程序中的分布情况。最右侧竖列总计栏中，数字之和为横竖总计栏交叉的数字（1098），百分比相加为 100%。

表八　卡方测试

	数值	df	渐近显著性（2 端）
皮尔森（Pearson）卡方	56.170[a]	20	.000
概似比	59.612	20	.000
线性对线性关联	4.244	1	.039
有效观察值个数	1098		

a. 12 数据格（40.0%）预期计数小于 5。预期的计数下限为 .51。

表九　对称的测量

		数值	大约 显著性
名义变量对名义变量	Phi	.226	.000
	克瑞玛 V（Cramer's V）	.113	.000
	列联系数	.221	.000
有效观察值个数		1098	

从表八可以看到，裁判文书中法理概念的含义类型与审判程序之间的关系，卡方值为 56.170，df 自由度为 20，显著性水平 $\alpha < 0.05$。这意味着表七中所分析的量化关系可以扩展到对类似裁判文书的整体分析之中。从表九中可以看到，phi 系数为 0.226，列联系数为 0.221。这意味着裁判文书中法理概念的含义类型与审判程序之间的存在着一定相关关系，但是强度并不特别明显。

（四）裁判文书中法理概念的含义类型与提出法理概念的主体之间的关系

表十　裁判文书使用“法理”的含义类型是 * 提出“法理”的主体是 交叉列表

			提出“法理”的主体是				总计
			法院	当事人（包括双方、律师）	检察院	其他	
裁判文书使用“法理”的含义类型是	意义模糊、概况笼统，无准确指向	计数	163	58	1	0	222
		提出“法理”的主体是 内的 %	17.4%	43.6%	50.0%	0.0%	20.7%
	与法律规范的联合适用，指向共同结论	计数	127	19	0	1	147
		提出“法理”的主体是 内的 %	13.5%	14.3%	0.0%	100.0%	13.7%

续表

			提出“法理”的主体是				总计
			法院	当事人（包括双方、律师）	检察院	其他	
	对具体法条（或司法解释）的进一步阐释（细化或者深化）	计数	106	7	1	0	114
		提出“法理”的主体是 内的 %	11.3%	5.3%	50.0%	0.0%	10.6%
	部门法具体原理	计数	381	24	0	0	405
		提出“法理”的主体是 内的 %	40.6%	18.0%	0.0%	0.0%	37.7%
	部门法基本原则	计数	92	4	0	0	96
		提出“法理”的主体是 内的 %	9.8%	3.0%	0.0%	0.0%	8.9%
	基本法律原理（或原则）	计数	70	21	0	0	91
		提出“法理”的主体是 内的 %	7.5%	15.8%	0.0%	0.0%	8.5%
总计		计数	939	133	2	1	1075
		提出“法理”的主体是 内的 %	100.0%	100.0%	100.0%	100.0%	100.0%

说明：本表格主要说明法理含义与提出主体之间的显著相关关系。从竖列看，每一类提出主体单独计数，每竖列中数字相加之和为对应横栏总计中的计数，竖列中的百分比 = 计数 ÷ 横栏中总计计数。例如，对于第一种法理含义，以法院作为提出主体的计数为 163，最下方横栏中相应的总计计数为 939，计数 163 下方的 17. 4%，是由 163 ÷ 939 所得。从横行看，在每种法理含义中，所有左侧计数之和为最右侧竖列总计栏中的数字。例如对第一种法理含义，横行中 163 + 28 + 1 + 0 之和为最右侧竖列总计栏中的数字 222。在最右侧竖列总计栏中，数字之和为横竖总计栏中交叉之处的数字（1075），各个百分比相加之和为 100%。

表十一　卡方测试

	数值	df	渐近显著性（2 端）
皮尔森（Pearson）卡方	85.642[a]	15	.000
概似比	79.182	15	.000
线性对线性关联	22.020	1	.000
有效观察值个数	1075		

a. 12 数据格（50.0%）预期计数小于 5。预期的计数下限为 .08。

表十二　对称的测量

		数值	大约 显著性
名义变量对名义变量	Phi	.282	.000
	克瑞玛 V（Cramer's V）	.163	.000
	列联系数	.272	.000
有效观察值个数		1075	

通过表十的数据可以看到，裁判文书中法理概念的含义类型与提出法理概念的主体之间存在一定关系。表十一中，卡方值为85.642，df 自由度为15，显著性水平 $\alpha < 0.05$，卡方值检验通过，获得数据可以用于扩展研究。在表十二中，phi 系数为0.282，列联系数为0.272。这表明，裁判文书中法理概念的含义类型与相应的提出主体之间存在着较弱的相关关系。另外值得注意的是，在最高人民法院的有效裁判文书中，法理概念的提出主体在比例上存在着特殊之处，通过下面图四和图五的比较可以得到更加准确地展示。

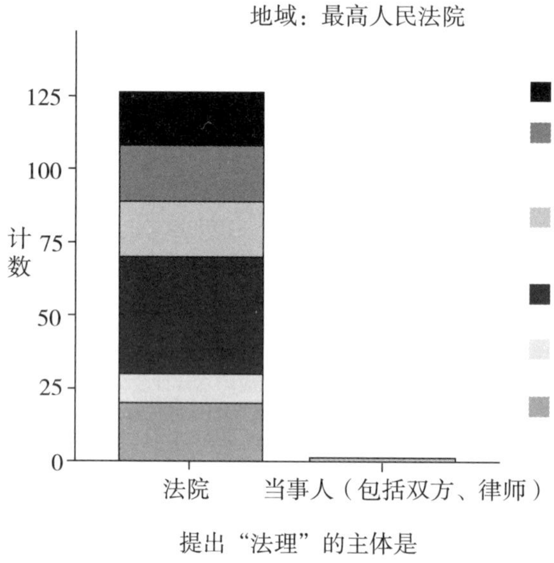

图四

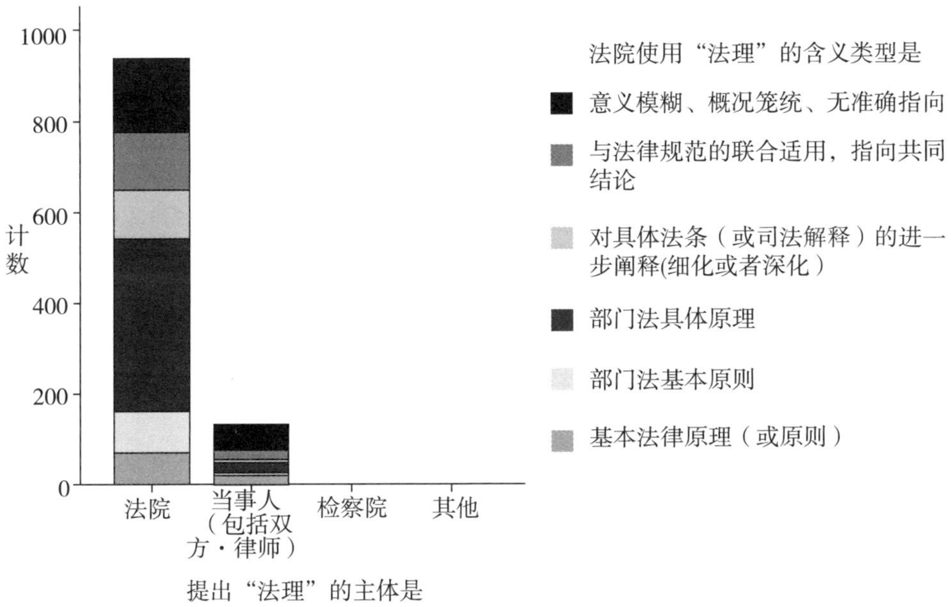

图五

图四为最高人民法院有效裁判文书中提出法理概念的主体分布情况，图五为高级人民法院和最高人民法院所有有效裁判文书中提出法理概念的主体分布情况。从二者的对比中可以看到，虽然法院在诸多主体中都是比例最高的，但是最高人民法院在其裁判文书中提出使用法理概念的优势更加明显和突出。在本次搜索结果中，只有 23 份裁判文书中同时有两个主体涉及了法理概念，这种情况所占比例过低，不影响总体数据统计分析。而对于当事人提出使用法理概念的情况而言，无论是在最高人民法院的裁判文书中，还是在高级人民法院的裁判文书中，法官几乎都没有回应。

（五）裁判文书中的法理概念含义类型随年度变化的发展趋势

基于本次搜索的有效裁判文书，结合法理概念含义类型，可以得到近十年的相关发展趋势图示（图六）。

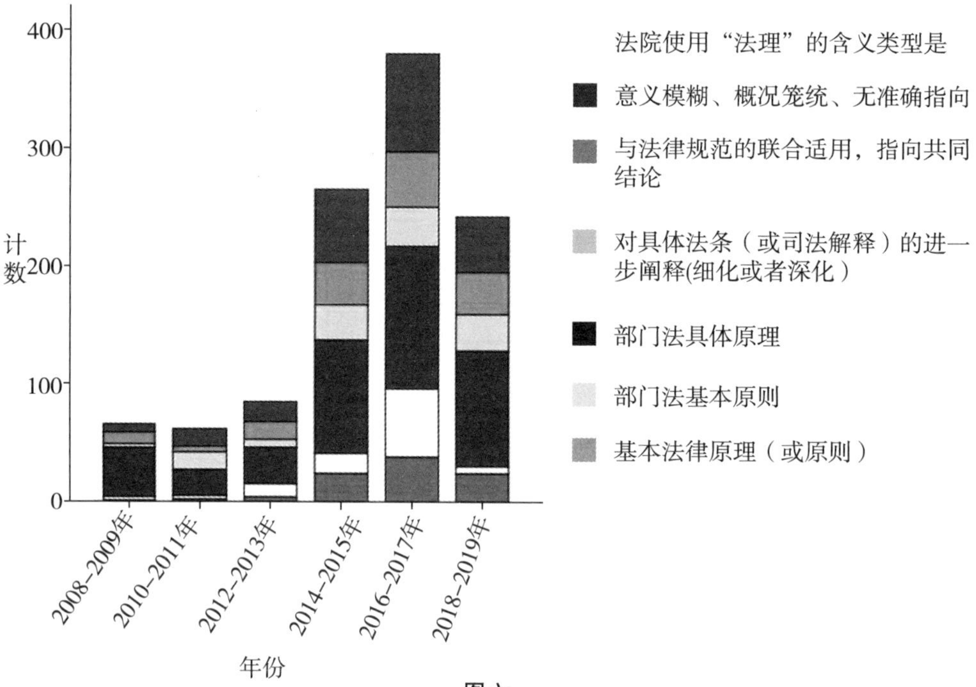

图六

考虑到最高人民法院的特殊地位，还可以将最高人民法院与高级人民法院在裁判文书中使用法理概念的含义类型及其发展趋势进一步细化分析，二者分别由图七和图八表示。

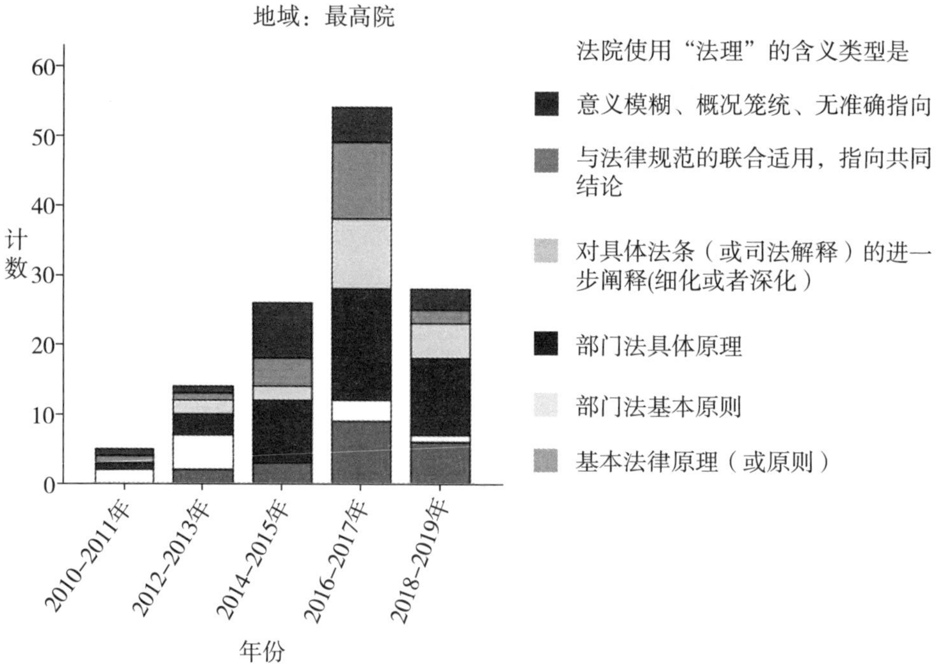

图七

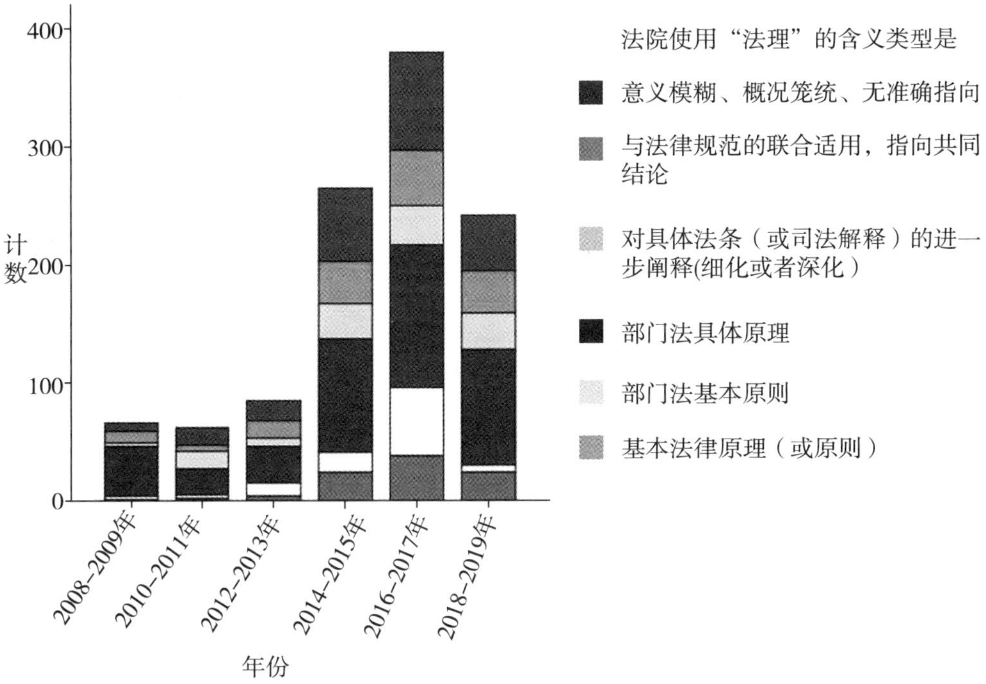

图八

从以上三幅堆积柱形图中可以看到，近十年中，高级人民法院和最高人民法院在裁判文书中使用法理概念，呈现出统一、明显的上升趋势，特别是从2014—2015年度开始，加速度更加明显。虽然本次统计数据仅仅截止到2019年4月底，但是，从2018年1月开始的16个月所累积的使用次数，已经与2014—2015年24个月基本持平。前者有望在2016—2017年度的数量基础上继续提升。

四、从裁判文书使用法理概念基本态势中获得的主要启示

"成文法中的原则，裁判文书中的说理部分，法学家所提炼出来的格言，提炼出来的命题，都是法理的存在形式或者载体。"① 从广义而言，法理渗透于整个司法过程之中，任何裁判文书也都包含着法理的适用。虽然未必都直接包含着"法理"二字，但是，以"法理"作为关键词对裁判文书展开的分析，有助于集中揭示法官在其审判实践中对法理概念的理解和应用，也能够为发挥法理在司法过程中的实际效果提供直接参考。虽然法理具有明显的普遍性，但是，这并不妨碍存在着特定需要集中发挥法理作用的场合，司法领域中的裁判文书就应当成为这种场合之一。转型时期的诸多社会矛盾涌向法院，法官所面

① 张文显：《走进法理新时代——专访"法理研究行动计划"的倡导者和推进者张文显教授》，载《中国法律评论》2019年第3期，第5页。

对的疑难问题，不仅是数量上的，还包括质量上的。法理是其中可资使用的重要论证资源，裁判文书是这一解决问题过程的最终表现形式。通过对最高人民法院和高级人民法院包含法理关键词的裁判文书进行梳理和解读，就属于上述过程的具体研究成果。从前述量化分析结果中，可以获得一些具体启示。

首先，裁判文书使用的法理概念，在类型比例上尽量贴近于具体法律规则，显示了法官“依法裁判”的基本倾向。无论是最高人民法院还是高级人民法院，他们在裁判文书中所使用的法理概念，前四种含义类型占据了绝大部分比例。其中，含义类型四“部门法具体原理”所占比例最大。在审判实务中，法官尽可能寻求具体明确的裁判依据，比较理想的情况是有可供依据的明确法律规则。这种简单案件并不需要求助于直接的“法理”概念，因为明确的法律规则中已经充分体现了相应的法理。而在那些法律规范与案件事实之间无法准确对接或者涵摄的疑难案件中，法官就需要探求具体法律规则背后所隐含的法理，进而在裁判文书中将法理作为论证资源。在法官造法成为一种司法禁忌的背景下，法官在疑难案件中的创造性经常借助于解释或者揭示具体法律规则背后的法理而得以展现。同时，每个案件在诉讼过程中都需要被类型化进入特定审判部门，需要同样被类型化的法官所审视，长期在各自审判部门中耳濡目染的法官就会将相应的部门法具体原理（即法理含义类型四）作为阐释具体法律规则的依据。相比于类型五“部门法基本原则”和类型六“基本法律原理”，“部门法具体原理”更加具体和直接，没有达到“原则裁判”的程度，仍然属于基于法律规则的裁判方式，对于法官而言具有较低的论证成本，也避免了过于抽象概括所引发的理由风险。由于前述法理概念的六种含义类型是按照相对于具体法律规则的抽象程度而划分的，“部门法具体原理”这一类型处于整个含义类型序列中的“黄金分割点”，既能够帮助法官解决疑难案件，还能够降低裁判文书论证过程中的风险，由此成为占据最多应用比例的含义类型，也是顺理成章的。从法律方法论的角度而言，“依法裁判”主要指的是基于现有的具体规则形成裁判结果，而在少数情况下才需要借助于原则裁判，本次量化分析的结论，展示了审判实务中法官的以上基本倾向，也符合法律适用方法的基本原理。

其次，裁判文书中的法理概念，与常见主要分析指标的相关关系都不显著和强烈，这意味着法理概念的使用仍然处于比较零散和随机的状态。本文前述的量化分析指标，包括了中国裁判文书网提供的主要指标，也吸收了目前案例研究的主要指标。但是，从最终的分析结果中，并没有发现裁判文书使用法理概念，与这些指标之间存在着强相关关系。在涉及的诸多分析指标中，相关关系的强度为：审判地区 > 提出主体 > 案件类型 > 审判程序。即使是其中相关关系最强的审判地区指标，也只是与裁判文书使用法理概念的含义类型之间存在着一般相关关系。简而言之，裁判文书中使用法理概念及其含义类型，并没有与特定指标有着明显的关系，法官在裁判文书中使用法理概念，带有很大的随机性。从司法制度的设计初衷而言，相比于一审程序，二审和再审程序中应当与法理概念的含义类型有着更为密切的联系，毕竟，后两者需要面对更为复杂和多样的疑难问题。但是，现有的量化分析结论并没有完全支持前述预设前提。虽然在具体案件的审理过程中，法官运用法理处理疑难问题，有着很多闪光之处，包括对法理规则的深度阐释、有效挖掘和适度扩展，但是，这种集中体现司法实践中经验和智慧的法理运用结果，还是非常分散和零散的，缺少较为统一的分析和安排，也没有更具普适性和一般性的扩展。质言之，目前裁判文书中的法理概念，无论是在实体内容上还是在使用方法程序上，都没有形成基础性共识。这也突显了对司法实践中的法理概念运用进行全面梳理和总结的必要性。

第三，最高人民法院在裁判文书使用法理概念的实践中，处于引领和示范的地位，应当发挥更加积极的作用。由于自身的特殊地位，最高人民法院并不仅仅承担着审判职能，还需要对地方各级法院进行指导，其示范作用十分明显。借助于具体案例就是实现上述职能的重要方式，最高人民法院已经通过多种渠道发布了多种类型的案例，包括指导性案例、公报案例、《人民法院案例选》中的案例，等等。而最高人民法院自己审判的案件，则更加具体明确，能够直接表达最高人民法院的观点或者倾向，同样被地方各级法院所关注。本文前述的量化分析中，也十分注重最高人民法院裁判文书使用法理概念的独特之处，并在部分主要指标的分析中将最高人民法院涉及的内容单独进行解析。虽然来自于最高人民法院的有效裁判文书在绝对数量上并不占优势，但是，这些裁判文书对法理的阐释却更加精要和关键。从前述图四所提供的对比数据中可以看到，当最高人民法院的法官意图使用法理概念时，就完全可以尽其所能地使用，此处的自由裁量空间非常巨大，甚至出现了否定现有法理的情况。例如本文第二部分列举的（2017）最高法行申 1174、1184、1186、1187 号裁判文书就认为“一审法院的裁判理由尽管合乎法理，却没有明确的法律依据，由此驳回当事人的起诉”。这里的分析肯定了既有法理的存在，但是却以现行法律中没有直接规定而否定了使用法理。除了这种比较极端的情况之外，最高人民法院裁判文书在使用法理概念时，也经常会出现对具体法理规则的扩展、深化，甚至是填充和造法。从最高人民法院裁判文书中概括出来的法理概念的含义类型序列，从这个意义上来说，也同样是一个法官创造性不断提升的序列。以上最高人民法院在裁判文书中使用法理的方式，在很大程度上归于最高裁判机构的地位，尤其是最高人民法院有权力制定司法解释，细化和揭示各种具体法律规则背后的原理。司法解释的制定者和裁判文书中法理的使用者，基本上都是最高人民法院的法官。这种主体上的一致性使得最高人民法院裁判文书中的法理概念运用情况更加自由和多变。但是，结合前一点启示可以看到，这种自由和多变也经常表现为零碎和分散，缺乏统一的或者一以贯之的基本共识，更缺少对其必要的限制。要使得最高人民法院在使用法理概念方面发挥更好的引领和示范作用，需要多个方面的努力，包括对直接使用法理概念保持谦抑的态度，尽量详细论证必要引述的法理概念，加强审判部门之间以及与学界的沟通，等等。①

最后，裁判文书使用法理概念的频次呈现出加速度增长的态势，需要在继续梳理的基础上进一步规范。本文的搜索结果仅仅包括最高人民法院和高级人民法院的约五千份裁判文书，其中有效份数约为五分之一强。而基层法院和中级法院中包含“法理”关键词的裁判文书则将近十万份。虽然可以从最高人民法院的有效裁判文书中概括出法理的基本含义类型，但是，这并不排除从基层法院和中级法院的有效裁判文书中获得对于法理的更加全面丰富的认识。同时，通过 SPSS 软件中的卡方值可以看到，本次量化分析的结论能够具有相当有效的扩展性。这就意味着上述基层法院和中级法院使用法理的概念也很有可能是分散和凌乱的，甚至是相互矛盾的。《关于加强和规范裁判文书释法说理的指导意见》第 13 条已经明确将“法理”作为论证裁判理由的有效论据；包括“法理”在内的诸多论据“通过明确释法说理之依据的方式，限定了自由裁量的空间，细化了法律解释的标准，通过具体规定减少了协调化的偶然性和不确定性。”② 在这一背景下，裁判文书中的“法理”有必要得到更加细致的分析和探讨，不仅能够为法官撰写裁判文书提供直接素材，更能够在实体意义上帮助其处理审判中的疑难问题。从前述图六、图七和图八中可以看到，各级法院在裁判文书中使用法理概念，都呈现出明显持续的增长态势，而且增长速度不断增加。这种情况在很大程度上意味着，法官在裁判文书（以及审判实践）中对使用法理有着不断提升的需求。加之现有裁判文书使用法理概念的分散与凌乱，法学研究者就应当更加细致全面地对司法实践中的法理进行有效梳理、概括和总结。

（编辑：吕玉赞）

① 孙光宁：《最高人民法院如何适用“法理”——基于相关裁判文书的分析》，载《湖北社会科学》2018 年第 8 期，第 156－158 页。

② 季卫东：《中国式法律议论与相互承认的原理》，载《法学家》2018 年第 6 期，第 14 页。

法律思维视角下的案例教学法

翟　磊*

摘　要　案例教学法是对一套特定的法律学习方法的命名，其在内容、形式上均有别于判例教学法。案例教学法的广泛引进和实施，是塑造法律思维能力的策略突破口。作为一种实践性的法学教育形式，案例教学法在实践中形成了案例分析、案例讨论、法律诊所以及审判观摩等操作模式，但在法律思维的训练和培养上也存在缺陷和不足。为了进一步挖掘案例教学法的法律思维塑造功能，就必须加强案例库建设，确立科学的案例选择原则；引入合作式案例教学法，增强案例教学的论辩性；创立案件过程教学法，提升案例教学的动态性；依托法律方法课程，重点训练学生法律思维能力。

关键词　案例教学法　案例讨论　论辩性　法律思维　法律方法

一、案例教学法是塑造法律思维的基本教学形式

全国法学院近几年招生急剧增加，但法学教育并没有随之产生进步，内容上的陈旧和模式上的僵化已经成为阻碍法学教育质量提高的重要因素。① 目前法学教育仍停留在理论分析、法律诠释，上大课讲授依然是法学教育的主导方式，这与英美的法学院职业导向的教育形成了鲜明的对比。② 法律教育的相对落后直接制约着法律制度的正常运行和法治建设的进程，要迎接跨新时代挑战，必须从法学教育改革开始。《国家中长期教育改革和发展规划纲要》（2010—2020）指出，应当注重“创新人才培养模式，深化教育教学改革，创新教育教学方法，探索多种培养方式”。《国家中长期人才发展规划纲要（2010—

---

* 华东政法大学法律方法研究院博士研究生，男，山东潍坊人，研究方向为法律方法论与基层治理法治化。

① 参见孙光宁：《法律方法课程在法学研究生教育中的引入——法律思维的视角》，载《学位与研究生教育》2008 年第 11 期，第 42 页。

② 参见苏力：《当代中国法学教育的挑战与机遇》，载《法学》2006 年第 2 期，第 12 页。

2020)》提出把“提高实践”作为高等教育发展的核心。法学教育将更加重视实践教学和实践教育，培养应用型、复合型、创新型法律职业人才。①

在法学教育领域，为解决我国法学教学培养方式与市场需求相脱节的问题，中央政法委员会与教育部早在2011年就联合启动了“卓越法律人才教育培养计划”，力求改变法学教育人才培养的困境，将培养应用型法律职业人才作为法学教育改革的重点，要求“强化学生法律职业伦理教育、强化学生法律事务技能培养，提高学生运用法学与其他学科知识方法解决实际问题的能力，促进法学教与法律职业的深度衔接”。实践性教学之薄弱是我国法学教育一个长期存在的问题和不争事实。加强法科教学的实践性、培养学生的实务能力，在主管机关和学界既是一种共识，也是多年来法学界和法律教育界不断探索并一直期待解决的问题。只有通过实践性的教学手段，而不是从理论到理论才能真正理解法律的精神实质，灵活地运用法律。② 在此背景下，案例教学法成为国内众多法学院校着力推行的教学方式。

最早的案例教学法起源于哈佛大学，是美国法学教育学院化的产物。案例教学法并不仅仅局限于课堂讨论，而是包括课前预习与课堂讨论两个部分。完整的案例教学法是对学习法律的一种整体方法的命名。从内涵上看，案例教学法是一种在法学教学课堂上对法律案例进行剖析，引导学生分析和评估案例，帮助学生掌握法律知识和提高法律职业素质的教学方法。案例教学法通过让学生接触真实的法律案例，教会学生分析和评估案件中的证据和论证，作出自己的判断。因此，案例教学法不仅仅是一种通过案例吸引学生学习法律知识的方法，更本质的是培养学生批判性思维能力的方法。

“案例教学法”通过让学生接触真实的法律案例，教会学生分析和评估案件中的证据和论证。案例教学法能够将直接的抽象理论与具体的案例结合起来，让学生体会到抽象理论的实际运用，掌握抽象理论的实际运用方法，使理论知识彰显生动性和形象化。同时，案例教学法还可以加强学生的法律沟通能力，增加学生与学生之间，学生与教师之间的交流机会，也会让学生在交流的过程中学会取长补短，学习别人的思考方式，也能使学生之间相互了解与认识。③

法律学习的目的不是仅仅为了进入法学教学和研究领域，对大多数人而言，应该是为了从事法律实务工作，毕竟一个国家需要从事理论工作的人是少数，社会需要的是大量从事实务工作的人才。如果我们将法学教育的目标主要定位在培养法律职业人才上，则我们的相关课程必须服务于这个教学目标，为实现这个教育目标而对现行的教学模式和方法进

---

① 参见刘志刚、宋伟卫、丁玉玲：《法学教育的转型与法律硕士专业学位研究生培养模式的探索》，载《研究生教育研究》2013年第1期，第71页。

② 参见章程：《“五位一体”实践性教学法初探——对法学教学改革的思考》，载《清华大学教育研究》2000年第4期，第139页。

③ 参见扈力、杨洪宇：《案例教学法在高校法学教学改革中存在的问题及对策》，载《教育现代化》2017年第35期，第55页。

行改革。① 在整个法学教育过程中，必须贯彻培训和训练不仅具有法学理论并具有从事司法实务基本技能的教学思想。② 法学教育应以培养法律职业实践人才为目标，为学生所开设的课程，应当紧紧围绕专业属性展开，突出职业性或者理论性。这意味着，法学教育必须注重法律专业知识的深化与实践能力的培养和法学理论知识的提升，配备司法实践能力强、具有丰富司法实务经验的教师，通过讲授自己的办案经验以及引导学生参与办案，提升学生的司法实践能力，主要通过案例教学、诊所式教学等侧重实践的方式授课。③

同时，案例教学法还可以切实回应法学的实践性。法学不仅仅是一整套自洽的知识体系，更是一套以问题为指向的解决社会矛盾与冲突的方法，它要求教育者和受教育者都具有一定的社会经验和生活阅历。否则，法律教育就只能走向空泛的理论，而难以与社会事务的实际调整发生真正的关联和契合。④ 这就要求学生不但要对法律知识形成记忆，更要在实际应用中顺手拈来，灵活把握。当前，中国的法学院教育正处在一种知识转型时期，正从一种“大词法学”转向更为实证的法学，从意识形态主导的法学转向更为技术化、社会科学化的法学。法学院在许多部门法的教学上，无论是课程、教材、教授方法，都正处在一种新的重建阶段。

传统的法律教育奉行的是以传授为宗旨的知识中心模式，教学中重灌输记忆、轻独立思考，重知识的传承、轻自我的创新。民国时期教育家芮沐指出：“本国的学校法科着重知识的灌输而不及方法的传授，此端为本土法律教育最大弊端。”⑤ 这导致现时法学院的教育，包括法学院自认为最擅长的理论教育，无论是对于在校的本科生还是对于接受培训的法官，都往往既缺乏智识的吸引力，也缺乏实践的操作性。

无论是部门法学还是理论法学都是实践理性的学问，社会现实是其存在的根源，纯理性或者纯思想性的法学是不存在的。无论是亚里士多德的实践智慧还是康德的实践理性，抑或后来出现的实证主义法学派都要求法学面向和关注现实生活，为社会生活中出现的困惑、矛盾、冲突提供合理的法律解决方案。处于神坛之上的法律，只有走进人们生活才是活生生的法律。⑥ 法学所具有的这种应用性学科特点，决定了法学教育深刻的法律职业背景。在大多数国家中，法学教育的确都要培养应用类法律人才和学术类法律人才，但毫无

① 参见陈建民：《从法学教育的目标审视诊所法律教育的地位和作用》，载《环球法律评论》2005 年第 3 期，第 286 页。

② 参见章程：《“五位一体”实践性教学法初探——对法学教学改革的思考》，载《清华大学教育研究》2000 年第 4 期，第 139 页。

③ 参见陈世伟：《从矛盾到协调：我国法学本科与研究生教育关系之合理厘定——以完善我国司法考试制度为基轴》，载《西南政法大学学报》2012 年第 3 期，第 129 页。

④ 参见刘志刚、宋伟卫、丁玉玲：《法学教育的转型与法律硕士专业学位研究生培养模式的探索》，载《研究生教育研究》2013 年第 1 期，第 71 页。

⑤ 何勤华：《民国法学论文精粹（第 1 卷）》，法律出版社 2003 年版，第 237 页。

⑥ 参见徐娟：《论案例教学法在理论法学课堂教学中的运用》，载《教育教学论坛》2017 年第 26 期，第 185 页。

例外是以培养应用类法律人才为主，亦即法学教育应当关注其实用性。①

作为一门与司法实践紧密联系的学科，法学与其他人文学科存在着明显的区别。法学教育不仅要传授法学知识，而且还要担负起培养掌握各类法律技能，胜任实际法律工作的"法律人"的重任。"实践性""应用性"应成为当前法学教育的一个导向，可谓是顺应了法学的内在规律。为了培养法科学生的法律实务能力，就需要强化法学院的实践性教学。近年来，法学实践教学在我国受到广泛重视，法律诊所、模拟法庭、案例分析、谈判等各种形式的实践教学课程获得长足发展。案例教学法是在加强实践性教学方面的一次有益尝试。不仅符合于法学的实践性特点，而且还能有效增强教学活动的实践性，让法学教学的有效性得到进一步提高。案例教学法借鉴了当代论证理论的成熟结果，为教师引导学生进行案例分析提供了成熟的教学手段和程序性方法，有助于提高学生论辩思维和论辩技巧，因此可以避免传统教学法独白性的缺陷，契合法学的实践性和论辩性特点。②

案例教学是法学院实践性教学的主要内容和方法，它对学生的教学效能不仅体现在学生案例分析方法和技巧的掌握，还更多体现在促进学生基础理论知识的增长、提高学生的法律思维等多个方面。③ 如果说本科法学教育侧重于现行法条文的传播与灌输，那么，研究生法学教育就应当集中于法律思维的培养。对法学硕士来说，由于在本科法学教育中已经积累了比较系统的法律知识，所以，需要进一步提升法律思维水平。从法律硕士的应用型教育定位来看，法律硕士将更多地从事实践工作，需要直接处理具体的法律工作，而如何将法律知识和原有的知识相结合，并运用到法律工作之中，需要专业法律思维的参与。由于法律硕士相对于法学硕士在培养法律思维的时间上已经落后，所以，提高法律思维水平就显得更为重要和迫切。④ 案例教学法不仅仅是一种通过案例吸引学生学习法律知识的方法，而且能够训练学生的逻辑思维、法律思维，使学生在解析案例的过程中自主形成好的学习方法。⑤

二、案例教学法的实践操作模式及其缺陷

案例教学法吸收了判例教学法"学生充分地参与讨论"的内核，因而与传统教学方法相比，案例教学法能较好地培养学生的实际应用能力，但在内容、形式均有别于传统的判例教学法。在内容上，案例教学法以案例为讨论内容，但案例不是唯一的教学内容，事实上案例也不是最重要的教学内容，而是通过对案例的分析讨论，释解成文法的内容，加深

---

① 参见王文华：《卓越法律人才培养与法学教学改革》，载《中国大学教学》2011年第7期，第31页。

② 参见魏斌、乐志红：《创新案例教学法在法学教育中的运用》，载《教育教学论坛》2017年第5期，第207。

③ 参见王泽鉴：《法学案例教学模式的探索与创新》，载《法学》2013年第4期，第40页。

④ 参见孙光宁：《法律方法课程在法学研究生教育中的引入——法律思维的视角》，载《学位与研究生教育》2008年第11期，第43页。

⑤ 参见王泽鉴：《法律思维与民法实例》，中国政法大学出版社2001年版，第1页。

对成文法的理解和运用。在形式上，案例教学法应用于法学教育活动的各个阶段，可以是课堂评析案例，可以是旁听案件处理，也可以是实习与现场教学等等多种形式。此外，案例教学法虽然也考案例分析，但案例分析仅仅是题型之一。① 经过系统考察，笔者发现，法学教育中使用的案例教学法可以划分为如下操作模式：

（一）案例分析模式

从广义上讲，"案例分析"也可纳入"案例教学"的范畴。它与"案例教学"是一种反程序的学习方式，目的在于进一步强化学生运用抽象理论解决实际问题的能力，因此"案例教学"与"案例分析"是互相配合的。"案例分析"同样要求教师提供具有分析意义和价值的案例，以真实案例为宜。通过对案例分析，能够锻炼学生分析和解决实际问题的能力。"案例分析"既可以在课堂上进行，也可以在课下进行（以课外作业的形式）。既可适用于实体法教学，也可适用于程序法的教学。在学生对案例进行分析以后，通常要求教师对学生的案例分析进行点评，指出学生们在分析案例方面的错误和不足之处，阐释案例分析的正确方法，以及分析案例的基本要点。② "案例分析"意在用不断提问的方式启发学生的思维，强迫学生不断地思考问题，不计较学生思考什么，而注重学生怎样去思考。

但是，我国高校师生对案例分析发的理解普遍仍流于表面。对于教师而言，"案例"更多的是理论知识的"情景再现"，其为了便于学生理解晦涩难懂的理论概念甚至凭空捏造"案例"，这种单纯法条或知识点堆砌的案例毫无实际意义，案例分析法被当做传统理论教学的工具。许多教师将案例教学理解为举例教学，在课堂上侧重于对案例的说明，把案例作为了理论教学的辅助工具，忽略了通过案例的分析与讲解以及老师与学生之间的互动，对学生推理能力、沟通能力以及解决问题能力的培养。

虽然，《法律硕士专业学位研究生指导性培养方案》强调培养单位应当重视和加强案例教学，以便培养法律硕士的社会实践能力，但培养方案中的课程设置实际上又要求培养单位以课堂讲授为主。案例分析的教学方式偏重正规化的理论教育和法律知识的系统传授，主要是对现有法律条文的分析解释，与社会关系、利益、现实的结合很少，没有注重培养学生灵活运用法律针对实际问题的协调处理能力，学生真正对知识的理解掌握，法律思维、法律意识没有得到培养。③ 许多教师将案例教学错误地理解为举例教学，在课堂上侧重于对案例的说明，把案例仅作为理论教学的辅助工具，忽略了通过案例的分析与讲解

① 参见王春婕、余净植：《案例教学法对法学教育改革的促动》，载《中国成人教育》2002 年第 9 期，第 52 页。

② 参见章程：《"五位一体"实践性教学法初探——对法学教学改革的思考》，载《清华大学教育研究》2000 年第 4 期，第 140 页。

③ 参见安晓燕：《法律硕士教育改革初探》，载《大学时代》2006 年第 7 期，第 43 页。

以及老师与学生之间的互动，对学生推理能力，沟通能力，解决问题能力的培养。

案例教学的运用主要目的是通过对事实发生的问题通过了解、讲解、讨论、分析的方式，改变单一的只是老师讲解，学生听课的枯燥无聊式的教学模式。通过对某一知识点相关案例的讲解能够加深学生对专业知识的理解与记忆。然而，仅仅对案例进行描述根本起不到相应的作用，案例教学需要老师根据自身的经验总结改变以往的教学模式，力求从培养全面发展的学生出发设计培养方案。①

（二）案例讨论模式

案例讨论模式要求，教师针对基本原理、法律制度等教学内容，选择典型案例，组织学生进行讨论，以加强学生对教学内容的理解或提高对所学知识的实践应用能力。这种案例教学法呈现出以对话为主，由教师主持，包括提问、反问、陈述、辩驳等形式。另外，案例法课堂也会补充小组讨论以分析特别案件。② 因此，案例讨论模式也可以称为苏格拉底式方法。根据教学目的之不同，可将其进一步细分为两种形式：一是理解式讨论，指针对教学内容中的重点和难点，提供相关的经典案例，组织学生进行讨论分析。其特征是让学生从已有的知识出发，对具体案例进行适用分析，以帮助学生理解教学内容。二是探讨式讨论（也称为研究式讨论），指事先布置难度较大的综合性案例，让学生自行查询相关法律条文或运用有关法学原理进行讨论评判。其特征是从已有案例出发，进行探索性分析，以提高学生的法律实践能力。③ 案例讨论法既有利于充分调动学生学习的主动性和积极性，提高学生独立思考问题、分析和解决问题的能力，又可以培养学生运用案例分析方法分析案例，提高法律推理和论证能力，培养法律职业能力。④

不过，案例讨论模式的先决条件是有足够数量的具有典型性、新颖性和时事性的案例，能够覆盖整个课程体系的所有章节。这些案例应当及时更新，根据相关法律实践的发展情况，及时将该领域更新、更具代表性和趣味性的案例补充进案例库。目前案例讨论模式虽然实现了一定程度的普及化，但对于案例的选择却存在着相当的合适性问题，或篇幅过长，或案例缺乏典型性，或最后的处理方式与课本或常理相悖等，造成学生厌倦感，失去了运用知识进行推理分析的耐心。⑤

在现有教学过程中，有的教师“吃老本”，从不更新案例内容。有的教师虽然会根据

---

① 参见扈力、杨洪宇：《案例教学法在高校法学教学改革中存在的问题及对策》，载《教育现代化》2017年8月第35期，第56页。

② 参见李政辉：《案例教学法探源》，载《中国大学教学》2009年第9期，第90页。

③ 参见杨朝霞：《论案例教学法在环境法学教学中的应用》，载《山东科技大学学报》（社会科学版）2011年第6期，第84页。

④ 参见项定宜：《互联网时代法学案例教学模式的改革与发展研究》，载《黑龙江省政法管理干部学院学报》2018年第3期，第151页。

⑤ 参见扈力、杨洪宇：《案例教学法在高校法学教学改革中存在的问题及对策》，载《教育现代化》2017年8月第35期，第55页。

法律的变化而不断更新授课所用案例，但这些案例往往是教师自己编写的，其关系构成简单，尽管反映的知识点很突出，但却不符合实际生活的复杂性。有的教师在给法学专业硕士授课过程中所用案例与本科授课所用案例相同。这些情况从侧面反映了案例素材简单、粗陋、陈旧等特点。有的老师认为，在法学专业硕士研究生的群体中，有一部分人是本科没有经过法学系统学习的，理论基础较为薄弱，对他们不宜使用复杂的真实案例。这种想法其实是错误的，既然学生达到了硕士研究生的录取标准，就说明他们应当具备继续学习的前提条件。因此，教师在教学过程中应当以培养目标为依归，将鲜活真实的案例带到课堂，培养学生分析问题、解决问题的法律人的思维模式，而不是给自己偷懒找借口。①

（三）模拟法庭模式

模拟法庭是指在虚拟法庭的情景下，讨论模拟或假设的案例，以加强学生的法律职业素养和综合思辨能力。模拟法庭以模拟文本案例的方式来实现教学目的，也被归为案例教学法。② 在这种教学模式中，学生在教师的指导下扮演“真实”案件中的各种角色，如原告、被告、法官、检察官、代理人、鉴定人等，以司法实践中的法庭审判为原型，模拟审判某一案件。采用这种教学模式，学生能以诉讼中的各种身份亲自设计和起草各种司法文书，参与准备证据材料、起诉（公诉、抗诉）、阅卷、立案、辩论、庭审、合议、判决等诉讼活动，不仅能全方位、综合性地培养学生运用法律知识分析和解决实际问题的司法实践能力，还能有助于提高其思维分析能力、法律辩论能力、文书撰写能力、组织协调能力和人际交往能力等多种能力。模拟法庭在实践中有多种表现方式，有的单独开设了模拟法庭课程，有的不定期地举行模拟法庭活动，还有的通过指导学生参加一些全国性的或者国际性的模拟法庭大赛以实现教学目的。此外，有的学者将观摩真实的庭审也作为案例教学的方式，但在这种情形下学生参与度不够高，且难以成为独立的课程。③

模拟法庭模式不仅要求学生运用所学知识对案例进行整体的分析，同时对教师的专业技能要求也很高，需要教师合理的设计和掌握各个环节中的注意事项，才能提升教学效果。模拟法庭模式的应用需要花费大量时间，教师一定要充分地做好准备工作，避免时间的浪费，提高整体法学教学的效率。④ 但是，法学课程时长是有限的，在这种冲突和压力之下，教师为了实现教学进度，无法给学生提供探讨和表达的机会。老师始终占据着主导地位，学生缺乏主动权，只能跟着老师的思路走，师生之间缺少互动，学生的创造力和表达能力难以提升。至于学生，在传统授课方式的影响下，高校多数学生仍存在被动接收的

---

① 参见司丹：《论案例教学法在法学专业硕士教育中的适用》，载《当代教育实践与教学研究》2018 年 10 期，第 173 – 174 页。

② 参见班小辉：《论法学案例教学方式的二元化及其互补发展》，载《法学教育研究》第 22 卷，第 144 页。

③ 参见班小辉：《论法学案例教学方式的二元化及其互补发展》，载《法学教育研究》第 22 卷，第 144 页。

④ 参见熊愈：《法学教育中案例教学法的应用》，载《课程教育研究》2019 年第 8 期，第 159 页。

思想，盲目相信老师所言，不会质疑，这与案例教学法的初衷，即想培养学生们的批判精神、独立思考能力是相悖的。①

同时，从目前各法学院的师资情况来看，博士学位的教师比例越来越大，尤其是青年教师，几乎达到了全员博士化，这影响了模拟法庭模式的整体效能的发挥。法学是一门应用性极强的学科，法学教师除了应当具备扎实的专业理论知识外，还应当具有一定的法律实务经验。然而，目前多数教师都是从书本到书本，从课堂到课堂，从未参加过任何形式的法律实践工作。这显然不利于模拟法庭模式的开展，无法培养我们所期待的法律思维。

（四）审判观摩模式

审判观摩模式是指教师为配合理论知识的讲授，有针对性地选择民事、刑事、行政等方面的典型案件，组织学生到司法裁判场所（法庭、仲裁庭、复议庭等）进行观摩旁听，事后组织学生对裁判进行讨论并予以总结评估的教学方式。因此，这是一种很重要的直观教学法，可以让学生们直接观察实际的审判活动，感受实际审判活动的重要阶段。“审判观摩”把学生置于一种活生生和现实审判场景之中，既能观察法官的审判活动，也能观察到当事人、律师、证人以及刑事案件公诉人等的诉讼行为，更具有立体性。这种模式可以通过具体的观摩了解他人对具体法律的理解和运用，并与自己的理解和认识相对照，这样就更容易在实践活动中去理解法律和法学理论，使法律和法学理论变成活的法律和活的理论。因此，可以让学生身临其境地了解、熟悉并感触裁判的庭审程序；明确各诉讼主体在诉讼中的地位及相应的诉讼权利和义务；观摩、学习法官庭审适用法律的办案技巧和驾驭庭审程序的综合能力；感受司法权威，培养司法正义；发现司法甚至立法的不足，等等。“审判观摩”一般宜选在已经学过实体法或程序法，或在程序法学习过程中进行。“观摩审判”既可以走出去，到法院去进行观摩，也可以请进来，在具有条件的法学院系进行。②

虽然不少法学院规定了法律实践课，即在法院或检察院或律师事务所实习两至三周，但由于一些客观原因，导致法律实习的效果并不理想。因为法学研究生学制一般为 3 年，前一年半的时间一般需要在学校学习法学主干课程，第三年则需要撰写学位论文，也就是只有第二学年的下学期才有时间安排实习。他们这个时间段面临就业压力，实习意愿并不强。同时，由于许多学校法学研究生招生规模较大，导致部分培养单位没有能力安排众多学生的实习工作，所以，法律实习工作经常流于形式。如果法律实习工作不能有效开展，便会影响审判观摩模式的进行，法科学生也就无法掌握法律推理、法律诉讼和调查取证等

① 参见徐瑾、向昕妍：《浅析法学本科案例教学法的改革与完善》，载《法制博览》2018 年第 34 期，第 45 页。

② 参见章程：《“五位一体”实践性教学法初探——对法学教学改革的思考》，载《清华大学教育研究》2000 年第 4 期，第 140 页。

方面的实际操作能力，也就无法达到我国开设案例教学法的初衷。①

案例教学的实施者是教师，案例教学离不开教师自身经验的丰富和对教学案例的完善。但是，如果没有学校的支持，审判观摩模式在课堂实践中也很难有所突破。社会生活是多样的，案例的内容也是复杂多变的。教师对案例的搜集、整理然后再转化成能够教学使用的案例所花费的时间和精力往往比准备一堂理论课要多很多。目前，高校普遍重科研轻教学，教师在教学上付出的辛苦在短期内很难得到公平的评价。这就使一些教师不得不将更多的精力投放在科研上，否则自身的发展就会受到阻碍。另外，学校出于方便对教学秩序的管理，在课程安排上也尽量减少审判观摩教学模式的设置。这无疑都是案例教学使用过程中的阻碍。

除此之外，案例教学在法学教育中的地位还不是很明晰，案例教学对推动法治人才转型升级的重要意义还未得到充分重视。有些高校和教师还不能正确处理案例教学法与其他教学法的关系，认为案例教学法是适应所有课程的现代化教学方法，而传统讲授教学法是应该淘汰的陈旧落后的方法。在这种认识支配下，不考虑课程本身和教学内容的特点，盲目扩大案例教学法的适用范围：一是盲目扩大案例教学法适用的专业课程范围，几乎所有的法学专业课程都在尝试、运用案例教学法。二是盲目扩大案例教学法适用的教学内容范围，如对“某某法历史发展”的介绍，还有那些相对比较简单的法律知识，实际上通过教师讲授或者学生自己阅读教材就能理解和把握，却也采用了案例教学法。②

三、以法律思维为导向的案例教学法创新

案例教学在法学教育中早已开始应用，但还处于探索阶段，并未形成完备的教学体系，可挖掘的潜力还十分巨大。为了充分提升案例教学法对法律思维的培养和塑造作用，我们必须高度重视案例教学法在法学教育领域的作用，针对既有案例教学模式的缺陷和不足，提出优化和完善案例教学法的实用性方案。

（一）加强案例库建设，确立案例选择原则

近年来，国内各法学院校开始引进案例教学，取得很好效果。案例是案例教学法得以开展的载体，案例质量的好坏直接影响案例教学法的成效。案例教学及入库情况不仅是法学专业学位水平评估的重要指标，更是法学研究生案例教学的重要基础和前提。开展案例库建设，收集具有典型意义的案例，纳入全国和上海市案例库系统，可以实现资源共享，提高法学研究生教学水平和人才培养质量。

---

① 参见刘志刚、宋伟卫、丁玉玲：《法学教育的转型与法律硕士专业学位研究生培养模式的探索》，载《研究生教育研究》2013 年第 1 期，第 72 页。

② 参见魏月霞、陈桂华：《我国法学本科教育中案例教学法的实践反思》，载《行政与法》2013 年第 10 期，第 73 页。

为了推进案例库建设，首先我们应该选取案例研习教程、最高人民法院公报、人民法院案例选，以及北大法宝、无讼、裁判文书网里的典型案例，建立案例教学数据库，尽可能丰富案例素材。在今后案例库建设中，一是要充分发挥案例库对信息反应迅速的优势，及时将最新的案例收集到案例库中；二是要充分发挥案例库信息储存量大的特点，将案例教材中不能容纳的案例收集到案例库中；三是要充分利用互联网平台，实现案例库资源共享。① 其次，我们还可以根据法律实务类型以及案例的基本功能建立科学的案例板块。一方面，可以根据法律部门的划分分别建立刑事、民事、行政、公司法、证券法等各种形式和层次的案例板块。另一方面，还可以根据使用案例进行教学的阶段与目的不同，建立导入式案例、例证式案例、分析式案例板块。②

导入式案例是指在讲授具体的知识点之前，先以一个较简洁的案例引出问题、激发学生的兴趣、启发学生的思考、引导学生自主探索该知识点的结构要素与理论意旨。导入式案例的运用最具普遍性，既可以适用于抽象理论的讲解，也可以适用于具体规则的认知。例证式案例是指在讲解完具体的知识点之后，为了加深学生对知识点的理解与运用，帮助学生找到理论与实践的联结点，以讲解案例的形式使学生直观地感受抽象的知识点被运用到具体的实践中去的过程。例证式案例虽然能够更直观、更清晰地向学生呈现抽象的知识点，但由于其通常在讲授知识点之后立即提出，学生几乎不用思考即能建立起该知识点与具体问题间的联结，而这并非法律适用的常态，因此，它在锻炼学生的法律适用能力上有其局限性。分析式案例是指在讲授完一门课程或某一板块综合知识点之后，将一个完整的案例交由学生进行分析并提出解决方案，以此考察学生综合的理解、判断、分析能力。分析式案例对教师与学生提出的要求较高，需要提前发放给学生，且师生双方需投入大量的时间与精力，形成互动式参与。③

案例质量的好坏直接影响案例教学法的成效，因此，我们应该建立科学的案例选取原则：第一，案例应具有典型性与代表性。选取的案例必须引发学生听课的兴趣，激发学生思考和分析问题，从而在激烈的相互辩驳对抗碰撞中锻炼思维，培养和提高分析问题和创造性解决问题的能力。④ 第二，案例应具有针对性和权威性。选取的案例应紧扣某一法律部门某一特定板块的内容或这门课程的理念，真正实现“以案引法、以案析法、以法辩案”。主讲教师不要随机抱佛脚，随意从互联网上下载案件，直接拿到课程上让学生进行

① 参见魏月霞、陈桂华：《我国法学本科教育中案例教学法的实践反思》，载《行政与法》2013年第10期，第74页。

② 参见方颉琳：《论宪法学案例教学法的运用与发展——基于课堂教学法的视角》，载《河北青年管理干部学院学报》2018年第2期，第55页。

③ 参见方颉琳：《论宪法学案例教学法的运用与发展——基于课堂教学法的视角》，载《河北青年管理干部学院学报》2018年第2期，第55页。

④ 参见张艳：《浅析国内大学法学教学中的案例教学法之不足与对策——从哈佛大学“公正：该如何做是好”一课说起》，载《学理论》2013年第21期，第280页。

分析，选择案例一定要注意案例的出处，保证案例的权威性。① 第三，案例应具有递进性和教学性。也就是说，所选取的案例应当具有不同的难度系数，做到由浅入深、循序渐进。同时，案例应该符合教学内容和目的，能够适于课堂使用，具有一定的教学性。第四，案例应具有完整性和可探讨性。选取的案例需要从纯粹的纠纷事实中提炼出相应的法律问题、将生活模型形塑为法律模型本身亦是法律职业的必备技能。同时所选择的案例必须是可争议的案件，只有在争议性案件的讨论中，教师才能帮助学生形成问题、厘清思路，切实训练学生的思维能力和说理能力。

（二）引入合作式案例教学法，增强案例教学的论辩性

法学教育是一种“以学生为中心”的教育，是由学生相互讨论、提问质疑、发表见解、批判性思考等活动具体实施的。案例法教学不再是传统案例教学模式下被安排、被限制、被动的知识灌输，而是一种老师与学生不断对话、辩论、提问、回答，从而实现法学知识和经验的建构与内在转化创新的教学模式。合作式案例教学法整合案例分析、合作学习、拟题讨论等教学法，使课堂成为双向交流的场所，促进学生共同学习和讨论，课堂气氛活跃。这种创新的教学方法既有助于学生提高学习动机，又可以提高学生活用法律和善用法律推理的能力，符合法学研究生教学改革的趋势要求。

所有真正的学习是主动的而不是被动的。合作式案例教学法是以学生为中心的教学活动与教学策略，能够将法学知识体系融入教学，通过互为主体、积极参与，师生之间和学生之间才能感应到彼此间的思想交流。它的优势在于课堂学习不再是传统案例教学模式下被安排、被限制、被动的知识灌输，而是学生通过案例分析，结合知识和经验，主动的思考判断。学生在合作式案例教学情景中，不断与教师和同学对话、辩论、提问、回答，从而实现法学知识和经验的建构与内在转化。学生是能动性、主动性的学习主体，学生之间是一种相互主体性的关系，提问思考是认识知识和经验的主要途径。②

合作式案例教学法本质上也是一种论辩式案例教学法，它能够营造一种良好的课堂氛围。在论辩式案例教学法的课堂实践中，教师作为法官起着协调的作用，学生被分为两组，一组作为起诉方（民事诉讼中的原告、刑事诉讼中的控方），另一组作为应诉方（民事诉讼中的被告、刑事诉讼中的被告人）。整个过程可以模拟为一个简易法庭，实施步骤按先后顺序包括：第一阶段，起诉方和应诉方分析案件中的争议点，提出他们各自的主张，也就是确定他们之间的意见分歧。第二阶段，起诉方和应诉方就讨论案件争议点的规则和出发点达成一致。第三阶段，起诉方通过提出支持论证来应对应诉方的异议或转移反方的疑问，从而为起诉方的立场作辩护。在运用论辩式案例教学法时，学生还要面临如何

---

① 参见韩宁：《知识产权法学讨论式案例教学法研究》，载《教育教学论坛》2019 年第 13 期，第 157 页。

② 参见李连祺：《合作式案例教学法运用于法学教学的实践与探索》，载《教育教学论坛》2018 年第 4 期，第 187 页。

分析和比较论证的问题，而教师也需要评估论证的好坏，因而还需要创新分析和比较论证的方法以及评价论证的方法。论辩式案例教学法有助于调动学生参与讨论案例的积极性，激发学生批判性地和创新性地思考，训练学生灵活运用法学知识和能动思辨的能力。①

这种良好的课堂氛围能够提高学生的学习兴趣以及参与度，同样也可以提高教师的课堂发挥程度。在案例教学中，案例辩论是帮助学生开阔思维，发挥想象力与沟通能力的一个重要环节。教师应为学生营造一个好的思考与讨论的课堂，并适时引导学生发言，并合理解决学生之间关于问题产生的分歧，教师应该鼓励争论，允许分歧，但应注意课堂归课堂，引导学生不因讨论知识而产生矛盾。② 师生双方要加强交流，实现角色的互换，明确学生的主体地位，既减轻老师压力，又能调动学生积极性和创造性。

合作式案例教学法对教师的实践教学能力具有相当高的要求。老师在教学过程所表现出来的设计方案与理念，对于案例讨论方式，以及解决与分析问题的角度与方向，势必影响学生的思考方式与创新能力。对此，学校应当多层次丰富教师的法律实务经验，提高法学老师的案例教学素质。一方面，教师自己主动接触实践，如从事兼职律师、担任人民陪审员等，甚至可以参与普法咨询解答等活动。教师可以在解决社会生活的实际问题中，积累经验，总结案件的争议焦点、解决途径等内容，供课堂使用。另一方面，由学院安排教师到相关部门访问、调研，如到法院、检察院、民政部门、公证部门等。教师可以在访问、调研期间搜集已经成型的真实案例，并对这些案例进行加工整理，最终形成符合教学需要的教学案例。教师在参与实践过程中很容易将自身的理论知识与实际案例相连接，并将这些经验与方法在课堂教学中予以适用，从而到达良好的教学效果。③

（三）创立案件过程教学法，提升案例教学的动态性

法学教育旨在培养复合型、实践性高级法律人才，因此在教学中必须更多地与法律实践相结合，以实践为导向。法律诊所是实践型案例教学法的典型模式，是在现实主义法学的推动下发展起来的。相对于文本式案例教学，诊所式教育更加强调学生亲身参与实践，以体验法律运行的真实性，而不是拘泥于文本的案例研究。因此，诊所教育的教育方式和特点决定了它的实践性内涵。

诊所法律教育不但能够弥补传统“说教式”教学忽视培养学生分析、解决能力的空缺，使其从实践和经验中学习法律职业技能，而且结合证据规则（文本中的法律）具体实践事实调查及其步骤、技巧以及所引起的职业道德问题，克服了“案例式”教学当中案件

---

① 参见魏斌、乐志红：《创新案例教学法在法学教育中的运用》，载《教育教学论坛》2017 年第 25 期，第 208 页。

② 参见扈力、杨洪宇：《案例教学法在高校法学教学改革中存在的问题及对策》，载《教育现代化》2017 年 8 月第 35 期，第 56 页。

③ 参见司丹：《论案例教学法在法学专业硕士教育中的适用》，载《当代教育实践与教学研究》2018 年 10 期，第 174 页。

事实现成、清晰、固定的先天不足，实实在在地培养了学生事实调查的实践能力。同时，不同于传统法律教育，诊所法律教育重视培养法律研究与推理能力。但正如上述，法律诊所教育在教学模式、教学内容以及教学规模上存在固有弊端，对此，我们有必要在改造和完善法律诊所教育的基础上，创立案件过程教学法，从而有效提升案例教学的动态性。

“案件过程教学法”是一种全新的案例教学思路和模式。中国大陆的判决书说理部分过于简单，与美国、德国等国家案例教学对判决书的要求有很大的距离。通过选取律师辩论充分的个案全过程材料，判决说理部分过于简单的问题就能在一定程度上予以弥补。传统上案例教学限于本学科问题，其弊端在于割裂了学生对实体法和程序法以及案件整体的全面理解和把握，对学生解决实际问题是不利的。“案件过程教学法”的训练方法有助于解决学科划分所造成的教学案例与现实案例不完全接轨的问题，提升学生综合运用法律知识的能力。① “案件过程教学法”以法的运行过程来培养学生的律师职业技能，学生基本上能够看到全部案件材料，经历案件的全部过程，并能够得到包括初审阶段在内的全方位的模拟训练。因此，这种案例教学模式不仅能使学生受到较为系统的法律实务训练，同时还能通过实务训练，深化学生对理论问题的认识，提升学生的理论水平。

除此之外，“案件过程教学法”还可以更新模拟法律诊所课程教学的内容，扩大模拟法律诊所教学的规模，从而在一定程度上解决模拟法律诊所小班上课成本高的难题。诊所必须小班授课是因为其教学内容主要是一系列的角色扮演和模拟训练，这些教学内容大班上课比较困难。诊所教育这一资源密集型的特点严重制约了其发展。而“案件过程教学法”的许多训练内容与传统的案例教学课有共同之处，这部分内容传统上大班上课是可行的，这就为全面铺开这一重要的实践性教学方式创造了条件。②

最后，“案件过程教学法”通过模拟法律诊所课程案例类型和案例选择范围的变换，使参加模拟法律诊所课程学习的学生能够获得更高层次的律师实务技能训练和理论上的收获。除直接接触当事人的法律诊所外，教学成本较低的模拟法律诊所在美国也比较流行。这类诊所是从真实诊所的实践和程序中挑选出问题，并重新组织教学活动。但学生日常接待中接受的案件，有相当部分并不适合学生律师技能的学习和训练。而“案件过程教学法”中的案例是教师在律师代理的大量案例中精心遴选的，每个案例的选择不仅要考虑案件的难易程度，更重要的是案件应当包含较多的有价值的问题点，更能够体现法律知识之间的关联性、融贯性与综合性。③

（四）依托法律方法课程，聚焦训练法律思维能力

案例法教学不应限于法律条文的收集，包括分析问题的能力，口头与书面交流的能

① 参见王泽鉴：《法学案例教学模式的探索与创新》，载《法学》2013 年第 4 期，第 41 页。
② 同上注。
③ 同上注。

力，咨询、辩护及谈判的能力，法律研究的能力及法律推理的能力等实际技能都应该在法学院得到培养。研究生阶段的法学教育已经不再关注法律知识的传授，而是将精力更多地放在了提高思维水平和方法运用上，这要求案例教学课程的设置必须寻求与法律方法课程的有机整合。《关于实施卓越法律人才教育培养计划的若干意见》明确指出，“加大实践教学比重，确保法学实践环节累计学分（学时）不少于总数的 15%。加强校内实践环节，开发法律方法课程，搞好案例教学，办好模拟法庭、法律诊所等……切实提高学生的法律诠释能力、法律推理能力、法律论证能力以及探知法律事实的能力。”只有合理设置案例教学课程、保障案例教学学时，才能确保案例教学的质量。法律方法具有强烈的实践性品格，因此司法实践应当成为法律方法课程的重要内容。

“虽然我国大学阶段也有为期两个月左右的实践教学环节，但与德国大学毕业后长达两年的见习服务相比，不仅时间短促而且涉及领域单一，对法律思维能力培养的作用非常有限。而大学后的职业培训虽然不是没有，但只能用‘支离破碎’这一用语来形容。”① 由于研究生阶段的总体课程安排较为灵活，所以这就给了法学研究生以较为充裕的实践机会来弥补本科阶段法学教育在实践教学环节上的缺陷。而且，其中不少法学研究生已经通过了国家统一司法考试，正好有机会在实践过程中运用法律方法来将法律知识与具体案件相结合。长期以来，中国的法学教育过于注重对法条的注释和对法学理论的解析，在培养学生对于真实案例的实际操作能力方面缺乏足够的重视。② 不同于传统法律教育，案例法教学重视培养法律研究与推理能力。

美国各大法学院都开设了法律检索课程，即旨在教会学生科学系统地检索法律信息并将其运用于具体案件的方法；而法律推理“常见的工作方式是从现存事实入手，逐渐展开分析过程，在这个过程，发现事实与分析法律交替进行，最终实现‘从结论到根据’的逻辑推理”。③ 譬如，任何一个民事案例，都可以运用民事法律关系法厘清案件法律事实，运用请求权基础法检索相关法律，运用三段论的逻辑推理，运用语义解释、体系解释、目的解释、历史解释等法律解释方法对有争议的案例涉及的法律规范进行解释，最终得出合法、合理的结论。法律推理是一个演绎过程，采取三段论模式：大前提是“找法”，即寻找应当适用的法律规范；小前提是确定案件事实；最后以法律为依据，以事实为准绳，将抽象规范适用于具体案件，得出结论，即判决意见。在整个课堂教学过程中，将法律解释和三段论融入案件分析，可以有效训练学生运用法律关系法、请求权基础法、三段论法对

① 陈骏业：《法律思维能力在法律高等教育中的核心定位及培养》，载《河北法学》2008 年第 2 期，第 156 页。

② 参见冀祥德：《论中国法科研究生培养模式转型之必要——从以培养法学硕士为主转向以法律硕士为主》，载《环球法律评论》2012 年第 5 期，第 145 页。

③ 李傲：《互动教学法——诊所式法律教育》，法律出版社 2004 年版，第 192 页。

案例进行完整分析，注重推理过程，而不是简单地给一个结论。①

这种结合不但可以提高其法律思维的水平，更可以在中国法治实践中扬弃从西方法学中引入的法律方法，也有利于法律方法研究的本土化，具有一定的理论意义。在当前法学教育的尝试中，已经有一些实践教学模式得到了很好的应用，例如备受推崇的诊所式法学教育。② 然而，诊所式法学教育只是强调了实践的形式，而通过运用法律方法来提高法学研究生的法律思维水平和能力才是实质内容和根本目的。如果忽视了这一目的，诊所式法学教育只是提供了一种提前积累实践经验的机会，对于法律思维水平的提高起不了太大作用。法律方法课程的实践部分可以借助于案例法学教育的模式，从而将二者的优点结合，实现最佳的教学效果。③

同时，中国的法学院教育正从一种“大词法学”转向更为实证的法学，从意识形态主导的法学转向更为技术化、社会科学化的法学。为了加强法律教育的实践性和开放性，案例分析不应局限于法律条文本身，而应增加政治学、经济学、社会学、心理学、历史学、人类学、信息技术等社科法学方面的知识。为了满足规范法学的要求，这些社科法学并不能以外在视角的方式直接进入案例分析，而必须进行法教义学的转化和法律方法处理，只有如此兼顾法律审判的规范性和实践性，训练与养成学生跨学科分析和法律解释能力，对接法律职业需求。

（编辑：吕玉赞）

① 参见项定宜：《互联网时代法学案例教学模式的改革与发展研究》，载《黑龙江省政法管理干部学院学报》2018 年第 3 期，第 151 页。

② 参见周凌：《让法学硕士研究生走进法律诊所》，载《新学术》2007 年第 2 期，第 90 – 92 页。

③ 参见孙光宁：《法律方法课程在法学研究生教育中的引入——法律思维的视角》，载《学位与研究生教育》2008 年第 11 期，第 43 – 45 页。

作为司法论证形式的威格摩尔图表法*

童海浩**

摘　要　作为一种有着具体法律用途的论证图解形式，威格摩尔图表法本该发挥重要作用，尤其是在涉及事实发现的司法证明领域，然而，鉴于复杂性与不系统性，它在法学界和逻辑学界已乏人问津。根据非形式逻辑在论证的分析理论上的最新发展，对威格摩尔图表法进行必要的重构，如此一来，人们能够更好地理解该图解模式，进而保留它的优点，避免它的缺陷。其中，重要的一步是，确立威格摩尔图表法的论辩性质，并将其置于“论辩情境”，对其宏观结构展开分析，在整个结构中，图表的不同成分扮演了不同的论辩角色。与弗里曼图解方案这个较成熟的图解模式的比较，更有助于对威格摩尔图表法的进一步理解与改良。

关键词　司法论证　威格摩尔图表法　非形式逻辑　论辩情境　结构分析

非形式逻辑学家约翰逊（Johnson）认为，一个论证理论可以划分为分析理论和评估理论两个大的部分。① 作为一种典型的论证图解形式，威格摩尔图表法旨在寻求事实的司法证明中，本应当起到一个重要的作用。然而，实际却并非如此。原因在于，它的图解要素要么过于复杂难懂，要么过于功能重叠，要么缺乏学理上的体现性，这些都降低了威格莫尔图表法的现实价值与理论意义。幸运的是，随着非形式逻辑的兴起与发展，尤其是其中论证的分析理论的进展，我们就此拥有了新的理论工具，能够用来重构威格摩尔图表法，换言之，从论证的分析理论的视角，我们可以重新认识、进而改良威格摩尔图表法，

---

* 基金项目：本文系国家社科基金重点项目“良法善治视域下法治与德治关系研究”（项目编号：15AZX021）的阶段性成果。

** 童海浩，中国政法大学法学院博士生，圣母大学访问学者，研究方向为法哲学。

① Ralph H. Johnson, *Manifest Rationalty*: *A Pragmatic Theory of Argument*, New Jersey: Lawrence Erlbaum Associates, Inc., 2000, p. 45.

这将或多或少地使其更好地发挥自己的功能，进而更好地服务于我们的法律实践。根据约翰逊的上述分层，本文的工作可以被视为，从论证理论的分析理论层面，对威格摩尔图表法重构的一种尝试。

为了完成这一“重构性”工作，本文将在第一部分，从证据法学与逻辑学两个方面，简述威格摩尔图表法的产生背景，这样一个部分将表明，一方面，威格摩尔图表法的发明是基于法律事实之发现的实际考虑，这样的用途预示着，它必然是“论辩性”的。另一方面，威格摩尔本人是有某种程度的逻辑学素养与逻辑学意识的，我们在这里的重构并非“捕风捉影”。而在第二部分，我将结合威格摩尔图表法所分析的某个（些）具体案例，来进一步证成它的论辩性质，并且引入非形式逻辑中的核心概念“论辩情境”，从而为下文在非形式逻辑中的分析理论的视野下，理解与重构威格摩尔图表法打下了基础。在第三部分，本文将正式展开对威格摩尔图表法的重构，运用已有的分析理论成果，理解该图表的宏观论证结构。这样的重构将揭示，威格摩尔图表法所存在的一些问题，因此，本文的最后一部分就是，试图通过简单地展现弗里曼标准方案，从而为改良威格摩尔图表法提供一个标准的参照框架。

一、威格摩尔图表法产生的背景

（一）证据法学的研究转向

通常认为，证据法学大致有两块研究领域，证据可采性相关问题领域与司法证明相关问题领域。就后者而言，它的任务是回答以下两个问题问题。第一，元问题。也就是，“能否运用证据证明事实”，对此问题的不同回答区分了理性主义者与怀疑主义者。第二，方法论问题。也就是，如何“运用证据以证明事实”，以及 威格摩尔既对元问题给出了肯定性回答，又具体地提供了一种方法论上的思路。同时认识到这两点实属难得，因为在威格摩尔所处的时代，证据法学中的理性主义正面临着严肃的挑战，同时，司法证明还是一个尊重事物而鲜为人知。

从年代学上看，1750 年至 2009 年之间，每隔 70 年左右大概就会出现一位（群）极有影响力的司法证明思想流派，因此以 70 年为周期，司法证明思想能够被划分为四个阶段。[①] 第一阶段：1750 – 1820 年司法证明思想的萌芽期，以吉尔伯特及其以后的诸多学者为代表的理性主义（主要是经验主义）的启蒙。第二阶段：1821 – 1890 年司法证明思想的发展期，以边沁及其以后的诸多学者为代表的理性主义（主要是功利主义）的发展。第三阶段：1891 – 1960 年司法证明思想的鼎盛期，威格摩尔，张伯伦，摩尔“三足鼎立”的理性主义繁荣期。和以弗兰克为代表的怀疑主义的高峰期，怀疑主义对理性主义的解构也渐入佳境。这一时期是司法证明思想史上最伟大的年代。第四阶段：1961 – 2009 年司法

① 栗峥：《司法证明的逻辑》，中国人民公安大学出版社 2012 年版，第 2 页。

证明思想的“百家争鸣”期，司法证明科学迎来多元视角，多重立场，多种方法的争鸣时期。其中，第三阶段的代表是伟大的证据法学家威格摩尔（Wigmore）及其图表法。

威格摩尔在1913年《伊利诺伊法律评论》上发表论文《证明问题》，尝试给“司法证明”提出一种新工具，希望依靠这种新工具建立一门独立的科学。根据他的预期，这门科学将以一种系统的方式涵盖司法证明的各个方面，并且与证据可采性规则研究完全不同。根据威格摩尔，这种“新工具”适用于将复杂案件中的所有证据材料“标准化”为一个简单图表的逻辑框架。随即出版的《司法证明原则或证明过程——逻辑的、心理学和一般经验及在司法审判中的例示》① 是威格摩尔的上述理论设想的自然延续，在这本书里，他已经明确地指出，自己的主题是司法证明，而不是证据规则；其理论基础，或分析工具是逻辑学，尤其是归纳逻辑、心理学尤其是证人心理学以及一般经验；主要的场所是一审的审判法庭当中；主题是一个可以为真实的司法裁判所阐释并在其中加以运用的应用科学。可以这么说，《原则》一书最吸引人的地位是，威格摩尔原创性地使用图表法来“标准化”司法证明。

事实上，威格摩尔尤其重视实司法证明，并大费周章地发明图表法，以服务于司法证明之目的，原因在于，他早就有如此一种意识，即，一个法律人对证据原则的研究应分为相互对立，而又相互支撑的两个部分。第一部分是一般意义上的证明，其主要关注争论性说服的推理过程——心灵面向心灵，律师面向法官或者陪审员，每一方当事人都力求打动裁判者的内心。第二部分是可采性原则——借由法律文本表达出来并以诉讼经验和传统为基础以保护裁判者（尤其是陪审团）不受偏见误导的程序性规则。而直到他明确提出并强调这种区分之前，事实上，对司法证明的重视程度是远远不足的，尤其是当它比较于后一研究时，更显得如此。在他看来，这样的忽视是不合理的，这是因为“所有人为设定的可采性规则都有可能被废除，但是只要审判是为解决法律纠纷而寻求真相的理性活动，证明的原则就会永远存在。”② 这样的一种局面，在威格摩尔看来，必须得到改变，他的努力就是为了调转证据法学研究的“航向”，这主要体现在两个方面。第一，在人为的程序规则之外，独立存在且必然存在着一种证明科学——证明原则，其亟待研究。他肯定地认为，这门科学还未完满地得到展开与阐明。当务之急是要正视它并对其进行专研与探究。而且，该证明代表着每一个司法调查的最终目标。有关可采性的程序性规则仅仅是这样一

① Wigmore, J. H. *The Principles of Judicial Proof As Given by Logic, Psychology, and General Experience and Illustrated in Judicial Trials* (1" ed.). Boston, MA: Little, Brown & Co. 该书于1913年出版，后于1931年再版。1937年第三版在出版社的提议下，更名为《司法证明科学》(The Science of Judicial Proof)。从“司法证明原则”“到司法证明科学”的更名主要出于商业考虑，毋需过多关注。. 该书承继自吉尔伯特《证据法》的“最佳证据规则”、斯蒂芬《证据法摘要》的“相关性规则”、赛耶《普通法证据导论》的证据排除规则等以证据可采性为中心的证据理论的研究传统，对英美证据法作了全面系统的阐释，主要讨论了主要证据规则的历史和原理，但对证明责任和证明标准等问题涉及甚少。

② Wigmore, J. H. . *The Science of Judicial Proof, As Given by Logic, Psychology, and General Experience and Illustrated in Judicial Trials* (3'd ed.). Boston, MA: Little Brown & Co. 1937. p. 1.

种主要活动（即通过可靠的证据材料说服裁判者的心灵以作出正确裁决）的一种辅助阶段。这样一种“主要过程”是陪审团所在存在的缘由，也是律师职责理当关注的地方；第二，司法的可采性规则的相对重要性在证据法的未来发展中注定会降低。证明将占据着重要地位；学者们必须对这种重心的转移做好准备。《原则》一书有约四分之三的篇幅拿来阐明一种“标准化”方法，该方法被用来分析通过不同类型的证据来证明不同的待证事实的过程。第三版的第五部分是该书的核心部分，其论证了对审判中的复杂繁多证据进行分析的一种方法。

事实表明，证据法在之后的发展印证了威格摩尔的先知先觉。查姆·佩雷尔曼（Perelmna）的“新修辞学”、法庭心理学与“贝叶斯公式”在法庭论辩中的适用，特文宁和舒姆明确提出或许可以将证据和证据领域的学科探索建构成为一个“证据科学”科学，并付诸组织一个跨学科研究小组进行了初步探索。司法证明越来越受到承认与得到发展。正是在这样的背景下，理查德·伦伯特在1986年的那篇文章中，不无欣慰地感叹到，“证据法学研究正在从规则走向证明”。① 中国证据法研究专家吴洪淇也有类似的判断，他说：“从大的时代背景来看，特文宁和舒姆等人所倡导的证据科学研究其实是证据法学研究整体知识转型的一个突出例子而已。20世纪80年代，随着陪审团审判范围的日益缩小、法典化运动的完成以及其它因素的影响，证据排除规则的范围也在日益缩小，这似乎正在逐步朝着边沁所努力的方向前进，而威格摩尔当年的担忧似乎正在慢慢变为现实。因此，整个英美证据法学界的主要学者们都在推动着这种理论范式的变化。”② 可以说，威格摩尔是这种研究范式的转变的一位先行者。

但很遗憾地，出版之时以及出版后的很长时期内，《原则》对美国法律思想、法学教育和证据法研究领域几乎没有在实践领域中产生预期的影响。相关的研究文章也几乎没有涉及对威格摩尔的证明科学观念的探讨。偶尔一些评论者会做出一些批评性评论，但这些评论大多是有关他对符号的具体运用，而没有探讨其中蕴含的逻辑学思想。哲学家雷斯切曾称誉该书为“关于法律推理的经典之作”③，但并没有引起足够的重视。以致使得后世的哲学界将树状图——目前被广泛地用以厘清论证强度的工具误冠为比尔兹利的首创。有评论者认为：究其原因是威格摩尔在《司法证明科学》一书中所阐述的思想对于当时的人们来说显得过分超前了。④《科学》之所以没有得到广泛的承认与接受的另一个重要原因

---

① 吴洪淇：《边沁、威格摩尔与英美证据法的知识传统——以证据与证明的一般理论进路为核心的一个叙述》，载《比较法研究》2009年第5期。

② 吴洪淇：“边沁、威格摩尔与英美证据法的知识传统——以证据与证明的一般理论进路为核心的一个叙述”，载《比较法研究》2009年第5期。

③ Rescher, N. (1977). *Dialectics: A Controversy - Oriented Approach to the Theory of Knowledge.* Albany, NY: SUNY Press. p. 26.

④ 秦策：《我们研究什么样的证据法学——英美证据法学的转向与启示》，载《中国刑事法杂志》2010年第4期。

是，“在普通法传统中，一直有一种把证据学科（the subject of evidence）等同于证据法（the law of evidence）趋向，其排斥或忽视诸如证明逻辑、证人心理学、法庭科学之证据意义等其他证据维度，以及统计学和叙事法在法律语境中对论证和裁定事实争议问题所起的作用。”① 威格摩尔从扩展法律学科的角度，在法律学科内提出了一个研究证据、证明和相关因素的理论——司法证明科学理论。显然地，在美国尚未制定出一部统一的《联邦证据规则》，有关证据规则的研究还没有得到充分且必要的发展前，受到类似的忽视是可以理解的。

随着《证据模范法典》（1942）、《统一证据规则》（1953）、《加利福尼亚证据法典》（于 1965 年七月第一次生效）、《联邦证据规则》（1975 年颁布）等法典（或建议稿）的先后颁布（或出版），此后证据法领域似乎陷入了一种发展的相对停滞。这种相对停滞的诸多原因之一是，在英国、美国和普通法世界的其它国家，有关证据的教学、写作和思考都是以证据法为中心的。学者们都倾向于规则的研究。而多年以来，这些规则在适用范围上正日益缩小，在重要性上也逐步下降；它们还趋向于变得日益简单。以至于对整个证据法学的发展产生了一些负面的影响。面对这样的研究需要，以往显得“超前”的威格摩尔的研究，这个时候变得恰逢其时。

（二）逻辑学的理论资源

威格摩尔在《原则》中，反复强调了西季威克的《谬误：源自实践层面的逻辑观点》对其思想的影响，威格摩尔明确指出，有关证明的论证形式就是归纳性的。他也清楚地知道，西季威克对此进行的精彩论证。他了解，西季威克用箭头来表示词项间存在的关系②（比如：“偏狭〈Intolerance〉——→深切的敌意〈active hostility〉,”），同时西季威克也用箭头来表示其他关系，尤其是命题之间的关系，于是任何一个论证都可表示为“R ——→T,”即推理真则结论真（“the truth of R〈eason〉indicates the truth of T〈hesis〉,”或是承诺 R，则必导出 T（“‘Grant R, and T follows’”）。尽管西季威克并没有提供任何一个完满的理论框架，但还是指出了在日常论证中，几个命题能被上述箭头串联在一起。威格摩尔熟稔西季威克的所有这些做法，以及其中的逻辑学原理。可以说，威格摩尔具有极高的逻辑学素养与逻辑学意识，这些都体现在他的“图表法”发明之中。

---

① Terence Anderson, David Schum, William Twining.（2005）*Analysis of Evidence*, 2th edition Cambridge University Press, p. 78.

② Sidgwick, A.（1884）. *Fallacies: A View of Logic from the Practical Side.* New York, NY: D. Appleton & Co. pp. 60, 68 .

二、威格摩尔图表法的论辩性质

（一）刻画论辩情境的威格摩尔图表法

威格摩尔的工作始终是目的导向的，他关心的是，为更准确地找出法律事实，确立一种适用的图解工具。这意味着，他必须紧紧地盯住“法庭”，并描述其运转的鲜明特征。而法庭庭审的一个突出特点就是，（至少）存在论辩双方。他们之间存在观点冲突，并且试图说服法官（或陪审团）。这种想法当然反映在威格摩尔的图表里。

举例来说，根据威格摩尔，存在可以适用于任何证据的一种最基本的证明过程，它包括如下的五个证明过程：

PA = 张者用于证明某一待证事实的一项事实主张；

OE = 反对者对其它用于消解 PA 这一推论之价值的事实的解释；

OD = 反对者对 PA 这一推论所赖以存在之证据性事实的否定；

OR = 反对者的竞争性事实，被提出来反对待证事实，无需援引 PA 这一推论；

PC = 主张者的补强性事实，否定 OE 的解释。

如为了指控 D 犯谋杀罪，公诉方提供了一次原来的争执（P1）、一次最近的威胁（P2）还有衣服上的血迹（P3）。D 现在通过表明已进行和解来为那次争执做辩解（OE - P1）；通过表明最近杀了一只鸡来为血迹做辩解（OE - P3），否定曾经威胁的事实（OD - P2）并且提出了不在犯罪现场的可替代性事实以及平和的品性（OR1 + OR2）。23 可以很直观地看出，他视为最基本的证明过程，包括了两个立场相反的角色，他们为了一个主张的证成或证伪而相互地论辩，并且按一定的程序，交替地对自己的论点进行补强，同时对对方的论点进行反驳。古德温改写了一个威格摩尔所提到的案例，它更鲜明地体现了威格摩尔图表法对（法庭）论辩的关注与刻画。这个例子如下：

［1］这个男子的外套上有血。

［2］因此，他对受害人被刺死有嫌疑。

针对这个论证已有所为：我们已逮捕的男子如果手并没有染血，但其外套染血。我们该如何检验论证的强度呢？凭借努力显式化一个推理许可（inference license）——如：

［3′］穿着血外套的人很可能涉嫌被害人被刺死。

然而，这似乎使论证变得冗杂。首先，我不能提出关于血衣或谋杀的许多的经验；第二，基于我的现有经验，我也有可能会说这个概括对不上号。于是威格摩尔倡导为检验意图而表达如下诸项论辩过程：

［3］反驳：当他献祭一只鸡时，他的外套染上血。

［4］回应：他没有献祭一只鸡。

［5］证据：邻居作证他是个无神论者，绝不献祭。

［6］反驳：外套染上的是他的鼻血。

［7 回应：他没有鼻出血。

［8］证据：医生作证他的鼻子很健康，并没有出过血。

——等等；

通过一长串的论辩，最初的那个具有法律意义的结论，可能得到有效的支持，也可能被有效地否认了。整体上看，整个论辩就是一种对话，在这种类型的对话中，存在两个参与者，也就是，正方和反方。而在法庭审判的情境下，要分情况考虑其它对话参与者。比如，在刑事审判中，论证的主角控辩双方的代理人，但还有负责裁判的第三方。在适用陪审团的案件中，审方占有一席，他们自身会有不一致的意见，从而内部有纠纷。当然，审判是一种设计得很精巧的法律机制，其对话结构比日常对话要复杂得多。但它究竟复杂在哪里，以及它与日常对话之间的具体区别，并不是我们在这里所关心的。我们关心，并且可以确定的是，威格摩尔试图在论辩情境下刻画法庭中的事实发现过程，描述那一论辩的不同结构。

因而，我们必然，也应当在论辩情境下去理解与重构威格摩尔图表法。

（二）论证的分析理论的出发点：论辩情境

论证分析，要在论辩情境下展开。论辩情境指的是，一种基于对话双方或多方达成理性共识的目的，通过使自己的观点与其他对话参与者的不同观点进行互动，从而检测这些观点（正确与否）的事态。“我们说一个情境是论辩的意思是，它包括参与者就某主张的某种对立、包括相互提问以批判性地检测该主张，而且这一过程以严格限制的、规则调整的方式展开。这些规则定义了参与者在程序中的作用。”① 在该情境中存在对立，主张者的观点受到挑战，这些挑战是批判性挑战，意在批判性地检测主张者的论点和他提出的用于支持论点的论证。必须强调的是，这一程序受到严格限制，主张者和挑战者的作用都被明确地定义，并存在用以判断演绎推进过程的标准。

威格摩尔实际上已经注意到，但没有体系性或学理性地总结出来的论辩情境概念，事实上，是非形式逻辑研究的一个核心概念，这样说因为，论辩情境使得某个论证能够得到全面的刻画。温泽尔在 1979 提出的一个开创性的划分②——作为结果的论证、作为过程的论证和作为程序的论证。一个有志于全面刻画的理论，应当完全地考虑论证的这三个面向。而正是论辩情境提供了这种可能性。按照温泽尔的理解，论证是人类交流的自然过程，它是主体间的，互动的。它涉及“一个或多个论证的参与者极力为论点辩护而想他人

---

① ［美］詹姆斯·弗里曼：《论证结构—表达与理论》，王建芳译，中国政法大学出版社 2014 年版，第 46 页。

② See Wenzel, J. W, Jürgen Habermas and the Dialectical Perspective on Argumentation” Journal of the American Forensic Association 16, pp. 83 – 94.

表达信息的诉求。”① 论证的过程这个面向关注的是，这些诉求，在对话的过程中，得到了对话另一方何种程度的接受；作为程序的论证包括调适、控制论辩进程的理性规则，以使得对话双方不只表达诉求而且参与“一个特别的具有合作导向的活动以达成相互理解或某个重大决策。”② 它关注的是，“确定与实现公正和批判的论辩的制度条件。”③ 而作为结果的论证关注的则是，作为论证不同要素的前提和结论的识别，以及论证的整体说服力（或是否逻辑上有效）。通过引入论辩情境这个概念，非形式逻辑得以同时围绕它，刻画论证的上述三个面向。首先，论辩情境，顾名思义，就是指的主体之间的对话，它旨在描述对话的动态过程；其次，论辩情境指向一个对话双方的共同目的，并且要求对话双方都遵守既定的程序，以期达成某种合意；最后，论辩情境要求研究者识别前提与结论，以及前提对结论的支持力度与论证的整体说服力。

可以说，“论辩情境”是非形式逻辑研究的核心概念，它也是非形式逻辑，尤其是其中的论证的分析理论（化）的出发点。

三、论证分析理论视角下的威格摩尔图表法

（一）进行结构分析的必要性

在前文，我们已经识别了威格摩尔图表法的“论辩性质”，顺理成章地，接下来，我们的任务就是要，对具有论辩性质的威格摩尔图表法，进行结构分析，从而确定原表中，代表必要的论辩成分的图表标记，以及需要合并，甚至弃置的图表标记。

在回应“进行结构有无必要”这个问题之前，有必要先简单地区分论证的微观结构与宏观结构，虽然它们都被称为“结构”，但事实上，它们是两种完全不同的东西。这样的一种区分，将确定我们所说的究竟是何种“结构分析”，以及它又究竟意味着什么。论证的微观结构指的是，演绎或归纳逻辑所研究的论证的逻辑形式。特别是在演绎逻辑中，微观结构分析揭示了组成论证的陈述如何从简单或原子部分出发，借助真值函数联接词、量词、某些情形下还有其他的算子，如副词修饰词和模态或命题态度联接词而鳞次构建起来；同样地，在归纳逻辑中，这种微观分析可以把论证分为枚举归纳、类比论证，等等。可以说，微观结构分析关注组成论证的陈述的内在结构。而论证的宏观结构关注的是，组成论证的陈述（可能还有其他要素）如何组合起来作为一个整体宣称支持某个或某些主张。在论证过程中哪些陈述被提出以支持其他陈述，进一步地，所支持的主张又受到怎样的限定。

正如熊明辉所言，“形式逻辑与非形式逻辑的一个重要区别还表现在他们评估论证所

① 同前注，p. 84.
② 同上，p. 84.
③ 同上，p. 84.

依赖的基本结构是不同的。前者依赖的是论证形式，后者所依赖的是论证结构”。[①] 此处所谓的“论证结构”是限定在宏观结构的意义上的表达。而参考上文所述，我们发现“论证形式”是微观结构表达上的同义词。举例将有助于进一步理解这种区分：在形式逻辑中，论证有效性评价是建立在论证形式的基础上的，论证形式用字母（逻辑变元）替代自然语言论证中的词项或命题。亚里士多德给出的一个经典范例是：

凡人皆有死。
苏格拉底是人。
因此，苏格拉底会死。

其中用 S 代表“人”，P 代表“有死”，a 代表“苏格拉底”，可以得到如下的论证形式（微观论证结构）：

形式 1. 1
所有 S 是 P。
a 是 S。
因此，a 是 P。

根据三段论规则，我们能判定论证形式 1. 1 是有效的。而从现代逻辑的视角看，我们可以另外把它转化成：

形式 1. 2
$(\forall x)(Sx \rightarrow Px)$
Sa
$\therefore Pa$

也很容易给出形式 1. 2 的谓词逻辑上的有效性证明。以上的论述表明，论证形式（微观论证结构）是为了判定论证的有效性而无关语用的一种论证结构。这种结构优势可分析到论证的基本单位词项，如一个谓词逻辑视角；优势则只需分析到命题，如一个命题逻辑视角。微观论证形式关注的是单个论证的前提与结论，而日常生活所使用的自然语言的论证，包括司法语境中的论证，实际的情况比上述的结构要复杂的多，而为了使得逻辑分析工具能成为一种实用的框架，那么论证结构分析需要找寻新的方向——宏观论证结构。

由此，我们可以得出结论，识别宏观论证结构是必要的。而除此之外，一个更强的识

① 熊明辉：《诉讼论证—诉讼博弈的逻辑分析》，中国政法大学出版社 2010 年版，第 18 页。

别之必要性理由是。诚如前文有述，非形式逻辑关注前提的可接受性与前提 - 结论关联的充分性。很显然，展开这些主题的在先一步是，对前提和结论进行宏观分析。因为如果我们不能识别组成论证的哪些陈述是前提，那么，我们如何能进一步地评估该论证的哪些论证是可接受的呢？如果我们不能识别哪些前提被提出以支持哪些结论，我们如何能进一步地断定前提是否给予结论充分的支持？相对简单的一个例子是，含有两个前提—结论的那种论证。这个论证在结构上可被解读为两个子论证。如果我们不能识别出哪些陈述组成前提—结论关系，我们就无法回答上述两个问题中任何一个。另外，不能识别出它的宏观结构特征，我们也就无法评估论证的整体说服力，无法评估两个子论证的优劣，如何构成整个论证的优劣。如果子论证中每一个支持最终结论的前提自身可接受，从而不需要进一步说明，并且它们链接起来为结论提供充分的支持，那么那个结论就是恰当的。同时这些前提中有些就是待论证的中间结论。现在如果这个前提本身是可接受的，那么进一步的说明从逻辑上不再必需。如果对中间结论的前提的说明是谬误的，就会导致论证整体有瑕疵，即使第二个论证对结论构成一种强有力的支持。另一方面，如果中间结论自身不可接受或亟待说明以认定其可接受性。则关于它的那个论证的瑕疵将表明论证整体在证成主要论点的过程中存在瑕疵。或者支持中间结论的第一个子论证的说服力，连同支持最终结论的第二个子论证的说服力，可以展现论证整体的说服力。不识别论证的宏观结构的话，我们不能做出上述任何一个判断。援引弗里曼对托马斯·阿奎那的一个论证的说明①，

> ①要不是出于某种目的，金钱不会被追求，因为②它本身于人无用，除非我们为维持生存或出于某个类似的目的而使用它。现在，③最高的善为它自身非其他目的而被追求。因此④金钱不是最高的善。

这一论证由四个陈述构成，第一个陈述是第二个陈述的后承。第四个陈述是第一个陈述和第三个陈述的后承。进一步地，陈述二据常识可以被直接接受。金钱因为其表征的购买力而又价值。陈述三作为另一个基础性的前提，是最高善定义的一部分。那么陈述一呢？它是经验的还是规范的？如果圣托马斯的主张与人类财富获得的动机有关，很显然，他的陈述很容易找到范例，因为有些人纯粹是为了囤积金钱而追求它，比如巴尔扎克的葛朗台。于是在这段话的语境中，把陈述一解释成人们并不是为了金钱本身而真正去追求它，是合理的。此时，陈述二即给我们提供了一个很好的理由去接受陈述一。陈述一和三再合起来支持四，而问题是我们发现陈述三本身并不是一个不容置疑的规范陈述。因此，宏观论证结构的识别指导着着我们的后续评估，使得我们能够看到一个论证是否有说服

① ［美］詹姆斯·弗里曼：《论证结构—表达与理论》，王建芳译，中国政法大学出版社 2014 年版，第 1、第 3 页。

力。宏观论证结构①分析是基础性、必要的工作。对威格摩尔图表法进行宏观结构分析，当然就是必要的。

（二）对威格摩尔图表法的结构分析

威格摩尔用不同的标记，代表了不同的结构成分。它大致由两个大的部分组成：编号主张的列表（关键事项表）和一个图解。简单来说，威格摩尔使用了25中表征各种不同意义的符号，简单的说这些符号可以分成两大类：

表示肯定证明或否定证明的符号、表示证明力大小的符号。威格摩尔谨遵他在《专论》中归队证据的分类方式，总结而言，他把图示中出现的证据分为如下几个类别：按主体来分：A. 控方证据 B. 辩方证据；按表现形式 A. 证人证言：通过直接观察或通过其他途径知晓案件事实的人对事实进行的陈述。B. 情况证据：需要经由推论才能明确它所欲表达意义的证据。（可以是肯定的也可以是否定的）。C. 解释性证据：为加强或减弱某个证人证言或情况证据的证明效果而而提出的证据。D. 补强性证据：能够增强证人证言或情况证据的证据。（最简单的证言补强发生在两个彼此独立的证人为同一主张的真实性作证之时）。

威格摩尔在《原则》中有一长段详细的定义及阐明，扼要之，威格摩尔图表法是一种主要包含线和图形两个大类别的图解。②

线。线代表威格摩尔所认为的、在司法证明语境中有效的证明过程。

图形。多个线段联结而成的图形，代表着威格摩尔所谓的“事实”——他肯定意指主张的事实，或者籍以相信的事实。每个图形都据“关键事项表”（“key list”）中业已收集的陈述来编号。

在接下来的部分，笔者将具体给出一个表格以显明视听。

图形：不同证据类型的表示符号。用于证明事实的都是证人证言，其余类别的证据都是情况证据。

符号	所表含义
	表示肯定性的证人证言，如，M宣称自己曾看到被告有一柄与本案所涉证物一样的刀子
	表示否定性的证人证言，如，M宣称自己留意到被告断然没有一柄与本案所涉证物一样的刀子

① 以下章节若无特别说明，“论证结构”指的是宏观论证结构。

② Wigmore, J. H. . *The Principles of Judicial Proof As Given by Logic, Psychology, and General Experience and Illustrated in Judicial Trials* (1" ed.). Boston, MA: Little, Brown & Co. pp. 52 – 6.

续表

符号	所表含义
○	表示肯定性的情况证据，如，在距被告不远处发现了刀子，所以被告拥有改柄刀子
∩	表示否定性的情况证据，如，在死者的手中发现了刀子，所以被告不可能持有该刀子
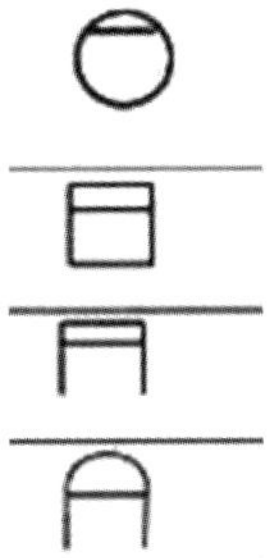	这四种符号表示在案件中由被告提出的与以上原告提出的四种证据类型相同的证据，在此需要特别指出的是，这些证据均是由被告提出，采用上述标记是为了便宜展现证据的提出方是谁
¶	表示无须证据证明的司法认知和法律上已认可的事实，包括常识和与之相关的推论等
∞	表示不证自明的事实，如当庭出示的大衣、证人当庭作出的证言其本身。所有的证据最终均划归为该种事实，司法认知或法律上认可的事实不在此列
>	表示说明性证据。就情况证据来说，这种证据用于解释它们的证明效力；就证人证言来说，这种证据用于质疑证人的可信性，如，该证人没戴眼镜根本不可能看到被告捡起刀子
◁	表示补强证据。就情况证据来说，它能增强推论的说服力，排除案件事实的其它可能的解释版本；就证人证言来说，排除证人证言存在偏差进而增强他的说服力
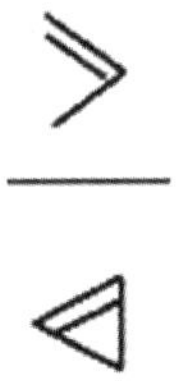	表示由被告提出的与上面两种证据相同的类型
⊡	表示可以完全确定所宣称的事实。如果有两个圆点表示这种确定是更加强烈的。（注，两种基本证据的正反两方的表示符号，都可以有加点、加两个点的表示）
⧇	表示我们目前尚不能相信所主张的事实为真。如果有两个零号表示我们对于事实主张的强烈不相信。（注，两种基本证据的正反两方的表示符号，都可以有加零号、加两个零号的表示）

此外，威格摩尔通过符号的不同位置展示单个证据间的关系。位于事实下方的是用于证明该事实存在的其它证据。位于该已证事实左方的是用于减弱已证事实证明力的说明性事实或补强事实；位于该已证事实右方的是用于增强已证事实证明力的说明性事实或补强事实。事实正下方带有“∞”“¶”符号表示该事实是法庭观察所得的不证自明的事实或是属于司法认知和法律已认可的事实。

进一步地，当特定事实被用于证明、阐释、补强特定事实主张时，我们用适当的符号和线在证明网络中表示它，即线。但威格摩尔强调，在该事实始被提出时，我们尚无法确定它是否真的得到真实地呈现，也不无法确定聊以把它当做切实存在的事实时，给它的证明力赋多大的值。是直接支持、强支持、弱支持还是确凿支持，等等。它来自事实裁定者在对双方的论证作出一个基于信念的决断后给出。它表示一种关系，威格摩尔具体给出的这种对支持度的图解如下：

符号	所表含义
	对肯定性证据（包括证人证言和情况证据）赋予的暂时可信力。 而将箭头双倍且加粗表示更强的可信力，通常在数个证人证言和情况证据指向同一事实时这么标示
	对否定性证据（包括证人证言和情况证据）赋予的暂时可信力。 而将箭头双倍且加粗表示更强的可信力，通常在数个证人证言和情况证据指向同一事实时这么标示
	表示理由对结论的支持存在不确定性。按目前的所有的证据尚不能确定。同理。其他符号都可以加上一个问号而表示这种不确定性，如，表示尚不确定的证人证言
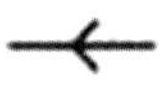	当箭头放在连接线的中间时，表示左边所表示的事实（一个解释性事实）降低右边所表示的事实的可接受性，用双箭头表示更强的削弱力度
	当一个“X”置于连接线的中间，如，这种情形，表示两项证据间的补强关系。用双“X”表示更强的补强力度

威格摩尔在考察整个证据领域——无论是间接证据还是言词证据之后，宣称法庭的一般精神和推理模式大体上反映了科学逻辑的要求。他提出并发展的这一套图解方法，无疑地，产生于他当时对逻辑学的知识。非形式逻辑学家，沃尔顿印证了这个观点。他说到，当今在非形式逻辑和论辩理论领域不断发展的概念和方法，如何早在威格摩尔论证据的著作中得以使用？威格摩尔先前依靠并发展了诸如论证图解、似真推理、推定、证明负担以及基于证明力的相关性概念这样的工具。但从逻辑的角度看，威格摩尔证据理论所需要的工具和技巧还不存在。不管怎样，一旦用这些新方法来补充威格摩尔理论，它看起来就更像一个确实有着与众不同的潜在逻辑结构的论辩框架。由此可以看到，威格摩尔是非形式

逻辑运动中一位多么重要的先驱。① 受限于那个时代的逻辑学的发展水平，威格摩尔无法给出一个评估某论证强度的方法，在他看来，那可能更多地依赖于心理学的研究以及裁判者的直觉。

威格摩尔图表法是一幅有关制作者确信的图表，既包括制作者对一群命题之间关系的确信也包括制作者对他的暂时性结论的确信。这样一些关系对证明力的一些判断，这些判断可以通过“倾向于支持”“倾向于否定”“倾向于解释”来加以表述；而这些结论则表达了对具体命题以及它们彼此之间的关系的确信或不确信；这样一些确信有着不同的强度，涵盖了从强烈确信（无论如何分类），到不同程度的相信再到怀疑直至强烈的质疑。而据特文宁认为，图表法有三个根本的优点：①它要求从事分析的人去确定并精确表达他所主张的每一个命题，这是法律论证中的一个重要步骤，要实现的是精确性价值；②该方法要求，应用它的人要以精确方式来说明论证向前推进每一步骤。这使得严格评估每一个论证成为可能；③它提供了一种在复杂案件中整理所有相关和潜在相关数据的方法，即将其整理具有单一、一致和清晰结构的论证形式。这其实符合威格摩尔所设想的一个理想的证据群的逻辑系统所必须拥有的，可以说，威格摩尔在构建图表法这个宏大工程时，对于一套能自成体系的司法证明逻辑上的表意系统，他认为：“必须满足如下条件：其一，它必须能够应用于所有适于当庭称述的证据类型，并且这些证据类型基于特定的逻辑体系基础之上，如一个能囊括所有逻辑推理过程的逻辑体系。其二，它必须与能够囊括某一特定案件的所有证据信息的证据类型相协。其三，它必须能够展示证据之间及单个证据与其他证据间的相互关系。事实信念的产生过程是将一系列证据划分成信息组，并将这些信息组加工后简化为证据的不断重复的过程。所以我们必须掌握信息间的那种相互关系，而不只聊以掌握信息本身。其四，它必须能够表明”所主张的事实”与“已证成或证伪的事实”之间的区别，即为证明而提供的证据信息与大脑对此处理后所产生的作用之间的区别。其五，它必须能够表征所有进入大脑思维中的潜在信息。在一个有效的证明图解中，大脑思维中的所有潜在信息都应当能够得以表征。其六，从反面而言，该证明图解无须告诉我们应当做出怎样的司法判决，它只要能够真实地反映我们的信念是什么及如何达到这种信念就足以完成它的使命。② 这使得威格摩尔图表法在司法证明中，其实能够发挥很大的作用。

在威格摩尔看来，“我们对证明图解赋予的简单目标就是，在一个给定的范围内，它能够清晰地展示出我们怎样由诸多的单个证据推理出最终认定事实，并对此树立怎样的信念。为了获得事实认定的正确性，完成上述目标是一项繁杂的工程。每个提出的单个事实都要接受大脑的检验，并记录下检验的结果。或许我们无法彻底解释得出结论的原因，但

① 沃尔顿著，陈金钊、谢晖主编，载《法律方法》，王建芳、童海浩译，山东人民出版社 2015 年版。

② See Wigmore, J. H, “The problem of proof,” in *Illinois Law Review*, 1913, pp. 77 – 103.

至少我们清晰知道自己何以得出一个结论的过程。因此，我们对信念逐步分解为独立的事实单元——对其进行联系、归纳、概念，直至到最后得出最终结论的不同证据，而对这些证据进行思考，形成在头脑中的最终信念（这种信念要么是对某个特定结论的证实，要么是证伪）。所以，尽管我们无法展示对于案件事实何时应当证实，何时应当证伪，但至少我们能够确保理性、审慎地精细每一步的推论。其中的用意无非是尽量确保我们对事实的信念最可能地趋近真相本身，而在我们的理性能力的范围内来完成上述目标。如果某种证明图解或证明方式能益助扩大理性的范围，那么这种证明图解或方法就显然是有价值的。”① 这可以被看作威格摩尔的创作动机，以及最根本的一些设想。但无论如何，威格摩尔的目标始终是明确的，他希望借助一个构建好的关键事项表和图表，帮助法律人更好地做好事实发现的工作。

确定好了目标，接下来就是具体实施。威格摩尔图表法允许表达，针对结论的反对意见——解释，它被放在结论的左侧。同时，也允许表达对解释的反驳。针对解释的反驳放在结论的右侧。如果给出几个理由支持一个结论，那么，理由实际上要被表达为组合的。“为契合当时术语（的表达习惯），威格摩尔将多前提（multiple - premise）论证表示为组合结构（ linked structure）”② 此外，图表法允许以序列方式表达理由之理由，契合其对“事实”的划分。论证中待证事实的层级被完备地划分为以下部分：最终待证事实次终待证事实（构成要件，由法律规定）中间待证事实，证据。而笔者认为在刑案中，其中的次终待证事实的确定有赖于所谓“构成要件”理论的发展。其使用水平线表示其余前提对所支持结论的联合权重，以模态方式将它们组合起来。其并没有区分反驳性战胜者和削弱性战胜者，而只是在图解表达时并未作出明确的显示。需要指出的是，威格摩尔将反驳与反反驳分置于结论两侧。虽然使得反驳与反反驳的相互关联出于直接明了。但这张处理是符合庭审现实的，便于控辩双方的角色分类。

此外，威格摩尔不把保证作为图解的一部分。弗里曼对于这种情况，给出了自己的理解。她认为，特定证据所指向的通则即便被明确表达出来，缘于我们无法笃定这些通则是否真切表达了事物通常的存在状态，是存在例外情况的，而如此一个通则是前提而不是保证。也就是说，有例外情况的通则作为一种常识无可避免地没有入数学公理般的绝对性，而这种不具有绝对性的性质使得它不能表达为一个确实可靠的保证，这是弗里曼的理解。囿于其所处时代逻辑学发展的掣肘，威格摩尔自身是如何表达出另一种理解的呢？他说，总体上讲有两种常见的“论证形式”：一是“演绎的”，包括某些种类的一般化；二是“归纳的”，则是从“单一或孤立的事实”“直接”得出结论。而不在图解中表达出保证实际上是缘于“论证形式”。

① See Wigmore, J. H, “The problem of proof,” in *Illinois Law Review*, 1913, pp. 77 - 103.

② ［美］古德温：《威格摩尔图表法》，童海浩译，载《研究生法学》2014 年第 1 期。

[“演绎的”]“与一方有血缘关系的人，其证词证明力是有限的”；（大前提）“这名证人是与一方有血缘关系的人”（小前提）；“因此，这名证人证词的证明力是有限的。（结论）……

[“归纳的”]“证人与一方有血缘关系”（命题）。

因此他的证词证明力是有限的”（结论）。

而在法庭上提供证据的推理形式通常是“归纳的”。对此主张威格摩尔给出了两个理由。首先，尽管凭凸现隐含的规范或含糊的概括，每一归纳推理至少能被转化并表述为演绎的形式，然而这么做将扭曲图表法的论证。其次，即使推理担保能被表达，表达将毫无裨益。我们最终还是会像以前一样，面对同样的情形，威格摩尔辩说到，因为结果仍将是等着法院宣布是否接受大前提，并且终究将再次要求作另外的“归纳的”推理。很显然，这样的转化将会陷入“明希豪森困境。而为了实用的目的把所用诉讼的证据事实视作强归纳（generally inductive）是可欲的——也就是，非推理—担保——表达的形式”，但也并非绝对，威格摩尔给这种考虑打开了一个小口子，允许一个特例：概括（generalization）自身被一些涉及常识或者一般经验（ordinary experience）之物所支持。譬如，当一个专家（“证明心理学领域，”）可以证明，另一证人并不能见其所言，然后概括得出类似“按正常的视力从这样的站位是不可能（看见）的”断言——专家证言支持的应包括在图表中。的确，威格摩尔甚至淡入一个额外的符号以涵括如下情形：以大写字母“D”式的形状或由标有一个小“d”的圆圈表示概括。这在威格摩尔的图解中会被展现。①

四、改良威格摩尔图表法的参考框架：弗里曼的标准方案

威格摩尔图表法的研究权威，古德温认为威格摩尔图表法与詹姆斯·弗里曼（James Freeman）的图解非常接近，这里说的弗里曼图解是在非形式逻辑研究中的一些最新，也最有代表性的成果，它非常卓越地从事于刻画论证的宏观结构。因此，大致勾勒这一图解形式，将有助于我们反观威格摩尔图表法，从而改进威格摩尔图表法。事实上，弗里曼的这种图解方案也称为标准方案。

根据这个标准方案，一般通过用带圆圈的数字来表达组成论证的陈述，以及用由前提指向结论的箭头来表达逻辑支持的这种论证图解的标准方法，来展示论证的宏观结构是最常见的进路。这种论证图解技术一般有四个基本假设。一是优先性假设。在教科书中，论证图解大多在开始的章节。因为教授逻辑时，直到我们知道一个论证的哪个部分是前提或结论，我们才能评估论证，论证图解被假定为提供论证的结构。二是中立性假设。演绎有效论证以及谬误论证都有前提－结论结构。论证图解中立于所描绘的论证的逻辑评价。三

① See Wigmore, J. H. *The Principles of Judicial Proof As Given by Logic, Psychology, and General Experience and Illustrated in Judicial Trials* (1" ed.). Boston, MA: Little, Brown & Co. pp. 17－21.

是完全性假设，论证图解应能图解任何论证。没有论证是不可图解的。四是可靠性假设，恰好存在一个论证的唯一正确的图解。没有论证能有两个十分不同的结构。[1]1973 年托马斯《自然语言中的实践推理》（Practical Reasoning in Natural Language）的出版。区分了论证结构的四种类型[2]：

（1）序列结构：一个结论是由一个前提支持着，而这个前提又被另一个前提支持，这种结构 被称为序列结构（参见图 1）；

（2）收敛结构：一个结论同时由两个或两个以上前提分别独立支持着，这种结构被称为收敛结构（参见图 2）；

（3）组合结构：一个结论由两个或两个 以上前提共同支持，这种结构被称为组合结构（参见图 3）；

（4）发散结构：一个结论同时支持两个或两个一闪该结论，这种结构被称为发散结构（参见图 4）。

图 1

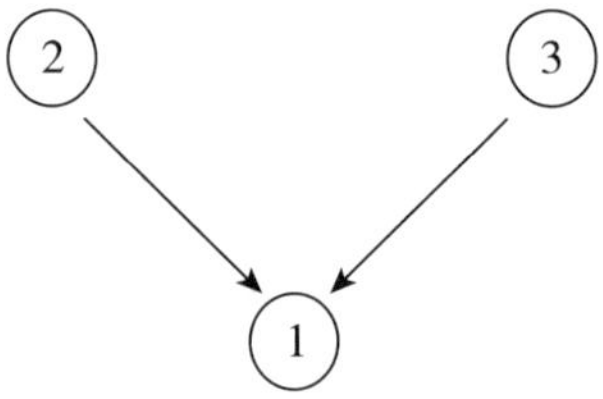

图 2

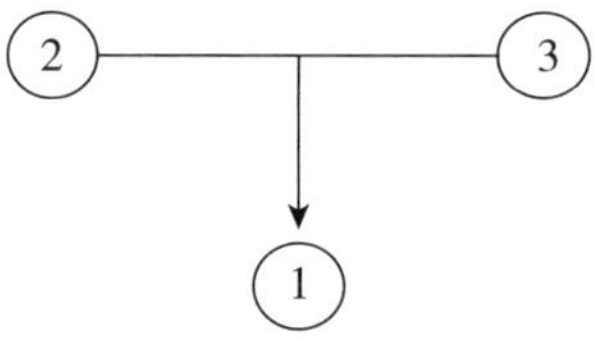

图 3

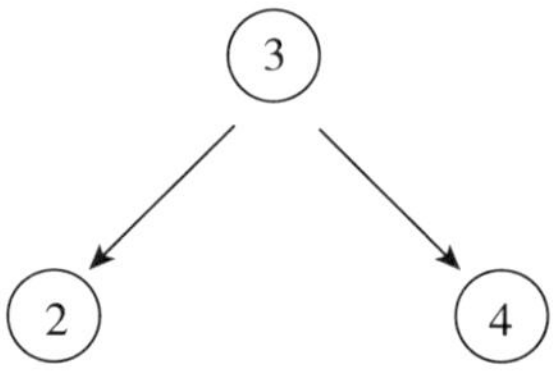

图 4

当然，一个论证不限于只展示上述四种类型中的一个，有的子论证可能是序列的，而有的子论证可能是收敛的。四种结构类型可以出现在同一个大的论证中。

笔者赞成约翰逊和布莱尔鉴于提出理由直接支持结论可能并不足以为主张做出合理辩

---

[1] 武宏志：《非形式逻辑或论证逻辑：论证图解》，载《延安大学学报（社会科学版）》2004 年第 1 期，第 7 页。

[2] James B. Freeman, *Dialectics and the Macrostructure of Argument: A Theory of Argument Structure*, Foris Publications, 1991, p. 1.

护的考虑而对论证做出的一个划分：推论核和论辩层。推论核：我们可以认为推论核包括主结论、理由（被提出以直接支持结论或包括假定的整个论证的一个或多个前提）、被提出以支持那些理由的一个或多个次级理由（如果有的话），一直要追溯到论证的基本前提即在该论证语境中不需要进行辩护的前提。论辩层：作为人们可能还需要考虑并反驳针对核心论证中的结论、前提或推论步骤的反对意见。而很显然以上标准图解的四种类型并不能恰当地表示论辩层中的反对意见。因此，有必要对其进行扩展。

当一个人提出一个或更多的理由以支持一个结论，他实际上对这个结论作了一个假定的断言。因此把

（1）小亮有很高的积极性

（2）他也有很强的学习能力，因此

（3）他在学校里将表现卓越

对比

（1）小亮有很高的积极性

（2）他也有很强的学习能力因此，大概

（3）他在学校里将表现卓越

似乎是在说同一件事。而唯一多出来的“大概”是一个模态词。需要强调的是，一个模态词既不是一个论证的前提也不是结论的成分。而对前提支持结论的这个断言的一个模态限定。图尔敏在他的论证图解中鲜明地将其表达出来了。顺着图尔敏的这种处理思路，我们用一个方框圈着模态词表达模态限定。它介于和结论中间：则以上的带模态词“大概”的那个版本如图5所示：

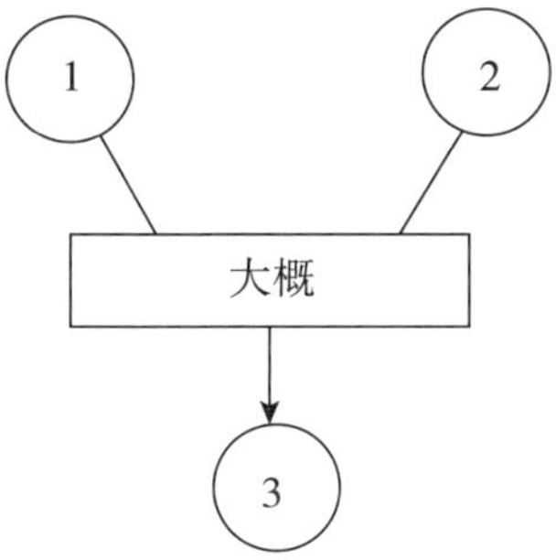

图5

我们把限定词看作修饰或限定了前提到结论这个步骤而非结论是更说得通的。像在

凡人皆有死

苏格拉底是人

所以，必然地，苏格拉底有死

这个经典三段论中，限定词“必然”如何发挥作用呢？该论证的呈现方式表明其结论是“必然地，苏格拉底有死。”把模态限定词描述为对该主张的限定只强化了这个想法。但从这个描述出发，很显然这个论证是荒谬的，因为“苏格拉底有死”这个断言很显然不是一个必然真理，其必然性不能从前提中推出，而应该说是该陈述可以从必然地推出。换句话说，“必然”是修饰这个“推出”而非指“苏格拉底有死”。若把限定词解释为从前提到结论这个步骤的限定，则限定词有用于表达这一步的强度。

我们把“必然”理解为一个非常强的支持。挑战者将发现小亮的积极性和学习能力并不使得他在学校会做得出色。因为他预见到存在一些情况将会推翻这个论证。如果那些情况果真在小亮身上发生，那么这个前提将是真的，而结论为假。基于以上的考虑，前提可能相较前提是更少确信无疑的。例如，小亮他落入爱河或是精神紧张，都会对他的学习成绩有负的效力。意识到这些可能性将引导我们问有关“必然”的声称的强度问题。借助图尔敏的一个术语——称呼这些推翻的情况——反驳。图尔敏定义反驳为“将削弱论证支持的力度的异常或例外情况。”① 笔者的讨论中，扩展了图尔敏的这个术语的内涵，把反驳理解为跟更广阔的削弱情况而不仅是必然的异常或例外。我们基于图尔敏的意义而区分两种类型的反驳：压倒性反驳和削弱性反驳。

一个削弱性反驳即指，可以构成与所主张的结论负相关的证据，即构成结论为假的证据。至少一个削弱性反驳会提出负面证据问题；压倒性反驳即指，对某个从前提到到结论的推论的可靠性置疑。举个例子：在法庭审判中，控方出示一些证据以证明被告有罪：他有抢劫的动机，控方有他负有大额到期赌债的证据；他有犯罪预备的条件，控方有他买枪和滑雪面罩的证据且被告知道午后一点的银行顾客很少；宣誓证人的证言表明被告曾向其炫耀过抢劫的事；而最关键的是，那些失掉的有编号的钱在被告的车库中被发现。控方似乎拥有了充足的证据可以坐实被告的偷窃事实。但辩护律师提出的证人的证言表明：在案发当时，证人看到并极为肯定被告在其他地方。而这个证据构成了控方论证的压倒性反驳。

而另外一种情况是，控方证人证实，自己看到被告进入某个房间而该房间恰好失窃。在交叉询问中，辩护律师发现证人最近新配了一副眼镜，而发问是否其在看到上面那一幕时是戴着眼镜的。而证人的回答是事实上他并没有来得及把眼镜戴上。这一信息不与被告有罪的主张而与证人可靠性负相关。由此它是针对论证

证人说，她看到被告在房间失窃那晚进过该房间。
所以，
被告在失窃那晚进过该房间。

---

① Toulmin, Steven. *The Use of Argument.* Cambridge; Cambridge University Press, 1958, p. 95.

的一个削弱性战胜者。进一步地，可以发现削弱性反驳是对某个前提到结论这一步的可靠性的怀疑。需要强调的是，一个削弱性反驳的真与结论的真并不是完全一致的，很有可能证人没有戴上眼镜而被告确实曾进过该房间，证人证言只是不被看做证明被告有罪的决定性证据。

综上，实质上我们也可以说，压倒性反驳提供证据反对结论，而削弱性反驳提供证据反对前提到结论这一步。基于以上的考虑，首先，我们如何在图解中表达那种削弱性反驳呢？我们把削弱性的情况写入一个方框中，而这个方框黏在表达模态的那个方框上（如图6）：

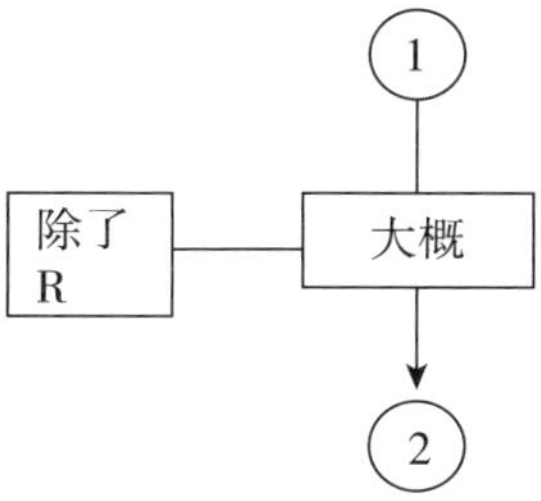

图 6

"我们可以视〈模态，削弱性反驳〉对为一个表示前提对结论支持有多强的复杂模态"① 而遵循波洛克推论图所给出的一个启发：波洛克的吸引包括几个如下的要素：节点、推论链、反驳链。而节点表示前提和结论他把压倒性的反驳关系表达为在节点间成立，而把削弱性战胜关系表达为在节点和推论箭头之间成立。我们可以在图解中表达我们的这种区分（如图7）。

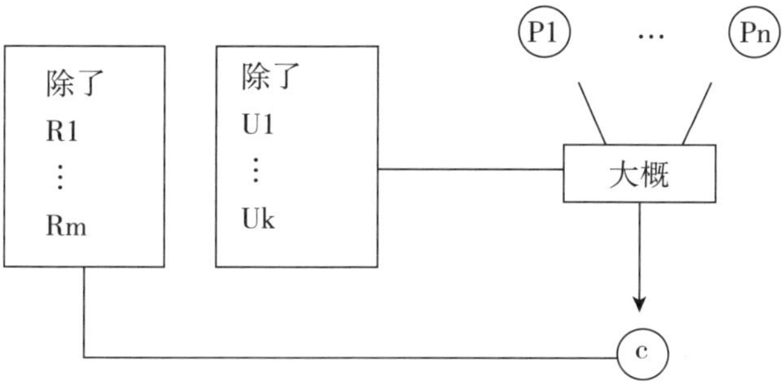

图 7

为获得一个有说服力的论证，当挑战者提出如上无论哪种反驳，主张者须给出一个回应，显然，前文说到的论辩情境的考虑即内在地要求，在如此的一个开放的问题上，主张者履行自己的证明负担。如果他无法给出或对反驳的回应没有效力而无法间接地支持结

---

① James B. Freeman. " Dialectical Situations and Argument Analysis. ," *Informal Logic*, Vol 7, No 2 (1985).

论，那么挑战者于此获益。接下来我们分别讨论针对削弱性反驳和压倒性反驳的反反驳。对于削弱性反驳的反反驳，参考如下弗里曼所用的一个例子①：

①威尔逊夫人临终前将自己的身后物倾数用于慈善事业。因此，大概②她的女儿讲不能从母亲那里继承任何财物，除非（R）威尔逊夫人在咽气前还有一份遗嘱表明留一份财产给女儿。但是③威尔逊夫人并没有立这样的一个遗嘱。④对威尔逊夫人屋子的搜寻并没有发现此类文件。

陈述（3）是针对反驳（R）的一个反反驳，其用过反驳（R）来支持结论。而（4）支持（3）。我们注意到（1）单独与（2）相关，而不需要（3）来解释两者的相关，所以（3）因被表述在前提的位置，而并非和（1）链接成一个组合结构。综上，在论证图解中，我们如何表达这种情形呢？笔者认为应把这个具有前提意义的反反驳放在反驳方框的上方，表明它经由对反驳的反驳来支持结论。表明（3）是（R）的否定而排除（R）对模态的影响。参看图 8：

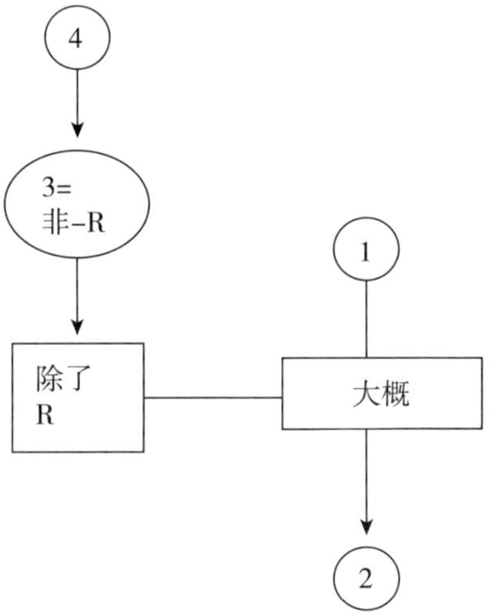

图 8

同样地，对于压倒性反驳的反反驳，也只是需要把反反驳放在压倒性反驳方框的上方即得到很好的处理。以上所作论述，基本上完成了将模态限定词、反驳、反反驳整合到托马斯提出的标准方案。笔者认为，对威格摩尔图表法的改良，应以此种严格区分各个图表要素，及其功能的方法来进行。但囿于篇幅所限，更精细的工作留待下一篇文章解决。

（编辑：杨知文）

① James B. Freeman, *Argument Structure*: *Representation And Theory*. Springer Netherlands, pp. 25 – 26.

部门法方法论

本土化视域下竞争中性原则的诠释与构造*

翟　巍**

摘　要　虽然竞争中性原则概念发端于域外国家，但该原则基本内涵已在我国政策与法律框架体系下得以重塑，并呈现显性与隐性的二元表现样态。在我国经济政策领域，竞争中性原则被明晰厘定为公平竞争审查制度的统摄性原则；而在我国法律体系下，由于这一原则在《反垄断法》的隐性表达缺乏全面性与系统性，因此造成在该原则实践适用框架下反垄断法律规范反而需要参照效力位阶较低的公平竞争审查规范予以施行的逻辑倒挂态势。为了改变这一境况，立法机关有必要借助文本重构方式将《反垄断法》隐含的竞争中性原则显性化与明晰化，而为了消弭"竞争中性原则"条款内容与实践需求之间存在的非同步性与不匹配性，该条款的续造行为应被纳入"五步审核法"统摄之下。此外，基于有效反制美欧国家对于我国国有企业打压的设想，我国政府在制定新的国际贸易规则或相关国际条约之际，亦应注重中国版本竞争中性原则理念的良性外溢效应。

关键词　竞争中性原则　公平竞争审查制度　反垄断法　法律续造

一、竞争中性原则的域内外渊源流变

从语源学视角分析，竞争中性原则既非汉语原生词汇，又非外语古旧词汇。这一概念是在20世纪90年代末发端于澳大利亚并被经合组织（OECD）等国际组织、欧美发达国家以及诸多发展中国家所普遍借鉴、采纳与适用的一项专有概念。①竞争中性原则相对应

---

* 基金项目：本文系国家社会科学基金一般项目"依法治国视域下社会公共服务领域行政垄断规制研究"（项目编号：15BFX081）阶段性研究成果。

** 翟巍，男，山东莱州人，华东政法大学经济法学院副教授，硕士生导师，德国美因茨大学法学博士，研究方向为竞争法与比较法。

① Government of Western Australia, "Policy Statement on Competitive Neutrality", June 1996, pp. 1 – 2.

英语概念单数形式为“the principle of competitive neutrality”，相对应德语概念单数形式为“das Prinzip der Wettbewerbsneutralität”或“der Grundsatz der Wettbewerbsneutralität”。

（一）域外渊源与嬗变流程

尽管在世界范围内关于竞争中性原则概念的界定模式已经衍生出澳大利亚版、经合组织（OECD）版等多种类型，形成多元与含糊的亟需各别解释的“概念晕”（Begriffshof），但是获得国际认可的竞争中性原则概念的最核心定义，即所谓的竞争中性原则“概念核”（Begriffskern）可被厘定为：“确保国有企业与私营企业在公平竞争环境中（on a level playing field）参与竞争的原则。”① 具言之，依据竞争中性原则要求，所有制属性既不应为国有企业（公共企业）带来不当的竞争优势，亦不应导致私营企业被附加不当的竞争劣势。

从概念基本构成分析，竞争中性原则属于偏正短语范畴，它由修饰语“竞争中性”（competitive neutrality）与中心语“原则”（principle）组合而成。依据经合组织（OECD）的观点，“竞争中性”（competitive neutrality）可被理解为一种监管框架（a regulatory framework）；该监管框架旨在塑造以下两类结果：（1）公共企业与私营企业面对同一套规则。（2）与国家的关联关系不会为任何市场参与者带来竞争优势。② 值得特别关注并且常为国内学者所忽视的是，在主要发达国家的法律理论界与实务界，作为修饰语的“竞争中性”概念的出现时间节点远早于“竞争中性原则”概念本身③。譬如，霍斯特·埃尔巴哈（Horst Albach）在其1991年版著作《竞争中的企业》（Unternehmen im Wettbewerb）就已采用国际视角下的“竞争中性”概念。④ 又如，德国联邦宪法法院（BVerfG）早在1966年涉及消费税的案例判决中（Fall：Allphasenumsatzsteuer）就曾使用“竞争中性”概念。⑤ 然而，此类“竞争中性”概念的适用目的通常是为了厘定与消解某一部门法域（譬如税法）中由公权力不当干预竞争所引发的具体问题⑥，因而该概念的适用范围存在窄缩化与碎片化特征，亦不存在具象化与实操化的实施标准、机制与措施。

---

① OECD，“Competitive Neutrality：Maintaining a level playing field between public and private business”，https：//www. oecd. org/competition/competitiveneutralitymaintainingalevelplayingfieldbetweenpublicandprivatebusiness. htm，last visited：August 05，2019。参见［德］阿图尔·考夫曼，温弗里德·哈斯默尔主编：《当代法哲学和法律理论导论》，郑永流译，法律出版社2013年版，第273－274页。

② OECD，“State Owned Enterprises and the Principle of Competitive Neutrality”，2009，DAF/COMP（2009）37，p. 11.

③ 譬如，华创证券首席宏观分析师张瑜认为，“竞争中性”一词诞生于20世纪90年代的澳大利亚。该表述就混淆了“竞争中性”与“竞争中性原则”两项概念，犯了常识性认知错误。参见张瑜：《竞争中性的“3W”》，载新浪网《新浪财经意见领袖专栏》，2019年2月27日发表，http：//finance. sina. com. cn/zl/china/2019－02－27/zl－ihsxncvf8198654. shtml，最后访问日期：2019年8月5日。

④ Albach，Horst：Unternehmen im Wettbewerb，1991，Wiesbaden，S. 307 ff.

⑤ BVerfG，20. 12. 1966－1 BvR 320/57，1 BvR 70/63.

⑥ 石伟：《“竞争中立”制度的理论和实践》，法律出版社2017年版，第24页。

在 20 世纪 90 年代中期，澳大利亚政府首次提出具有里程碑意义的“竞争中性原则”概念，[①] 将之前仅仅获得个别适用的“竞争中性”概念的内置理念泛化与固化为具有全面性与普适性特征的“原则”样态，并逐步设置了以该原则为辐射核心的涵盖多元实施标准与措施的竞争政策体系。[②] 正如哈特（H. L. A. Hart）所述，原则所具有的特性包括广泛性与可欲性（desirability），而这两项特性能够说明“原则在与规则的关系中所扮演的说明性及证立性的角色”。[③] 澳大利亚政府经由创设竞争中性原则概念及其附属的竞争政策体系，不仅将传统竞争法律规则中所隐蔽蕴含的竞争中性理念显性化、体系化与工具化，而且超越传统竞争法律规则的规制对象范畴，将所有层级与类型的行政机关施行的涉及市场经济活动的政策措施统一纳入公平竞争审查范畴。基于澳大利亚的整体制度建构框架，竞争中性原则属于在 1995 年 4 月由澳大利亚政府理事会通过的《竞争原则协议》（Competition Principles Agreement）的不可或缺的组成部分，而《竞争原则协议》又构成澳大利亚国家竞争政策（National Competition Policy）的组成部分。[④]

（二）域内移植与本土构造

在当代汉语语境下，作为舶来品词汇的“竞争中性原则”与“竞争中立原则”在内涵与外延层面均应属于完全意义上的同义词汇，[⑤] 这两项汉语概念的字面差异系由对发轫于澳大利亚国家竞争政策的英语概念“the principle of competitive neutrality”不同译法所导致。2019 年 3 月 26 日，由李克强总理主持的国务院常务会议明确提出“竞争中性原则”这一概念，并将作为规范性文件制度的现行公平竞争审查制度整体性纳入竞争中性原则的统摄框架下。[⑥] 2019 年 4 月，中共中央办公厅、国务院办公厅印发的《关于促进中小企业健康发展的指导意见》首次在中央文件层面使用“竞争中性原则”这一概念表述，并将

---

① See clause 3 of the Competition Principles Agreement – 11 April 1995 (As amended to 13 April 2007).

② 依据澳大利亚官方的概念界定，竞争中性政策所厘定的要旨为：“公共部门的企业或机构不得仅仅由于其政府所有的属性而相对于私营行业的竞争对手具有竞争优势（或劣势）”。Queensland Productivity Commission, “Competitive Neutrality”, www. qpc. qld. gov. au/competitive – neutrality/, [June 17, 2019]。

③ ［英］哈特：《法律的概念》，许家馨、李冠宜译，法律出版社 2018 年版，第 333 页。

④ Government of Western Australia, “Policy Statement on Competitive Neutrality”, June 1996, p. 1.

⑤ 采用“竞争中性原则”概念的代表性论文为：宋晓燕：《中国外商投资制度改革：从外资“三法”到〈外商投资法〉》，载《上海对外经贸大学学报》（录用定稿），网络首发时间：2019 年 5 月 7 日；采用“竞争中立原则”概念的代表性论文有冯辉：《竞争中立：国企改革、贸易投资新规则与国家间制度竞争》，载《环球法律评论》2016 年第 2 期；张占江：《政府行为竞争中立制度的构造——以反垄断法框架为基础》，载《法学》2018 年第 6 期。

⑥ 我国公平竞争审查制度的系统性建构发端于 2016 年。该年 6 月 14 日，国务院发布《关于在市场体系建设中建立公平竞争审查制度的意见》，要求构建公平竞争审查制度，以规范政府行为，防止出台排除、限制竞争的政策措施，逐步清理废除妨碍全国统一市场和公平竞争的规定和做法。2017 年底，经国务院同意，国家发展改革委、财政部、商务部、国家工商总局、国务院法制办联合印发《公平竞争审查制度实施细则（暂行）》，进一步厘清公平竞争审查制度的实施标准、机制与流程。迄今为止，《关于在市场体系建设中建立公平竞争审查制度的意见》与《公平竞争审查制度实施细则（暂行）》构成公平竞争审查制度的核心规范性文件。参见翟巍：《欧盟公平竞争审查制度研究》，中国政法大学出版社 2019 年版，前言第 4 页。

该原则厘定为促进中小企业健康发展的指导原则。鉴于国务院常务会议与中央文件正式启用“竞争中性原则”术语所产生的导向性与示范性效应，“竞争中性原则”应被厘定为英语概念“the principle of competitive neutrality”的官方权威汉语译法。

由于竞争中性原则概念尚未出现在我国现行基本法律与普通法律文本中，因而这一概念本身尚未构成可得普遍适用的显性化法律术语，而是主要被归属于域内政策术语范畴。伯恩·魏德士（Bernd Rüthers）认为：“词义的不确定性、多义性和变迁性是语言理解过程的重要特征之一。”① 历经 20 多年的嬗变与流转，原初的竞争中性原则概念已经衍生出澳大利亚版、经合组织（OECD）版、美欧主导的国际规则版等多元化的版本模式，以契合不同地域的经济情态与规制样态。② 虽然世界范围内各种版本的竞争中性原则概念都涵摄“确保公权力主体平等对待国有企业（公共企业）与私营企业（民营企业）”的“概念核”基本理念，但它们在文本演绎、体系建构、评判标准、适用范围等方面无疑存在显性差异。③ 如果我国所引进的竞争中性原则的界定与解释亦相应呈现多元性与含混性特征，那么它势必构成一种政策理解障碍，从而在一定程度上扭曲、异化与消解了该原则及其所涵摄的竞争政策体系的实践功能与效用。

基于前述境况，我国理论界与实务界亟需厘清所引进的竞争中性原则的域外借鉴因素与本土构造因素，并在此前提下确立关于这一原则及其所涵摄的竞争政策体系的统一建构标准与实施准则。从实然与实证角度分析，我国国务院系依据“域外理念借鉴 + 本土制度构造”的模式引进与适用作为政策术语的竞争中性原则，其基本特征有二。

其一，与域外的澳大利亚版、经合组织（OECD）版、美欧主导的国际规则版等多元版本的竞争中性原则概念体系相比较，我国国务院在常务会议与官方文件中所正式采用的竞争中性原则萃取了作为域外所有版本竞争中性原则概念内涵“最大公约数”的基本理念，即在市场竞争环境下，国有企业与私营企业应当获得一视同仁的对待。④

其二，从体系建构视角解析，虽然竞争中性原则概念在形式意义上移植于域外国家，但我国国务院所采行的这一原则嵌合了与我国经济发展阶段与市场规制现状相契合的本土构造因素。具言之，竞争中性原则被国务院界定为现行公平竞争审查制度得以施行的统摄框架与基本原则，而现行公平竞争审查制度事实上构成竞争中性原则的具象表现形式。

---

① ［德］伯恩·魏德士：《法理学》，丁晓春、吴越译，法律出版社 2013 年版，第 89 页。

② 参见鲁桐：《践行竞争中性原则》，载《中国金融》2019 年第 8 期，第 81 页；刘雪红：《国有企业的商业化塑造——由欧美新区域贸易协定竞争中立规则引发的思考》，载《法商研究》2019 年第 2 期，第 170 – 173 页；石伟：《“竞争中立”制度的理论和实践》，法律出版社 2017 年版，第 47 – 55 页，第 66 – 74 页。OECD，“State Owned Enterprises and the Principle of Competitive Neutrality”, 2009, DAF/COMP（2009）37, pp. 11 – 13.

③ 参见鲁桐：《践行竞争中性原则》，载《中国金融》2019 年第 8 期，第 81 页。OECD，“State Owned Enterprises and the Principle of Competitive Neutrality”, 2009, DAF/COMP（2009）37, pp. 11 – 13。

④ 《国务院常务会议（2019 年 3 月 26 日）》，载中国政府网，http：//www. gov. cn/guowuyuan/cwhy/20190326c07/index. htm，最后访问日期：2019 年 8 月 7 日。

二、《反垄断法》框架下竞争中性原则的隐性表达

依据国务院常务会议（2019 年 3 月 26 日）所提出的具体标准与细化要求，竞争中性原则对于公平竞争审查制度的统摄性与导引性应当主要体现在以下两项维度：（1）基于减少政府违规行为“存量”维度，应当尽快清理与修改相关法规制度，修改或废止“妨碍公平竞争、束缚民营企业发展、有违内外资一视同仁”的政策措施；（2）基于预防政府违规行为“增量”维度，应当在公平竞争审查框架下审核与评估将来拟订出台的涉企规章、规范性文件和其他政策措施。① 从文义解释视角分析，国务院所采行的竞争中性原则概念定义可由此进一步精细厘定为：“在市场竞争环境下，作为公权力主体的政策制定机关不仅应当平等对待国有企业与私（民）营企业（所有制中性），而且应当平等对待内资企业与外资企业（资本来源中性）。”

虽然竞争中性原则构成域内政策性原则殆无疑义，但其是否构成域内法律原则颇值得商榷。所谓法律原则既会被明示规定在法律规则体系之中，又可能隐含在法律规则体系之内；通过对于不同法律规则的建构性诠释，可以鉴别出这类规则中所隐性表达的法律原则。譬如，1932 年，英国阿特金法官（Lord Atkins）在“多诺霍诉史帝文森”一案（Donoghue v. Stevensen）中，就通过建构性诠释方式从多种不同规则中鉴别出前人未曾提出的“邻人原则”（Neighbour Principle）。② 尽管我国《反垄断法》文本没有涵盖涉及竞争中性原则概念的字面表述，但并不能由此武断推导出该法律没有蕴涵竞争中性原则基本理念的结论。鉴于我国国务院先是以《反垄断法》为主要依据创设了具有规范性文件制度属性的公平竞争审查制度，而其后它又将域外引进的竞争中性原则厘定为公平竞争审查制度的统摄原则，因此《反垄断法》原本就内置竞争中性原则基本理念属于应有之义，而这一内置理念可以经由建构性诠释《反垄断法》相关条款的方式得以析出与鉴别。

（一）《反垄断法》第 1 条评注——立法目的层面的竞争中性原则

我国《反垄断法》第 1 条为“立法目的”条款，该条内容如下：“为了预防和制止垄断行为，保护市场公平竞争，提高经济运行效率，维护消费者利益和社会公共利益，促进社会主义市场经济健康发展，制定本法。”这一条款将《反垄断法》的立法目的细化拆解为由“预防和制止垄断行为”“保护市场公平竞争”“提高经济运行效率”等五项规整目的所组成的“目标束”。其中，“保护市场公平竞争”规整目的实质涵摄了竞争中性原则

① 《国务院常务会议（2019 年 3 月 26 日）》，载中国政府网，http：//www. gov. cn/guowuyuan/cwhy/20190326c07/index. htm，最后访问日期：2019 年 8 月 7 日。

② ［英］哈特：《法律的概念》，许家馨、李冠宜译，法律出版社 2018 年版，第 232 页。Richard Castle, “Lord Atkin and the Neighbour Test：Origins of the Principles of Negligence in Donoghue v Stevenson”, pp. 210 – 214, available at https：//www. cambridge. org/core/terms. https：//doi. org/10. 1017/S0956618X00005214。

所诉求的“平等对待各类企业”的基本理念。

基于概念解析视角，“公平竞争”是一个集合性表述术语，它具有“修饰语 + 中心语”的偏正结构，实质上由形容词“公平的”与名词“竞争”汇总而成。竞争概念的特质则可界定为：“与垄断相反的经济形式，指在市场上存在大量潜在的供应商和消费者，因此没有人能控制货源、价格等市场因素”①，而呈现“工具论价值”的形容词“公平的”（fair）是指竞争具有“公正（just）、公开（open）、衡平（equitable）”的特性。② 由此可推知，市场视角下的“公平竞争”概念应当是指多元类型的市场主体之间为了追逐有限的经济目标而进行的公正、公开、衡平的相互对抗。③基于反垄断法乃至宏观经济法体系的视角，作为公平特性之一的公正理念蕴涵针对管理者（国家）与被管理者（市场主体）之间关系而提出的以下要求：“在现行法律规范、法律原则体系内，（管理者）严格依法行政，对行政行为指向的市场主体一视同仁，给予同等待遇”；④ 而公正理念所蕴含的这一要求与竞争中性原则所涵摄的关于“平等对待各类企业”的要求别无二致，因而竞争中性原则事实上已经被隐含于《反垄断法》“保护市场公平竞争”的规整目的框架之下。

莱因荷德·齐佩利乌斯（Reinhold Zippelius）认为，为了维护“法的统一性”，一项法律规范的解释结果至少不应与相同和更高位阶的法律规范相矛盾。⑤ 譬如，虽然《欧盟运作条约》（TFEU）第 106 条没有包含竞争中性原则这一术语，但由于该法条禁止欧盟成员国在欧盟内部市场竞争中偏袒公共企业与特权企业，因而它被学界普遍解释为欧盟“竞争中性原则”条款。⑥ 由于这一法律规范解释契合与《欧盟运作条约》（TFEU）同属于欧盟准宪法性条约的《欧盟条约》（TEU）第 4 条第 3 款第 3 句的要求（该句确立了欧盟成员国负有“避免采取可能背离欧盟目标的国家措施”的禁止性义务），因而该项法律规范解释无损于欧盟法律体系的统一性与自洽性。⑦

同理，我国《反垄断法》第 1 条所述“保护市场公平竞争”的规整目的应被解释为

① 薛波主编：《元照英美法词典》（缩印版），北京大学出版社 2013 年版，第 270 页。

② Uslegal, Fair Competition Law and Legal Definition, https://definitions.uslegal.com/f/fair-competition/, last visited: September 12, 2018. 参见翟巍：《欧盟公平竞争审查制度研究》，中国政法大学出版社 2019 年版，第 2 页。

③ 参见彭海斌：《公平竞争制度选择》，商务印书馆 2006 年版，第 59 页；薛波主编：《元照英美法词典》（缩印版），北京大学出版社 2013 年版，第 527 页。

④ 顾功耘主编：《经济法教程》（第三版），上海人民出版社/北京大学出版社 2013 年版，第 73 页。

⑤ ［德］齐佩利乌斯：《法学方法论》，金振豹译，法律出版社 2009 年版，第 74 页。

⑥ Vgl. Zhai, Wei, Staatliche Wettbewerbsbeschränkungen in Bezug auf Dienstleistungen von allgemeinem wirtschaftlichem Interesse im Rahmen des EU-Kartellrechts, Hamburg, 2012, S. 46 ff.; OECD, “State Owned Enterprises and the Principle of Competitive Neutrality”, 2009, DAF/COMP (2009) 37, pp. 233-241.

⑦ 参见翟巍：《欧盟公平竞争审查制度研究》，中国政法大学出版社 2019 年版，第 143 页。

隐含竞争中性原则理念，而我国《宪法》第 11 条可为这种建构性诠释提供合宪性依据。[①] 具言之，因为《宪法》第 11 条厘定私营经济等非公有制经济在社会主义市场经济中的重要地位，并明晰确立国家保护私营经济等非公有制经济合法权利与利益的义务，因而《反垄断法》第 1 条所蕴涵的要求“平等对待各类企业”的竞争中性原则可被视为《宪法》第 11 条既有规范内容的衍生理念与辐射效应。

莱因荷德·齐佩利乌斯（Reinhold Zippelius）主张，立法者为实现其规整（Regelung）目的，需要在以下方面做出判断：“其欲实现的各项规整目的，以及这些目的彼此之间的界定。”[②] 我国《反垄断法》第 1 条所述“保护市场公平竞争”规整目的与其他四项规整目的绝非相互独立与隔离，这些规整目的之间应当存在着相互依托、渗透与制约的关系。从体系解释视角分析，《反垄断法》第 13 条与 14 条是规制垄断协议的条款，其体现的是“保护市场公平竞争”规整目的，而《反垄断法》第 15 条则构成第 13 与 14 条的例外豁免条款，其豁免具有排除、限制竞争影响的垄断协议的依据渊源是《反垄断法》第 1 条所述的另外两项规整目的，即：“提高经济运行效率”（相关条款为《反垄断法》第 15 条第 1 款第 1、2、3、5 项）与“维护消费者利益和社会公共利益”（相关条款为《反垄断法》第 15 条第 1 款第 4 项与第 2 款）。[③] 由此可反向推论得出，在《反垄断法》框架下，“提高经济运行效率”、“维护消费者利益和社会公共利益”等立法规整目的不仅构成对于“保护市场公平竞争”规整目的之约束与掣肘，而且亦能构成“保护市场公平竞争”规整目的所涵摄的竞争中性原则得以豁免适用的依据渊源。

（二）《反垄断法》第 7、8、37 条评注——规制条款层面的竞争中性原则

《反垄断法》第 7 条内容如下：“国有经济占控制地位的关系国民经济命脉和国家安全的行业以及依法实行专营专卖的行业，国家对其经营者的合法经营活动予以保护，并对经营者的经营行为及其商品和服务的价格依法实施监管和调控，维护消费者利益，促进技术进步。”基于文义解释，该法条具有前后相续的两层面涵义。其一，该法条明确国有经济应当在关系国民经济命脉和国家安全的行业占有控制地位，这一表述契合了国家基本经

① 我国《宪法》第 11 条规定：“在法律规定范围内的个体经济、私营经济等非公有制经济，是社会主义市场经济的重要组成部分。国家保护个体经济、私营经济等非公有制经济的合法的权利和利益。国家鼓励、支持和引导非公有制经济的发展，并对非公有制经济依法实行监督和管理。”

② ［德］齐佩利乌斯：《法学方法论》，金振豹译，法律出版社 2009 年版，第 70－71 页。

③ 《反垄断法》第 15 条内容如下：“经营者能够证明所达成的协议属于下列情形之一的，不适用本法第十三条、第十四条的规定：（一）为改进技术、研究开发新产品的；（二）为提高产品质量、降低成本、增进效率，统一产品规格、标准或者实行专业化分工的；（三）为提高中小经营者经营效率，增强中小经营者竞争力的；（四）为实现节约能源、保护环境、救灾救助等社会公共利益的；（五）因经济不景气，为缓解销售量严重下降或者生产明显过剩的；（六）为保障对外贸易和对外经济合作中的正当利益的；（七）法律和国务院规定的其他情形。属于前款第一项至第五项情形，不适用本法第十三条、第十四条规定的，经营者还应当证明所达成的协议不会严重限制相关市场的竞争，并且能够使消费者分享由此产生的利益。”

济制度的必然要求；[①] 其二，该法条亦隐含了竞争中性原则的基本要求，它强调关系国民经济命脉和国家安全的行业以及依法实行专营专卖的行业并非国有企业的“法外之地”，国有企业在这些行业亦必须依法经营，并受到国家依法监管与调控。换言之，国家在市场监管与调控领域应当秉承“平等对待国有企业、私营企业及外资企业”的竞争中性原则。

不容忽视的是，《反垄断法》第7条关于“依法实行专营专卖的行业”与“经营者的合法经营活动”文本表述所指称的“法”不应包括行政权力主体制定的违反普通法律《反垄断法》立法目的或具体条款的行政法规、行政规章以及其他类型规范性法律文件及规范性文件，因为依据《立法法》的法律位阶顺序要求，下位法不应违背上位法的精神意旨与具体规定，而上位法亦不应参照下位法制定或施行。

《反垄断法》第五章框架下第32至37条属于禁止行政垄断行为的分则性与具体性条款，它们构成一个具有半封闭性的规制条款体系。[②] 其中，《反垄断法》第32至36条属于列举型条款，这些条款罗列了被禁止的“区别对待本地与外地企业”类型的行政垄断行为及强制交易类型、强制实施经济垄断行为类型的行政垄断行为，适用这些条款的典型案例为“斯维尔公司诉广东省教育厅侵犯公平竞争权案”（2015年）与“内蒙古自治区公安厅滥用行政权力排除和限制印章治安管理信息系统软件市场以及刻章设备、章材市场竞争案”（2018年）。[③] 由于前述三类行政垄断行为通常并未侵蚀“平等对待国有企业和私营企业及内外资企业”的基本理念，因而《反垄断法》第32至36条内容并不牵涉竞争中性原则。

《反垄断法》第8条属于一般性禁止行政垄断行为的总论型与原则性条款，该条规定内容如下：“行政机关和法律、法规授权的具有管理公共事务职能的组织不得滥用行政权力，排除、限制竞争。”而《反垄断法》第五章第37条属于第8条的衍生条款，该衍生条款对于抽象行政垄断行为做出一般性禁止规定。伯恩·魏德士（Bernd Rüthers）认为，“任何解释都应当有助于实现规范内容所追求的规范目的。”[④] 从文义解释与历史解释视角分析，禁止行政垄断行为的《反垄断法》第8条与第37条均应属于内置竞争中性原则理念的条款，它们一并服务于《反垄断法》第1条所述的“保护市场公平竞争”规整目的。详言之，被这两项法条所禁止的行政垄断行为产生的重要原因之一是由计划经济体制残余影响所导致的“政企不分、政监不分、政资不分”现象，也就是说，由于经济体制转轨惰

---

① 法律出版社法规中心编：《中华人民共和国反垄断法注释本》，法律出版社2017年版，第7页。

② 中国世界贸易组织研究会竞争政策与法律专业委员会编著：《中国竞争法律与政策研究报告（2011年）》，法律出版社2012年版，第232页。

③ “斯维尔公司诉广东省教育厅侵犯公平竞争权案”，参见广东省高级人民法院行政判决书，（2015）粤高法行终字第228号；“内蒙古自治区公安厅滥用行政权力排除和限制印章治安管理信息系统软件市场以及刻章设备、章材市场竞争案”，参见《市场监管总局办公厅关于建议纠正内蒙古自治区公安厅滥用行政权力排除限制竞争有关行为的函》，市监价监函〔2018〕412号。

④ ［德］伯恩·魏德士：《法理学》，丁晓春、吴越译，法律出版社2013年版，第309页。

性与狭隘本位利益启动，部分地方政府与部门政府通过滥用权力方式偏袒与自身存在利益瓜葛的国有企业，排挤其他企业。① 而这种被禁止的行政权力失范行为在本质上就构成一种违反“追求所有制中性与资本来源中性的竞争中性原则”的不平等歧视行为，其原因在于，该种行为“对市场条件下本来应该有着平等地位的市场主体实施了不平等的待遇，其后果是扭曲竞争，妨碍建立统一、开放和竞争的大市场，使社会资源不能得到合理和有效的配置”。②

三、《反垄断法》视角下竞争中性原则文本重构与法律续造

作为规范性文件制度的公平竞争审查制度与作为普通法律制度的反垄断法律制度构成事前与事后规制行政垄断行为的“两翼”制度。前一制度被国务院整体性纳入竞争中性原则框架下，其所涵摄的细化规范成为竞争中性原则的具象表现形式，而后一制度只是隐含竞争中性原则，其关于该原则的文本表述缺乏全面性与系统性。此种境况势必造成在竞争中性原则适用领域，效力位阶较高的反垄断法律规范反而需要参照效力位阶较低的公平竞争审查规范予以解释与适用的逻辑倒挂态势。为了扭转这一境况，全国人大常委会有必要在《反垄断法》即将修订之际，通过文本重构方式将现行《反垄断法》隐含的竞争中性原则显性化与明晰化，厘定该原则的适用空间与施行标准，使其发挥嵌合乃至整合反垄断法律制度与公平竞争审查制度的功能。

“法学家们追求的是一种精致复杂的解释方法，而现实的待处理案件总是显得不是那么‘规整’。”③ 由于竞争中性原则固有的总括性与框架性特征，行政执法与司法机关在适用该原则处理纷繁复杂的“不规整”的具体案件情形下，亦需要主动对该原则做出“法律续造”型的诠释。为了确保这类诠释的一致性与易操作性，使其符合审慎、谦抑与比例原则，亦有必要设置一套关于竞争中性原则的普适性法律续造方法体系。

（一）《反垄断法》修订视角下竞争中性原则的文本重构

基于将我国《反垄断法》蕴涵的竞争中性原则显性化与明晰化的目标，全国人大常委会有必要参照作为我国《反垄断法》制定蓝本之一的欧盟反垄断法（譬如《欧盟运作条

① 参见孔祥俊：《反垄断法原理》，中国法制出版社2001年版，第831－832页。

② 法律出版社法规中心编：《中华人民共和国反垄断法注释本》，法律出版社2017年版，第8页。

③ 陈金钊：《法律解释规则及其运用研究（上）——法律解释规则的含义与问题意识》，载《政法论丛》2013年第3期，第105页。

约》第106条）以及澳大利亚竞争政策体系的立法设计，① 在我国《反垄断法》文本中植入在“保护市场公平竞争”规整目的观照下的独立、全面与显性的“竞争中性原则”条款。

法律概念可被细分为描述性概念与规范性概念（Normative Begriffe）两种基本类型；前者涵盖描述外部现实性与内部现实性的术语，而后者外延包括蕴涵价值标准的概念。② 在“竞争中性原则”条款中被厘定的“竞争中性原则”概念无疑应当属于涵摄“所有制中性”与“资本来源中性”价值标准的规范性概念。为了全面与精准施行竞争中性理念，“竞争中性原则”法律概念不仅应当包含禁止“以偏袒国有企业与内资企业，歧视私营企业与外资企业为表征的正向歧视行为”的内容，而且应当涵盖禁止“以不公平增加国有企业或内资企业经营负担为表征的反向歧视行为”的内容。③

就内部架构而言，“竞争中性原则”条款设计可考虑采行依次递进的“禁止 + 豁免 + 豁免之限制”三层级结构，详见如下：

第一层级：关于违反竞争中性原则行政行为之一般性禁止的适用前提。

拟订的“竞争中性原则”条款应当明确规定，行政机关和法律、法规授权的具有管理公共事务职能的组织不得仅仅以所有制属性或资本来源属性为依据，利用行政权力资源与公共财政资源，通过优待或歧视特定类型的企业经营者的方式导致扭曲或可能扭曲国内公平竞争环境与市场竞争机制的后果。若违反这一禁止性规定，行政机关和法律、法规授权的具有管理公共事务职能的组织就应构成被一般性禁止的违反竞争中性原则行政行为；就外延范围而言，违反竞争中性原则行政行为既包括直接的赋予或剥夺经济权利的行政行为，又涵盖间接的输送或汲取经济利益的行政行为。

值得注意的是，基于行政效能原则，“竞争中性原则”条款应当只规制涉及重大性商

① 《欧盟运作条约》第106条汉译如下：“（1）成员国在涉及公共企业与由成员国授予特许权或独占权的企业时，不得采取或维持违反诸条约，尤其是本条约第18条、第101至109条规定的措施。（2）对于受委托从事普遍经济利益服务的企业或具有财政垄断性质的企业，适用诸条约的条款，尤其是竞争规定，只要这些条款的适用没有在法律上或事实上妨碍这些企业承担转嫁给它们的特定任务。贸易的发展不得在违背欧盟利益的范围程度上受到损害。（3）委员会应关注本条规定的适用，并在必要的情况下，对成员国发布适当的指令或决定。”《欧盟运作条约》第106条英文版本内容如下：“1. In the case of public undertakings and undertakings to which Member States grant special or exclusive rights, Member States shall neither enact nor maintain in force any measure contrary to the rules contained in the Treaties, in particular to those rules provided for in Article 18 and Articles 101 to 109. 2. Undertakings entrusted with the operation of services of general economic interest or having the character of a revenue - producing monopoly shall be subject to the rules contained in the Treaties, in particular to the rules on competition, in so far as the application of such rules does not obstruct the performance, in law or in fact, of the particular tasks assigned to them. The development of trade must not be affected to such an extent as would be contrary to the interests of the Union. 3. The Commission shall ensure the application of the provisions of this Article and shall, where necessary, address appropriate directives or decisions to Member States。”

② ［德］伯恩．魏德士：《法理学》，丁晓春、吴越译，法律出版社2013年版，第85－86页。

③ See also Seema Gaur, “Competitive Neutrality Issues in India”, UNCTAD Research Partnership Platform Publication Series, Project Coordinator: Deborah Healey, Competitive Neutrality and its application in selected developing countries, Geneva, 2014, p. 123.

业经营活动的行政行为。此外，“竞争中性原则”条款所追求与塑造的“公平竞争环境”（a level playing field）应当只是促成市场竞争起点环节与市场竞争过程环节的平等性，但不应要求市场竞争结果环节的平等性。其原因在于，市场竞争结果环节的差异性是竞争激励机制的有机组成部分，而竞争激励机制有助于实现市场资源的最佳配置，从而增加与优化社会公众的利益。①

第二层级：关于一般性禁止之例外豁免标准。

如果一项违反竞争中性原则的行政行为虽然缺乏《反垄断法》以外法律依据，但却构成实现“提高经济运行效率”、“维护消费者利益和社会公共利益”、“促进社会主义市场经济健康发展”这三项《反垄断法》规整目的之不可或缺方式，也就是说，在所有能够实现这三项规整目的的方式中，前述违反竞争中性原则的行政行为是最为柔性、造成实际损害范围最窄抑或实际损害程度最小的方式，那么在拟订的《反垄断法》“竞争中性原则”条款框架下，这类行政行为应当可得例外豁免。此类例外豁免标准的适用领域应当包括基本公共服务保障、环境保护等政策措施领域。

第三层级：关于例外豁免标准的禁止适用情形。

基于审慎、谦抑与比例原则的要求，亦是为了实现反垄断法律制度与公平审查制度之间的匹配性与共通性，“竞争中性原则”条款例外豁免标准应当被设定不得逾越的适用“红线”。禁止适用例外豁免标准的情形可分为以下两类：其一，违反竞争中性原则的行政行为严重扭曲市场竞争机制的情形；其二，违反竞争中性原则的行政行为虽然应当获得豁免，但豁免期限超过必要期间。

原国务院法制办主任曹康泰在《关于〈中华人民共和国反垄断法（草案）〉的说明》中曾指出：“反垄断法律制度既要有利于保护市场竞争，创造和维护良好的市场竞争环境，更要与国家现行有关产业政策相协调，有利于企业做大做强和规模经济的发展。”② 十几年前，虽然立法者曾经试图在《反垄断法》第 7 条及第 4 条与第 5 条中对产业政策与涵盖《反垄断法》的竞争政策二者关系进行协调，③ 但碍于《反垄断法》创设之际我国竞争政策与产业政策的关系不甚明朗，因而现行《反垄断法》第 7 条及第 4 与 5 条并未能够涵盖关于产业政策与竞争政策之间位阶顺序与协作机制的明晰规定。④

近年以来，中央明确提出强化竞争政策基础性地位的要求，推动实现经济政策体系由

---

① 参见彭海斌：《公平竞争制度选择》，商务印书馆 2006 年版，第 52 页。

② 参见徐士英：《竞争政策研究——国际比较与中国选择》，法律出版社 2013 年版，第 22 页。

③ 《反垄断法》第 4 条规定：“国家制定和实施与社会主义市场经济相适应的竞争规则，完善宏观调控，健全统一、开放、竞争、有序的市场体系。”《反垄断法》第 5 条规定：“经营者可以通过公平竞争、自愿联合，依法实施集中，扩大经营规模，提高市场竞争能力。”

④ 叶卫平：《反垄断法价值问题研究》，北京大学出版社 2012 年版，第 206 页。

以产业政策为基础向以竞争政策为基础转变,① 因而在国家经济政策范畴下竞争政策相较于产业政策已经获得优先适用位阶。在此时代背景下，全国人大常委会在即将修订《反垄断法》之际，不仅应当明晰厘定竞争政策的基础性地位，而且有必要设置“竞争中性原则”条款作为竞争政策的核心内容构成。从功能性视角分析，在竞争政策框架下，“竞争中性原则”条款及其辐射性规范应当发挥对于产业政策的导引、渗透、审查、修正、形塑功能。

（二）《反垄断法》施行视角下竞争中性原则的法律续造

由于法律固有的滞后性与不周延性以及法律语言固有的模糊性、多义性与易变迁性，在“竞争中性原则”条款得以创设以后，执法与司法机关在施行该条款过程中亦须进行法律续造（Rechtsfortbildung），即通过诠释的方式消弭该条款内容与极其复杂的实践需求之间存在的非同步性与不匹配性。然而，执法与司法机关在施行法律续造过程中，不仅应避免逾越施法者与立法者之间的界限，而且应当秉承统一与适格的法律续造方法，以确保此类续造行为的一致性与承递性。基于此，关于“竞争中性原则”条款的法律续造行为应当被纳入具有依次层递特征的“五步审核法”统摄之下，具言之，仅在法律续造行为符合前一审核步骤所厘定条件的前提下，才需启动下一步骤的审核程序。“五步审核法”审核步骤详见如下。

1. 厘定行政行为具体发生领域

只有当一项由行政机关或法律、法规授权的具有管理公共事务职能的组织实施的行政行为发生于市场竞争起点环节或过程环节，并且涉及重大性商业经营活动的情形下，该项行政行为才可能构成违反“竞争中性原则”条款的行政行为；反之，该项行政行为应被绝对排除在违反“竞争中性原则”条款的行政行为范畴以外。

2. 确定行政行为事实结果要件

如果一项由行政机关或法律、法规授权的具有管理公共事务职能的组织实施的行政行为背离《反垄断法》“保护市场公平竞争”规整目的，也就是说，它仅仅以所有制属性或资本来源属性为依据导致或可能导致不平等对待各类型企业的事实后果，那么该项行政行为就可能构成违反“竞争中性原则”条款的行政行为；反之，该项行政行为应被绝对排除在违反“竞争中性原则”条款的行政行为范畴以外。

3. 判定行政行为是否归属于设权行为范畴

如果一项行政行为满足前两项审核步骤所厘定违法行为前提条件，并且不属于基本法律或《反垄断法》以外的其他普通法律所设定框架下的行政权力主体的合法裁量行为，而

---

① 参见吴振国：《携手开创中国竞争政策的新时代——在第七届中国竞争政策论坛闭幕式上的致辞》，载《竞争政策研究》2018 年第 5 期，第 6 - 7 页。

是属于行政权力主体的设权行为，那么这类设权行为在形式意义上就构成违反“竞争中性原则”条款的行政行为。值得注意的是，行政权力主体制定的违反普通法律《反垄断法》立法目的或具体条款的行政法规、行政规章以及其他类型规范性法律文件及规范性文件由于自身无效性而无法为前述设权行为提供合法性来源。

4. 限缩解释违法行政行为豁免标准

如果一项行政行为在形式意义上构成违反“竞争中性原则”条款的行政行为，但该项行政行为的诉求目的至少被“提高经济运行效率”“维护消费者利益和社会公共利益”“促进社会主义市场经济健康发展”这三项《反垄断法》规整目的中的一项目的所涵摄，并契合比例原则要求，那么该项行政行为有可能获得《反垄断法》豁免。基于例外豁免标准应当予以限缩解释的法律惯例，执法与司法机关在个案情形下具体化与精细化解释《反垄断法》规整目的之时，不应做出“前理解”预定的解释或过于宽泛化解释，① 而应当着重审查“前述行政行为的事实利益诉求”与“彰显《反垄断法》三项规整目的之分则具体条款的立法利益诉求”之间是否存在重合区间。如果前述行政行为的事实利益诉求被分则具体条款的立法利益诉求所涵摄，那么可以解释与认定前述行政行为符合豁免标准。

5. 评估与厘定豁免标准禁止适用个案情形

执法与司法机关应当通过亲自评估与委托第三方专业机构评估相结合的方式，采取问卷调查、数据建模、听证会、实地调查、委托调查、与相关当事人面对面沟通、电话访谈等实证调查工具，对以下两种豁免标准禁用情形成立与否做出判定：其一，违反竞争中性原则的行政行为扭曲市场竞争机制是否达到“严重程度”；其二，违反竞争中性原则的行政行为豁免期限是否超过“必要期间”。执法与司法机关还可以通过构建统一的具有可量化性与可操作性特征的评价指标体系的方式，聚焦、验证与厘定豁免标准适用的现实或潜在后果。②

四、结语：竞争中性原则理念的外溢效应

在世界经济格局处于百年未遇大变革的时代背景下，欧美发达国家已将竞争中性原则理念从国内法领域扩散到国际贸易规则与国际条约领域。然而，以美国为首的西方发达国家在主导或参与制定国际贸易规则与国际条约时（譬如，《跨太平洋合作伙伴协定》与《跨大西洋贸易与投资伙伴协定》），存在片面、扭曲与极化解释竞争中性原则的倾向。③

---

① 参见沈志先主编：《法律方法论》（第2版），法律出版社2014年版，第266页。

② 参见翟巍：《公平竞争审查视野下统一市场评价指标体系之建构》，载《经济法论丛》2019年第1期，第52－53页。

③ 《跨太平洋合作伙伴协定》（TPP）文本内容见以下网址：http://tpp.mfat.govt.nz，最后访问日期：2019年8月25日；《跨大西洋贸易与投资伙伴协定》（TTIP）未能最终达成，欧盟关于《跨大西洋贸易与投资伙伴协定》的谈判文本内容见以下网址：https://trade.ec.europa.eu/doclib/press/index.cfm?id=1230，最后访问日期：2019年8月25日。

它们利用竞争中性原则这一工具反向歧视以中国为代表的新兴国家的国有企业，主张国有企业应被施加严苛限制甚至应当通过私有化方式被消解。

在此情境下，为了有效反制美欧国家对于我国国有企业的变相打压，我国政府有必要积极主导或参与制定新的国际贸易规则或相关国际条约，并将契合本国利益的中国版本竞争中性原则诠释标准植入这类规则与条约之中，从而形成中国版本竞争中性原则理念的良性外溢效应。具体而言，依据中国版本竞争中性原则的诠释标准，在国际市场竞争中，不同所有制属性与资本来源属性的企业应当获得公平与公正的对待，正向歧视民营企业、外资企业与反向歧视国有企业、内资企业的做法均应被矫正与禁止。

（编辑：杨知文）

经济刑法中兜底条款的解释与适用*

曲彦蓉**

摘　要　为了有效地规制各类经济犯罪，我国经济刑法中设置了大量的兜底条款，也由此造成了司法实务中兜底条款的过度适用，导致了经济生活领域中的过度刑法化。这不仅违背了刑法的谦抑主义原则，不利于保障国民的经济活动自由，也抑制了市场经济的发展活力。关于经济刑法中兜底条款的解释与适用，一直是刑法理论与实务中的难题，因为其关涉到对罪刑法定主义的坚守与否、扩张抑或限制解释等解释立场的选择。关于经济刑法中兜底条款的具体解释规则，应当采用同质性解释规则，结合例示条款所列举的行为样态，在区分不同类型的经济犯罪的基础上，以保护法益为实质判断标准，合理确定兜底条款的规制范围。

关键词　经济刑法　兜底条款　同质性解释　保护法益

一、问题的提出

（一）兜底条款的扩张适用

随着我国市场经济体制的深化发展，各种新型的经济犯罪也不断涌现，经济刑法必须对此作出及时回应。面对复杂多变的经济犯罪，由于立法的滞后性与立法者预见能力的有限性，现行的刑法条款往往难以对其予以有效涵盖，立法者在进行经济刑事立法时，不得不采用具有概括性的立法技术，即在经济刑法中设置部分兜底条款，以应对未来难以预见的新型经济犯罪类型，旨在防止经济领域中脱法行为的出现。

刑法分则中以“其他……”方式对列举事项作总括性规定的罪刑条款，理论上被称为

---

*　本文为山东省社会科学规划项目“金融刑法规制立场的重塑（17CFXJ07）”的阶段性研究成果。

**　曲彦蓉，女，山东威海人，山东大学（威海）法学院 2018 级硕士生，研究方向为经济刑法。

兜底条款。[1] 在经济刑法中，为了有效地规制各类经济犯罪，对社会经济秩序等制度法益与市场经济主体等具体法益予以保护，在例示条款之外，针对个罪构成要件行为而规定了相应的兜底条款。这是由于经济刑法的专业性较强，而且犯罪行为样态的变迁较为频繁，使得立法者在面对复杂多样的经济犯罪时，寻求以兜底条款作为预防性的万全之策，弥补自身在经济犯罪认定方面的先天性劣势，意在“以不变应万变”。关于经济法领域中兜底条款的运用，德国现行的《反不正当竞争法》提供了典型范例：最初立法者仅在法典中对不正当竞争行为进行列举，随着社会经济的发展，市场经营主体行为的不断变化，各种不正当竞争行为也花样翻新，尽管其违背了商业道德，但是却无法将其纳入到构成要件的涵摄范围内予以规制。对此，立法者在法典中增设了兜底条款（即德国现行《反不正当竞争法》第3条），将原法典中的列举性规定与兜底条款相结合，以发挥堵截其他类型不正当竞争行为的功能。[2] 目前，我国的经济刑法中存在着大量的兜底条款，因兜底条款对构成要件的描述过于模糊与抽象，导致在司法实务中往往会陷入关于兜底条款解释与适用的双重困境：一方面，经济刑法兜底条款的扩张适用可以使构成要件涵盖例示条款所列举以外的行为类型，有利于严厉打击经济犯罪活动，却不利于人权保障，容易沦为司法机关恣意入罪的“口袋条款”；另一方面，经济刑法兜底条款的限制适用虽然有助于保障公民的经济活动自由，但却与兜底条款的刑事立法目的背道而驰，难以有效堵截新型的经济犯罪类型，从而形成处罚上的漏洞，需要在立法与司法之间寻求一种平衡。在宏观经济体制的层面上，由于受到“半统制半市场化”经济体制的影响，导致我国在经济刑法领域中兜底条款的适用过于活跃，[3] 出现了兜底条款的过度适用问题。

以刑法第182条“操纵证券市场罪”为例，其中第1款第4项中规定的“以其他方法操纵证券市场”属于本罪的兜底条款，在例示条款的连续交易、约定交易、洗售操纵三种情形以外，概括性地将其他操纵证券市场的行为样态规定在刑法当中。关于操纵证券市场的行为样态的判断是成立本罪与否的关键，而本罪的行为样态却是证券犯罪中最为复杂且难以判断的。尽管我国刑法已经针对操纵证券市场行为样态的规定进行了多次修改，但是对于操纵证券市场罪构成要件的具体表述仍然不够明晰，尤其是兜底条款所规定的内容过于模糊与抽象，导致在司法实践中对于该罪兜底条款的解释与适用也出现了严重的分歧。在国内首例操纵证券市场罪案当中，被告人汪建中作为北京首放投资顾问有限公司负责人，先后于2006年7月至2008年3月，利用其本人及他人身份证开立多个由其所实际控制的证券账户，并使用上述账户开立17个资金账户用于证券交易。与此同时，其另行开立10个银行账户用于证券交易资金的存取与划转。2007年1月9日至2008年5月21日期间，被告人汪建中先行买入38只股票，随后利用首放公司对外发布股评分析报告之机，

---

① 王安异：《对刑法兜底条款的解释》，载《环球法律评论》2016年第5期，第25页。
② 参见［奥］恩斯特·A. 克莱默：《法律方法论》，周万里译，法律出版社2019年版，第43页。
③ 参见张小宁：《“规制缓和”与自治型金融刑法的构建》，载《法学评论》2015年第4期，第69页。

通过国内多家主流媒体及证券报纸的刊载，向公众推荐其先期买入的股票，并在股票交易时抢先卖出相关股票，使上述股票的交易价格出现其所预期的波动，从而获取非法经济利益。据统计，汪建中采取上述方式操纵证券市场共计 55 次，累计买入成交额人民币 52.6 亿余元，累计卖出成交额人民币 53.8 亿余元，非法获利共计人民币 1.25 亿余元。① 汪建中的上述行为，属于典型的“抢帽子交易”行为。具体而言，“抢帽子交易”是指证券公司、证券咨询机构、专业中介机构及其工作人员，在违反规定买卖或持有相关证券之后，对该证券或者其发行人、上市公司作出公开评价、预测或提出投资建议，从而通过其所预期的市场波动而获取非法的经济利益。然而，由于我国刑法第 182 条并未对“抢帽子交易”这一行为样态作出明确规定，围绕着能否将其认定为刑法第 182 条第 1 款第 4 项兜底条款中的“以其他方法操纵证券市场的”行为，在理论上出现了肯定说与否定说之争。

其中，肯定说主要认为，严重的“抢帽子交易”行为与操纵证券市场罪在例示条款中所明示规定的行为类型之间具有相同的性质，均对证券的交易价格和交易量造成了实质影响，严重扰乱了证券交易管理秩序，同时也损害了相关证券投资者利益，根据刑法第 182 条第 1 款第 4 项“以其他方法操纵证券、期货市场”这一兜底条款，认定被告人汪建中所实施的“抢帽子交易”行为构成操纵证券市场罪，是符合罪刑法定主义的。与之相对，否定说则指出，既然我国刑法尚未对“抢帽子交易”行为作出明文规定，那么基于“法无明文规定不为罪”，不应当将被告人汪建中所实施的“抢帽子交易”行为认定为犯罪，否则与罪刑法定主义相悖。② 从本质上而言，该案的核心问题在于如何对刑法第 182 条第 1 款第 4 项的兜底条款作出合理的解释与适用。

（二）兜底条款的解释难题

自汪建中操纵证券市场案中首次将刑法第 182 条第 1 款第 4 项的兜底条款适用于“抢帽子交易”以来，司法实务中对于该兜底条款的适用日益呈现出一种扩张之势，类似的案件不断涌现。在余凯操纵证券市场案中，因被告人余凯伙同他人，通过“先建仓、再荐股、后卖出”的方式对相关股票进行操纵，违法所得达 7000 余万元，法院认为被告人余凯等人为谋取不正当经济利益，采取“抢帽子交易”行为对证券市场进行人为操纵且情节严重，构成操纵证券市场罪。③ 在陶某、刘某甲操纵证券市场案中，因被告人陶某与刘某甲利用其作为证券公司从业人员的职务之便，提前买入荐股电视节目将要推荐的股票，待节目播出后卖出相关股票，非法牟取经济利益且情节严重，法院认定被告人陶某与刘某甲

---

① 参见北京市第二中级人民法院（2010）二中刑初字第 1952 号刑事判决书、北京市高级人民法院（2011）高刑终字第 512 号刑事判决书。

② 关于汪建中操纵证券市场案中争议观点的具体展示，可以参见何荣功：《刑法“兜底条款”的适用于“抢帽子交易”的定性》，载《法学》2011 年第 6 期，第 155 - 156 页；王崇青：《全流通时代的证券犯罪问题研究》，中国人民公安大学出版社 2013 年版，第 257 - 260 页。

③ 参见湖北省天门市人民法院（2011）天刑初字第 98 号刑事判决书。

的行为均构成操纵证券市场罪。① 在朱炜明操纵证券市场案中，因被告人朱炜明利用其作为节目特邀嘉宾的身份，在荐股节目中对其先期买入的股票作出公开的预测及推介，并于节目首播后抛售相关股票，人为影响了相关股票的交易量与交易价格，非法获利 75 万余元，法院认定被告人朱炜明的行为已构成操纵证券市场罪。② 在吴定昌操纵证券市场案中，因被告人吴定昌在先期买入股票后，之后通过荐股电视节目推荐相关股票，并在相关股票价格上涨后抢先将其卖出，在短时间之内连续多次实施上述操纵行为，非法获利达 460 余万元，法院认定被告人吴定昌的行为构成操纵证券市场罪。③ 在上述一系列操纵证券市场案中，法院均依照刑法第 182 条第 1 款第 4 项兜底条款的规定，判决被告人的操纵行为构成操纵证券市场罪。其中，朱炜明操纵证券市场案已被最高人民检察院遴选为第十批指导性案例，这意味着针对“抢帽子交易”行为是否构成刑法第 182 条操纵证券市场罪的争议不复存在，最高检对信息操纵型的证券市场操纵行为予以承认，明确将“抢帽子交易”认定为“以其他方法操纵证券市场的”行为。然而，如果这种司法的扩张适用得以持续下去，长此以往，那么将可能使更多其他类型的操纵证券市场行为被纳入刑法第 182 条第 1 款第 4 项兜底条款的规制范围之内。

关于操纵证券市场的行为类型，一般可以分为资金操纵型与信息操纵型，前者的典型代表是刑法第 182 条中所明确列举的三种操纵证券市场的行为类型，后者的典型代表则是刑法未作出明文规定的“抢帽子交易”行为，二者在性质上显然是有所不同的。资金操纵所利用的是行为人的资金型优势，例如资金、持股、持仓等优势，而信息操纵所利用的是行为人的信息型优势，例如市场主体的特殊地位或是具有权威性的影响力等优势。此外，近年来在西方发达国家中又出现了一种新型的操纵证券市场行为——基准操纵，即通过篡改作为确定金融市场价格依据的指数或数据，提供虚假性、误导性报价或其他足以影响基准数据或者其编制过程的手段实施的操纵行为，目前欧盟的市场操纵立法已将其作为一种新的市场操纵行为类型而纳入规制范围。④ 无论是信息操纵型还是基准操纵型，均属于刑法未明文规定的行为类型，若是为了对上述操纵证券市场的违法行为予以刑事规制而恣意滥用经济刑法中的兜底条款，穿凿附会地认定其符合兜底条款的适用情形，则是违反罪刑法定主义的。在刑法尚无明文规定的情形下，便将其他类型的操纵证券市场行为认定为犯罪并予以刑事处罚，此时刑法的积极介入并不具有合理性与正当性，在一定程度上也有损于刑法的谦抑性。

由于自身的模糊性与抽象性，使得兜底条款始终处于法律规范的意义边缘，适用兜底

① 参见湖北省武汉市中级人民法院（2015）鄂武汉中刑初字第 123 号刑事判决书。

② 参见上海市第一中级人民法院（2017）沪 01 刑初 49 号刑事判决书。

③ 参见江苏省南京市中级人民法院（2017）苏 01 刑初 31 号刑事判决书。

④ 参见王越：《LIBOR 操纵案的刑法学反思——试论市场操纵犯罪的新类型：基准操纵》，载《政治与法律》2015 年第 12 期，第 40 页。

条款的过程本身就是对法律规范意义的探寻。然而，“一旦从兜底条款打开缺口，会将法律规范的意义进行大规模的扩充，甚至会引起司法权的极度扩张。”① 兜底条款的适用体现的是司法实务中持法达变的思维模式，社会经济的不断发展也要求经济刑法随之作出相应的变化，虽说“在法律运用过程中随机应变或者说探寻法律意义的变化无可厚非，但需要为法律意义的改变确定价值引领、法律方法指导。”② 若是不从法律方法的层面上对经济刑法中兜底条款的解释与适用加以规范和引导，那么兜底条款将会借助于司法实务的过度适用而逐渐渗透到我国经济生活的各个领域中，这不仅严重抑制了我国社会主义市场经济的发展活力，也使公民的经济活动自由受到了不合理的限制。关于经济刑法中兜底条款的解释与适用规则，至今仍然是刑法理论与司法实务中所亟待解决的疑难问题。

二、兜底条款的解释立场

（一）兜底条款的解释限度

在讨论经济刑法中兜底条款的解释规则之前，首先需要明确的一个问题是：应当以什么作为兜底条款的解释限度？关于解释限度，始终是刑法解释论中的一个关键问题，因为刑法的解释限度既是检验某一解释规则或是解释结论是否超出合理限度的重要依据，也决定着罪刑法定主义原则在我国司法实践中的命运走向。我国有学者指出，刑法解释存在一个限度，即对立法原意修正的“度”。这一“度”在原则上体现为罪刑法定主义，在指向上应被限定为在国民可预测范围内的“文义射程”。③ 换言之，刑法的解释限度应当只限于法律文本的用语可能具有的含义，确保得出的解释结论不超出国民的可预测范围，即“法律解释应当以罪刑法定原则为限度，也就是在罪刑法定范围之内领会立法意蕴。”④

刑法兼具法益保护机能与人权保障机能，从罪刑法定主义的角度来看，经济刑法中兜底条款的存在显然不利于发挥刑法的人权保障机能。在经济刑法的法益保护机能与人权保障机能之间，立法者往往优先考虑的是前者，甚至是不惜以牺牲后者为代价的。目前我国刑事立法的现状是立法机关并未意识到兜底条款对刑法人权保障机能所造成的不当侵蚀，在刑法中设立大量的兜底条款，致使刑法的处罚范围不断扩张，不仅动摇了罪刑法定主义的权威地位，同时也为司法实践中适用刑法的过度化提供了法律规范上的依据。⑤ 随着我国市场经济的不断发展，这种刑法的过度化现象在经济生活领域中也愈演愈烈，其中的典型表现之一便是经济刑法中兜底条款的过度适用。由于在经济刑法的条文规定之有限性与

---

① 孙光宁：《法律规范的意义边缘及其解释方法——以指导性案例6号为例》，载《法制与社会发展》2013年第4期，第60页。

② 陈金钊：《法律如何调整变化的社会——对“持法达变”思维模式的诠释》，载《清华法学》2018年第6期，第82页。

③ 蒋熙辉：《刑法解释限度论》，载《法学研究》2005年第4期，第115页。

④ 陈兴良：《刑法的知识转型（方法论）》，中国人民大学出版社2012年版，第99页。

⑤ 参见何荣功：《社会治理“过度刑法化”的法哲学批判》，载《中外法学》2015年第2期，第531页。

经济犯罪的行为样态之无限性之间始终存在着难以调和的矛盾，而立法机关在制定经济刑法的具体条款时，往往难以对各种经济犯罪的实质内涵作出准确界定，且受到所处时代的局限性制约，为了防止出现处罚漏洞而采用兜底条款的立法技术。当前我国的市场经济体制正处于深化改革的重要发展时期，“国家对经济生活以及社会生活的刑事干预不是应当扩张与加强，而恰恰相反，应当有所收缩与限制，而罪刑法定主义所具有的限制机能正好符合这一发展趋势。”① 为了保障国民的经济活动自由，充分释放市场经济的发展活力，兜底条款作为经济刑法的有机组成部分，在对其进行解释时也应当遵循刑法的解释限度，即以罪刑法定主义为限度，在兜底条款本身所可能具有的含义范围内进行解释，防止刑法对于经济生活领域的过度干预。

（二）兜底条款的解释目的

如上所述，既然已经明确了经济刑法的解释限度在于坚守罪刑法定主义，那么另外一个重要问题是：兜底条款的解释目的究竟在于扩张还是限制？如果解释的目的是为了扩张兜底条款的适用范围，在进行解释时则不应当局限于刑法分则条文的字面含义范围，而是可以作出超出刑法条文范畴的扩大解释甚至是类推解释，将更多尚未被构成要件类型化的行为作为符合兜底条款的情形予以刑事规制。与之相对，如果解释的目的是为了限制兜底条款的适用范围，那么在选择兜底条款的解释规则时，就要尽可能回避各种超出刑法条文范畴的解释，严格把握入罪标准，在认定某一行为是否可以适用兜底条款时，应当予以慎重考虑。

“法律规范在很大程度上都是对经验内容的指称，然而那些一般性地指称经验事实的语词都是以例示的方法被引入和使用的，因此其涵义范围是不精确的，也就是说，这些语词存在一个‘意义空间’。”② 在经济刑法中，这一“意义空间”为兜底条款的设置与适用提供了正当性，使经济刑法具有一定程度上的灵活性与适应性，从而具备与其所规制的各类经济犯罪行为以及社会经济形态的发展变迁相适应的能力。一般认为，兜底条款属于扩张性条款，立法者在经济刑法中设置兜底条款的目的在于填补法律漏洞，将个罪的例示条款中未列举的行为样态包含在内，提升经济刑法的弹性适用空间，但是这并不等于经济刑法中兜底条款的解释规则也必须遵循目的性扩张的逻辑。目的性扩张是对某一法律规定的适用范围进行扩张，以贯彻该法律规定的规范目的。③ 换言之，目的性扩张的逻辑是为了追求某种规范目的而作出超越刑法条文用语可能具有含义的解释，必然会超出刑法的解释限度，甚至容易出现类推适用的风险。作为一项立法技术，兜底条款的设置与适用显然是以牺牲刑法的明确性为代价的，也在一定程度上破坏了刑法条文本身的安定性与国民可预

① 陈兴良：《刑法的价值构造（第二版）》，中国人民大学出版社2006年版，第486页。

② ［德］齐佩利乌斯：《法学方法论》，金振豹译，法律出版社2009年版，第157页。

③ 参见杨仁寿：《法学方法论（第二版）》，中国政法大学出版社2013年版，第194页。

测性，所以必须对其进行限制解释。[①] 奥地利学者也指出，因为兜底条款会使罪刑法定主义与刑法的明确性要求被架空，所以刑法应当尽量避免兜底条款的使用。[②] 然而，面对复杂多变的经济犯罪，要求经济刑法作出事无巨细的规定是不现实的，兜底条款的适用仍然具有一定的合理性，主张对兜底条款进行限制解释，也并非是对兜底条款的适用持否定态度，而是意在提醒司法机关在认定某一行为是否可以适用兜底条款时，应慎重予以考虑，严格把握适用兜底条款的入罪标准，以避免刑罚的不当扩张。

在我国刑法第三章破坏社会主义市场经济秩序罪中，第 225 条非法经营罪中的兜底条款一直暗含着口袋罪的发展倾向。随着与非法经营罪有关的司法解释相继出台，几乎任何扰乱市场经济秩序的行为皆可扣上非法经营罪的帽子，使非法经营罪的第 4 项逐渐成为经济刑法中的“万能”兜底条款。针对这一兜底条款，我国目前现行有效的相关司法解释共有 8 个，[③] 而关于非法经营罪的司法解释则多达 16 个，[④] 涉及出版物、外汇、电信市场、疫情灾害、赌博、信用卡管理、烟草专卖、集资、食品、药品、信息网络、环境污染等众多领域，几乎是涵盖了社会经济生活的各个方面。众所周知，投机倒把罪曾经作为我国经济生活领域中的一项无所不包的口袋罪名而备受诟病，后因我国市场经济体制的确立而逐渐退出历史舞台。在我国市场经济正处于高速发展的今天，如果不对兜底条款的解释与适用加以限制，仍任由经济刑法中的兜底条款以目的性扩张为名，行类推适用之实，势必会使投机倒把罪等臭名昭著的口袋罪名借尸还魂，那么刑法中被奉为圭臬的罪刑法定主义也将成为一纸空谈，更毋言国民正常的经济活动自由与人权保障了。

（三）兜底条款的解释原则

对兜底条款的解释与适用加以适当限制，不仅要求以罪刑法定主义为底线，还应当明确兜底条款的规范属性，从本质上把握兜底条款的解释原则。“为了使刑法的规定能够顾及个案与社会变迁的需要，使刑法得以灵活运用，并能与时俱进，刑法条文中难免有些概

---

① 魏东、李红：《经济犯罪刑法解释的法律政策性限定》，载《人民检察》2017 年第 13 期，第 10 页。

② 参见［奥］恩斯特·A. 克莱默：《法律方法论》，周万里译，法律出版社 2019 年版，第 39 页。

③ 具体包括：《关于审理非法出版物刑事案件具体应用法律若干问题的解释》第 11 条与第 15 条、《关于审理扰乱电信市场管理秩序案件具体应用法律若干问题的解释》第 1 条、《关于情节严重的传销或者变相传销行为如何定性问题的批复》、《关于办理非法生产、销售、使用禁止在饲料和动物饮用水中使用的药品等刑事案件具体应用法律若干问题的解释》第 2 条、《关于办理妨害预防、控制突发传染病疫情等灾害的刑事案件具体应用法律若干问题的解释》第 6 条、《关于办理赌博刑事案件具体应用法律若干问题的解释》第 6 条、《关于办理利用信息网络实施诽谤等刑事案件适用法律若干问题的解释》第 7 条、《关于办理非法从事资金支付结算业务、非法买卖外汇刑事案件适用法律若干问题的解释》第 2 条。

④ 除了上述 8 个司法解释之外，还包括：《关于审理骗购外汇、非法买卖外汇刑事案件具体应用法律若干问题的解释》《关于办理非法经营食盐刑事案件具体应用法律若干问题的解释》《关于办理妨害信用卡管理刑事案件具体应用法律若干问题的解释》《关于办理非法生产、销售烟草专卖品等刑事案件具体应用法律若干问题的解释》《关于审理非法集资刑事案件具体应用法律若干问题的解释》《关于办理危害食品安全刑事案件适用法律若干问题的解释》《关于办理危害药品安全刑事案件适用法律若干问题的解释》、《关于办理环境污染刑事案件适用法律若干问题的解释》。

括性的规定，或是条文使用规范性的构成要件要素，而含有不确定的法概念。”① 只有对这些概括性规定或是规范性构成要件要素作出正确的刑法解释，才能使这些刑法规定得以合理适用。刑法中的兜底条款在性质上属于一般性或概括性条款，用于对概括性的内容加以描述，以便尽可能涵盖较多的构成要件事实，因其具有高度的抽象性而被认为具有相当的不明确性，在适用时需要法官通过解释将其内容予以具体化。② 我们应当认为具有概括性的兜底条款在本质上属于规范性构成要件要素。与记述性构成要件要素不同，规范性构成要件要素需要通过法官的价值判断或者规范评价，才能对符合构成要件的行为作出准确的描述，并使之成为违法行为类型。由于兜底条款所规定的内容过于抽象与模糊，必须借助于价值判断或者规范评价，并结合例示条款的具体内容，才能准确揭示构成要件的实质内涵，进而区分犯罪行为与经济违法行为。对于兜底条款这一类具有规范属性的条款，德国学者认为，“虽然并非是不准许在刑法规定中使用范围宽泛的条款和需要充填价值的概念，但对刑法规定的适用范围和效力范围必须是说明得足够明了。”③ 就兜底条款作为规范性构成要件要素的这一本质属性而言，在司法适用中必然会产生诸多的不确定性，若是不对其解释与适用加以合理限制，极易造成法官在审理具体案件时的主观恣意性，最终结果便是以符合兜底条款的适用情形为由，将原本并不符合刑法条文所规定的犯罪类型的行为也解释为犯罪行为并予以刑事规制，造成了处罚范围的不当扩张，国民的经济行动自由将难以得到保障，也不利于发挥构成要件的罪刑法定主义机能。

在经济刑法中，较为常见的经济犯罪行为均在个罪的例示条款中予以列举性规定，而兜底条款所规制的通常则是一些不常见或者类型特征不显著的经济犯罪行为。对于某一经济违法行为，兜底条款的解释目的在于结合其所属条文中例示条款的规定，推导出能够适用该罪兜底条款的具体情形。实际上经济刑法中兜底条款的解释只能是一种个别化的解释。原因在于，兜底条款的规制范围不是事先确定的，而是需要针对具体的案件事实，根据不同经济犯罪的本质特征，借助于一定的解释规则将符合构成要件的经济违法行为纳入兜底条款的规制范围之内，从而发挥兜底条款的堵截功能。基于上述兜底条款所具有的规范属性，其内涵与外延是相对模糊且抽象的，在司法实务中无法将其直接适用于具体案件，必须对兜底条款的内涵与外延作出合理解释，明确其规制的边界，并结合相关案件事实以及个罪构成要件，具体判断某一行为是否构成兜底条款所属条文中规定的犯罪。④ 从这一意义上而言，兜底条款的相对不确定性在解释论上反而具有一定的优越性。由于经济刑法中的列举性规定即例示条款并不具有普适性，而对经济刑法中的兜底条款作个别化解

---

① 林山田：《刑法通论（上册）》（增订十版），北京大学出版社 2012 年版，第 83 页。

② 参见张明楷：《犯罪构成体系与构成要件要素》，北京大学出版社 2010 年版，第 194 – 195 页。

③ ［德］约翰内斯·韦塞尔斯：《德国刑法总论》，李昌珂译，法律出版社 2008 年版，第 20 页。

④ 参见张建军：《论刑法中兜底条款的明确性》，载《法律科学（西北政法大学学报）》2014 年第 2 期，第 91 页。

释，能够根据所处时代与社会经济发展阶段的不同，着眼于具体案件的特殊性，使个案的处理结论更为接近社会一般公众对于公平正义的理解，从而实现个别正义。兜底条款的解释并非是一成不变的，为了使具体案件的处理结论符合公平正义的要求，每一次解释都是对其规制边界的重新划定，所以无论采用何种解释规则对兜底条款进行解释，在具体案件的认定中都必须以个别化解释为原则，合理确定兜底条款的规制范围。

三、对兜底条款的合理限制——解释规则的运用

（一）同质性解释规则的运用

关于经济刑法中的兜底条款，采用同类规则进行解释已经是学界的共识，在司法实务中也有明确采用同类解释规则的刑事指导案例。同类解释规则是将分则条文中未明确列举的行为类型纳入刑法的规制范围，属于体系解释方法中的一种，通过参照同类事项的规定，从而明确某一刑法规范的边缘意义，“即当刑法语词含义不清时，对附随于确定性语词之后的总括性语词的含义，应当根据确定性语词所涉及的同类或者同级事项予以确定。”① 在陈保贵等非法占用农用地案②中，裁判要旨中指出：“对其他非法经营行为的内涵与外延应通过法条本身的明示或暗示，特别是已明确列举的非法经营行为来把握，应当遵循‘只含同类规则’的原则来适用。”③ 然而，由于同类解释规则的适用范围仅局限于行为类型相同的场合，无法处理兜底条款所涵摄的行为与例示条款所列举的行为样态之间类型不同但实质相同的情形，所以在司法实务中容易造成处罚范围过宽或是过窄的现象。究其原因，还是在于经济犯罪本身的复杂性与多变性。作为规范性构成要件要素的兜底条款，其特点是“特别具有模糊性，并且构成法条的核心内容。”④ 经济刑法中的兜底条款是对个罪行为样态的一种模糊性表述，恰恰提示了具体个罪的犯罪本质。⑤ 因此，在讨论经济刑法中兜底条款的解释规则时，最终还是要回归到具体个罪的犯罪本质，着眼于经济犯罪的不同类型，注重对个罪构成要件进行实质性的分析，才能使兜底条款的解释结论具有合理性与正当性。从探究经济犯罪本质的这一角度出发，为了克服同类解释规则的方法论缺陷，解决其难以处理的“同质不同类”的问题，学界在同类解释规则的基础上，引入“同质性”标准，提出了兜底条款的同质性解释规则。

同质性解释规则是对同类解释规则进行的修正，也被称为实质相同说。具体而言，是指“纳入‘兜底条款’进行刑法评价的对象，应当与该刑法条文业已明确规定的法律类

---

① 梁根林：《罪刑法定视域中的刑法解释论》，载梁根林主编：《刑法方法论》，北京大学出版社 2006 年版，第 169 页。

② 参见宜昌市三峡坝区人民法院（2012）鄂三峡刑初字第 52 号刑事判决书。

③ 参见陈保贵等非法占用农用地一案的裁判要旨，载《人民法院案例选》2013 年第 3 辑。

④ ［奥］恩斯特·A. 克莱默：《法律方法论》，周万里译，法律出版社 2019 年版，第 37 页。

⑤ 参见姜涛：《经济刑法之“兜底条款”的解释规则》，载《学术界》2018 年第 6 期，第 158 页。

型或者具体犯罪的实质内涵具有相同的性质与特征”。[①] 根据同质性解释规则，例如，在刑法分则条文的兜底条款中所规定的“其他方法、方式或者手段”，一般仅限于与例示条款中所列举的行为样态具有同质性的行为方法、方式或者手段，而非泛指一切其他的行为方法、方式或者手段，否则必然会不当地扩大刑法的处罚范围，违反罪刑法定主义原则。[②] 所谓“同质性”，指的应当是犯罪本质上的同一性，“即在行为性质特征、危害结果特征、行为与危害结果的关系特征等方面属于同一类型”。[③] 换言之，在采用“例示＋兜底”式立法模式的刑法分则条文中，尽管兜底条款所涵摄的行为类型与例示条款所列举的行为样态在外观上存在一定的差异，但二者在犯罪本质上是一致的，兜底条款所涵摄的行为类型与例示条款所列举的行为样态之间是实质相同的。

（二）同质性解释的具体规则

关于同质性解释规则的具体运用，主要包括以下几点：（1）适用于兜底条款的行为，必须与其例示条款中所规定的行为类型在性质上具有同一性或相类似，[④] 即在二者之间能够提取具有同质性信息的“公因式”。（2）应当对兜底条款的规制范围作出合理限定，坚持限制解释的立场，不能以符合兜底条款的情形为由，将例示条款所列举以外的行为随意纳入兜底条款的规制范围之内。（3）对某一兜底条款的解释与适用，事实上是对其所属分则条文的整体性解释与适用。兜底条款的解释通常要与例示条款的规定相结合，应当根据例示条款中所列举的各项规定对兜底条款的内容加以具体化，并在罪刑法定主义的范围内加以适当的扩展，明确兜底条款的适用范围，即同质性解释并不是将刑法中未予明文规定的行为解释为犯罪行为，而是以例示条款中的内容作为判断基准，对刑法兜底条款中的“其他”“等”所涵摄的抽象性内容作出符合该条文逻辑的解释。[⑤]（4）兜底条款所抽象出的行为类型并不限于例示条款所明示的行为样态，适用某罪兜底条款予以归责的行为，应当与该罪在例示条款中所列举的行为样态或者行为的实质内涵具有同质性的信息。[⑥] 兜底条款是对于构成要件实质内涵的一种概括性规定，合理运用同质性解释规则，对兜底条款的规范内容进行价值填充，使兜底条款所概括规定的内容得以具体化，以例示条款所列举的行为样态为基础，合理推导兜底条款所涵摄的行为类型，使构成要件所描述的犯罪轮廓更为清晰，明确罪与非罪、此罪与彼罪之间的界限。同质性解释规则的运用，重点在于

---

① 刘宪权：《操纵证券、期货市场罪“兜底条款”解释规则的建构与应用》，载《中外法学》2013年第6期，第1181页。

② 参见张明楷：《罪刑法定与刑法解释》，北京大学出版社2009年版，第146页。

③ 于志刚：《口袋罪的时代变迁、当前乱象与消减思路》，载《法学家》2013年第3期，第78页。

④ 参见何荣功：《刑法“兜底条款”的适用于“抢帽子交易”的定性》，载《法学》2011年第6期，第158页。

⑤ 参见张明楷：《罪刑法定与刑法解释》，北京大学出版社2009年版，第146页。

⑥ 参见刘宪权：《操纵证券、期货市场罪“兜底条款”解释规则的建构与应用》，载《中外法学》2013年第6期，第1181页。

对“同质性”的理解与把握，即如何认定例示条款所列举的行为样态与兜底条款所涵摄的行为类型之间是否具有同质性，以及如何判断上述关于同质性认定结论的合理性与正当性。

刑法分则第225条非法经营罪中第4项规定的“其他严重扰乱市场秩序的非法经营行为”之所以会成为经济犯罪中的“口袋条款”，主要原因还是在于司法实务中对于“严重扰乱市场秩序”这一构成要件的实质内涵作出了过度解释。在王力军收购玉米案中，被告人王力军在未办理粮食经营许可证和工商营业执照的情况下从事玉米收购业务，一审法院认定其构成非法经营罪，本案后经由最高人民法院指令再审。裁判要点中指出：“对于刑法第二百二十五条第四项规定的‘其他严重扰乱市场秩序的非法经营行为’的适用，应当根据相关行为是否具有与刑法第二百二十五条前三项规定的非法经营行为相当的社会危害性、刑事违法性和刑事处罚必要性进行判断。”① 根据我国传统的刑法理论，社会危害性、刑事违法性与刑事处罚必要性是犯罪的三大特征，也是对于犯罪概念的一种实质性描述，体现了犯罪的本质。再审法院以犯罪特征的相当性判断作为被告人王力军无证收购玉米的行为是否构成非法经营罪的认定标准，实际上正是运用了同质性解释规则，以第225条例示条款所列举的行为样态为判断基准，分析本罪构成要件的实质内涵，认定王力军无证收购玉米的行为与例示条款所列举的行为样态在犯罪本质上并不具有同质性，不属于严重扰乱市场秩序的行为，未对国家粮食经营管理制度造成实质性的破坏，从而排除了一审法院对于本罪兜底条款的不当适用，对被告人王力军作出无罪判决。

（三）以保护法益为核心的实质判断

最高人民法院以发布指导性案例的方式对非法经营罪兜底条款的适用标准作出了明确的裁判指导，但对于其他类型的经济犯罪而言，如何确定其兜底条款的适用标准，仍然是存在着疑问的。尤其是关于解释规则的具体阐释，需要进一步论证同质性解释规则应当如何发挥限制兜底条款解释的功能，才能为司法实务提供有效的指导。同质性解释的关键在于对于犯罪本质的理解与把握，而犯罪的本质是对于法益的侵害，分析个罪的保护法益，能够准确揭示犯罪的本质。兜底条款作为规范性构成要件要素，属于构成要件的组成部分，因而在对兜底条款进行解释时应当采用同质性解释规则，在个罪保护法益的范围内具体判断能否适用该罪的兜底条款对行为予以规制，使其解释结论与该罪的犯罪本质相符合。② 只有当符合某一犯罪构成要件的行为实质侵害了该罪的保护法益或是对该罪的保护法益造成了实质侵害的危险，且该行为不属于例示条款所列举的行为样态，此时才有可能适用该罪的兜底条款。只有从实质上把握兜底条款的内涵与外延，进而判断具体案件中的

---

① 参见最高人民法院指导案例79号：王力军非法经营再审改判无罪案。

② 参见赵龙凯：《遵循三项规则准确适用刑法兜底条款》，载《检察日报》2017年7月31日，第3版。

经济违法行为是否对兜底条款所属条文的保护法益造成了实质侵害，才能认定能否适用该罪的兜底条款。同质性的判断必须以保护法益为核心，实质判断兜底条款所涵摄的行为类型与例示条款所列举的行为样态在犯罪性质上是否具有共通性。

“法益问题是任何刑法规范皆应予以讨论的首要问题，也是用来检验任何刑法规范的首要基准。某种行为只有在保护法益的目的下，才有入罪化的正当性，尤其在具有强烈政策导向及工具性质的经济刑法领域更需注意。”① 一般认为，保护法益具有限制解释构成要件的机能，同质性解释规则以法益作为判断同质性的实质标准，将与例示条款具有同一法益侵害性的行为解释为符合兜底条款的其他行为类型，从而明确兜底条款的规范边界。问题在于，如何确定经济刑法以及具体犯罪的保护法益是什么。对于这一问题的理解，将直接影响同质性判断的具体结论，可谓“失之毫厘，谬以千里”，必须对此做出合理的解答。与保护个人法益的传统刑法不同，经济刑法的保护法益同时包含了制度法益与个人法益，其中制度法益为直接法益，而个人法益为具体法益。根据经济刑法中保护法益的重心不同，可以将经济犯罪进一步分为制度依存型与权益保障型两类。② 前者是对特定经济秩序直接造成破坏的犯罪，所侵犯的主要是制度法益，而后者则是对市场经济主体的合法权益造成侵害的犯罪，所侵犯的主要是个人法益。基于二者在保护法益上的差异，在对不同类型经济犯罪中的兜底条款进行解释与适用时也应当分别予以讨论。

1. 制度依存型经济刑法中兜底条款的解释

对于制度依存型经济犯罪而言，其侵害的保护法益主要为国家市场经济管理秩序，属于一种抽象的制度法益。我国刑法分则第三章规定的经济犯罪都与市场经济秩序有关，然而，“面对法定犯的日益增加，刑法作为公民人权的最后保障法，仍然要牢牢树立具体法益观。”③ 这里所说的具体法益，指的便是不同于市场经济秩序等制度法益的个人法益。虽然制度依存型经济刑法的保护重点在于制度法益，但是“关于个人法益的保护对于制度依存型经济刑法的维系发挥着举足轻重的作用。”④ 因此，在对这一类经济犯罪的兜底条款进行解释时，应当发挥个人法益对于构成要件解释的限制功能，对于仅违反了经济秩序但是并未对市场经济主体的具体法益造成直接、实质侵害的经济违法行为，不应将其认定为经济犯罪行为而适用兜底条款予以刑事规制，只需对其作出相应的行政处罚即可。

仍以刑法分则第225条非法经营罪为例，非法经营罪是典型的制度依存型经济犯罪，为了以个人法益对本罪兜底条款作出限制解释，其中第4项兜底条款所规定的“其他严重

① 王新：《证券市场操纵犯罪的刑法属性及推定规则》，载《河南财经政法大学学报》2017年第5期，第67页。

② 参见张小宁：《论制度依存型经济刑法及其保护法益的位阶设定》，载《法学》2018年第12期，第148页。

③ 刘艳红：《法定犯与罪刑法定原则的坚守》，载《刑事法杂志》2018年第6期，第73页。

④ 参见张小宁：《论制度依存型经济刑法及其保护法益的位阶设定》，载《法学》2018年第12期，第153页。

扰乱市场秩序的非法经营行为”应与例示条款所列举的三种行为样态在具体法益的侵害上具有同质性。本罪的具体法益为市场经济主体的合法权益，那么基于这一具体法益，例如对于零售药店向医疗机构批量出售药品的行为，虽然这一行为违反了《药品流通监督管理办法》及《药品经营质量管理规范》等关于药品批发许可经营的规定，侵害了非法经营罪所保护的制度法益，但是该药店持有药品零售许可证，而且其向医疗机构所批量出售的药品均经由合法的渠道进货，并非是假药或是劣药，未对药品购买或使用者的生命健康权等合法权益造成实质性侵害，由于并未侵害到该罪的具体法益，该行为不成立非法经营罪，仅构成行政违法，无需适用兜底条款予以刑事规制。① 再如使用经他人转让的烟草专卖许可证经营烟草零售业务的行为，该行为无疑违反了《烟草专卖法》中有关烟草零售许可证的规定，但是如果其零售的属于合格的烟草制品，未侵害消费者的个人法益，就不应按非法经营罪处理，依照有关烟草专卖的行政法规予以没收违法所得以及罚款等行政处罚足矣。②

2. 权益保障型经济刑法中兜底条款的解释

与之相对，在权益保障型经济刑法中，其保护法益主要侧重于市场经济主体的合法权益，属于一种具体法益。如果仅从具体法益的角度来看，所有的权益保障型经济犯罪显然都对市场经济主体的具体法益造成了实质侵害，难以由此对兜底条款的适用加以限制。此时只有从直接法益的角度进行考量，判断行为是否对经济刑法所保护的经济秩序造成了实质侵害，才能有效限制兜底条款的适用范围。但由于“秩序是典型的不确定概念，若立法者对经济秩序做极度的扩张解释，则任何一个与经济相关的犯罪都或多或少包含秩序的考虑。”③ 因此，在对这一类经济犯罪的兜底条款进行解释时，必须要求某一经济违法行为对兜底条款所保护的直接法益即某一经济管理秩序造成了具体、现实的侵害，排除那些未对制度法益造成实质侵害或者侵害较为轻微的经济违法行为。

以刑法分则第193条贷款诈骗罪为例，本罪属于权益保障型经济刑法的规制对象，其中第5项兜底条款所规定的“以其他方法诈骗贷款的贷款诈骗行为”，应当与例示条款所规定的“编造引进资金、项目等虚假理由的”“使用虚假经济合同的”“使用虚假证明文件的”“使用虚假产权证明担保或超出抵押物价值重复担保的”在直接法益的侵害上具有同质性。依照例示条款所列举的四种行为样态，可以概括出贷款诈骗罪的直接法益是金融机构的贷款管理秩序，基于这一直接法益，对于在合法取得贷款后方才产生了非法占有目的之行为，或是合法贷款后采用欺诈手段拒不还款的行为，则不应当将其认定为兜底条款

---

① 参见王立志：《非法经营罪之适用不宜过度扩张——以零售药店向医疗机构批量售药之定性为视角》，载《法学》2016年第9期，第151页。

② 参见张小宁：《论制度依存型经济刑法及其保护法益的位阶设定》，载《法学》2018年第12期，第160页。

③ 何荣功：《经济自由与经济刑法正当性的体系思考》，载《法学评论》2014年第6期，第64页。

所规定的“以其他方法诈骗贷款的贷款诈骗行为”，因为事后非法占有贷款的行为并未侵犯金融机构的贷款管理秩序，所以不能将该行为解释为“以其他方法诈骗贷款的贷款诈骗行为”，即事后非法占有贷款的这一行为并不构成贷款诈骗罪。① 尽管事后的非法占有行为也侵害了作为市场主体的金融机构具体的财产性利益，但是由于与例示条款所列举的行为在法益侵害上并不具有同质性，因而不能将该行为解释为“以其他方法诈骗贷款的贷款诈骗行为”。否则，贷款诈骗罪将会失去其独立存在的价值，若是不以该罪的直接法益作为兜底条款的解释依据，那么贷款诈骗罪与诈骗罪在自然犯的意义上并无差别，唯有以侵害金融机构贷款秩序这一直接法益作为同质性的判断标准，才能合理解释贷款诈骗罪与诈骗罪之间的本质区别，体现贷款诈骗罪的法定犯属性，明确界定贷款诈骗罪的处罚边界，以防止该罪自然犯的发展倾向。此外，贷款诈骗罪的法定刑最低为五年以下有期徒刑或者拘役，并处二万元以上二十万元以下罚金；而诈骗罪的法定刑最低为三年以下有期徒刑、拘役或者管制，并处或者单处罚金，对贷款诈骗罪兜底条款的合理解释，也有利于实现罪刑相适应。

四、经济刑法中兜底条款的解释与适用规则的建构

对于经济刑法中兜底条款的解释与适用，应当慎之又慎，如果采取相应的行政处罚措施便能够对经济违法行为予以规制，则不必将其诉诸于刑事制裁。“能动虽然是法律解释的本质，但却不是法律解释所要倡导的，因为克制是需要努力才能做到的。”② 经济刑法中兜底条款的过度适用，模糊了刑法与行政法之间的界限，使越来越多的经济违法行为被界定为犯罪行为，造成了经济生活领域中的过度刑法化，亦不符合刑法的谦抑主义精神。③ 刑法解释的最终目的，并不在于探寻刑法用语的文义边界，而是在于得出的解释结论能否符合社会一般公众对于公平正义的理解。在经济刑法中，若要使案件的解释结论得到社会一般公众的普遍性认可，则需要及时转变经济刑法的规制理念。④ 刑法作为制裁经济违法行为的最后手段，在解释与适用经济刑法中的兜底条款时应当始终保持一种相对克制的态度，合理建构其解释与适用规则，为经济刑法中的兜底条款在司法实务中的适用提供一种有效的规范性指导。

关于经济刑法中兜底条款的解释与适用规则，应从以下三个方面进行建构：

第一，以罪刑法定主义为解释限度，坚持限制解释的立场。在经济刑法的解释领域，必须在兜底条款用语可能具有的含义范围内作出解释，解释结论不能超越国民预测可能性

---

① 参见张瑞军：《金融诈骗罪几个疑难问题探究》，载《经济论坛》2013年第6期，第156页。

② 陈金钊：《法律解释：克制抑或能动》，载《北方法学》2010年第1期，第6页。

③ 参见胡敏、曹坚：《论非法经营罪堵漏条款的合理认定》，载《华东政法学院学报》2003年第5期，第111－112页。

④ 参见毛玲玲：《经济犯罪与刑法发展研究》，法律出版社2017年版，第172页。

的范围，不能为了追求某种规范目的而对兜底条款进行类推适用。① 虽然兜底条款符合目的性扩张的逻辑，但是不能以此为借口而动摇罪刑法定主义。通过罪刑法定主义原则的约束，能够对经济刑法中兜底条款的过度适用加以限制，使其摆脱走向“口袋条款”的宿命，真正回归理性的司法适用，赋予市场经济主体更多自由发挥的空间，逐渐摆脱“半统制半市场化”经济体制的桎梏，进而实现我国市场经济体制由管制主义向自治主义的转型发展。

第二，明确兜底条款的规范属性，遵循个别化解释的原则。对于刑事政策导向性较强的经济刑法而言，某一经济违法行为是否构成犯罪，能否适用兜底条款予以刑事规制，应当根据所处时代的社会发展需求等作出个别化的解释与规范性的判断。兜底条款属于规范性构成要件要素，其内容具有相对不明确性，必须对其进行价值判断或者规范评价，探究个罪构成要件的实质内涵，合理界定兜底条款的规制范围，从而实现案件处理结果的个别正义。唯有如此，方能在司法实务中做到既不放纵犯罪，亦不矫枉过正，在保障国民的经济活动自由与人权的同时，更好地维持我国市场经济管理秩序。

第三，采用同质性解释规则，以保护法益为实质判断标准。同质性解释具有方法论上的合理性，能够运用体系性与实质性的思维方式，使兜底条款与例示条款之间相互联系，相互制约，从而有效限制兜底条款的过度扩张适用。在具体判断方面，将例示条款中所列举的行为样态作为判断素材，在例示条款与兜底条款之间提取具有同质性信息的“公因式”，进而合理确定兜底条款所涵摄的行为类型。与此同时，以保护法益为核心，根据经济犯罪的不同类型，在制度依存型经济刑法中以具体法益为限制要件，在权益保障型经济刑法中以制度法益为限制要件，实质判断兜底条款所涵摄的行为类型与例示条款所列举的行为样态在犯罪本质上是否具有共通性，发挥法益的限制解释构成要件的机能。通过具体解释规则的合理运用，对兜底条款的规制范围加以适当限定，从而对其在司法实践中的扩张适用形成一种解释论上的有效约束，确保在最大程度上符合罪刑法定主义的要求。

（编辑：蒋太珂）

---

① 参见张明楷：《刑法分则的解释原理（第二版）》，中国人民大学出版社 2011 年版，第 47 页。

民法立法目的条款司法适用进路研究*

齐 健**

摘 要 在当前我国的司法裁判中，民法立法目的条款的规范意义未得到应有重视，加之其性质定位不清晰，价值判断和利益衡量不可避免，造成过度适用致使请求权基础规范隐退、应然作用未得到充分发挥以及作用方式不明确等问题。本文以案例为分析样本，从内部关系和外部关系两方面解释民法立法目的条款司法适用规则。在外部关系上，民法立法目的条款奠定民法的价值宗旨和机能目标，但它不属于民法规则或者民法基本原则，不能单独适用作为裁判依据，可以在对法律条文作目的解释时辅助控制解释方向，亦可作为裁判结果正当性论证之法律修辞。在内部关系上，民法立法目的条款蕴含着利益衡量，可以帮助法官界定拟解释条文所欲保护的利益，并确定利益保护的倾向。利用民法立法目的条款进行利益衡量时应当以拟适用具体法律条文为依据，以条文文义范围为边界，而且利益衡量结果不能与法秩序冲突。

关键词 民法立法目的条款 规范意义 目的解释 利益衡量

引 言

法律非经解释不能适用，法律解释需要探究立法原意，而探究立法原意的重要方法之一是对法律作目的解释。① 我国不少法律文本都在第一条开宗明义规定了这部法律的立法目的，立法目的条款理应对开展目的解释，探究立法原意，正确解释适用法律提供指引和帮助。然而，当前理论界和司法实务界对于民法立法目的条款关注甚少。在为数不多的论

---

* 基金项目：2018 年国家社会科学基金重点项目“中国民法上的中国元素研究”（项目编号：18AFX015）的阶段性研究成果。

** 齐健，男，宁夏隆德人，法学硕士，重庆市九龙坡区人民法院法官助理，研究方向为民商法。

① 参见陈金钊：《法律解释规则及其运用研究（中）》，载《政法论丛》2013 年第 4 期，第 77－78 页。

述中，对要不要单独设立民法立法目的条款亦有争议。赞成设置者认为，立法目的条款彰显民法价值，我国历来民事立法中均有设置已成惯例，是为民法上的中国元素。① 反对者认为，民法与政策性法律不同，民法秉持私法自治，所要建立的基本民事关系，应当是民事关系的“现状”，加上立法目的条款，反而是把民法“做小了”。② 不论是赞成者还是反对者，多是站在立法价值层面（价值意义）进行思考和论述，未从民法立法目的条款的司法适用角度展开规范意义层面的研究。国内也有一些学者探讨了立法目的条款的实践功能，有学者指出立法目的条款有助于指引法律解释适用，③ 也有学者将立法目的分为价值目的与机能目的，系统阐释立法目的之功能，深具启发性，④ 由于研究者的着力点不在民法司法适用上，并未从民事裁判的角度针对民法立法目的进行详细探讨。对裁判者来说，从法律解释适用角度对民法立法目的条款的性质、功能与应用方法进行系统梳理研究非常有必要。本文将用以民法立法目的条款司法适用中的案例为分析样本，探讨民法立法目的条款的应用现状，分析存在的现实问题，从内部关系和外部关系两方面解释构造民法立法目的条款司法适用规则。

一、民法立法目的条款司法适用存在的问题

为较完整呈现民法立法目的条款在司法裁判中的适用现状，本文借助“中国裁判文书网”“北大法宝”“无讼案例”检索平台，以“民事单行法名称＋第一条”作为关键词，搜索整理了司法实践中适用民法立法目的条款的案件 1355 件（具体分布情况详见下表）。⑤

民法通则	民法总则	合同法	物权法	侵权法	婚姻法	继承法
393	135	334	78	314	19	82

通过对案例的分析，可以发现，民法立法目的条款司法适用主要存在以下问题：

（一）过度适用：立法目的条款过度适用导致请求权基础规范隐退

民法立法目的条款司法适用中的首要问题是未明确其性质，不明确其能否单独作为裁判依据，造成目的条款过度适用，进而导致请求权基础规范隐退。我们观察到部分法院在有具体法律规则可资适用时，单独引用立法目的条款裁判案件。例如在判定违法合同效力

① 参见张玉敏主编：《新中国民法典起草五十年回顾与展望》，法律出版社 2010 年版，第 236 页。

② 参见苏永钦：《寻找新民法》，北京大学出版社 2012 年版，第 54－55 页。

③ 参见刘风景：《立法目的条款之法理基础及表达技术》，载《法商研究》2013 年第 3 期，第 53 页。

④ 参见戴津伟：《立法目的条款的构造与作用方式研究》，载陈金钊、谢晖主编：《法律方法》（第 20 卷），山东人民出版社 2017 年版，第 217－218 页。

⑤ 最后检索时间为 2019 年 12 月 31 日，主要检索了 2016 年 1 月 1 日至 2019 年 12 月 31 日期间“北大法宝”和“无讼案例”的案例。

时，引用立法目的条款中“保护公民合法财产或权利”的内容，认为只有合法权利才受法律保护，违法权利不受法律保护，由此判定合同无效①。这种做法既未明确违反了哪一条具体的法律规定，也未分析被违反的是强制性规定还是任意性规定，是效力性强制规定还是管理性强制规定，更未见对判定合同无效的实质理由的论证说明，仅依据民法立法目的条款直接判定合同无效，有法律引用不全面，向一般条款逃逸之嫌疑，威胁案件结果的可检测性和正确性。此外，很多案件中通过民法立法目的条款宽泛的语义射程，尤其是《民法总则》第1条后段规定的核心价值观内容，法官个人价值判断过度渗入，作为裁判依据的请求权基础规范隐退其后，导致对法律的曲解和误判。②

民事裁判首先是依法裁判，核心在于寻找明确、具体、恰当的请求权基础规范，得出妥当裁判结论。按照请求权基础思维方式，法官得出裁判结论必须要有明确的法律依据，一般来说能作为裁判依据的条文须是具体的法律规则，不能是一般性条款。此外，法官要在裁判文书中明确拟适用的法律是哪一部法律的哪一条哪一款哪一项，一定要细致、具体、准确、全面，以及为什么适用，法官要完整呈现思辨论证的过程，避免个人价值判断过度介入，提高裁判结果的可检测性和正确性③，保持裁判统一，避免“一千个读者心目中有一千个哈姆雷特”式的同案不同判。如果裁判文书不能清晰反映出法官如何依据哪一具体的法律规则得出裁判结论，而是直接以立法目的条款这种本身表述宏大、语义范围宽广的条款得出裁判结论，“完全抛开法律文本和法律条文，立法目的就可能沦为‘公说公有理、婆说婆有理’的纯主观议论，那么，法律创制、法律实施等价值选择过程将由丛林法则起支配作用，演变为‘胜者王侯败者贼’的实力比拼，法律决策极易蜕化为独裁者的专断意志”。④

更令人担忧的是，当具体的法律规范被立法目的条款隐蔽之后，法律之外的因素很可能由此介入而对裁判产生负面影响。首先，政治权力、道德话语通过立法目的条款宽泛的语意射程介入司法裁判中，对法律的安定和权威构成威胁。⑤ 我们注意到，不少案件中，当事人以立法目的条款中规定的“保护公民合法财产或权利”及“核心价值观”为依据，以对方诉讼请求所涉权益违法不应得到保护，或对方诉讼请求不符合核心价值观的要求为

① 参见河北省保定市清苑区人民法院（2016）冀0608民初103号民事判决书。

② 参见山东省临沂市河东区人民法院（2018）鲁1312民初369号民事判决书。另可参见“刘某妤诉刘某勇、周某忠共有房屋分割案”，该案件经过重庆市綦江区人民法院一审、重庆市第五中级人民法院二审和再审，被评选为《最高人民法院公布10起弘扬社会主义核心价值观典型案例》刊登在《最高人民法院公报》和《人民法院报》上，但是裁判文书反映出法官有价值判断过分介入之嫌疑，为了追求“案结事了”解决问题的效果，对案件关键事实刘某勇、周某忠向刘某妤赠与房屋90%产权份额的把握似有可商榷之处。对该案的分析，参见蒋太珂：《社会主义核心价值观融入法教义学的路径》，载陈金钊、谢晖主编：《法律方法》（第23卷），中国法制出版社2018年版，第205、206、211、212页。

③ 参见王泽鉴：《民法思维：请求权基础理论体系》，北京大学出版社2009年版，第41－42页。

④ 刘风景：《立法目的条款之法理基础及表达技术》，载《法商研究》2013年第3期，第56页。

⑤ 参见陈金钊：《法律人思维中的规范隐退》，载《中国法学》2012年第1期，第6页。

由提出抗辩、上诉或申请再审。甚至出现“威胁性”表述，声称如果法院判决支持原告的诉讼请求，将违反核心价值观，大有“政治不正确”之嫌疑。①法官办案常常面临政治、权力、人情、道德等非法律因素的压力，立法目的条款表述宏大宽泛，极有可能为法官主体性选择的膨胀和滥用留下空间，以致损害法治权威。其次，我们还观察到在很多案件中法院判决事实认定清楚，法律适用正确，当事人为了拖延时间提起上诉或申请再审，对裁判本身挑不出问题，转而在立法目的条款上做文章，以立法目的条款，尤其是核心价值观为由提出抗辩、上诉、申请再审，有以此为借口拖延诉讼的嫌疑，浪费本就紧张的司法资源。②

（二）适用不足：民法立法目的条款的作用未得到充分发挥

在司法实践中，除了过度适用，很多案件中对立法目的条款作用没有予以充分重视，又存在适用不足的问题。整体而言，法官引用民法立法目的条款只是作为加强论证说理的材料，未能重视和利用好民法立法目的条款本身包含的价值追求对法律解释的方向控制作用，更未能深刻理解条文背后的利益衡量问题，机械解释法律，甚至解释方向失控，裁判不当。以违法合同效力判定为典型，《合同法》第 52 条第 5 项规定违反法律的合同无效，由于长期以来受公法优位论的影响，法官解释法律时未能充分重视民法作私法最核心的价值追求意思自治原则，往往有意无意地认为违反公法规范的合同当然无效，导致公法规范大量涌入民法，淹没了意思自治的空间，属于典型的法律解释方向控制不当。③ 王卫国教授的实证研究指出“办案人员往往习惯于死抠条文而忽视了自愿、公平、等价有偿、诚实信用等民法原则的贯彻，”机械地解释适用法律，只要民事行为违反了强制规定即判定为无效，造成了较大的负面影响。④

其实，合同作为一种协商私人利益的载体，已经成立的合同被判定无效的实质理由是其侵害了公共利益，而公共利益的探明需要透过体现着该利益的，被违反的强制性规定之规范目的才可得出，实质上是要求法官准确界定两种利益，并审慎平衡利益冲突。⑤ 民法立法目的条款所包含的多元化的价值追求可以提醒并指导法官透过条文表面去识别强制性规范之目的，妥当协调相互冲突的利益关系。实践中，法官往往缺乏体系化思维方式，忽视法律条文之间的体系关照，只知适用具体的法律规则，而忘记立法目的条款及其彰显的价值追求，未能挖掘民法立法目的条款应有的作用。违法合同效力判定仅是典型一例，民法的其他部分皆有这一问题，尤其是直接涉及公法与民法关系的领域，诸如未经登记的民

---

① 参见浙江省高级人民法院（2014）浙民申字第 596 号民事判决书。
② 参见四川省南充市中级人民法院（2017）川 13 民终 1690 号民事判决书。
③ 参见重庆市第五中级人民法院（2006）渝五中民终字第 53 号民事判决书。
④ 参见王卫国：《论合同无效制度》，载《法学研究》1995 年第 3 期，第 11 页。
⑤ 参见黄忠：《违法合同效力判定路径之辨识》，载《法学家》2010 年第 5 期，第 69－72 页。

事主体地位、不法原因给付、违法建筑物的归属、违法用工关系、违反管制规范之保护他人目的之识别等民法其他领域，忽视立法目的条款，就会忽视法律的价值追求及条文背后的利益衡量，严重的将会导致法律解释方向失控，造成公权力过度介入民法破坏私法自治。

（三）适用混乱：民法立法目的条款司法功能的作用方式不明确

当前，司法实务界对如何适用民法立法目的条款呈现混乱状态。首先，民法立法目的条款如何与法律规则、民法基本原则搭配适用并无清晰规律可循。除了单独适用民法立法目的条款裁判案件外，还有以“民法立法目的条款 + 法律规则”①、以“民法立法目的条款 + 民法基本原则”作为说理或裁判的依据②，以及以“民法立法目的条款 + 民法基本原则 + 法律规则”共同作为裁判依据。③其次，在法律解释学上，解释方法的使用要遵循先作文义解释、体系解释，再作目的解释的顺序。如果法律条文的字面意思清晰，直接依据法律条文作出判决即可，不需要再作目的解释。我们注意到，上述民法立法目的条款的后三种适用情形中，拟适用法律条文常常文义清晰，作文义解释即可得出裁判结论，没有必要引用立法目的条款启动目的解释，而法院仍然加以引用，违背法律解释规则。

上述情况正说明民法立法目的条款司法功能的作用方式不明确。民法立法目的条款的作用方式不仅限于辅助法律条文开展目的解释，通过民法立法目的条款作目的解释时，目的条款发挥着解释导向功能，而当拟适用法律条文不需要作目的解释时，引用目的条款实际上发挥着裁判结果正当论证之修辞功能。例如“岳某成与岳某民、岳某新追偿权纠纷”案，子女对父母有赡养义务，已经履行了赡养义务的子女可以向未履行赡养义务的子女请求偿还垫付的赡养费，直接适用《婚姻法》第 21 条第 1 款即可得出裁判结论，法官仍然引用民法立法目的条款论述“对于三个子女共同应尽的赡养义务，现在由岳某成一人履行，其他未尽赡养义务的子女应当在金钱方面对岳某成进行适当补偿才符合公序良俗。为弘扬社会主义核心价值观，维护公平合理的道德原则和社会秩序”。④ 此时立法目的条款作为法官增强说理论证的重要工具，起到对裁判结果正当论证之修辞作用，但并非裁判之法律依据。

裁判结果能否被公众认可和接受，不仅取决于裁判结论的正当性，也有赖于裁判文书的修辞论证。“在司法生活中法律语词应该是法律人思维的关键修饰。法律修辞是以听众为核心的实践论辩与论证。在法律修辞实践中，主要是讲法说理。”⑤ 裁判文书固然可以

---

① 参见广东省佛山市中级人民法院（2017）粤 06 民终 6835 号民事判决书。

② 参见山东省滨州市中级人民法院（2018）鲁 16 民终 1806 号民事判决书。

③ 参见山西省高级人民法院（2018）晋民终 180 号民事判决书。

④ 参见河南省濮阳市中级人民法院（2018）豫 09 民终 2111 号民事判决书。

⑤ 陈金钊：《把法律作为修辞——讲法说理的意义及其艺术》，载《扬州大学学报（人文社会科学版）》，2012 年第 2 期，第 17 页。

借助逻辑涵摄、援引指导性案例的裁判宗旨、引用理论学说论证说理，也不能忽视立法目的对裁判结果正当性论证修辞的作用。立法目的是立法者对法伦理价值和社会实效的追求，以其作为裁判结果正当性论证的重要理由，有助于保障和提高裁判结论的合法性和说服力，一般比其他论证方式效果更佳。首先，我国民法主要借鉴德国民法构建具有鲜明的潘德克顿思维体系，很多概念与日常生活语言相去甚远，难以被普通民众所理解，例如民法中的"善意取得""物的重要成分与非重要成分"，与普通民众理解的意思相距甚远，甚至正好相反。裁判文书全部采用法言法语难免会与普通民众产生隔阂。民法立法目的条款所包含的内容，尤其是《民法总则》第 1 条规定的核心价值观，更加贴近群众的生活和语言习惯，作为对判决结论的正当性论证之修辞有助于消解法律概念与生活语言的隔阂，更能为案件当事人和普通民众所理解和接受。[①] 其次，借助目的条款明文规定的内容进行正当性论证修辞是在法律框架内以法律思维寻求正当性论证修辞，比单纯的在法律之外寻找实质合理性、朴素法感情等要坚实可信。换言之，借用立法目的条款规定的内容论证仍然是用法律规定进行论证，可以减少法官通过法律之外诸如《圣经》[②] 或者《孝经》[③] 说理论证而被社会质疑，有助于简化论证，减轻法官裁判结果正当性论证修辞的负担。[④]

（四）民法立法目的条款司法适用问题的原因分析

民法立法目的条款过度适用、适用不足及适用混乱的根本原因在于其本身的特殊性。一方面，法律文本需要通过法律条文，即法律规范的形式加以表现和构筑。按照法理学分类，就常见的表现形式来说法律规范可以分为法律规则和法律原则，[⑤] 并且相应构建起各自一整套的适用准则。民法立法目的条款在性质上很难恰当归入这两种类别中，自然难以融洽地套用法律规则或法律原则的适用准则。司法实践中法官往往未能察觉到这一点，误将民法立法目的条款当作法律规则或民法基本原则，并按照法律规则或民法基本原则相关准则加以适用，难免出现不当。

另一方面，法律中价值判断和利益衡量不可避免。按照利益法学的观点，法律的本质是立法者对需要调整的利益冲突所进行的规范化、具有约束力的利益评价。立法者通过对

---

① 国家对核心价值观的大力宣传和推广，使得核心价值观的语词和含义为普通民众所熟知，在更大范围更高强度上保障了以核心价值观作为裁判结果正当性论证修辞的效果。

② 参见重庆市巴南区人民法院（2016）渝 0113 民初 404 号民事判决书。

③ 参见重庆市綦江区人民法院（2014）綦法初字第 04573 号民事判决书。

④ 需要补充说明的是，已经被立法者明文规定为立法目的的内容，是立法者根据社会主流法伦理价值和社会现实所作的拣选，可以避免法官在此之外随意寻找其他价值追求，有一个框定范围的潜在作用，实际上起到了社会价值选择方向的控制效果。

⑤ 参见高其才：《法理学》，清华大学出版社 2011 年版，第 49 页。需要说明的是以表现形式来看，法律条文或法律规范的分类还可以更细致，除了法律规则和法律原则外，还包括定义性条文、技术性条文等。国内主流法理学教材一般从法律规则和法律原则二分的大的方面把握法律规范，该二分法最具实践意义，本文遵从这种区分。此处将法律规范分为法律规范和法律原则，意在强调立法目的条款在性质上不属于法律规则和法律原则，并非否定法律规范还有其他表现形式。

利益的分配及衡量构造出法律规范，每一个法律规范背后都有立法者的价值追求。① 这种价值追求可以通过具体的法律规则体现，也可以通过较为抽象的法律原则体现，而对立法者价值追求最集中、最明确的呈现方式莫过于立法目的条款。立法目的条款提纲挈领地规定了一部法律的价值追求。这种价值评价和利益衡量本身具有不确定性和开放性，增加了适用难度，此其一。其二，对于司法来说，裁判的目的系通过解释探明法律目的从而得出妥当结论，而法律解释始终伴随着价值判断。② “司法中所谓解释，就其根本来看不是一个解释的问题，而是一个判断的问题。司法的根本目的并不在于搞清楚文字的含义是什么，而在于判断什么样的决定是比较好的，是社会可以接受的。”③ “从思维进路看，法律解释的确是一种正当性论证，文意解释、体系解释、目的解释等方法，实质上是提示我们可以从文义、体系、目的等层面着手，寻找解释论点，进而论证解释论点的正当性。从这一角度看，法律解释的确就是解释观点的寻找与证成，法律解释之外在表达，也经常是通过价值判断与利益衡量，诉诸目的论证，来证成某一解释观点的合理性与可接受性。”④ 民法立法目的条款的解释适用自不例外，解释过程中难免有价值判断。其三，民法立法目的条款要统辖整部法律的价值追求，势必规范范围广泛，规范内容丰富多样，表述方式宽广，语义射程过大，具有很大的包容性和解释空间，既为法官针对个案利益衡量提供了基础，又为其滥用埋下了隐患，导致过度适用。此外，由于立法目的条款内容宏观而不宜清晰表述，法官会担心用不好，轻易不敢用⑤，加之法官缺乏体系化思维方式，常常忽略民法立法目的条款，造成适用不足之弊端。

上述问题既涉及民法立法目的条款的性质定位及其与法律规则、民法基本原则、目的解释的关系问题，也涉及民法立法目的条款蕴含的价值追求能否以及如何帮助法官具体开展个案中的利益衡量。前者大体可以归入外部关系，后者大体可以归入内部关系。本文将从内外两方面关系着手，解释构造民法立法目的条款的适用规则。

二、民法立法目的条款司法适用的外部规则

民法立法目的条款位列民法第一条，集中呈现了民事立法者的价值追求，可谓纲举目张，为民事司法者探究立法目的奠定了基础。民事司法者可以借助民法立法目的条款对拟适用法律条文作目的解释。如何准确把握，须得明确民法立法目的条款的性质定位，厘清其与民法规则及民法基本原则的关系，以价值目的与机能目的之区分、协作为视角，分层

① 参见梁慧星：《裁判的方法》，法律出版社2012年版，第261页。

② 参见［德］卡尔·拉伦茨：《法学方法论》，陈爱娥译，商务印书馆2003年版，第2页。

③ 苏力：《解释的难题：对几种文本解释方法的追问》，载《中国社会科学》1997年第4期，第29页。

④ 戴津伟：《实质法律解释的逻辑规制》，载《济南大学学报（社会科学版）》2018年第6期，第18页。

⑤ 笔者曾就这一问题与多名法官探讨过，他们认为立法目的条款大而无当，不好用，怕适用目的条款造成错案，甚至被追责任认为“不依法判决”；还有部分法官认为民法立法目的条款是宣示立法者价值追求的条文，不能或者很难具体适用。

级构建民法立法目的条款外部适用规则。

（一）民法立法目的条款与目的解释

立法目的是立法者通过制定法律文本意图有效规范社会关系的内在动机和追求，对立法目的最集中的呈现方式是立法目的条款。民法作为市民社会最重要的法律规范，承担和体现着民事立法者的价值追求，这种价值追求通过民法立法目的条款得以集中呈现。制定法作为一种文本，需要经过解释才能准确适用。法律解释的目的就在于探究立法原意以正确裁判案件。“立法时立法者的意思行为，立法者通过立法表示他们的看法和企图，借助法律实现所要追求的社会目标，这些目的在法律解释中应当表现出来；立法者的意思是一种可以借助法律文献加以探知的历史事实，只要取向于这种能历史地探知的意旨，司法机关的审判或决定便不会捉摸不定，从而保证法的确定性。所以，立法者的意思应当是法律适用中的决定性因素，法律解释也应当以探求立法者的意思为目标。”①

然而，民法立法目的条款作为根本性的价值宗旨与机能目标，既未规定构成要件，也未规定法律效果，在司法裁判中很难单独适用，需要借助对具体法律规则或法律原则作目的解释而得以适用。② 有学者将立法目的条款分为价值目的与机能目的，价值目的系通过法律来实现的法伦理价值追求；机能目的是法律实施所要达到的社会效果。价值目的规定了法律的价值宗旨，指定了一部法律的整体方向，背后蕴含着一部法律的法律本位，控制法律解释的方向；机能目的是在价值目的指引下确定的本部法律所要达到的实际目标。③ 民法立法目的同样遵循这样的规律。详言之，民法作为规范平等民事主体之间人身关系和财产关系的法律，最核心的价值追求系自由和平等，对自由和平等的保护是民法的价值目的。自由和平等的价值目的虽然未在民法立法目的条款中明文规定，但是通过民法的私法属性得以决定，并在整个民事法律体系中通过机能目的、具体法律条文和制度得以落实。④ 民法的其他目的诸如《民法总则》第 1 条规定的保护民事主体的合法权益，调整民事关系，维护社会和经济秩序，都是在自由和平等的价值目的基础上得以确立和展开的，要么是对自由、平等的细化，例如保护合法权益，调整民事关系，要么是对自由、平等的限制，例如维护社会和经济秩序。民事单行法中亦是如此。侵权责任法的价值目的是在受害人权益保护与行为人行为自由之间取得妥当平衡，既不能因为对受害人权益过分保护而妨碍行为自由，避免行为人动辄得咎而妨碍社会创新发展，亦不能极端偏重行为自由，忽视对受害人的保护，破坏社会秩序。在此价值目的指导下，《侵权责任法》第 1 条规定的

① 刘风景：《立法目的条款之法理基础及表达技术》，载《法商研究》2013 年第 3 期，第 53 页。

② 参见［德］齐佩利乌斯：《法学方法论》，金振豹译，法律出版社 2009 年版，第 40 页。

③ 关于立法目的条款价值目的与机能目的关系的详细论述，参见戴津伟：《立法目的条款的构造与作用方式研究》，载陈金钊、谢晖主编：《法律方法》（第 20 卷），山东人民出版社 2017 年版，第 218－220 页。

④ 参见王轶：《民法价值判断问题的实体性论证规则》，载《中国社会科学》2004 年第 6 期，第 107－112 页。

保护合法权益、明确侵权责任、预防并制裁侵权行为、促进社会和谐稳定等目的得以分层次相互搭配、相互协力，共同完成权益保护与行为自由平衡之价值目的。

与价值目的和机能目的区分相对应，民法立法目的如何通过目的解释发挥作用有两条具体的路径。首先，立法目的条款中的价值目的能给法律解释予以整体价值指引。民法的价值目的奠定了整部民法的价值基调，集中体现了民法的私法属性和价值追求，决定了民法解释的方向，具有方向控制的作用。然而民法的机能目的常常有明文规定，但是价值目的往往隐而不现，例如合同自由是《合同法》的价值目的，但是并未在《合同法》第1条立法目的条款中明文规定，需要通过与《合同法》第4条规定的合同自由原则的关联才能具体体现出来。法官常常因为缺乏体系思维忽视价值目的，造成法律解释方向失控。我们以“渝亚房产公司诉天轩快递公司合同无效案”为例来具体说明①。渝亚房产公司将给被拆迁人小洞天公司的《回迁安置交房通知》委托天轩快递公司进行投递。由于天轩快递公司投递延误，渝亚房产公司被法院判决按照《房屋拆迁安置协议书》约定的迟延条款赔偿小洞天公司67万元。渝亚房产公司赔偿后起诉要求天轩快递公司赔偿该损失。审理该案的重庆市渝北区人民法院认为，《邮政法》第5条规定信件邮寄业务只能由邮政企业专营，民营快递企业不得经营。天轩快递公司违反该规定，根据《合同法》第52条第5项判定快递服务合同无效，并判决天轩快递公司赔偿渝亚房产公司缔约过失损失54000元。

我国长期以来有公法优位论的传统，人们在理念上常常下意识认为私法应当为公法让步，违反公法强制性规范的合同当然无效。公法是规范国家公权力的范畴，私法是规范人民之间的权益义务关系的范畴，各有其规范领域，并无优劣先后之分。② 在法律解释的方向控制上，判定合同效力应当以合同法的价值目的为准。合同法的价值目的是合同自由，法律解释应当尽量维护合同效力，保护合同自由。正如王轶教授所指出的，没有正当且充分的理由，未经过正当程序论证，不能限制私法自治，应当保持强式意义上的自由。③ 合同并不因为违反了一个公法强制性规定而当然无效，在最高人民法院《关于当前形势下审理民商事合同纠纷案件若干问题的指导意见》中明确指出：“应当综合法律法规的意旨，权衡相互冲突的权益，诸如权益的种类、交易安全以及其所规制的对象等，综合认定强制性规定的类型。”只有在“强制性规范规制的是合同行为本身即只要该合同行为发生即绝对地损害国家利益或者社会公共利益的，人民法院应当认定合同无效。”本案中，法官未探明《邮政法》第5条规定信件投递业务邮政专营的目的何在，径直以合同违反公法强制规范判定合同无效，显然未能准确把握合同法的价值目的，法律解释方向有误，使得公法规范过度介入私法领域，当事人经过不断磋商花费了大量成本达成的合同动辄无效，妨碍

① 参见重庆市第五中级人民法院（2006）渝五中民终字第53号民事判决书。

② 参见苏永钦：《寻找新民法》，北京大学出版社2012年版，第249页。

③ 参见王轶：《民法价值判断问题的实体性论证规则》，载《中国社会科学》2004年第6期，第111－112页。

了意思自治原则的贯彻，限制了行为自由，阻碍了商业创造活力及经济创新发展。

民法立法目的条款发挥作用的第二条路径是通过机能目来细化和落实价值目的，尤其是“为保护……权利”的机能目的，“以实体目标的方式反过来影响到其法益保护的倾向性，影响社会实效。”① 我们以“张承志诉世纪互联通讯技术有限公司侵犯著作权纠纷”案具体说明。② 著名作家张承志的长篇小说《北方的河》《黑骏马》出版纸质本后，未经作者授权被被告上传到网络是否构成侵权发生法律适用上的争议。《著作权法》第 32 条第 2 款规定：“作品刊登后，除著作权人声明不得转载、摘编的外，其他报刊可以转载或者作为文摘、资料刊登，但应当按照规定向著作权人支付报酬。”被告据此认为，《北方的河》《黑骏马》两部小说已经公开发表，作者并没有明确声明不得转载，被告上传到网络属于著作权法允许的转载行为，不构成侵权。本案中争议的核心是如何确定可转载作品的范围。从第 32 条第 2 款的文义来看，对于可转载作品的范围未做限制，短篇幅作品和长篇幅作品均可以包含在作品一词的语义射程内。法院转而寻求目的解释，《著作权法》第 1 条规定：为保护文学、艺术和科学作品作者的著作权，以及与著作权有关的权益，鼓励有益于社会主义精神文明、物质文明建设的作品的创作和传播，促进社会主义文化和科学事业的发展与繁荣，根据宪法制定本法。法院认为“并非所有在报刊发表的作品都适合于转载，那些篇幅较长、能够独立成书的小说不应当包括在法律许可的范围之内，否则不利于著作权的保护”，从目的条款中鼓励创作创新、保护著作权人利益的立法目的，从长篇幅作品与短篇幅作品所凝结的作者的创造力大小、允许转载的目的等方面综合考量，对“作品”一语的文义范围作了限制，将长篇幅作品排除在可转载范围之外，把可转载作品的范围限制在短篇幅文字。就裁判结果的社会实效来说，侧重保护作者权益，能够激发作者创作的能动性和积极性，鼓励作者产出更多更优秀的作品。扩而广之，借助于名人官司的社会影响，在全社会上形成示范效应，裁判结果又反过头来对社会智力财产的增长起到激励和促进作用，更进一步强化了《著作权法》第 1 条立法目的条款保护著作权的目的，影响其社会实效。

（二）民法立法目的条款与民法基本原则

部分案件中法官将民法立法目的条款与民法基本原则共同作为裁判或说理的依据，在这种情况下，我们需要对民法立法目的条款与民法基本原则的关系做出正确定位，探讨如何协调民法立法目的条款和民法基本原则的应用。

首先，民法基本原则与民法立法目的有重合。民法基本原则系对漫长长期民事交易、

---

① 戴津伟：《立法目的条款的构造与作用方式研究》，载陈金钊、谢晖主编：《法律方法》（第 20 卷），山东人民出版社 2017 年版，第 226 页。

② 参见“张承志诉世纪互联通讯技术有限公司侵犯著作权纠纷案”，载《最高人民法院公报》2000 年第 1 期第 28 页。

交往过程中通识性、普适性内容的总结提炼，具有自发性，内涵了民法自身的基本价值追求；而立法目的是立法者纵览全局，在立法时给法律设立的目标，具有自觉性。抽象地看法律目的与法律价值，法律目的是法律指向的目标，法律价值则是法律本身的抽象概括，事物指向的目标与事物本身不应相同，但在实践中，法律目的与法律价值常常难以区分。黄茂荣教授指出，当一个法律关系中涉及到应予保护的两个冲突的利益时，首先导出以利益衡量为说明重心的利益法学。紧接着，为要做出合理的决定，又发现利益衡量中需要有一套价值标准作为依据，于是又导出价值法学。法律所追求的目的被价值取向化，即立法者或司法者不得有价值上的盲目或恣意。所以新近的著作都有将目的因素之内容扩及价值的倾向。如 Meier – Hayoz 建议将“目的与价值”连用。① 申言之，立法者制定法律时赋予法律之目的，不可能脱离法律本身所蕴含的价值而随意设定，必定是遵循法律自身的价值和规律而赋予和设定的。立法目的条款呈现的立法目的即为立法者明文表示出来的法律价值追求，是对法律价值的“显名化”规制。除了政策性很强的法律规范所规定的过度政策化的立法目的外，法律文本所规定的立法目的，都不可能撇开本部法律自身所蕴含的价值，而须是对法律价值的明文化和强调。在这种背景下，立法目的与法律价值实为一体两面，难以区分，二者可以连用，尤其是立法目的之价值目的实际上正是在“目的与价值”连用的意义上得以确立和展开的。

对于法律解释来说，将目的与价值连用，能够检视立法者设置的立法目的是否科学合理，能否有效具体落实。法官在借助立法目的条款解释法律时，如果法律设定的立法目的不科学、不正当，将价值与目的连用就可以用法律价值来检视法律目的能否适用。民法立法目的条款集中体现了立法者的价值追求。现代民法学中，目的与价值有合二为一的趋势。②《民法总则》第 1 条规定的“保护民事主体合法权益”与第 3 条权利保护原则，“维护经济和社会秩序”与第 8 条公序良俗原则，“弘扬社会主义核心价值观”中平等、自由、公平、诚信、和谐，分别与第 4 条平等原则，第 5 条意思自治原则，第 6 条公平原则、第 7 条诚实信用原则、第 9 条绿色原则全部或者部分重合，③ 这就为民法基本原则和民法立法目的条款的共同司法适用奠定了基础。

民法基本原则相互之间的适用关系与民法价值目的和机能目的之区分协作正好契合。详言之，我国现行民事立法上确立了平等、意思自治、诚实信用、公序良俗、权利保护及绿色原则的民法基本原则体系。其中，平等原则是民法的基础原则，构成意思自治的前提；意思自治原则是民法基本理念的体现，二者共同构成民法的基础。权利保护原则是对

① 参见黄茂荣：《法学方法与现代民法》，法律出版社 2007 年版，第 347 页。

② 参见陈甦主编：《中华人民共和国民法总则评注（上册）》，法律出版社 2017 年版，第 10 页。

③ 需要注意，核心价值观包含国家、社会和个人三个层面的内容，其中国家层面的“富强”“民主”，社会层面的“公正”“法治”，个人层面的“爱国”，都是站在国家公权力层面的政治性要求，与民法调整平等主体之间的人身、财产法律关系并不直接相关，不能直接用于民事司法裁判中确定当事人之间的民事关系。

意思自治、平等原则的强化；公平原则意在谋求当事人之间的利益平衡，诚实信用、公序良俗原则谋求个人利益与社会利益的平衡，绿色原则意在强化环境保护，共同构成对意思自治、平等原则的限制。诸项基本原则分层次相互搭配，确保法律内部体系的融合。① 与此相对应，自由（意思自治）和平等是民法的价值目的，《民法总则》第 1 条规定的“保护民事主体合法权益”（权利保护原则）、“维护经济和社会秩序”（公序良俗原则）以及“弘扬社会主义核心价值观”中诚信、和谐（诚实信用、绿色原则），正好是民法机能目的之内容，自由和平等的价值目的决定“保护民事主体合法权益”（权利保护原则）、“维护经济和社会秩序”（公序良俗原则）以及“弘扬社会主义核心价值观”中诚信、和谐（诚实信用、绿色原则）的民法机能目的；“保护民事主体合法权益”（权利保护原则）、“维护经济和社会秩序”（公序良俗原则）以及“弘扬社会主义核心价值观”中诚信、和谐（诚实信用、绿色原则）目的能细化和落实自由、平等的民法价值目的。民法基本原则相互之间的关系与民法立法目之价值目的与机能目的关系的契合，说明二者有共通性，为法官理解和适用民法价值目的与机能目的提供了借鉴路径。

其次，民法立法目的条款在对民法基本原则作目的解释时发挥作用的方式与前文所述对民法规则发挥作用的方式相同，即民法的价值目的自由和平等在《民法总则》第 1 条目的条款中没有明确规定，需要通过第 4 条平等原则和第 5 条的意思自治原则的关联得以体现，解释法律时要有体系思维，联系第 4 条和第 5 条才能准确把握和理解民法价值目的；而且民法价值目的需要通过第 1 条立法目的条款规定的机能目的来具体落实。特殊之处在于，民法基本原则属于一般条款，法官解释的主体选择性更大，解释的方向控制更为关键，更加需要借助于民法机能目的来落实；同时对于法官裁判结果正当性的修辞论证要求更高，基于此，民法立法目的条款不仅对民法基本原则解释适用提供方向控制，同时承担了对裁判结果正当性论证之修辞功能，此二者常常融合在一起共同作用于民法基本原则的解释适用。我们以在社会上引起广泛关注的“郑州电梯劝吸烟案”为例说明。

段某与杨某先后进入某小区电梯内，因段某在电梯内吸烟，杨某劝阻，二人发生言语争执。离开电梯后，经小区物业工作人员劝阻杨某离开后段某猝死。段某的亲属起诉要求杨某赔偿死亡赔偿金、丧葬费、精神抚慰金、医疗费共计 400511.8 元。一审法院认为，杨某的行为与段某的死亡之间并无必然因果关系，但是段某确实是在与杨某发生言语争执后猝死，考虑到双方均无过错，依照《侵权责任法》第 24 条公平责任条款判决杨某补偿段某亲属 15000 元。② 事实上，本案属于一般侵权，应当适用《侵权责任法》第 6 条第 1 款判定侵权责任，但是本案中杨某并无过错，不符合一般侵权责任构成要件。一审法官出于自己对“公平”的理解判定杨某承担补偿责任。公平作为民法基本原则语义模糊，具体

---

① 参见王轶：《民法诸项基本原则及其关系》，载《杭州师范大学学报（社会科学版）》2013 年第 3 期，第 91 - 97 页。

② 参见河南省郑州市金水区人民法院（2017）豫 0105 民初 14525 号民事判决书。

案件中需要根据民法立法目的条款和其他民法基本原则控制解释方向。

二审法院认为一审判决适用法律错误损害社会公共利益，应予改判，理由在于“保护生态环境、维护社会公共利益及公序良俗是民法的基本原则，弘扬社会主义核心价值观是民法的立法宗旨，司法裁判对保护生态环境、维护社会公共利益的行为应当依法予以支持和鼓励，以弘扬社会主义核心价值观。……杨某对段某在电梯内吸烟予以劝阻合法正当，是自觉维护社会公共秩序和公共利益的行为，一审判决判令杨某分担损失，让正当行使劝阻吸烟权利的公民承担补偿责任，将会挫伤公民依法维护社会公共利益的积极性，既是对社会公共利益的损害，也与民法的立法宗旨相悖，不利于促进社会文明，不利于引导公众共同创造良好的公共环境。”① “公平”如何把握并不在法官个人的理解，必须受制于当下社会主流法伦理价值以及整个法律体系的制约。《侵权责任法》的价值目的是在受害人权益保护与行为人行为自由之间取得妥当平衡，不能因为对权益的过度保护而妨碍行为自由，更不能因此损害了公共利益。本案二审法院引用《民法总则》第1条立法目的条款中“维护经济和社会秩序”和核心价值观条款中的和谐、第8条公序良俗原则、第9条绿色原则强调段某的行为本身违法，而杨某的行为合法，保护杨某的合法行为符合民法立法目的和社会公共利益；相反，保护段某的违法行为与民法立法目的及社会公共利益相悖。二审法院准确把握了“公平”在本案中的具体含义，正确控制法律解释方向，而且应用的民法立法目的条款和公序良俗、绿色原则同时作为解释结论正当性论证的法律修辞，二者交互作用，共同保证了解释方向和裁判结果的正确、妥当。

至此可知，民法立法目的条款作为根本性的价值宗旨与机能目标，既未规定构成要件，也未规定法律效果，在司法裁判中很难单独适用，需要借助对具体法律规则或民法基本原则作目的解释而得以适用，其作用方式主要是在对法律条文作目的解释时辅助控制解释方向和作为裁判结果正当性论证之法律修辞。

三、民法立法目条款司法适用的内部规则

法律规范的存在是为了维护社会秩序，维护社会秩序需要协调社会关系中的各种利益冲突。对法律作目的解释，就意在透过文义本身去准确界定条文背后的利益关系并做好相互冲突的利益之间的平衡。民法立法目的条款协助法律规则及民法基本原则作目的解释的具体方式上文已经论述清楚，但是如何借助民法立法目的条款准确界定条文背后的利益并做好利益衡量更为关键。民法立法目的条款具有开放性，加之利益衡量本身的复杂性，如何细化规则更好地指导法官利用立法目的条款做好利益衡量便成为问题。我们认为应当从以下方面具体落实。

首先，以具体法律条文为解释对象，以文义范围为解释边界。民法立法目的条款不论

① 参见河南省郑州市中级人民法院（2017）豫01民终14848号民事判决书。

是协助法律规则或者民法基本原则作目的解释，还是作为裁判结果正当性论证之法律修辞，均是作为辅助性条款。法官裁判案件的依据并非立法目的条款本身，而是被解释的法律规则或者民法基本原则。民法立法目的条款不能充当司法裁判三段论的大前提。在司法裁判中，不允许法官在判决书中不加论证，直接作出诸如“依据《民法总则》第一条，判决如下：……”之类的表述。法官必须将其裁判依据以及裁判结论产生的过程，在判决书中表述清楚，严防规范隐退。民法立法目的条款协助解释法律条文时，应当以条文文义范围作为边界，以提高裁判结果的可检测性，避免法官借助立法目的条款宽泛的语意射程过度渗入价值判断。即使是对民法基本原则进行价值填补，也需要受到民法立法目的和其他民法基本原则的控制，并非仅凭法官对“公平”“正义”等价值观念的个人理解。

其次，利用立法目的条款界定条文背后的利益。一般情况下通过文意解释、体系解释方法即可明确界定相互冲突的利益为何。疑难案件中法官可以借助立法目的条款准确界定条文背后的利益。前文“渝亚房产公司诉天轩快递公司合同无效案”中，快递服务合同违反了《邮政法》第5条信件业务邮政专营的规定，需要借助立法目的条款才能探明邮政专营所要保护的利益为何。《邮政法》第1条规定：为了保障邮政普遍服务，加强对邮政市场的监督管理，维护邮政通信与信息安全，保护通信自由和通信秘密，保护用户合法权益，促进邮政业健康发展，适应经济社会发展和人民生活需要，制定本法。可见，第5条规定信件业务邮政专营的目的在于保障邮政普遍服务，避免民营快递不愿意向偏远地区邮递信件，保障偏远地区人民能够享受邮递服务。一部法律，尤其是政策性较强的法律，都带有非常明确的机能目的，一般均会在立法目的条款中规定本部法律所要保护的利益，借助于立法目的条款可以准确界定具体法律条文意欲保护的法益为何。

再次，借助立法目的条款确定利益保护的倾向。对于不同层次的利益，根据利益价值位阶理论进行选择自不待言，但是要以民法价值目的为指引，保持强式意义上的自由和平等，控制民法解释的方向，维护私法自治。对于相同层次的利益，何者更值得保护只能交由法官综合个案具体情况判定。法官判定的依据不在于其单纯个人价值判断，而在于立法目的所蕴含的利益保护倾向性。详言之，“立法目的条款规定了一部法律的价值宗旨，不管是在立法还是司法过程中，立法目的条款的功能通常依托价值指引与价值评价方式起作用，据以确定该法的利益保护倾向性，起到‘方向’控制功能”。① 法官对拟适用法律条文作目的解释时，并不是单单就该条文作解释，而是要受制于立法目的所奠定的整部法律的价值目的之控制。② 一部法律不会对所有的利益均作出相同强度的保护，而是要根据社

① 戴津伟：《立法目的条款的构造与作用方式研究》，载陈金钊、谢晖主编：《法律方法》（第20卷），山东人民出版社2017年版，第217－228页。

② 需要说明的是，前文所述民法价值目的控制法律解释的方向，是站在公法与私法关系的宏观角度强调自由和平等作为整个民法的价值目的控制民法解释方向；此处所说的方向控制，是在微观意义就具体案件中，尤其是民法内部相互冲突的两个利益何者更值得保护进行衡量时，民法立法目的所发挥的利益保护倾向性功能。

会主流法律伦理价值追求有所取舍。民法虽然强调平等保护，但是由近代民法向现代民法转向时更加倾向对诸如消费者、劳动者等弱势群体的保护，因此，法官在解释适用民法时就应当领会这些利益保护的倾向性。这种倾向性具体通过特别法与一般法的关系表现出来。申言之，法律有一般法与特别法之分，一般法是对某一法律领域普遍关系的规定，特别法是对该领域特别事项的规定。在适用顺序上，遵从特别法优先于一般法的原则。对民法而言，民事特别法优先于民事一般法适用，民法分则优先于民法总则适用。规范特别关系的民事特别法的立法目的应当优先于民事一般法的立法目的适用，民事特别法保的利益优先民事一般法保护的利益。即使没有明确的特别法与一般法的规定，在理念上属于一般与特别的适用范畴时也可以考虑优先保护特别利益。我们以《最高人民法院公报》刊登的一起公报案例来具体探讨通过立法目的条款确定利益保护的倾向性。

郑克宝乘坐杨建平驾驶的大型汽车，由于杨建平疏于观察路面，遇到紧急情况时避险措施不当导致车辆失控，将坐在车内的郑克宝甩出车外并被继续前进的该汽车碾压成重伤。交警认定杨建平承担全责。为该汽车投保交强险的保险公司抗辩，《机动车交通事故责任强制保险条例》第 3 条明确规定，交强险保护的人的范围是本车人员以外的人，郑克宝属于本车上的人员，不属于交强险保护的范围，保险公司不应承担交强险赔偿责任。① 本案如果严格按照字面意思解释第 3 条所要保护的人的范围，本车上面的人员郑克宝不属于交强险所要保护的"第三人"，就得不到交强险赔偿。然而，这样的解释结果是否符合《交强险条例》的立法目的呢？法院指出，从目的解释来看，保护交通事故受害人是《交强险条例》的立法宗旨，《交强险条例》第 1 条规定：为了保障机动车道路交通事故受害人依法得到赔偿，促进道路交通安全，根据《中华人民共和国道路交通安全法》《中华人民共和国保险法》，制定本条例。该条例的立法宗旨就是为了使交通事故受害者能及时得到治疗和赔偿，第 3 条所称第三人的界定时点应当限定在伤害发生时，而非正常行驶时。郑克宝被甩出车外遭受碾压时已经脱离了车辆，应当属于本车人员之外的第三人，属于交强险保护范围，保险公司应当承担保险责任。该案中，如果按照《民法总则》的价值目的平等原则，保险公司与投保人均属平等民事主体，利益应当受到平等保护，但是《交强险条例》属于民事特别法，所保护的交通事故受害人相对于保险公司处于弱势地位，条例第 1 条立法目的条款显示的价值宗旨更加倾向于保护交通事故受害者的利益，法官解释法律时就不宜再拘泥于《民法总则》确定的平等保护原则，应该根据《交强险条例》立法目的条款在解释法律时强化对交通事故受害者利益保护的倾斜。

最后，利益衡量的结果不能与法秩序冲突。法官借助民法立法目的条款进行利益衡量有较大的自由裁量权，但是自由裁量权并不等于任意裁量权。法官除了要从具体法律条文

---

① 参见"郑克宝诉徐伟良、中国人民财产保险股份有限公司长兴支公司道路交通事故人身损害赔偿纠纷案"，载《最高人民法院公报》2008 年第 7 期第 42 页。

出发外，还要通盘考量法秩序的价值平衡，不能限于拟解释条文本身的狭小视阈，裁量结果不能与法秩序冲突。前文“渝亚房产公司诉天轩快递公司合同无效案”中，避免私人快递公司不愿意向偏远地区开展邮递服务，保障邮递服务普遍性的公共利益的强度尚未达到否定合同效力的程度。① 相反，承认私人信件快递合同效力，有利于保障消费者有更多的信件邮寄选择方式，促进邮递行业的多元化发展繁荣，背后蕴藏的正好是潜在的公共利益。此外，法院如果维持合同效力，渝亚房产公司可以向天轩快递公司主张违约损害赔偿，其所受损失根据损害填补原则能够得到全部赔偿（67 万元）；如果判定合同无效，渝亚房产公司只能主张缔约过失责任，所能得到的赔偿数额（54000 元）远小于合同有效时的违约责任，使违约造成损失的天轩快递公司借用合同无效而减轻责任，双方当事人之间的利益反倒处于失衡状态。扩而言之，如果这种行为效而群起，有可能诱发不想诚信履约合同的当事人都想通过主张合同无效而减轻或者免除责任的不诚信行为，最后恰恰损害的是潜在的公共利益。法官在进行利益衡量时不通盘考虑其他潜在的公共利益，难免会对其他公共利益造成损害，对法秩序造成冲击。

结 语

民法立法目的条款具有双重功能，既有宣示立法者意旨的立法价值意义，也可以用于法律解释适用具有规范功能。本文从内部关系与外部关系两方面解释构造民法立法目的条款的司法适用规则，在在外部关系上，民法立法目的条款奠定民法的价值宗旨和机能目标，但它不属于民法规则和民法基本原则，不能单独适用作为裁判依据，可以在对法律条文作目的解释时辅助控制解释方向，亦可作为裁判结果正当性论证之法律修辞。在内部关系上，民法立法目的条款蕴含着利益衡量，可以帮助法官界定拟解释条文所欲保护的利益，并确定利益保护的倾向。利用民法立法目的条款进行利益衡量时应当以拟适用具体法律条文为依据，以条文文义范围为边界，而且利益衡量结果不能与法秩序冲突。

（编辑：戴津伟）

---

① 国家可以通过邮政专项财政补贴的方式保证邮政普遍服务，亦可利用《邮政法》《邮政法实施细则》规定的行政处罚条款进行处罚来达到保障邮政普遍服务的目的，不限于否定合同效力一途。对于此种市场准入类行政管理性规定的违反，不宜判定合同无效，不能通过否定合同效力而达到行政管理之目的。参见赵吟、黄忠：《违反邮政专营规定的快递合同效力之辨识》，载陈小君主编《私法研究》（第 13 卷），法律出版社 2010 年版，第 167 页。

利益衡量在行政审判中的运用*

黄　辉**

摘　要　利益衡量经历了由价值衡量、法益衡量的学术史的演进，其核心价值在于解决概念法学的封闭与僵化，同时又维系事实与规范、规范与价值、实证法律与公平正义之间的紧张与平衡。利益衡量成为解决疑难案件和填补法律漏洞的思维过程，利益衡量见诸于事实认定、规范选择、法律适用等过程，也集中反映在基本原则适用、自由裁量权行使和不确定法律概念的具体化等领域，由于行政权与司法权之间紧张关系、利益衡量的方法和标准的缺失等原因，使得利益衡量在实践中面临突出的挑战。利益衡量需要通过法益衡量提供价值秩序和方向指引，利益衡量不超越既有法律体系的基本框架，类型化旨在实现法律外部体系规制困境、体系之间的和谐，通过个案反复证立而凝聚法律共同体之于疑难问题的解决方案。

关键词　利益衡量　行政审判　自由裁量权　类型化　疑案案件

法典化运动与概念法学是法治迈向体系和成熟的标志，其间形成的法典文本、规则框架、概念范畴、运行实践在社会规制和制度文明中起到了重要作用。但是概念法学的僵化、封闭掀起了西方法学进程中的自由法学运动，目的法学、利益法学和评价法学在批判概念法学中应运而生，“利益衡量”成为利益法学、评价法学应对概念法学产生的问题并进行法的续造的核心概念。利益衡量历经了德国、日本法学理论和实践的充分发展，也表现出了基于利益衡量标准的不同路径，并经历了利益衡量、价值衡量、法益衡量之学术史

* 基金项目：2014 年上海市“曙光人才计划”（14SG53）以及上海市法学高原学科项目（SHZF201501）资助的阶段性研究成果。

** 黄辉，男，江西九江人，上海政法学院副教授，主要研究领域为行政法学、法治评估和教育教学评估。

的演进。利益衡量的理论学说率先由中国民法理论研究引入，经理论法学论证并逐步向其他法律部门开疆拓土。本文将厘定利益衡量的基本概念及其历史演进的脉络，论证利益衡量在中国行政审判中的意义，检讨利益衡量在行政审判中的思维及逻辑展开，明确其在司法适用中的基本立场。

一、利益衡量与行政审判的内在关联

利益衡量是指在裁判之时对案件及其相关的事实中所包含的各种利益及进行比较衡量，作出何者应优先保护的决定。① “利益衡量”概念最早滥觞于利益法学，该学派率先提出通过利益判断来解决法律冲突和疑难问题。利益法学派在利益衡量方面的贡献主要体现在如下方面：首先，明确了利益衡量的起点和概念法学的缺陷，期待通过利益衡量维系法律规定与整体利益之间的平衡。“现代的立法者意识到法律的这种缺陷，因此期待法官不是依循字句，而是根据利益的要求来服从法律；他们不仅要在既有的法律命令下进行逻辑涵摄，还要对欠缺的命令进行补充，对有瑕疵的命令予以纠正。换言之，法官不仅要适用具体的法律命令，也要保护制定法认为值得保护的利益的整体。”② 其次，黑克提出通过“法定的价值判断”或者“自己对生活利益的评价”等作为进行利益衡量的理论标准③。再次，利益衡量应该遵循立法者的基本立场，法律不是通过明确的授权（法官裁量），就是通过在法条中使用不确定的、需要填充价值的字眼（比方说“重要原因”）。此外，如果法官必须根据作为整体的法律来作出判决，而各种法定的价值判断却相互矛盾或不起作用，他也需要作出个人的评价。在这些情况下，法官必须作出他自己作为立法者时可能建议作出的判决。④ 最后，利益衡量在思维过程或者程序上应该破除三段论的模式，为法律适用在事实与规范之间进行目光之间的交流往返奠定基础。“如果我们要合乎逻辑地对遵循以上基本原则，以及法官作出的判决的特征进行描述，我们并不能将其称为单纯的认识活动，即对法律规范的认识和逻辑涵摄。”利益法学提出通过利益判断为法律冲突和疑难解决开辟新的思路，但是由于对于利益评价的标准、利益衡量偏差以及利益衡量的路径等未进行论证，也就为价值衡量及评价法学的产生埋下了伏笔。

作为对利益法学的批判，评价法学派哈利·韦斯特曼认为单纯的利益评价仍然可能遵循裁判者的个人逻辑，进而悖离正义的一般要求，因而法律的安定和稳定性无从谈起。“当事人的利益评价尽管很重要，但单纯的利益评价只可以决定个别争议，孤立地看，它仍不过是纯粹的强权裁决，无法内在地解决问题和约束人们。对此，毋宁需要一个更深层的基础，把规范从赤裸裸的强权裁决中提升出来；这就是与正义理念的关联——尽管正义

① 陈金钊：《法律方法论》，中国政法大学出版社2007年版，第249页。
② ［德］菲利浦·黑克：《利益法学》，傅广宇译，商务印书馆2016年版，第29页。
③ ［德］菲利浦·黑克：《利益法学》，傅广宇译，商务印书馆2016年版，第30页。
④ 同上注。

理念经常避开某种仅仅形式上的概念规定，但它很久以来就被视为人类存在的最高价值之一。"① 海因里希·胡布曼批判利益法学只是承认了冲突中存在的利益以及它们所具有的总体评价，只是发现了个别的理由，而对于同类利益的不同处理，却没有找到可以转用于其他情形的原则；主张通过"目的论——规范论"的观察方式可以揭示利益之正当化与值得保护的评价因素。② 晚近更有学者以厘定价值衡量与利益衡量区别为起点，较为彻底地批判利益衡量可能给特定价值和权利带来的冲突，即产生权利量化、庸俗化、简单化、人格属性物化等风险。"利益本身是可以数字化的，是可衡量的某种权益，这种权益的计算方法，往往采用经济学上的成本—收益的方法加以确定。从而，利益实质上只是衡量社会财产的一种常用方法，对于诸如权利、义务、生命、健康、安全等具有抽象人格意义的人的权利，它既不具有涵盖后者的意义—尽管在今天，由于'利益'一词已经被泛化到统指各种权利，从而人们的权利也有被'利益化'的庸俗化危险，也不具有衡量后者重要程度的手段。"③就司法裁判的思维方法而言，批判了利益衡量的惯例主义和实用主义的法律观念或方法，认为惯例主义因袭既有的政治决定和法律先例，而会产生法律适用的机械主义，概念法学的封闭和僵化；法律实用主义则会产生法律适用上的不确定性。因此主张在"整全法"的基本理念支配下进行价值衡量。④

价值衡量对于利益衡量与其说是批判或者否定，而毋宁说是扬弃或者超越，价值衡量更多是论证利益衡量的正当性；但是评价法学期待通过法律概念之后储存的法律价值、抽象的公平或正义来为价值衡量提供标准的时候，可能又为司法裁判的自由裁量大开方便之门，同样危及法律安定和统一实施，于是法益衡量应运而生。拉伦茨指出"'个案中之法益衡量'是法的续造的一种方法，它有助于答复一些法律未明定其解决规则之规范冲突问题，对适用范围重叠的规范划定其各自的适用空间，借此使保护范围尚不明确的权利（诸如一般人格权）得以具体化。"⑤ 法益衡量的产生原因在于，"权利也好，原则也罢，假使其界限不能一次确定，而毋宁多少是'开放的'，是'流动性的'，其彼此就特别容易发生冲突，因其效力范围无法自始确定，一旦冲突发生，为重建法律和平状态，或者一种权利必须向另一种权利（或有关的利益）让步，或者两者在某一程度上必须各自让步"。⑥

利益衡量、价值衡量再到法益衡量的学术史的演进，是法治进程中事实与规范、规范与价值、实证法律与公平正义之间的碰撞、交锋与和解，每一次理论突破均是层次递进而

---

① 舒国滢：《战后德国评价法学的理论面貌》，载《比较法研究》2018年第4期，第130页。

② 舒国滢：《战后德国评价法学的理论面貌》，载《比较法研究》2018年第4期，第134页。

③ 参见魏治勋、张雅维：《利益衡量论批判》，载陈金钊、谢晖主编：《法律方法》（第5卷），山东人民出版社2008年版，第435页。

④ 参见魏治勋、张雅维：《利益衡量论批判》，载陈金钊、谢晖主编：《法律方法》（第5卷），山东人民出版社2008年版，第443页。

⑤ ［德］卡尔·拉伦茨：《法学方法论》，陈爱娥译，商务印书馆2005年版，第286页。

⑥ 同上注。

非对于此前理论的完全否定，利益衡量利益衡量与与行政审判的内在关联表现在如下方面：其一，利益衡量是破解中国行政审判难题的有效途径。当前中国行政诉讼多集中于城市规划、房屋拆迁、土地、能源、劳动和社会保障等重点领域，其实质就是通过诉讼进行该特定领域的利益衡量，即在司法中对于长远利益与眼前利益、整体利益与局部利益、既得利益与新兴利益之间进行选择和判断。中国行政救济领域旨在形成复议为主体、诉讼为保障、小信访的基本救济体系，行政诉讼作为纠纷的解决机制和最后保障，应该通过确定利益衡量的标准、方法为破解诉讼中的利益纠葛提供新的思路。其二，利益衡量标准与方法的确立有助于行政审判安定性。中国行政法治历程较短，现行的行政立法建立起对行政相对人权利救济的一般性框架，但对行政主体的构成、行政法律行为的成立及生效、救济规则等问题依然较为原则和粗放，法律规范中对范畴界定、适用范围、构成要件、责任条款等在立法上有待进一步完善，公共利益、公共秩序、一般习惯与风俗等概念在中国行政法治实践中被广泛运用。这些已经广泛使用的“利益衡量”在司法实践中标准并不完全一致，并不能接受法教义学意义上的检讨，因而需要在学理层面梳理利益衡量的适用范围、标准，并为其进行法律规制提供一般性框架。其三、利益衡量规则有助于行政法外部体系的优化。法典化由于理性的缺憾、日常生活的变动不居、逻辑的不周延、语言的模糊性等问题，必然产生复杂、疑难案件和法律漏洞等法律适用上的困境，这些问题都需要司法裁判予以回应，利益衡量在内部将为解决问题提供法律思维和方法指导。

二、利益衡量在中国行政审判中的运用场域

法学研究在回应利益衡量的性质上存在着分歧，其本质或被认定为独立的法学分析方法、法律解释方法或漏洞填补的方法，抑或是法律适用的思维过程。星野英一的理论只贯彻了“实质决定论”，并没有严格区分裁判过程中的“事实上的心理过程”与依据三段论的法律适用两过程，而是认为裁判应从文义、逻辑解释出发，经由立法者的解释之后，出现复数解之后，才主张利益考量。① 但是复数解的出现根源于不同的利益判断，其见诸于事实认定、法律解释、规范选择等法律适用思维过程，因此笔者认为利益衡量的与其说是一种独立的方法，毋宁说是法律适用的思维过程，该文以利益衡量在中国行政审判中的实践进行具体说明。

（一）事实认定

生活事实、法律事实、案件事实的确立是制定法律和法律适用的前提，规范的获得基于对生活及其需要的研究、提炼和加工，事实成为其中的纽带。利益研究、法社会学和法律事实研究对象应是生活本身及其需要的问题，至于法律命令和包含于其中的法律共同体

① 参见陈金钊：《法律方法论》，中国政法大学出版社 2007 年版，第 233 页。

的价值判断，只是被用来解决这些问题的手段而已。当然，科学的秩序概念是法学者必不可少的工具，而利益法学的代表者也并未忽视对概念的加工。① “陆勇销售假药不起诉案”中②，案件的焦点是对涉案药品真伪的认定及利益衡量，药品的真伪是药品行政管理过程中的基础和事实问题，长期以来未经批准生产、进口的药品按假药论处；即使是事实层面的真药但未遵循行政法规对药品的管制秩序，也会认定为假药，因此在事实认定中存在着利益衡量；有些事实的利益衡量经过个案引发的讨论和立法修正的利益衡量进行调整，“陆勇案”后相关的立法进行了适当的调整。③ 事实认定也会体现在举证责任方面，如“沙明保等诉马鞍山市花山区人民政府房屋强制拆除行政赔偿案”④，对于行政行为违法造成的财物损失赔偿范围、以及财产赔偿额度认定方面也体现了利益衡量，案件中“符合一般家庭实际情况，且被上诉人亦未提供证据证明这些物品不存在”、“依据市场正常价格范围、出于最大限度保护被侵权人的合法权益”等是利益衡量的具体判断标准；且在事实认定不能具体明确时，出于对行政相对人利益保护，在案中对相关事实进行了推定。

（二）规范选择

大陆法系以法律规范作为社会秩序规制的理性基础，立法欲规制的社会问题体现在不同的法律部门、不同位阶和不同特点的规范之中；然而社会问题层出不穷，制定法律出于体系化而产生了规整过程的规范性割裂。例如人身伤害的赔偿会因刑事损害、民事损害、

① ［德］菲利浦·黑克：《利益法学》，傅广宇译，商务印书馆2016年版，第43页。

② 被不起诉人陆勇身患白血病，需服用特定的抗癌药物，但该种药物价格高昂，为了了解更多药物信息，陆勇牵头联络各地同病患者，并形成固定的联络圈，后陆勇了解到印度也有生产销售相同疗效的药物，该类药物系未经我国批准的药品。陆勇作为联络人代表患者群体与印度生产商进行约定购药事宜，并由陆勇处理诸如付款途径、接收以及如何分派药品等事宜。后经检察院审查认定陆勇行为违法但非犯罪，决定不予起诉。参见沅检公刑不诉（2015）《不起诉决定书》及所附《释理说明书》。

③ 《中华人民共和国药品管理法（2015修订）》第48条第3款第（2）项规定，依照该法必须批准而未经批准生产、进口的，按假药论处；”《中华人民共和国药品管理法（2019修订）》第124条第3款：“未经批准进口少量境外已合法上市的药品，情节较轻的，可以依法减轻或者免予处罚。”《中华人民共和国药品管理法（2019修订）》第65条：“医疗机构因临床急需进口少量药品的，经国务院药品监督管理部门或者国务院授权的省、自治区、直辖市人民政府批准，可以进口。进口的药品应当在指定医疗机构内用于特定医疗目的。个人自用携带入境少量药品，按照国家有关规定办理。”

④ 原告沙明保等人与被告马鞍山市花山区人民政府就房屋拆迁安置问题未达成一致意见，马鞍山市花山区人民政府对原告的房屋在未通知以及未出具屋内财产清单的情况下进行强行拆除，造成原告财产损失，原告向法院诉求被告对房屋内物品损失的行政赔偿，法院判令马鞍山市花山区人民政府赔偿上诉人沙明保等四人房屋内物品损失8万元。参见（2015）皖行赔终字第00011号《行政判决书》（最高人民法院的指导案例91号）。

劳动合同等法律关系而进行法律规制,[①] 确定了不同的权利救济途径。劳动合同范畴下的工伤赔偿是通过用工组织为工人缴纳工伤保险，属于工伤保险范围的通过工伤保险模式进行救济，工伤保险的人身伤害的救济模式既有助于对工人权利保护，同时有助于工业社会大规模风险的预防。当伤害发生之后，损害赔偿救济规范选择既可以是刑事附带民事的、也可以是民事的、还可以通过工伤保险进行理赔，在实践案例中采取前两者方式通常不利于受伤方权利的保护。近年来的司法实践中，最高人民法院的行政法指导案例中公布多起指导案例，通过利益衡量和扩张解释方法，尽最大可能保护受伤者的权益，将大部分与用工相关的人身损害纳入到工伤的认定范围。“孙立兴诉天津新技术产业园区劳动人事局工伤认定案”[②] 作为指导案例的裁判要点为原告受伤的商业中心外部停车场是否属于“工作场所”？原告是否属于因“工作原因”受伤？原告工作中不够谨慎的过失是否属于工伤认定的阻却事由？基于对受伤工人利益保护的利益衡量，该案对工作场所做了扩大解释。何培祥诉江苏省新沂市劳动和社会保障局工伤认定行政案[③]的裁判要点是原告为工作合理准备时间是否认定为工作时间，应该适用《中华人民共和国工伤保险条例（2003)》第 14 条第 6 项规定[④]，出于对受伤工人利益保护的利益衡量。重庆市涪陵志大物业管理有限公司诉重庆市涪陵区人力资源和社会保障局劳动和社会保障行政确认案[⑤]争论要点为见义勇为是否应该被纳入工伤赔偿范围，该案选择适用的条款是《中华人民共和国工伤保险条例

① 《中华人民共和国国家赔偿法（2012 修订)》第 3 条：“行政机关及其工作人员在行使行政职权时有下列侵犯人身权情形之一的，受害人有取得赔偿的权利：（一）违法拘留或者违法采取限制公民人身自由的行政强制措施的；（二）非法拘禁或者以其他方法非法剥夺公民人身自由的；（三）以殴打、虐待等行为或者唆使、放纵他人以殴打、虐待等行为造成公民身体伤害或者死亡的；（四）违法使用武器、警械造成公民身体伤害或者死亡的；（五）造成公民身体伤害或者死亡的其他违法行为。”《中华人民共和国刑事诉讼法（2018 修正)》第 101 条第 1 款：“被害人由于被告人的犯罪行为而遭受物质损失的，在刑事诉讼过程中，有权提起附带民事诉讼。被害人死亡或者丧失行为能力的，被害人的法定代理人、近亲属有权提起附带民事诉讼。”《中华人民共和国侵权责任法》第 16 条：“侵害他人造成人身损害的，应当赔偿医疗费、护理费、交通费等为治疗和康复支出的合理费用，以及因误工减少的收入。造成残疾的，还应当赔偿残疾生活辅助具费和残疾赔偿金。造成死亡的，还应当赔偿丧葬费和死亡赔偿金。”

② 原告孙立兴为第三人中力公司的前职工，事发时原告还在执行公司要求的工作，并在履行工作外出过程中摔倒受伤，向被告劳动人事局申请工伤认定，劳动人事局认为原告在商业中心外部的停车场受伤属于工作场所之外，而且受伤是因为原告自身注意力不集中造成，不属于工作原因，法院一审判决支持原告诉求，二审驳回被告上诉。参见（2005）天一中行初字第 39 号《行政判决书》（最高人民法院指导案例 40 号）。

③ 原告何培祥系小学教师，因被学校安排至市区听课，返回学校途中骑摩托车摔倒受伤，遂向江苏省新沂市劳动和社会保障局提出工伤认定申请，被告以何从市区返校的时间不是上班合理时间为由不予认定工伤。何即诉至法院，法院判决撤销被告新沂市劳动和社会保障局作出的《职工工伤认定》；责令被告在判决生效之日起六十日内就何培祥的工伤认定申请重新作出决定。参见（2010）徐行终字第 145 号《行政判决书》。

④ 《中华人民共和国工伤保险条例（2003)》第 14 条第 6 项规定：“职工有下列情形之一的，应当认定为工伤：（六）在上下班途中，受到机动车事故伤害的。”

⑤ 罗仁均系原告涪陵志大物业管理有限公司的保安，上班期间因制止公司大厦附近发生的抢劫而受伤，提出工伤认定，人保局依据其提交的见义勇为的材料认定为工伤；罗仁均所在物业公司不服，起诉人保局。法院驳回原告诉讼请求，认定被告行为正确。参见（2013）涪行初字第 00077 号《行政判决书》（最高人民法院指导案例 94 号）。

(2010 修订)》第 15 条第 1 款第（2）项规定①，基于对见义勇为者保护的利益衡量，扩大适用了“为抢险救灾等为维护国家利益或公共利益”的适用范围。“邹政贤诉广东省佛山市禅城区劳动和社会保障局工伤认定行政案”② 中，其中诉讼时效的界定成为裁判要点，但从利益衡量的关键要素来看，此案更应关注不具有法律资格的用工组织、非按照法律规范和程序的用工行为是否能应该纳入到工伤认定范围？出于对原告利益保护的利益衡量，将原告与用工单位的法律关系认定为事实上的劳动关系而进行了工伤认定，选择《中华人民共和国工伤保险条例（2003)》第 14 条③的规范进行适用；笔者亦认为通过对该规定第 63 条进行系统解释④，也可以进行利益衡量的规范选择。“张成兵诉上海市松江区人力资源和社会保障局工伤认定行政案”⑤，该案焦点是建筑施工单位将其工程发包给无用工主体资格的自然人，并约定其所雇佣的人员应服从建筑施工单位管理，则该自然人雇佣的人员在工作时间和工作场所内，因工作原因受到事故伤害的，是否属于工伤？基于对受伤工人的利益衡量之保护，根据《劳动和社会保障部关于确立劳动关系有关事项的通知（劳社部［2005］12 号)》第 4 条规定⑥，将非法履行劳动合同法规的用工关系纳入到了工伤认定范围。

（三）法律适用

法律适用是通过说理机制得出符合逻辑的法律判断（决）的过程，法律适用的过程包

① 《中华人民共和工伤保险条例（2010 修订)》第 15 条第 1 款第（2）项规定“职工有下列情形之一的，视同工伤：(二）在抢险救灾等维护国家利益、公共利益活动中受到伤害的。”

② 邓尚燕在原告邹政贤所代表的宏大豪纺织公司增设的营业场所内工作中受伤，邓尚燕向被告当地劳保局申请认定工伤，第一次由于邓尚燕不知所工作地是擅自增设不符合用人主体资格的，因而决定不予受理申请，后经过其他途径最终知道与其存在事实劳动关系的是宏大豪纺织公司，第二次申请后，被告劳保局即予以认定并作出《工伤认定书》。但是原告邹政贤对被告的工伤认定不服。一审法院维持被告的决定，二审法院维持原判。参见（2010）佛中法行终字第 63 号《行政判决书》。

③ 《中华人民共和国工伤保险条例（2003)》第 14 条第（1）项：“职工有下列情形之一的，应当认定为工伤：(一）在工作时间和工作场所内，因工作原因受到事故伤害的。”

④ 《中华人民共和国工伤保险条例（2003)》第 63 条：“无营业执照或者未经依法登记、备案的单位以及被依法吊销营业执照或者撤销登记、备案的单位的职工受到事故伤害或者患职业病的，由该单位向伤残职工或者死亡职工的直系亲属给予一次性赔偿，赔偿标准不得低于本条例规定的工伤保险待遇；用人单位不得使用童工，用人单位使用童工造成童工伤残、死亡的，由该单位向童工或者童工的直系亲属给予一次性赔偿，赔偿标准不得低于本条例规定的工伤保险待遇。具体办法由国务院劳动保障行政部门规定。”

⑤ 被上诉人南通六建公司系厂房工程的承包人，其以《油漆承揽合同》的形式将油漆工程分包给自然人李某某，约定李某某所雇人员应当接受南通六建公司管理。李某某又将部分工程转包给王某某，王某某招用张成兵进行施工，上诉人张成兵在施工中受伤，后经劳动仲裁委确定张成兵与被上诉人南通六建公司之间的劳动关系，后张成兵申请工伤认定，并提交了劳动仲裁裁决书。认为张成兵属于工伤，且上诉人南通六建公司经告知，但未就张成兵所受伤害是否应被认定为工伤进行举证。南通六建公司不服，提起诉讼。参见《最高人民法院公报》2016 年第 1 期。

⑥ 《劳动和社会保障部关于确立劳动关系有关事项的通知（劳社部［2005］12 号)》第 4 条：“建筑施工、矿山企业等用人单位将工程（业务）或经营权发包给不具备用工主体资格的组织或自然人，对该组织或自然人招用的劳动者，由具备用工主体资格的发包方承担用工主体责任。”

括了法律推理和法律论证，法律适用的过程必然体现利益衡量。加藤一郎指出为了检验这个结论、增强说服力以及确定结论适用范围的目的，判断者还必须要带着这个结论到现有的法规中寻找支持的依据，为其附上形式的理由。① 结论的妥当性一般可以通过人类理性的界线以及情感等非理性困扰、是否和现行法律的形式规定相符、是否和法律的价值取向及精神实质相符等来检验。② “何培祥诉江苏省新沂市劳动和社会保障局工伤认定行政案”③ 体现了法律论证的融贯性和利益衡量的整体性，裁判过程的重点论证内容是受伤时是否属于工伤时间，司法裁判中重点考察了事实认定、法律规范选择并论证其中的合理性，在事实层面出于利益衡量和受伤人利益的保护作出了属于上下班合理时间、合理路线的事实推定，并将合理时间、合理路线推定为工作目的；在法律规范层面的进行了系统解释，裁判中具体援引了《中华人民共和国工伤保险条例（2003）》第 14 条第（6）项规定、《江苏省高级人民法院关于审理劳动保障监察、工伤认定行政案件若干问题的意见（试行）》第 19 条第 2 款规定、江苏省劳动和社会保障厅《关于实施〈中华人民共和国工伤保险条例（2003）〉若干问题的处理意见》（苏劳社医（2005）6 号）第 15 条，形成了内在的规范选择的逻辑体系。司法裁判中结合一般常识和生活经验来论证受伤者受伤时间属于工作期间，二审法院认为不能孤立的看“合理时间”和“合理路线”这两个要素，上述文件规定的“合理的时间”与“合理的路线”，是两种相互联系的认定属于上下班途中受机动车事故伤害情形的必不可少的时空概念，不应割裂开来看待。此外，法律论证还有可能会兼顾策略的一致性、与政治意识的契合性以及与既有判决的匹配等问题。法官此时所作的新的立法并非就完全不需要追求与过去的一致性，而是指他只需要使新制定的法律与过去的法律具有“策略一致性”，而这种“策略一致性”则往往建立于寻求利益的平衡或出于降低社会成本的考虑之上，甚至更重要的原因在于，他还必须借助于取得与已有法律与判决先例的一致性来寻求其所制定之新法律的“合法性”，如此看来，这种与过去法律和判例的“策略一致性”就仍然是必要的。但是在判决的过程，由于不同的法官对于应该按照何种标准来制定新的法律意见不一，因此必然存在不同的判决，而不可能有唯一正确答案。④

（四）在行政审判其他领域的体现

除上述领域外，利益衡量还集中地体现在比例原则司法适用、行政自由裁量权的行

① 参见张利春：《日本民法解释学中的利益衡量理论研究》，法律出版社 2013 年版，第 220 页。

② 参见陈金钊：《法律方法论》，中国政法大学出版社 2007 年版，第 257 页。

③ 原告何培祥系小学教师，因被学校安排至市区听课，返回学校途中骑摩托车摔倒受伤，遂向江苏省新沂市劳动和社会保障局提出工伤认定申请，被告以何从市区返校的时间不是上班合理时间为由不予认定工伤。何即诉至法院，法院判决撤销被告新沂市劳动和社会保障局作出的《职工工伤认定》，责令被告重新作出决定。参见（2010）徐行终字第 145 号《行政判决书》。

④ 参见魏治勋、张雅维：《利益衡量论批判》，载陈金钊、谢晖主编：《法律方法》（第 5 卷），山东人民出版社 2008 年版，第 439 页。

使、不确定法律概念的具体化等领域。黑龙江省哈尔滨市规划局诉黑龙江汇丰实业发展有限公司行政处罚纠纷案①，该案的行政处罚决定“严重影响了中央大街景观”法律依据不足，所作的处罚拆除面积超过遮挡面积，故对汇丰公司的违建行为处罚显失公正，行政审判中适用比例原则，其实质就是对文物保护的公共利益和个体利益进行衡量。贵州省台江县绿景房地产开发有限责任公司诉三穗县人民政府许可案②，在司法裁判中将引发的社会矛盾、影响社会安定的情势，视为公共利益的范畴。陈秀霞与珲春市劳动和社会保障局工伤认定纠纷上诉案③、杨庆峰诉无锡市劳动和社会保障局工伤认定行政纠纷案④对于工伤的认定上也体现了自由裁量权行使中的利益衡量，通过对《中华人民共和国工伤保险条例》第 14 条第 1 款的扩大解释以利于对行政相对人的保护。

三、利益衡量在行政审判中遭遇的实践挑战

利益衡量在中国行政审判的事实认定、规范选择和法律适用等过程，也较为集中的体现在基本原则适用、自由裁量权行使和不确定法律概念的具体化等领域；但是由于行政权与司法权之间紧张关系、利益衡量的方法和标准的缺失、司法实践突破行政法基本原则进行利益衡量、民事规则在行政审判中的简单套用等原因，利益衡量在中国行政审判中的实践中面临较为突出的挑战。

（一）司法和行政权力平衡的挑战

行政权的司法审查是对于行政相对人权利救济的有效方式，但由于福利国家背景、行政权的扩张趋势以及行政权专业化的特点，因此司法权对于行政权的审查是所限制，该背景也是司法尊重的理论背景。其基本的立场是司法谦抑，在司法哲学层面上指的是法院在行使违宪审查时应对立法机关及行政机关等政策决定者的决断采取最大限度的“谦让与敬意”的立场；在经验层面上则是违宪审查权实际行使情形的记述，违宪审查机关尽量避免从事宪法判断者，⑤ 美国通过 Skidmore v. Swift& Co. 案、Chevron U. S. A. v. NRDC 案和 United States v. Mead Corp. 案确立了司法尊重原则，其核心属于行政权力与司法权力之间的平衡。司法谦抑背景下，司法机关在司法裁决中的规范选择及其解释、事实认定、论证说理过程都充分予以尊重。

司法尊重的基本前提在于行政的专业性，以及法治背景下行政权运行的相对规范和平稳；但是中国司法实践中一般对行政行为的合法性进行审查，审判机关确认行为的合法性

① （1999）行终字第 20 号《行政判决书》。
② （2015）穗行初字第 13 号《行政判决书》。
③ （2006）延州行终字第 14 号《行政判决书》。
④ 《最高人民法院公报》2008 年第 1 期。
⑤ 陈道英：《浅议司法尊重原则——兼论与司法谦抑的关系》，载《湖北社会科学》2009 年第 3 期，第 149 页。

判断上不遗余力，但是超出合法性审查的之外的行政管理的问题上，审判机关会采取非常谨慎的立场。例如对于行政主体所做的土地征收决定、新的行政管理秩序、新的法律关系的形成等，审判机关不愿运用价值评价和利益权衡的方法进行法律推理和法律论证，从而堕入司法权力与行政权力深度纠葛的泥潭中。① 其实质是出于权力结构的设计和司法裁判未能相对中立等原因，使得审判机关在裁判中借着司法尊重之名，而通过对于不确定性概念进行随意适用、对于公共利益及公共秩序等进行放大衡量，造成行政审判中的形式裁判和混乱。

利益衡量的实质是司法机关在司法权框架下，能对实质正义进行有效回应，这是司法权能动和回应司法为民的基本要求。司法能动主义是在一个法院获得相对独立的政治地位和权威的国度中、在维护宪政的历史过程中，法官基于人们的信赖，利用手中的自由裁量权，通过对具体案件的审理，以公正和保护人的尊严为己任，不拘泥于先例和成文法的字面含义进行创造性和补充性解释以回应当下的社会现实和社会演变的新趋势并对各种政治、社会问题给予干预的司法理论和方法。② 2009 年最高人民法院院长王胜俊在江苏省人民法院调研座谈会上明确提出了“要在能动司法的实践中提高严格司法的能力，确保能动司法的规范性、公正性和法律精神遵循法律解释和法律推理的基本要求，确保能动司法在依法有序的前提下进行。”③ 而司法能动对于行政诉讼的特别意义还在于，行政诉讼的核心价值在于通过司法审查建立行政相对人权力的保护机制，若只是形式审查则行政诉讼制度效用则形同虚设。

（二）利益衡量的标准和方法的缺失

法教义学以处理规范性角度下的法规范为主要任务，以规范的意义为主要探讨内容，其关切的是实证法的规范效力、规范的意义内容，以及法院判决中包含的裁判准则。④ 作为实践法学的法教义学在 19 世纪初就以实证法为取向了。但在这个世纪的下半叶，实证法改变了它的基本特征。法教义学热衷于法官法和案件素材的研究和加工。不过，这一焦点已经发生了转移：伴随着法律实践，法教义学也具有了建构性及批判性，并开始为出现的疑难案件发展自己的解决方案。⑤ 法教义学是以解决疑难问题为目的的法律实践学科，已实现法学学科内部的独立和本体化，是从法律专业性和法律语词等角度追求法律的安定

① 黄辉：《违法行政行为撤销阻却事由司法适用研究》，载《苏州大学学报（哲学社会科学版）》2019 年第 5 期，第 75 页。

② 参见李辉：《司法能动主义与司法克制主义的比较分析》，载陈金钊、谢晖主编：《法律方法》（第 8 卷），山东人民出版社 2009 年，第 405 页。

③ 参见王胜俊：《坚持能动司法，切实服务大局》，2009 年 8 月 28 日在江苏省高级人民法院调研座谈会上的讲话。

④ ［德］卡尔·拉伦茨：《法学方法论》，陈爱娥译，商务印书馆 2005 年版，第 293 页。

⑤ ［德］克里斯蒂安·布克：《德国法教义学：思维与操作方式》，吕玉赞译，载《上海法学研究》2019 年第 23 卷，第 111 页

和稳定性，法教义学要求法律的职业共同体在对规范的理解和适用、复杂法律问题的纠纷解决等方面都达成共识，这些复杂法律问题必然要涉及利益衡量；因而形成利益衡量的标准和方法，对于避免疑难法律问题解决的利益偏差，并凝聚法教义学的共识具有重要意义。

法教义学在我国行政法上领域还存在一定的问题，主要表现为立法中心偏好，受大陆法系的成文法传统以及我国法制建设初期工作重心的影响，我国整体法治建设表现出了“以立法来规范社会生活、以立法作为法治的基本策略、法治理想追求的着力点在‘立法’”的立法中心主义的基本特点，“立法成为法制体系建设的关键词，大规模的立法修法成为法制建设的主要工作。其次还表现为司法实践回应不够。法教义学在我国行政法上的适用仍处于理论倡导层面，其原因主要在于行政法教义学对司法实践的回应力度不够，司法实践中仍秉持“个案分析”的主流做法，法学研究与司法实践之间的深入对话和共识并没有形成。①

由于立法中心主义的偏好和法教义学对中国行政法实践的效用不足，导致了中国行政法治实践中个案裁判的差异化、法律适用的分裂和非统一。复杂案件中，由于利益衡量的标准和方法的缺失，司法裁决中事实认定、规范选择、法律适用以及不确定性法律概念内涵的确立等，普遍地处于一种非稳定的状态。利益衡量的方法和标准的确立、以及司法实践中的类型化可以促成行政法教义学的形成，促进法律适用的稳定性。

（三）突破行政法的基本原则进行利益衡量

行政法的规范体系主体包含了法律规则和法律原则，其中法律规则是以法律上权利和义务为中心的规范体系；而法律原则是行政法的精神和法价值的集中表现，司法机关在具体案件中无正当理由偏离稳定的、为解释性规则所确立和体现的惯例或原则，将可能承受“司法错误”的不利后果。正是在这样基础上的法律适用，才可能达到普遍、平等的公正，并为今后正式制度的构建奠定基础。② 行政法基本原则是行政法上法律规则与法律价值承载和汇聚点，指导、解释、规制、整合、补缺功能。③ 行政法律规范适用过程中，占据主体和中心作用的是法律规则，具体调整行政主体与行政相对人权力和义务；而行政法的基本原则是为具体规则适用提供方向指导，并在具体规则缺失的情况下，以一般条款的方式进行漏斗填补，以弥补成文法之立法不足。

司法实践中的田永诉北京科技大学拒绝颁发毕业证、学位证行政诉讼案、刘燕文诉北京大学拒绝颁发博士毕业证书纠纷案、张成银诉徐州市人民政府房屋登记行政复议决定案等案件，通过公益和私益之间的衡量确立了正当程序原则的司法适用；凤凰公司诉武汉市

---

① 黄辉：《中国行政法教义学的问题与对策》，载《社会科学家》2019年第10期，第110页。

② 杨力：《基于利益衡量的裁判规则之形成》，载《法商研究》2012年第1期，第91页。

③ 参见杨海坤、章志远：《中国行政法基本理论研究》，北京大学出版社2004年版，第108－112页。

规划局案、汇丰实业发展有限公司诉哈尔滨规划局案等案件，通过衡量行政相对人权益和执法目的的比较，法院适用行政法上的“比例原则”进行了判决；吴希碧诉广东省湛江市霞山区人民政府侵犯其经营自主权纠纷案、郴州饭垄堆矿业有限公司诉国土资源部案等行政许可领域的案件，通过比较相对人利益和执法稳定性，信赖利益保护原则的内涵与要件基本确定。

但由于法律原则是一般性条款，在理解适用上存在很大的弹性，司法实践中出现了许多违背基本原则进行裁判的情形，主要表现为，基于公共利益进行扩大解释和利益衡量，将利益影响群体的大小、维持现有的社会秩序、行政管理和规制的效率、社会稳定的风险之虞等，都冠以公共利益之名由，导致司法实践中大量案件虽确认违法但因所谓的公共利益不可撤销，突破了行政法上合法性原则和合理性原则的一般框架，有些案件甚至是以披着公共利益之名，事实上保护着行政法上的不法行为，白山市住房和城乡建设局等与白山华信供热有限公司许可案因不法行政许可事实上保护了非法利益；“北雁云依”诉济南市公安局历下区分局燕山派出所公安行政登记案”，从社会管理效率原则考量，实际上侵犯了公民的姓名权。

（四）套用民法上的标准进行利益衡量

行政法适用民事法律规范理论上有不同的观点，非严格主义的立场可主张在在非法律保留领域可以限制性的适用民事法律规范和裁判方法。否定说认为“必须在公法中实行法定主义，法的正义和公平价值必须让位于法的绝对安定性价值，这种法定主义的典型表现就是载刑法领域实行罪刑法定主义。而援用相类似的法律规定进行裁判的制度，与罪刑法定主义的宗旨相违背，必须禁止。同理，在行政法领域，“依法行政”所强调的行政权力行使方式的“法定性”同样排除类推适用载行政法领域的运用。”① 肯定说认为类推适用“固然有其独特的私法秉性，但并不能由此而绝对地否认它所蕴涵的公法价值”，② 并认为基于实质意义上的法治国家原则，行政法上“类推适用制度不违反立法的民主性原则及法的安定性原则”，而且可以“避免行政机关侵损法律保留原则”。③ 不和行政法限制权力行使相违背的前提下，技术性规范条款原则上可以适用民法规范，例如在福州三福钢架制品有限公司诉长乐市国土资源局解除土地使用合同案中直接适用了民法一般原则，杨明华诉合川市人民政府土地行政批复案、杨昌秀诉江油市厚坝镇人民政府补偿安置案、王洪义诉辽阳市公安局宏伟公安分局处罚案等案件中直接适用了不当得利法律制度，此外当事人的身份、年龄、行为能力、住所等技术性的规范也直接在行政审判中适用。④

---

① 屈茂辉：《类推适用的私法价值和司法适用》，载《法学研究》2005 年第 1 期，第 12 页。

② 刘志刚：《论行政法视野中的类推制度》，载《现代法学》2008 年第 6 期，第 42 页。

③ 同上注，第 44 页。

④ 王桂松：《民法规范在行政法中的适用》，载《法学家》2012 年第 4 期，第 45 页。

但是类推适用等民法上方法及其利益衡量原则在行政法领域的适用必须非常谨慎，类推适用是以法律漏洞存在为前提，民事法律类推适用和利益衡量的出发点是基于私权的保护，“类推适用者，就法律所未规定之事项，适用类似事项之规定者也”。[①] 类推适用的基本步骤包含法律漏洞的明确、案件事实具有相似性、类比适用，类推适用是法官不得拒绝裁判前提下的漏洞填补机制。而行政权的职权范围、适用条件、程序规则等方面都应该严格按照法律设定，行政执法和司法裁决都不能通过类推适用扩大或者限缩权力边界或行政优益范围；因而在行政权的边界和规范行使方面不应存在漏洞及填补，当然也不适用类推，其出发点是行政限权，唯有给付行政或利于行政相对人权利保护时方能进行类推。

李靖诉北京市公安局公安交通管理局通州交通支队潞河大队处罚案，是通过利益该案的争论焦点为“一人执法”的合法性，“一人执法”的依据是《道路交通安全违法行为处理程序规定》（2004）第8条第2款，其是对上位法《行政处罚法》第37条“两人执法”的实质变更。裁判文书中载明，“道路交通执法的目的之一在于维护道路交通秩序，保障道路交通安全、畅通，这一目的的实现需要效率原则作为保障。《道路交通安全法》赋予交通警察在其职责范围内对当场、瞬间发生的交通违法行为进行认定的权力正是基于上述交通执法的特殊性及目的的考虑，《北京市道路交通安全违法行为处理程序规定》也基于此作出了交通警察一人可以适用简易程序现场作出处罚的相关程序规定”。该案在非法律漏洞情形下，将执法秩序与效率作为利益衡量的判断基础，而整体突破上位法对于程序规则的一般设定。

四、确立行政审判中利益衡量的适用原则

利益衡量是基于概念法学的僵化而产生的问题提供解决方案，但也带来了诸如利益衡量可能带来“简单化”“量化”“去人格化”等绝对经济效益计算等问题；而价值衡量为利益衡量提供了正义的原则，但并未为利益衡量提供具体的路径。一定意义上，价值衡量在本质上并非排除利益衡量；但是价值衡量若非纳入法律规制或评价的角度，司法裁判的自由裁量也会给利益衡量插上恣意的翅膀。因此，对于利益衡量的理论探讨和实践检讨，法益衡量无疑可成为裁判复杂案件或填补法律漏洞的有效方式。

（一）利益衡量的“镣铐之舞”

从利益衡量、价值衡量到法益衡量是利益衡量在解决复杂案件或填补法律漏洞的理论与实践探索的知识沉淀，晚近法学研究方法论的转向就是期待在体系封闭与适用灵动之间另辟蹊径。拉伦茨提出的法益衡量是兼顾法律适用之灵动和司法裁量界限的平衡，其指出法益衡量的基本准则就是要依基本法的“价值秩序”——于此涉及的一种法益较他种法益

① 参见李宜深：《民法总则》，台北正中书局1977年版，第24页。

是否有明显的价值优越性。位阶明显不同的，相较于其他法益，人的生命或人的尊严有较高的位阶；位阶相同的权利间的冲突，或是正因涉及的权利如此歧异，因此无从作抽象地比较，可依据如下标准来进行衡量。（1）取决于应受保护的法益被影响的程度（例如，公众知悉此事以及国家对此事务保密的利益程度如何）；（2）取决于假使某种利益让步时，其受害程度如何；（3）最后尚需适用比例原则、最轻微侵害手段或尽可能微小限制的原则。为保护某种较为优越的法价值须侵害一种法益时，不得逾越达此目的所必要的程度；（4）法官在遵守以上原则后，仍有很大的自我评价的判断余地。① 拉伦茨的法益衡量运用价值位阶、利益比较和法律的一般性原则来综合进行利益判断，这时利益衡量就处于裁判的说理论证、司法程序保障的模式之下，利益衡量便成了既回应复杂疑难问题，又受到相应拘束的司法过程。在中国的行政司法审判实践中，这种利益衡量已经通过一般法律原则司法适用体现；如“陈宁诉辽宁省庄河市公安局不予行政赔偿决定案”②，该案实质争议挽救生命与产生损害的利益衡量，二审维持原审判决认为，采用焊切车门手段与救出司机的目的具有一致性。司机被夹在事故后的轿车驾驶室中，当时无其他方法能打开已经变形的车门，该手段具有必要性。交警根据现场情况分析，尽早打开车门救出韩勇就有可能挽救其生命；气焊切割车门的方法虽然会导致车门破损，甚至造成轿车的全部毁损，但相对于人的生命而言，破损车门或者造成轿车毁损对他人利益的损害明显较小，所欲保护的生命价值明显大于车辆财产价值。

（二）不突破既有法律体系的基本规定

利益衡量的法治实践应该遵循既有法律体系的基本要求，严格主义的立场将利益衡量限定在法律存在漏洞的基本前提下进行使用，笔者认为利益衡量应该贯穿法律适用的全过程；这并不意味着利益衡量能对既有法律体系（尤指外部体系）产生冲击或体系性风险，即尽可能维持既在成文法体系的稳定性，有的学者界定利益衡量的界碑时，将“应在妥当的法律制度中进行利益衡量”、“应在同一法律关系中进行利益衡量”作为重要的考量。③ 不超越既有法律体系的基本框架就是维系既有成文法体系的稳定，明确相应范畴内涵、构成、适用条件、法律责任等要素，不随意突破法律范畴之间的边界，并在法律职业共同体之间达成相应的共识。而在行政审判的司法实践中存在着两种倾向，或者基于行政权的恣意而偏离法律既定规则的框架；或者出于司法舆论或者当事人闹讼影响，导致司法实践偏

① ［德］卡尔·拉伦茨：《法学方法论》，陈爱娥译，商务印书馆 2005 年版，第 285－286 页。

② 上诉人陈宁丈夫韩勇驾驶的出租发生交通事故，被上诉人庄河市公安局交通警察大队为及时救出伤者，在事故现场用气焊切割该车，救出韩勇，虽然在气焊切割车门时采取了安全防范措施，但切割时仍造成了轿车失火并造成较大损失。原告陈宁要求庄河市公安局赔偿抢险警察气焊切割时造成车辆被烧毁的损失，庄河市公安局作出不予赔偿决定。陈宁不服，故提出诉讼，请求行政赔偿。参见《最高人民法院公报》2003 年第 3 期。

③ 梁上上：《利益衡量的界碑》，载《政法论坛》2006 年第 5 期，第 73－75 页。

离了法律既定框架。“西藏自治区林芝县林业局诉阿布洛洛等三人行政撤销纠纷案”①，该案的实质争议是阿布洛洛等人经合法砍伐的木材在未取得运输许可能否被没收的认定，该案的法律关系涵盖了伐木许可、运输许可、非法运输的罚没处罚。司法裁判中认定“上诉人林业局的具体行政行为程序违法，本应依法撤销，但撤销将妨碍林芝林业发展和生态建设，不利于生态环境保护和可持续发展，会给国家利益、社会公共利益造成重大损害，因此，对上诉人林业局作出的行政处罚决定应认定违法，但不撤销”。该案行政主体的处罚是混淆了伐木许可和运输许可实质区别，而做出了对涉案财产罚没的处罚结论；而司法判决利益衡量中扩大了公共利益的适用范围，作出了肯定行政主体违法行为但做出了基于公共利益不可撤销的司法裁判。

（三）通过利益衡量确立法律内部体系和“类型化”

“类型化”是法学在衔接抽象价值与实质正义时的方法论转向，类型化旨在实现法律外部体系规制困境、体系之间的和谐，通过个案反复证立而凝聚法律共同体之于疑难问题的解决方案。类型化的过程在拉伦茨看来要借助于与外部体系一些基本框架，具体而言包含了法律的基本原则和规定功能的法律概念，其为融贯外部体系和内部体系的基本概念，这些原则性框架当然体现着利益衡量的要素，当然利益衡量的取向可能会因政治、经济、文化和时代变迁而产生变化，不同的学者也梳理出了在类型化衡量时的整体考量，加藤一郎认为应以法律处理相互间的平衡和思考经济为重点，而星野英一认为应以明确利益状态的差异和法律的大众化（要件和法律效果能让普通人也能看懂）为关键。② 当前中国正处于格局转换的变革时代，社会组织和社会群体正在发生激烈的变革，这些都会在社会治理和法律规制中反映出利益的冲突，理论研究和司法实务都应关注于个案中体现、并通过个案反映的特定类型，类型化过程的利益衡量体现了司法裁判中的主导的利益观，而且在一定意义上强化了这种利益观。当然，类型化以及内部体系是开放的，通过这种类型化处理所获得的如何解决某一类型的利益冲突的理论，只是为了减少以后的司法成本而建构一个可供参考的模型而已，它为法官判决的形成所提供的仅仅是一个框架的限度，一旦定立的基准在具体的纷争中出现了不妥当结果的时候，就必须要对其进行修正，基准和现实之间互动是毋须多言的。③

（编辑：吕玉赞）

① 上诉人林芝县林业局对被上诉人阿布洛洛等人运输木材的车辆进行检查，发现没有木材运输证，将车上木材扣押。仅对上诉人阿布洛洛下发了林业行政处罚意见书、林业处罚先行告知书，并未对本案另外两名原告下发处罚意见书、林业处罚先行告知书，先行告知相关应当告知的事项及权利。同时，被处罚人边巴旺加此前一直作为阿布洛洛的代理人出现，而在认定其为被处罚人作出行政处罚前，并未下发相关文书先行告知处罚意见及其自身享有听证的权利，即因其没有申请听证而不让其陈述、辩论，一审判决撤销扣留决定，责令重作。林业局不服提起上诉，二审判决不予撤销上诉人林业局的行政处罚决定。参见（2015）林中行终字第00002号《行政判决书》。

② 参见陈金钊：《法律方法论》，中国政法大学出版社2007年版，第259页.

③ 参见陈金钊：《法律方法论》，中国政法大学出版社2007年版，第260页。

互联网灰色产业的刑法规制检视

王　筱*

摘　要　信息时代的高速发展催生了大量新型网络灰色产业。鉴于该类犯罪在一定程度上具备较重的社会危害性，相关论者试图通过刑法教义学的研究范式，将处于法律灰色地带的互联网灰色产业纳入刑法的规制范围。例如有论者主张通过对相关犯罪构成要素进行扩张解释，将利用软件有偿抢票的行为认定为倒卖车票罪，将淘宝恶意刷单等妨害业务的行为认定为破坏生产经营罪。但是法教义学或法解释学的运用应当以充分尊重罪刑法定原则为根本，肆意冲击法律规范框架的做法是功利主义的表现，其破坏了法的安定性，违背了规则主义。解释者在运用法教义学对法律规范进行解释时，应当奉刑法规范为圭臬，在确保形式合法性的基础上确立法教义学的运用规则。反其道而行之的后果是，违反刑法教义学的基本进路，导致泛刑法化的现象，以及引发定罪争议。

关键词　教义学　犯罪化　罪刑法定　互联网

一、问题提出：互联网灰色产业的“肆意”入刑

当前，互联网已经成为世界上绝大多数国家的重要信息基础设施，互联网的发展推动了经济发展、社会进步以及人们生活水平的不断提高提高。截至2018年12月，我国网民规模为8.29亿。① 互联网的发展促进了电子商务、网络通信、网络娱乐等互联网产业的蓬勃发展，极大地方便了人民的日常生活。② 与此同时，互联网恶意程序的层出不穷，也对

---

* 王筱，女，山东烟台人，北京师范大学法学院博士研究生，研究方向为刑法学、国际刑法学。

① CNNIC：2019年第43次中国互联网发展状况统计报告网民规模．［EB/OL］．http：//www.199it.com/archives/839693.html，最后访问日期：2019年7月3日。

② 陈明奇：《我国互联网灰色产业链分析及其法律应对措施》，载《政法论丛》2011年第2期，第3－11页。

人们的信息判断、财产安全等造成了极大的危害。尤其是互联网灰色产业给传统刑法所带来的挑战，使得司法实践中的工作人员一时应接不暇、如鲠在喉。① 那么何为互联网灰色产业，其产生给传统刑法带来了何种挑战呢？有论者认为，国民经济可以分为两部分，即正规经济和灰色经济。灰色经济是指政府无法控住的经济，包括所有创造价值的经济活动，但它们并未被列入国民经济总决算当中，即没有被包括在公布的国民生产总值中。②此外，也有论者对网络黑色产业进行了界定，认为其是以计算机网络为工具，运用计算机和网络信息技术实施的以营利为目的的、有组织的、有明确分工的团伙式犯罪行为。③ 笔者认为，互联网灰色产业是行为人以互联网为依托，运用网络信息技术实施的以营利为目的的，性质趋向于违法的行为。互联网灰色产业绝大多数都具有不同程度的危害性，但是由于其具备不同于传统犯罪的独有特征，因而常常难以“顺理成章”地适用现行刑法的相关规定。以互联网有偿抢票④和淘宝恶意刷单⑤为例，这两种行为已经在互联网领域内形成了全面而稳定的产业链，其引发的不同程度上的危害性不容小觑。但是在对此类互联网灰色产业是否启用刑罚权，以及适用何种罪名方面，理论上与司法实践中通常是仁者见仁、智者见智，难以形成统一的定论。例如针对网络有偿抢票行为，有观点认为在购票实名制的情况下，此行为不可能符合倒卖车票罪的犯罪构成，因此不应当被认定为犯罪；另有论者认为应当将该行为认定为倒卖车票罪；此外还有观点认为，应将高价有偿抢票的行为认定为倒卖车票罪，而低价有偿抢票的行为不应当被认定为犯罪。针对淘宝恶意刷单的行为，有观点认为应当将其认定为破坏生产经营罪，而另有论者认为，淘宝恶意刷单行为不符合破坏生产经营罪的犯罪构成，因而不应当认定为此罪，而应当通过设立妨害业务罪对此类行为进行规制。

虽然不同的论者对于相关行为是否入罪，以及认定为何种犯罪的看法不尽相同，但是大部分论者基本上都认为，要想将某类互联网灰色产业入罪，首先应当对相关罪名的犯罪构成作区别于传统观点的解释。虽然针对某些罪名的司法解释已经存在，但是我国独特的刑法解释形式，即司法解释，使得司法工作人员在司法实践中总会面临如何将抽象的司法解释适用于具体案件这一基础性问题。看似简单的法律解释与法律适用问题，往往能引发无尽的争讼。成文法的抽象性是司法适用“举步维艰”的主要原因之一，因此法的正确适

---

① 孙道萃：《移动智能终端网络完全的刑法应对——从个案样本切入》，载《政治与法律》2015年第11期。

② 陈明奇：《我国互联网灰色产业链分析及其法律应对措施》，载《政法论丛》2011年第2期，第3－11页。

③ 侯林：《互联网数据泄露背后的黑色产业链及发展趋势分析》，载《无线互联科技》2015年第20期，第35－37页。

④ 火车票实名制的实施和网络购票的普及，催生出很多互联网抢票平台，这些抢票平台通过向客户收取一定的费用为客户提供抢票服务，从而在票源十分紧张的情况下提高客户的购票成功率。

⑤ 淘宝监管机制有权通过惩罚虚拟手段提高店铺信用的行为来防止不正当竞争现象，行为人利用这一淘宝监管机制，通过实施刷单好评行为，制造受害者采用虚拟手段提高店铺信誉的假象，从而使得受害者遭受淘宝监管平台的搜索降权处分。

用需要以法的妥当解释为前提，正确的法律解释是实现法治社会争议的途径与保障。① 这就要求法律解释者的目光始终穿梭于案件事实与法律规范之间，以最大限度的科学适用法律，维护法的安全性。

然而面对新型的互联网灰色产业，大对数论者容易趋向于两种错误的认识。其一是主张纯粹的实用主义为导向的刑事政策论，即在个案中完全用刑事政策的价值取向代替体系性的思考；其二是强调刑事逻辑至上，认为应当禁止刑事政策对刑法体系进行干涉。② 上述两种观点相互龃龉，均值得我们反思和检讨。我们认为，刑法解释不仅应当将常识、常理、常情作为解释的内在依据，还应当将刑法原理、刑法目的与学说作为刑法解释的基本维度。③ 因此如何在形式解释与实质解释之间寻得平衡，对于处理各类互联网灰色产业具有举足轻重的意义。但就目前司法实践现状而言，似乎更倾向于利用刑法的手段对此类问题进行规制，这种重刑主义的做法难免显得过犹不及。我们认为，刑法不仅要以立法规定为前提，还要强调遵循罪刑法定原则的规定，要严格遵循法律思维，在入罪时不能突破立法的界限，不能肆意破坏法的安全性。④ 因此，那种将互联网灰色产业肆意入刑的做法值得理论界与实务界作出进一步的反思。

二、互联网灰色产业“肆意”入刑的桎梏

（一）违反刑法教义学的基本进路

在新近的刑法学研究中，刑法教义学可谓是最炙手可热的法学研究范式。但何为刑法教义学？在大部分涉及“刑法教义学”概念的研究成果中，并未对刑法教义学的概念进行明确的界定，甚至在有些关涉刑法教义学问题的文章正文中，对该法学研究方法的概念只字未提。有相当一部分论者认为，刑法教义学实质上就是刑法解释学。法教义学的概念最初是来源于德文 Rechtsdogmatik，其中的 dogma 含有定理、原理或原则等寓意，后来被引申为教义或信条。⑤ 可见，法教义学探究的应当是原理、原则或信条的理论。法教义学本身包含了法解释学的内容。陈兴良教授也曾指出：“刑法解释学与刑法教义学二者之间并不存在根本区别，仅仅是称谓不同罢了。……但是刑法教义学所包含的刑法知识话语权的传承、刑法方法的统一性、刑法逻辑方法的完整性等内容，并不是刑法解释学所能包含

---

① 唐稷尧：《论当前司法活动中适用刑法解释的基本规则》，载《四川师范大学学报（社会科学版）》2019 年第 2 期，第 45 – 54 页。

② 劳东燕：《功能主义刑法解释论的方法与立场》，载《政法论坛》2018 年第 2 期，第 10 – 27 页。

③ 姜涛、柏雪淳：《刑法解释当重视法理思维的运用》，载《学术界》2019 年第 5 期，第 129 – 145 页。

④ 同上注。

⑤ 刘艳红：《“规范隐退论”与“反教义学化”——以法无明文规定的单位犯罪有罪论为例的批判》，载《法制与社会发展》2018 年第 6 期，第 96 – 110 页。

的，解释仅仅只是一种方法而已。”① 因此刑法教义学并非完全等同于刑法解释学。

对刑法教义学概念的研究，大部分文章倾向于对该概念的侧面研究，而非直接给出明确的定义。例如，有学者曾通过对刑法教义学的研究对象与研究方法的分析，对刑法教义学的概念进行了阐述。其将刑法教义学的研究对象概括为“作为部门法的刑法整体所承载的刑法规范与其所对应的刑法秩序”，将其研究方法概括为“证立法”，而证立法的属性是体系化与逻辑性。② 另有论者从刑法教义学的运用角度对其概念进行了表达：“刑法教义学的核心是以刑法规范为文本，以刑事政策为导向，以刑法案例为对象，通过演绎分析与归纳推理，将散落在司法实践中的各种问题，各种经验整理成具有规律性、普遍性的稳定且符合现实的刑法结论与观念，使之成为具有条理性的稳定的教义。”③ 陈兴良教授认为刑法理论的目的与职责是服务于刑法适用的刑法释义，以刑法释义为主要内容的刑法学就是刑法教义学。④ 德国学者汉斯认为，刑法教义学可以说是法律与司法实践之间的一座桥梁，其基于对司法实践的批判性检验、比较与总结，对现行法律规范进行结算，以利于在司法实践中恰当地、逐步的翻新对刑法的适用，进而可以在最大程度上实现法律的安定与公正。⑤

总之，刑法教义学涵盖着以逻辑性、体系性、自洽性为前提的对现行法律规范的解释与适用。其逻辑起点是一国或地区范围内现象的法律规范。“刑法教义学主要是基于较为封闭的犯罪理论体系对某一行为是否构成犯罪进行判断，犯罪的构成要件是犯罪理论体系的基石，是法教义学中最重要的概念之一。”⑥ 但是刑法教义学的价值绝非仅在于对法律规范的封闭性解释，刑法教义学以刑法规范与个案之间的互动作研究对象，其价值在于解决司法实践中的实际问题。⑦ 但是在解释者的笔下，刑法规范与个案之间的互动并非是一帆风顺的，这一过程中总是存在这样或那样的问题。因此，法教义学的重要性在于，法律往往是不周延、不圆满或不确定的，法律的具体适用需要以法教义学为工具进行法律解释。当法律适用于具体案件中，往往会出现法律本身所不能及的情况。此种情况下，法律可能无法顺利地为裁判提供相应的规则，刑法教义学通过对法律规范的解释，使得法律更加容易得到落实，甚至起到填补法律漏洞的成效，此时法教义学的作用就凸显出来。

---

① 陈兴良：《刑法教义学的发展脉络——纪念 1997 年刑法颁布二十周年》，载《政治与法律》2017 年第 3 期，第 2 – 17 页。

② 马春荣：《刑法教义学的新面目》，载《东方法学》2019 年第 1 期，第 42 – 57 页。

③ 周朝标：《刑法教义华与法官的贡献》，载《人民法院报》2018 年 10 月 1 日第 002 版。

④ 陈兴良：《刑法教义学的发展脉络——纪念 1997 年刑法颁布二十周年》，载《政治与法律》2017 年第 3 期，第 2 – 17 页。

⑤ ［德］汉斯·海因里希·耶赛克、托马斯·魏根特：《德国刑法教科书》，徐久生译，中国法制出版社 2009 年版，第 53 页。

⑥ 陈兴良：《教义刑法学》，中国人民大学出版社 2014 年版，第 153 页。高巍：《刑法教义学事业下法益原则的畛域》，载《法学》2018 年第 4 期，第 36 – 47 页。

⑦ 周朝标：《刑法教义华与法官的贡献》，载《人民法院报》2018 年 10 月 1 日第 002 版。

众所周知，任何国家的刑法创制都不可能是经常性的，但刑法的适用却每时每刻都在发生，且受到社会发展状况的影响。立法论的应然性与司法论的实然性之间的矛盾往往是难以调和的。就如同樊文教授曾经在其文章中提到的罪刑法定与社会危害性之间的冲突。① 但是对这种冲突的调和的努力是不可避免的，且始终是刑法学研究领域中的重点内容。然而当下，我国刑法理论与实务领域中各说各话的情况较为普遍，一方面理论研究极少关注当下社会实践，法学理论研究的成果往往长篇大论，却时常毫无实际意义。另一方面，司法实践工作人员又时常陷入造法的漩涡中，有意无意地冲击着罪刑法定的边界。但是我们必须明白，法教义学的逻辑前提应当是，法律永远是正确的，换言之，法律不是嘲笑的对象。教义学在某种程度上代表着对法律的态度，它的精髓中蕴含着对法律的信仰，它要求像对待宗教戒律一样对待法律，它要求摒弃对法律的批评。②

然而，随着经济社会的发展，在法律无法应对互联网等高科技迅速发展的现状时，越来越多的法学研究者开始推崇刑法教义学的现实作用，意图将刑法教义学作为填补法律漏洞的手段或工具。在刑法教义学的研究范式下，相当一部分论者认为应当充分发挥司法解释权的功能，尤其是对“等”“其他”这种兜底条款进行同类解释，以填补现行法律规范上的漏洞与空白。但我们必须明白，这必然引发罪刑擅断的潜在风险。我们必须明白，刑法教义学具有填补法律漏洞的作用，这种填补法律漏洞的工具并非是可以被随意“拿捏”的。“从法律漏洞的成立范围来看，我们不能简单的认为，不成文的犯罪构成要素的添加是填补法律的漏洞。”③ 除非经过足够的论证，我们可以明确的认定某一规定不存在，且它的不存在可以被看作是存在法律“漏洞”。

总而言之，刑法教义学应当严格以刑法规范为依据，而不能与法律规范相背离，否则将导致刑法教义学违反罪刑法定原则。“罪刑法定原则”是刑法中的帝王条款，也是刑法教义学的核心原则，刑法教义学应当以罪刑法定原则为皈依，罪刑法定原则必须被遵守。因此，解释者应当尽可能的避免对刑法规范边框进行冲击，对合理性、正当性等需求的追求不应当以牺牲法律规范的法定性为代价，④ 刑法的扩大解释与类推解释的边缘不应被有意无意的模糊。

（二）导致泛刑法化现象

美国学者诺内特曾经将刑事司法分为三种类型，分别是压制型法、自治型法与回应型法。压制型法是指统治政权往往不顾被统治者的利益，或者容易否定他们的正统性。而自

① 樊文：《罪刑法定与社会危害性的冲突——兼论新刑法第 13 条关于犯罪的概念》，载《法律科学》1998 年第 1 期。

② 陈兴良：《立法论的思考与司法论的思考——刑法方法论之一》，载《人民检察》，2009 - 10 - 08。

③ 高巍：《刑法教义学事业下法益原则的畛域》，载《法学》2018 年第 4 期，第 36 - 47 页。

④ 刘艳红：《“规范隐退论”与“反教义学化”——以法无明文规定的单位犯罪有罪论为例的批判》，载《法制与社会发展》2018 年第 6 期，第 96 - 110 页。

治型法则一改片面地将规则作为统治工具来使用的传统做法，从而对统治者的权威进行限制，以及减少公民的义务。① 这种类型下的刑事司法更适合法治精神的培育。因此相比压制型法，我们更应当选择自治型法。然而我国公权力的触角似乎在越来越多的入侵公民的私人空间。公权力原本是社会治理的最后一种手段，但随着互联网时代的延展，我国公权力出现不断前移的趋势。尤其是司法实践在理论界的倡导与推动下，越来越多地将信息时代出现的新型具有一定社会危害性的行为纳入犯罪的范围，司法实践中泛刑法化的现象已经十分明显。

泛刑法化的原因有很多，除了社会治理机制在新型网络犯罪刺激下产生的能动反映外，理论界中“反教义学”现象的普遍化也是泛刑法化的主要原因。“反教义学”与“泛刑法化”之间存在是否密切的关联。“反教义学”的主要表现是解释者一再的突破刑法犯罪构成的边框，顺应时代发展的需求，对相关的犯罪构成要素做出客观解释，以适应社会现状、打击目的、利益平衡等要求。殊不知客观解释也是基于解释者的主观判断所进行的，稍加不慎，客观解释就会变成立法行为，而不仅仅是对法律规范本意的探究。其结果是法律成为解释者手中可以任意摆布的玩偶，法律的安定性与权威性不再得到应有的重视。在这种趋势下，就会有越来越多的具备一定程度的社会危害性的行为被通过客观解释纳入到现有犯罪圈内，从而导致犯罪圈不断扩大，造成泛刑法化现象。值得说明的是，我们并不是反对犯罪圈的扩大，而是这一扩大必须是以刑法明文规定为前提的。如果法律没有明文规定某种对社会具有危害性的行为构成犯罪，则刑法就应当退避三舍。这也是刑法谦抑性的要求，即对于某种危害社会的行为，只有在道德、民事与行政法律和其他措施无法进行规制的时候，才能通过刑事司法对其惩治。否则，不但会导致泛刑法化现象，徒增社会负担，还会混淆刑法制裁和其他法律手段之间的界限，造成过于严苛的处罚，失去刑事处罚的威慑力和公正性。②

因此，在面对是否将某些互联网灰色产业入刑时，应当杜绝一律将互联网灰色产业入刑的观念，除了应当考虑刑法中是否存在相应的罪名，还应当进一步探讨是否有必要针对个别现象设立类型化的罪名。以淘宝恶意刷信誉为例，在考量是否将该行为入刑时，首先应当考察刑法中是否存在规制此种现象的独立罪名，其次应当考虑针对该类行为实施刑事制裁的必要性与可行性。只有某类互联网灰色产业符合上述情形之一，才能将其归入刑法的规则范围，否则就应当通过其他法律手段、行政手段或经济手段对其进行管理。那种“反教义学”与“泛刑法化”的现象是机会主义③的表现。这种机会主义的做法对刑法的

---

① ［美］诺内特、塞尔兹尼克：《转变中的法律与社会——迈向回应型法》，张志铭译，中国政法大学出版社 1994 年版，第 31 页。

② 游伟：《社会治理切忌“泛刑法化”思维》，载《法制日报》2012 年 2 月 23 日第 007 版。

③ 也可称为投机主义，就是为了达到自己的目标就可以使用一切方法，突出的表现是不按照规则办事，视规则为腐儒之论，其最高追求是实现自己的目标，以结果来衡量一切，而不重视过程。

安定性产生了极大的负面影响，是当前理论界与司法实践应当摒弃的行为趋向。

（三）易引发定罪争议

众所周知，犯罪是一种极其复杂的社会现象，加之某些罪名的构成要件之内涵与外延相对模糊，或构成要件之间存在交叉、重叠关系，致使区分罪与非罪以及此罪与彼罪于法律适用过程来讲，从来都不是一件容易的事情。但是司法工作人员在办理刑事案件过程中必须明确区分罪与非罪、此罪与彼罪之间的界限，这不仅是罪刑法定原则的基本要求，也是加强法治社会建设的必然选择。然而，将大量互联网灰色产业纳入刑法的规制范围，不仅违反了刑法教义学的基本进路，导致了泛刑法化现象的出现，还直接造成了罪与非罪、此罪与彼罪的认定难题。

由于这些具有社会危害性的行为是互联网技术发展的产物，其本身具有不同于传统犯罪的新特点。在对此类新型危害社会的行为的认识尚不明朗时，如果盲目的将该类行为纳入刑法的规制范围，无疑会引发定罪上的争议。例如利用软件有偿抢票的行为存在是否构成犯罪、构成何种犯罪的争议。如上文所言，有论者认为不应当将利用软件有偿抢票的行为认定为犯罪，也有观点认为该行为已经构成倒卖车票罪或非法经营罪等。而对于淘宝恶意刷单等行为，有观点认为其构成破坏生产经营罪，也有论者认为该行为构成损害商业信誉、商品声誉罪等。还有论者指出，虽然该行为具有一定的社会危害性，应当受到刑法规制，但是从罪刑法定原则的角度出发，该行为目前还不能被认定为犯罪，而应当设定妨害业务罪对其进行规制。

这种定罪争议产生的直接原因在于这些新兴的危害行为往往符合多个犯罪的犯罪构成，而在刑法中不存在规制相关危害行为的类型化的罪名，又或者是由于某些论者认为相关互联网灰色产业具有相当的社会危害性，应当受到刑法规制。但需要指出的是，既然刑法中并无规制相关犯罪的类型化罪名，就说明该类行为不具有普遍性，超出了刑法立法的前瞻范围，当下是否应当对其定罪，以及应认定其构成何种犯罪，都应当慎重对待，否则将适得其反。而关于某一行为是否具有应当受到刑法处罚的社会危害性这一问题，实则更加难以判断。毕竟社会危害性的判断标准具有笼统性和不确定性，但是社会危害性这一特征并不会影响司法工作者对相关行为的定性，因为行为不是因为具有社会危害性才值得刑法处罚，某一行为被认定为犯罪的前提是其具有刑事违法性，这也是罪刑法定原则的基本要求。

如果解释者硬要通过法教义学的解释方法将某些犯罪构成要素做出扩张解释，以包含相关新型的互联网灰色产业，则就会有越来越多的论者试图借助刑法教义学的名义，通过上述做法，将各种互联网灰色产业解释为符合刑法中的某些罪名。而这一过程必然引发更多关于罪与非罪、此罪与彼罪的争议，其结果显然是刑法教义学的倡导者所不愿接受的。

三、互联网灰色产业入刑的检视：基于两类案例的分析

由上文可见，一概将互联网灰色产业入刑的做法违反了刑法教义学的初衷，产生了泛刑法化的现象，导致了认罪上的困难，因此在对互联网灰色产业进行规制时，应当谨慎分析各类互联网灰色产业的基本特征，严谨法条的适用过程，审慎启动刑罚权，杜绝“肆意”将其入刑的做法。笔者将在下文对互联网有偿抢票现象和淘宝恶意刷信誉现象这两类互联网灰色产业的入刑问题进行检视，检讨刑法规制此类现象过程中存在的缺憾，并为其入罪与否，以及如何入罪探求一条可行的出路。

（一）对有偿提供抢票服务入刑的反思

互联网信息时代背景下，网络有偿购票业务作为一种新生事物，不管是对于当下的监管制度还是对人们的主观意识，都产生了很大的挑战。《南方都市报》曾报道称，截止到2017年1月3日，已经有58家网络平台推出了抢票软件。这些软件平均收费在30元左右，抢票的成功率高达70%～80%。该报道一出即引发了热议，刑法学者也纷纷撰文就这一问题发表观点，意图论证其是否构成《刑法》中的倒卖车票罪。关于使用抢票软件有偿抢票的行为是否需要刑法介入其中，刑法学界的观点不一。高艳东教授指出，应当将有偿购票区分为劳务服务型与机会垄断型。利用软件进行的有偿抢票服务是机会垄断型有偿购票，侵犯了旅客的自由购票选择权，构成倒卖车票罪。① 而利用抢票软件有偿抢票构成犯罪的前提主要有两个，其一是倒卖车票罪中的“倒卖”不限于先买后卖的行为。其二是该行为侵害了某种法益。而另有论者认为倒卖车票的成立需要在商品交易中产生所有权的变更，而实名制下的网络购票不可能存在所有权的变更情况，因此不构成该罪。该论者还指出，网络有偿购票是市场自发产生的，即便是没有网络有偿购票，也会有其他新的市场竞争现象出现。② 从目前的讨论中可以看出，大多数论者将关注点放在了以下两个问题上：其一，利用软件有偿购票行为是否具有法益侵害性，其二，该行为是否符合倒卖车票罪的犯罪构成要件。

关于第一个问题，认为该行为具有严重的社会危害性的学者提出的理由主要是，目前我国铁路运输具有社会福利的属性，通过滥用技术企图剥夺他人享受公共福利的机会，无论如何也是不公平的，这种行为侵害了乘客的自由购票权。③ 事实上，利用抢票软件有偿抢票的行为是否属于妨碍公共资源公平合理分配的行为，尚且有待进一步探讨。之前就早

---

① 高艳东、齐祁拓：《互联网时代带买车票罪的规范结对——有偿抢票服务入罪论》，载《浙江社会科学》2017年第11期，第42－52页。

② 朱昌俊：《网络有偿抢票不是黄牛倒票》，载《中国青年报》2017年1月5日第002版。

③ 高艳东、齐祁拓：《互联网时代带买车票罪的规范结对——有偿抢票服务入罪论》，载《浙江社会科学》2017年第11期，第42－52页。

有论者指出，倒卖车票、船票并未侵害正常的交通秩序、也未侵害旅客的合法权益和客运单位的经济利益，更未损害国家车票、船票的售购制度，因而倒卖车票、船票罪缺乏现实的及可验证的侵害法益，不具有执法上的效益性，同时也是对刑法补充性原则的背离。① 可见该论者的观点是将倒卖车票、船票罪的除罪化。且不论该罪是否具有设立的必要性，单从当前的互联网有偿抢票这一现象来看，其所侵犯的法益似乎并不明确。

从是否存在法益侵害性等角度出发，笔者认为互联网软件有偿抢票行为不应当被认定为犯罪。首先，无论是否存在倒卖行为，客运售票单位都是按照既定价格进行售票，而倒卖车票行为人所获得的的溢价部分并非属于客运单位的可期待性利益，因而客运单位并未因倒卖车票的行为受到经济损失。② 加之国家将车票、船票拟定为专营形式从而否定自由市场调节的依据并不明朗，难以获得管制的正当性，因此不能证明倒卖行为具有实际上的侵害性。其次，就目前而言，火车票确实属于公共福利的范畴，但是这种公共福利本身就很难做到公平分配，原因是火车票的需求是刚性的，但每个人的出发时间、目的地、需求种类等是完全不一样的，加上火车票的价格低廉，无法通过价格进行调整，排队买票就成了调整供需关系、合理分配火车票资源的一种方式，通常对车票需求越高的乘客越会较早的排队购票。随着网络购票平台的运用，排队购票这种调节供需的方式不再发挥主要效能，公众通过互联网可以随时购票，购票的时间与数量基本不受限制，因此互联网购票的环境下无法再有效反映旅客对火车票的需求程度。而目前出现的利用软件有偿抢票实际上是类似于排队购票的另一种能够某种程度上反映乘客需求的资源分配方式。在笔者看来，利用软件有偿抢票与雇佣他人在窗口排队购票并不存在本质区别，都是在供需机制刺激下产生的竞争手段，很难谈得上对何种法益具有相当的危害性。最后，刑罚权的启动始终是调节社会关系的最后一种手段，当存在其他非刑法手段可被利用时，就应当审慎启动刑罚权。正如德国学者罗克辛曾言：并非只有通过刑法才能实现对法益的保护，而可以通过全部法制手段对其加以保护。在全部手段中，刑法通常只能作为保护法益的最后手段，也就是说，只有其他解决社会问题的手段起不到作用时，刑法才可以允许被启用。反观抢票软件的出现，其归根结底是车票供需之间的矛盾，铁路等客运部门不应当仅仅纠结于利用抢票软件进行抢票的公正与否，而应当积极改善管理模式，吸收民间资本解决运力不足的问题。③ 既然火车票属于公共福利，那么为了更好的满足更多人的需求，我们选择的方案应当是增加公共资源的投入，而非轻易地采用强行法对利用软件有偿购票的行为进行规制。

将互联网软件有偿抢票行为认定为犯罪的现象表明，我国刑法理论上依旧存在“义务违反说”的犯罪本质观。但从刑法的谦抑性、强制性等特征出发，笔者认为，对于单纯违反义务或秩序的行为应当审慎启动刑罚权。正如有德国学者指出，刑法应当保护预先设定

---

① 高巍：《论倒卖车票、船票罪之除罪化》，载《政治与法律》2009 年第 12 期，第 46 - 50 页。
② 高巍：《论倒卖车票、船票罪之除罪化》，载《政治与法律》2009 年第 12 期，第 46 - 50 页。
③ 闵金龙：《按需抢票无可厚非》，载《公民导刊》2013 年第 5 期，第 42 - 43 页。

的法益，而排除单纯违法秩序的行为。因为，仅仅违反用于支持维护公共秩序和福利任务法规的行为应当作为在道德上无色彩的不服从行为，或者说，单纯的违反秩序的行为，应当使用非刑罚手段进行规制。或许有人会以交通肇事罪也是违反交通秩序的行为为例子进行反驳。但是需要指出的是，单纯违法交通秩序并不构成犯罪，只有违反交通运输管理法规，进而发生重大事故，致人重伤、死亡或者使公私财产遭受重大损失的，才构成犯罪。① 刑法是对个人自由或权利的限制与剥夺，刑罚权的启用必须要有充分的利益和依据。正如日本学者大谷实所言：即便犯罪与刑罚在法律中明确规定，但如果该法律规范的内容缺乏处罚的合理性和必要性时，就会导致刑罚权的滥用，就会从实质上侵害人权。②

关于第二个问题，即利用软件有偿购票的行为是否符合倒卖车票罪的犯罪构成。该罪的产生有其特殊的历史维度，因此在犯罪构成要素的解释上，也应当遵循其产生的历史背景。根据《刑法》第 227 条第 2 款③以及《最高人民法院关于审理倒卖车票刑事案件有关问题的解释》的规定，倒卖车票罪应当具备“贩卖”的情节。根据《现代汉语词典》，倒卖是指低价买进后高价卖出的行为，而贩卖是指商人买进货物后再加价卖出以获得利润的行为。无论是“倒卖”还是“贩卖”都存在“先买后卖”、改变所有权的特点。在实名制购票的条件下，这种“先买后卖”的情形是很难出现的，因此在如何将代购车票解释为倒票车票的行为这一问题上就难免产生较大争议。持入刑观点的论者大部分主张对“倒卖”这一概念作扩大解释，也不乏有论者认为“倒卖”本身就不局限于“先买后卖”的情形，而应当将其解释为“以营利为目的而进行贩卖的行为”。④ 笔者并不赞同上述观点，“倒卖”这一构成要素属于记述的构成要件要素，因此这一概念的的解释无需法官的规范评价或价值判断，而仅仅依靠法官的认识活动即可确定，将不具备“先买后卖”特征的网络软件有偿购票行为认定为倒卖火车票的行为明显超出了公众的认知范围，难免存在违背罪刑法定原则的嫌疑。

因此针对网络软件有偿购票这一问题，刑法应当慎重地介入其中，刑法除了行为规制功能与法益保护功能外，还具有自由保障功能，即刑法应当保障公民的个人自由不受国家刑罚权的不当侵害。因此，刑法理论与实践应当慎重的对“倒卖”这一犯罪构成作扩大解释，以免导致对法的安定性以及公民的自由造成不利影响。此外依据《刑法》第 13 条⑤

---

① ［德］克劳斯·罗克辛：《德国刑法学　总论》，王世洲译，法律出版社 2005 年版，第 13 页，第 23 页。

② 转引自马克昌：《比较刑法原理》，武汉大学出版社 2002 年版，第 76 页。

③ 第二百二十七条第二款倒卖车票、船票，情节严重的，处三年以下有期徒刑、拘役或者管制，并处或者单处票证价额一倍以上五倍以下罚金。

④ 高艳东、齐祁拓：《互联网时代带买车票罪的规范结对——有偿抢票服务入罪论》，载《浙江社会科学》2017 年第 11 期，第 42 – 52 页。

⑤ “一切危害国家主权、领土完整和安全，分裂国家、颠覆人民民主专政的政权和推翻社会主义制度，破坏社会秩序和经济秩序，侵犯国有财产或者劳动群众集体所有的财产，侵犯公民私人所有的财产，侵犯公民的人身权利、民主权利和其他权利，以及其他危害社会的行为，依照法律应当受刑罚处罚的，都是犯罪，但是情节显著轻微危害不大的，不认为是犯罪”。

“但书”的基本精神，我们也应当将互联网有偿抢票这种“情节显著轻微危害不大”的行为排除在刑法规制范围外。

（二）对淘宝恶意刷单案入刑的反思

互联网的发展催生了很多新型涉嫌网络违法的行为，不同程度上超出了刑法的调整范围。① 在此笔者将以2016年12月19日南京市中级人民法院判决的一件淘宝恶意刷单案为例，通过对该案的分析，反思互联网灰色产业入刑的些许乱象。

基本案情如下：网店店主董某利用淘宝监管机制惩罚以虚拟手段提高店铺信用的管理方式谋取市场竞争优势，雇用谢某在六天内多次以同一个账号大量购受害者的淘宝店的商品，在给予好评后又退单。2014年4月23日，浙江淘宝公司发现这一异常，并认定A店铺存在虚假交易刷销量的行为，决定对其进行降权处罚，即对单个商品给予一定期限的搜索降权。② 4月28日，经被害者在线下申诉后，淘宝公司才恢复了其店铺的搜索排名，经审查才发现这一降权行为给被害者造成了多达15.98万余元的损失。③ 在该案中，董某与谢某的行为确实给被害者造成了很大的经济损失，具有一定的危害性。鉴于此案的严重程度，南京市中级人民法院在借鉴相关专家学者的研讨结果后，最终判决该行为构成破坏生产经营罪。该案的判决早已尘埃落定，但是其引发的争议仍旧没有消减。

这类案件的关键问题在于，我国的破坏生产经营罪是否包括妨害业务的行为。持肯定观点的学者认为，在信息化时代，应当对破坏生产经营罪进行扩张解释，破坏不等于毁坏，妨害行为也是一种破坏行为。④ 而以张明楷教授为首的一部分学者则认为，以破坏生产经营罪对该类行为进行处置，既违背了罪刑法定原则，也非长远之计。鉴于该行为的社会危害性日渐加重，我国刑法有必要借鉴国外立法，在分则中增设妨害业务罪，并注重犯罪构成的类型化。⑤ 而另有一小部分观点认为，刑法应当慎重地介入其中，通过其他法律对该行为进行管制也许是更为合适的选择路径。例如有论者认为，逃避恶意刷单事实上是利用网络技术进行的不正当竞争行为，因此应当通过《反不正当竞争法》对其进行规制。虽然目前该法当中不存在有关此种行为的条款，但是仍旧存在采用该法对该类行为进行规

---

① 参见蒋丽：《网络涉法行为的刑法谦抑性分析——以淘宝恶意刷单为例》，载《东南大学学报（哲学社会科学版）》2016年12月第18卷增刊，第91-94页。

② 参见王筱：《破坏生产经营罪应否包括妨害业务的行为——以淘宝恶意刷单行为为例》，载《怀化学院学报》2017年第7期，第95-97页。

③ 参见王筱：《破坏生产经营罪应否包括妨害业务的行为——以淘宝恶意刷单行为为例》，载《怀化学院学报》2017年第7期，第95-97页。

④ 参见高艳东：《破坏生产经营罪包括妨害业务行为——批量恶意注册账号的处理》，载《预防青少年犯罪研究》2016年第2期，第14页。

⑤ 张明楷：《妨害业务行为的刑法规制》，载《法学杂志》2014年第7期，第1-10页。

制的可能①。

笔者也曾就该问题发表题目为《破坏生产经营罪应否包括妨害业务的行为——以淘宝恶意刷单行为为例》的论文，在该文中，笔者认为逃避恶意刷信誉等此类行为并不符合目前我国《刑法》中破坏生产经营罪的犯罪构成，不应当在法无明文规定的情况下将妨害业务的行为认定为破坏生产经营罪。而本文中，笔者所关注的并非该行为是否具有严重的社会危害性，以及应当采用何种方案对其进行规制。本文的关注点在于，是否能对破坏生产经营罪做出扩大解释，使得该罪包括妨害业务的行为。根据《刑法》第276条②的规定，破坏生产经营罪主观上应具备泄愤报复或其他个人目的，客观上应当具备毁坏机器设备、残害耕畜或者以其他方法破坏生产经营的行为。从犯罪构成上来看，妨害业务的行为不符合上述犯罪构成，因此有关论者对“以其他方法破坏生产经营的行为”大作文章，意图论证妨害业务的行为属于“以其他方法破坏生产经营的行为”的范畴。但根据刑法中的同质解释规制，对刑法分则条文中“等”“其他”的解释应当与所列举出来的具体方法、手段、行为等的种类、性质、功能等保持一致。③ 因此我们只需论证妨害业务的行为与“毁坏机器设备、残害耕畜”的行为是否具有同质性。破坏生产经营罪的设定有其特殊的历史背景、社会基础和立法目的，其针对的是对财产法益的保护，属于破坏型的财产犯罪，而这种财产主要针对的是生产资料。可见妨害业务的行为与破坏机器设备、残害耕畜的行为不具有同质性。既然如此，“以其他方法破坏生产经营”的行为不包括妨害业务的行为，如果硬要将妨害业务的行为认定为“破坏生产经营”行为，可能就超出了刑法文义应有的射程，有可能产生类推解释的嫌疑。而类推与罪刑法定之间存在逻辑上的对立：罪刑法定原则的精髓是法无明文规定不为罪，而类推则是法无明文规定也构成犯罪，因此二者难以同时成立。

总之，对此类行为是否构成犯罪，以及构成何种犯罪尚且需要慎重对待。虽然这一行为具有相当的社会危害性，但是构成犯罪的首要前提还是法律的明文规定。犯罪是具有社会危害性的行为，但是并不是所有具有社会危害性的行为都属于犯罪。判断一个行为是否是犯罪行为，最主要的一点是该行为是否被刑法规定为犯罪，即是否具备刑事违法性。我们不能单纯的因为某一个或一类案件具有较严重的社会危害性，就盲目的“挑衅”刑法犯罪框架的边界。个案正义需要在填补法律漏洞与保证法的安定之间进行平衡。在刑法的适用中，法的安定性可能具有更高的分量，为了个案正义去破坏法的安定性则需要更加充分的理由。④

---

① 蒋丽：《网络涉法行为的刑法谦抑性分析——以淘宝恶意刷单为例》，载《东南大学学报（哲学社会科学版）》2016年12月第18卷增刊，第91-94页。

② 第276条 由于泄愤报复或者其他个人目的，毁坏机器设备、残害耕畜或者以其他方法破坏生产经营的，处三年以下有期徒刑、拘役或者管制；情节严重的，处三年以上七年以下有期徒刑。

③ 贤飞：《该阻止施工行为不构成破坏生产经营罪》，载《人民法院报》2015年3月26日，第006版。

④ 高巍：《刑法教义学事业下法益原则的畛域》，载《法学》2018年第4期，第36-47页。

结 语

事实上，违反教义学与泛刑法化现象的出现，是社会管理机制面对层出不穷的具有社会危害性的新型互联网灰色产业时所产生的应急反应。反映了此类行为对当前社会所产生的冲击，以及整个社会面对此类行为时所表现出来的措手不及与不适感。但是我们必须明白，刑法不能保护所有受到侵害的法益，也不能惩罚所有具有社会危害性的行为，因为对刑法的解释离不开对刑法规范的严格遵守。因此在刑法教义学的研究范式下，我们应当首先关注现行的法律规范，遵循罪刑法定原则，其次才是兼顾社会所追求的其他功利与价值。因此，笔者提倡在探讨网络软件有偿购票、淘宝恶意刷单等类似互联网灰色产业是否构成犯罪以及认定为何种犯罪时，应当考察其是否符合现行刑法中的某一或某些罪名的犯罪构成，如果答案是否定的，则应当进一步考察是否有必要为该类行为设定单独的类型化罪名。审慎对待各类互联网灰色产业的入刑问题，是杜绝罔顾法律规范，避免盲目追求机会主义、实用主义与功利主义的必然之举。

（编辑：黄　涛）

推进京津冀立法协同的体系化机制*

孙日华**

摘　要　京津冀立法协同是在国家推进京津冀协同发展的大背景下提出和实施的立法创新活动。京津冀立法协同是京津冀协同发展的要求和保障，当前京津冀立法协同存在的主要问题是：立法协同机制不够系统；立法协同单轨、链段式；中央立法协同机制缺失。深入开展京津冀立法协同，应当完善联席会议和成立京津冀立法协同专家小组，通过会议协同、协议协同、委托立法协同、示范法协同、联合立法协同、中央立法协同等协同机制体系，在立法规划、计划、起草、论证、审议、公布、完善等立法全链条上，全面协同整个立法形式、主体和内容。推进京津冀立法协同体系化机制应采取以下措施：签订省（市）协同立法框架协议；完善联席会议制度与专家团队；启动一批急需的协同立法项目；清理不符合《规划纲要》的地方法规、规章；建议开展中央立法协同和创新区域立法协同。

关键词　京津冀　协同发展　立法协同　区域立法　体系化机制

一、京津冀立法协同的发展现状

2015年4月，中共中央、国务院发布的《京津冀协同发展规划纲要》顶层设计了京津冀协同发展重大战略的发展目标、定位布局和实施措施，以纲领性政策的形式指导、统领京津冀协同发展科学推进。但是，京津冀协同发展国家战略深入落实，不仅需要以党和国家政策的推进，也迫切需要京津冀协同立法的强力法制引领和保障。四年过去了，立法

---

* 基金项目：2014年河北省普通高等学校青年拔尖人才计划项目“依法治国背景下河北省社会矛盾解决的法律适用方法研究”（项目编号：BJ2014095）的阶段性成果；2014年河北省社会科学发展研究课题“河北省涉法网络舆情监测与引导机制研究”（项目编号：2014040104）的阶段成果。

** 孙日华，男，河北承德人，河北地质大学法政学院副教授，研究方向为法理学、法律方法论。

协同取得了一定的进展，系统化、体系化的立法协同还存在不足，还需要做机制设计，并深入推进。

（一）京津冀协同发展客观需要立法协同的引领与保障

其一，《京津冀协同发展规划纲要》顶层设计的发展目标、定位布局和实施措施，需要京津冀通过立法协同将其制度化、具体化、常态化。已经确立的京津冀协同发展战略的总体政策要求大多具有宏观性、原则性、策略性、灵活性和时效性。要保障实现京津冀协同发展的有序疏解北京非首都功能，到2030年基本实现京津冀区域一体化的核心目标，必须使这些宏观、原则、灵活的发展目标、定位布局和主要政策措施，借力三省市地方立法协同，具体化成明确具体的行为规范指南、稳定成必须三地一体遵行的长期制度导向、“刚化”升格为法律的硬约束。

其二，“改革引领，创新驱动”京津冀协同发展，需要法制导向指南，协同立法固化引领。要将京津冀建成“区域整体协同发展改革引领区”，必须协同立法推进三省市战略规划、政策法规体系、管理体制、空间定位土地布局等的统一、统筹、协调与融合，建立健全统一的协同发展的体制机制，并需要将其固化为可为全国其他地区协同发展可复制、可推广的法律制度样本。

其三，京津冀协同发展需要协同立法为其开辟道路、清除壁垒、破除制度障碍和破解行政瓶颈制约。与珠三角、长三角相比，以首都为中心的京津冀区域政治氛围浓厚，行政割据较为严重，人为市场壁垒较多，恶性竞争加剧。按照贝叶斯定理，个体的前见将影响其依据新信息输入形成的判断。① 以区域一体化为终极目标的三省市协同发展，客观上要求全区域资源流动共享、市场开放统一，生态环境一体保护，市场主导区域资源配置。这就需要通过立法协同，强制清理和废除妨碍区域统一市场形成和公平竞争的各种行政壁垒和以利益取向来取舍的地方性立法，“努力形成京津冀目标同向、措施一体、优势互补、互利共赢的协同发展新格局”。

其四，京津冀协同发展过程中复杂的多头利益关系依靠立法协同予以调整。《京津冀协同发展规划纲要》确定的三省市功能定位，需要三省市将过去各自的利益功能定位让位于《京津冀协同发展规划纲要》确定的京津冀区域整体国家利益定位，由此必然带来彼此复杂的多种利益关系的调整，这不仅涉及三省市区域利益、部门利益、企业利益的消长，也事关全区域的1.1亿民众个体利益的减损和增益。这种跨行政区划复杂交织的众多主体的利益关系调整，只有立法协同才能保障健康、稳妥、安全地开展。

① 《简明不列颠百科全书》（第1卷），中国大百科全书出版社1986年版，第652页。

（二）京津冀立法协同中存在的主要问题

1. 缺乏立法协同的组织机构

京津冀协同发展国家战略提出之后，党中央、国务院适时推出了《京津冀协同规划发展纲要》，不仅提出了京津冀协同发展的指导思想、应遵循的基本原则和整体发展目标等总体要求，顶层设计了整个区域功能定位和三省市各自的功能定位等战略布局，而且还就疏解北京非首都功能的方法、方式、人口调控，推进京津冀协同发展的重点突破领域主要措施、相关任务、改革措施等内容作了全面而详细的安排和部署。为完成上述战略目标、定位、任务、措施等，京津冀三省市都成立了京津冀协同发展领导小组及办公室，以贯彻落实中央和国家的京津冀协同发展战略。作为京津冀协同发展引领、导向、保障的三地立法协同，虽然也面临繁重的“协”“统”“同”等协同任务，甚至面临高难度的协同体制机制的创新和运作上的架构，但是，作为协同立法的平台载体，京津冀三省市协同立法的组织机构至今尚付之阙如。

正因为如此，当前三省市之间的立法协同主要是在各自独立立法过程中低层次的沟通和协调，尚未开启深层的立法协同，也不可能进行全方位、全层次的立法协同。例如，京津冀三省市的人大立法协同，主要还是立法沟通协商和信息共享，通过沟通立法规划、年度立法计划，谋求具体立法项目上的合作。合作模式主要是点对点、项对项，沟通形式主要表现为轮流坐庄。这种立法协同模式导致立法协同缺乏组织性。

2. 未能形成常态化的立法协同机制

据调研，目前京津冀尚未形成常态化的立法协同机制。目前三省市的立法协同，一般是一方有立法协同意向后，再与另两地立法机关进行一对一的沟通。这存在以下问题：第一，京津冀三省市都是独立的地方立法主体，按照现行立法体制机制，省级地方立法是人大、政府二元立法立法构架，如何将三地、六方的立法主体有机地组织起来协同立法，是一个难题；第二，立法协同活动的临时性、权宜性比较突出，周密性、全局性、整体性不足，很难保障三地各自的地方法规规章体系和谐统一。

3. 立法协同机制尚未系统化、制度化和常态化

京津冀立法协同机制是一个系统工程，需要系统搭建一套完整的机制，构建完备的组织结构。当前，立法协同的系统机制还没有完全搭建。立法协同还主要是见招拆招，针对某一个问题开展交流、协商、沟通。尚未将立法协同进行系统的动态发展的整体设计，更没有架构起会议协同、省际立法协议协同、委托立法协同、示范法协同、联合立法协同、国家立法协同等协同机制体系，也没有从立法规划、立法计划、起草论证、立法主体、立

法内容、立法程序、立法完善等多层面、全方位、立体式地进行系统的制度构建。① 目前，三省市主要在立法规划拟定、法案起草论证等方面沟通多、信息共享多，其他立法协同方面尚未开展。

4. 立法协同的层次、深度有待深化

目前，京津冀立法协同层次尚存在局限，主要面向市场经济、科技发展、城镇布局、社会管理等方面的沟通协调较多，对于产业转移对接、环境联防联治、生态环境补偿、资源能源的公平分享、一体化交通运输等大利益交织复杂的领域，协同立法深度不够。引领保障京津冀协同发展的利益调整立法深水区尚未触动。

5. 立法协同机制的可操作性有待强化

目前，京津冀立法协同已经开始，京津冀三省市立法协同的基本理念已经初步确立，已经搭建的简单协同机制，需要落地生根，已经制定的协同框架协议，需要进一步便捷化、可操作化。仍然缺位的立法交叉备案审查机制、立法协同争议解决机制、制度，应该尽快出台制度、建立运行平台、启动协同程序。

二、立法协同的文本方法

立法本身是文本的制定，文本的质量取决于方法的选取，其不仅涉及个体本文的质量和指向性，还包括区域协同的多个层次。不仅要符合规范法学内在的本文要求，立足区域的共性实现协同，同时也要适当兼顾区域的地域接受性，尤其是在法律责任方面。起草论证、内容和协调机制的协同是教义学意义上的，是尽量一致的，只有这样才算做到了立法协同，协同的基础和价值追求才有了着落。

（一）立法起草论证的协同

立法起草论证属于立法论证制度的一部分，是从源头上提高立法质量的一项重要的立法技术性制度，也是立法活动的重要环节之一。“立法论证可以是指在立法之前对立法的必要性与可行性提供论述与证明，也可以是指在立法过程中对立法出现的内容与形式方面的问题提供论述与证明，还可以指在立法完成之后，对立法的实际可操作性以及立法的质量评价提供论述与证明。”② 这里所指的立法起草论证是在立法准备阶段有关如何起草立法文本的论证。立法起草论证上启立法计划，下接立法起草工作的具体实施也即立法内容的确定，是将立法计划所确定的立法项目转换为现实的立法文本的关键环节。

京津冀立法协同能否真正落地，与各立法机关相互之间是否充分参与有关立法起草论证环节，有着直接的关系。京津冀立法起草论证的主要目的在于解决有关立法起草的必要

---

① 王春业：《论经济区域内行政立法一体化及其路径选择》，载《中南民族大学学报（人文社科版）》2009年第6期，第108页。

② 汪全胜：《试论立法论证》，载《河南省政法管理干部学院学报》2001年第1期，第16页。

性、可行性及合理性等问题，为立法草案内容的确定提供决策参考或依据。京津冀三省市的立法机关可以经由这一机制或环节，悉知对方某项立法将作出怎样的规定，并在预测立法将对京津冀的协同发展可能产生的影响基础上，就相关的立法内容及活动继续进行深入协调。为了能够更好地达到立法起草论证的协同，京津冀三省市立法机关可以分别或者共同委托若干名专家学者，组成一个专家委员会，参与到立法起草论证中来。由于立法起草论证已经涉及立法文本的内容，尤其是关系到京津冀协同发展中各方的权利、职责以及利益分配等核心问题，因此立法起草论证的协同程度将直接影响最终的立法协同水平。

（二）立法本文内容的协同

区域合作的基础是共同利益的追求与分享。京津冀地区在基础设施建设、生态环境保护、产业升级转移以及人才和其他市场要素自由流动等方面，有着非常紧密的利益关联性或共同的利益追求。这些利益关联性或共同的利益追求有些是客观形势所造成的，如大气污染防治，而更多的则是在京津冀一体化发展不断推进中积极开发出来的。京津冀三省市相关联的或者共同追求的利益关系，也成为协同立法所要指向或调整的对象。

由于立法文本内容一旦为各方所确定和认可，就意味着各方将接受该部立法所确定的规则的约束，就京津冀协同立法活动本身而言，某项协同立法能否开展以及开展的顺利程度，从根本上取决于各方对立法文本内容的认可程度。并不是每部立法的内容从一开始就会毫无障碍地为各方所认可，反过来讲，一部立法的内容开始各方存在很大分歧也不意味着没有达成一致的可能。关键在于参与立法协同的京津冀各方的立法机关是否采用了有效的协调或协同机制。

概言之，衡量京津冀立法协同程度的高低主要有两项指标：一是协同立法所调整的领域或事项的广泛度，二是具体到某项立法时三省市立法机关能否就立法的文本内容较容易地达成一致意见。据此，推动京津冀立法协同，就应在立法调整领域和立法文本内容一致意见的达成两个方面着力，建构相应的协调机制（如利益共享与补偿机制）以增进京津冀立法协同的程度。

（三）构建立法冲突解决机制

京津冀协同立法的目的本是为了消弭三省市因为地区差异、利益不同或立法不同步等原因产生的地方立法冲突，破除京津冀区域隐性壁垒，打破行政分割，实现优势互补、一体化发展。但是，由于现行立法体制下三省市是“分块”各自独立进行地方立法，基于彼此经济社会发展情况各异，相关利益各不相同等原因，三省市针对同一社会关系制定的法律规则不尽相同是常态，这就产生了京津冀区域立法冲突。这种区域立法冲突，绝大多数属于因调整的法域不同、利益考量不同和经济社会发展不平衡等原因导致的正常立法差异，京津冀协同立法无需进行干预。然而对于少部分导致法律适用无所适从，阻碍京津冀一体化发展，人为设置区域壁垒，纯粹出于利益考量各取所需的消极立法冲突，毫无疑问，必须通过立法冲突解决机制及时予以协同、化解。

前述的会议协商、省际立法协议、联合拟法、联合立法、中央立法等，无疑是京津冀立法最重要的协同机制，但仍存在协同空隙：一是上述协同机制都是针对京津冀三省市一体化发展需要一致化的立法项目，诸如生态环境防治、交通一体化发展等，通过上述协同机制，三省市形成统一的规范、一致的规则，促进京津冀协同发展。但是，对京津冀三省市优势互补、劣势互避、彼此对接、相互融合的立法项目，诸如北京非首都功能的疏解、产业转移与空间布局、资源跨区使用等，三省市立法非但不能统一，反而应该制度化差异，鼓励错位发展。对于这种长期存在的互补性地方立法，京津冀协同立法应该在去"同"存"异"的原则下，努力实现彼此"协调"，做到有"协"有"同"，"协""同"统一。京津冀三省市互补性立法冲突的协调任务，上述协同机制显然无法发挥作用，这就需要立法冲突解决机制来完成。二是即使通过协商、协议、联合拟法、示范法等机制来协同京津冀三省市立法，也会出现立法结果"协"而不"同"，因为毕竟现行地方立法体制是"分块立法"、"各自为政"，京津冀立法可以彼此"协同"但不能相互干预，重大利益驱动下的三省市立法虽经"协同"仍有可能彼此冲突。这种立法冲突只能求助于立法冲突解决机制。

与前述立法之前、立法之中的协同机制不同，立法冲突解决机制是一种事后监督性立法协同机制，目前京津冀可以实施的立法冲突解决机制主要有如下三个。

1. 法规、规章常态清理机制

这一机制的基本做法是京津冀三省市的立法职权主体，要各自常年对其制定的地方法规、规章进行审查清理，对审查发现的与国家法律、行政法规抵触的，与京津冀协同发展战略不适应、相抵触的，与京津冀协同立法原则、目的和协议规范矛盾的，与其他省市地方法规、规章严重冲突且必须协同的，都要及时进行废除或修改，以此实现京津冀法制协同。河北省人大常委会实施这一机制已经走在了京津前面。

2. 交叉备案审查机制

交叉备案审查机制是指，京津冀任一地的地方立法完成后，要将立法文本向另外两省市的立法机关报送备案，其他两省市立法机关对报送审查的立法文本进行协同性审查，若发现其立法有损京津冀协同发展或有损本地利益时，可以提出协同请求并进行协同的机制。交叉备案审查机制是从立法结果上来确保区域内地方立法的协同，京津冀区域实施这一机制可以消除三省市协同发展的制度障碍，促进京津冀一体化发展。目前，长三角经济区已经尝试了这一协同机制并取得了较好的协同效果。

3. 上报审查备案审查机制

根据我国《宪法》和《地方组织法》等法律的规定，地方性法规必须上报全国人大常委会备案，从1993年7月1日，由全国人大各专门委员会进行审查。地方政府制定的规章必须上报国务院备案，从 1990 年始由国务院法制局审查。经审查与宪法、法律、行政法规、规章等上位法抵触的，下位的地方立法必须予以修改或废止或撤销。京津冀三省市的立法机关或部门在常态法规、规章清理时，或在交叉备案审查对方法规、规则规章时，发现对方省市的地方立法与国家宪法、法律、行政法规、规章等上位法矛盾，可以利用地方立法上报备案审查机制，通过请求对方依法修改、撤销相应的法律规范，直至上报全国人大常委会和国务院予以修改、撤销的途径，达到三省市立法协同的目的。

三、京津冀立法协同的程序机制

法律文本的协同是是京津冀立法协同的前提和基础，也是未来法律落地，并能够在区域内有效发挥法律效果的根本。文本的协同可以促进区域内的有效交流和一体化，实现国家对京津冀的战略布局。但文本质量的高低更需要程序的保障，由于京津冀区域还存在着政治地位、经济发展方面的差异，如何打造一个完善的协同程序机制，对于有效推进互联互通，完成立法协同任务势在必行。

（一）立法规划的协同

立法规划是广义上所讲的立法程序启动的标志性环节，是指“立法主体根据立法预测的结果在法定权限内依照一定的原则和程序所编制的关于立法目标、措施、步骤的基本设想与安排”。[①] 立法规划的基本功能是保证立法工作在一段较长的时期内有组织、有计划地开展，避免立法活动的盲目性。立法规划的这一功能，对于建立在合作与协调基础上的京津冀立法协同而言，尤为重要。京津冀立法协同的根本目的在于为这一区域的共同发展提供更为充分的法律保障，故此要根据京津冀区域现实和未来发展需要来制定、修改和废止相应的规范性法文件。而今后三年或五年之内要制定什么样的法规或者规章，什么时间制定、修改或废止有关法规或者规章等，这些都首先要通过立法规划的协同来实现。

京津冀立法规划的协同主要表现在京津冀三省市立法机关在编制各自的立法规划时，要及时有效地进行沟通，就未来三或五年之内涉及京津冀区域性事务的立法活动协调一致，或者三省市立法机关共同就京津冀立法活动编制同一个立法规划文件。无论是各自的还是共同的立法规划的编制过程中的协同，都表明了京津冀立法协同迈出了实质性的第一步。立法规划的协同不仅要明确京津冀三省市立法机关在未来一定时期内要制定和颁行哪些关涉区域性发展的法律文件，还要对已经施行的且能够影响到区域性发展的法律文件，根据有关的评估和预测，来安排相应的修改、补充、解释、清理或废止等立法工作。由于尚未涉及具体的权利义务设定或利益分配问题，相比较于立法内容的协同，京津冀三省市立法机关在立法规划协同方面较容易达成一致意见。

---

① 张永和主编：《立法学》，法律出版社 2009 年版，第 74 页。

（二）立法计划的协同

立法计划是指立法机关年度立法项目的确定和立法工作的安排。立法计划主要是根据立法规划和实际需要制定的，所以，立法计划与立法规划的年度安排有密切的联系，但又不是完全一致。因为事物是不断发展变化的，根据客观实际的发展变化，经常需要对立法规划作必要的调整。因此，立法计划更为直接地指导立法活动的开展，是狭义上的立法程序启动的直接依据。如果将京津冀立法规划的协同视为体系化协同的第一步的话，那么立法计划的协同则是落实立法规划协同的关键一步。原因在于，立法规划是一个长达三年或五年的规划性文件，其中所确定的立法项目并不一定能够完全得到落实，而可能由于立法情势的变更或者个别立法机关的反悔等被弃置。年度立法计划相较于立法规划，其稳定性或确定性要更强。某个领域的立法事项一旦被纳入年度立法计划当中，基本上等同于立法程序已经进入了正式启动的阶段。

鉴于立法计划在整个立法活动中的重要地位，京津冀立法协同必须重视立法计划的协同。实践中，立法计划的草案一般由立法机关的法制工作机构具体负责拟订。京津冀三省市立法机关的法制工作机构在拟订年度立法计划时，应该通过信息共享与交流机制、联席会议机制等具体的协同机制及时进行沟通协调，根据之前协同编制的立法规划，确定三省市本年度或下一年度各自及共同的立法计划。必要时，也可以由京津冀三省市立法机关的主要负责人介入协调，以实现立法计划的有效协同。需要指出的是，立法计划的协同并非要求京津冀三省市立法机关在各自的立法计划中一定要确立完全相同的立法项目，三省市立法机关可以根据本地发展并在兼顾京津冀区域发展情况与需要基础上，确定最终的立法计划项目。立法协同的主要目的在于通过交流与磋商，就列入年度立法计划中的立法项目的立法目标、主要立法内容以及对京津冀协同发展的可能影响等，进行深入地沟通与说明。相比较于立法规划的协同，京津冀立法计划的协同更为具体，协同的程度也进一步加深。

（三）立法主体的协同

立法主体指的是立法活动的组织实施者与参与者。在区域立法合作中，立法主体同样包括职权主体和参与主体两种类型。并且，“区域立法职权主体具有复合性，而立法的参与主体则具有不确定性，无论是职权主体之间，还是参与主体之间，以及职权主体与参与主体之间的关系都需要进行不同程度的协调”。[①] 京津冀立法协同从主体角度来看，同样需要借助相应的机制来实现这两类主体之间的行为协同。具体而言，京津冀协同立法中涉及的职权主体包括三省市的人大及其常委会和人民政府，参与主体则主要是在京津冀地区

---

① 陈光：《区域立法协调机制的理论建构》，人民出版社2014年版，第195－196页。

从事生产生活的各类社会主体，包括公民、法人和其他社会组织。

立法实践已经证明，如果某项立法需要两个以上的立法职权主体的合作方能完成，那么相应的协调机制便不可缺少。在美国，立法权由参众两院共同行使，任何一院通过的法案必须送交另一院通过，两院如果在立法案内容上发生分析，可以通过磋商解决。常见的解决方式是由两院同等数量的议员组成磋商委员会，提出妥协方案并经两院通过。在英国，“无论是提交下院还是上院的议案，经某一院‘三读’程序通过后，必须交另一院以同样的‘三读’程序通过。一院所作的修正案必须得到另一院的同意，否则应成立两院联席会议协商解决”。① 欧盟立法中，由欧盟各成员国的首脑定期召开欧盟峰会也是一种有效的立法协调或协同机制。这些协调机制同样可以被借鉴到京津冀立法协同实践中来，用于协调京津冀三省市立法职权主体之间的行为关系。

立法参与主体是京津冀协同发展及有关立法的利益关联者，京津冀协同立法过程中应该充分重视各参与主体的利益诉求，注重参与主体之间以及参与主体与职权主体之间行为的协同。就具体的协同机制而言，以听证会、座谈会、公开征求意见、质询会等方式为主要内容的公众参与机制，应该被广泛地运用于京津冀协同立法实践之中。

（四）立法程序的协同

立法程序是立法机关在立法活动中所必须遵循的法定步骤和方法。根据立法机关的性质不同，我国的立法程序包括人大立法程序和行政立法程序两种类型。其中，人大立法程序包括提出法案、审议法案、表决和通过法案、公布法律四个环节。行政立法程序则一般包括立项、起草、审查、决定与公布等环节。无论适用何种立法程序，立法协同都不可缺少。

京津冀协同立法并不存在一个单独的、共同的立法程序，从立法案的提出或送审，到立法案的审议，再到立法案的表决与公布等，都是由京津冀三省市的立法机关各自分别进行。由于不同地区的立法机关在某个时期可能会有不同的工作事项及进度安排，被列入立法计划中的某项立法可能会因各地立法工作安排不同而无法在大致相同的时间段内获得通过，这势必会影响到立法协同的效果，所以京津冀立法协同也应该包括立法程序的协同，也即通过程序性的协同机制，来推动有关立法事项在大致相同时间段内顺利地通过各自的立法程序。

立法程序协同机制的建构还应该考虑区域立法协作的具体方式。在立法协作方式的选择上，东北三省的做法值得京津冀地区的借鉴。东北三省的立法协作采取紧密型协作、半紧密型协作和分散型协作三种方式。具体而言，对于政府关注、群众关心的难点、热点和重点项目采取紧密型协作方式，三省成立联合工作组；对于共性的立法项目采取半紧密型

---

① 刘建飞、刘启云、朱艳圣：《英国议会》，华夏出版社 2002 年版，第 283 页。

协作方式，由一省牵头组织起草，其他两省予以配合；对于三省共识的其他项目由各省根据本省实际条件成熟情况，独立进行立法，立法结果三省共享。京津冀地区立法机关可根据立法项目的特点及自身的需要，选择适当的立法协作方式，而不同的立法协作方式对立法程序协同机制的要求也会有所不同。

四、京津冀立法协同的制度机制

京津冀协同发展离不开立法协同，而立法协同所涵盖的内容是丰富的，所需要架构的协同机制与制度也是多样的。京津冀有关立法机关可从广义上的立法程序来把握京津冀协同立法，充分协调好各类立法主体之间的活动关系，从顶层涉及和内容上协调好相应的利益关系，从而为京津冀的协同发展提供坚实的法律支持与保障。

（一）建立京津冀立法协同的组织体系

京津冀立法协同是在《宪法》和《立法法》确定的立法体制机制框架下，三省市分别独立立法，所立的各种地方法规、规章彼此和谐一致、高度趋同的一种立法协作。区域地方立法协同作为一种新型立法模式，运行于现行立法体制机制之外，没有现成的法定运作组织体承载。所以，要实现京津冀立法协同，首先必须建立起承载和运作立法协同机制的组织机构。协同组织的建立是京津冀立法协同机制高效运作的最重要基础平台。

京津冀协同发展是新时期重大国家战略，为推进这一国家战略而构建的京津冀立法协同机制，需要长期持续发挥保障和引领作用，为此，必须建立起一整套运作京津冀协同立法的精干组织体系。京津冀立法协同组织按照权威、精简、高效和可操作、能落地的原则，以京津冀三省市共同组建“京津冀立法协同委员会”为最佳选择。这也是中外区域合作的成功组织范式。如美国以首都华盛顿为中心的大都市区政府委员会也是由哥伦比亚特区、马里兰州和弗吉尼亚州三区州联合组建的区域协作组织。

“京津冀立法协同委员会”是三省市自愿组建的以协同立法为宗旨的最高协商决策机构，其职能是沟通、协调、统一京津冀需要协同的立法活动，委员和工作人员由三省市立法机关或政府法制部门官员兼任，经费由三省市财政予以保障。为了实现京津冀三省市从地方法规到政府规章的全面立法协同，京津冀立法协同委员既应包括三省市立法机关的人员，也应包括三省市政府的法制人员。“京津冀立法协同委员会”可行的具体构架是：（1）成员由9名正式委员构成，三省市各3名。成员少是为了精干高效，避免人多论繁、议而不决。单数构架是为了便于决策表决。（2）委员全部实行委派制。委派制能使三省市根据工作实际需要和变化，随时随地依照规则灵活改派，高效工作。（3）三省市委派的委员完全协同，以便于对等协商。首席委员为省市人大常委会的主管副主任，另两位委员分别来自其人大法工委负责人和政府法制部门负责人，以实现三省市地方法规和政府规章全方位协同。

“京津冀立法协同委员会”的基本工作机制是定期和临时会议制。定期会议每年一次，于年初择日召开，主要商讨年度协同立法计划、项目、形式、方案等立法“大政方针”。临时会议由三省市任何一方提议，经另两方的任何一方附议即可召开，主要是对协同立法的具体事务展开磋商，实行一事一议。会议主持实行年度轮流主席制，由三省市委派的人大主任轮流出任主席，分别召集年度定期和临时会议，并负责会务安排。为了高效运作会议，会议期间，每省市可以自行选派两名秘书作为助理参会。定期会议要按照委员会通过的规则以现场会议方式召开，临时会议方式可以灵活多样，视频会议、电话会议、网络会议等均可选择，以高效实现目的为原则。

“京津冀立法协同委员会”是三省市协同立法的最高决策机构，不可能也无法包揽所有立法协同事务。为了解决三省市立法协同的技术问题和立法协同争议，“京津冀立法协同委员会”有必要仿照美国华盛顿大都市区政府委员会下设的政策与技术委员会，下设一个专业协同立法小组，该协同立法小组的主要职责是完成“京津冀立法协同委员会”交办的协同立法专业任务和调解三省市在协同立法过程中的争议。在京津冀立法协同委员会下设协同立法小组的组织构架，上与中央京津冀协同发展领导小组和专家咨询委员会对接，下与京津冀三省市协同立法的需求相契合，是一种科学的组织体系。为了保障京津冀协同立法的民主性和科学性，高效地完成专业立法技术工作和有针对性地调解个案争议，协同立法小组成员宜由15名非固定人员组成，每省市各委派5名，实行一事一派制，以便各方能针对所要完成的具体立法任务和调解的特定立法争议，选派最合适、最专业的立法技术人员或各类专业人员，高质量、高效率地及时完成工作。

（二）规范化、制度化、常态化立法协同机制

“京津冀立法协同委员会”是京津冀协同立法机制的基本平台。有效发挥这一平台的作用，科学整合三省市立法资源，降低协同立法成本，提高立法质量与效率，必须科学梳理、整合、规范我国已经尝试、正在尝试或在域外成功实践的各种区域立法协同机制，使之规范化、制度化、法制化，使之成为推动京津冀协同立法相互融合、彼此互补、各方共赢的高效运行机制体系。

1. 会议协商决议机制

三省市立法协同委员通过友好平等的会议协商，就立法问题达成初步协同意向后，由会议秘书形成决议草案，决议草案经由三省市立法机关或政府授权同意，形成京津冀立法协同委员会决议案，然后交付三省市立法机构按照决议案落实京津冀的立法协同。

2. 省（市）际协同立法协议机制

京津冀协同立法非但无法摆脱现行三省市的行政区划划分和立法权配置的约束，相反还要以协调三省市立法职权主体间的不同立法主张和利益诉求为重要内容。京津冀区域立法主体的复合性、立法权的多元性和三地资源禀赋及发展不平衡性派生出的利益诉求多元

性、复杂性，内生出京津冀三省市签订立法协同协议的需求。而正如州际协定有效协同了美国相关州际之间法律规则那样，2006 年达成的《东北三省政府立法协作框架协议》更为京津冀通过缔结省（市）际立法协议提供了成功范例。中外成功经验均表明，签订三省市立法协同协议，是实现京津冀立法协同的重要机制。

省（市）际协同立法协议主要就京津冀协同立法的战略、重大、长远、复杂的事项进行约定，因此，省（市）际协同立法协议是一种长效立法协同机制。三省市立法协同协议的签订主体只能是有立法权的省市级人大及其常委会和人民政府，没有立法权的地方权力机关和同级人民政府，以及各级权力机关和人民政府的内设机构等，均不能对外签订立法协同协议。省（市）际协同立法协议应该对等主体签订，即省级人大对市级人大，省级政府对市级政府。

3. 联合拟法机制

对于京津冀三省市均有立法需求、立法动议，立法调整的利益关系彼此差异不大的立法项目，可以选择三省市联合立法的协同模式，由三省市共同组成一个立法起草小组，一起拟定草案，同步论证、同步提案或送审，高度协同地审查或审议、表决或批准等，最终实现三省市立法高度协同。鉴于京津冀立法协同委员会下设有协同立法专家小组，且该小组可以根据承办的具体立法项目，灵活选派与协同立法的项目适应的专家，所以，京津冀联合立法大可不必再另行组建立法起草小组，只需将具体立法项目交付京津冀协同立法专家小组即可。

4. 委托立法机制

对于京津冀三省市均有立法需求又都有立法协同意愿，但拟立法案调整的利益关系复杂，彼此利益差异较大、短期内又难以弥合分歧的立法项目，“京津冀立法协同委员会”可以考虑将该立法项目委托给中立的第三方拟就立法草案文本，该第三方目前最现实的选择是法律研究院所和高等院校组成的专家立法小组。中立的专家立法小组可以保障协同立法的文本内容科学、客观、公正，实现三省市高质量的协同立。专家立法小组交付立法草案后，三省市可以同步开展论证、同步提案或送审，高度协同地审查或审议，必要时可以再次交付专家立法小组进行中立修改，最后交由三省市立法机构或人民政府表决或批准，从而实现三省市立法协同。

5. 省（市）际示范法机制

示范法模式是国际上常见的立法协同方式。示范法发轫于美国，是美国各州法律统一化的主要方法，是解决美国州际法律冲突的重要机制，现已发展成为世界各国和国际组织统一各国、各地区法律的重要机制。示范法一般是半官方或民间的行业协会或专业法学团体等起草的，不具有法律效力的法律范本，旨在为相关国家或地区立法机关直接选用或作为范本参照立法。美国洲际示范法一般由各州法律统一事务委员会和美国法学会起草，已经成功为所有各州选用的示范法是驰名世界的《美国统一商法典》等。示范法也可以借鉴为协同京津冀立法的有效机制。可行的运作方案是，由“京津冀立法协同委员会”下设的专家立法小组，在广泛调研、征求意见的基础上，起草不具有强制执行力的各种地方法规或地方规章的示范性文本，提供给京津冀三省市的立法机构或政府共同接受、原则选用，或作为立法范本参照进行立法。当然，有能力且愿意的省或市立法机关或政府，拟或专业学术团体和研究机构等也都可以无偿提供京津冀区域立法的示范法。将示范法转化为京津冀三省市各自的地方法规或规章，既可以节约立法成本，更是一种协调区域内的地方立法冲突的立法协同机制。

6. 联合立法体机制

对于条件成熟的共同立法项目，京津冀三省市共同组建一个联合立法委员会，联合立法委员会制定效力直接及于全部京津冀区域的区域性立法，径直实现三省市立法的的统一，而不再是分别由京、津、冀三省市单独重复立法间接实现协同。这种立法协同机制是一种真正意义上的区域立法，在我国立法体制机制上是一个制度创新。鉴于我国立法法尚未认可这种区域立法的效力可以及于整个联合的区域，所以，京津冀开展这种联合立法必须得到全国人大及其常委会和国务院的合法授权，或者得到修订后的国家立法法的确认和认可。

7. 国家立法协同机制

对于京津冀区域整体功能和三省市功能的定位、区域产业空间规划与布局、交通一体化发展、生态环境保护与治理等重大宏观问题，京津冀三省市必须保持高度协同一致，但由于所涉利益重大复杂，如生态环境补偿问题等，三省市相关立法经过长期反复磋商仍无法协同，此类立法项目的协同只能是三省市共同申请或国家主动立法，即启动国家立法协同机制。虽然国家单独为一个经济区进行立法尚无先例，但为推进京津冀协同发展这一重大国家战略，全国人大常委会或国务院为京津冀区域制定统一的纲领性立法，既有现实的必要也有法律依据的可行性，京津冀区域实施国家立法协同机制，对予克服三省市分别立法各自为政的立法不协同格局，引领和保障京津冀协同发展具有重大现实意义。例如全国人大常委会可以依据中共中央、国务院制定的《京津冀协同发展规划纲要》，制定一部《中华人民共和国京津冀区域协同发展法》，作为京津冀协同发展的基本法。国家立法协同是一个立法机制创新，这种立法协同机制与我国宪法、立法法并不抵触，由其推进京津冀立法协同立竿见影，所以，在实施京津冀协同发展战略过程中尤其值得尝试。

上述京津冀协同立法的各种运行机制，在立法实践中不是齐头并用和共同作用协同立法的，而是由“京津冀协同立法委员会”根据需要协同的具体立法项目，科学选择运用的，它们共同构成了京津冀立法协同的运行机制。

（三）搭建立法协同的信息交流平台

立法信息交流平台本身不是立法协同机制，其自身也无法使京津冀三省市的地方立法协调、趋同。但是，京津冀立法信息交流平台却是实现三省市立法协同的必要条件和基础平台。立法信息交流的通畅、快捷、准确，才能保障京津冀立法协同的顺利开展。在立法信息彼此封锁、保密，互相不沟通、交流的立法环境中，京津冀是无法完成立法协同的。搭建快捷、顺畅、准确、完整的立法信息交流平台，至少应该在京津冀三省市之间建立起5条立法信息交流管道：第一，建立立法信息（电话、视频、网络等）动态通报制度；第二，建立立法信息简报交叉双向寄送交流制度；第三，建立地方立法交叉备案审查制度；第四，建立起京津冀协同立法网站；第五，定期召开京津冀立法协同交流会。

京津冀立法信息顺畅、快捷和准确的交流，还有赖于三省市立法信息的公开透明。三省市立法机关和部门应该通过官方网站、京津冀协同发展网站等媒介，依法、及时、完整、准确地公开其立法信息。

（四）立法完善的协同

某一规范性法律文件的颁布实施并不意味着立法工作的最终结束，由于立法者很难完全无误地预见未来经济社会发展中所有可能出现的情况，并作出完全理性的立法规划与调整，因此在立法实施之后仍需要不断地加以完善。立法完善的机制包括立法补充、立法解释、立法修改、立法清理和立法废止等。京津冀协同立法同样如此。立法完善的过程中既涉及立法内容的协调，也涉及立法主体行为的协调，还涉及立法程序的协调。此外，立法后评估作为立法完善的一项重要的基础性机制，其实施也离不开相应的协调。据此，京津冀立法完善的协同包括了立法内容、立法主体、立法程序和立法后评估等方面的协同。

除立法后评估机制外，立法完善过程的协同与立法创制过程的协同并没有实质性差别，可直接参照适用。立法后评估，又称二次立法或者立法回头看，是某部立法在实施一段时间后，由特定主体对其实施效果、存在的问题及如何处理等进行调查、评价和应对的一种立法制度。为了不断改进京津冀协同立法的质量，从而为京津冀协同发展提供更加优质的法律保障，立法后评估同样不可或缺。因此，立法后评估也纳入京津冀立法协同的范畴之中，加强立法后评估的协同。然后，在立法后评估的基础上，确定下一步京津冀立法协同的内容与方案。

（编辑：吕玉赞）

强奸罪成立要件中“被害人不同意”的解释路径*

骆　群**

摘　要　以意识——意志——行为这种关系为基础，根据对外在行为的不同影响情况及法律规定的情形，被害人不同意可以划分为事实的被害人不同意、推定的被害人不同意以及法定的被害人不同意。为了增强被害人不同意解释的可操作性，在分类基础上以层层剥离的方法对这三类法规范概念中的被害人不同意展开解释。

关键词　强奸罪　成立要件　法规范概念　被害人不同意　分类基础

强奸罪成立要件之一就是“被害人不同意”性交，但对“被害人不同意”的解释无论是在实务中还是在学术界都存在着极大的分歧。虽然不同意（或同意）作为行为人的外在客观行为，是由行为人控制的意志将行为人的意识转化而形成的，但是由于行为人意识的有无及与客观事实相符程度的差异会最终影响到外在的客观行为的做出，同样，行为人控制的意志在受到外界干扰时也会对外在的客观行为的做出与其意识是否相一致产生影响。另外，对于某些行为人做出的行为，法律对其效力也有一些强制性的规定。由于“理解与误解并存于解释活动中。现代解释学的方法论志趣，是追求对文本的正确理解，认为避免误解是最主要的目标。”① 于是，笔者建立在意识——意志——行为这种关系基础之上，根据对外在行为做出的不同影响情况及法律规定的情形，将法规范概念中的被害人不

---

* 基金项目：上海市哲学社会科学规划一般课题“犯罪被害人责任的理论与实务研究”（项目编号：2018BFX002）的阶段性研究成果。

** 骆群，男，安徽铜陵人，上海政法学院刑事司法学院副教授，主要研究方向为刑法学、犯罪学。

① 陈金钊：《法律解释的“正确性”何在？——当代中国法律解释学的境遇之一》，载《山东大学学报》（哲学社会科学版）2009年第5期，第68页。

同意分为事实的被害人不同意、推定的被害人不同意以及法定的被害人不同意来分别予以提出解释路径。

一、"事实的被害人不同意"的解释

所谓事实的被害人不同意，是指被害人有意识能力且意识内容与事实相符，在受到外界暴力、胁迫等干扰下由自己的意志支配下做出的不同意或者做出的应当属于法规范概念中不同意的情形。这里存在两种情况，一是被害人控制的意志受到暴力的干扰，将真实的意识转化为与其一致的外在行为，即不同意，或者将真实的意识转化为与其不一致的外在行为，即同意，但此同意无效，应属于法规范概念中的被害人不同意；二是被害人控制的意志在受到胁迫的干扰下，将真实的意识转化为与其不一致的外在行为，即同意，但此同意无效，应属于法规范概念中的被害人不同意。[①] 笔者将第一种情况称为暴力下事实的被害人不同意，将第二种情况称为胁迫下事实的被害人不同意。

（一）暴力下事实的被害人不同意之解释

暴力下事实的被害人不同意是对强奸罪理解中最典型的情形。比如，在一个月高风静的夜晚，一位独自行走在无人的小路上的女子，被路旁窜出的一位男子采取暴力手段强行性交，女子自始是不同意的态度，且竭尽全力予以反抗，但终因体力所限而使该男子性交得逞。在这种典型的强奸案中，暴力是实施强奸行为的手段，被害人往往也会极力反抗，对于被害人不同意之认定相对来说也较为容易。但是，即使这种典型的强奸行为中被害人不同意的认定，有时表面现象呈现的也并非是事实本身，尤其是熟人之间的强奸行为。那么，如何更客观地对这种情形下被害人不同意的解释？就出现过多种认定标准的实践和观点。

首先，以被害人是否予以反抗为标准来进行解释。

较早时期，要求被害人在遭遇强奸过程中必须是拼命反抗，甚至是不顾自己的生命，一直要达到筋疲力尽、无力反抗时，甚至还要有衣服撕破、抓伤、咬伤等痕迹，才能认定其为不同意。这显然是过去把女性的性资源作为依附于男性的财产，是男性为主导的社会伦理规范对女性不平等对待的体现，是社会对女性贞操观、贞洁观的严格要求在强奸罪认定时的表现形式。后来随着女性地位的提升，就不再要求女性以牺牲自己的生命或重大的身体健康来反抗强奸行为，而以合理的反抗为标准来认定其不同意。但是，无论是需要被害人竭尽全力的反抗还是合理的反抗，仅以此作为认定被害人不同意的标准，有时与现实

---

① 在这需要予以说明的是，在一个强奸行为中暴力和胁迫往往会同时使用或交替使用，这两种手段之间存在着互为加功的作用，但性交时是因暴力还是胁迫对被害人表现出来的是不同意抑或无效的同意，还是有所区别的。因为被害人已表示同意性交（无论是有效的同意还是无效的同意）时行为人就不会再实施暴力，只有被害人不同意的情况下行为人才会实施暴力强行性交。

情况也是不相符合的。因为即使在正常的性行为中，由于“各国的主流文化还是默认在性行为中‘男性主动女性被动’的模式，而女性通常也会出于对传统道德的畏忌，对性伴侣评价的担心或者其他原因而使自己在性行为中避免主动，甚至可能会出现象征性反抗”。① 美国学者金西的研究也表明：“性兴奋会导致对感官刺激（包括痛感）作出反应的界线上移，人们往往会在性交之后发现身上有伤痕，可完全记不得是如何弄出这些伤痕来的。此类刺激对动情和快感并非必不可少，但它的确存在于大多数人性行为的范围之内。”② 因此，性行为中的反抗甚至也有明显的反抗痕迹的，有时也未必就是不同意性交的表现。另外，即使受到暴力侵害时，被害人没有反抗也不能说明是被害人同意。因为每个人受到突如其来的惊吓时的表现是不一样的，有的人可能就会出现心理学中所说的“冻僵状态”，此时大脑一片空白，身体僵硬，看着发生在自己身上的事就像与自己无关似得。所以，仅以被害人的反抗作为认定被害人不同意的标准是与现实生活中有些情形不相符合的。

其次，以行为人是否使用暴力为标准来进行解释。

在传统的认识中，强奸与暴力是天然地结合在一起的，故而认为“强奸的社会危害不是性行为本身，而在于它实施的方式是暴力的。”“如果缺乏被害人的同意，但是没有行为人实施暴力的证据，判定行为人构成暴力强奸罪就是不恰当的。”③ 虽然如今对强奸行为的认识已不局限于暴力行为，但有暴力行为的强奸案件中往往都将暴力行为作为被害人不同意的认定标准。这同样也会存在与现实中人类复杂的性行为不符合的情况，从而对被害人不同意的认定出现偏差。早在 1952 年《耶鲁法律评论》第 3 期上的一篇文章中就曾说道：“女人经常发现她们的‘性欲望与超我’之间‘相冲突’”。“女人一方面潜意识渴望被（阴茎）暴力插入（比如以此作为减轻罪恶感的一种方式），而另一方面，她的超我又强烈反对这种不文明的侵犯行为，这很正常。”④ 同样，在 20 世纪 50 年代《耶鲁法律评论》上刊登的一篇文章也认为，“作为‘性爱游戏’的一部分，许多女人要求‘男人有一些进攻性的求爱表示’。‘通常，她们的性爱乐趣可能伴随着肢体上的挣扎而加强，甚至取决于这种肢体上的挣扎。’‘爱的咬痕’——如果温柔的话——只是性交过程中进攻性部分的一个很普通的记号”。⑤ 正因如此，即使在正常的双方同意的性行为中也可能伴随着暴力的存在。另外，还存在着施虐—受虐这种性欲倒错情形。性虐待是指在肉体和精神上施加痛苦于另一个人身上；性受虐是指出于性兴奋目的而忍受痛苦。在性欲倒错现象中，言语辱骂以及鞭打在这一行为中是常见的，从象征性的、漫不经心的轻打，到留下伤痕血

---

① 何洋：《强奸罪解构与应用》，法律出版社 2014 年版，第 224 页。

② ［美］约翰·盖格农：《性社会学——人类性行为》，李银河译，内蒙古大学出版社 2009 年版，第 309 页。

③ ［美］约书亚·德雷斯勒：《美国刑法精解》（第四版），王秀梅等译，北京大学出版社 2009 年版，第 535、539 页。

④ ［英］乔安娜·伯克：《性暴力史》，马凡等译，江苏人民出版社 2014 年版，第 77 页。

⑤ ［英］乔安娜·伯克：《性暴力史》，马凡等译，江苏人民出版社 2014 年版，第 72 页。

迹的殴打，其形式多种多样，甚至能够出现较为罕见地导致伤残和死亡。[①] 这种暴力情形当然也不能够作为强奸罪成立要件中被害人不同意之认定，如若导致被害人重伤或死亡而构成其他罪的则另当别论。所以，在有暴力行为存在的强奸案件中，对于被害人不同意的认定也不能仅以暴力为标准。

再次，以“不等于不”为标准来进行解释。

“不等于不”的标准是建立在假设被害人是同意性交的基础之上的，如果被害人没有说“不”，也没有其他证据表明被害人不同意，那么被害人就是同意性交。[②] 这是在给行为人增加了尊重女性人格的义务，赋予女性对性交具有拒绝权的思路上而提出的一种认定标准。然而，人类情感和性交行为的复杂性使该标准也受到质疑。由于在历史传统文化中，女性是没有性权利可言的，在性行为中应当内敛而处于被动的地位，其性意愿和性行为受到性垄断地位的男性的抑制和禁锢，以至于成为影响至今的社会伦理观念。正如国际女权主义所认为的：“男女的性是同质同构的，只是由于千百年来的社会总是以男性为中心，所以造就了种种严重压抑女性性能力和性表现的文化体系。女性自己也被逐渐地培养和训练成‘无性人’，而且浑然不自觉，还以为女人天生如此。”[③] 而且，女性相对于男性而言，其对性行为还具有天生的羞耻心，即使愿意也往往会以否定的语言和行为来予以表达。美国波士顿著名医生、美国医学协会副主席霍雷肖·罗宾逊在他的《强奸法》中认为，女人“卖弄风情”，给出一副“拒绝的表象”，这样她们就“因此更容易获得而且也值得拥有最终的宠爱”。一百年后，读者甚众的《性行为与法》的作者也提出类似的主张，认为对一个女人来说，在她表达“要”的意思时发出“不要”的声音是很惯常的行为。[④] 另外，男性对于性行为的愉悦有时也未必就停留在得到同意的性交，而与视觉、听觉、味觉等等都有着关联性。就如英国史学家伯克所说的：“两人或多人之间的性亲密关系是说‘要’的依据，但是在许多人看来，尤其在男人看来，‘不要’的声音听起来更有情欲。”[⑤] 也正如《斯坦福法律评论》中的一篇文章所认为的：“对于一位很想性交的女性而言，传统上她们可能会说‘不不不’，然而她的真实想法是‘要要要’，并会期待男性成为一个攻击者。”[⑥] 因此，在现实生活的性行为中，女性说“不”时常常表达的未必是其真实的意愿，男性常常也将此从“是”的意愿来理解，否则很多正常的性行为都难以进行，甚至男性还会得到女性“你不像男人”的评价。于是，仅以女性对性行为所表达出的“不”作为被害人不同意的认定标准也难以与“丰富多彩”的现实生活相符合。

---

① ［美］贺兰特·凯查杜里安：《性学观止》（下册）（第六版），胡颖翀等译，世界图书出版公司 2009 年版，第 421－422 页。

② 魏汉涛：《强奸罪的本质特征与立法模式之反思》，载《环球法律评论》2012 年第 4 期，第 124 页。

③ 周运清主编：《性与社会》，武汉大学出版社 2005 年版，第 369－370 页。

④ ［英］乔安娜·伯克：《性暴力史》，马凡等译，江苏人民出版社 2014 年版，第 71 页。

⑤ ［英］乔安娜·伯克：《性暴力史》，马凡等译，江苏人民出版社 2014 年版，第 55 页。

⑥ 罗翔：《刑法中的同意制度——以性侵犯罪为切入》，法律出版社 2012 年版，第 111 页。

最后，以“是等于是”为标准来进行解释。

“是等于是”的标准是先假设被害人不同意性交为前提的，除非被害人说“同意”，或用身体语言表示同意，否则就是被害人不同意性交。① “是等于是”的标准相对于“不是等于不是”的标准而言，其更加突出了对女性的尊重和权益保护，它们二者的区别不仅体现为一个需要得到肯定的表示和一个需要得到否定的表示，还有就是对被害人沉默的态度能够得出截然相反的结论。若利用“不是等于不是”的标准，沉默属于被害人同意，利用“是等于是”的标准，沉默属于被害人不同意。但是，同样该标准也难以做到与事实情况完全相符。至于用身体语言表示同意，这是很难予以解释的，从前文的相关叙述中已可以看出，其模糊性不言而喻。那么，相对来说具有较为明确地传达意思的行为，也就是反抗行为，但其也仍然存在着不确定性，这也已于上文做过阐述，在此不再赘述。至于要求被害人用语言直接表达“同意”，这有些夸大了语言功能在性交中的作用。正如“弗洛伊德理论的发展，向我们表明女性有某种东西是绝对处于言语能及范围之外的，严格地讲，是禁忌，它在各种言语间的静默中出现。”② 可以说，自古以来性行为是女人的最大禁忌，所以要求女性用语言来传达性行为的意愿实在有些强人所难。即使在当今，男女在性交前首先男性向女性征求意见，然后要求女性作出明确的同意之后才能进入性交程序，看似演戏的过程也有违既有自然生理过程又有社会规范约束的人类性交之“本真”。不要说与别人之间，就是夫妻之间一般也是难以进行如此之过程。如美国有心理学家所说的：“大多数夫妻互相谈到性行为时也会感到尴尬，不管是在性生活之前、性生活中，还是性生活结束后。大多数人采用非言语手段来表达自己的性欲，如接吻和抚摸。女性比男性更倾向于通过间接方式传递言语信息，比如问她们的性伴侣是否戴避孕套。”③ 因此，用“是等于是”的标准来认定被害人不同意有些过于理想化。

通过以上分析，可以看出用任何一种标准都无法准确地对被害人不同意进行解释，这也恰恰从一个侧面体现出强奸罪的成立要件中法规范概念中的被害人不同意认定问题的复杂性。因此，对被害人不同意的认定不能仅局限于某一种标准而完成，其必定是一个综合性判断过程。无论是被害人用语言抑或身体动作表现于外在的同意或不同意，还是行为人的暴力或被害人的反抗，甚至生活中的其他相关信息，比如他们之间是否是第一次性行为、相互熟悉程度和关系如何、性行为前是否有附带的条件，等等，都是用来认定法规范概念中的被害人不同意的因素。不过，正如前文所述，对法规范概念中的被害人不同意的认定核心就是意志转化为被害人做出的外在同意或不同意（不是仅限于言语上）的行为是否与其意识内容相一致。若意志转化的外在行为与意识内容不一致，即使表现出来的是同

① 魏汉涛：《强奸罪的本质特征与立法模式之反思》，载《环球法律评论》2012 年第 4 期，第 125 页。

② ［法］塞尔日·安德烈：《女人需要什么》，余倩、王丹译，天津人民出版社 2002 年版，第 64 页。

③ ［美］玛格丽特·W. 马特林：《女性心理学》（第 6 版），赵蕾、吴文安等译，中国人民大学出版社 2010 年版，第 207 页。

意也是无效的同意，其仍然属于法规范概念中的被害人不同意，反之亦然。那么，如何认定才更具有可操作性呢？笔者认为，对于暴力下事实的被害人不同意的认定，即被害人有意识能力且意识内容与事实相符的前提下，应当按照一定的顺序，通过在分类基础上的层层剥离而逐步尽量接近客观事实。第一步就是对暴力的认定。因为这是该类强奸案件中最突出的表现，也是相对来说较为容易认定的外在行为。若无暴力的存在，就会进入下述的胁迫下事实的被害人不同意的认定。若有暴力的存在，就进入第二步即行为人与被害人的关系的认定。若行为人和被害人是陌生人，从常理来看，可认定为被害人不同意。① 若行为人和被害人是认识的甚至是很亲密的关系（以下皆用熟人来涵括），再进入第三步即对被害人的行为进行认定。若被害人没有反抗或明确表示同意的，可认定为被害人同意。若被害人有反抗的行为或明确表示不同意的，最后进入对行为人和被害人的现实状况的认定。比如，行为人与被害人是否具有施虐—受虐这种性欲倒错癖性，他们之间是否是第一次性交，被害人是否有性交经历，是否是被害人在被丈夫或其他人发现后报的案，等等。不过，此时虽然影响被害人不同意认定的因素非常多，可以说是无所不包，但还是要抓住认定过程中的一个重要环节，那就是，既然被害人意欲控告行为人强奸，无外乎存在着这样几种情况：一是被害人为了报复行为人。比如，被害人的反抗行为和不同意的表示就是为了以后控告行为人强奸而故意所为；被害人的反抗行为和不同意表示是因为女性的羞耻心或为了性交情趣而为，抑或是一种性欲倒错癖性所为，事后被害人反悔或所要求的条件没有得到满足而报复行为人。这些情形都应当认定为法规范概念中的被害人同意。二是被害人为了占领道德制高点。比如，被害人之行为被丈夫或其他人知晓后为了证明自己的清白而控告行为人强奸。这种情形也应当认定为法规范概念中的被害人同意。三是被害人受到的强奸是真实的，也即被害人的反抗行为和不同意表示属于法规范概念中的被害人不同意。于是，我们对暴力下熟人之间且被害人有反抗行为或明确表示不同意的性交行为中的法规范概念中的被害人不同意的认定就转化为对以上三种情况的认定，而对此认定应当采用排除法，即将第一种和第二种情况排除之后，自然是第三种情形。这样认定过程的思路相对来说较为清晰明了，也具有一定的可操作性。当然，对暴力下熟人之间且被害人有反抗行为或明确表示不同意的性交行为中的法规范概念中的被害人不同意的认定，也是最难以取证来进行认定的。对此笔者认为，在不能够取得证据排除第一种和第二种情形时，一概认定为法规范概念中的被害人不同意，即行为人构成强奸罪。理由为：一是最大限度地保护被害人符合社会常理。因为在无法得到客观证据证明时，呈现于外的是被害人处于需要保护的弱势地位，相信有反抗行为或明确表示不同意的被害人比相信实施暴力行为的行为人更符合人们的认知习惯，也更能够被人们所接受。二是行为人应该对自己的不法行为

① 这种情况下，即使是被害人明确表示同意，一般是为了避免生命、健康遭受更大的伤害而不得已的同意，也应认定其同意无效，属于法规范概念中的被害人不同意。换句话说，就是此时被害人的意志将意识转化为外在的同意行为与其真实的意识内容是不相符的。

承担更大的责任风险。行为人对非配偶的熟人进行暴力下的性交行为，本身就是非道德的不法行为，理应最大可能地对自己的行为承担道德责任乃至于法律责任的风险。

（二）胁迫下事实的被害人不同意之解释

被害人在受到胁迫①时，一种情况是被害人在意志支配下做出了与其意识内容相一致的外在行为，即不同意，此时行为人要么放弃强奸行为，要么继续使用暴力实施强奸行为，但这样就成为上述的暴力下事实的被害人不同意的认定问题。另一种情况是被害人在意志支配下做出了与其意识内容不一致的外在行为，即同意，但是，是无效的同意，应当属于法规范概念中的被害人不同意，而胁迫下事实的被害人不同意的认定主要是针对这种情形的探讨。

胁迫下事实的被害人不同意的认定关键点就是如何认定被害人在胁迫下意志转化的外在行为与其意识是否一致，也即做出的同意是否有效，若是有效的，就属于法规范概念中的被害人同意，若是无效的，就属于法规范概念中的被害人不同意。对此，理论界根据胁迫的程度不同将其区分为强制与交易，若是强制，被害人做出的同意无效，即属于法规范概念中的被害人不同意，若是交易，被害人做出的同意有效，即属于法规范概念中的被害人同意。那么，又如何区别强制与交易，权利理论认为，导致被害人被迫在两个自己都拥有的权利中进行选择的行为是强制，当人们有权利决定是否做某事时，他可以自由地决定是否通过放弃这种权利而得到一定的补偿，这种通过放弃权利而得到补偿的做法就是交易。例如，行为人以杀死女方相要挟获得性利益，显然女方对于性和生命都拥有权利，因而，行为人的行为构成强制而非交易。对于权利理论解释的局限性，反对论者提出：如果甲强奸了乙，乙的丈夫便以控告甲为由，要挟甲的妻子与之性交，很显然，乙的丈夫应该构成强奸罪，但是，根据权利理论，乙的丈夫拥有控告甲的权利，他自由地决定放弃这种权利而获得一定的补偿，这是交易而不是强制。② 于是，何洋博士建立在权利理论基础上提出了修正的权利说。修正的权利说的内涵与判断过程为：第一，如果被害人拥有两项权利，行为人以积极地侵害其中一项权利为要挟，要求被害人放弃性自主权的，行为人的行为构成强制而不是交易。第二，如果行为人以放弃行使自己的权利为由，要求对方放弃性自主权的，一般情况下构成交易，但是，如果行为人并不真正享有权利或者由于被害人的特定处境导致行为人权利弱化的话，那么，行为人不能以放弃权利的行使为由要求对方放弃性自主权。这里，“被害人的特定处境”是指被害人的利益保全主要依赖于行为人。“权利弱化”是指处于特定环境下的被害人的利益主要依赖于行为人时，行为人依然有权

---

① 胁迫的内容非常广泛，但有时也有暴力的因素，在此情形时，胁迫与暴力区别的关键点是带有暴力因素的胁迫动作是否与被害人产生身体接触，若无身体接触，属于胁迫，若产生身体接触，属于暴力，比如，行为人挥动拳头进行威吓，在没有接触到被害人身体时属于胁迫，接触到被害人身体时就是暴力。

② 参见何洋：《强奸罪解构与应用》，法律出版社 2014 年版，第 237 页。

行使其所拥有的权利，但是，行为人不能以放弃权利的行使为由要求对方放弃性自主权，也就是说，相对于被害人的性自主权，行为人的权利被弱化，被弱化之后的权利与被害人的性自主权不等价，因此，丧失了交易的基础。第三，自由选择空间在修正的权利说中的作用是，当行为人的行为满足了上面两种情况之一，仍有必要考察威胁的内容对于被害人的影响，即在当时的情况下，被害人作出其他选择的可能性有多大，这种可能性越大行为人构成强制的可能性越小。①

笔者认为，虽然权利理论和修正的权利说对强制与交易的区分，也即对胁迫下事实的被害人不同意的认定有一定的解释功能，但仍然存在着难以解释的情形，比如下述案例。

案例一：被告人王某，男，45岁，系劳改犯。王犯在劳改煤矿服刑期间，多次奸污妇女。某日，王犯在劳改煤矿的山路上碰见管教大队长的女儿徐某，王即纠缠不放，表示疯狂地爱她，并要求发生两性关系。徐某不同意，大骂王是臭流氓。王某当即从身上抽出匕首一把，对准自己胸膛扎了一下，流了少许的血。然后威胁徐某说：“你不同意，我就在你面前自杀。”徐某只有17岁，年幼，怕事情闹大，遂被迫和王犯发生两性关系。②

此案中，被害人只有性自主权受到威胁，并没有其所拥有的两项权利让其选择放弃一项。行为人也没有以放弃行使自己的某项权利为由，要求对方放弃性自主权。若将行为人伤害自己作为一项其享有的权利的话，行为人不是放弃反而是得到了实施。就是将行为人自杀也作为其享有的一项权利的话，③ 被害人的利益与其也不存在依赖关系。因此，该案用权利理论无法解释，用修正的权利说也不符合其第一和第二个条件，而第三个条件又是建立在满足第一和第二个条件之一的基础上的，故也不存在适用问题。所以，该案运用权利理论或修正的权利说既不能得出属于交易也不能得出属于强制。

在区分强制和交易的问题上，除了权利理论和修正的权利说，还有一些理论和看法。比如，著名哲学家罗伯特·诺齐克认为，在交易中，人们会因为与另一方交易感到高兴，但是在强制中，人们会因为相对方不存在而感到更高兴。不过，反对观点认为，这会扩大人们对强制的理解。比如甲不小心把别人给撞了，被害人威胁说如果不支付医药费或者不发生性关系就要控告他，这显然不构成敲诈勒索罪或强奸罪，但是按照诺齐克的说法，如果被害人不出现，甲会更高兴，那这就是强制，这样的结论难以为人们的常识所支持。另外，利用第三方优势理论认为，强制下的交易实际上是一种三角交易，除了当事人双方外，还存在一个隐藏的第三方。对于被害人而言，真正的交易对象是处于优势地位的第三方，争议事由也是发生在第三方和被害人之间，行为人并没有权利了结第三方与被害人的争议事实，因此他所获得的利益是对第三方权利的侵犯。对此，反对者认为，如果不存在

---

① 何洋：《强奸罪解构与应用》，法律出版社2014年版，第238、240页。

② 韩轶：《侵犯女性人身权利犯罪研究》，安徽大学出版社2003年版，第20页。

③ 自杀是否是一个人的权利，本身就存在着争议，在此，笔者是建立在假设基础上来说的。

第三方的情况下，就无法说明行为是否属于强制。①

笔者认为，目前根据胁迫的程度不同区分为强制和交易，以此来认定被害人同意的效力的各种理论都难以承担起胁迫下事实的被害人不同意的认定。于是，笔者仍然坚持操作性较强的认定方法，即对于胁迫下事实的被害人不同意的认定应当在分类的基础上采取层层剥离的方式进行。具体而言，第一步的分类是将胁迫的内容分为即时性的和非即时性的两类。即时性的胁迫内容就是胁迫的内容可以当场转化为现实的情形。在现实中，即时性的胁迫内容主要是以被害人的生命健康的损害进行威胁，但也不排除其他可以当场能够实现被害人权益受到损害或其他精神强制的情形，比如，利用妇女处于孤立无援的境况而提出性交的要求来对其进行救助。再比如案例二中，行为人以自伤自杀方式当场对被害人进行精神强制。在行为人以即时性的胁迫内容进行威胁时，判断被害人同意是否有效，就要看被害人在当时情况下是否有其他可行的自救方法，如逃离、呼救等，若有而不为之，其同意有效，若无，其同意无效，即属于法规范概念中的被害人不同意。如下案例：

案例二：1992年震惊全美的威尔森案：威尔森是位25岁的女艺术家，一天凌晨被告瓦尔德持刀闯入房间，欲行不轨，威尔森逃到浴室，紧锁房门，并拨打报警电话，但被告破门而入，并将电话线割断，命令威尔森脱去衣物。威尔森害怕反抗会遭致伤害，同时也害怕传染艾滋病，于是同意与瓦尔德发生关系，但前提是请其戴上避孕套。被告照办后与威尔森发生性关系。瓦尔德后被诉强奸，在审判过程中，法官先请陪审团就事实问题进行裁决，熟料陪审团确认为瓦尔德不构成强奸，其理由是威尔森让被告戴上安全套，这其实是对性行为的同意。②

此案中，被害人在受到被告人当场使用的威胁时，已无法采取逃离现场等自救方法，而主动要求被告人带上避孕套与其进行性交，笔者认为被害人的同意应当无效，其同意属于法规范概念中的被害人不同意，行为人构成强奸罪。

非即时性的胁迫内容就是胁迫的内容不是当场对被害人能够产生身体、物质或精神上的损害。此种情形时，我们再进入第二步分类的认定过程，即将各种非即时性的胁迫内容区分为利用特定关系的和非利用特定关系的两类。利用特定关系的胁迫内容主要是以教养关系、从属关系、职务权力等特定关系，对被害人未来的利益造成损害为要挟。比如，单位领导以开除工作、克扣工资等为要挟要求发生的性交，收养人以不支付生活费为要挟与被收养人发生的性交，等等。对于此类情形，我国相关的司法解释曾经也做了一些规定，比如，1984年最高人民法院、最高人民检察院、公安部联合颁布的《关于当前办理强奸案件中具体应用法律的若干问题的解答》（以下简称为1984年《解答》）规定：“有教养关系、从属关系和利用职权与妇女发生性行为的，不能都视为强奸。行为人利用其与被害

① 参见罗翔：《刑法中的同意制度——以性侵犯罪为切入》，法律出版社2012年版，第154－155页。

② 罗翔：《刑法中的同意制度——以性侵犯罪为切入》，法律出版社2012年版，第59页。

妇女之间特定的关系，迫使就范，如养（生）父以虐待、克扣生活费迫使养（生）女容忍其奸淫的；或者行为人利用职权，乘人之危，奸淫妇女的，都构成强奸罪。”2013年，最高人民法院、最高人民检察院、公安部、司法部出台《关于依法惩治性侵害未成年人犯罪的意见》（以下简称为2013年《意见》），第21条规定，对幼女负有特殊职责的人员与幼女发生性关系的，以及对已满十四周岁的未成年女性负有特殊职责的人员，利用其优势地位或者被害人孤立无援的境地，迫使未成年被害人就范，而与其发生性关系的，都应认定为强奸罪。对此类司法解释体现出来的理念，张明楷教授曾有类似的看法：“利用教养关系、从属关系、职务权力等与妇女性交的，不能一律视为强奸。关键在于行为人是否利用了这种特定关系进行胁迫而使妇女不敢反抗，而不在于有没有这种特定关系。换言之，特定关系只是认定是否胁迫的线索，而不是认定胁迫的根据。”① 对此笔者表示赞同。从另一面来理解，也即虽然行为人与被害人之间存在着特定关系，但是行为人没有利用特定的关系，而是采取暴力或其他胁迫方式性交的，判断是否属于法规范概念中的被害人不同意时就利用相应的标准和方法进行。

那么，若是非利用特定关系的胁迫，我们再进行第三步分类的认定，也即在此种情形下将被害人未来可能遭受到损失的利益分为人身利益和非人身利益。非人身利益既可能是物质利益，比如行为人以不签订合同进行要挟，要求以销售额的提成为收入的销售员与其性交，也可能是精神利益，比如男性以分手要挟深爱他的女友与其性交。由于现实生活中对于女性来说其性利益高于她的非人身利益，因此，行为人在没有利用特定关系以非即时性的非人身利益进行胁迫时，被害人做出的同意有效，即属于法规范概念中的被害人同意。人身利益既可能是自己的人身利益，比如名誉、隐私等，也可能是相关人的人身利益，比如被害人亲属的生命、健康。同样，从为了最大限度地保护被害人以及给获得不法性利益的行为人增加责任的思路来考虑，在行为人没有利用特定关系的情况下，以非即时性的人身利益进行胁迫时，被害人争辩反抗后的同意为无效的同意，即属于法规范概念中的被害人不同意。在此对被害人增加了争辩反抗的义务，是因为这种胁迫行为人只能用语言而为，从人的正常行为表现来看，被害人往往也会进行言语上的明确拒绝等反抗，以此证明自己对性交行为的否定。

案例三：被告人王某，男，51岁，某中学教师。被告人王某产生了奸淫本校女生李某（18岁）之念。为获得李的欢心，给李提供学习资料，到县教育局帮助李要高考预达指标，使该女很感激。某年5月，被告人王某在送李某回其舅父家途中，强行对李拥抱、接吻，遭到李的斥责。同年9月初的一天，王某看见李某夜晚去教师张某家取纸箱，王便以张、李之间有不正当关系为由，向张某敲诈现金200元。被告人得款后，对李说：“你与张某的事他已承认。”拿出钱让李看，并提出与李发生性关系，遭拒绝。被告人即声称要

① 张明楷：《刑法学》（第四版），法律出版社2011年版，第779页。

揭发李与张的“关系”，威胁道：“你不来，别说我对不起你。”当夜，李某被迫到王某住室，被王奸淫。①

此案中，被告人王某的胁迫内容是非即时性的，也没有利用特定关系（师生关系）的情形，被害人未来可能遭受到损失的利益是人身利益（隐私和名誉），且被害人进行了语言上的明确拒绝，所以，被害人的同意（主动去王某住室发生性关系）为无效的同意，也即属于法规范概念中的被害人不同意，故而被告人王某构成强奸罪。

二、“推定的被害人不同意”的解释

所谓推定的被害人不同意，是指被害人有意识能力但意识内容与事实不相符，或者无意识能力情况下，在其意志抑或减弱的意志支配下做出的同意是无效的，或者无意志支配从而无外在行为的，都推定为法规范概念中的被害人不同意的情形。当然，在有意志抑或减弱的意志支配情况下被害人也可能做出的是不同意，那么，这当然属于法规范概念中的被害人不同意，因为此时被害人做出的同意都无效而属于法规范概念中的不同意，何况直接做出的不同意。比如，一位受到欺骗的妇女同意性交都被认定为同意无效了，属于法规范概念中的被害人不同意，行为人构成强奸罪，那么，该妇女不同意性交理应是法规范概念中的被害人不同意，行为人若仍然与该妇女性交，当然构成强奸罪。因此，在推定的被害人不同意的认定中实质上就是对被害人做出的同意的效力进行认定。根据被害人有无意识能力，笔者将推定的被害人不同意分为无意识能力时推定的被害人不同意和有意识能力时推定的被害人不同意两大类来进行探讨。

（一）无意识能力时推定的被害人不同意

无意识能力的被害人主要是指精神病患者、醉酒的、昏迷的或者其他情形导致无意识能力的被害人。她们一般也无意志支配能力，即使有也是减弱的支配能力。正因为此，她们也不存在意识内容是否与事实相符的问题，也就不能够了解性行为的性质、意义和后果。于是，无论是无意志也就不存在被支配的行为还是减弱的意志支配下的行为，都不存在行为与意识内容相一致的问题。同时，她们也就不具备或不完全具备抵御性侵害的能力。因此，对她们的性利益理应予以特别保护。

为了对这类女性的性利益予以特别保护，1984年《解答》曾对某些情形有过一些规定，即“明知妇女是精神病患者或者痴呆者（程度严重的）而与其发生性行为的，不管犯罪分子采取什么手段，都应以强奸罪论处”。另外，间歇性精神病患者在未发病期间有性同意能力，与其发生性行为，如果得到她同意，不构成强奸。虽然该《解答》在这里是针对精神病和程度严重的痴呆者作为被害人的情形，但这种理念一直是被理论界和实务部

① 韩轶：《侵犯女性人身权利犯罪研究》，安徽大学出版社2003年版，第24页。

门所接受。也就是说，对于与无意识能力的妇女进行性行为，在她们有表示同意的外在客观行为前提下，行为人确实不知她们是无意识能力的，她们的同意行为才有效，属于法规范概念中的被害人同意，行为人不构成强奸罪。若行为人明知是无意识能力的妇女而与其进行性行为，即使她们同意，也是无效的同意，属于法规范概念中的被害人不同意，行为人构成强奸罪。当然，这种方法也可以用在对其他无意识能力的被害人的情形。也如该《解答》中的规定，行为人利用妇女熟睡或以醉酒、药物等方式进行奸淫的，都可以强奸罪论处。因为行为人的这些行为都是以“明知”为前提的。然而，在现实中，对于醉酒的或昏迷的等被害人，行为人是否明知相对来说较容易做出判断，而对于精神病患者有时从外观上较难以判断，且在短暂的时间内也不易于判断。另外，由于她们患病持续的时间较长且病情也有明显的轻重之分，从而也会出现一些在实践中给推定的被害人不同意的认定带来一定难度的特殊情况。如下案例：

案例四： 被告人周某，年逾40仍未结婚，他人给其介绍了一个流落在外、无家可归的精神病妇女。周某知道女方患有病患，但仍然把其接回家“成婚”。女方到家后，周母给她洗澡换衣，让她与周某非法同居并发生了性关系。同居期间，周某经常请医生为精神病妇治病，生活上给予照顾，以夫妻相待。后来精神病妇因出走被汽车撞伤，被告人闻讯过来，将她送往医院治疗十余天，并一直在医院护理。病愈后，周某又接其回家共同生活达7月之久。不久，公安局知道此事，案发。①

此案中，周某明知妇女患有精神病而与之发生性关系，按照上述的思路对于这种无意识能力的被害人同意的性行为，应当推定为法规范概念中的被害人不同意，周某理应构成强奸罪。但是，我们从社会危害性来看，其不但不是对精神病患者造成了侵害，反而从某种角度而言是对她的救助，使其能够过上有人照顾且相对也比较安全的生活。若是对周某定罪判刑，可能该精神病妇女又要过上流落在外、无家可归的生活。不过，被害人毕竟无过错，行为人在此得到了性利益，具有宣示和引导作用的法律对此类情形若完全予以放弃而不过问，又有可能产生一定的负面效应。比如，有可能有人以打着照顾的旗号而占有无家可归的精神病患者的性利益。所以，现实中对这类情形往往是定罪免刑的处理方式是较为理想的解决途径。这样既没有打破他们现有的相对较好的生活方式，也体现了法律的权威性，以及对不良企图者展示了法律对这类弱势群体的后盾保障作用。当然，若在婚姻期间妇女才患上精神病的，应当认为丈夫不构成犯罪，不过，这种婚姻关系存续期间的“强奸罪”的构成问题已超出本文的讨论范围。

对于无意识能力时推定的被害人不同意的认定过程，笔者认为，首先应当将被害人分为两大类，第一类是精神病患者和程度严重的痴呆者，第二类是除了第一类之外的无意识

---

① 路安仁主编：《强奸罪、奸淫幼女罪》，中国检察出版社1991年版，第113页。

能力的被害人，比如昏迷者、醉酒者、熟睡者等。① 若是第二类被害人，因为从生活常识来看，行为人在进行性交时一般不可能不知她们所存在的状况，所以无需行为人“明知”的要求即可推定属于法规范概念中的被害人不同意，行为人构成强奸罪。若是第一类被害人，我们再判定行为人是否明知是这类妇女。在当时当地的情况下，行为人确实不知妇女是精神病患者或程度严重的痴呆者时，被害人的同意有效，属于法规范概念中的被害人同意，行为人不构成强奸罪。若行为人明知（包括确知和应知）妇女是精神病患者或程度严重的痴呆者时，被害人的同意无效，属于法规范概念中的被害人不同意，行为人构成强奸罪。不过，在对行为人量刑时，可对行为人的动机和是否对被害人有利等进行综合性的判断，若是行为人虽然是为了性交的目的但并无其他恶意，而且是对被害人长期②有利的行为，可对其免于刑事处罚。

（二）有意识能力时推定的被害人不同意

有意识能力时推定的被害人不同意就是指其中的被害人有意识能力，但意识内容与事实不符，其产生的原因主要是被害人受到欺骗或认识错误，故而意志将意识转化为外在客观行为的同意为无效的同意，推定为法规范概念中的被害人不同意。有意识能力时推定的被害人不同意的认定也就是对被害人做出同意的效力的认定，可以将此分为两类情形来予以认定，一类是被害人受到欺骗（虚构事实或隐瞒真相）的情形，一类是被害人产生认识错误的情形。不过，目前理论界和有关法律规定中并没有将二者予以区分来进行探讨和规制。比如，我国《刑法》中对基于欺骗或认识错误而发生性行为的没有专门的规定，但1999 年最高人民法院、最高人民检察院发布的《关于办理组织和利用邪教组织犯罪案件具体应用法律若干问题的解释》中，将组织和利用邪教组织，以迷信邪说引诱、胁迫、欺骗或者其他手段，奸淫妇女的，以强奸罪定罪处罚。《刑法》第 300 条有规定，组织、利用会道门、邪教组织或迷信奸淫妇女的，以强奸罪定罪处罚。③ 而之前的 1984 年《解答》中将利用或者假冒治病等方法对妇女进行奸淫的作为强奸罪构成中的“其他手段”。的确，被害人受到欺骗和产生认识错误而为行为时这两类情形往往也是纠缠在一起，彼此之间还

---

① 我们这里讨论的昏迷、醉酒、熟睡等是行为人进行性交时已经存在，是被行为人所利用的情形，而非行为人为了达到性交目的所致，否则这些情形就成为行为人的手段（如为了奸淫而灌醉妇女），也就不是无意识能力时推定的被害人不同意问题。另外，1984 年《解答》中将“妇女患重病”与“熟睡”并列放入一类作为被利用情形的规定，按照笔者的分类标准来进行法规范概念中被害人不同意的认定，其应属于事实的被害人不同意之认定。因为妇女患重病虽然身体行动受到制约，但是具有意识能力，且意识内容与事实也相符合。

② 需要对被害人“长期”有利的条件非常重要。因为只有对被害人长期有利才能达到稳定保障被害人利益的目的，也才能真正证明行为人是为了被害人的利益而不是仅仅为了性交的目的。同时，也是为了防止意图不轨者将短期保障被害人利益作为攫取被害人性利益的交易成本而规避法律。

③ 有学者认为，这种行为不属于欺骗，而是利用宗教或封建迷信实施的精神强制，是强奸罪认定中的胁迫。（罗翔：《刑法中的同意制度——以性侵犯罪为切入》，法律出版社 2012 年版，第 169 页。）但是，笔者认为，不能一概而论，若利用邪教、迷信等导致被害人的意识内容与事实不符的，属于欺骗，而并没有导致被害人的意识内容与事实不符的，才属于胁迫。

会相互促成以达到行为人的目的。但是，笔者认为，被害人受到欺骗和被害人产生认识错误在对于被害人同意效力的认定中还是存在着一些区别，其主要表现为，被害人的意识内容与事实不符是由行为人导致的属于欺骗，被害人的意识内容与事实不符并非行为人导致，行为人只是利用了这种不符情形的属于认识错误。如下案例：

案例五：被告人威廉斯是一位教授唱歌的教师。有一次，当他的一位女学生问他，有什么办法可以帮助她练气或提高她的音域，该教师欺骗她说，最有效的方法是将他的生殖器放入她的阴道内。该女学生信以为真，便同意与该教师性交，她以为此举不是性交，而是教师帮她练习唱歌的方法。事发后，被告人以该女学生同意性交为由否认强奸，但法庭认为，该女学生的同意是在被告人欺骗手段下，对其行为发生错误判断情况下所作的同意，因而不是出于真正的同意。法庭判决被告人强奸罪名成立。①

此案中，被害人把性交当成是练习唱歌的方法，对于这样的认识错误是被告人故意所为，所以这种情形应作为被害人受到欺骗的类型来予以认定被害人同意的效力。再看如下案例：

案例六：李某系某校学生，住在学一楼402。王某系李某同一学校同一专业的金某的女朋友，金某住在学一楼502。某日晚十二时许，李某从实验室回寝室，发现宿舍门虚掩且室内未开灯，推门发现自己床上躺着一名裸女（王某）。李某惊异而未出声，呆在原地不动。此时王某说："傻样！还等什么？快上床啊！"，李某遂与王某发生性关系。次日天亮，王某发现睡在旁边的李某并非自己的男朋友金某，羞愤报案。经公安机关事后查明，王某系走错寝室而误入402室。②

此案中，被害人王某误以为李某是其男朋友的认识错误并非李某所为，李某在此只是利用了王某的错误认识而获得其性利益。所以，这种情形应作为被害人认识错误的类型来予以认定被害人同意的效力。假如此案中李某为了达到与王某性交的目的，故意与王某的男朋友金某调换床位而不告诉王某，王某在不知情也未走错房间而在金某的床上将前来的李某当成金某发生性关系，此时就属于被害人受到欺骗的类型。

至于对因欺骗（含认识错误）而发生的性行为中被害人同意的效力判断，目前主要有被告人自我答责说、事实错误与动机错误说、法益错误说等三种观点。被告人自我答责说认为，当被指控的性行为发生时，如果被告人就某个事实欺骗被害人或者向被害人隐瞒，并且被告人知道或者应当知道如果将真相告知被害人，被害人将不会同意与其发生性关系，满足上述条件，被告人就构成强奸罪。该观点受到的批判主要是过于扩大了强奸罪的成立范围，将包含欺骗因素的性行为几乎都会转变为强奸罪，而且这种观点也不具有可操作性。事实错误与动机错误说认为，应当将欺骗所导致的被害人的认识错误区分为事实错

① 韩轶：《侵犯女性人身权利犯罪研究》，安徽大学出版社2003年版，第23页。

② 孙道萃：《"违背妇女意志"的解释学分析》，载《山东科技大学学报》（社会科学版）2015年第5期，第46页。

误与动机错误，以此来判断被指控的行为发生时，被害人的同意是否有效。如果被害人的认识错误属于事实错误，那么被害人的同意无效；如果被害人的认识错误属于动机错误，那么被害人的同意有效。而事实错误包括两种情况：一是被害人对性行为的性质产生认识错误，这主要是指被害人不知道什么是性行为，以及虽然了解性行为的含义但不知道性行为正在发生；二是被害人对被告人的身份产生认识错误。除了事实错误之外的错误都属于动机错误。反对者们认为，这种观点又导致欺骗构成强奸罪的范围过窄，将绝大部分错误都被划入动机错误之中。法益错误说认为，和法益处分决定直接相关的错误，影响该被害人同意的有效性；相反，和法益处分决定不直接相关的错误，不影响被害人同意的有效性。反对意见认为，该学说与基于事实错误动机错误说认定的范围基本一致，唯一不同之处就是对医生欺骗病人性交是治疗疾病的手段而发生的性关系的认定上，根据法益错误说，该种情形医生构成强奸罪，而根据事实错误动机错误说，该种情形属于动机错误，医生不构成强奸罪。① 笔者认为，以上三种学说的不足之处关键在于：被告人自我答责说没有将行为人进行欺骗的内容予以区分，因为欺骗的内容有些并非社会中都不能接受，甚至有些并非都有恶意，若都将此上升到刑法规制的领域，反而可能是对人们自由的一种制约。比如，一个男子为了和一位妇女交朋友乃至于发生性关系，对于自己的财产过于吹嘘，若也构成强奸罪可能难以被人们所接受。事实错误与动机错误说将被害人对性行为性质的认识错误作为认定被害人同意无效的一种类型，从表面来看符合人们的思维习惯，但深究其产生的原因，对于人类本能性极强的性行为而言，要么是欺骗手段太精妙，要么是被害人太轻率。若是行为人欺骗的手段特别精妙，认定被害人同意无效可以理解，若是被害人太轻率也认定其同意无效就会弊大于利。因为对于此种情形动用刑法对其保护既浪费司法资源也会给社会带来不良示范作用，使得人们自我保护意识减弱而对国家的依赖性加强。法益错误说所说的与法益处分决定直接相关的错误，比如性交可以治病、性交可以增高、性交可以减肥，等等，与事实错误与动机错误说中对性行为性质认识错误中的不足完全一样。

因此，对于有意识能力时推定的被害人不同意的认定，现有的学说观点不能给出一个

---

① 参见何洋：《强奸罪解构与应用》，法律出版社2014年版，第247－260页。

放之四海而皆准的标准，[①] 也正是强奸罪成立要件中法规范概念中的被害人不同意认定的复杂性所决定的。故而笔者依然采取具有一定可操作性的分类基础上的层层剥离方法。第一步首先区分是被害人产生认识错误的情形还是被害人受到欺骗的情形。若是被害人产生认识错误的情形，应当看行为人是否利用了被害人的错误认识而进行性交。行为人若利用了被害人的认识错误，被害人的同意属于无效的同意，也就是推定为法规范概念中的被害人不同意。若行为人并没有利用被害人的认识错误，那么被害人的同意有效，属于法规范概念中的被害人同意。如案例六，李某利用了王某的认识错误而获得性利益，故而推定王某的同意无效，属于法规范概念中的被害人不同意，李某构成强奸罪。假设李某将躺在自己床上的王某也误认为是自己的女朋友，此时李某并未利用王某的认识错误而获得性利益，故而推定王某的同意有效，属于法规范概念中的被害人同意，李某不构成强奸罪。[②] 若是被害人受到欺骗的情形，进入第二步对欺骗内容的区分，即根据当时的客观情况和生活常识将欺骗的内容分为偏离生活常识的和未偏离生活常识的两种情况。若是偏离生活常识的欺骗内容，那么，被害人根据当时的客观情况和生活经验应当能够进行识别，但被害人至少没有做出正确识别而同意性交，此同意有效，属于法规范概念中的被害人同意，行为人不构成强奸罪。如案例五中，被害人根据生活常识理应认识到性交与练习唱歌的好坏不存在因果关系而同意性交，因此法律对这种轻率不予以保护。这也是被害人在寻求国家保护之前应当尽到自我保护的义务要求。当然，如果被害人是无意识能力的人，法律应当予以特别保护，那就是上述无意识能力时推定的被害人不同意的认定问题。再比如，医生给被害人进行阴道插入式检查时，从被害人背后第一次插入的是器械，第二次将自己的阴茎插入而获取被害人性利益的。根据当时的客观情况以及生活常识被害人难以知道（或者根本不会相信）第二次插入自己阴道的是医生的阴茎，故而被害人的同意（根本不是对性行为的同意）无效，属于法规范概念中的被害人不同意，医生构成强奸罪。若欺骗内容是未偏离生活常识的，再进行第三步，即根据当时当地的生活环境对欺骗内容的包容情况区

---

① 正因为此，何洋博士将基于欺诈而发生的性交构成强奸罪仅限于以下三种情况：（1）欺诈致使被害人对什么是性行为没有认识或者虽然了解性行为的含义但是对性行为正在发生完全没有认识。（2）被害人虽然对性行为的自然属性有认识，但是，欺诈导致被害人对影响性行为法律属性的关键因素产生了错误认识。能够影响性行为法律属性的关键因素包括两类：一类是行为人是否具有实施特定行为的法定资格；另一类是行为人冒充的对象是否与被害人具有稳定的同居关系。（3）被害人虽然对性行为有认识，但是，由于欺诈，被害人误以为不得不在生命健康权与性自主权之间做出选择，这种欺诈具有类似于暴力、胁迫程度的强制性，因此，也应该构成强奸罪。（何洋：《强奸罪解构与应用》，法律出版社 2014 年版，第 262 页。）显然，这是建立在事实错误与动机错误说基础上的一些改造，但仍然没有摆脱其中的一些弊端，比如对案例五中被告人的认定据此也应构成强奸罪，但按照笔者的观点不应构成强奸罪。因为一个有意识能力的被害人对具有极强的人类本能的性行为而言，按照生活常识一般人所具有的判断能力即可做出而其没有做出正确判断，说明其是极其轻率的，若动用刑法对其保护既浪费司法资源也会给社会带来不良示范作用，使得人们自我保护意识减弱而对国家的依赖性加强。

② 至于王某性利益受损应当定性为意外事件。

分为易于包容的和难以包容的两种情况。① 比如，对于婚前性行为如今和过去相比就属于易于被社会所包容的，在当下，若男子以结婚目的欺骗女方进行了婚前性行为，法律以强奸罪介入就不太适合了，容易导致强奸罪适用的扩大化。至于因此而导致的其他伤害可由法律相应的规制进行惩罚，比如隐瞒艾滋病的事实而发生性交导致女方被传染的可以故意伤害罪论处。所以，对于易于被社会所包容的欺骗内容中的性行为，被害人的同意有效，属于法规范概念中的被害人同意，行为人不构成强奸罪。而对于难以被社会所包容的欺骗内容，比如通过欺骗而冒充被害人的丈夫所进行的性行为，被害人的同意无效，属于法规范概念中的被害人不同意，行为人构成强奸罪。不过，该种情况的判断有时在第二步可能就属于偏离生活常识的欺骗内容中予以认定，只有属于未偏离生活常识的欺骗内容时才进入该阶段的判断。

三、“法定的被害人不同意”的解释

所谓法定的被害人不同意，是指不论被害人是否有意识能力以及意识内容是否与事实相符，根据法律的规定，其意志抑或减弱的意志支配下做出的同意都是无效的，或者无意志支配从而无外在行为的，都属于法规范概念中的被害人不同意的情形。其实，法定的被害人不同意从原理上来看也是属于推定的被害人不同意，只是这里的推定被法律进行了强制性的规定，即对被害人做出的同意明确规定为无效。根据各国法律的规定来看，这种情形主要是指一定年龄以下的幼女对性行为的同意无效，不过具体的年龄规定有所差异。我国《刑法》中的规定是：“奸淫不满十四周岁的幼女的，以强奸论，从重处罚”，也就是说，在我国未满 14 周岁的幼女对性行为的同意无效。这也是理论界所说的对行为人实行的是严格责任，即不论被害人是否自愿，也不论行为人采取何种手段，只要被害人是不满 14 周岁的幼女，行为人就构成强奸罪。但是，2000 年最高人民法院出台的《关于审理强奸案件有关问题的解释》（以下简称为 2000 年《解释》）规定：“对于已满 14 周岁不满 16 周岁的人，与幼女发生性关系，情节轻微、尚未造成严重后果的，不认为是犯罪。”从而又打破了严格责任的适用。之后，2003 年最高人民法院出台的《关于行为人不明知是不满 14 周岁的幼女双方自愿发生性关系是否构成强奸罪问题的批复》（以下简称为 2003 年《批复》）中规定：“行为人明知是不满 14 周岁的幼女而与其发生性关系，不论幼女是否自愿，均以强奸罪定罪处罚；行为人确实不知对方是不满 14 周岁的幼女，双方自愿发生性关系，未造成严重后果，情节显著轻微的，不认为是犯罪。”虽然该《批复》出台之后引起了非常大的争议，以至于几个月后即被停止实施，但是对强奸罪中不完全适用严格责

① 对于 14 周岁以上精神正常的女性来说，婚姻以外的性行为无非就两种情形，一是婚前性行为（即使对独身主义者而言），一是婚外性行为。目前社会对婚前性行为的包容度较大，而对婚外性行为的包容度相对来说较小。对婚前性行为的包容度大是女性社会地位和性自治权逐步提高的表现，对婚外性行为的包容度相对来说较小是因为这还侵犯到已婚女性背后的家庭安宁以及其丈夫的性独占权。

任的理念还是被2006年最高人民法院发布的《关于审理未成年人刑事案件具体应用法律若干问题的解释》（以下简称为2006年《解释》）及2013年《意见》所继承。其中，2006年《解释》有规定，已满14周岁不满16周岁的人偶尔与幼女发生性行为，情节轻微、未造成严重后果的，不认为是犯罪。2013年《意见》有规定，对于不满12周岁的被害人，仍然适用严格责任，即无需行为人明知被害人未满12周岁，但对于已满12周岁不满14周岁的被害人，需要行为人明知是幼女，且只要从其身体发育状况、言谈举止、衣着特征、生活作息规律等观察可能是幼女即可。从而导致在强奸罪的认定中我国是否有绝对适用严格责任的情形无法断定，主要是已满14周岁至不满16周岁的行为人对于不满12周岁的幼女是否适用严格责任，根据现有规定难以判断。不过笔者认为，虽然2000年《解释》、2006年《解释》与2013年《意见》对有些情形规定的并不完全一致，但是，从既要保护幼女又要保护未成年的行为人角度来看，应当主张已满14周岁至不满16周岁的行为人对于不满12周岁的幼女不适用严格责任。当然，这样一来，我国对于强奸罪的认定中就不存在绝对的严格责任之说了。也正因为此，我国法定的被害人不同意之认定也变得不是仅根据法律对被害人年龄的规定即可认定，而是除了要考虑行为人的一些主客观情况，还要考虑案件中其他的各种客观情况。

笔者认为，对于法定的被害人不同意之认定可按照如下步骤进行：第一步是对被害人年龄的认定。若被害人是不满12周岁的，其中分为两种情形，一是行为人已满14周岁不满16周岁，根据2000年《解释》性交行为情节轻微、尚未造成严重后果的，被害人同意有效，即属于法规范概念中的被害人同意，行为人不构成强奸罪，否则，被害人同意无效，即属于法规范概念中的被害人不同意，行为人构成强奸罪。二是行为人年龄已满16周岁，此时被害人同意无效，属于法规范概念中的被害人不同意，行为人构成强奸罪。若被害人已满12周岁不满14周岁的，此时进行第二步对行为人年龄的认定。行为人已满14周岁不满16周岁的，同样，根据2000年《解释》及2006年《解释》中的规定，性交行为情节轻微、尚未造成严重后果的，被害人同意有效，即属于法规范概念中的被害人同意，行为人不构成强奸罪，否则，被害人同意无效，即属于法规范概念中的被害人不同意，行为人构成强奸罪。行为人已满16周岁的，此时再进行第三步即对行为人主观上是否有“明知”的认定。若行为人主观上对是否是幼女属于“确实不知”，根据2013年《意见》可得出被害人同意有效的结论，即属于法规范概念中的被害人同意，行为人不构成强奸罪。若行为人主观上对是否是幼女属于“明知”，最后进行第四步即对各种相关客观情况的判断来认定。若性行为是在被害人的引诱甚至胁迫下，行为人自由选择空间较小的情况时所为，被害人同意有效，属于法规范概念中的被害人同意，行为人不构成强奸罪。① 否则，被害人同意无效，属于法规范概念中的被害人不同意，行为人构成强奸罪。如下案例：

案例七： 陈某，女，1969年4月2日出生，常和他人乱搞两性关系。1982年3月某日晚12时许，陈某从阳台上爬入邻居退休工人林某（男，62岁）住房，主动解衣上床，与林某拥抱。林某因患有阳痿病，又考虑到和女方父母是老邻居，因而竭力拒绝。但陈某仍纠缠不休，无奈，遂与其发生“性关系”。此后，陈某又三次从阳台上，或者从窗户伸手进去打开门闩，进入林某住房，要求发生性关系，但都遭到林某的拒绝。后来，林某怕陈某再来纠缠，每晚睡前都要用木棍顶住门。②

对于此案的认定过程，第一步是看被害人的年龄，为已满12周岁不满14周岁。于是，进行第二步，看行为人的年龄，为已满16周岁。再进行第三步，看行为人对幼女主观上是否“明知”，该案中显然是“明知”。最后，进行第四步对其他客观情形的判断。该案中，幼女陈某多次主动进入行为人林某家中，且主动要求性行为，而林某拒绝不成又难以摆脱。因为根据二人的年龄差距以及在林某家中的事实，设想林某不依从陈某的要求，若脱掉衣服的陈某故意呼救引来别人（从事后控告林某强奸来看这种可能性还是很大），林某很难有证明自己没有强奸或是猥亵陈某的证据，对于此情此景，从常人的认识来看，别人相信陈某的可能性也要大于相信林某。所以，在这种情况下，林某的自由选择空间很小，应当认定被害人的同意有效，即属于法规范概念中的被害人同意，林某不构成强奸罪。

（编辑：吕玉赞）

① 此种情形在目前的司法实践中，往往是通过定罪而免于处罚这样的判决来进行处理。对此，笔者认为值得商榷。从2013年《意见》中规定行为人“从其身体发育状况、言谈举止、衣着特征、生活作息规律等观察可能是幼女”这种指导性地判断幼女标准来看，反过来思考，该《意见》也就是认可了已满12周岁不满14周岁的幼女在身体状态、心理认知等方面有可能不像我们通常所认识的幼女。那么，她们的意识能力和意志支配力也并非我们想象的那么低，也就是说，她们对性行为的性质、意义、后果的认识也未必低于已满14周岁的人，意志支配力也同样未必低于已满14周岁的人。所以，她们通过引诱甚至胁迫行为人而发生性关系的，与其他同龄人得到同样的保护，不仅是对其他同龄人的不公，也是对行为人的不公。当然，为了更加充分地保护幼女，此种情形下，对行为人增加最大限度的拒绝、躲避义务，也即行为人自由选择的空间较小作为条件，也是有必要的，以避免行为人借此得到该类幼女的性利益。另外，目前的做法虽然是免于处罚，但对行为人来说毕竟还是被贴上了犯罪的标签，显然还是太重。因为事实结果的发生，不仅是行为人选择不实施该行为的空间较小，而且毕竟是该幼女的过错所为。笔者认为，现实操作中，虽然从现有的《刑法》分则及司法解释对强奸罪的直接规定来看，的确难以找到不定罪的依据，但是也完全可依据《刑法》总则的规定，即第13条中“情节显著轻微危害不大的，不认为是犯罪”对此予以出罪。

② 周振想：《当代中国的罪与罚》，中国人民公安大学出版社1999年版，第486页。

巴塞尔协议的适用方法及我国资产管理的法律构造*

杨 帆**

摘 要 国际规则的适用方法对域内将产生深远影响，不适当地转介行为很难有效适应我国转轨经济期的现实需求，并容易成为新型系统性危机的导火索。从形成机制来看，我国资产管理是巴塞尔协议适用、域内外宏观审慎监管冲突协调的产物。巴塞尔协议的适用方法从本质上影响了中国式资产管理的法律构造，通过将信用、风险、流动性与资本和资产关联，形成资本关联的监管逻辑。但这种监管逻辑难以涵盖资产管理的特殊风险，并非是一种强针对性、可信赖、可持续的风险管理机制。我国资产管理监管方法困境的破题关键即在于此。

关键词 巴塞尔协议 国际规则 适用方法 资产管理 法律进化

中国式资产管理植根于国内金融体制改革和巴塞尔协议监管规则适用的动荡格局，是从货币市场、资本市场、保险市场交叉领域中分化出的新业态。其在各个市场不断异化，逐步具备了触发系统性风险的能力，并将金融监管理念导向“形式分业、实质混业”。虽然资管新规初步确立了资产管理的属性功能、市场规则，但适用巴塞尔协议在资产管理法律构造和监管方法上的困局并未消解。

本文在上述三个市场中观察和梳理我国资产管理的演变进程，从动态实证视角完整分析金融分业格局下资产管理的发展脉络与法律构造，围绕资产管理的变迁诱因，从国际规则适用方法角度理解中国资产管理的体系性缺陷，以期为资产管理上位法制定、监管体系重塑提供有益思考。

---

* 基金项目：2018 年中国法学会部级法学研究课题青年调研项目“信息社会新型权利的生产机制及其法律规制”（CLS〈2018〉Y07）之阶段性成果。

** 杨帆，女，黑龙江齐齐哈尔人，西南政法大学经济法学院博士研究生，研究方向为金融法。

一、巴塞尔协议监管规则的国际适用方法

金融转型前期，我国模仿苏联高度统一的计划经济体制，通过中国人民银行对金融业实现了严格控制与绝对垄断，金融业务按照信贷业务开展，资金运用实行集中配给与统一管理。金融转型时期，金融业多元化结构逐渐形成，分业经营与分业管理基础法律框架逐步完善，[①] 成为我国资产管理制度变迁的逻辑起点。与发达经济体相比，我国既面临本国金融发展与创新的紧迫性，又面临域内外金融风险冲击和国际规则本土化适用难题。

在全球贸易背景下，巴塞尔协议（英文简称 Basel）对于国际银行业的监管协作产生了重要作用。虽然巴塞尔协议形成了一套较为普适的银行业监管标准化定量指标体系，但其肇始于特定的发达市场经济环境，在不同经济体制下的推广适用可能因理解偏差产生误解滥用，进而影响一国银行业的长期平稳运行。Basel III 于 2019 年 1 月 1 日全面实施，在国际层面加强对风险、资本和流动性的系统性监管，必然对我国银行主导型金融业态及商业模式产生巨大冲击。对巴塞尔协议的背景、目的、规则、指标的变迁梳理，有助于从国际银行业监管视角深入探寻巴塞尔协议适用对我国银行业发展进路的影响，进而为我国资产管理的演变发展提供一个较为准确的外部分析路径。

（一）巴塞尔协议的实证化变迁进路

20 世纪 70 年代起，在新自由主义思潮主导下，部分跨国银行开始利用区际监管差异套利，国家之间的竞次进一步助长了规避监管行为，成为构建区际协同金融监管框架的契机。

1. 巴塞尔协议一的缘起及影响

1974 年，德国科隆赫斯塔特银行清算风险事件引起了对国际间银行资本充足率及行业监管规则差异的重视。11 个国家的央行及银行业监管机构组成巴塞尔委员会，意在强化国际清算业务、协调各国银行行业及监管规则。至 20 世纪 80 年代，石油美元繁荣结束，一系列银行业危机随之而来，加速了银行业通用监管标准的推进过程。1988 年，巴塞尔委员会颁布 Basel I，专门指出仅适用于十国集团（G10）发达经济体。

基于当时的金融发展水平，Basel I 为成员国央行留有较大的监管余地，主要强调为各国银行信用风险提供充足资本，而不考虑货币政策波动风险、利率风险以及宏观经济下行风险下的银行资本应对措施。[②] Basel I“一刀切”式的风险计量标准，实际上鼓励了资产组合不变以及贷款分销模式，促使银行接下来主要通过信贷资产证券化、长期债务头寸变

---

① 参见陈经纬：《金融法治与金融规制——转型时期逻辑与经济金融分析》，社会科学文献出版社 2016 年版，第 107 – 113 页。

② See BCBS. International convergence of capital measurement and capital standards, https: //www. bis. org/publ/bcbs04a. pdf, accessed on 2019 – 1 – 9.

相出售或转售为短期债务工具的方式进行监管套利，在表面上维持低风险水平。①

此外，发展中国家作为新兴市场，在全球化背景下被动适用Basel I，也产生了许多负面影响。有学者认为，Basel I对短期债务、政府债务的风险偏好，在国际层面鼓励了投资者对新兴市场的投资意愿从持有长期债务转向短期债务，加剧新兴市场货币波动和热钱风险；在国内层面则挤压了私人部门的信贷空间，放大了政府债务的违约成本。②

2. 巴塞尔协议二的修订与局限

Basel I实施过程中，银行表外业务蓬勃发展，操作程度与投资组合日益复杂。传统外部统一监管理念与金融创新之间冲突不断。巴林银行倒闭等风险事件促使巴塞尔委员会从强调运用外部法规、行业惯例转向提升银行内部管理能力。

巴塞尔委员会在Basel I框架基础上，于2006年颁布Basel II正式文本，并于2008年再次修订。③ Basel II细化了风险加权资产的计量标准，将监测范围从信贷风险扩展至操作风险和市场风险。其以降低准备金率为激励措施，允许银行降低风险权重，鼓励银行自我监督，促进更多资本流向私人部门。

事后观之，金融产品及衍生品风险并未完全被Basel II吸收。一是，投资组合掩盖了信用风险。资产组合多样化降低了风险敞口从而为提高信用评级留出空间，有助于银行将信贷资产转向资产负债表外，摆脱不良贷款，通过证券化释放资本实现投资目的。二是，缺乏银行自主度量风险的矫正机制。虽然巴塞尔委员会在2008年进一步提高了对金融衍生品的资本管理要求，但银行存在低估资本要求的动机，导致流动性不佳的结构性信贷产品集中度不断上升，④ 为后来的次贷危机埋下伏笔。三是，风险权重计量存在顺周期监管的局限。风险权重以对未来经济表现的预期为基础，在经济下行周期容易放大衰退，在经济上行周期则可能刺激通胀。因此风险权重的预测性有限，难以完全反映银行面临的整体风险。

3. 巴塞尔协议三的构建和反思

Basel II相对宽松的一级资本规定加之混合资本工具收益的税前抵扣优势，推动了欧洲许多银行大量发行混合资本工具维持资本充足，一级资本的风险吸收能力不断减损。⑤

---

① See Sandra Rutova & Tim Volkheimer. Revisiting the Basel Accords: Lessons Learned from the Credit Crisis. 19U. Miami Bus. L. Rev. 83 (2011).

② See Bryan J. Balin. Basel I, Basel II, and Emerging Markets: A Nontechnical Analysis (John Hopkins Univ. Sch. of Advanced Int'l Studies (SAIS), Working Paper, May 2008), https://ssrn.com/abstract=1477712, accessed on 2019-1-9.

③ 2008年修订后，BCBS发布了被称为Basel 2.5的指令，与Basel II相比主要调整了部分业务的风险加权资产计算方式以及资本费用。

④ See Tamer Bakiciol, Nicolas Cojocaru-Durand, Dongxu Lu. Basel II: features and problems, https://www.princeton.edu/~markus/teaching/Eco467/10Lecture/Basel2_last.pdf, accessed on 2019-1-9.

⑤ See Candemir Baltali & Joseph Tanega. Basel III: Dehybridization of Capital. 8 N.Y.U. J.L. & Bus. 1 (2011).

同时，银行大规模开展证券化与再证券化业务，加剧了资产、负债、期限之间的错配，流动性风险在资产负债表外不断积聚。许多银行的资本缓冲不足，无法吸收大规模系统性交易损失。随着 2008 年次贷危机爆发，政府动用公共资金纾困产生了巨大的社会成本，继而引发对如何制定新监管框架的激烈探讨，并于 2018 年形成 Basel III 最终方案。

整体而言，Basel III 强调预防系统性风险，从政治、金融和经济角度重塑了国际银行业监管理念。Basel III 建立在 Basel II 资本监管框架基础上。问题之一在于，资本监管尚不足以捕捉到表内业务表外化以及金融衍生品的风险，对资本充足率施以更严格的限制无异于旨在降低风险的可感知程度，因而被学者诟病为仅能提振市场信心。① 二是，Basel III 对资本过度关注，大大提升了信贷交易成本，降低中小企业与初创企业的信贷可得性，促使其转向影子银行、众筹等其他非信贷融资途径，从而推高整体经济的杠杆水平。其三，Basel III 未对影子银行做有效监管。统一风险标准的缺乏，为银行在过渡期通过结构化产品、同业业务开展监管套利留下空间。② 制定者后续鼓励银行采取标准方法增强风险评估确定性，缩减交易账户与银行账户监管差异带来的套利机会。③ 但正是 Basel II 市场自律准则下开启的内部风险评估方法，刺激了影子银行的监管套利行为。换言之，只要市场存在不自律的可能，监管套利行为就不可能消除。

（二）巴塞尔协议的回应性监管效果

从方法论角度来看，纵观 Basel 协议体系近四十年的演进过程，其监管逻辑从微观逐步延伸到宏观，体现出从微观效率向宏观安全的重心更迭，是一种典型的回应性立法技术。新的监管技术不断被引进，起初的规则监管逐渐扩充为原则监管、内部监督、中介自律监管和风险监管，但并未完全实现预期。监管是一项复杂的行为，“从不同维度来理解监管的动态变迁，有利于更好理解监管整体如何运行”。④

对比 Basel I 与 Basel II，从监管指标外观特征而言，Basel II 从信用风险开始转向全面风险监管，从强调定量转向定性与定量结合。在监管理念上，从合规导向开始转向风险导向，从强调约束转向强调激励相容。从监管标的来看，均以资本监管为核心，以单个债项为监管对象，关注单一机构的特定风险。⑤ 在监管方式角度，Basel II 的风险量化程度提

---

① See Emily Lee. Basel III and Its New Capital Requirements, as Distinguished from Basel II. 131 Banking L. J. 27 (2014).

② See Sarah Padgett. The Negative Impact of Basel III on Small Business Financing. 8 Ohio St. Entrepren. Bus. L. J. 183 (2013).

③ See Steven Brouillard. Basel III Reforms: Analysis and Potential Impact on U. S. Banks. 36 REV. BANKING & FIN. L. 498 (2017).

④ See Julia Black. Paradoxes and Failures: New Governance Techniques and the Financial Crisis, 75 Mod. L. Rev. 1037 (2012).

⑤ 参见巴曙松：《金融风险监管框架发展中的巴塞尔新资本协议》，载《国际经济评论》2003 年第 2 期，第 34－39 页。

升，但计量科学性、灵活性与可比性不足，过于依赖信用评级的风险考量手段一方面引致银行滥用风险自主裁量，另一方面将投资者从资本套利预期转向套期保值预期，监管套利的动机未能消除。从成本收益角度考量，Basel II 进一步抬高了监管成本与合规成本，虽然有利于市场了解银行业整体风险状况，但却迫使监管当局将重点聚焦于大型国际银行及其控股公司，一定程度放松对民营银行内部风险控制的监督，从而加速推动民营银行异化为银行业的薄弱环节。

全球金融危机推动了 Basel II 向 Basel III 的剧烈变迁。在监管指标外观特征维度，Basel III 从微观监管转向微观与宏观相结合、域内与域外宏观监管相协调。① 从监管理念来看，Basel III 体现了建立在资本监管基础上的全面风险监管思路。在监管手段维度，从单纯强调风险计量转向风险计量、流动性与资本监测相结合。在监管标的维度，从强调表内业务转向同时考虑表内与表外风险，监管范围从信贷市场扩展至资本市场。在实施影响维度，Basel II 将资本套利导向套期保值，Basel III 则将银行主导型间接融资转向资本市场主导型直接融资。两套规则不仅均未能解决风险计量方法局限和信用评级依赖问题，甚至推动成本向最终借款人转嫁，引发金融资源不公平分配与信贷、货币紧缩的新兴风险。

从巴塞尔协议变迁历程来看，其对银行业的监管核心在于资本充足率、强制性自我规制两项措施。前者主要是外部强制性监管手段，后者则是依托规制空间理论，认可银行所具有的非正式规制权力，② 激励并触发银行形成自我规制，作为科层式规制的辅助措施，修正政府垄断性监管行为的失灵。

二、我国资产管理的法律进化和构造方法

发达国家资产管理建立在成熟的金融市场基础上，是投资者与市场之间的中介。资产管理产品以证券投资基金为主，主要投向股票和债券，更多面临因开放式基金提前赎回，挤兑风险在不同资产类别之间传染而引发的系统性危机。③ 与此相对，我国资产管理是从货币市场、资本市场、保险市场交叉领域中分化出的新业态，需要在三个市场中观察和总结其法律演化进程与构造方法。

1992 年《国务院金融体制改革决定》奠定了我国金融分业经营与监管格局。2014 年，国务院《关于加强金融监管防范金融风险工作情况的报告》提出“加强理财资金投资运作管理，探索建立统一的资产管理业务监管规则”。这期间，资产管理从具体的金融工具

① See Andrew L. McElroy. An Examination of Basel III and the New U. S. Banking Regulations, 14 Wake Forest J. Bus. & Intell. Prop. L. 5 (2013).

② See Ian Ayres & John Braithwaite. Responsive Regulation: Transcending the Dregulation Debate, Oxford University Press (1992), https://b-ok.cc/dl/909326/bc04eb, accessed on 2019-2-1.

③ See REGULATION (EU) 2017/1131 OF THE EUROPEAN PARLIAMENT AND OF THE COUNCIL of 14 June 2017 on money market funds, Official Journal of the European Union, 30. 6. 2017, https://eur-lex.europa.eu/legal-content/EN/TXT/PDF/?uri=CELEX:32017R1131&from=EN, accessed on 2019-3-25.

<table>
<tr><th></th><th>Basel I</th><th>Basel II</th><th>Basel III</th></tr>
<tr><td>监管导向</td><td>合规导向+结果导向</td><td>风险导向+监管机构结果导向+市场机构过程导向</td><td>全面风险导向+全面过程导向</td></tr>
<tr><td>监管标的</td><td>单一机构、单一债项的资本+风险</td><td colspan="2">金融机构整体的资本+风险+流动性</td></tr>
<tr><td>监管手段</td><td>微观审慎监管</td><td>微观审慎+域内宏观审慎</td><td>微观审慎+域内宏观审慎+域外宏观审慎</td></tr>
<tr><td>监管风险</td><td>信贷风险</td><td>信贷、市场、操作风险</td><td>信贷、市场、操作、流动性、交易对手、系统性风险</td></tr>
<tr><td>监管范围</td><td colspan="2">信贷市场+表内业务+表外业务</td><td>信贷市场+资本市场+表内业务+表外业务</td></tr>
<tr><td>监管理念</td><td>强调外部约束</td><td colspan="2">强调外部约束+激励相容+市场自律</td></tr>
<tr><td>重点目标</td><td>创造公平竞争环境</td><td>以银行内部管理风险能力补强外部监管</td><td>预防全球系统性风险</td></tr>
<tr><td>市场约束</td><td>--</td><td>信用评级+信息披露</td><td>信用评级+严格信息披露+SIFIs特殊规定+投资者保护</td></tr>
<tr><td>风险评估</td><td>大类风险的宽泛评估</td><td>量化、精细、灵活的风险评估</td><td>量化、精细、灵活、持续验证的风险评估</td></tr>
<tr><td>传统银行业</td><td colspan="3">规制银行借贷行为，提高银行参与成本，加剧银行盈利需求与监管规则的冲突</td></tr>
<tr><td>融资方式转变</td><td colspan="2">银行主导型间接融资</td><td>资本市场主导型直接融资</td></tr>
<tr><td>实施负面影响</td><td>资本套利</td><td>资本套利+久期套利</td><td>多样化的监管套利+金融不当创新+盲目追求短期利益</td></tr>
<tr><td>风险偏好转变</td><td>私人部门</td><td colspan="2">有深度的多样资本市场、政府债务</td></tr>
</table>

形态迅速扩张为一种重点监管的市场业态。我国转轨经济体制下，以银行为主体，银、证、保三足鼎立在业态和监管层面的长期均衡，使得各方主体缺乏法律制度变革的内在动力。金融机构在各自体系法规授权下创设了名目繁多、构造近似的资产管理产品。市场实践逐步衍生出产品混业局面，通过分业监管格局下的产品嵌套，逐步割裂了对金融业风险的全局监管功能。

从交易费用角度来看，货币市场、资本市场、保险市场中供给实体经济的主要资金分别来自于银行理财和自营资金、证券自营资金和私募投资基金、保险资金。信托公司因其“金融百货公司”功能定位一般作为资金的结构化通道，期货公司自营资金的市场规模和影响较小。因此，以下对资产管理的法律演进分析主要是从银行业、证券和基金业、保险业三个维度展开。

（一）货币市场理财业务视角

原银监会最早通过《信托法》《信托投资公司管理办法》开启了信托的受托管理和投资基金功能。这一时期，信托公司直接管理、运用和处分受托资产，兼具证券和基金功能。此后，监管工作重心转向市场开放和金融创新。2005 年，银监会允许商业银行针对境内个人客户开展境内外资产投资和管理服务，相关产品统称为理财产品。次年，银监会将商业银行境外代客理财业务的投资者范围扩展至机构，产品结构日趋复杂引发了大量投诉。银监会随即强调理财业务不得直接投向高风险产品，并加强信息披露、成本收益测算、风险管理，通过风险权重系数与表内风险、银行资产勾稽。

2007 年，为鼓励信托公司金融创新，银监会允许信托公司受托开展境外理财业务，银信理财业务合作机制启动。同期，为抵御逐步显现的次贷危机风险，收紧银行境外理财业务的投资范围，鼓励银行在境内开展理财业务，由事前许可转向事中和事后监管。随着《信托公司管理办法》的颁布，为规避当时有效的商业银行法对资产负债比例的监控，① 银行资产负债业务转向表外，银行开始将理财资金委托于信托公司管理。2008 年，《银行与信托业务合作指引》奠定了银行通过集合资金信托计划开展理财业务的合作模式，信托公司成为银行理财资金池。银信理财合作不断加深，信托行业成为增长最快的金融部门。② 银行理财资金通过信托公司以集合资金信托计划、信托贷款等形式，突破直接投资和集中度限制。银行间通过理财产品互相投资信贷资产，以承诺回购方式确保当期各项监管指标合规。信托完全成为银行理财资金通道，银行表内业务表外化严重阻碍了货币政策的传导机制。风险的流动性、地域性、跨行业性不断扩展，理财业务开始呈现系统性风险特征。

2011 年，银监会不断加强理财产品、信托产品和资金池的信息披露管理，对理财业务不合理引致的增量表外资产，在银行和信托公司分别施加了更严格的资本要求，但银信合作模式并未立即禁止，至少产生以下三方面的影响：第一，严格的资本要求转嫁至融资人，继而逐步推高了社会整体融资成本。第二，融资成本的推升使得中小民营企业信贷可得性大大降低，信贷资源进一步向房地产、地方融资平台、上市公司等成本敏感度较低、盈利空间较大的行业和领域聚集。第三，银信理财合作转向更为隐蔽的方式，银行通过同业资金融通，委托信托公司开展期限错配的定向投资，金融机构之间信用担保链条延长，进一步加剧了金融业系统性风险。

在我国有限利率市场化的管理体制中，银行之间的吸储竞争十分激烈。同时，为加速与巴塞尔协议接轨、压缩银信理财合作规模，监管机构颁布了更为严格的资本要求。当时银监会对表外业务缺乏精细定义，银行为节约监管资本，具备强烈的表内业务转向表外投资非标准化债权需求。银行与其他金融机构合作，创设了多种形式的非标准化债权，大大拓展了理财资金的投资范围。

2013 年，国务院颁布《关于加强影子银行监管有关问题的通知》，明确将持有金融牌照机构开展的部分理财业务划入影子银行范畴，强化分业监管原则，推动理财业务专营措施。此后，监管机构从规范银行理财资金流动性角度入手，于 2014 年采取了四项措施：

---

① 央行从 1994 年起对商业银行开展资产负债管理，作为一种新的宏观调控措施，目的是在新的金融管理体制下，约束银行过于激进的贷款行为、增强商业银行的风险抵抗能力。其中，存贷款比例指标规定各项贷款额与各项存款额的比例不得超过 75%，否则将根据商业银行法第 75 条采取行政处罚乃至刑事处罚措施。商业银行法自 1995 年起颁布，经 2003 年修订，直至 2015 年修订时方将存贷款比例限制条款删除。存贷款比例限制意味着只有不断提高存款规模，才能贷出资金。

② 参见中国金融杂志：《中国银行业监管的十年跨越》，http：//finance. sina. com. cn/money/bank/yhpl/20130503/114415341169. shtml，最后访问日期 2019 年 1 月 24 日。

一是允许银行理财资金进入银行间债券市场开展交易；二是限制银行理财资金通过同业业务违规投资；三是限制银行理财资金通过证券、基金、资产交易平台等非银行金融机构违规投资；四是着手清理信托资金池。

2013年，证券、信托、银行、保险资管及上述机构资产管理产品成为银行间市场合格投资者。自此，银行开始主要使用投资限制较少的自营资金和同业资金投资非标准化债权。而非标准化债权由于其非公开性被任意创设，日益成为监管的重点和难点。2015年起，银监会发布一系列加强非标准化债权信息披露措施的征求意见稿。2017年，银监会开展专项治理工作，集中暴露金融交叉业务风险，压缩杠杆率水平，施以严厉的行政处罚。至2018年，在金融稳定委员会统筹下，银保监会连续发布三部规章，将理财业务从商业银行分离，开展全面过程管理。

从法律演化进程来看，首先是主要通过规范性文件实施监管，其中涉及的部门规章仅有五部，法律效力层级较低，监管部门之间合作效能较差。其次，原则性、宣誓性、可操作性较低的监管规则，为银信理财合作从金融创新迅速变异提供了相当大的套利空间。第三，金融资产迅速回表的监管需求以及非标准化债权的形式复杂性，从侧面反映了巴塞尔协议资本原则对新兴市场以资产负债扩张为主的初级银行业产生了负面影响。最后，现代银行作为金融企业，其营利属性已不能完全通过吸储放贷得以实现，而是转向通过提供流动性来盈利。①

（二）资本市场资管业务视角

1992年，为尽快建立现代资本市场管理体制，国务院设立证券委和证监会，加强对证券市场的宏观管理。1996年，中国人民银行深圳分行首次允许证券公司经营资产管理业务。随后在基本理顺中央地方管理关系，先后完成银行与信托和证券业脱钩、信托与证券业脱钩，实现银行、证券、保险业垂直管理的基础上，开始将重心转向促进证券市场经济发展，强调业务品种和经营方式创新。

随着证券资产管理业务的发展，不规范现象频发。1999年，证监会将资产管理归入综合类证券公司经营范围，明确限制了受托管理的资产品种。2001年起，证监会开始强调证券公司内部治理和信息隔离，明确资管业务内涵及各方权利义务，开展集合资管产品事前审批。

2003年，证监会明确提出证券资产管理业务分为定向、集合、专项三种形式。由于集合资产管理产品具有“多对多”的资金池属性，监管机构将集合资产管理作为主要创新，并提出了比较完善的监管措施。此时，证券资产管理产品主要投向资产支持证券、新股认

① 参见徐超：《美国信贷市场结构：演变、影响及启示——基于金融监管视角》，载《国际金融研究》2014年第5期。

购、上市公司并购等交易所市场业务品种，至少产生了两方面影响：其一，部分银行开始通过同业拆借借道证券集合资产管理产品开展委托理财业务；其二，允许定向资管产品与集合资管产品互相投资，变相扩大了资管业务规模，无法有效隔离资产和防范利益冲突。

证券市场结构性调整和改革过程激化了证券行业风险，集中体现为自营业务与资管业务混合导致的市场操纵问题。2005 年起，国务院开展证券公司综合治理工作，主要采取三项措施：第一，对资产管理业务开展牌照管理；第二，在内部完善与净资本挂钩的风险指标，在外部实行第三方托管、资管账户报备、集中登记结算、交易所与监管机构联合开展账户动态监管等监控机制；第三，开始关注投资者适当性问题。2008 年，证监会陆续就定向资管、集合资管业务分别颁布实施细则，并首次批准了伞形集合资管计划。随着证券公司设立分支机构的限制放开，部分证券公司单设资产管理业务子公司，或按监管规定将包销证券委托母公司开展定向资产管理。

此后，证券资产管理业务随基金业发展，历经了两个创新高潮。第一次创新高潮始于 2012 年。《金融业发展和改革“十二五”规划》鼓励扩大证券资产管理业务，工作重心是证券公司合规经营和风险控制。监管机构采取了以下措施：一是资管产品开始与风险资本挂钩；二是集合资管产品转为公募基金，证券公司保留私募性质的定向、专项资管产品；三是重新修订证券资管业务管理办法及实施细则，进一步扩大资管产品投资范围；四是规范信证合作、鼓励银证合作。第二次创新高潮始于 2014 年，目的是加速基金业和期货业创新，塑造证券监管系统下的多元资产管理机构体系。一方面放松监管，将证券和基金公司的私募资产管理产品备案工作由证券业协会移至基金业协会自律管理，后者给予了宽松的信息备案要求。另一方面扩展投资范围，放开公募基金和私募资管两条通道与银行开展资产管理合作，为违规资金进入股票市场、推动高杠杆融资行为创造了套利空间。

2016 年，滥用私募结构化资产管理产品的情况日益严重，私募资管取代信托和集合资管，成为新的资金池和投资通道，以“宝万之争”为代表的监管套利爆发式增长。随后监管重心转向私募资产管理业务，监管机构开始强化备案登记和信息披露要求，先后从投资者适当性、失信惩戒、刑事责任、税收措施、市场准入角度压降规模，加强对证券私募资产管理和投资银行业务的合规监管。2017 年，《金融业标准化体系建设发展规划（2016 - 2020 年)》首次明确将资产管理产品纳入跨市场交叉性金融产品范畴。2018 年，证券资产管理产品纳入金融机构资产管理业务范畴，按照私募与公募形式区分监管。

小结之，证券资管业务的监管起初实行了较为严格的事前审批和信息披露制度，发展相对规范，但一定程度抑制了创新。监管形式以部门规章为主，相比银行理财业务监管而言，具有更强的法律效力和实施力度，较高的信息透明度抑制了银证资管合作的套利空间。随后，促进证券资产管理业务快速发展的宏观管理要求放松了监管限制，主观上有意识地推进银证合作以及客观上私募证券资管操作规则缺失进一步催生了更为多样的监管套利手段。在投资者角度，银行理财业务监管强调投资者保护，而证券私募资管业务监管则更多地从投资者适当性角度入手来强化事前监测。这也蕴含着我国资本市场发展程度相对滞后，个人投资者保护程度不足的现实困境。

（三）保险市场资管业务视角

自20世纪90年代金融体制改革以来，我国一直将保险业作为金融体系风险管理的基本手段，将保险业市场化作为重点工作。与金融其他业态相比，保险业虽然起步较晚，但在起步同时即对外开放，引入了许多先进的政策和工具，国际接轨程度相对较高。保险资金的结构化运用方式在某种程度上甚至成为银行理财资金违规投资的模式范本。从保险资金运用方面来看，保险资管业务发展主要经历了三个高峰期。

第一次高峰始于2004年保监会发布《保险资产管理公司管理暂行规定》，此后保险资管业务发展进入快速轨道。保险资产管理公司作为保险资金运用的专业化机构，通过自营或委托投资方式，利用分红险、万能险、投资连结险等理财类寿险资金，在境内外投资货币、股票、债券及其他金融产品，并开始探索基础设施、建设项目、融资租赁、私募融资等创新投资形式。这一时期，原保监会先后就保险资管公司的内部管理、风险控制、托管监督、报表监控、投资比例、偿付能力监控等方面制定规则。期间保险资金运用出现一些违规行为，例如将股票资产托管与银行代理业务挂钩谋取业务机会，不合理收费谋取利润空间，资金运用缺乏有效管控机制等。监管机构开始从内部管理制度、公司治理结构等自律角度强化对保险资管公司的监管。

2006年是保险资管业务的第二次高峰，监管当局允许保险资管公司主动创设投资标的，鼓励直接投资资本市场，进一步扩展保险资金运用范围，允许保险公司与信托、基金、保险资管公司之间通过股权、债权、物权、转让受益权或经营权等结构化方式开展基础设施建设项目间接投资。保险资金开始广泛参与到开发区、产业园区、地方城镇化建设领域，逐渐向基础设施和房地产领域集中。需要注意的是，保险资金间接投资基础设施项目是场外金融工具，需经保监会批准方得生效。其发起设立、资金募集、运作管理等流程被引入后来的银行理财资金结构化投资，成为银行理财资金绕道投向地方融资平台、房地产公司等领域的重要手段。

保险资管业第三次发展的突出标志是开展银保资产管理业务合作的创新实践。为贯彻《国家中长期科学和技术发展规划纲要（2006—2020年）》及“十二五”规划要求，五部委联合出台了《关于印发促进科技和金融结合试点实施方案的通知》。此后，科技部提出试行投证结合、银保结合。保险资金开始跨市场投资金融产品，为绕开投资范围和投资比例限制提供了套利空间，进一步拉升了社会融资杠杆水平。2013年，保监会明确提出允许保险资产管理公司开展定向资管、集合资管两类业务。随着《证券投资基金法》的修订，证监会允许保险资产管理公司开展公募基金管理业务，2014年放开保险资产管理公司设立基金子公司的限制，2015年进一步放开保险资产管理子公司设立私募基金的限制，为保险资金开展非上市企业股权投资提供了基金通道。保险资金规模增加导致资产配置压力不断上升，在当时持续降息预期下，保险资金大规模转向权益类资产，以弥补潜在的利差损失风险。

这一阶段，鼓励保险资管创新与打击保险资金违规使用双措并举。随着民间资本进入保险业，以及保险资金投资资本市场的限制放开，关联交易、短线投资、过渡融资、资产负债错配、风险投资初创企业、直接投资房地产、违规举牌上市公司等与保险资金风险特征相悖情况逐步出现。保监会通过《保险资金运用管理暂行办法》等一系列文件，重新明确了保险资产管理产品的定义和种类，加强保险资金运用合规管理和内部控制，并陆续就投资不动产、股票、股权、债权、债权投资计划、城投债做出了更严格的限制，对保险资金投资管理机构进行整顿。

2016 年起，信用风险在保险业的交叉传染现象日益严重，不当创新现象频发。保险业“十三五”规划将加强保险资金运用风险管理列为重点工作。监管机构开始集中整治保险资管产品去杠杆、去通道、去嵌套，强化投资信息的披露时点和披露范围要求，清理不规范的通道业务，实施穿透性监管。由于保险资金涉及公众利益，可能引发重大风险，保监会就保险资金举牌、收购等事项还引入公开质询机制，以强化社会监督。2018 年以来，对保险资金的监管目的主要是化解前期遗留的重大风险，要求保险资金运用回归收益稳定、回收期长的实体经济领域，规范运用金融工具开展中长期投资。

三、巴塞尔协议的域内适用方法及体系缺陷

尽管巴塞尔协议一直以来强调非强制性地适用于部分发达经济体，但跨国银行等大型机构的执行逐步使其成为大部分国家和投资者的风险评价标准，从而被动地适用于发展中国家和新兴市场。随着加入世贸组织过渡期的展开，我国银行业监管制度与巴塞尔协议协调程度快速提高。而我国国有银行占主导的历史因素决定了宏观审慎调控作为主要的域内监管措施。① 因此，巴塞尔协议的域内适用问题，本质上是域内与域外宏观审慎监管在金融分业规则下的调适问题。

实务中往往将资管新规颁布前的结构化金融产品视为典型的不当金融创新，但其恰恰是实体经济对不对称的货币政策传导机制的正常反应。中国人民银行通过货币工具来限制金融机构的资金成本，通过有限的利率市场化来限制金融产品价格。在资金使用过程中，分业监管机构则提供不断产生超额利润的条件，最后通过金融机构的利税上缴，集中起国家建设的工业基金。这与低价统购统销制的经济内容十分相似。② 由此采取的一系列配套金融政策必然有其内在的逻辑。紧锣密鼓的巴塞尔协议域内适用进程表加剧了金融机构对

---

① See Christopher D. Luehr. Red Banking: Chinese State - Owned Commercial Bank Reform and the Basel II Accord, 20 Minn. J. Int'l L. 171 (2011).

② 参见周其仁:《产权与制度变迁：中国改革的经验研究》，北京大学出版社 2004 年版，第 57 - 65 页。

资本的急迫需求。信贷产品价格不能灵敏地反映日益稀缺的资本价值和市场供求形势的变化。资金长期低价运行与逐利内在属性之间的冲突日积月累。金融机构相对较强的谈判能力将价格压力传导至实体经济，从而一方面导向结构化金融产品价格大幅度上涨，推高了社会整体的杠杆率水平，另一方面导向财政，又通过央地债务剥离进一步导向地方财政，地方财政则通过内部分担、信用透支、转移支付来分担压力。

（一）巴塞尔协议的域内构造

我国域内外宏观审慎监管接轨起步于 Basel I 修订期间，完善于 Basel II 和 Basel III 同步实施阶段。中国人民银行最早于 1994 年开始考察巴塞尔协议的影响、[①] 对策及本土化金融资产风险权重系数,[②] 并参与了 Basel I 的补充修订，于 1997 年印发了《有效银行监管的核心原则》。1999 年至 2006 年，中国人民银行和原银监会陆续就银行高管任职资格、资本充足率、贷款损失准备金、贷款风险分类、资本标准、资本工具、跨境监管、风险管理核心指标等，参照核心原则和 Basel II 非正式文本，颁布了一系列规范性文件，在各项监管标准上逐渐向 Basel II 靠近。

2006 年，原银监会开展 Basel II 正式稿的研究和实施准备工作。2007 年，原银监会发布《中国银行业实施新资本协议指导意见》，要求优先采取内部评级法、鼓励采用高级内部评级法来计量风险。随后，原银监会发布了一系列指引文件，从操作风险、资本充足率、流动性风险、利率风险、声誉风险等维度，参照 Basel II 基本建立起银行内部评级系统。2009 年，原银监会正式加入金融稳定理事会和巴塞尔委员会，直接参与文件起草工作。[③] 此后，围绕着《商业银行法》《银行业监督管理法》，我国按照 Basel III 的修订进程，引入了杠杆率、流动性监管制度，逐步将保险、农村银行机构纳入全面风险监管范畴。

2012 年《商业银行资本管理办法》开启了加速接轨巴塞尔协议的新时期，规定银行表外业务乘以权重系数，将表外风险转化为表内风险计量，从而与资本直接关联。2013 年银监会 8 号文、2018 年《商业银行理财业务监督管理办法》明确将商业银行理财产品规模与资产规模挂钩。近期《商业银行理财子公司管理办法》规定，理财子公司注册资本由银行以货币资金一次性实缴，作为股东权益的银行自有资金转化为股东有限责任。本质

---

① 央行从 1994 年起对商业银行开展资产负债管理，目的是在适应巴塞尔协议的新金融管理体制下，约束银行过于激进的贷款行为、增强商业银行的风险抵抗能力。其中，存贷款比例指标规定各项贷款额与各项存款额的比例不得超过 75%，否则将根据商业银行法第 75 条采取行政处罚乃至刑事处罚措施。商业银行法自 1995 年起颁布，经 2003 年修订，直至 2015 年修订时方将存贷款比例限制条款删除。存贷款比例限制意味着只有不断提高存款规模，才能贷出资金。

② 参见《中国人民银行关于印发〈中国人民银行 1994 年稽核监督工作要点〉的通知》第八条第四款。

③ 参见银监会：《中国银行业监督管理委员会二零零九年报》，http：//zhuanti. cbrc. gov. cn/subject/subject/nianbao2009/2009zwzz. pdf，最后访问日期：2019 年 1 月 17 日。

上，理财子公司融资交易行为风险仍然与银行资本间接关联，只是通过公司制度加以隔离。

截至2019年Basel III全面实施前夕，围绕信息披露、风险认知、风险管理、监管真空、潜在系统性风险等关键问题，监管机构主要采取了四项措施：第一，限制和规范银行业与信托业、证券业、基金业在实践层面的混业经营，对以通道业务为代表的影子银行加强监管和准确计量；① 第二，全面遏制影子银行转型，将银行业、证券业、保险业三大类主要金融机构的大多数非信贷表外业务单独定义为资产管理业务，清理规范民间借贷市场，引入投资者保护维度；第三，调研和发布系统性重要金融机构监管要求，涵盖了银行、证券、期货、基金、保险、金融控股公司六类主要的持牌金融机构，监管机构的重心从颁布“支离破碎的”规则逐步转变为改革市场结构、整合监管组织；第四，构造域内宏观审慎评估体系（MPA）。中国人民银行于2017年首次提出探索建立货币政策和宏观审慎政策的“双支柱”调控框架。货币政策旨在经济增长和物价稳定，宏观审慎政策则主要建立在Basel II第一支柱和第二支柱的基础上，针对系统性风险和金融稳定。

根据前述第二部分的观察，信托、证券和保险资产管理业务分别于2006—2011年期间引入了资本要求，将资产管理业务项下各细分领域的投资比例同净资本、总资产等资本指标挂钩，通过直接干预投资组合比例来间接控制杠杆率水平，进而管理流动性风险。由此，我国对资产管理的监管基本承继了巴塞尔协议监管原则，尤其是Basel II的第一与第二支柱，即通过将信用、风险、流动性与资本和资产关联，籍由强制性信息披露，以资本规模为基准对资产进行折价，量化信用风险，形成初步的资本关联监管逻辑。②

（二）资本关联监管的方法困境

在社会发展到高级复杂性的过程中，法律必须变得更为抽象，以维持针对情景多样性的概念在解释上的弹性。③ 同时，按照欧肯的观点，经济目标无法通过实施孤立的社会政策来实现与社会目标的统一，应当从宏观入手缔造整个经济秩序。④ 当法律仅仅是某种现象的回应，而缺乏体系性地前瞻构建时，市场对流动性的现实需求最终体现为银行理财、证券资管、私募基金等存量产品的异化改造以及多方通道业务的星火燎原。通道业务本质上是资本流动性刺激下的金融过度创新在创新抑制监管场景中的负面效果。

1. 资本关联监管将风险传导至整个金融业

我国在转轨时期参照巴塞尔协议搭设的监管框架遵循了巴塞尔协议一以贯之的资本监

---

① See Avnita Lakhani. China's Shadow Banking Industry and Impact on Capital Markets: Ignoring the Lessons of the Past, 7 Geo. Mason J. Int'l Com. L. 1 (2015).

② 参见吴晓求：《中国金融监管改革：逻辑与选择》，载《财贸经济》2017年第7期，第33－48页。

③ 参见〔德〕尼克拉斯·卢曼：《法社会学》，宾凯、赵春燕译，上海人民出版社2018年版，第46页。

④ 参见〔德〕瓦尔特·欧肯：《经济政策的原则》，李道斌、冯兴元、史世伟译，中国社会科学出版社2017年版，第3页。

管原则，是政府主导金融制度变迁的典型案例。次贷危机期间，发达国家中资本相对充足的银行大多数以投行、交易、托管、经纪等轻资产业务为主。① 巴塞尔协议监管逻辑的起点是根植于多层次深度资本市场中的市场自由理念，监管目标是基于全能银行或金融混业背景的金融衍生品对资本抗风险能力的侵蚀，监管手段主要是依赖资本监管红线下的市场自治和风险自担。这与我国当时金融分业的立法现状、国有银行主导型金融市场的发展路径、处于资产负债扩张阶段的初级银行业图景有失契合。

原本意在强化银行资本抵御风险能力的监管要求，与监管客体一定程度上脱轨并产生以下影响：一方面，对银行资本的严苛要求抑制了中、小、微型民营企业的信贷可得性，因而转向地下钱庄或权益众筹，刺激了不规范的民间借贷行为和互联网金融勃兴。另一方面，推动资产长期融资进入资本市场领域，② 引发信托、证券、保险业过剩流动性的关注，推高了社会整体杠杆水平。三是，资产融资的盈利能力越来越少地归因于传统银行业，激化了银行的金融创新与资本充足、银行盈利需求与监管规则之间的冲突。最后，资本工具的发行限制进一步加剧银行资本稀缺，长期融资交易行为让位于短期盲目盈利，反过来又促进了多样化的监管套利措施，形成封闭的恶性循环。

2. 资本关联监管难以涵摄流动性风险

从构造方法来看，我国资产管理业是引入巴塞尔协议后，域内外宏观审慎监管冲突和协调的产物。在我国新的资产管理监管框架下，资产管理是为受托资产提供投资和管理的交易行为，是投资行为与融资行为的概括性描述。

如何对资产管理业有效监管已经成为后危机时代国际层面的关注焦点。美国金融研究办公室早在2013年对资产管理与金融稳定的关系开展了研究，将资产管理定义为以其管理的资金与其他金融机构进行交易，采取一定的投资策略来配置资产、选择证券、开展投资，通过各种活动转移风险、发现价格的行为。③ 2017年，国际金融稳定委员会承认，流动性错配和杠杆率是资产管理业区别于银行业和保险业的监管重心和关键弱点。④

同时，国际社会也在反思资本监管在流动性管理中的有效性问题。国际标准化组织（IOSCO）调研报告显示，当前仅极少数国家或地区对流动性提出了明确定义。IOSCO自身在早期一项调查报告中，将流动性界定为企业可用的全部现金和类现金资源，而不等同

① 参见中国银行全球银行业研究课题组：《银行资本管理的国际经验》，载《中国金融》2015年第16期，第69-71页。

② See Angelo L. Rosa. Weathering the Tempest: The Impact of the Basel III Capital Accord on Asset Finance, 14 Transactions: Tenn. J. Bus. L. 179 (2013).

③ See Office of Financial Research. Asset Management and Financial Stability (Sept. 2013), https://www.financialresearch.gov/reports/files/ofr_ asset_ management_ and_ financial_ stability.pdf., accessed on 2019-3-3.

④ See FSB. Policy Recommendations to Address Structural Vulnerabilities from Asset Management Activities (Jan. 12, 2017), http://www.fsb.org/wp-content/uploads/FSB-PolicyRecommendations-on-Asset-Management-Structural-Vulnerabilities.pdf, accessed on 2019-3-3.

于资本，因此“在困难的流动性环境下，资本并不适合作为风险的适当缓冲机制”。①

在我国，投资组合与资产规模、资本规模挂钩，是当前引导资产管理行业资金流向、对抗周期的主要手段。② 政府与市场某种程度上一直处于零和博弈，形成看守式监管模式的路径依赖。资产关联监管手段不足以涵盖资产管理的流动性风险，并非是一种强针对性、可信赖、可持续的风险管理机制。过度关注资本还容易导致资产管理的功能偏移，带来严重的市场结构和监管低效问题。

随着 2019 年 6 月两家商业银行理财子公司的正式开业，金融分业格局下的中国资产管理迈入新阶段，标志着基于金融子行业微观产品层面的监管范式在以资产管理为代表的金融创新中难以证成。热议消退之时正是理性复位之际。作为跨市场要素新兴业态和流动性风险传导主要渠道的资产管理，需要在监管科技背景下，梳理碎片化的监管对策，在多个维度中系统性地反思与重构。

四、结论

我国的资产管理不是内生于市场秩序，而是新兴市场为适应国际宏观审慎监管格局的制度变迁结果。监管当局经由厘清资产管理的含义、设定新的准入权利，企图将其作为一个独立业态，通过货币政策的疏通重新启动市场机制。这种监管改革需要通过一定的制度条件与当前市场体制融合，也即意味着遵循巴塞尔协议资本监管原则，能够将变迁成本控制在最低水平。经济过程的动态性质大大增加了调节难度。③ 国际规则的适用方法对域内将产生深远影响，不适当地转介行为很难有效适应我国转轨经济期纷繁复杂的现实需求，并容易成为新型系统性危机的导火索。因此，我们需要从特定行为社会和制度实践的实证角度出发，更好地理解与适用国际规则，框定政府监管与市场运作的边界，方能实现有效监管。

（编辑：杨知文）

① See IOSCO. Sound Practices for the Management of Liquidity Risk at Securities Firms, https://www.iosco.org/library/pubdocs/pdf/IOSCOPD128.pdf, accessed on 2019-3-5.

② 确定资本充足率的两种主要技术分别是净资本模型和风险加权资本模型。其中，前者强调有足够的流动性，后者侧重于有足够的资本。两套模型通过对特定资产折价来隐含资产流动性。因此，同等条件下资本充足率高的企业必然持有更低水平的非流动性资产。

③ 参见［德］瓦尔特·欧肯：《经济政策的原则》，李道斌、冯兴元、史世伟译，中国社会科学出版社 2017 年版，第 7 页。

《法律方法》稿约

《法律方法》是由华东政法大学法律方法论学科暨法律方法研究院编辑出版，陈金钊、谢晖教授共同主编的定期连续出版物。本刊自2002年创办以来已出版多卷，2007年入选CSSCI来源集刊，并继续入选近年来CSSCI来源集刊。从2019年起，本刊每年拟出版3至4卷。作为我国法律方法论研究的一方重要阵地，本刊诚挚欢迎海内外理论与实务界人士惠赐稿件。

稿件请以法律方法论研究为主题，包括部门法学领域有关法律方法的研究论文，稿件正文应在1万字以上。本刊审稿实行明确的三审制度，对来稿以学术价值与质量为采稿标准，并由编辑委员会集体讨论提出相应的最终用稿意见。本刊倡导优良学风，逐步实行国内期刊界倾向的反对在他人论文上挂名的做法，对作者单独完成的稿件优先采用。本刊将不断推进实施用稿与编辑质量提升计划。

一、栏目设置

本刊近几卷逐渐形成一些相对固定的栏目，如域外法律方法、法律方法理论、司法方法论、部门法方法论等。当然，也会根据当期稿件情况，相应设置一定的主题研讨栏目。

二、版权问题

为适应我国信息化建设，扩大本刊及作者知识信息交流渠道，本刊已被《中国学术期刊网络出版总库》及CNKI系列数据库收录，其作者文章著作权使用费与本刊稿酬一次性给付。如作者不同意文章被收录，请在来稿时声明，本刊将做适当处理。

三、来稿要求

1. 本刊属于专业研究集刊，只刊登有关法律方法论研究方面的稿件，故请将这方面的作品投稿本刊。

2. 稿件须是未曾在任何别的专著、文集、网络上出版、发表或挂出，否则本刊无法采用。

3. 来稿如是译文，需要提供外文原文和已获得版权的证明（书面或电子版均可）。

4. 来稿请将电子版发到本刊收稿邮箱falvfangfa@163.com即可，不需邮寄纸质稿件。发电子邮件投稿时，请在主题栏注明作者姓名与论文篇名；请用WORD文档投稿，附件WORD文件名也应包括作者姓名和论文篇名。请把作者联系方式（地址、邮编、电话、电子信箱等）注明在文档首页上，以便于联系。

5. 本刊一般在每年的6月和12月集中审稿，请在此之前投稿。本刊不收任何形式的版面费，稿件一经采用即通知作者，出版后邮寄样刊。

6. 来稿需要有中文摘要（300 字左右）、关键词（3 – 8 个）。欢迎在稿件中注明基金项目。作者简介包括：姓名，性别，籍贯，工作（学习）单位与职称、学历和研究方向等。

7. 为方便作者，稿件请采用页下注释，注释符用“1、2、3…”即可，每页重新记序数。非直接引用原文时，注释前需要加“参见”，引用非原始资料时，需要注明“转引自”。每个注释即便是与前面一样，也要标注完整，不可出现“同前注……”“同上”。正文中注释符的位置，应统一放在引用语句标点之后。

四、注释引用范例

1. 期刊论文

陈金钊：《法治之理的意义诠释》，载《法学》2015 年第 8 期，第 20 页。

匡爱民、严杨：《论我国案例指导制度的构建》，载《中央民族大学学报（哲学社会科学版）》2009 年第 6 期，第 65 页。

2. 文集论文

参见焦宝乾：《也论法律人思维的独特性》，载陈金钊、谢晖主编：《法律方法》（第 22 卷），中国法制出版社 2017 年版，第 119 – 120 页。

3. 专著

参见王泽鉴：《民法思维：请求权基础理论体系》，北京大学出版社 2009 年版，第 165 – 166 页。

4. 译著

［德］卡尔·拉伦茨：《法学方法论》，陈爱娥译，商务印书馆 2005 年版，第 160 页。

5. 教材

张文显主编：《法理学》（第 4 版），高等教育出版社 2011 年版，第 274 页。

6. 报纸文章

葛洪义：《法律论证的“度”：一个制度问题》，载《人民法院报》2005 年 7 月 4 日，第 5 版。

7. 学位论文

参见孙光宁：《可接受性：法律方法的一个分析视角》，山东大学 2010 年博士论文，第 182 页。

8. 网络文章

赵磊：《商事指导性案例的规范意义》，载中国法学网 http：//www. iolaw. org. cn/showArticle. aspx？id = 5535，最后访问日期：2018 年 6 月 21 日。

9. 外文文献

See Joseph Raz，“Legal Principles and The Limits of Law”，*Yale Law Journal*，vol. 81，

1972, p. 839.

See Aleksander Peczenik, *On Law and Reason*, Dordrecht/Boston/London: Kluwer Academic Publishers, 1989, pp. 114 – 116.

Tom Ginsburg, "East Asian Constitutionalism in Comparative Perspective", in Albert H. Y. Chen, ed., *Constitutionalism in Asia in the Early Twenty – First Century*, Cambridge: Cambridge University Press, 2014, p. 39.

引用英文以外的外文文献请依照其习惯。

《法律方法》编辑部
2019 年